Statistiques des recettes publiques 2023

DYNAMISME DES RECETTES FISCALES
DANS LES PAYS DE L'OCDE

1965-2022

OCDE
DES POLITIQUES MEILLEURES
POUR UNE VIE MEILLEURE

Cet ouvrage est publié sous la responsabilité du Secrétaire général de l'OCDE. Les opinions et les arguments exprimés ici ne reflètent pas nécessairement les vues officielles des pays Membres de l'OCDE.

Ce document, ainsi que les données et cartes qu'il peut comprendre, sont sans préjudice du statut de tout territoire, de la souveraineté s'exerçant sur ce dernier, du tracé des frontières et limites internationales, et du nom de tout territoire, ville ou région.

Les données statistiques concernant Israël sont fournies par et sous la responsabilité des autorités israéliennes compétentes. L'utilisation de ces données par l'OCDE est sans préjudice du statut des hauteurs du Golan, de Jérusalem-Est et des colonies de peuplement israéliennes en Cisjordanie aux termes du droit international.

Merci de citer cet ouvrage comme suit :
OCDE (2023), *Statistiques des recettes publiques 2023 : Dynamisme des recettes fiscales dans les pays de l'OCDE*, Éditions OCDE, Paris, https://doi.org/10.1787/bcbdaf1a-fr.

ISBN 978-92-64-56310-0 (imprimé)
ISBN 978-92-64-69636-5 (pdf)
ISBN 978-92-64-94995-9 (HTML)
ISBN 978-92-64-32850-1 (epub)

Statistiques des recettes publiques
ISSN 2522-7084 (imprimé)
ISSN 2522-7092 (en ligne)

Crédits photo : Couverture © certains des éléments graphiques de l'illustration de la couverture principale ont été adaptés de Freepik.com.

Les corrigenda des publications sont disponibles sur : www.oecd.org/fr/apropos/editionsocde/corrigendadepublicationsdelocde.htm.

Avant-propos

Cette publication annuelle fournit des données permettant d'effectuer des comparaisons internationales sur les niveaux d'imposition et la structure de la fiscalité dans les pays de l'Organisation de coopération et de développement économiques (OCDE). Les impôts perçus dans chaque pays sont présentés sous une forme normalisée selon le modèle de classification des impôts de l'OCDE et son guide d'interprétation qui figure à l'Annexe A de ce rapport. Les données utilisées ont été fournies pour la plupart par les Délégués du Groupe de travail n°2 (GT2) du Comité des affaires fiscales sur l'analyse des politiques et les statistiques fiscales. L'OCDE remercie de sa coopération le Fonds monétaire international dont la classification des recettes publiques établie dans le Manuel de statistiques de finances publiques de 2014 est à bien des égards semblable à celle de l'OCDE. Parmi les autres classifications actuellement utilisées, les plus importantes sont le Système de comptabilité nationale (appelé ci-après SCN) et le Système européen de comptes économiques intégrés des États membres de l'Union européenne (appelé ci-après SEC) qui constitue essentiellement un approfondissement du SCN bien qu'il en diffère à certains égards. Sous réserve de quelques exceptions mineures, les chiffres du SCN ou du SEC peuvent être rattachés directement à ceux de la présente étude car les critères et définitions du SCN ont été adoptés sauf mention contraire expresse.

Cette publication comprend six chapitres. Le chapitre 1 résume l'évolution de la fiscalité au cours des six dernières décennies, en mettant l'accent sur les ratios impôts/PIB, sur les structures fiscales et sur la répartition des impôts par niveau d'administration. Il examine également l'impact des différents traitements des crédits d'impôts récupérables et fournit des informations sur le financement des prestations de sécurité sociale. La publication de cette année comporte également dans son chapitre 2 une étude spéciale sur le « dynamisme des recettes fiscales dans les pays de l'OCDE ». Le chapitre 3 contient une série de tableaux statistiques comparatifs pour les années 1965-2022. Le chapitre 4 contient des tableaux statistiques comportant pour chaque pays une ventilation des recettes fiscales et des ratios impôts/PIB pour une sélection de catégories d'impôts et par niveau d'administration pour les années comprises entre 1965 et 2021. Deux tableaux pour mémoire indiquent comment les pays financent leurs régimes de prestations sociales et présentent les impôts et cotisations sociales versés par les administrations en pourcentage du PIB. Le chapitre 5, qui est disponible en ligne uniquement, contient des tableaux statistiques comportant une ventilation détaillée des recettes fiscales par pays pour les années comprises entre 1965 et 2021. Deux autres tableaux pour mémoire indiquent comment les pays financent leurs régimes de prestations sociales et comment ils reportent les impôts et cotisations sociales versés par les administrations en monnaie nationale. Le chapitre 6, qui est lui aussi disponible en ligne uniquement, ventile les recettes publiques entre les sous-secteurs ci-après : administration fédérale ou centrale, administration des États, administrations locales et de sécurité sociale. Il contient des tableaux comportant une ventilation détaillée des recettes fiscales par pays pour les années comprises entre 1975 et 2021. En raison du manque de place, les chapitres 4, 5 et 6 présentent des données pour une sélection d'années entre 1965 et 2021 ; les données portant sur les autres années sont disponibles en ligne.

Les Statistiques des recettes publiques 2023 ont été élaborées par le Centre de politique et d'administration fiscales (CTPA) de l'OCDE. La présente édition a été préparée par Alexander Pick, Nicolás Miranda et Michael Sharratt. L'étude spéciale a été écrite par Jingjing Xia et Alexander Pick. Les auteurs tiennent à remercier leurs collègues de l'OCDE pour leurs observations précieuses ainsi que leur aide lors de la finalisation de cette publication, notamment Bert Brys, Antoine Cazals, Kurt Van Dender, Karena Garnier, Michelle Harding, Rebekka Hviid Kanstrup, Michael Sicsic and Violet Sochay au sein du CTPA ; ainsi que l'équipe des éditeurs de données statistiques et de gestion du contenu de la Direction de la communication. Stephanie Coic, de la Direction de la coopération pour le développement (DCD), en a réalisé la couverture. Les auteurs souhaitent également remercier les délégués du GT2 et leurs collègues travaillant dans les différentes administrations nationales pour leurs contributions et observations avisées.

Table des matières

GRAPHIQUES

TABLEAUX

Suivez les publications de l'OCDE sur :

https://twitter.com/OECD

https://www.facebook.com/theOECD

https://www.linkedin.com/company/organisation-eco-cooperation-development-organisation-cooperation-developpement-eco/

https://www.youtube.com/user/OECDiLibrary

https://www.oecd.org/newsletters/

Ce livre contient des... StatLinks

Accédez aux fichiers Excel® à partir des livres imprimés !

Vous trouverez un StatLink sous chaque tableau ou graphique de cet ouvrage. Pour télécharger le fichier Excel® correspondant, il vous suffit de copier le lien dans votre navigateur internet ou de cliquer dessus depuis la version électronique de l'ouvrage.

Résumé

En 2022, les ratios impôts/PIB de la plupart des pays de l'OCDE ont diminué et le ratio impôts/PIB moyen a reculé de 0.15 point de pourcentage, passant à 34.0%. Alors que les recettes tirées de l'impôt sur les bénéfices des sociétés (IS) ont augmenté en pourcentage du PIB dans plus des trois quarts des pays de l'OCDE en 2022 à la faveur de la hausse des bénéfices (surtout dans les secteurs de l'énergie et de l'agriculture), les recettes provenant des droits d'accise ont décliné dans 34 des 36 pays de l'OCDE pour lesquels les données préliminaires pour 2022 sont disponibles, la forte hausse des prix mondiaux de l'énergie ayant entraîné une baisse de la demande et incité de nombreux pays à réduire les taxes sur l'énergie.

Dans la présente publication, les impôts désignent les versements obligatoires sans contrepartie aux administrations publiques ou à une autorité supranationale. Les impôts sont sans contrepartie car les prestations fournies par les administrations aux contribuables ne sont généralement pas proportionnelles à leurs paiements. Les impôts sont ventilés en fonction de leur assiette : revenu, bénéfices et gains en capital ; salaires ; patrimoine ; biens et services ; et autres impôts. Les cotisations obligatoires de sécurité sociale versées aux administrations publiques sont aussi traitées comme des impôts. Les recettes sont analysées par niveau d'administration : État fédéral ou administration centrale, administration d'un État fédéré, administrations locales et caisses de sécurité sociale. Le Guide d'interprétation à l'annexe A contient des informations détaillées sur la classification des impôts.

Niveaux d'imposition en 2022

Dans les pays de l'OCDE, le ratio impôts/PIB s'échelonne en 2022 de 16.9 % au Mexique à 46.1 % en France. Entre 2021 et 2022, le ratio moyen des recettes fiscales au PIB des pays de l'OCDE a décliné de 34.2 % à 34.0 %.

- En 2022, les recettes fiscales rapportées au PIB ont baissé par rapport à l'année précédente dans 21 des 36 pays pour lesquels on dispose de données préliminaires, ont augmenté dans 14 pays et sont restées inchangées dans un pays.
- Parmi les 21 pays dont le ratio impôts/PIB a baissé en 2022, c'est le Danemark qui enregistre le recul le plus marqué (5.5 points de pourcentage), essentiellement du fait de la contraction des recettes de l'impôt sur le revenu. Les Pays-Bas, la Pologne, la Suède, la Suisse et la Türkiye ont également vu leur ratio impôts/PIB se replier de plus d'un point de pourcentage.
- La hausse la plus forte en 2022 a été observée en Corée, dont le ratio impôts/PIB a progressé de 2.2 points à la faveur d'une augmentation des recettes provenant des impôts sur le revenu et de la taxe sur la valeur ajoutée (TVA). La deuxième hausse la plus marquée s'est produite en Norvège, où les recettes fiscales se sont accrues de 1.9 point grâce aux bénéfices exceptionnels réalisés dans le secteur de l'énergie. Des augmentations supérieures à 1.5 point ont également été constatées au Chili et en Grèce.

Sur une période plus longue, 30 pays de l'OCDE affichent en 2022 des ratios impôts/PIB supérieurs à ce qu'ils étaient en 2010, les progressions les plus marquées concernant la Corée et la Grèce (respectivement 9.6 points et 8.7 points). Parmi les huit pays restants, le ratio des recettes fiscales rapportées au PIB de 2022 demeure inférieur de plus de 6 points à celui de 2010 en Irlande et de près de 4 points en Türkiye.

Composition des recettes fiscales en 2021

En 2021, dernière année pour laquelle on dispose de données définitives sur les recettes fiscales pour tous les pays de l'OCDE, les cotisations de sécurité sociale ont représenté la part la plus large du total des recettes fiscales, soit un peu plus d'un quart de ce montant (25.6 %) en moyenne, devant les impôts sur le revenu des personnes physiques (23.7 %). La TVA a procuré un cinquième du total des recettes fiscales (20.7 %), tandis que la contribution des autres impôts sur la consommation a été moindre (11.2 %). En 2021, 10.2 % du total des recettes fiscales provenaient de l'impôt sur les bénéfices des sociétés, le solde se répartissant entre les impôts sur le patrimoine (5.6 %) et les autres impôts.

Entre 2020 et 2021, la part moyenne des recettes provenant des impôts sur le revenu (IRPP et IS combinés) dans le total des recettes fiscales a augmenté de 0.8 %, à 34.0 %, la part des recettes de l'IS ayant augmenté tandis que celle des recettes de l'IRPP a baissé au cours de cette période. En 2021, la part moyenne des cotisations de sécurité sociale dans la structure fiscale moyenne de l'OCDE a diminué de 1.0 point, tandis que celle des impôts sur les biens et services a cédé 0.2 point.

Variations par niveau d'administration

En moyenne, la part des recettes perçues par les administrations infranationales a reculé entre 2020 et 2021. Entre 2020 et 2021, la part des recettes de l'administration centrale a progressé de 52.0 % à 53.3 % du total des recettes des administrations publiques dans les pays fédéraux, et de 62.5 % à 63.6 % dans les pays unitaires. Dans les pays fédéraux, 17.7 % des recettes étaient perçues par les administrations des États fédérés en moyenne, contre 7.5 % par les collectivités locales en 2021. Au niveau de l'État, la part moyenne des recettes fiscales était comprise entre 2.0 % en Autriche et 39.6 % au Canada, tandis qu'au niveau des collectivités locales, elle oscillait entre 1.8 % au Mexique et 15.3 % en Suisse. Dans les pays unitaires, la part des recettes perçues par les collectivités locales s'établissait à 10.8 % en moyenne, l'éventail allant de moins de 0.7 % en Estonie à 35.3 % en Suède.

Dynamisme des recettes fiscales dans les pays de l'OCDE

Une Étude spéciale contenue dans la présente publication examine le dynamisme des recettes fiscales dans les pays de l'OCDE entre 1980 et 2021, qui correspond aux variations des recettes fiscales en réponse aux modifications de la base d'imposition (assimilée au PIB aux fins de la présente analyse). En s'appuyant sur la base de données sans équivalent des *Statistiques des recettes publiques*, le chapitre évalue le dynamisme des recettes fiscales totales à court et à long terme pour six catégories d'impôt dans l'ensemble des pays de l'OCDE : IS, IRPP, cotisations de sécurité sociale, TVA, droits d'accise et impôts sur le patrimoine. En donnant un aperçu des facteurs qui expliquent les variations à court et à long terme des recettes provenant de différents types d'impôts, ce chapitre vise à éclairer les stratégies pour stabiliser les recettes fiscales au cours du cycle économique et à assurer la viabilité budgétaire à plus longue échéance. Il peut ainsi aider les pouvoirs publics à renforcer la résilience des finances publiques dans l'éventualité de chocs futurs.

L'étude spéciale constate qu'en moyenne dans les pays de l'OCDE, les recettes tirées de l'IS et de la TVA ont été plus dynamiques que celles provenant d'autres types d'impôt au cours des quatre dernières décennies, tandis que les cotisations de sécurité sociale et les droits d'accise ont été des sources de recettes plus stables lors d'épisodes de fluctuations économiques à court terme. Depuis 1980, le dynamisme à long terme a augmenté à l'échelle de l'OCDE pour les recettes fiscales totales et la plupart des types d'impôt, à l'exception de l'IS et des cotisations de sécurité sociale. Le chapitre analyse également les variations du dynamisme des recettes fiscales au cours du cycle économique, ainsi que l'impact de l'inflation et des changements démographiques sur ce dynamisme. Les résultats de cette analyse doivent être interprétés avec prudence, en partie parce que les estimations du dynamisme des recettes fiscales ne font pas la distinction entre l'effet des variations du PIB et les conséquences de politiques fiscales discrétionnaires sur les recettes fiscales.

1 Tendances des recettes fiscales, 1965-2022

Le chapitre 1 donne un aperçu des tendances des recettes fiscales dans les pays membres de l'OCDE, dont les évolutions des ratios impôts/PIB, la composition des recettes fiscales, la répartition des recettes fiscales par niveau d'administration, les crédits d'impôt récupérables et le financement des prestations de sécurité sociale.

L'édition 2023 des *Statistiques des recettes publiques* présente des données détaillées permettant de comparer, à l'échelle internationale, les recettes fiscales perçues par tous les niveaux d'administration dans les pays de l'OCDE. La dernière édition fournit des informations définitives sur les recettes fiscales pour la période allant de 1965 à 2021, deuxième année de la pandémie de COVID-19. En outre, des estimations provisoires relatives aux recettes fiscales pour 2022 — année marquée par l'invasion de l'Ukraine par la Russie — sont indiquées pour la plupart des pays de l'OCDE[1].

Encadré 1.1. Statistiques des recettes publiques dans les pays de l'OCDE – définitions et classifications

Dans les *Statistiques des recettes publiques 2023*, les impôts désignent les versements obligatoires sans contrepartie aux administrations publiques ou à une autorité supranationale. Les impôts sont sans contrepartie en ce sens que les prestations fournies par les administrations ne sont pas normalement proportionnelles à leurs paiements.

Dans la classification de l'OCDE, les impôts sont ventilés en fonction de leur base :

- Revenus et bénéfices (rubrique 1000) ;
- Cotisations obligatoires de sécurité sociale versées aux administrations publiques, qui sont traitées comme des impôts (rubrique 2000) ;
- Salaire et main-d'œuvre (rubrique 3000) ;
- Patrimoine (rubrique 4000) ;
- Biens et services (rubrique 5000) ;
- Autres impôts (rubrique 6000).

On trouvera des précisions sur les principes de fiscalité, la classification des impôts et l'enregistrement sur la base des droits constatés dans le *Guide d'interprétation* de l'OCDE qui figure à l'Annexe A du présent rapport.

Les moyennes présentées dans ce rapport ne sont pas pondérées.

Ratios impôts/PIB

Niveaux d'imposition pour 2022 (données provisoires)

D'après les données provisoires fournies par les pays de l'OCDE aux fins de ce rapport, les recettes fiscales exprimées en pourcentage du PIB (c'est-à-dire le ratio impôts/PIB) s'établissaient en moyenne à 34.0 % en 2022, ce qui représente une baisse de 0.15 point de pourcentage (p.p.) du PIB par rapport à 2021. Ce recul du ratio impôts/PIB dans les pays de l'OCDE, le premier depuis 2019, fait suite à deux années consécutives de hausse survenue dans le contexte de la pandémie de COVID-19 en 2020 et 2021.

Le ratio impôts/PIB a diminué dans 21 des 36 pays pour lesquels on dispose des données complètes relatives à l'année 2022, a augmenté dans 14 d'entre eux et est resté inchangé dans un. En moyenne, les hausses ont été plus importantes que les baisses (1.0 point contre 0.9 point). La variation la plus nette a été observée au Danemark, où le ratio impôts/PIB a reculé de 5.5 points en 2022, après avoir été le plus élevé des pays de l'OCDE depuis 2002, sauf pendant deux années. Les Pays-Bas, la Pologne, la Suède, la Suisse et la Türkiye ont également vu leur ratio impôts/PIB se replier de plus d'un point de pourcentage.

Graphique 1.1. Tendances des ratios impôts/PIB, 1965-2022p (en % du PIB)

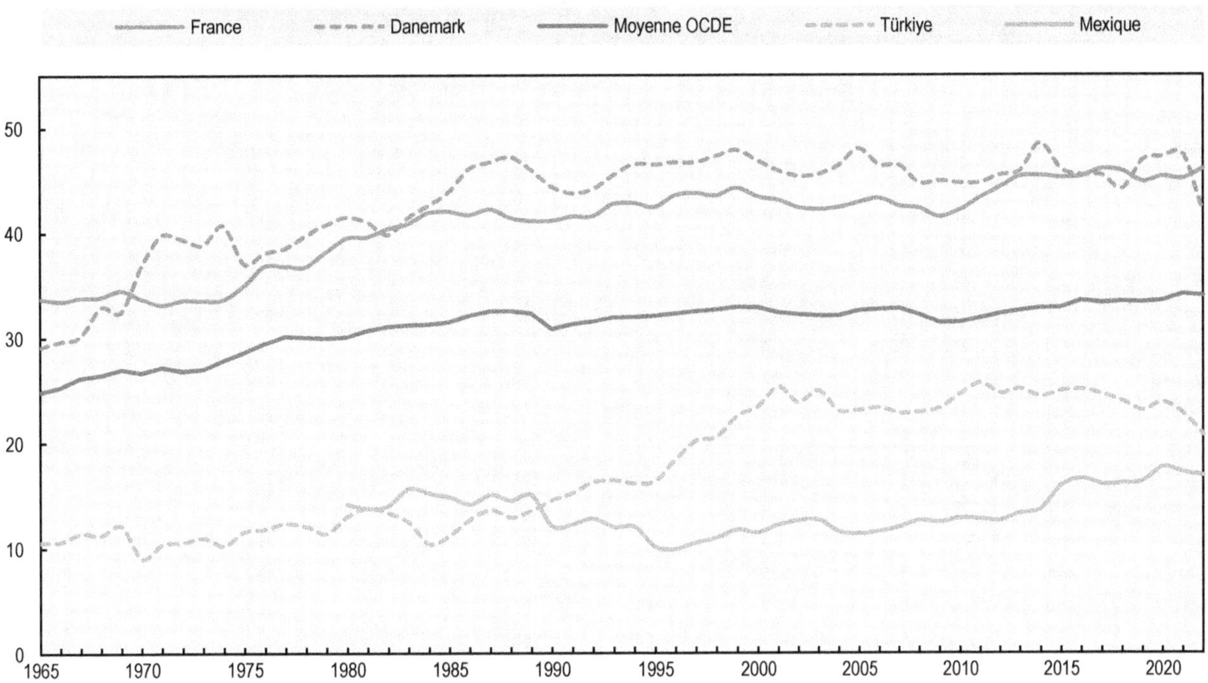

Notes : Les données pour 2022 sont préliminaires. La moyenne de l'OCDE en 2022 est calculée en appliquant le pourcentage moyen non pondéré de variation pour 2022 dans les 36 pays qui ont communiqué des données pour cette année au ratio moyen global impôts/PIB en 2021. Le ratio impôts/PIB moyen de l'OCDE en 2016 inclut les recettes ponctuelles des contributions à la stabilité en Islande. Sans ces recettes exceptionnelles en Islande, la moyenne du ratio des recettes fiscales rapportées au PIB aurait été de 33.2 %.
Source : Tableau 3.1.

StatLink https://stat.link/cd4iyk

En 2022, les ratios impôts/PIB ont considérablement varié d'un pays de l'OCDE à l'autre (Tableau 1.1). Les principales observations sont les suivantes :

- En 2022, la France affichait le ratio impôts/PIB le plus élevé (46.1 %), se classant ainsi à une position qu'elle n'avait plus occupée depuis 2018. La Norvège avait le deuxième ratio impôts/PIB le plus élevé (44.3 %), tandis que le Mexique enregistrait le ratio plus faible (16.9 %).
- Le Danemark a accusé la plus forte baisse du ratio impôts/PIB entre 2021 et 2022. Les recettes ont chuté de 5.5 points en raison de la diminution des recettes provenant des impôts sur le revenu (4.5 points) et de celles tirées des taxes sur les biens et les services (0.9 point).
- Le deuxième plus fort recul a été observé en Türkiye (2.0 points), où les cotisations de sécurité sociale et les recettes provenant de l'impôt sur le revenu des personnes physiques (IRPP) ont diminué respectivement de 1.6 point et 0.7 point.
- Entre 2021 et 2022, c'est en Corée que la hausse du ratio impôts/PIB a été la plus prononcée (2.2 points). Cette évolution s'explique en grande partie par une augmentation de 1.6 point des recettes provenant de l'impôt sur les sociétés (IS) et par une hausse de 0.6 point des recettes tirées de la taxe sur la valeur ajoutée (TVA).
- La deuxième progression la plus marquée a été observée en Norvège (1.9 point), où une hausse de 8.8 points des recettes issues de l'IS, attribuable aux bénéfices exceptionnels réalisés dans le secteur de l'énergie, a compensé la baisse des recettes provenant de l'IRPP, des cotisations de sécurité sociale et des impôts sur les biens et services. Le Chili et la Grèce sont les deux autres pays dans lesquels le ratio impôts/PIB a augmenté de plus de 1.5 point en 2022 (Graphique 1.2).

Tableau 1.1. Statistiques des recettes publiques : vue d’ensemble

	Recettes fiscales en % du PIB				Recettes fiscales en % du total des recettes fiscales en 2021						
	2022p	2021	2020	2000	1100 Impôts sur le revenu, personnes physiques	1200 Impôts sur le revenu, sociétés	2000 Cotisations de sécurité sociale (CSS)	4000 Impôts sur le patrimoine	5111 Taxes sur la valeur ajoutée	Autres impôts sur la con-sommation[3]	Ensemble des autres impôts[4]
Allemagne	39.3	39.3	37.9	36.4	26.6	6.0	37.6	3.2	18.3	8.4	0.0
Australie	..	29.5	28.4	30.4	39.0	22.5	0.0	10.9	11.1	12.2	4.3
Autriche[1]	43.1	43.3	42.1	42.3	22.4	6.4	35.4	1.5	17.5	9.2	7.6
Belgique[1]	42.4	42.5	42.3	43.8	26.7	9.0	30.6	8.4	16.0	9.2	0.0
Canada	33.2	33.9	34.7	34.7	36.3	13.5	14.0	11.3	13.1	8.3	3.5
Chili	23.9	22.2	19.3	18.7	10.8	17.1	5.3	4.9	42.6	10.4	8.9
Colombie	19.7	19.2	18.8	15.7	6.9	23.7	10.0	8.7	30.5	12.8	7.5
Corée	32.0	29.8	27.7	20.9	20.4	12.8	26.2	15.1	14.4	8.7	2.4
Costa Rica	25.5	25.0	22.6	21.1	6.2	9.7	36.0	2.1	20.4	14.5	11.2
Danemark[1]	41.9	47.4	47.3	46.9	52.8	8.3	0.1	3.9	20.1	8.8	5.8
Espagne	37.5	37.8	36.8	33.0	22.8	7.0	35.5	7.2	18.1	9.4	0.0
Estonie	32.8	33.5	33.3	31.1	20.4	4.6	34.7	0.6	27.3	12.5	0.0
États-Unis	27.7	26.5	25.7	28.3	42.9	6.1	22.9	11.6	0.0	16.6	0.1
Finlande	43.0	43.2	41.8	45.8	29.8	6.3	27.9	3.5	21.7	10.7	0.1
France[1]	46.1	45.2	45.4	43.4	21.0	5.6	32.8	8.5	16.4	10.7	5.0
Grèce	41.0	39.4	38.8	33.4	15.2	4.5	32.8	7.4	20.9	18.3	1.0
Hongrie	33.2	33.7	36.0	38.5	12.1	4.1	31.0	2.6	29.3	17.9	3.1
Irlande	20.9	20.7	19.7	30.8	32.7	17.1	15.2	5.4	18.5	10.2	0.9
Islande	34.9	35.1	36.4	35.9	41.4	5.7	8.5	5.9	24.4	9.2	4.8
Israël	32.9	32.5	29.7	34.1	22.0	11.0	15.5	12.1	23.2	10.5	5.7
Italie	42.9	42.4	42.6	40.5	25.9	4.4	31.2	5.8	15.7	12.5	4.5
Japon	..	34.1	33.0	25.3	18.9	13.1	39.2	7.9	14.9	5.8	0.3
Lettonie	30.2	30.5	30.9	29.0	19.6	2.8	31.1	2.9	28.1	15.5	0.0
Lituanie[1]	31.9	32.1	31.2	30.8	23.4	6.4	31.8	0.9	26.0	11.4	0.0
Luxembourg[1]	38.6	38.4	38.2	37.0	26.3	11.8	27.5	10.5	15.4	8.4	0.1
Mexique	16.9	17.3	17.7	11.5	21.1	20.2	13.7	2.0	25.2	11.8	5.9
Norvège	44.3	42.4	38.7	41.6	25.4	23.6	22.5	3.0	19.0	6.5	0.1
Nouvelle-Zélande	33.8	34.6	33.7	32.5	40.9	15.7	0.0	5.5	29.3	6.6	2.0
Pays-Bas	38.0	39.2	40.0	36.9	21.8	9.8	33.0	4.1	19.2	11.8	0.3
Pologne[1]	35.2	36.7	35.6	32.9	14.6	7.1	35.3	3.5	23.3	14.5	1.6
Portugal	36.4	35.3	35.2	30.9	19.8	6.8	29.5	4.3	25.2	13.8	0.6
République slovaque	34.8	35.4	34.8	33.6	10.6	10.2	43.0	1.3	21.1	12.9	0.8
Royaume-Uni	35.3	34.4	32.8	32.6	29.2	8.5	19.9	11.5	20.3	10.3	0.4
Slovénie[1]	37.4	37.9	37.2	37.7	14.3	6.5	43.2	1.6	21.7	12.5	0.1
Suède	41.3	42.7	42.4	50.0	29.1	7.8	20.9	2.2	21.3	6.5	12.1
Suisse[1]	27.2	28.5	28.0	27.0	30.3	10.9	24.2	8.0	11.3	8.3	6.9
Tchéquie	33.9	34.7	34.8	32.3	9.3	11.4	47.3	0.6	21.8	9.5	0.0
Türkiye	20.8	22.8	23.9	23.5	13.3	10.8	28.6	4.2	23.3	18.8	1.0
Moyenne OCDE[2]	**34.0**	**34.2**	**33.6**	**32.9**	**23.7**	**10.2**	**25.6**	**5.6**	**20.7**	**11.2**	**2.9**

.. Non disponible
1. Le total des recettes fiscales a été diminué du montant de tout transfert en capital représentant les impôts non perçus.
2. Moyenne 2022 provisoire calculée en appliquant le pourcentage moyen non pondéré de variation pour 2022 dans les 36 pays qui ont communiqué des données pour cette année au ratio moyen global impôts/PIB en 2021.
3. Calculé comme la différence entre 5000 Impôts sur les biens et services et 5111 Taxes sur la valeur ajoutée.
4. Inclut 1300 Non-ventilables entre l’impôt sur le revenu des personnes physiques et des sociétés, 3000 Impôts sur les salaires ou main d’œuvre et 6000 Autres impôts.

StatLink https://stat.link/cxrwji

Graphique 1.2. Variations des ratios impôts/PIB, p.p., 2021-2022p et 2010-2022p.

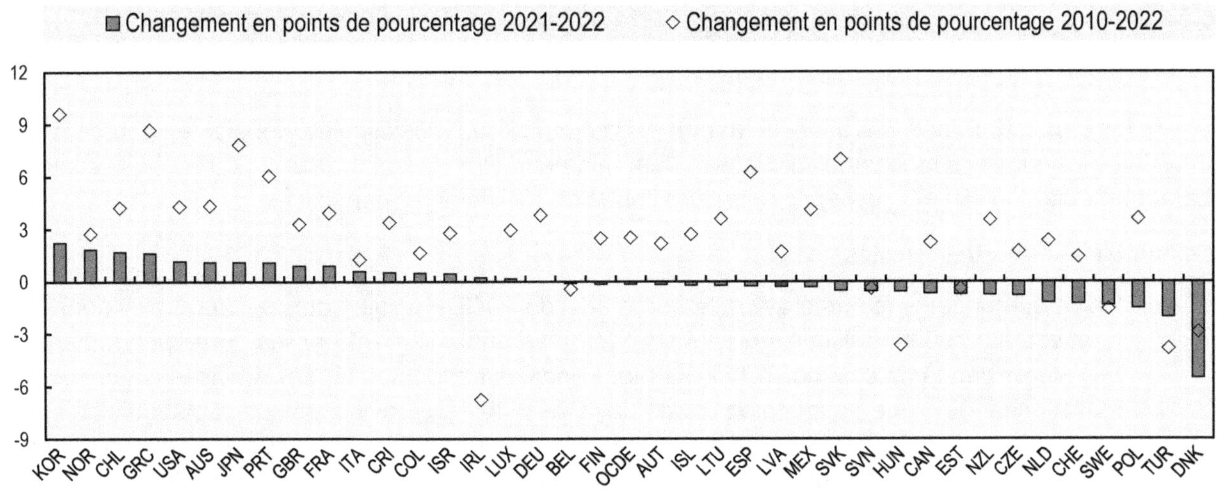

Note : Les données provisoires pour 2022 n'étaient pas disponibles dans le cas de l'Australie et du Japon. Pour ces pays, la comparaison porte sur les données relatives aux années 2020-2021 et 2010-2021.
Source : Calculs du Secrétariat basés sur le tableau 3.1.

StatLink https://stat.link/vnsdmz

Le ratio moyen impôts/PIB des pays de l'OCDE a été plus élevé en 2022 qu'en 2010, année où il s'établissait à 31.5 % du PIB. Au cours de cette période, le ratio impôts/PIB a augmenté dans 30 pays (si l'on prend en compte les données relatives à 2021 dans le cas de l'Australie et du Japon) (Graphique 1.2). Sa progression a été la plus forte en Corée (9.6 points) et en Grèce (8.7 points) ; des hausses supérieures à 5 points ont également été observées en Espagne, au Japon, au Portugal et en République slovaque. Les huit pays restants ont vu leur ratio impôts/PIB diminuer entre 2010 et 2022. La baisse la plus marquée s'est produite en Irlande, où le ratio est passé de 27.7 % en 2010 à 20.9 % en 2022, en grande partie sous l'effet d'une augmentation exceptionnelle du PIB en 2015. La deuxième baisse la plus importante a été observée en Türkiye (3.9 points).

Les évolutions du ratio des recettes fiscales rapportées au PIB s'expliquent par les variations relatives des recettes fiscales nominales et du PIB nominal (Encadré 1.2). Si les recettes fiscales progressent plus (ou diminuent moins) que le PIB d'une année sur l'autre, le ratio impôts/PIB augmentera. Si, à l'inverse, les recettes fiscales augmentent moins que le PIB, ou baissent plus que le PIB, le ratio diminuera. Aussi, un ratio impôts/PIB plus élevé ne signifie pas forcément que le montant total des recettes fiscales a augmenté en valeur nominale, voire même en valeur réelle.

En 2022, les recettes fiscales nominales ont augmenté par rapport à l'année précédente dans 35 des 36 pays de l'OCDE pour lesquels on dispose de données, tandis que le PIB nominal a progressé dans la totalité d'entre eux. Dans 20 pays, le ratio impôts/PIB a diminué car les recettes ont progressé moins fortement que le PIB, alors qu'au Danemark, il a reculé parce que les recettes fiscales ont baissé en valeur nominale et le PIB a augmenté (Graphique 1.3). Dans les 14 pays où le ratio impôts/PIB était supérieur à celui observé en 2021, les recettes fiscales nominales ont progressé plus fortement que le PIB nominal.

Le Graphique 1.3 illustre les variations intervenues entre 2020 et 2021 en Australie et au Japon, car le ratio impôts/PIB de 2022 n'est pas disponible. Dans ces deux pays, le ratio a augmenté de 1.1 point entre 2020 et 2021, la hausse des recettes fiscales nominales ayant été plus marquée que celle du PIB.

Encadré 1.2. Méthodologie : le ratio impôts/PIB

Les ratios impôts/PIB indiqués dans ce rapport expriment les recettes fiscales globales en pourcentage du PIB. La valeur de ce ratio varie suivant son dénominateur (PIB) et son numérateur (recettes fiscales). Le dénominateur (PIB) est susceptible de faire l'objet de révisions rétrospectives.

Le numérateur (recettes fiscales)

- En ce qui concerne le numérateur, le Secrétariat de l'OCDE utilise pour ce Rapport les données relatives aux recettes fiscales qui lui sont fournies annuellement par les correspondants des ministères des Finances, des administrations fiscales nationales ou des services nationaux de statistiques. Bien que pour la plupart des pays, des chiffres provisoires soient disponibles avec un décalage d'environ six mois, les données définitives le sont dans un délai d'environ dix-huit mois. Ainsi, les données définitives pour 2021 ont été reçues entre mai et août 2023.
- Dans 35 pays de l'OCDE, l'année fiscale coïncide avec l'année civile. Elle en diffère dans trois pays : l'Australie, le Japon et la Nouvelle-Zélande. Les déclarations pour l'année 2020 couvrent la période T2/2020-T1/2021 au Japon et la période T3/2020-T2/2021 en Australie et en Nouvelle-Zélande (T = trimestre).

Le dénominateur (PIB)

- En ce qui concerne le dénominateur, on utilise dans ce rapport les chiffres du PIB les plus récents dont on disposait en octobre 2023. À cette date, les chiffres du PIB pour 2022 étaient disponibles pour tous les pays de l'OCDE.
- L'utilisation de ces chiffres du PIB garantit une cohérence maximale, ainsi qu'une comparabilité internationale, pour les ratios impôts/PIB déclarés.
- Les chiffres du PIB proviennent des Comptes nationaux annuels des pays membres de l'OCDE (CNA-SCN) pour les 35 pays où l'année fiscale coïncide avec l'année civile.
- Lorsque l'année fiscale diffère de l'année civile, les estimations annuelles du PIB sont obtenues par l'agrégation des données trimestrielles fournies par la Direction des statistiques de l'OCDE pour les trimestres correspondants aux années fiscales de chacun des pays.

La moyenne indiquée dans cette publication est une moyenne non pondérée de tous les pays pour lesquels des données sont disponibles. On calcule la moyenne provisoire pour 2022 en appliquant le pourcentage moyen non pondéré de variation en 2022 dans les 36 pays qui ont communiqué des données pour cette année au ratio moyen global impôts/PIB en 2021.

Graphique 1.3. Variations relatives des recettes fiscales nominales et du PIB nominal, en %, 2021-2022p

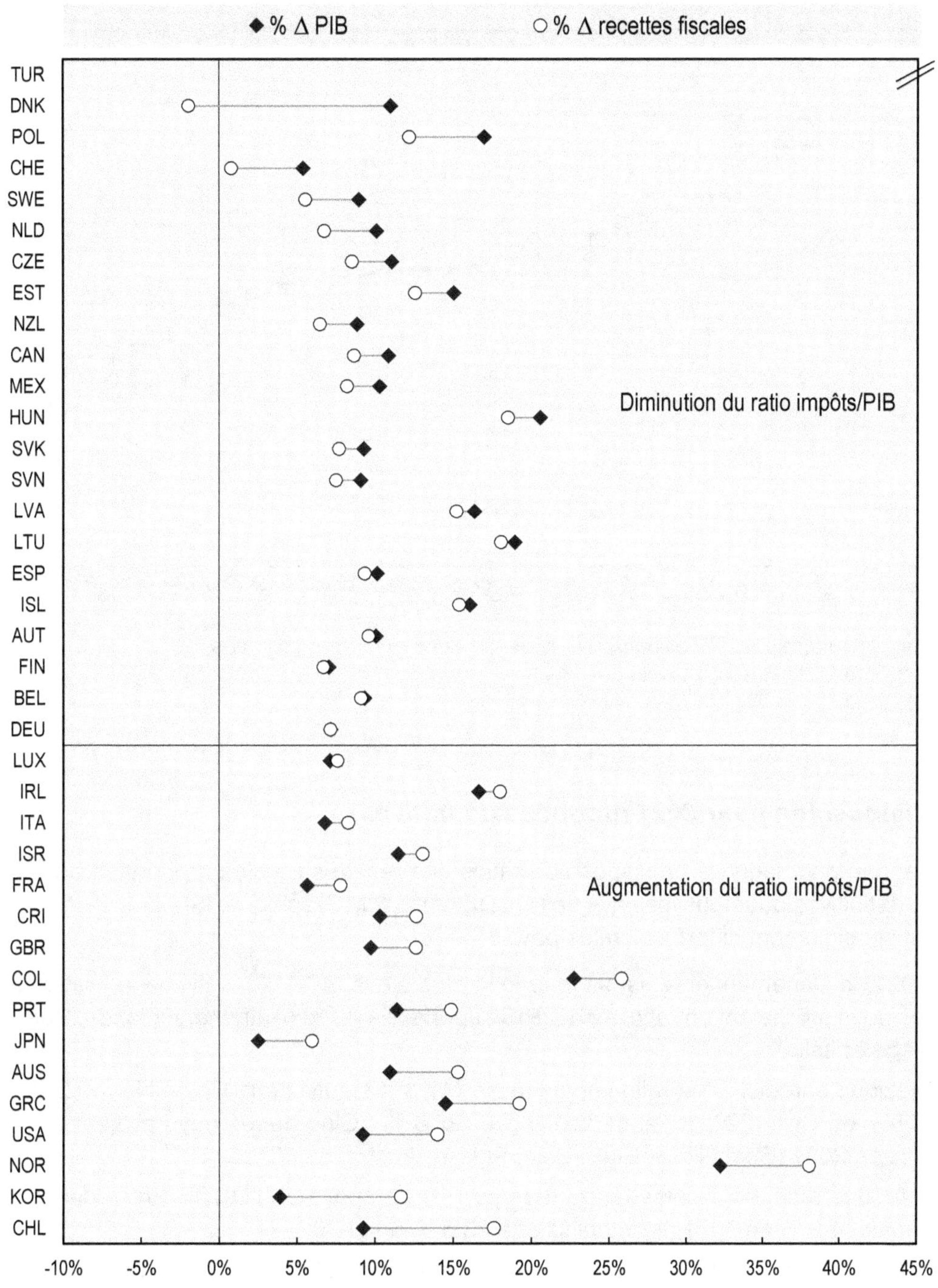

Note : En Türkiye, les recettes fiscales nominales ont augmenté de 89 % en 2022, tandis que le PIB nominal a progressé de 107 %. Les données concernant l'Australie et le Japon illustrent l'évolution intervenue entre 2020 et 2021, car les données préliminaires pour 2022 ne sont pas disponibles dans le cas de ces deux pays.
Source : Calculs du Secrétariat basés sur le chapitre 4 (recettes fiscales) et sur le tableau 3.19 (PIB)

StatLink https://stat.link/841cjx

Graphique 1.4. Ratios impôts/PIB en 2021 et 2022p (en % du PIB)

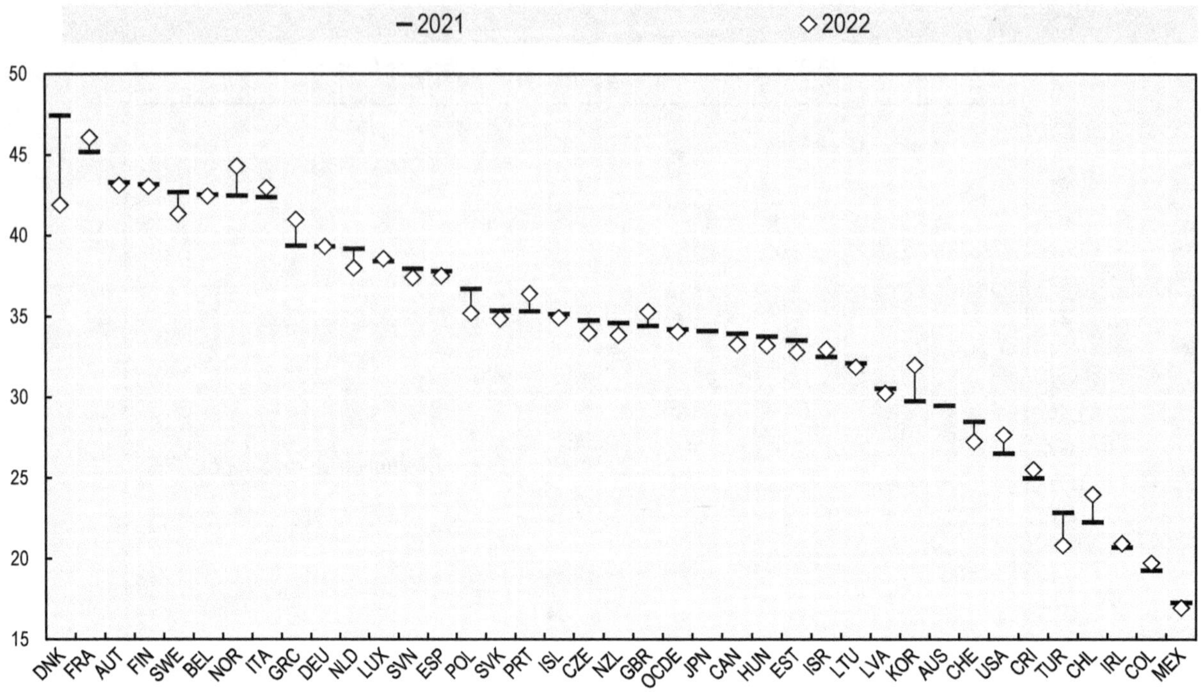

Note : Les données préliminaires pour 2022 concernant l'Australie et le Japon ne sont pas disponibles.
Source : Calculs du Secrétariat basés sur le tableau 3.1.

StatLink https://stat.link/ngj3ak

Niveaux d'imposition pour 2021 (données définitives)

La dernière année pour laquelle on dispose de ratios des recettes fiscales rapportées au PIB fondés sur des données définitives pour tous les pays de l'OCDE est 2021 (Graphique 1.4). Les chiffres montrent que ces ratios ont sensiblement différé selon les pays :

- En 2021, le Danemark enregistrait le ratio le plus élevé (47.4 %), suivi de la France (45.2 %). Six autres pays affichaient un ratio impôts/PIB supérieur à 40 % (Autriche, Finlande, Suède, Belgique, Norvège et Italie).
- Le Mexique enregistrait le ratio le plus faible (17.3 %), suivi de la Colombie (19.2 %), de l'Irlande (20.7 %), du Chili (22.2 %) et de la Türkiye (22.8 %). Cinq autres pays avaient un ratio inférieur à 30 % en 2021 (Costa Rica, États-Unis, Suisse, Australie et Corée).
- Le ratio des recettes fiscales rapportées au PIB des pays de l'OCDE (moyenne non pondérée) atteignait 34.2 % en 2021. Il s'établissait à 33.6 % en 2020.
- Par rapport à 2020, le ratio impôts/PIB a augmenté dans 28 pays, a diminué dans neuf et est resté inchangé dans un pays.
- C'est en Norvège (3.7 points) et au Chili (3.0 points) que les augmentations les plus importantes du ratio ont été constatées. La Corée, le Costa Rica et Israël ont tous enregistré une hausse supérieure à 2.0 points.
- Les baisses les plus importantes ont été observées en Hongrie (2.2 points) et en Islande (1.2 point).

Entre 2020 et 2021, la hausse du ratio moyen impôts/PIB a été tirée par l'augmentation des recettes provenant de l'IS et de la TVA (de 0.5 et 0.3 point respectivement), qui a largement compensé le recul des cotisations de sécurité sociale (0.2 point). L'étude spéciale figurant dans les deux dernières éditions de ce rapport porte sur l'impact que la pandémie de COVID-19 a eu sur les recettes fiscales dans les pays de l'OCDE (OCDE, 2021[1]), (OCDE, 2022[2]).

Tableau 1.2. Structure fiscale moyenne dans les pays de l'OCDE, années retenues (moyenne non pondérée en % du PIB)

	1965	1990	2000	2007	2010	2015	2019	2020	2021
Recettes fiscales totales	24.9	30.8	32.9	32.8	31.5	32.9	33.4	33.6	34.2
1000 Impôts sur le revenu, les bénéfices et les gains en capital	8.7	11.5	11.4	11.7	10.2	10.9	11.3	11.3	12.0
dont :									
1100 Impôts sur le revenu, les bénéfices et les gains en capital des personnes physiques	6.8	9.3	8.5	7.8	7.2	7.9	8.0	8.3	8.3
1200 Impôts sur le revenu, les bénéfices et les gains en capital des sociétés	2.1	2.4	3.1	3.6	2.7	2.8	3.0	2.8	3.3
2000 Cotisations de sécurité sociale (CSS)	4.5	7.1	8.4	8.2	8.6	8.8	8.9	9.2	9.0
3000 Impôts sur les salaires et la main-d'œuvre	0.3	0.4	0.4	0.4	0.4	0.4	0.5	0.5	0.5
4000 Impôts sur le patrimoine	1.9	1.7	1.7	1.7	1.6	1.8	1.8	1.9	1.9
5000 Impôts sur les biens et services	9.4	9.9	10.8	10.7	10.5	10.8	10.8	10.6	10.7
dont :									
5111 Taxes sur la valeur ajoutée	0.7	5.1	6.3	6.5	6.4	6.6	6.7	6.7	7.0
5121 Accises	3.5	2.5	2.8	2.6	2.6	2.5	2.3	2.3	2.1
6000 Autres impôts	0.1	0.4	0.2	0.2	0.2	0.2	0.2	0.2	0.1

Note : Part des principales catégories d'impôts dans le PIB (en pourcentage). Les données sont incluses depuis 1965 pour l'Australie, l'Autriche, la Belgique, le Canada, le Danemark, la Finlande, la France, l'Allemagne, la Grèce, l'Islande, l'Irlande, l'Italie, le Japon, le Luxembourg, les Pays-Bas, la Nouvelle- Zélande, la Norvège, le Portugal, l'Espagne, la Suède, la Suisse, la Türkiye, le Royaume-Uni et les États-Unis. Les données sont incluses depuis 1972 pour la Corée, depuis 1980 pour le Mexique, depuis 1990 pour le Chili, la Colombie et le Costa Rica, depuis 1991 pour la Hongrie et la Pologne, depuis 1993 pour la Tchéquie, depuis 1995 pour l'Estonie, Israël, la Lettonie, la Lituanie, la République slovaque et la Slovénie.
Source : OECD (2023), "Recettes fiscales : Tableaux comparatifs", Statistiques fiscales de l'OCDE (base de données).

StatLink https://stat.link/y4rsx0

Variations de la charge fiscale entre 1965 et 2021

Entre 1965 et 2021, le ratio moyen impôts/PIB dans les pays de l'OCDE est passé de 24.9 % à 34.2 %, ce qui représente une progression de 9.3 points (Graphique 1.1). Avant le premier choc pétrolier (1973-74), une croissance des revenus forte et presque ininterrompue a permis aux niveaux d'imposition d'augmenter dans tous les pays de l'OCDE. Les niveaux d'imposition sont automatiquement montés sous l'effet de la progressivité des barèmes de l'IRPP. Entre 1975 et 1985, la charge fiscale dans les pays de l'OCDE a augmenté de 2.9 points. Après le milieu des années 1970, le ralentissement de la croissance des revenus réels, combiné à l'augmentation du chômage, a limité la capacité des pouvoirs publics à prélever des recettes. Cependant, à partir de la profonde récession qui a suivi le second choc pétrolier (1980), les pays européens ont été amenés à augmenter leurs impôts pour financer la hausse des dépenses de sécurité sociale et s'efforcer de maîtriser les déficits budgétaires.

Après le milieu des années 1980, la plupart des pays de l'OCDE ont sensiblement réduit les taux légaux de leurs impôts sur le revenu des personnes physiques et sur les bénéfices des sociétés, mais l'incidence négative sur les recettes publiques a souvent été compensée par une réduction ou une suppression des déductions fiscales. En 1999, le taux moyen d'imposition dans les pays de l'OCDE avait atteint 33.0 %, soit le niveau le plus élevé enregistré à cette époque. Il s'est ensuite légèrement replié entre 2001 et 2004, avant de repartir à la hausse entre 2005 et 2007, puis de retomber pendant la crise financière mondiale en 2008 et 2009. Entre 2010 et 2021[2], le ratio impôts/PIB a augmenté chaque année, à l'exception de deux années, malgré l'effet de la pandémie de COVID-19 en 2020-21.

On trouvera au chapitre 2 – l'étude spéciale de ce rapport – une analyse plus approfondie de l'évolution à long terme des recettes fiscales dans les pays de l'OCDE. Cette étude spéciale examine le dynamisme des recettes fiscales dans les pays de l'OCDE entre 1980 et 2021 en évaluant la relation entre les variations des recettes fiscales (totales et par type d'impôt) et celles du PIB sur le court et le long terme.

Le ratio moyen impôts/PIB des pays de l'OCDE masque de grandes variations entre les pays. En 1965, les ratios des pays de l'OCDE étaient compris entre 10.6 % en Türkiye et 33.7 % en France. En 2021, ces niveaux oscillaient entre 17.3 % au Mexique et 47.4 % au Danemark. La tendance continue à la hausse des niveaux d'imposition sur cette période reflète le besoin de financer l'augmentation considérable des dépenses du secteur public dans presque tous les pays de l'OCDE.

Structures fiscales

Les structures fiscales sont mesurées par la part des principaux impôts dans les recettes fiscales totales. En 2021, les structures fiscales des pays de l'OCDE affichaient des différences. Dix-huit pays ont tiré l'essentiel de leurs recettes des impôts sur le revenu (à la fois des personnes physiques et des sociétés), dix pays des recettes liées aux cotisations de sécurité sociale, et dix autres pays des impôts sur la consommation (TVA comprise). En 2021, les impôts sur le patrimoine et les impôts sur les salaires jouaient un faible rôle dans la structure des recettes des pays de l'OCDE, tant en moyenne que dans la plupart des pays (Graphique 1.5).

Graphique 1.5. Structures fiscales en 2021 (en % du total des recettes fiscales)

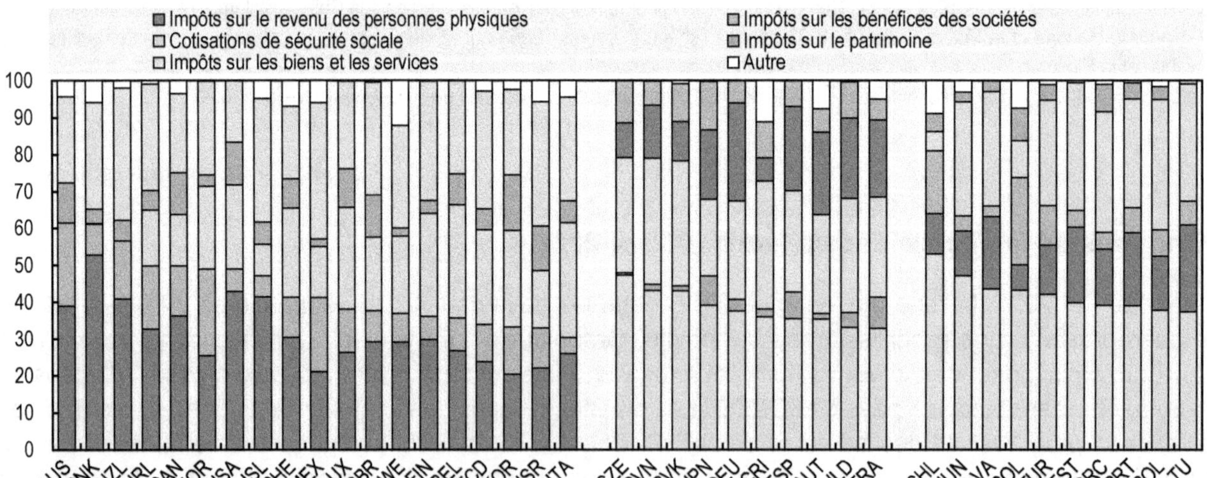

Note : Les pays sont groupés et classés en fonction de ceux dans lesquels les recettes de l'impôt sur le revenu (revenu des personnes physiques et bénéfices des sociétés) génèrent la fraction la plus élevée du total des recettes fiscales, suivis de ceux dans lesquels les cotisations de sécurité sociale ou les impôts sur les biens et services représentent la part la plus élevée.
Source : Calculs du Secrétariat basés sur les données figurant au chapitre 4.

StatLink https://stat.link/aoth03

Si le niveau des recettes fiscales a, en moyenne, généralement augmenté dans les pays de l'OCDE, la structure fiscale ou le « dosage » des impôts a fait preuve d'une stabilité remarquable dans le temps. Néanmoins, plusieurs tendances se manifestent jusqu'en 2021 (dernière année pour laquelle on dispose de données concernant les 38 pays de l'OCDE). Celles-ci sont examinées ci-dessous.

Impôts sur le revenu et les bénéfices

En moyenne, en 2021, les pays de l'OCDE collectaient 34.0 % de leurs recettes fiscales via les impôts sur le revenu et les bénéfices (somme des impôts sur le revenu des personnes physiques et sur les bénéfices des sociétés). Ces impôts restent la principale source de recettes utilisées pour financer les dépenses publiques dans 18 des pays de l'OCDE ; dans dix d'entre eux – Australie, Canada, Danemark, États-Unis, Irlande, Islande, Mexique, Norvège, Nouvelle-Zélande et Suisse –, leur part dans le total des impôts était supérieure à 40 % en 2021.

Graphique 1.6. Tendances des structures fiscales (1965-2021, en % du total des recettes fiscales)

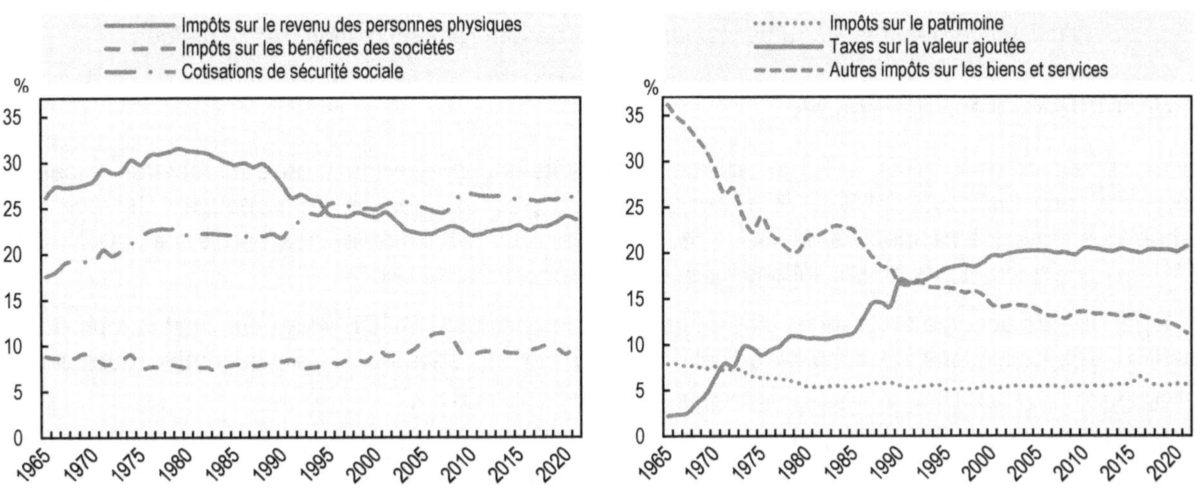

Note : Les recettes publiques moyennes de l'OCDE en 2016 pour les catégories principales incluent les contributions à la stabilité ponctuelles en Islande.
Source : Calculs du Secrétariat basés sur les tableaux 3.8 à 3.14.

StatLink https://stat.link/v6fozi

Au sein de la catégorie des impôts sur le revenu et les bénéfices, la part de l'IRPP et de l'IS varie :

- En 2021, les recettes issues de l'IRPP ont représenté en moyenne 23.7 % du total des recettes, contre 30 % environ au cours des années 1980. Environ deux points de ce recul peuvent être attribués à l'inclusion relativement récente des pays d'Europe de l'Est et d'Amérique latine dans l'OCDE, pour lesquels les données relatives aux recettes fiscales ne sont disponibles qu'à partir des années 1990. Dans ces pays, les recettes générées par l'IRPP tendent à être relativement faibles, alors que celles liées aux cotisations de sécurité sociale ou à l'IS sont plus élevées, mais cet effet concerne seulement les données postérieures à l'année 1990.
- Les différences observées entre les pays sont considérables pour ce qui est de l'importance de l'IRPP. En 2021, la proportion des recettes issues cet impôt s'échelonnait entre 6.2 % au Costa Rica, 42.9 % aux États-Unis et jusqu'à 52.8 % au Danemark (Graphique 1.5).
- Les recettes provenant de l'IS représentaient entre 8 % et 9 % du total des recettes fiscales en moyenne au cours de la période 1965 à 2003. Elles ont ensuite augmenté pour atteindre un plus

haut de 11.3 % en 2007, avant de retomber à 9.0 % en 2010, dans le sillage de la crise financière mondiale. Elles se sont maintenues entre 9.0 % et 10.0 % du total des recettes fiscales, sauf en 2018 et 2021, lorsqu'elles se sont établies à 10.1 % 10.2 % respectivement.

- En 2021, la part de l'IS dans les recettes fiscales totales a considérablement varié d'un pays à l'autre, allant de moins de 5 % (Estonie, Grèce, Hongrie, Italie et Lettonie) à plus de 20 % au Mexique (20.2 %), en Australie (22.5 %), en Norvège (23.6 %) et en Colombie (23.7 %). Hormis la dispersion des taux légaux de l'IS, ces différences sont au moins partiellement imputables à des facteurs institutionnels ou spécifiques aux pays, tels que :
    - la proportion des entreprises constituées en société ;
    - l'érosion de la base d'imposition des sociétés due, par exemple, à des méthodes généreuses de calcul de l'amortissement et à des incitations fiscales ;
    - le caractère cyclique du système de l'IS, conditionné en partie par les dispositions relatives à la compensation des pertes ;
    - le degré de dépendance à l'égard des recettes fiscales tirées de l'exploitation de gisements pétroliers et/ou de minerais ; ou
    - l'existence d'autres instruments permettant de différer l'imposition des bénéfices.

Cotisations de sécurité sociale

En 2021, les cotisations de sécurité sociale représentaient 25.6 % du total des recettes fiscales en moyenne dans les pays de l'OCDE. Elles étaient les plus élevées en Tchéquie, en Slovénie et en République slovaque (respectivement 47.3 %, 43.2 % et 43.0 %). En revanche, l'Australie et la Nouvelle-Zélande ne collectent pas de cotisations de sécurité sociale.

On a par ailleurs observé de grandes différences entre les pays de l'OCDE pour ce qui est des proportions relatives des cotisations de sécurité sociale versées par les salariés et par les employeurs en 2021 (Graphique 1.7) :

- Neuf pays (Chili, Grèce, Hongrie, Israël, Lituanie, Luxembourg, Pologne, Slovénie et Suisse) ont mobilisé davantage de recettes à partir des cotisations salariales de sécurité sociale, tandis que les autres pays en ont collecté davantage grâce aux cotisations patronales.
- La Lituanie est le pays où la proportion des recettes fiscales totales générées par les cotisations salariales de sécurité sociale était la plus élevée (24.1 %). Les cotisations salariales de sécurité sociale représentaient également plus de 15 % des recettes fiscales totales en Allemagne, en Grèce, en Hongrie, au Japon, en Pologne et en Slovénie. C'est au Danemark que cette part était la plus faible, s'établissant à 0.1 % du total des recettes. Outre le Danemark, l'Estonie et l'Irlande sont les deux seuls autres pays où les cotisations salariales de sécurité sociale représentaient moins de 5 % des recettes totales.
- L'Estonie est le pays où la part des recettes fiscales totales générées par les cotisations patronales de sécurité sociale était la plus élevée (31.1 %). La part des cotisations patronales de sécurité sociale dans le total des recettes fiscales était également supérieure à 25 % en Tchéquie (29.1 %), en République slovaque et en Espagne (25.8 % dans les deux pays). Le Danemark et le Chili affichaient les parts les plus faibles, soit 0.1 % et 0.2 % du total des recettes.
- S'agissant de la part des cotisations de sécurité sociale acquittée par les travailleurs indépendants et les chômeurs dans le total des recettes fiscales, la Tchéquie affichait le pourcentage le plus élevé (8.7 %), suivie des Pays-Bas et de la Pologne (7.5 % et 7.3 % respectivement).

Graphique 1.7. Composition des cotisations de sécurité sociale, en pourcentage du total des cotisations de sécurité sociale, 2021

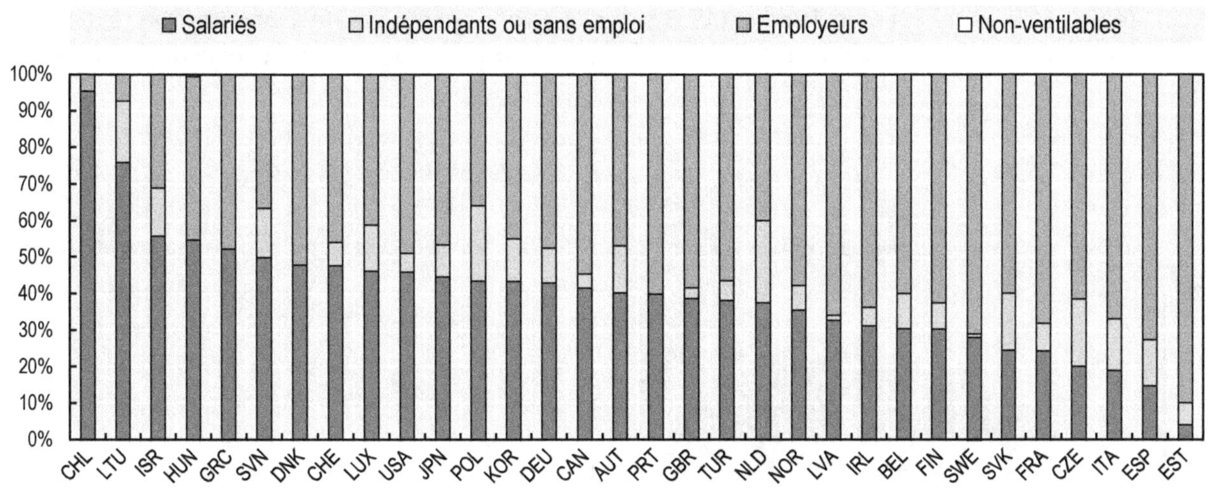

Note : L'Australie, la Colombie, le Costa Rica, l'Islande, le Mexique et la Nouvelle-Zélande ne sont pas inclus dans le graphique 1.7. Bien que la Colombie, le Costa Rica, l'Islande et le Mexique collectent des cotisations de sécurité sociale, les données désagrégées ne sont pas disponibles. L'Australie et la Nouvelle-Zélande ne prélèvent pas de cotisations de sécurité sociale.
Source : Calculs du Secrétariat basés sur les données figurant au chapitre 4.

StatLink https://stat.link/pe2q0w

Impôts sur le patrimoine

Entre 1965 et 2021, la part des impôts sur le patrimoine a été ramenée de 7.9 % à 5.6 % du total des recettes fiscales en moyenne dans les pays de l'OCDE (Graphique 1.6). En 2021, les recettes provenant des impôts sur le patrimoine représentaient plus de 10 % des recettes fiscales totales en Australie, au Canada, en Corée, en Israël, aux États-Unis, au Luxembourg et au Royaume-Uni, et moins de 1 % en Estonie, en Lituanie et en Tchéquie.

Impôts sur la consommation

La part des impôts sur la consommation (impôts généraux sur la consommation plus impôts spécifiques sur la consommation) a diminué de 38.4 % à 31.9 % entre 1965 et 2021 (Graphique 1.6).

- Pendant cette période, la composition des taxes sur les biens et services s'est modifiée. Les impôts généraux sur la consommation ont vu leur importance en tant que source de recettes s'affirmer rapidement, notamment pour la TVA, qui est prélevée dans 37 des 38 pays de l'OCDE[3].
- Les impôts généraux sur la consommation représentaient 21.4 % des recettes fiscales totales en 2021, contre seulement 13.4 % au milieu des années 1970. En 2021, elles provenaient principalement de la TVA (20.7 % du total des recettes fiscales).
- L'importance accrue de la TVA a compensé la diminution de la part des impôts spécifiques sur la consommation, tels que les droits d'accise et les droits de douane.
- Entre 1975 et 2021, la part des impôts spécifiques sur la consommation (en particulier ceux sur le tabac, les boissons alcoolisées et les carburants, ainsi que certaines taxes liées à l'environnement) a été réduite de plus de moitié, passant de 17.7 % à 8.5 % du total des recettes. En 2021, les droits d'accise constituaient la principale catégorie et généraient 6.3 % du total des recettes (Graphique 1.8).

- Les taux des impôts sur les produits importés ont fortement baissé dans tous les pays de l'OCDE, ce qui s'explique par la tendance générale à la suppression des obstacles aux échanges.
- Néanmoins, des pays tels que la Grèce, la Hongrie, la Lettonie, le Mexique, la Pologne, le Portugal (entre 11 % et 12 %) et la Türkiye (17.6 %) collectaient encore en 2021 une fraction relativement importante de leurs recettes fiscales totales via des taxes sur des biens et services spécifiques.

Graphique 1.8. Part des recettes tirées des impôts généraux sur la consommation (gauche) et impôts spécifiques sur la consommation (droite) en % du total des recettes fiscales, 1975-2021

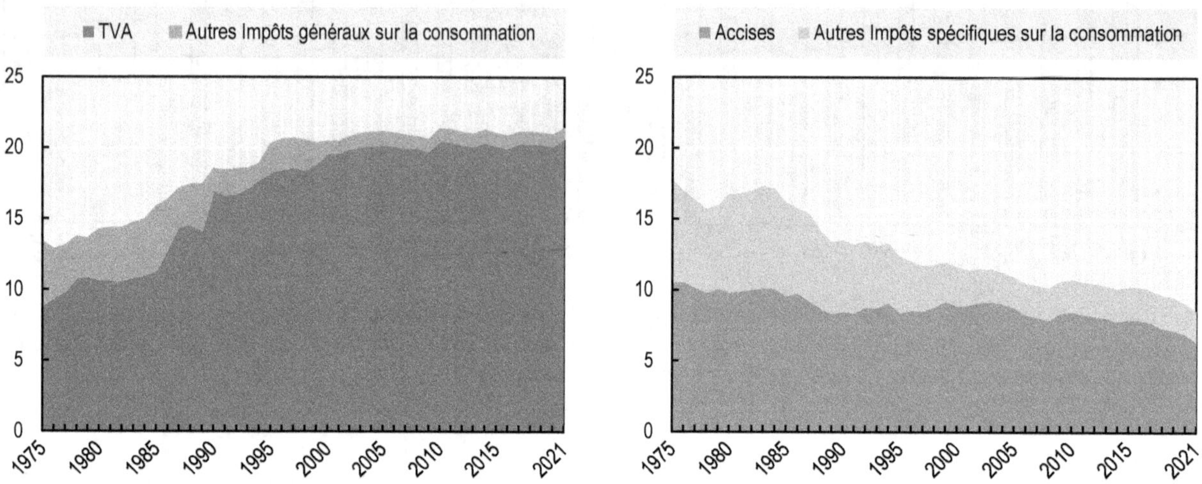

Note : La moyenne non pondérée pour chaque année comprend tous les pays qui communiquent des chiffres sur les recettes dans les catégories indiquées cette même année. Les moyennes de l'OCDE en 2016 incluent les recettes ponctuelles des contributions à la stabilité en Islande.
Source : Calculs du Secrétariat basés sur le chapitre 4.

StatLink https://stat.link/c4ujri

Répartition des impôts par niveau d'administration

Cette section examine la part des recettes fiscales attribuées aux différents sous-secteurs des administrations publiques en 2021. Les sous-secteurs sont les suivants :

- Administration centrale
- Collectivités régionales ou provinciales (pays à structure fédérale ou régionale uniquement)
- Administrations locales
- Caisses de sécurité sociale
- Autorité supranationale (pays de l'UE uniquement)

Les directives suivies pour attribuer les recettes aux différents niveaux d'administration s'appuient sur la version finale du Système de comptabilité nationale 2008. Ces directives sont examinées dans l'étude spéciale S.1 de l'édition 2011 des *Statistiques des recettes publiques* de l'OCDE.

Recettes des administrations infranationales dans les pays à structure fédérale et à structure unitaire

Huit pays de l'OCDE ont une structure fédérale. Dans ces pays, les administrations centrales ont perçu en moyenne 53.3 % des recettes totales en 2021. Viennent ensuite les caisses de sécurité sociale, qui constituent un sous-secteur de l'administration centrale et qui ont reçu 21.2 % des recettes totales, suivies des collectivités régionales ou provinciales (17.7 %) et des collectivités locales (7.5 %) (Tableau 1.3).

Au sein des pays à structure fédérale, on constate des variations considérables par rapport à ces moyennes :

- En 2021, dans les huit pays à structure fédérale de l'OCDE, la part des recettes de l'administration centrale allait de 28.3 % en Allemagne à 80.4 % en Australie et au Mexique.
- Toujours en 2021, la part des recettes des collectivités régionales ou provinciales s'échelonnait entre 2.0 % en Autriche, 4.1 % au Mexique et 39.6 % au Canada. Celle des collectivités locales était comprise entre 1.8 % au Mexique et 14.5 % aux États-Unis, voire 15.3 % en Suisse.
- Entre 1975 et 2021, la part des recettes de l'administration centrale a reculé de plus de 12 points en Belgique, et de plus de cinq points au Canada.
- En Autriche, la part des recettes de l'administration centrale a augmenté de plus de 12 points durant cette période. Il y a eu peu de changement en Australie.
- Sur les sept pays fédéraux dotés de caisses de sécurité sociale, cinq ont vu leur part des recettes augmenter entre 1975 et 2021. Les exceptions sont le Canada et le Mexique, où la part des recettes a diminué entre 1975 (1980 pour le Mexique en raison de la disponibilité des données) et 2021.

La Colombie et l'Espagne, qui sont constitutionnellement des pays non fédéraux, ont une structure politique très décentralisée, dont la composition est très variable selon le niveau d'administration. En 2021, la part des recettes en Colombie de l'administration centrale s'élevait à 72.7 %, contre 5.1 % pour les collectivités régionales et 12.3 % pour les collectivités locales. En 2021, la part des recettes en Espagne de l'administration centrale s'élevait à 40.3 %, contre 15.7 % pour les collectivités régionales et 8.6 % pour les collectivités locales.

Tableau 1.3. Recettes fiscales des sous-secteurs des administrations publiques en % du total des recettes fiscales, pays à structure fédérale

Pour cent

	Supranationale			Administration centrale			Administrations d'États fédérés/Régions			Administrations locales			Administrations de sécurité sociale		
	1975	1995	2021	1975	1995	2021	1975	1995	2021	1975	1995	2021	1975	1995	2021
Pays fédéraux															
Australie	..	..	..	80.1	77.5	80.4	15.7	19.0	16.5	4.2	3.4	3.1	0.0	0.0	0.0
Autriche[1]	..	0.4	0.4	51.7	64.7	64.5	10.6	1.8	2.0	12.4	4.1	3.0	25.3	29.0	30.0
Belgique[1]	1.4	1.0	0.9	65.3	60.1	52.4	..	1.8	10.2	4.4	4.8	4.5	28.8	32.2	32.1
Canada	..	..	..	47.6	39.1	41.7	32.5	37.1	39.6	9.9	9.8	9.3	10.0	14.0	9.5
Allemagne	1.2	0.6	0.5	33.5	31.4	28.3	22.3	21.6	24.7	9.0	7.4	8.8	34.0	39.0	37.6
Mexique	..	..	..	..	73.9	80.4	..	2.8	4.1	..	1.5	1.8	..	21.8	13.7
Suisse[1]	..	..	..	30.7	31.7	36.0	27.0	24.0	24.5	20.3	17.5	15.3	22.0	26.8	24.2
États-Unis	..	..	..	45.4	41.4	42.4	19.5	20.0	20.2	14.7	13.3	14.5	20.5	25.2	22.9
Moyenne non pondérée	1.3	0.7	0.6	50.6	52.5	53.3	21.3	16.0	17.7	10.7	7.7	7.5	20.1	23.5	21.2
Pays régionaux															
Colombie[2]	..	..	..	..	63.2	72.7	..	5.5	5.1	..	8.6	12.3	..	22.7	10.0
Espagne[2]	..	0.8	0.7	48.2	51.1	40.3	..	5.0	15.7	4.3	8.6	8.6	47.5	34.6	34.7

.. Non disponible

1. Le total des recettes fiscales a été diminué du montant de tout transfert en capital représentant les impôts non perçus.

2. La Colombie et l'Espagne ne sont pas des pays constitutionnellement fédéraux, mais tous deux ont une structure politique très décentralisée, avec une autonomie importante de leurs entités territoriales.

StatLink https://stat.link/ju6xs7

Les vingt-huit autres pays de l'OCDE ont une structure unitaire. Dans ces pays, 63.6 % des recettes en moyenne provenaient en 2021 de l'administration centrale, 25.2 % des caisses de sécurité sociale, et 10.8 % des collectivités locales.

Dans les pays à structure unitaire de l'OCDE :

- En 2021, la part des recettes de l'administration centrale se situait entre 30.8 % en France et 93.8 % en Nouvelle-Zélande.
- Celle des collectivités locales allait de 0.7 % en Estonie à 35.3 % en Suède.
- Entre 1975 et 2021, cette part a progressé de plus de 5 points dans six pays : Corée, France, Islande, Italie, Portugal et Suède. En revanche, une diminution de 5 points ou plus a été observée dans trois pays, à savoir l'Irlande, la Norvège et le Royaume-Uni[4].
- Entre 1975 et 2021, la part des caisses de sécurité sociale a progressé de 10 points ou plus dans trois pays (Corée, France et Japon) et diminué du même ordre de grandeur dans deux autres pays (Italie et Norvège).

Tableau 1.4. Recettes fiscales des sous-secteurs des administrations publiques en % du total des recettes fiscales, pays à structure unitaire

Pour cent

	Supranationale			Administration centrale			Administrations d'États fédérés/Régions			Administrations locales			Administrations de sécurité sociale		
	1975	1995	2021	1975	1995	2021	1975	1995	2021	1975	1995	2021	1975	1995	2021
Pays unitaires															
Chili	..	..	..	..	89.9	88.7	..	..	..	..	6.5	7.0	..	3.6	4.3
Costa Rica	..	..	..	..	65.5	60.1	..	..	..	..	1.6	3.0	..	33.0	37.0
Tchéquie	..	..	0.5	..	57.7	51.2	..	..	..	..	0.9	0.9	..	41.4	47.3
Danemark[1]	1.0	0.5	0.3	69.1	68.2	73.9	..	..	..	29.8	31.3	25.7	0.1	0.0	0.1
Estonie	..	..	0.7	..	84.3	82.2	..	..	..	..	0.8	0.7	..	14.9	16.4
Finlande	..	0.4	0.4	56.0	46.6	47.8	..	..	..	23.5	22.3	23.9	20.4	30.8	27.9
France[1]	0.7	0.7	0.5	51.2	42.5	30.8	..	..	..	7.6	11.0	14.4	40.6	45.8	54.3
Grèce	..	0.6	0.5	67.1	66.3	64.2	..	..	..	3.4	2.0	2.3	29.5	31.0	32.9
Hongrie	..	..	0.4	..	63.8	64.2	..	..	..	..	2.5	5.1	..	33.6	30.4
Islande	..	..	..	81.3	79.2	70.1	..	..	..	18.7	20.8	29.9	0.0	0.0	0.0
Irlande	2.3	1.5	0.8	77.4	83.1	84.5	..	..	..	7.3	2.7	1.2	13.1	12.7	13.4
Israël	..	..	..	..	79.0	76.2	..	..	..	..	7.1	8.3	..	13.9	15.5
Italie	..	0.4	0.5	53.2	62.7	57.5	..	..	..	0.9	5.4	10.8	45.9	31.5	31.2
Japon	..	..	..	45.5	41.2	38.3	..	..	..	25.6	25.2	22.6	29.0	33.6	39.2
Corée	..	..	..	89.0	69.2	55.6	..	..	..	10.1	18.7	18.2	0.9	12.1	26.2
Lettonie	..	..	0.7	..	43.5	51.8	..	..	..	..	19.5	17.2	..	36.9	30.2
Lituanie[1]	..	..	1.0	..	71.7	66.2	..	..	..	..	2.3	1.0	..	26.1	31.8
Luxembourg[1]	0.8	0.4	1.0	63.6	66.4	68.3	..	..	..	6.7	6.5	4.0	29.0	26.6	26.8
Pays-Bas	1.5	1.3	1.2	58.9	56.0	62.4	..	..	..	1.2	3.1	3.4	38.4	39.5	33.0
Nouvelle-Zélande	..	..	..	92.3	94.7	93.8	..	..	..	7.7	5.3	6.2	0.0	0.0	0.0
Norvège	..	..	..	50.6	57.6	84.1	..	..	..	22.4	20.0	15.9	27.0	22.4	0.0
Pologne[1]	..	..	0.6	..	61.2	52.0	..	..	..	..	8.5	11.9	..	30.3	35.5
Portugal	..	0.8	0.5	65.4	68.6	64.1	..	..	..	0.0	9.0	7.3	34.6	21.6	28.2
République slovaque	..	..	0.4	..	62.6	55.8	..	..	..	..	1.3	2.0	..	36.1	41.8
Slovénie[1]	..	..	0.5	..	50.6	48.1	..	..	..	..	6.2	8.7	..	43.2	42.7
Suède	..	0.4	0.3	51.3	46.9	52.2	..	..	..	29.2	30.9	35.3	19.5	21.8	12.1
Türkiye	..	..	..	..	75.1	61.9	..	..	..	..	12.8	9.5	..	12.1	28.6
Royaume-Uni	1.0	1.0	..	70.5	77.5	74.9	..	..	..	11.1	3.7	5.3	17.5	17.8	19.9
Moyenne non pondérée	1.2	0.7	0.6	65.2	65.4	63.6	..	..	..	12.8	10.3	10.8	21.6	24.0	25.2

.. Non disponible

1. Le total des recettes fiscales a été diminué du montant de tout transfert en capital représentant les impôts non perçus.

StatLink https://stat.link/ezckpq

Composition des recettes de l'administration centrale et des administrations infranationales

Le Graphique 1.9 montre la répartition des recettes de l'administration centrale et des administrations infranationales pour chacune des principales catégories de recettes fiscales. Pour les pays à structure fédérale et régionale, le niveau infranational englobe les recettes perçues à la fois par les collectivités régionales et locales. Le Graphique 1.9 montre que :

- Dans pratiquement tous les pays de l'OCDE, les recettes de l'administration centrale proviennent essentiellement des impôts sur le revenu et sur les biens et services, tandis que les impôts sur le patrimoine ne représentent qu'une part négligeable.
- Les impôts sur le patrimoine procurent une part des recettes beaucoup plus élevée au niveau infranational et représentent plus de 90 % du total des recettes dans quatre pays (Irlande, Israël, Grèce et Royaume-Uni).
- À l'inverse, la part des impôts sur le revenu et des impôts sur les biens et services est plus faible au niveau infranational, sauf en Finlande, au Luxembourg et en Suède, où plus de 90 % des recettes perçues par les administrations infranationales provenaient des impôts sur le revenu en 2021.

Graphique 1.9. Composition des recettes de l'administration fédérale ou centrale (gauche) et des administrations infranationales (droite), 2021

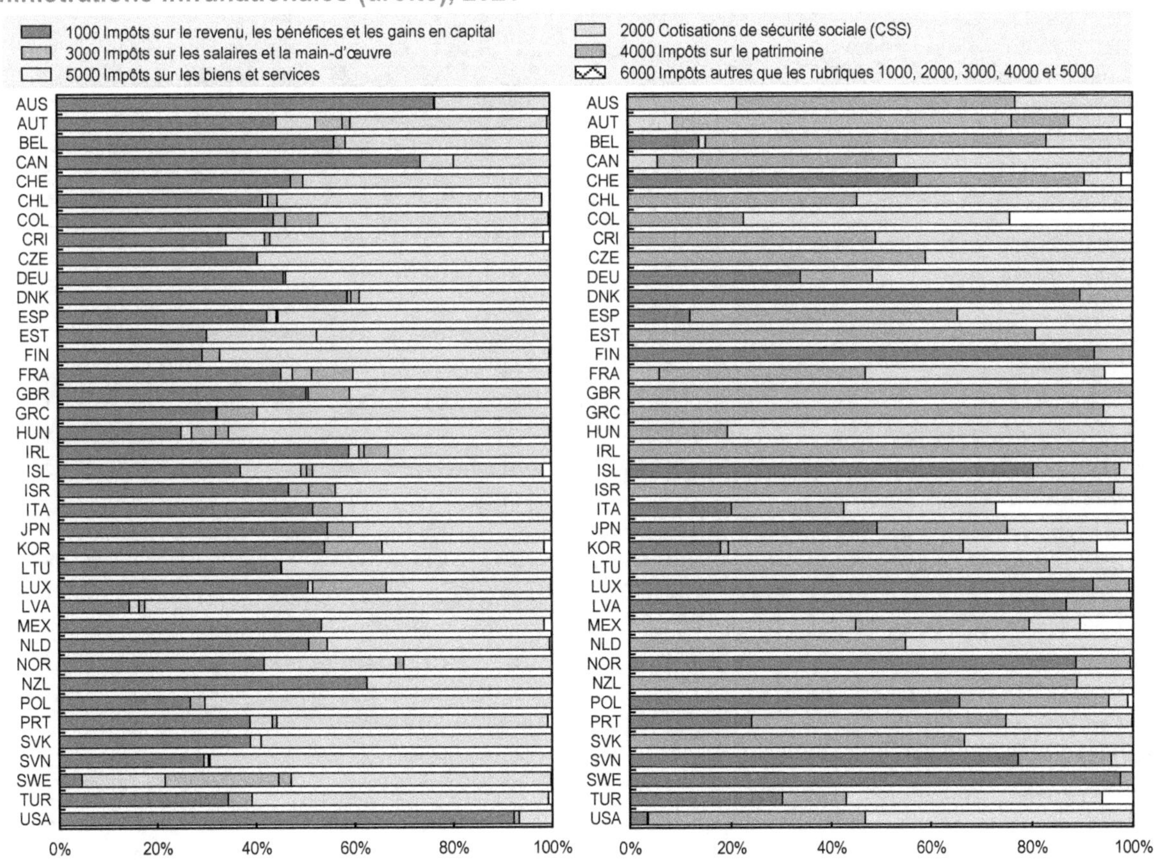

Note : Le diagramme de gauche (a) ne tient compte que des impôts des administrations centrales. Les cotisations de sécurité sociale versées au profit des caisses de sécurité sociale sont exclues. Le diagramme de droite (b) ne tient compte que des impôts des administrations infranationales (impôts des collectivités locales et, le cas échéant, régionales ou provinciales). Les cotisations de sécurité sociale versées au profit des caisses de sécurité sociale sont exclues.

Source : Calculs du Secrétariat basés sur les tableaux 3.16 à 3.18.

StatLink https://stat.link/uny2dz

Recettes collectées pour le compte d'organisations supranationales

Les vingt-deux États membres de l'Union européenne (UE) qui sont également membres de l'OCDE collectent des impôts pour le compte de l'Union européenne (UE), tout comme le faisait le Royaume-Uni avant 2020. Ces impôts se composent principalement des droits de douane et des contributions au Fonds de résolution unique[5]. Ces deux impôts sont collectés pour le compte de l'UE par les administrations fiscales nationales et sont inclus dans le total des impôts sous les rubriques 5123 et 5126 au niveau SUPRA de l'administration. En outre, ils sont mentionnés pour mémoire séparément des chiffres principaux, car ils représentent un impôt prélevé par l'UE et perçu par les administrations nationales[6].

Le Tableau 1.5 indique le niveau des impôts perçus pour le compte d'organisations supranationales dans les pays de l'UE qui sont également membres de l'OCDE, en distinguant les pays de l'UE qui sont membres de la zone euro et ceux qui ne le sont pas.

Tableau 1.5. Contributions collectées pour le compte de l'UE, en % du PIB

Pour cent

	2000	2005	2010	2015	2017	2018	2019	2020	2021	2022p
Euro zone										
Autriche, total supranational	0.2	0.1	0.1	0.2	0.2	0.2	0.2	0.2	0.2	0.2
dont : Droits de douane	0.2	0.1	0.1	0.1	0.1	0.1	0.1	0.1	0.1	0.1
dont : Contributions au Fonds de résolution unique	..	..	..	0.1	0.1	0.1	0.0	0.1	0.1	0.1
Belgique, total supranational	0.4	0.4	0.4	0.4	0.4	0.4	0.4	0.4	0.4	0.5
dont : Droits de douane	0.4	0.4	0.3	0.3	0.4	0.4	0.4	0.3	0.3	0.4
dont : Contributions au Fonds de résolution unique	..	..	..	0.1	0.1	0.1	0.1	0.1	0.1	0.1
Estonie, total supranational	..	0.2	0.2	0.2	0.2	0.2	0.2	0.2	0.2	0.3
dont : Droits de douane	..	0.2	0.2	0.2	0.2	0.2	0.2	0.2	0.2	0.2
dont : Contributions au Fonds de résolution unique	..	..	..	..	0.0	0.0	0.0	0.0	0.0	0.0
Finlande, total supranational	0.1	0.1	0.1	0.1	0.1	0.1	0.2	0.2	0.2	0.2
dont : Droits de douane	0.1	0.1	0.1	0.1	0.1	0.1	0.1	0.1	0.1	0.1
dont : Contributions au Fonds de résolution unique	..	..	..	0.0	0.1	0.0	0.1	0.1	0.1	0.1
France, total supranational	0.1	0.1	0.1	0.1	0.2	0.2	0.2	0.2	0.2	0.3
dont : Droits de douane	0.1	0.1	0.1	0.1	0.1	0.1	0.1	0.1	0.1	0.1
dont : Contributions au Fonds de résolution unique	..	..	..	0.0	0.1	0.1	0.1	0.1	0.1	0.2
Allemagne, total supranational	0.2	0.2	0.2	0.2	0.2	0.2	0.2	0.2	0.2	0.3
dont : Droits de douane	0.2	0.2	0.2	0.2	0.2	0.1	0.1	0.1	0.1	0.2
dont : Contributions au Fonds de résolution unique	..	..	..	0.1	0.1	0.1	0.1	0.1	0.1	0.1
Grèce, total supranational	0.2	0.1	0.1	0.2	0.2	0.2	0.2	0.2	0.2	0.3
dont : Droits de douane	0.1	0.1	0.1	0.1	0.2	0.1	0.2	0.2	0.2	0.2
dont : Contributions au Fonds de résolution unique	..	..	..	0.1	0.1	0.1	0.0	0.1	0.1	0.1
Irlande, total supranational	0.2	0.1	0.1	0.1	0.1	0.1	0.1	0.1	0.2	0.2
dont : Droits de douane	0.2	0.1	0.1	0.1	0.1	0.1	0.1	0.1	0.1	0.1
dont : Contributions au Fonds de résolution unique[1]	..	..	..	..	0.0	0.0	0.0	0.0	0.0	0.1
Italie, total supranational	0.1	0.1	0.1	0.3	0.3	0.2	0.2	0.2	0.2	0.3
dont : Droits de douane	0.1	0.1	0.1	0.1	0.1	0.1	0.1	0.1	0.1	0.2
dont : Contributions au Fonds de résolution unique[2]	..	..	..	0.1	0.1	0.1	0.0	0.1	0.1	0.1
Lituanie, total supranational	..	0.2	0.2	0.3	0.3	0.3	0.3	0.3	0.3	0.3
dont : Droits de douane	..	0.2	0.2	0.3	0.2	0.3	0.3	0.3	0.3	0.3
dont : Contributions au Fonds de résolution unique	..	..	..	0.0	0.0	0.0	0.0	0.0	0.0	0.0
Lettonie, total supranational	..	0.2	0.1	0.2	0.2	0.2	0.2	0.2	0.2	0.2
dont : Droits de douane	..	0.2	0.1	0.2	0.2	0.2	0.2	0.2	0.2	0.2
dont : Contributions au Fonds de résolution unique	..	..	..	0.0	0.0	0.0	0.0	0.0	0.0	0.0
Luxembourg, total supranational	0.1	0.1	0.0	0.1	0.2	0.3	0.3	0.3	0.4	0.3
dont : Droits de douane	0.1	0.1	0.0	0.0	0.0	0.0	0.0	0.0	0.0	0.0
dont : Contributions au Fonds de résolution unique	..	..	..	0.1	0.2	0.2	0.2	0.3	0.3	0.3

Pays-Bas, total supranational	0.4	0.3	0.3	0.4	0.4	0.4	0.4	0.4	0.5	0.5
dont : Droits de douane	0.3	0.2	0.3	0.3	0.3	0.3	0.3	0.3	0.3	0.4
dont : Contributions au Fonds de résolution unique	..	..	..	0.1	0.1	0.1	0.1	0.1	0.1	0.1
Portugal, total supranational	0.2	0.1	0.1	0.1	0.2	0.2	0.2	0.2	0.2	0.2
dont : Droits de douane	0.2	0.1	0.1	0.1	0.1	0.1	0.1	0.1	0.1	0.2
dont : Contributions au Fonds de résolution unique	..	..	..	..	0.1	0.1	0.1	0.1	0.1	0.1
République slovaque, total supranational	..	0.1	0.2	0.1	0.2	0.2	0.2	0.1	0.1	0.1
dont : Droits de douane	..	0.1	0.2	0.1	0.2	0.2	0.1	0.1	0.1	0.1
dont : Contributions au Fonds de résolution unique	..	..	..	..	0.0	0.0	0.0	0.0	0.0	0.0
Slovénie, total supranational	..	0.1	0.2	0.2	0.2	0.1	0.1	0.2	0.2	0.2
dont : Droits de douane	..	0.1	0.2	0.1	0.1	0.1	0.1	0.1	0.2	0.2
dont : Contributions au Fonds de résolution unique	..	..	..	0.0	0.0	0.0	0.0	0.0	0.0	0.0
Espagne, total supranational	0.2	0.2	0.1	0.2	0.2	0.2	0.2	0.2	0.2	0.3
dont : Droits de douane	0.1	0.2	0.1	0.2	0.2	0.2	0.2	0.1	0.2	0.2
dont : Contributions au Fonds de résolution unique	..	..	..	0.1	0.1	0.1	0.1	0.1	0.1	0.1
Non-euro zone										
Danemark, total supranational	0.2	0.2	0.2	0.2	0.1	0.1	0.1	0.1	0.1	0.2
dont : Droits de douane	0.2	0.2	0.2	0.2	0.1	0.1	0.1	0.1	0.1	0.2
Hongrie, total supranational	..	0.1	0.1	0.1	0.1	0.1	0.1	0.1	0.1	0.2
dont : Droits de douane	..	0.1	0.1	0.1	0.1	0.1	0.1	0.1	0.1	0.2
Pologne, total supranational	..	0.1	0.1	0.2	0.2	0.2	0.2	0.2	0.2	0.2
dont : Droits de douane	..	0.1	0.1	0.2	0.2	0.2	0.2	0.2	0.2	0.2
Suède, total supranational	0.2	0.2	0.2	0.1	0.1	0.1	0.1	0.1	0.1	0.2
dont : Droits de douane	0.1	0.1	0.2	0.1	0.1	0.1	0.1	0.1	0.1	0.2
Royaume-Uni, total supranational[3]	0.2	0.2	0.2	0.2	0.2	0.2	0.1	0.1	..	..
dont : Droits de douane	0.2	0.1	0.2	0.2	0.2	0.2	0.1	0.1	..	..
Tchéquie, total supranational	..	0.2	0.2	0.2	0.2	0.2	0.2	0.1	0.2	0.2
dont : Droits de douane	..	0.2	0.2	0.2	0.2	0.2	0.2	0.1	0.2	0.2

.. Non disponible

Note : Les chiffres relatifs au Fonds de résolution unique peuvent différer légèrement de ceux publiés sur le site Web du CRU. Ces différences sont principalement dues aux écarts temporaires dans le traitement des données. Des précisions sur ces recettes sont données aux chapitres 4 et 5 pour chaque pays.

1. En 2016, le chiffre inclut le paiement de 2016 de 99.12 millions d'euros et également un paiement de 75.89 millions d'euros qui était dû au quatrième trimestre de 2015 mais qui a été payé au premier trimestre de 2016. Les chiffres figurant dans ce tableau ont été communiqués par l'Office central des statistiques et sont des montants bruts ; par conséquent, en raison d'ajustements, ils diffèrent des chiffres figurant sur le site Web du CRU, qui sont des chiffres nets.

2. Le montant de la « contribution de la banque au Fonds européen de résolution unique » comprend non seulement le fonds européen, mais aussi le Fonds national de résolution, comme l'exige la classification Eurostat.

3. Les impôts supranationaux indiqués pour le Royaume-Uni dans ce rapport sont ceux communiqués jusqu'en 2020. En effet, il a été mis fin à ces prélèvements à compter de 2021, à la fin de la période de transition du Brexit, et les impôts mis en place par la suite par le Royaume-Uni figurent dans les catégories d'impôt correspondantes, au niveau national ou infranational selon le cas.

Source : Statistiques des recettes publiques 2023, complétées par des discussions avec les délégués.

StatLink https://stat.link/18svot

En 2021, c'est aux Pays-Bas (0.5 % du PIB), en Belgique et au Luxembourg (0.4 % du PIB dans les deux pays) que le total cumulé des paiements perçus pour le compte de l'UE a été le plus élevé. Ce total représentait au moins 0.2 % du PIB dans tous les autres pays de l'UE également membres de l'OCDE, à l'exception du Danemark, de la République slovaque, de la Suède et de la Hongrie. Les droits de douane constituaient la principale source de ces recettes dans tous les pays hormis la Finlande, la France et le Luxembourg.

Crédits d'impôt récupérables

Les pays de l'OCDE appliquent deux types de crédits d'impôt aux impôts sur le revenu (revenu des personnes physiques et bénéfices des sociétés) :

- Les crédits d'impôt non récupérables (ou non remboursables) ne peuvent être utilisés que pour réduire ou éliminer le montant de l'impôt à payer. Ils ne peuvent donner lieu à un versement sous forme d'avantage monétaire au profit des contribuables, que ceux-ci soient imposables ou non. Ils sont donc équivalents aux abattements ou déductions fiscales.
- Il existe deux sortes de crédits d'impôt récupérables (ou remboursables). L'une sert à réduire, voire éliminer, le montant de l'impôt à payer de la même manière qu'un crédit d'impôt non remboursable. L'autre peut donner lieu à un paiement direct au bénéficiaire sous forme monétaire dès lors que le montant de l'avantage fiscal dépasse celui de l'impôt à payer.

La méthode employée par l'OCDE pour le classement des crédits d'impôt récupérables est décrite dans les paragraphes 25 et 26 du *Guide d'interprétation*. Ceux-ci prévoient que seule la fraction du crédit d'impôt récupérable qui sert à réduire ou éliminer le montant de l'impôt dû par un contribuable doit être déduite dans la déclaration des recettes fiscales. Elle est appelée « composante fiscale » ou « élément de dépense fiscale » du crédit d'impôt. À l'inverse, la fraction du crédit d'impôt qui excède le montant de l'impôt dû par ce contribuable et qui lui est payée est considérée comme une dépense et n'est pas déduite dans la déclaration des recettes fiscales. Cette partie est appelée « composante transfert » ou « élément de transfert ».

Tableau 1.6. Effets des différents traitements possibles des crédits d'impôt récupérables, 2021

	Crédits d'impôts récupérables en milliards de monnaie nationale			Recettes fiscales totales en milliards de monnaie nationale			Recettes fiscale totales en pourcentage du PIB		
	Valeur totale	Élément de transfert	Élément de dépense fiscale	Base nette	Base décomposée	Base brute	Base nette	Base décomposée	Base brute
Australie	10.4	7.0	3.4	673.4	680.4	683.8	29.2	29.5	29.6
Autriche[1, 2]	0.3	0.1	0.2	175.7	175.8	176.0	43.3	43.3	43.3
Belgique[2]	1.1	0.3	0.8	213.4	213.7	214.5	42.5	42.5	42.7
Canada[3]	18.4	16.1	2.3	835.2	851.2	853.6	33.3	33.9	34.0
Chili[4]	279.4	215.8	63.5	53 463.3	53 679.2	53 742.7	22.2	22.3	22.4
Tchéquie	41.1	11.4	29.7	2 110.9	2 122.3	2 152.0	34.6	34.7	35.2
Danemark[2]	3.0	0.2	2.9	1 209.5	1 209.6	1 212.5	47.4	47.4	47.5
France[2]	22.1	13.8	8.3	1 115.8	1 129.6	1 137.9	44.6	45.2	45.5
Allemagne	52.1	20.1	32.0	1 402.1	1 422.2	1 454.2	38.8	39.3	40.2
Islande	10.4	9.7	0.7	1 130.1	1 139.8	1 140.5	34.8	35.1	35.1
Irlande	0.4	0.0	0.4	..	89.8	90.2	..	20.7	20.8
Israël	0.7	0.7	0.0	513.3	514.0	514.0	32.5	32.5	32.5
Italie	14.4	2.1	12.3	769.8	771.9	784.2	42.2	42.4	43.0
Luxembourg[2, 5]	0.2	..	..	..	..	27.8	..	..	38.4
Mexique	53.4	0.5	52.9	4 451.8	4 452.4	4 505.2	17.3	17.3	17.5
Nouvelle-Zélande	2.8	1.3	1.5	124.4	125.7	127.2	34.2	34.6	35.0
Norvège	3.7	3.0	0.8	1 784.8	1 787.8	1 788.5	42.4	42.4	42.5
République slovaque[5]	0.4	..	..	..	..	35.5	..	..	35.4
Espagne	4.1	2.9	1.2	459.0	462.0	463.2	37.6	37.8	37.9
Royaume-Uni[6]	18.8	15.1	3.7	765.7	780.7	784.5	33.7	34.4	34.6
États-Unis	562.5	450.7	111.8	5 727.3	6 178.0	6 289.9	24.6	26.5	27.0

.. Non disponible

Note : Dans les *Statistiques des recettes publiques*, les recettes fiscales sont comptabilisées, sauf indication contraire, sur une base décomposée.

1. Le crédit d'impôt pour enfant à charge n'est pas considéré comme un crédit d'impôt dans les *Statistiques des recettes publiques* et est traité entièrement comme une provision de dépense.
2. Le total des recettes fiscales a été diminué du montant de tout transfert en capital représentant les impôts non perçus.
3. Certains crédits d'impôt récupérables au Canada ne peuvent pas être ventilés entre l'élément de transfert et l'élément de dépense fiscale. Leur valeur totale a été ajoutée à l'élément de transfert.
4. Dans les *Statistiques des recettes publiques*, les recettes fiscales concernant le Chili sont présentées sur une base nette.
5. Dans les *Statistiques des recettes publiques*, les recettes fiscales concernant le Luxembourg et la République slovaque sont comptabilisées avec la méthode de la base brute.
6. Les données relatives aux crédits d'impôt récupérables pour le Royaume-Uni sont en droits constatés et incluent des estimations pour certaines années. Veuillez consulter les notes de bas de page du tableau concernant le Royaume-Uni au chapitre 5 pour obtenir plus d'informations.

StatLink https://stat.link/uzb5v7

Le Tableau 1.6 livre des informations sur les crédits d'impôt récupérables en 2021 pour les pays les déclarant dans ce rapport (il se peut que certains pays accordant des crédits d'impôt récupérables ne les déclarent pas et que ceux-ci n'apparaissent donc pas dans le tableau). Ce tableau indique le montant des crédits d'impôt récupérables et de leurs deux composantes, ainsi que les résultats de l'utilisation des chiffres pour calculer le montant des recettes fiscales et les ratios recettes fiscales-PIB. Le Tableau 1.6 montre en outre les deux différents traitements possibles des crédits d'impôt récupérables :

- La « comptabilisation en chiffres nets », qui assimile les crédits d'impôt récupérables à des dispositions fiscales, de telle sorte que la totalité du crédit d'impôt réduit le montant des recettes fiscales déclarées, comme le montrent les colonnes 4 et 7.
- La « comptabilisation en chiffres bruts », à l'opposé, considère la totalité des crédits d'impôt récupérables comme des dépenses directes, de sorte que, comme le montrent les colonnes 6 et 9, ni l'élément de transfert, ni l'élément de dépense fiscale ne sont déduits des recettes fiscales. C'est l'approche suivie par le Manuel de statistiques des finances publiques (MSFP) du FMI et par le système des comptes nationaux (SCN).

Le Tableau 1.6 montre cependant que, à quelques exceptions près, le choix de la méthode de comptabilisation des crédits d'impôt récupérables n'a qu'une faible incidence sur le ratio recettes fiscales/PIB. Dans les pays pour lesquels on dispose de données, l'écart entre les ratios calculés sur la base du solde net et du montant brut n'est supérieur à un point qu'en Allemagne et aux États-Unis, et il est compris entre un demi-point et un point au Canada, en France, en Italie, en Nouvelle-Zélande, en Tchéquie et au Royaume-Uni.

Financement des prestations de sécurité sociale dans les pays de l'OCDE

Un tableau fourni pour mémoire[7] dans les *Statistiques des recettes publiques 2023* décrit le financement des prestations de sécurité sociale dans les pays de l'OCDE. Contrairement aux prestations d'aide sociale, qui sont financées par les recettes des administrations publiques, les prestations de sécurité sociale sont financées par des cotisations versées aux caisses de sécurité sociale ou à des régimes d'assurance privés, ou par d'autres sources de financement préaffectées. Ces sources de financement comprennent :

- Les recettes fiscales affectées au financement des prestations de sécurité sociale :
  1. Cotisations de sécurité sociale (catégorie 2000 dans la classification OCDE)
  2. Autres impôts affectés aux prestations de sécurité sociale
- Les recettes non fiscales affectées au financement des prestations de sécurité sociale :
  3. Cotisations facultatives à l'administration
  4. Cotisations obligatoires au secteur privé

Le Graphique 1.10 montre la part relative de chacune de ces sources dans le financement des prestations de sécurité sociale au sein des pays de l'OCDE. Le graphique est basé sur les données fournies par les pays pour inclusion dans tableau fourni pour mémoire pour les *Statistiques des recettes publiques 2023*.

Graphique 1.10. Ventilation des différentes sources de financement affectées aux prestations de sécurité sociale, 2021

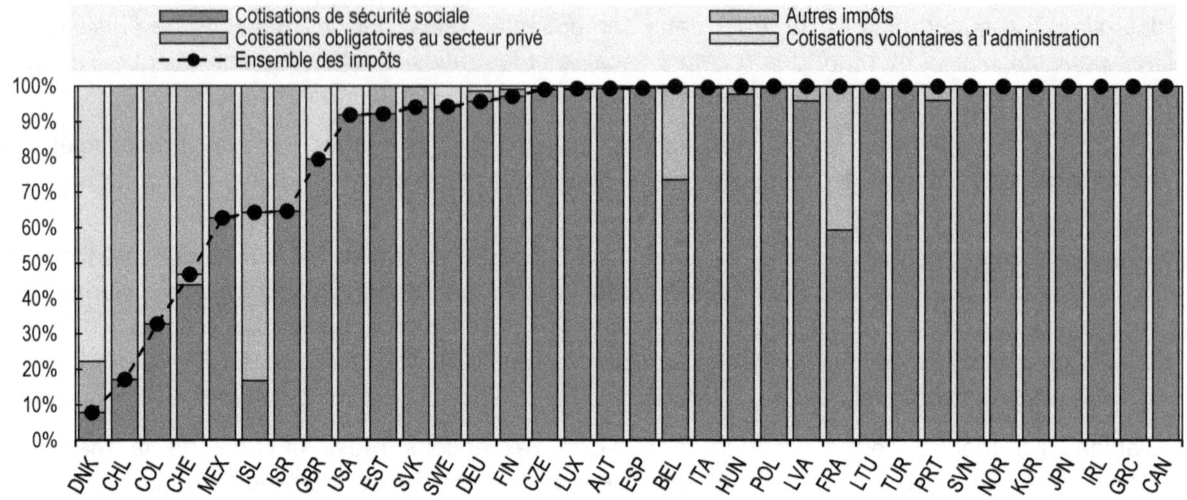

Note : Dans deux pays (l'Australie et la Nouvelle-Zélande) les prestations sociales passent par l'aide sociale plutôt que le prélèvement de cotisations de la sécurité sociale. Ces deux pays ne sont donc pas inclus dans le graphique. En outre, le Costa Rica et les Pays-Bas ne sont pas inclus dans la figure car les données complètes sur les contributions n'étaient pas disponibles dans les statistiques sur les revenus. Le Costa Rica et les Pays-Bas ne sont pas non plus inclus dans le graphique. Les chiffres pour le Danemark doivent être interprétés avec prudence car le niveau des prestations de sécurité sociale est très faible par rapport au niveau des prestations d'aide sociale. De plus, il peut y avoir des cas limites dans certains pays lorsqu'il s'agit de distinguer entre les régimes quasi obligatoires et les régimes volontaires.
Source : Calculs du Secrétariat basés sur le chapitre 4.

StatLink https://stat.link/f1wodh

Les impôts représentent la principale source de financement affecté aux prestations de sécurité sociale, principalement par le biais des cotisations de sécurité sociale. Ensemble, les cotisations de sécurité sociale et les autres impôts affectés représentent plus de 90 % du financement des prestations de sécurité sociale dans 26 des 34 pays de l'OCDE qui fournissent de telles données détaillées (dont 10 pays où ils représentent 100 %). Dans six des huit autres pays de l'OCDE qui fournissent ces données, le financement de ces prestations repose en grande partie sur les cotisations obligatoires au secteur privé, notamment au Chili (où ces cotisations représentent 82.8 %), en Colombie (67.3 %) et en Suisse (53.2 %). Les cotisations facultatives représentent une proportion importante du financement dans quelques pays seulement, notamment au Royaume-Uni (20.7 %) et au Danemark (77.7 %).

Le Graphique 1.11 montre les ratios impôts/PIB (comme dans le Tableau 1.1 et le Graphique 1.4), à la fois *hors* financement préaffecté aux prestations de sécurité sociale (c'est-à-dire les ratios impôts/PIB *diminués* des cotisations de sécurité sociale et autres impôts préaffectés) et financements hors impôts préaffectés aux prestations de sécurité sociale *inclus* (c'est-à-dire les ratios impôts/PIB - cotisations de sécurité sociale et autres impôts préaffectés compris - *plus* les cotisations obligatoires au secteur privé et les contributions volontaires au secteur public).

Les pays où la part des régimes de sécurité sociale financés par des contributions non fiscales préaffectées est la plus importante sont la Suisse (8.4 % du PIB), l'Islande (6.4 %) et le Chili (5.7 %), ce qui influe sensiblement sur leur classement :

- La Suisse affiche un ratio impôts/PIB relativement faible, de 28.5 %, mais son ratio combiné se situe à peu près à mi-chemin dans la distribution de l'OCDE.
- L'Islande a un ratio impôts/PIB de 35.1 %, qui la place dans le tiers supérieur des pays de l'OCDE, et un ratio combiné de 41.5 %, soit le neuvième ratio le plus élevé des pays de l'OCDE.

- Le Chili a le quatrième ratio impôts/PIB le plus bas (22.2 %) et le sixième ratio combiné le plus faible (27.9 %).

Graphique 1.11. Ratios impôts/PIB et financement de la sécurité sociale par des fonds préaffectés (% du PIB, 2021)

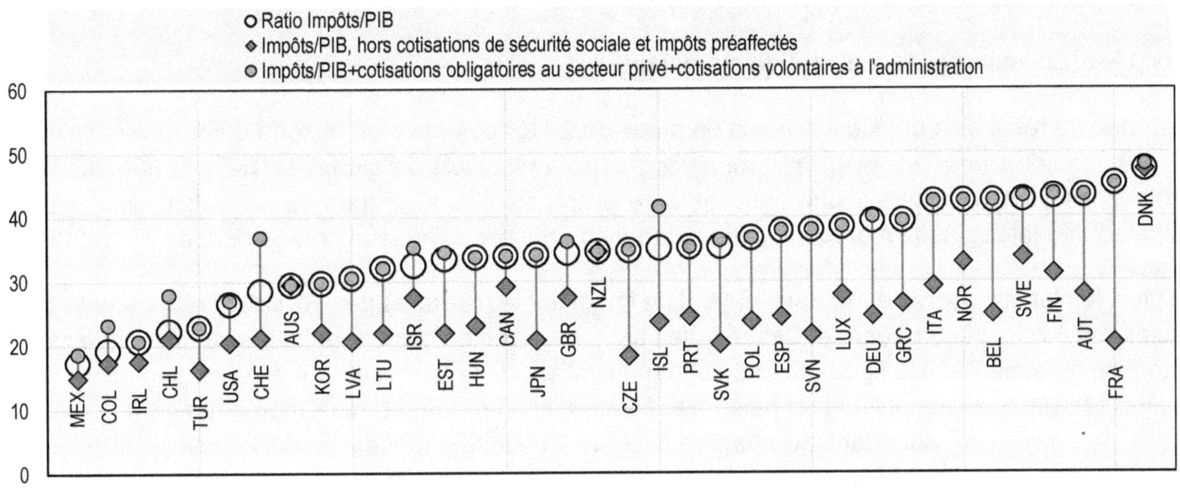

Note : Le Costa Rica et les Pays-Bas ne sont pas inclus dans la figure car les données complètes sur le financement de la sécurité sociale dans ces deux pays n'étaient pas disponibles.
Source : Calculs du Secrétariat basés sur le chapitre 4.

StatLink https://stat.link/iwg4bc

La déduction des fonds préaffectés au financement des prestations de sécurité sociale du ratio impôts/PIB n'affecte pas l'Australie, le Danemark et la Nouvelle-Zélande, où les prestations sont financées en dehors de la fiscalité générale. Le Graphique 1.11 montre que c'est en France que la part des fonds préaffectés aux prestations de sécurité sociale est la plus grande, à 25.0 % du PIB, comme l'indique l'écart entre les points les plus élevés et les points les plus bas du graphique. L'Autriche, la Belgique, la République slovaque, la Tchéquie et la Slovénie se situent juste après la France, avec des parts comprises entre 15 % et 18 % du PIB.

Notes

[1]Au moment de la publication de l'édition 2023 des *Statistiques des recettes publiques*, les données provisoires concernant les recettes fiscales de l'Australie et les cotisations de sécurité sociale au Japon n'étaient pas disponibles pour l'année 2022.

[2]En 2016, l'Islande a perçu des recettes provenant de contributions à la stabilité, de nature exceptionnelle, acquittées par des entités qui exerçaient des activités de banque commerciale ou de caisse d'épargne par le passé, et qui cessaient leurs activités. Les recettes provenant de ces contributions ont entraîné une augmentation particulièrement forte des recettes fiscales en 2016. Le ratio islandais des recettes fiscales rapportées au PIB est ainsi passé de 35.1 % en 2015 à 50.3 % en 2016, avant de se replier à 37.1 % en 2017. Il en est résulté un niveau artificiellement élevé de 33.6 % du ratio moyen impôts/PIB des pays de

l'OCDE en 2016. Sans ces recettes exceptionnelles en Islande, la moyenne du ratio des recettes fiscales rapportées au PIB aurait été de 33.2 %, soit une augmentation de 0.3 point par rapport à 2015.

[3]Les expressions « taxe sur la valeur ajoutée » et « TVA » désignent toute taxe nationale qui présente les caractéristiques fondamentales d'une taxe sur la valeur ajoutée, quel que soit son nom ou son acronyme, par exemple « taxe sur les produits et services » (« TPS »).

[4]Pour 1975, consultez le tableau 1.4 de ce rapport.

[5]Le Fonds de résolution unique a été mis en place en 2015. Les pays de la zone euro doivent l'alimenter par des contributions en vertu du mécanisme de résolution (règlement (UE) n° 806/2014). Les contributions sont versées sur une base *ex ante* et transférées au Fonds de résolution unique par les autorités nationales. Jusqu'à présent, des contributions ont été collectées pour la période 2015-2022.

[6]De plus, les fonctionnaires européens payent un impôt sur le revenu et des cotisations de sécurité sociale directement à l'Union européenne. Ces recettes ne sont prises en compte dans les données relatives aux totaux des recettes fiscales figurant dans cette publication, dans la mesure où elles ne sont ni versées à, ni collectées par, une administration nationale. Néanmoins, un compte pour mémoire figurant à la fin du tableau par pays correspondant au chapitre 5 donne, pour quatre des pays qui comptent le plus de fonctionnaires européens (l'Allemagne, la Belgique, l'Italie et le Luxembourg), un aperçu de l'importance de ces paiements.

[7]Le financement des prestations de sécurité sociale est présenté dans le tableau 4.77 en données comparables (pourcentage du PIB) et dans le tableau 5.39 en monnaies nationales.

Références

OCDE (2022), *Statistiques des recettes publiques 2022 : L'impact du COVID-19 sur les recettes fiscales de l'OCDE*, Éditions OCDE, Paris, https://doi.org/10.1787/96463460-fr. [2]

OCDE (2021), *Statistiques des recettes publiques 2021 : L'impact initial du COVID-19 sur les recettes fiscales de l'OCDE*, Éditions OCDE, Paris, https://doi.org/10.1787/ed5596c6-fr. [1]

2 Dynamisme des recettes fiscales dans les pays de l'OCDE

Le chapitre 2 examine la volatilité des recettes fiscales dans les pays de l'OCDE, en mettant l'accent sur le dynamisme fiscal. À partir de la base de données sans équivalent des *Statistiques des recettes publiques*, il estime le dynamisme des recettes fiscales totales à court et à long terme dans les pays de l'OCDE pour les principaux types d'impôt entre 1980 et 2021, et analyse comment ce dynamisme a évolué au cours de cette période. Il étudie également le dynamisme à court terme sur le cycle économique et l'impact de facteurs tels que l'inflation et le vieillissement démographique sur le dynamisme des recettes fiscales. Une annexe contient des estimations détaillées du dynamisme, pays par pays.

Introduction

Depuis que l'OCDE a commencé à publier les *Statistiques des recettes publiques*, les ratios impôts/PIB ont progressivement augmenté dans la plupart des pays de l'OCDE. Toutefois, comme l'explique le chapitre 1, de nombreux épisodes de baisse des recettes se sont produits au cours de cette période, liés pour certains à de graves événements externes tels que le choc pétrolier, la crise financière mondiale et, plus récemment, la pandémie de COVID-19. Ces baisses n'ont pas eu les mêmes répercussions sur tous les types d'impôt.

Cette étude spéciale se fonde sur les données des *Statistiques des recettes publiques* pour examiner la volatilité des recettes au cours des 40 dernières années. En donnant un aperçu des facteurs qui expliquent les variations à court et à long terme des recettes provenant de différents types d'impôts, ce chapitre vise à éclairer les stratégies d'optimisation de la politique budgétaire au cours du cycle économique et à assurer la viabilité budgétaire à plus longue échéance. Il peut ainsi aider les pouvoirs publics à renforcer la résilience des finances publiques dans l'éventualité de chocs futurs.

Après une introduction succincte du concept de dynamisme fiscal, ce chapitre évalue le dynamisme des recettes fiscales totales et des recettes issues de différents types d'impôt entre 1980 et 2021 en moyenne pour les pays de l'OCDE et pour différents pays. Il cherche également à déterminer si le dynamisme des recettes fiscales dans les pays de l'OCDE a varié au cours de cette période et de quelle manière. Enfin, l'étude spéciale examine comment le dynamisme des recettes fiscales à court terme varie sur le cycle économique dans les pays de l'OCDE et analyse l'impact potentiel d'une inflation élevée ou du vieillissement démographique.

Introduction au dynamisme des recettes fiscales

Le dynamisme et l'élasticité des recettes fiscales sont deux des principaux indicateurs de la volatilité des recettes fiscales (Encadré 2.1). Dans un des ouvrages les plus anciens sur le sujet, (Musgrave et Miller, 1948[1]) mesurent l'élasticité fiscale comme étant le ratio entre le pourcentage de variation du rendement de l'impôt et un pourcentage de variation donné du revenu, et définissent le concept de « flexibilité intégrée », à savoir l'ajustement compensatoire automatique des recettes fiscales en réponse à des variations du revenu national. (Groves et Kahn, 1952[2]) ont élaboré un modèle de régression pour estimer l'élasticité fiscale en utilisant le logarithme des recettes fiscales comme variable dépendante et le logarithme du revenu comme variable indépendante. Cette méthode est largement employée aujourd'hui encore pour estimer à la fois l'élasticité et le dynamisme des recettes fiscales sur le long terme. (Prest, 1962[3]) a introduit l'approche de l'ajustement proportionnel pour supprimer l'effet des politiques fiscales discrétionnaires sur les recettes fiscales et ainsi estimer l'élasticité fiscale. Cette méthode, qui a été plus tard affinée par (Mansfield, 1972[4]), est l'une des plus couramment utilisées pour estimer l'élasticité fiscale[1].

Les premiers travaux de recherche faisaient rarement la distinction entre le dynamisme ou l'élasticité des recettes fiscales à court et à long terme, et se fondaient sur l'estimation à long terme pour étudier à la fois le potentiel de croissance et la variabilité cyclique des recettes fiscales, jusqu'à ce que (Sobel et Holcombe, 1996[5]) proposent d'utiliser des modèles économétriques portant sur des séries temporelles pour produire des estimations non biaisées du dynamisme ou de l'élasticité des recettes fiscales à court et à long terme.

Encadré 2.1. Indicateurs de la volatilité des recettes

La volatilité des recettes fiscales est généralement analysée en se référant à trois concepts : le dynamisme, l'élasticité et la stabilité. Chacun d'eux vise à quantifier les variations des recettes fiscales dans la durée en réponse à des changements des conditions économiques, des bases d'imposition ou des politiques fiscales, et chacun peut être mesuré sur le court terme et sur le long terme.

- Le dynamisme des recettes fiscales mesure le rapport entre l'évolution des recettes fiscales et les variations de la base d'imposition (Mansfield, 1972[4]).
    - Le dynamisme à long terme mesure l'impact de l'activité économique sur les recettes fiscales en comparant les variations à long terme des recettes fiscales avec le PIB. Un dynamisme supérieur à un (également appelé « unité ») indique que les recettes fiscales progressent plus vite que le PIB sur le long terme. Cet indicateur est donc utile pour comprendre la relation entre croissance économique et viabilité budgétaire à long terme (Belinga et al., 2014[6]).
    - Le dynamisme des recettes fiscales à court terme mesure la variabilité cyclique des recettes fiscales. Il correspond à la variation en pourcentage des recettes fiscales qui résulte d'une variation d'un pour cent du PIB sur une courte période de temps, et renseigne sur la capacité d'un système fiscal à stabiliser l'économie sur le cycle économique (Deli et al., 2018[7]). Un dynamisme des recettes fiscales à court terme supérieur à un indique que les recettes fiscales fluctuent davantage que le PIB sur le cycle économique.
- L'élasticité des recettes fiscales est similaire au dynamisme des recettes fiscales, sauf qu'elle mesure la réponse automatique des recettes fiscales aux variations du PIB en supprimant l'impact de la politique fiscale discrétionnaire sur les recettes fiscales. Bien que l'élasticité soit un meilleur indicateur que le dynamisme pour éclairer les politiques fiscales et prévoir les recettes fiscales, la nécessité d'isoler l'impact de la politique fiscale discrétionnaire sur les recettes signifie que l'estimation de l'élasticité nécessite d'analyser plus de données que le dynamisme, et ces données peuvent être plus difficiles à obtenir. Analyser l'élasticité des recettes fiscales dans de nombreux pays sur longue période constitue donc un grand défi.
- La stabilité fiscale désigne la capacité d'un impôt à générer un certain montant de recettes et à maintenir ce niveau (Groves et Kahn, 1952[2]). On peut considérer qu'un impôt fonctionne comme un stabilisateur des recettes fiscales totales s'il réduit la variation globale des recettes fiscales sur le cycle économique. Une mesure simple de la stabilité fiscale est le coefficient de variation, défini comme étant l'écart type des recettes fiscales en pourcentage du PIB divisé par sa moyenne (Haughton, 1998[8]).
- (Haughton, 1998[8]) propose d'utiliser le coefficient de stabilisation des recettes, qui est le coefficient de variation du ratio impôts/PIB total, diminué du coefficient de variation du ratio impôts/PIB de tous les impôts moins un impôt sélectionné. Cet indicateur peut servir à analyser si un impôt en particulier fait office de stabilisateur des recettes fiscales totales.
- Outre ces indicateurs, il existe des mesures plus simples de la volatilité des recettes fiscales, comme l'utilisation de l'écart type pour calculer la dispersion des recettes fiscales ou des ratios impôts/PIB.

Depuis lors, ces modèles économétriques ont été utilisés dans de nombreuses études sur la volatilité fiscale, y compris par (Belinga et al., 2014[6]), qui estime le dynamisme des recettes fiscales à court et à long terme dans 34 pays de l'OCDE entre 1965 et 2012 ; (Dudine et Jalles, 2017[9]), qui établit des estimations du dynamisme des recettes fiscales pour 107 pays entre 1980 et 2014 ; et (Deli et al., 2018[7]), qui calcule le dynamisme des recettes fiscales dans 25 pays de l'OCDE entre 1965 et 2015. D'autres méthodes d'estimation du dynamisme des recettes fiscales ont été employées par le Réseau de l'OCDE sur les relations budgétaires entre les différents niveaux d'administration (Dougherty, de Biase et Lorenzoni, 2022[10]) et dans un document de travail récent du FMI rédigé par (Cornevin, Corrales et Angel, 2023[11])[2].

Cette étude spéciale utilise les modèles économétriques proposés par (Sobel et Holcombe, 1996[5]) et des données provenant des *Statistiques des recettes publiques* pour estimer le dynamisme des recettes fiscales à court et à long terme dans 38 pays de l'OCDE en suivant deux méthodes d'estimation : l'estimateur de la moyenne de groupe (MG) et l'estimateur de la moyenne de groupe agrégée (PMG)[3]. Comme la plupart des travaux de recherche dans ce domaine, cette étude spéciale utilise le PIB comme variable indicatrice de la base d'imposition.

Données relatives aux recettes fiscales contenues dans les *Statistiques des recettes publiques*

Cette étude spéciale examine l'évolution des recettes entre 1980 et 2021[4] pour six types d'impôt : impôt sur le revenu des personnes physiques (IRPP), impôt sur les bénéfices des sociétés (IS), cotisations de sécurité sociale (CSS), impôts sur le patrimoine, taxe sur la valeur ajoutée (TVA) et droits d'accise. Il existe des données pour toutes les années entre 1980 et 2021 pour 26 pays de l'OCDE, tandis que les données disponibles débutent à partir d'une date ultérieure pour 12 pays : 1990 au Chili, en Colombie et au Costa Rica ; 1991 en Hongrie et en Pologne ; 1993 en Tchéquie et 1995 pour les pays restants[5]. Les données excluent les valeurs nulles et aberrantes (Encadré 2.2).

Le Graphique 2.1 illustre l'évolution des recettes fiscales totales et des recettes tirées des six différents types d'impôt en pourcentage du PIB, en moyenne, dans les pays de l'OCDE depuis 1980. Sur la base de ce graphique, plusieurs observations peuvent être formulées pour définir le contexte de l'analyse du dynamisme des recettes fiscales.

Premièrement, le ratio impôts/PIB total a progressivement augmenté dans les pays de l'OCDE en moyenne, passant de 30.1 % du PIB en 1980 à 34.0 % en 2022, sans grandes variations d'une année sur l'autre. Deuxièmement, les recettes provenant de quatre types d'impôt (IS, CSS, impôts sur le patrimoine et TVA) en pourcentage du PIB affichent une tendance à la hausse sur le long terme, tandis que celles issues de l'IRPP et des droits d'accise ont reculé en pourcentage du PIB. Troisièmement, les types d'impôt considérés individuellement ont tendance à être plus volatils que les recettes fiscales totales lorsqu'on les mesure au moyen de l'écart type. Quatrièmement, les recettes de l'IS sont plus volatiles que la plupart des autres types d'impôt. L'écart type[6] des recettes de l'IS (valeurs indexées) était de 14.2 entre 1980 et 2021, contre seulement 2.9 pour les recettes fiscales totales entre 1980 et 2022.

Graphique 2.1. Évolution des recettes fiscales dans les pays de l'OCDE, 1980-2022

Ratio impôts/PIB (1980 = 100)

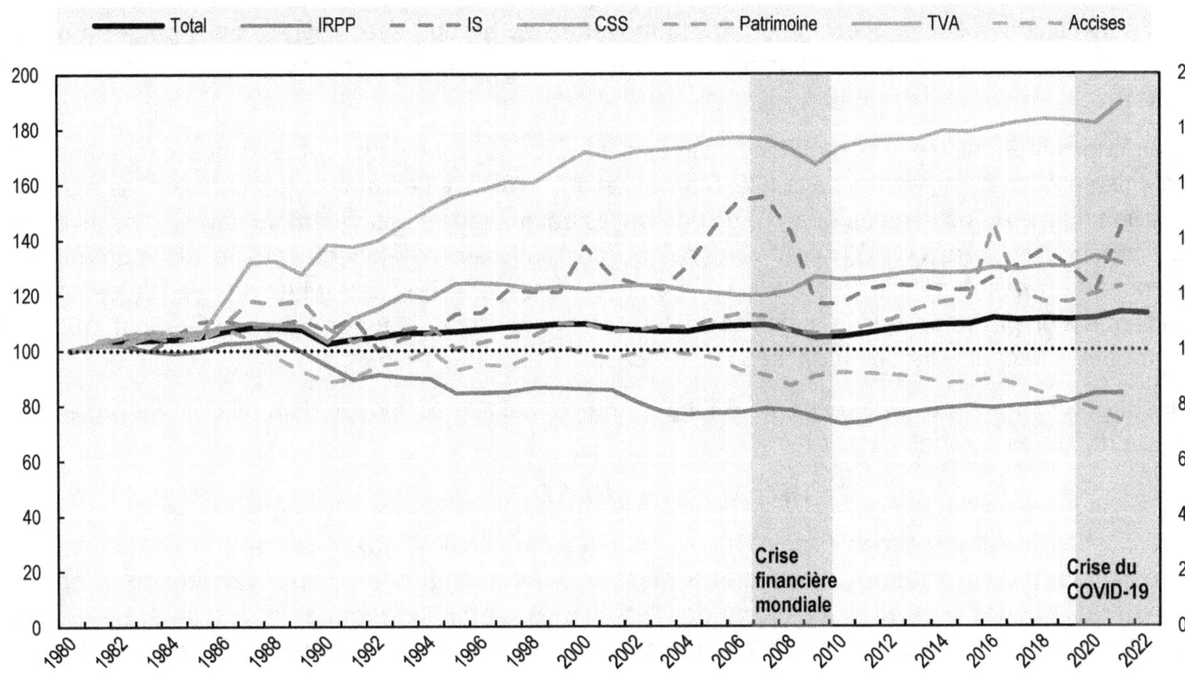

Note : Ce graphique illustre les recettes fiscales en pourcentage du PIB indexées en retenant 100 comme valeur des ratios de 1980 pour tous les types d'impôt afin qu'ils soient comparables. La hausse des recettes générées par les impôts sur le patrimoine en 2016 est due à une entrée exceptionnelle de recettes en Islande. Les données pour 2022 ne sont pas disponibles pour les différents types d'impôt.
Source : Calculs de l'auteur.

StatLink https://stat.link/5b3zgy

Encadré 2.2. Méthodes d'estimation du dynamisme

Cet encadré décrit les deux méthodes employées pour calculer le dynamisme des recettes fiscales dans cette étude spéciale : l'estimateur de la moyenne de groupe avec régression à partir de séries chronologiques (MG) et l'estimateur de la moyenne de groupe agrégée avec régression de panel (PMG).

L'estimateur MG calcule des moyennes simples de groupe après avoir obtenu des estimations du dynamisme pour les différents pays (Pesaran et Smith, 1995[12]). Les moyennes excluent les résultats aberrants, qui aux fins de cette analyse désignent les estimations statistiquement non significatives qui sont proches de zéro (<0.1), négatives (<0) ou particulièrement élevées (>8), conformément aux approches suivies dans d'autres études (Dudine et Jalles, 2017[9] ; Deli et al., 2018[7]). L'estimation spécifique à un pays applique la méthode en deux étapes d'Engle-Granger (Engle et Granger, 1987[13]) aux modèles économétriques proposés par (Sobel et Holcombe, 1996[5]).

Dans un premier temps, le dynamisme à long terme est calculé au moyen d'un modèle de régression à partir de séries chronologiques :

$$\boldsymbol{lnTax_t = \alpha + \beta lnGDP_t + u_t} \ \textbf{(1)}$$

où Tax_t désigne les recettes fiscales dans un pays l'année t et GDP_t désigne le niveau de PIB correspondant. α est le terme constant et β mesure l'effet à long terme d'une variation du niveau de PIB sur les recettes fiscales (dynamisme des recettes fiscales à long terme). u_t est le terme d'erreur de la régression. L'équation (1) décrit la relation à long terme entre les recettes fiscales et le PIB.

Dans un deuxième temps, le dynamisme à court terme est estimé au moyen d'un modèle à correction d'erreur (MCE) selon la méthode des moindres carrés ordinaires (MCO) en utilisant comme facteur l'erreur estimée dans l'équation (1) :

$$\boldsymbol{\Delta lnTax_t = \gamma + \lambda(lnTax_{t-1} - \beta lnGDP_{t-1}) + \theta\Delta lnGDP_t + \epsilon_t} \ \ \textbf{(2)}$$

où $\Delta lnTax_t$ désigne la première différence du logarithme des recettes fiscales dans un pays l'année t et $\Delta lnGDP_t$ désigne la première différence du logarithme du PIB correspondant. $lnTax_{t-1} - \beta lnGDP_{t-1}$ est le terme de correction d'erreur et mesure l'écart de deux variables par rapport à leur relation à long terme au cours de la période de temps antérieure. Il peut être remplacé par l'erreur estimée (retardée une fois) $\hat{u}_{t-1}$ provenant de l'équation (1). γ est le terme constant et θ mesure la réponse instantanée des recettes fiscales à une variation du PIB (dynamisme des recettes fiscales à court terme). λ désigne la vitesse d'ajustement ; il mesure à quelle vitesse le dynamisme converge vers la valeur d'équilibre à long terme. ϵ_t est le terme d'erreur du MCE.

Le dynamisme à court terme et le dynamisme à long terme pour chaque pays de l'OCDE sont estimés en fonction des séries chronologiques propres à chaque pays en utilisant respectivement les équations (1) et (2).

L'estimateur PMG, élaboré par (Pesaran, Shin et Smith, 1999[14]), combine l'agrégation et le calcul de la moyenne pour permettre à l'ordonnée (c'est-à-dire le terme constant), aux coefficients à court terme et aux variances d'erreur de différer d'un pays à l'autre, mais contraint les coefficients à long terme à être égaux pour tous les pays. Il utilise la méthode d'estimation du maximum de vraisemblance pour calculer un dynamisme général à long terme et un dynamisme spécifique aux pays à court terme, sur la base des données de panel de 38 pays de l'OCDE entre 1980 et 2021. Il estime l'équation (2) dans le temps et pour les différents pays.

Ces deux méthodes d'estimation ont leurs forces et leurs faiblesses. L'estimateur PMG exploite les informations supplémentaires et la plus grande variabilité des données liées aux jeux de données de panel étendus. C'est un estimateur plus efficient qui a besoin de moins de données pour produire des estimations cohérentes. Toutefois, l'estimateur PMG impose que les coefficients à long terme soient égaux dans tous les pays et ne peut pas produire des estimations pour chaque pays parce qu'il combine agrégation et calcul de la moyenne. À l'inverse, l'estimateur MG autorise des paramètres tous différents entre pays, mais risque d'aboutir à des estimations incohérentes si la quantité de données est limitée (Belinga et al., 2014[6]).

Traitement des données

Quelques pays de l'OCDE ne perçoivent pas certains des types d'impôt examinés ; par exemple, l'Australie et la Nouvelle-Zélande ne prélèvent pas de CSS et les États-Unis n'appliquent pas de TVA. La valeur des recettes provenant de ces types d'impôt est de zéro dans la base de données des *Statistiques des recettes publiques* pour ces pays. Pour empêcher que les zéros soient pris en compte dans la régression et perturbent la relation entre recettes fiscales et PIB, toutes les observations dont la valeur est nulle sont retirées des données analysées.

Un résultat aberrant a également été supprimé. Tous les pays signalent des variations en glissement annuel inférieures à 5 points de pourcentage des recettes fiscales totales et pour les différents types d'impôt entre 1980 et 2021 sauf l'Islande, où les recettes tirées des impôts sur le patrimoine en pourcentage du PIB ont progressé de plus de 15 points en 2016[7]. Pour remédier à cette valeur aberrante, le chiffre des recettes tirées des impôts sur le patrimoine en Islande en 2016 est remplacé par la moyenne des recettes de ces impôts en 2015 et 2017 ; les recettes fiscales totales de l'Islande en 2016 sont recalculées en conséquence.

Note : Conformément à la suggestion de (Sobel et Holcombe, 1996[5]), l'équation (1) est estimée en utilisant la méthode des moindres carrés ordinaires dynamiques élaborée par (Stock et Watson, 1993[15]) pour tenir compte de l'éventuelle endogénéité au sein du modèle ainsi que de la corrélation sérielle du terme d'erreur. La régression applique également un estimateur de Newey-West pour corriger les erreurs-types et remédier aux phénomènes de l'autocorrélation et de l'hétéroscédasticité (Newey et West, 1987[16]).

Dynamisme des recettes fiscales à court et à long terme dans les pays de l'OCDE

Cette section présente les résultats relatifs au dynamisme des recettes fiscales générés par les deux méthodes d'estimation tour à tour, avant d'analyser les deux séries de résultats dans leur ensemble. Elle énonce également les précautions à prendre lors de l'interprétation des estimations et examine ces précautions en détail en lien avec le dynamisme des recettes de l'IS ainsi que la possibilité d'un décalage dans le temps des effets de variations du PIB sur les recettes. Enfin, elle cherche à déterminer si les résultats varient avec l'utilisation de données réelles plutôt que de données nominales.

Résultats de l'estimateur MG

Le Tableau 2.1 présente les estimations du dynamisme des recettes fiscales à court et à long terme obtenues au moyen de l'estimateur MG. Les résultats montrent que le dynamisme des recettes fiscales totales était proche de l'unité[8] en moyenne dans les pays de l'OCDE entre 1980 et 2021 (les estimations pour chaque pays sont réunies à l'Annexe 2.A.).

Le dynamisme des recettes fiscales à long terme était supérieur à 1.1 dans sept pays de l'OCDE et inférieur à 0.9 dans deux pays ; les autres pays se situaient entre ces deux valeurs. Concernant le dynamisme à court terme, les estimations dépassaient 1.1 pour onze pays et étaient inférieures à 0.9 pour neuf pays. L'écart type du dynamisme des recettes fiscales totales dans les pays de l'OCDE était inférieur à celui des six types d'impôt, ce qui indique que le dynamisme des recettes fiscales totales était moins dispersé entre les pays.

La plupart des six types d'impôt affichaient un dynamisme à court et à long terme proche de l'unité, à quatre exceptions notables près :

- Pour l'IS, le dynamisme était bien supérieur à l'unité, surtout à court terme[9]. (Voir l'Encadré 2.3 pour une analyse plus approfondie des estimations du dynamisme des recettes de l'IS.)
- Pour la TVA, le dynamisme à court et à long terme était supérieur à l'unité, mais dans une moindre mesure que pour l'IS.
- Le dynamisme à court terme des recettes de CSS et le dynamisme à long terme des droits d'accise étaient légèrement inférieurs à l'unité.

Tableau 2.1. Dynamisme des recettes fiscales nominales par type d'impôt calculé selon l'indicateur MG, 1980-2021

	Dynamisme à long terme			Dynamisme à court terme		
	Moyenne	Médiane	Type	Moyenne	Médiane	Type
Total	1.028	1.018	0.083	1.008	0.999	0.218
IRPP	1.059	0.946	0.501	1.024	0.935	0.613
IS	1.377	1.364	0.378	2.096	1.788	1.148
CSS	1.083	1.007	0.427	0.892	0.796	0.699
Patrimoine	1.071	1.048	0.299	0.986	0.907	0.503
TVA	1.262	1.099	0.900	1.119	1.064	0.539
Droits d'accise	0.865	0.894	0.278	0.963	0.967	0.379

Note : Avec l'estimateur de la moyenne de groupe, le dynamisme des recettes fiscales des différents pays de l'OCDE est calculé en premier. Des moyennes simples sont ensuite calculées après suppression des valeurs aberrantes (estimations qui ne sont pas statistiquement significatives et qui sont proches de zéro ou négatives, par exemple). L'annexe 2.A. à la fin de l'étude spéciale contient des informations détaillées sur le dynamisme des recettes fiscales nominales pour chaque pays de l'OCDE.
Source : Calculs des auteurs basés sur (OECD, 2022[17]), Statistiques des recettes publiques 2022 ; et (OECD, 2022[18]), Comptes nationaux de l'OCDE.

Résultats de l'estimateur PMG

Le Tableau 2.2 contient les résultats de la régression sur données de panel en utilisant l'estimateur PMG pour les recettes fiscales totales et les six types d'impôt. Les estimations du dynamisme obtenues par régression sur données de panel sont largement conformes à celles de la régression à partir de données chronologiques ci-dessus. Le dynamisme à court et à long terme des recettes fiscales totales et des recettes de l'IRPP était proche de l'unité entre 1980 et 2021, tandis que les recettes de l'IS étaient les plus dynamiques, surtout à court terme. Les recettes de TVA étaient les deuxièmes plus dynamiques à court et à long terme, tandis que le dynamisme à court terme des CSS était inférieur à l'unité.

On constate toutefois deux différences notables entre les résultats obtenus par les deux méthodes. Premièrement, le dynamisme à court terme des impôts sur le patrimoine était inférieur à l'unité selon l'estimateur PGM, mais proche de l'unité selon l'estimateur MG. Deuxièmement, le dynamisme à court comme à long terme des droits d'accise selon l'estimateur PMG était inférieur à l'unité tandis qu'avec l'estimateur MG, le dynamisme à court terme des droits d'accise était proche de l'unité et celui à long terme était légèrement inférieur à l'unité.

Tableau 2.2. Dynamisme des recettes fiscales nominales par type d'impôt calculé selon l'indicateur PMG, 1980-2021

	Long terme	Court terme	Vitesse d'ajustement
Total	1.056***	1.032***	-0.190***
IRPP	0.997***	0.957***	-0.207***
IS	1.424***	2.482***	-0.310***
CSS	0.965***	0.881***	-0.205***
Patrimoine	1.048***	0.756***	-0.199***
TVA	1.128***	1.140***	-0.287***
Droits d'accise	0.514***	0.619***	-0.149***

Note : *, ** et *** indiquent que les résultats sont statistiquement significatifs respectivement aux seuils de 10 %, 5 % et 1 %. Avec l'estimateur de la moyenne de groupe agrégée, le dynamisme fiscal est estimé sur la base des données de panel de 38 pays de l'OCDE entre 1980 et 2021. Il n'est pas possible d'estimer le dynamisme fiscal des différents pays parce qu'il combine agrégation et calcul de la moyenne.
Source : Calculs des auteurs basés sur (OECD, 2022[17]), Statistiques des recettes publiques 2022 ; et (OECD, 2022[18]), Comptes nationaux de l'OCDE.

Les différences de résultats entre les deux méthodes peuvent être dues à des techniques d'estimation différentes, à des modes de calcul différents des moyennes et aux différences inhérentes entre les données de panel et les données de séries chronologiques. En général, les données de panel présentent des avantages par rapport aux données de séries chronologiques parce qu'elles livrent des informations plus nombreuses et plus diverses, tout en traitant les biais d'omission de variables (Torres-Reyna, 2007[19]). Les avantages de données de panel sont majorés s'agissant des types d'impôt pour lesquels les données peuvent être limitées pour certains pays.

Analyse des résultats

Plusieurs conclusions peuvent être tirées des estimations du dynamisme des recettes fiscales à court et à long terme obtenues au moyen des deux méthodes présentées ci-dessus :

- Sur le long terme, les recettes fiscales ont progressé au même rythme que le PIB dans l'ensemble des pays de l'OCDE entre 1980 et 2021.
- En moyenne, les recettes fiscales dans les pays de l'OCDE étaient aussi volatiles que le PIB sur le cycle économique.
- Les recettes tirées de l'IS étaient les plus dynamiques à court et à long terme, ont progressé plus vite que le PIB sur le long terme et ont été le stabilisateur économique le plus efficace sur le court terme.
- Les recettes de TVA ont elles aussi augmenté plus rapidement que le PIB sur le long terme, et la TVA joue un rôle de stabilisateur assez efficace.
- Les CSS représentent un stabilisateur économique assez peu efficace et les recettes provenant des droits d'accise sont les moins sensibles aux variations du PIB.

Ces conclusions s'accompagnent de plusieurs mises en garde. Premièrement, le dynamisme des recettes fiscales inclut l'impact des mesures discrétionnaires sur les recettes. Aussi, la réaction des recettes fiscales aux variations du PIB sur une période donnée est influencée par les politiques fiscales menées au cours de cette période. Les estimations du dynamisme fiscal peuvent être différentes si l'on isole l'impact des politiques fiscales. Deuxièmement, le PIB servant de variable indicatrice pour différentes bases d'imposition, la réponse des recettes fiscales aux variations du PIB est déterminée par la manière dont les recettes fiscales réagissent à des changements des bases d'imposition et par la façon dont ces bases réagissent aux variations du PIB. L'Encadré 2.3 examine les conséquences pour l'IS. Enfin, un décalage temporel peut se produire entre les recettes fiscales et le PIB en raison des mécanismes spécifiques de recouvrement de l'impôt ou des différences légales de délai pour la déclaration de la base d'imposition (Mourre et Princen, 2019[20]). L'Encadré 2.4 analyse cet aspect plus en détail.

Encadré 2.3. Examen des limites de l'analyse du dynamisme des recettes de l'IS

Comme l'indiquent les estimations qui ressortent de cette étude spéciale et des travaux portant sur le dynamisme fiscal en général, le dynamisme des recettes de l'IS est bien supérieur à l'unité, surtout à court terme. Toutefois, ces résultats doivent être interprétés avec prudence car ils peuvent être faussés par deux grandes limites inhérentes à l'analyse du dynamisme fiscal.

Les estimations du dynamisme fiscal associent les variations des recettes fiscales imputables aux variations du PIB et l'impact sur les recettes de politiques fiscales discrétionnaires. Aussi, les estimations de la réponse des recettes fiscales à la croissance du PIB peuvent différer s'il est possible d'exclure du calcul l'impact des changements de politique fiscale. (Cornevin, Corrales et Angel, 2023[11]) fait également observer que si des indicateurs macroéconomiques tels que le PIB servent de bases d'imposition indicatrices, les estimations du dynamisme peuvent varier entre types d'impôt parce que les bases d'imposition spécifiques ne réagissent pas de la même manière aux changements des conditions macroéconomiques.

Pour déterminer comment ces limites peuvent influer sur les résultats du dynamisme fiscal, cette analyse a été élargie pour inclure l'estimation des variations des recettes de l'IS en fonction des variations de l'excédent net d'exploitation (plutôt que du PIB), et englobe le taux légal de l'IS entre 2000 et 2021 en tant que variable de contrôle supplémentaire. L'excédent brut d'exploitation désigne la différence entre la valeur ajoutée générée par les activités productives et la somme de la rémunération des salariés et des impôts sur la production et les importations diminuée des subventions. Il est souvent utilisé comme substitut de la base de l'IS (Mourre et Princen, 2019[20]).

L'ajout de variables de contrôle supplémentaires (paramètres de la politique fiscale, par exemple) permet d'estimer le dynamisme fiscal en maintenant les variables de contrôle inchangées. L'existence de variables explicatives supplémentaires contribue aussi à réduire le risque de biais d'omission de variables, susceptible de résulter d'une corrélation de la politique fiscale avec le PIB et les recettes fiscales. Les variations des taux légaux d'imposition constituent l'une des mesures de politique fiscale les plus importantes ; de nombreuses études du dynamisme fiscal utilisent les taux d'imposition pour prendre en compte l'impact des politiques discrétionnaires (Belinga et al., 2014[6] ; Dudine et Jalles, 2017[9] ; Deli et al., 2018[7] ; Lagravinese, Liberati et Sacchi, 2020[21] ; Cornevin, Corrales et Angel, 2023[11]).

Le Tableau 2.3 présente les estimations du dynamisme des recettes de l'IS selon différentes spécifications de modèle. Les résultats livrent deux conclusions principales. Premièrement, en utilisant l'excédent brut d'exploitation plutôt que le PIB comme base pour l'IS, on obtient un dynamisme à long terme similaire, mais un dynamisme à court terme quasiment réduit de moitié. Il en ressort que la forte réponse des recettes de l'IS aux variations du PIB au cours du cycle économique est en partie due à une forte corrélation positive entre l'excédent brut d'exploitation et le PIB. Ce constat est corroboré par les données empiriques qui montrent que les taux de croissance des bénéfices agrégés des entreprises et du PIB suivent généralement des tendances similaires, les cycles de croissance des bénéfices affichant régulièrement des amplitudes beaucoup plus importantes que les cycles de croissance du PIB (ECB, 2007[22]). Malgré cet effet, le dynamisme de l'IS reste nettement supérieur à l'unité, tant à court qu'à long terme.

Tableau 2.3. Dynamisme des recettes nominales de l'IS selon différentes spécifications de modèle, 2000-21

	Base d'imposition fondée sur le PIB (sans prise en compte du taux)	Base d'imposition fondée sur le PIB (avec prise en compte du taux)	Base d'imposition fondée sur l'EBE (sans prise en compte du taux)	Base d'imposition fondée sur l'EBE (avec prise en compte du taux)
Long terme	1.155***	1.607***	1.222***	1.341***
Court terme	2.989***	3.135***	1.659***	1.652***

Note : *, ** et *** indiquent que les résultats sont statistiquement significatifs respectivement aux seuils de 10 %, 5 % et 1 %. Les chiffres sont exprimés en valeur nominale et estimés au moyen de l'estimateur de la moyenne de groupe agrégée. Avec l'estimateur de la moyenne de groupe agrégée, le dynamisme fiscal est estimé sur la base des données de panel de pays de l'OCDE entre 2000 et 2021. Les données relatives à l'excédent brut d'exploitation (EBE) proviennent de la base de données des comptes nationaux des pays de l'OCDE et couvrent 35 pays de l'OCDE, à l'exception du Chili, d'Israël et de la Nouvelle-Zélande. Les données relatives aux taux légaux de l'IS proviennent de la base de données Statistiques de l'impôt sur les sociétés de l'OCDE.

Source : Calculs des auteurs basés sur (OECD, 2022[17]), Statistiques des recettes publiques 2022 ; (OECD, 2022[18]), Comptes nationaux de l'OCDE ; et (OECD, 2023[23]), Base de données de l'OCDE sur l'impôt sur les sociétés.

Deuxièmement, le dynamisme à long terme est plus important lorsqu'il est tenu compte du taux légal d'IS. Il en va de même lorsque l'on utilise l'excédent brut d'exploitation comme base d'imposition, bien que l'augmentation soit plus faible. Cela suggère que le taux d'imposition est corrélé négativement à la fois avec les bases d'imposition et les recettes fiscales à long terme, et que le dynamisme à long terme de l'IS est sous-estimé dans le modèle « sans prise en compte ». La prise en compte du taux d'imposition a peu d'effet sur le dynamisme à court terme des recettes de l'IS.

Ces résultats concordent en partie avec les conclusions de (Belinga et al., 2014[6]) en ce qui concerne les pays de l'OCDE au cours de la période 1980-2012, et avec ceux de (Dudine et Jalles, 2017[9]) en ce qui concerne les économies avancées au cours de la période 1980-2014. Ces deux études indiquent en effet que la prise en compte du taux d'imposition entraîne un dynamisme plus important de l'IS à court et à long terme.

L'écart concernant le dynamisme à court terme est probablement dû aux différentes périodes utilisées dans l'estimation : leurs résultats se fondent sur des données antérieures à 2012 et 2014 respectivement, tandis que le taux légal moyen de l'IS dans les pays de l'OCDE a peu varié depuis 2008, après avoir été ramené de 30.4 % à 24.0 % entre 2000 et 2008. L'inclusion de données plus récentes réduit donc la corrélation entre le taux d'imposition et d'autres variables. D'autres études, s'appuyant sur des données plus récentes, ne constatent pas non plus de changement significatif dans le dynamisme à court terme de l'IS après prise en compte du taux d'imposition (Deli et al., 2018[7] ; Cornevin, Corrales et Angel, 2023[11]).

Résultats fondés sur des données réelles plutôt que nominales

Les coefficients de dynamisme présentés ci-dessus sont estimés à l'aide de données nominales sur l'impôt et le PIB, qui comprennent une composante prix et une composante réelle. Pour comprendre comment les variations de prix affectent le dynamisme de l'impôt, le Tableau d'annexe 2.A.8 montre les résultats obtenus par régression sur données chronologiques lorsque le dynamisme de l'impôt à court et à long terme est estimé à l'aide de données réelles. Ces résultats donnent à penser que le dynamisme à court et à long terme estimé à partir de données réelles est supérieur à celui estimé à partir de données nominales, quoique dans des proportions différentes en ce qui concerne les recettes fiscales totales et la plupart des types d'impôt. Les résultats de la régression sur données de panel sont mitigés : si la plupart des estimations du dynamisme fondées sur des données réelles sont proches des estimations fondées sur des données nominales, elles sont inférieures s'agissant de l'IRPP et des accises à long terme, ainsi que des CSS à court terme. Le dynamisme réel des recettes de l'IS est supérieur à court terme (voir Tableau d'annexe 2.A.9).

D'autres études sur le dynamisme des recettes fiscales réelles aboutissent à des résultats différents : (Haughton, 1998[8]) fait valoir que le dynamisme nominal pourrait sous-estimer la réactivité des recettes fiscales aux variations du PIB et que le dynamisme de l'impôt en termes nominaux pourrait tendre vers un. (Belinga et al., 2014[6]) (Dudine et Jalles, 2017[9])constatent que le dynamisme total de l'impôt en termes réels est plus faible qu'en termes nominaux, en particulier à long terme ; (Deli et al., 2018[7]) ne concluent pas à des différences significatives entre le dynamisme total de l'impôt en termes nominaux et réels ; (Cornevin, Corrales et Angel, 2023[11]) étudient le dynamisme réel à court terme de l'IRPP, de l'IS et de la TVA, et ne constatent aucune différence significative en ce qui concerne l'IRPP et la TVA, mais un dynamisme réel à court terme plus élevé de l'IS. Ces divergences dans les conclusions peuvent être dues à des différences de méthodologie, d'échantillon de pays ou de couverture temporelle.

Encadré 2.4. Existe-t-il un décalage temporel entre les recettes fiscales et le PIB ?

Les coefficients de dynamisme de l'impôt estimés dans cette étude spéciale mettent en correspondance les données sur les recettes fiscales annuelles tirées de la base de données des *Statistiques des recettes publiques* et les statistiques sur le PIB de l'exercice budgétaire tirées de la base de données des comptes nationaux de l'OCDE. Ces résultats peuvent être trompeurs s'il y a des retards dans la réponse des recettes fiscales aux variations du PIB, par exemple en raison d'un report de pertes (report en avant/en arrière) dans le cas de l'IS, de mécanismes spécifiques de recouvrement de l'impôt ou de différences légales de délai pour la déclaration de la base imposable (Mourre et Princen, 2019[20]). Cet encadré cherche à déterminer l'existence d'un tel décalage temporel dans les données de l'OCDE en examinant l'évolution des recettes fiscales et du PIB.

L'analyse porte sur l'IRPP et l'IS, dont le paiement se fonde généralement sur le revenu imposable de l'année précédente (Choudhry, 1975[24] ; Mourre et Princen, 2019[20]). Cet encadré examine l'évolution des recettes de l'IRPP et de l'IS entre 2007 et 2010, période qui couvre la crise financière mondiale, et entre 2018 et 2021, période qui couvre la crise du COVID-19 (2020-21). La plupart des pays de l'OCDE ont enregistré de fortes baisses de leurs recettes et de leur PIB au cours de ces deux épisodes (OECD, 2021[25]). S'il existe un décalage temporel, les recettes de l'IRPP et de l'IS devraient diminuer un an après des baisses significatives du PIB nominal. Les graphiques Graphique d'annexe 2.A.1 à Graphique d'annexe 2.A.5 illustrent l'évolution des recettes fiscales et du PIB par pays. En raison de contraintes d'espace, seuls cinq pays de l'OCDE sont représentés.

Les résultats donnent à penser que les recettes de l'IRPP et de l'IS ont, dans une large mesure, évolué parallèlement au PIB nominal dans les pays de l'OCDE pendant la crise financière mondiale et la crise du COVID-19, même si les résultats diffèrent selon les pays :

- En Belgique, les recettes fiscales ont progressé au même rythme que le PIB, sauf en 2019, où celles tirées de l'IRPP ont légèrement diminué malgré la forte croissance du PIB nominal.
- En France, les recettes de l'IRPP et le PIB ont évolué de concert pendant les deux crises, mais les recettes de l'IS ont été plus stables que le PIB pendant la crise du COVID-19.
- Au Japon, les recettes de l'impôt sur les bénéfices ont suivi une trajectoire semblable à celle du PIB pendant la crise financière mondiale. On a toutefois observé un décalage notable entre les recettes de l'IRPP et le PIB en 2019 et 2020.
- En Suisse, les données ne montrent pas de corrélation étroite entre les recettes de l'IRPP et le PIB pendant les deux crises, le premier ayant continué d'augmenter malgré les fluctuations du second. Les recettes de l'IS ont évolué parallèlement au PIB, en particulier pendant la crise du COVID-19.
- Aux États-Unis, la croissance des recettes fiscales a été semblable à celle du PIB, en particulier pendant la crise du COVID-19.

Trois explications peuvent être avancées pour expliquer l'absence apparente de retard dans la réponse des recettes fiscales au PIB. Premièrement, les pays de l'OCDE déclarent principalement leurs données sur les recettes fiscales pour les *Statistiques des recettes publiques* sur la base d'une comptabilité d'exercice, c'est-à-dire que les recettes sont comptabilisées au moment où l'impôt est dû, et non au moment où il est acquitté (OECD, 2021[25]).

Deuxièmement, les données sur les recettes utilisées dans les estimations du dynamisme de l'impôt tiennent compte de l'effet des politiques fiscales discrétionnaires. Pendant la crise du COVID-19, par exemple, les autorités des pays de l'OCDE ont mis en œuvre des mesures de soutien pour atténuer les répercussions négatives de la pandémie sur les entreprises et les ménages, dont certaines ont eu des effets immédiats sur les recettes fiscales, même si les recettes proprement dites se fondaient sur la base d'imposition d'avant la pandémie.

Troisièmement, les différences dans les canaux de collecte peuvent constituer un facteur. Par exemple, les recettes de l'IRPP et de l'IS perçues par le prélèvement à la source ou des paiements anticipés sont majoritairement versées au cours de l'année où le revenu a été perçu, tandis que les recettes perçues au moyen d'avis d'imposition officiels peuvent être déterminées au cours d'une année ultérieure en raison du temps nécessaire aux déclarations fiscales et aux procédures d'enquête. Un retard dans la réaction des recettes fiscales aux variations du PIB peut donc être moins évident si la majorité des recettes de l'IRPP et de l'IS sont perçues par le prélèvement à la source et des paiements anticipés plutôt que par des avis d'imposition formels.

Évolution du dynamisme de l'impôt dans les pays de l'OCDE

Cette section examine l'évolution du dynamisme de l'impôt dans les pays de l'OCDE entre 1980 et 2021. L'ensemble de données est divisé en trois sous-périodes : 1980-1999, 2000-2010 et 2011-2021. La première période est plus longue que les deuxième et troisième, car les données sur les recettes ne sont pas disponibles pour certains pays de l'OCDE dans les années 80. Le Tableau 2.4 présente des estimations du dynamisme de l'impôt à court et à long terme au moyen de l'estimateur PMG pour ces différentes périodes à l'aide de données nominales. Les mêmes résultats sont également représentés sur le Graphique 2.2.

Tableau 2.4. Dynamisme des recettes fiscales nominales par type d'impôt, sur les périodes 1980-99, 2000-2010 et 2011-2021

	Dynamisme à long terme			Dynamisme à court terme		
	1980-1999	2000-2010	2011-2021	1980-1999	2000-2010	2011-2021
Total	0.846***	1.014***	1.069***	0.828***	1.211***	0.942***
IRPP	0.760***	1.239***	0.984***	0.641***	1.340***	0.784***
IS	1.967***	1.251***	1.476***	2.904***	3.768***	2.232***
CSS	0.835***	1.030***	0.680***	0.872*	0.688***	0.475***
Patrimoine	-0.005	1.236***	1.004***	0.168	1.032***	0.596***
TVA	1.091***	1.034***	1.125***	1.129***	1.282***	1.264***
Accises	0.641***	0.705***	0.684***	0.496	0.329*	0.843***

Note : *, ** et *** désignent que les résultats sont statistiquement significatifs respectivement aux seuils de 10 %, 5 % et 1 %. Les chiffres sont estimés au moyen de l'estimateur de la moyenne de groupe agrégée. Avec l'estimateur de la moyenne de groupe agrégée, le dynamisme fiscal est estimé à partir de la base des données de panel de 38 pays de l'OCDE au cours de différentes périodes. La Slovénie est retirée de l'estimation de la TVA et des droits d'accise sur la période 1980-99 faute de données suffisantes.
Source : Calculs des auteurs basés sur (OECD, 2022[17]), Statistiques des recettes publiques 2022 ; et (OECD, 2022[18]), Comptes nationaux de l'OCDE.

Graphique 2.2. Dynamisme des recettes fiscales réelles par type d'impôt, sur les périodes 1980-1999, 2000-2010 et 2011-2021

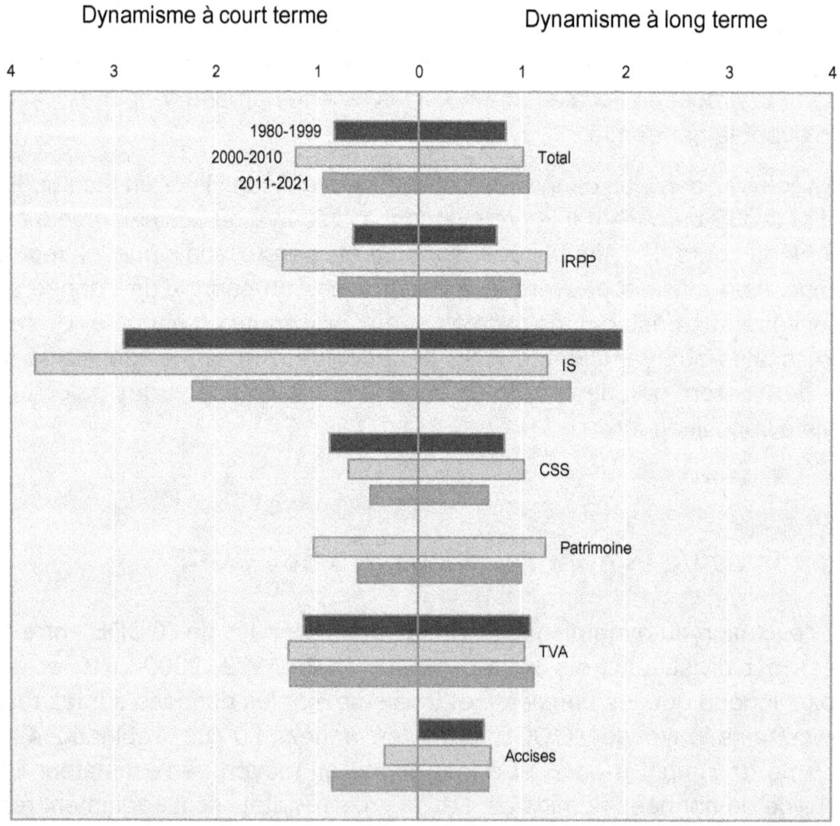

Note : Les chiffres sont estimés au moyen de l'estimateur de la moyenne de groupe agrégée. Avec l'estimateur de la moyenne de groupe agrégée, le dynamisme fiscal est estimé à partir de la base des données de panel de 38 pays de l'OCDE au cours de différentes périodes. La Slovénie est retirée de l'estimation de la TVA et des droits d'accise sur la période 1980-99 faute de données suffisantes.
Source : Calculs des auteurs basés sur (OECD, 2022[17]), Statistiques des recettes publiques 2022 ; et (OECD, 2022[18]), Comptes nationaux de l'OCDE.

StatLink https://stat.link/xtwpmo

En ce qui concerne les recettes fiscales totales, le dynamisme de l'impôt à long terme a progressivement augmenté au cours des trois périodes considérées. L'amélioration des capacités fiscales et l'évolution des structures fiscales dans les pays de l'OCDE sont des explications possibles de cette augmentation. Le dynamisme à court terme, qui mesure les fluctuations des recettes fiscales au cours du cycle économique, a considérablement augmenté entre 2000 et 2010, avant de retomber à l'unité. La plus grande volatilité observée au cours de cette deuxième période est peut-être due à la crise financière mondiale, qui a eu des répercussions négatives plus importantes sur les recettes fiscales de l'OCDE que la récente crise du COVID-19, en particulier sur les recettes de l'IRPP et de l'IS (OECD, 2021[25]).

Si l'on s'intéresse à l'évolution du dynamisme de l'impôt pour certains types d'impôts, les principales conclusions sont les suivantes :

- S'agissant de l'IRPP, le dynamisme à long terme a sensiblement augmenté après 1980, mais a diminué au cours de la troisième période. L'une des explications possibles de ce plus fort dynamisme au cours des deux premières périodes réside dans l'augmentation de la progressivité des systèmes d'IRPP dans les pays de l'OCDE (Belinga et al., 2014[6]). Le dynamisme à court terme de l'IRPP a affiché une évolution semblable à celui des recettes fiscales totales, s'élevant au-dessus de l'unité avant de refluer, probablement sous l'effet de la crise financière mondiale. (OECD, 2021[25]) constatent que les recettes tirées de l'IRPP en pourcentage du PIB ont baissé en moyenne en 2009, ce qui implique une diminution des recettes fiscales plus importante que celle du PIB, alors que l'inverse s'est produit en 2020.
- S'agissant de l'IS, le dynamisme à long terme suit une trajectoire opposée à celle de l'IRPP : il a sensiblement diminué au cours des trois périodes, malgré une légère hausse au cours de la troisième. (Deli et al., 2018[7]) constatent également une baisse substantielle du dynamisme à long terme de l'IS dans la période qui suit l'an 2000 par rapport à celle qui le précède. Une explication possible de cette tendance est que de nombreux pays de l'OCDE ont réduit les taux de l'IS au cours des dernières décennies, ce qui a peut-être supprimé le dynamisme de l'IS (Encadré 2.3). Le dynamisme à court terme de l'IS s'est considérablement accru entre 2000 et 2010, mais il a diminué ces dernières années, de la même manière que le dynamisme à court terme des recettes fiscales totales et de l'IRPP.
- L'augmentation du dynamisme de l'IS sur le long terme au cours de la troisième période (ainsi que la baisse du dynamisme de l'IRPP) peut être liée à un arbitrage fiscal. Dans de nombreux pays de l'OCDE, on a récemment observé une tendance des contribuables à transférer une partie de leur revenu imposable au titre de l'IRPP vers l'IS afin de réduire l'impôt dû, en bénéficiant des taux inférieurs de l'IS et d'autres avantages fiscaux (OECD, Forthcoming[26])
- Le dynamisme à court et à long terme des CSS a diminué au cours des périodes analysées, ce qui concorde avec d'autres études. L'évolution de la pyramide des âges de la population dans les pays de l'OCDE pourrait être un facteur à l'origine de cette évolution.
- En ce qui concerne les impôts sur le patrimoine, le dynamisme de l'impôt à court et à long terme a diminué après 2000. Les résultats ne sont pas statistiquement significatifs pour 1980-1999. La baisse du dynamisme à court terme durant la troisième période est probablement liée à l'atonie des marchés immobiliers dans les pays de l'OCDE après la crise financière mondiale.
- En ce qui concerne les taxes sur les biens et services, le dynamisme à court et long terme de la TVA a augmenté entre 1980 et 2021. Le dynamisme à long terme des accises est le plus faible des six types d'impôts sur presque toutes les périodes, et n'a que légèrement augmenté depuis 1980, même si le dynamisme à court terme a sensiblement augmenté, quoique partant d'un niveau bas.

À des fins de comparaison,Tableau d'annexe 2.A.10 et Graphique d'annexe 2.A.6 montrent les estimations du dynamisme de l'impôt pour les trois périodes à l'aide des données relatives à l'impôt réel et au PIB. La plupart des conclusions tirées des données nominales sont valables pour le dynamisme de l'impôt réel, à quelques exceptions près concernant les résultats à long terme.

Interaction entre dynamisme des recettes fiscales et autres facteurs socioéconomiques

Dans le but d'élargir l'analyse des facteurs qui sous-tendent les tendances d'évolution des recettes dans les pays de l'OCDE, cette section examine l'interaction entre le dynamisme des recettes fiscales et trois autres facteurs socioéconomiques pertinents : le cycle conjoncturel, l'inflation et la structure démographique de la population.

Le dynamisme des recettes fiscales dans différents contextes économiques

De nombreuses études ont constaté que le dynamisme des recettes fiscales à court terme varie à différents stades du cycle conjoncturel, ce qui traduit des réponses asymétriques des recettes fiscales aux variations du PIB au cours des périodes d'expansion et de contraction de l'activité. Pour mieux comprendre la capacité des systèmes fiscaux dans les pays de l'OCDE à stabiliser l'économie au cours de différents cycles conjoncturels, le dynamisme des recettes fiscales à court terme est estimé au moyen de l'équation (3), en appliquant la méthode utilisée dans (Belinga et al., 2014[6]) et (Deli et al., 2018[7]).

$$\Delta lnTax_{i,t} = \lambda_i(lnTax_{i,t-1} - \beta_i lnGDP_{i,t-1}) + \theta_i * Dummy_{i,t} * \Delta lnGDP_{i,t} + \phi_i * (1 - Dummy_{i,t}) * \Delta lnGDP_{i,t} + \mu_i + \epsilon_{i,t} \quad (3)$$

L'équation (3) est un MCE avec régression de panel similaire à l'équation (2) mais inclut la dimension par pays représentée par i et les effets fixes par pays μ_i ainsi qu'une variable indicatrice. Dans l'équation, la variable indicatrice prend une valeur de un pour les années de croissance et une valeur de zéro pour les années de contraction.

Cette étude spéciale définit les années de croissance et de contraction selon deux scénarios : un cycle d'expansion et de récession modéré dans lequel les variations annuelles du PIB réel de plus de 0.5 % (-0.5 %) représentent une croissance économique (contraction économique) ; et un cycle d'expansion et de récession marqué dans lequel les variations du PIB réel de plus de 1.0 % (-1.0 %) représentent une croissance économique (contraction économique).

Tableau 2.5. Asymétrie du dynamisme des recettes fiscales à court terme au cours du cycle conjoncturel, 1980-2021

	Cycle conjoncturel modéré		Cycle conjoncturel marqué	
	> 0.5 %	< -0.5 %	> 1 %	< -1 %
Total	1.019***	1.009***	1.007***	1.115***
IRPP	0.922***	1.089*	1.002***	0.843
IS	2.361***	2.696***	2.075***	3.302***
CSS	0.742***	0.954***	0.783***	0.935***
Patrimoine	0.783***	0.740*	0.817***	1.188*
TVA	1.160***	0.838***	1.132***	0.851***
Droits d'accise	0.497***	1.237**	0.429***	1.544***

Note : *, ** et *** désignent que les résultats sont statistiquement significatifs respectivement aux seuils de 10 %, 5 % et 1 %. Les chiffres sont exprimés en valeur nominale et estimés au moyen de l'estimateur de la moyenne de groupe agrégée. Avec l'estimateur de la moyenne de groupe agrégée, le dynamisme fiscal est estimé à partir des données de panel de 38 pays de l'OCDE entre 1980 et 2021. Au cours d'un cycle conjoncturel modéré, une croissance du PIB réel supérieure à 0.5 % constitue une croissance économique et inférieure à -0.5 % constitue une contraction de l'activité. Au cours d'un cycle conjoncturel marqué, une croissance du PIB réel supérieure à 1.0 % constitue une croissance économique et inférieure à -1.0 % constitue une contraction de l'activité.
Source : Calculs des auteurs basés sur (OECD, 2022[17]), Statistiques des recettes publiques 2022 ; et (OECD, 2022[18]), Comptes nationaux de l'OCDE.

Le Tableau 2.5 montre que dans un cycle conjoncturel modéré, le dynamisme à court terme des recettes fiscales totales est globalement le même pendant les années de croissance et pendant les années de contraction de l'activité. Néanmoins, il est plus prononcé au cours des phases de contraction pour la plupart des types d'impôt, hormis les impôts sur le patrimoine et la TVA. Dans un cycle conjoncturel marqué, le dynamisme à court terme est beaucoup plus fort au cours des années de contraction de l'activité que pendant les années de croissance pour les recettes fiscales totales, l'IS, les CSS, les impôts sur le patrimoine et les droits d'accise.

Ces résultats montrent qu'en moyenne, les impôts dans les pays de l'OCDE sont plus dynamiques au cours des récessions que pendant les périodes de croissance, ce qui concorde avec les conclusions d'autres études (Belinga et al., 2014[6] ; Dudine et Jalles, 2017[9] ; Deli et al., 2018[7]). Ils indiquent également qu'à mesure que la récession économique s'intensifie, les recettes fiscales deviennent plus volatiles par rapport au PIB.

Impact de l'inflation sur le dynamisme des recettes fiscales

En 2022, l'inflation élevée dans les pays de l'OCDE a ravivé l'intérêt pour l'analyse de l'impact de l'inflation sur les recettes fiscales. Cette sous-section étudie les effets de l'inflation sur le dynamisme à court terme des recettes fiscales en suivant la même approche que précédemment, mais en utilisant une variable indicatrice qui prend une valeur de un pour les années d'inflation plus élevée et une valeur de zéro pour les années d'inflation plus faible. L'analyse est effectuée dans deux scénarios : dans un scénario de base, une inflation faible/élevée correspond à un taux d'inflation inférieur/supérieur à 2 %, qui est la cible d'inflation de la Banque centrale européenne ; dans un scénario extrême, une inflation faible correspond à un taux d'inflation inférieur à 1 % et une inflation élevée correspond à un taux d'inflation supérieur à 3 %.

Le Tableau 2.6 montre que dans le scénario de base, le dynamisme à court terme moyen dans les pays de l'OCDE est resté stable, indépendamment du niveau d'inflation, pour les recettes fiscales totales, l'IRPP, les impôts sur le patrimoine et la TVA. Il a été plus prononcé pendant les années d'inflation élevée pour les CSS et pendant les années d'inflation faible pour l'IS et les droits d'accise. Dans le scénario extrême, le dynamisme à court terme a été plus prononcé pendant les années d'inflation élevée pour les recettes fiscales totales et la TVA, et plus prononcé pendant les années d'inflation faible pour l'IS et les droits d'accise.

Tableau 2.6. Impact de l'inflation sur le dynamisme des recettes fiscales à court terme, 1980-2021

	Scénario de base		Scénario extrême	
	Inflation faible	Inflation élevée	Inflation faible	Inflation élevée
Total	0.963***	0.979***	0.726***	0.926***
IRPP	0.878***	0.958***	0.929***	0.883***
IS	2.958***	2.235***	2.787***	2.031***
CSS	0.566***	0.941***	1.195	1.142*
Patrimoine	0.832***	0.731***	0.587	0.365
TVA	1.030***	1.105***	1.173**	1.379***
Accises	0.716***	0.543***	0.641***	0.424**

Note : *, ** et *** désignent que les résultats sont statistiquement significatifs respectivement aux seuils de 10 %, 5 % et 1 %. Les chiffres sont exprimés en valeur nominale et estimés au moyen de l'estimateur de la moyenne de groupe agrégée. Avec l'estimateur de la moyenne de groupe agrégée, le dynamisme fiscal est estimé à partir des données de panel de 38 pays de l'OCDE entre 1980 et 2021. Dans le scénario de base, une inflation élevée/faible correspond à un taux d'inflation supérieur/inférieur à 2 %. Dans le scénario extrême, une inflation élevée/faible correspond à un taux d'inflation respectivement supérieur à 3 % et inférieur à 1 %.
Source : Calculs des auteurs basés sur (OECD, 2022[17]), Statistiques des recettes publiques 2022 ; (OECD, 2022[18]), Comptes nationaux de l'OCDE ; et (OECD, 2023[27]), Base de données OCDE des prix et parités de pouvoir d'achat.

Impact du vieillissement démographique sur le dynamisme des recettes fiscales

(OECD/WHO, 2020[28]) estime qu'un pays a une « société vieillissante » si la part des personnes âgées de 65 ans et plus est comprise entre 7 % et 14 % de la population totale, une « société âgée » si cette part est comprise entre 15 % et 20 % et une société « super âgée » si cette part est supérieure ou égale à 21 %. D'après ce critère de mesure, de nombreux pays de l'OCDE ont une société « âgée » : au cours des dernières décennies, la part de la population âgée de 65 ans et plus a pratiquement doublé en moyenne dans les pays de l'OCDE, passant de moins de 9 % en 1960 à plus de 17 % en 2019 (OECD, 2021[29]).

Pour analyser l'impact du vieillissement démographique sur le dynamisme des recettes fiscales, l'hypothèse retenue dans cette étude spéciale est que la société d'un pays est « jeune » si la part de sa population âgée de 65 ans et plus est inférieure à 15 %, et qu'elle est « âgée » si cette part est supérieure à ce seuil.

Les résultats rassemblés dans le Tableau 2.7 montrent que le dynamisme à court terme était beaucoup plus fort dans une « société jeune » pour les recettes fiscales totales, l'IS, les CSS et la TVA, tandis qu'il était légèrement plus prononcé pour l'IRPP et les impôts sur le patrimoine. Le dynamisme à court terme des droits d'accise était plus marqué dans une « société âgée », encore que la différence soit minime. Ces résultats laissent penser que les recettes fiscales étaient plus stables sur le cycle conjoncturel dans les pays ayant une population vieillissante.

Tableau 2.7. Impact du vieillissement démographique sur le dynamisme des recettes fiscales à court terme, 1980-2021

	Société jeune	Société âgée
Total	1.023***	0.787***
IRPP	0.918***	0.875***
IS	2.377***	2.049***
CSS	0.962**	0.444***
Patrimoine	0.685***	0.630***
TVA	1.028***	0.892***
Accises	0.459*	0.464***

Note : *, ** et *** désignent que les résultats sont statistiquement significatifs respectivement aux seuils de 10 %, 5 % et 1 %. Les chiffres sont exprimés en valeur nominale et estimés au moyen de l'estimateur de la moyenne de groupe agrégée. Avec l'estimateur de la moyenne de groupe agrégée, le dynamisme fiscal est estimé à partir des données de panel de 38 pays de l'OCDE entre 1980 et 2021. Une société jeune/âgée désigne une société où la part des personnes âgées de 65 ans ou plus est supérieure/inférieure à 15 %.
Source : Calculs des auteurs basés sur (OECD, 2022[17]), Statistiques des recettes publiques 2022 ; (OECD, 2022[18]), Comptes nationaux de l'OCDE ; et (OECD, 2023[30]), Base de données de l'OCDE sur la santé.

Encadré 2.5. Dynamisme des recettes fiscales à court et à long terme dans différentes régions géographiques

À l'avenir, les estimations du dynamisme des recettes fiscales basées sur les données de l'OCDE pourraient être étendues à un éventail beaucoup plus large de pays en utilisant la *base de données mondiale des Statistiques des recettes publiques de l'OCDE*. À l'heure actuelle, cette base de données contient des données harmonisées relatives aux recettes fiscales dans le temps pour plus de 125 économies, notamment d'Afrique, d'Asie-Pacifique et d'Amérique latine et des Caraïbes (ALC).

Le Tableau 2.8 illustre le dynamisme des recettes fiscales totales à court et à long terme dans ces trois régions entre 2000 et 2021. En moyenne, le dynamisme des recettes fiscales totales à court et à long terme était supérieur à l'unité en Afrique (33 pays), ce qui laisse penser que les recettes fiscales dans les pays d'Afrique ont connu une croissance rapide au cours des deux dernières décennies. Les chiffres sont proches des estimations du dynamisme d'environ 1.2 pour les pays en développement à faible revenu provenant de (Dudine et Jalles, 2017[9]).

Tableau 2.8. Dynamisme des recettes nominales de l'IS selon différentes spécifications de modèle, 2000-21

	Afrique (2000-2021)	Asie-Pacifique (2000-2021)	ALC (1990-2021)
Long terme	1.161***	1.033***	1.068***
Court terme	1.155***	1.367***	1.035***
Vitesse d'ajustement	-0.417***	-0.272***	-0.257***

Note : *, ** et *** désignent que les résultats sont statistiquement significatifs respectivement aux seuils de 10 %, 5 % et 1 %. Les chiffres sont exprimés en valeur nominale et estimés au moyen de l'estimateur de la moyenne de groupe agrégée. Avec l'estimateur de la moyenne de groupe agrégée, le dynamisme fiscal est estimé à partir des données de panel de 33 pays africains et 29 économies de la région Asie-Pacifique entre 2000 et 2021, et de 26 pays de la région ALC entre 1990 et 2021. Nauru est exclu de l'échantillon Asie-Pacifique en raison du manque de données et de la volatilité élevée du ratio impôts/PIB. Le Venezuela est exclu de l'échantillon ALC en raison du manque de données depuis 2014.
Source : Calculs des auteurs basés sur (OECD, 2023[31]), base de données mondiale des Statistiques des recettes publiques.

Pour la région Asie-Pacifique (29 économies), le dynamisme à long terme est proche de l'unité, tandis que le dynamisme à court terme est largement supérieur à un et est le plus élevé parmi toutes les régions, ce qui signifie que la volatilité des recettes fiscales à court terme est élevée sur le cycle conjoncturel. Les résultats de la région Asie-Pacifique sont cohérents avec les conclusions de (Dudine et Jalles, 2017[9]) concernant les économies de marché émergentes.

Enfin, le dynamisme à court et à long terme des recettes fiscales totales est proche de l'unité dans la région ALC, dans la lignée des résultats concernant les pays de l'OCDE qui ressortent de cette étude spéciale.

La réponse des recettes fiscales aux variations du PIB affiche des caractéristiques différentes d'une région géographique à l'autre. Il serait intéressant d'approfondir l'analyse en ajoutant d'autres types d'impôt, en tenant compte des paramètres de la politique fiscale, en examinant l'évolution du dynamisme dans la durée et en déterminant les raisons qui expliquent ces différences régionales.

Note : Les données sur les recettes fiscales proviennent de la base de données mondiale des *Statistiques des recettes publiques*, qui précise la source des données sur le PIB utilisées pour chaque exercice fiscal. Pour les régions Afrique et Asie-Pacifique, on utilise des panels non équilibrés entre 2000 et 2021, tandis que la région ALC dispose d'un panel pratiquement équilibré sur la période 1990-2021. L'estimateur PMG est utilisé pour estimer le dynamisme dans chaque région afin de tenir compte des séries chronologiques relativement courtes.

Conclusion

Pour analyser la volatilité des recettes fiscales dans l'OCDE, cette étude spéciale estime le dynamisme des recettes fiscales totales et des recettes provenant de six principaux types d'impôt pour l'ensemble des 38 pays de l'OCDE entre 1980 et 2021. Elle constate que, dans les pays de l'OCDE, les recettes fiscales ont généralement progressé au même rythme que le PIB à long terme et ont affiché une volatilité similaire sur le cycle conjoncturel à court terme. Les recettes de l'IS et de la TVA ont été plus dynamiques que celles provenant d'autres types d'impôt. Les CSS et les droits d'accise étaient des sources de recettes plus stables au cours des phases de fluctuation économique à court terme. Le dynamisme à long terme des recettes fiscales totales et de la plupart des types d'impôt a augmenté depuis 1980, à l'exception de l'IS et des CSS.

Le dynamisme à court terme pour tous les impôts hormis les droits d'accise a fortement progressé entre 2000 et 2010, probablement en raison de l'impact asymétrique de la crise financière mondiale sur les recettes et sur le PIB en 2008-09, avant de décroître sur la période 2011-21. Le dynamisme à court terme était généralement plus marqué au cours des périodes de contraction de l'activité que pendant les phases de croissance économique. Il était également plus prononcé durant les périodes de forte inflation pour la plupart des impôts sauf l'IS et les droits d'accise. Les recettes fiscales étaient plus stables sur le cycle conjoncturel dans les pays ayant une population âgée.

Les résultats des estimations du dynamisme fiscal doivent être interprétés avec précaution car ces estimations sont influencées par les politiques fiscales mises en œuvre au cours de la période étudiée ; les estimations peuvent varier lorsqu'on supprime l'impact des politiques fiscales. Cette mise en garde plaide contre l'utilisation d'estimations historiques du dynamisme fiscal pour établir des prévisions quant à l'évolution future des recettes fiscales. En outre, du fait de l'utilisation du PIB comme base d'imposition indirecte, la réponse des recettes fiscales aux variations du PIB peut être en partie affectée par la façon dont les bases d'imposition réelles réagissent aux variations du PIB.

Une analyse plus poussée de la volatilité fiscale dans les pays de l'OCDE pourrait faire intervenir des estimations de l'élasticité fiscale afin de faire la distinction entre la réaction automatique des recettes fiscales aux variations du PIB et les effets des politiques fiscales discrétionnaires. Le dynamisme fiscal dans les pays non membres de l'OCDE pourrait aussi être estimé à partir de la base de données mondiale des *Statistiques des recettes publiques* (Encadré 2.5). En outre, en mesurant comment les recettes fiscales réagissent à des modifications des bases d'imposition et comment les bases d'imposition réagissent à des variations du PIB, on pourrait obtenir davantage d'informations sur les causes des variations du dynamisme fiscal et sur les raisons qui expliquent pourquoi il diffère entre impôts, entre pays et dans la durée.

References

Belinga, V. et al. (2014), « Tax buoyancy in OECD countries », International Monetary Fund, Washington, D.C., https://www.imf.org/external/pubs/ft/wp/2014/wp14110.pdf. [6]

Choudhry, N. (1975), « A Study of the Elasticity of the West Malaysian Income Tax System, 1961-70 », *IMF Staff Papers*, vol. 22/2, pp. 494-509, https://www.jstor.org/stable/3866486. [24]

Cornevin, A., J. Corrales et J. Angel (2023), « A Deep Dive into Tax Buoyancy: Comparing Estimation Techniques in a Large Heterogeneous Panel », *IMF Working Papers*, International Monetary Fund, Washington, D.C., https://www.imf.org/-/media/Files/Publications/WP/2023/English/wpiea2023071-print-pdf.ashx. [11]

Deli, Y. et al. (2018), « Dynamic tax revenue buoyancy estimates for a panel of OECD countries », *ESRI Working Papers*, https://www.esri.ie/pubs/WP592.pdf. [7]

Dougherty, S., P. de Biase et L. Lorenzoni (2022), « Funding the future: The impact of population ageing on revenues across levels of government », *OECD Working Papers*, OECD Publishing, Paris, https://doi.org/10.1787/2b0f063e-en. [10]

Dudine, P. et J. Jalles (2017), « How buoyant is the tax system? New evidence from a large heterogeneous panel », *IMF Working Papers*, International Monetary Fund, Washington, D.C., https://www.imf.org/-/media/Files/Publications/WP/wp1704.ashx. [9]

ECB (2007), « The relationship between listed companies' earnings growth and output growth in the economy as a whole », dans *Monthly Bulletin, September 2007*, European Central Bank, Frankfurt, https://www.ecb.europa.eu/pub/pdf/other/mb200709_focus05.en.pdf. [22]

Engle, R. et C. Granger (1987), « Co-Integration and Error Correction: Representation, Estimation, and Testing », *Econometrica*, vol. 55/2, pp. 251-276, https://www.jstor.org/stable/1913236. [13]

Groves, H. et C. Kahn (1952), « The Stability of State and Local Tax Yields », *The American Economic Review*, vol. 42/1, pp. 87-102, https://www.jstor.org/stable/1914417. [2]

Haughton, J. (1998), « Estimating tax buoyancy, elasticity, and stability », *African Economic Policy Paper*, https://pdf.usaid.gov/pdf_docs/Pnace024.pdf. [8]

Lagravinese, R., P. Liberati et A. Sacchi (2020), « Tax Buoyancy in OECD Countries: New Empirical Evidence », *Journal of Macroeconomics*, vol. 63/C, http://www.sciencedirect.com/science/article/pii/S0164070419302836. [21]

Mansfield, C. (1972), « Elasticity and Buoyancy of a Tax System: A Method Applied to Paraguay », *IMF Staff Papers*, vol. 19/2, pp. 425-446, https://www.jstor.org/stable/3866368. [4]

Mourre, G. et S. Princen (2019), « The Dynamics of Tax Elasticities in the Whole European Union », *CESifo Economic Studies*, pp. 204-235, https://academic.oup.com/cesifo/article-pdf/65/2/204/28704406/ify028.pdf. [20]

Musgrave, R. et M. Miller (1948), « Built-in Flexibility », *The American Economic Review*, vol. 38/1, pp. 122-128, https://www.jstor.org/stable/1801943. [1]

Newey, W. et K. West (1987), « A Simple, Positive Semi-definite, Heteroskedasticity and Autocorrelation Consistent Covariance Matrix », *Econometrica*, vol. 55/3, pp. 703-708, https://www.jstor.org/stable/1913610. [16]

OECD (2023), « Global Revenue Statistics database », dans *OECD.Stat (database)*, OECD Publishing, Paris, https://www.oecd.org/tax/tax-policy/global-revenue-statistics-database.htm (consulté le 20 septembre 2023). [31]

OECD (2023), « OECD Corporate Tax Statistics: Statutory Corporate Income Tax Rates », dans *OECD.Stat (database)*, OECD Publishing, Paris, https://stats.oecd.org/Index.aspx?DataSetCode=CTS_CIT# (consulté le 20 septembre 2023). [23]

OECD (2023), « OECD Health: Demographic References », dans *OECD.Stat (database)*, OECD Publishing, Paris, https://stats.oecd.org/Index.aspx?DataSetCode=HEALTH_DEMR (consulté le 20 septembre 2023). [30]

OECD (2023), « OECD Prices and Purchasing Power Parities: Consumer Price Indices », dans *OECD.Stat (database)*, OECD Publishing, Paris, https://stats.oecd.org/Index.aspx?DataSetCode=PRICES_CPI (consulté le 20 septembre 2023). [27]

OECD (2022), « OECD National Accounts: Gross Domestic Product », dans *OECD.Stat (database)*, OECD Publishing, Paris, https://stats.oecd.org/Index.aspx?DataSetCode=SNA_TABLE1 (consulté le 1 février 2023). [18]

OECD (2022), *Revenue Statistics 2022: The Impact of COVID-19 on OECD Tax Revenues*, OECD Publishing, Paris, https://doi.org/10.1787/8a691b03-en. [17]

OECD (2022), *Tax Policy Reforms 2022: OECD and Selected Partner Economies*, OECD Publishing, Paris, https://doi.org/10.1787/067c593d-en. [32]

OECD (2021), *Health at a Glance 2021: OECD Indicators*, OECD Publishing, Paris, https://doi.org/10.1787/ae3016b9-en. [29]

OECD (2021), *Revenue Statistics 2021: The Initial Impact of COVID-19 on OECD Tax Revenues*, OECD Publishing, Paris, https://doi.org/10.1787/6e87f932-en. [25]

OECD (Forthcoming), *Business income and tax arbitrage: implications for OECD tax systems*. [26]

OECD/WHO (2020), *Health at a Glance: Asia/Pacific 2020: Measuring Progress Towards Universal Health Coverage*, OECD Publishing, Paris, https://doi.org/10.1787/26b007cd-en. [28]

Pesaran, M., Y. Shin et R. Smith (1999), « Pooled Mean Group Estimation of Dynamic Heterogeneous Panels », *Journal of the American Statistical Association*, vol. 94/446, pp. 621-634, https://www.jstor.org/stable/2670182. [14]

Pesaran, M. et R. Smith (1995), « Estimating long-run relationships from dynamic heterogeneous panels », *Journal of Econometrics*, vol. 68/1, pp. 79-113, https://www.sciencedirect.com/science/article/pii/030440769401644F. [12]

Prest, A. (1962), « The Sensitivity of the Yield of Personal Income Tax in the United Kingdom », *The Economic Journal*, vol. 72/287, pp. 576-596, https://www.jstor.org/stable/2228439. [3]

Sobel, R. et R. Holcombe (1996), « Measuring the growth and variability of tax bases over the business cycle », *National Tax Journal*, vol. 49/4, https://www.journals.uchicago.edu/doi/epdf/10.1086/NTJ41789225. [5]

Stock, J. et M. Watson (1993), « A Simple Estimator of Cointegrating Vectors in Higher Order Integrated Systems », *Econometrica*, vol. 61/4, pp. 783-820, https://www.princeton.edu/~mwatson/papers/Stock_Watson_Ecta_1993.pdf. [15]

Torres-Reyna, O. (2007), *Panel Data Analysis: Fixed and Random Effects using Stata*, https://www.princeton.edu/~otorres/Panel101.pdf. [19]

Annexe 2.A. Estimations du dynamisme des recettes fiscales par pays

Tableau d'annexe 2.A.1. Dynamisme des recettes fiscales totales par pays, 1980-21

	Nominales			Réelles		
	Dynamisme à long terme	Dynamisme à court terme	Vitesse d'ajustement	Dynamisme à long terme	Dynamisme à court terme	Vitesse d'ajustement
Australie	1.017***	1.004***	-0.222*	1.018***	1.760***	-0.285*
Autriche	1.005***	1.065***	-0.238	1.114***	0.964***	-0.193
Belgique	1.000***	0.924***	-0.303*	1.051***	0.831***	-0.300*
Canada	0.929***	0.709***	-0.133	0.934***	0.607***	-0.127
Suisse	1.118***	0.763***	-0.310**	1.259***	0.669***	-0.177
Chili	1.083***	1.709***	-0.702*	1.177***	2.108***	-0.602*
Colombie	1.132***	1.244***	-0.506*	1.279***	1.530***	-0.503**
Costa Rica	1.067***	1.115***	-0.544*	1.184***	1.549***	-0.487*
Tchéquie	1.071***	0.993***	-0.571*	1.059***	1.120***	-0.450
Allemagne	1.148***	1.181***	-0.577**	1.255***	1.114***	-0.372*
Danemark	1.010***	1.169***	-0.375**	1.104***	1.189***	-0.457***
Espagne	1.187***	1.144***	-0.266*	1.318***	1.030***	-0.273*
Estonie	1.015***	0.732***	-0.676**	1.034***	0.609***	-0.638**
Finlande	1.003***	1.103***	-0.232*	1.084***	1.013***	-0.176*
France	1.068***	0.955***	-0.195	1.137***	0.882***	-0.190
Royaume-Uni	0.939***	0.832***	-0.148	0.904***	1.088***	-0.130
Grèce	1.048***	0.946***	-0.269**	1.722***	0.709***	-0.0799
Hongrie	0.950***	0.813***	-0.523**	0.901***	0.855***	-0.495**
Irlande	0.866***	0.688***	-0.0168	0.805***	0.481**	-0.0786
Islande	1.080***	0.956***	-0.327*	1.236***	1.125***	-0.347*
Israël	0.885***	1.344***	-0.408	0.849***	1.636***	-0.290
Italie	1.065***	1.065***	-0.396*	1.538***	0.887***	-0.297*
Japon	1.260***	1.073***	0.0939	1.383***	1.187***	0.0940
Corée	1.103***	0.993***	-0.197	1.118***	1.004***	-0.280
Lituanie	0.967***	1.032***	-0.233	0.896***	1.006***	-0.157
Luxembourg	0.975***	0.605***	-0.284*	0.992***	0.514**	-0.311*
Lettonie	1.005***	0.979***	-0.186	1.019***	0.955***	-0.170
Mexique	1.032***	0.926***	-0.0644	1.024***	1.126**	-0.104
Pays-Bas	0.904***	0.725***	-0.0994	0.837***	0.843***	-0.0787
Norvège	1.018***	1.017***	-0.285*	0.948***	1.352***	-0.178
Nouvelle-Zélande	0.925***	1.101***	-0.110	0.920***	0.849*	-0.274*
Pologne	1.048***	0.952***	-0.352	0.976***	1.078***	-0.202
Portugal	1.109***	1.081***	-0.273	1.450***	1.171***	-0.192
République slovaque	0.933***	0.650***	-0.0527	0.888***	0.769***	-0.107
Slovénie	0.995***	0.975***	-0.354	0.961***	0.971***	-0.336
Suède	0.974***	1.210***	-0.159	0.895***	1.356***	-0.352**
Türkiye	1.065***	1.077***	-0.554**	1.525***	0.957***	-0.0590
États-Unis	1.054***	1.441***	-0.273*	1.048***	1.605***	-0.458**

Source : Calculs des auteurs basés sur (OECD, 2022[17]), Statistiques des recettes publiques 2022 ; et (OECD, 2022[18]), Comptes nationaux de l'OCDE.

Tableau d'annexe 2.A.2. Dynamisme des recettes de l'impôt sur le revenu des personnes physiques par pays, 1980-21

	Nominales			Réelles		
	Dynamisme à long terme	Dynamisme à court terme	Vitesse d'ajustement	Dynamisme à long terme	Dynamisme à court terme	Vitesse d'ajustement
Australie	0.950***	0.865**	-0.242*	0.875***	2.176***	-0.221
Autriche	0.971***	1.089**	-0.602***	1.092***	1.136**	-0.497**
Belgique	0.772***	0.503*	-0.277*	0.683***	0.341	-0.225
Canada	0.852***	0.777***	-0.156	0.860***	0.509	-0.180
Suisse	0.905***	0.0520	-0.233	0.886***	-0.515	-0.199
Chili	1.090***	0.324	-0.554*	1.073***	-0.408	-0.535*
Colombie	1.216***	1.145	-0.435*	3.592***	0.398	-0.0794
Costa Rica	3.683***	3.881**	-0.758*	6.469***	4.661	-0.353
Tchéquie	1.009***	0.799*	-0.0984	0.722***	0.749*	0.0601
Allemagne	1.110***	1.500***	-0.406**	1.071***	1.561***	-0.244
Danemark	0.991***	0.771***	-0.327*	1.127***	0.560*	-0.341**
Espagne	1.079***	1.087***	-0.221*	1.318***	0.870*	-0.228*
Estonie	0.842***	0.916***	-0.258	0.596***	0.841***	-0.301
Finlande	0.845***	1.011***	-0.541***	0.758***	0.877***	-0.618***
France	2.000***	0.808	-0.225	2.154***	0.999	-0.227*
Royaume-Uni	0.856***	0.685**	-0.370*	0.902***	0.774**	-0.337*
Grèce	0.941***	0.796***	-0.447**	1.993***	0.404	-0.225*
Hongrie	0.783***	1.098***	-0.206	0.400**	0.875	-0.271
Irlande	0.857***	0.565***	-0.312*	0.798***	0.345	-0.312*
Islande	1.218***	0.945***	-0.226*	1.840***	0.907**	-0.0684
Israël	0.493***	1.558*	0.0278	0.289	1.960**	0.0874
Italie	0.901***	1.047***	-0.916***	1.414***	0.674**	-0.595***
Japon	1.164***	1.407***	-0.305*	0.829***	1.468***	-0.198
Corée	1.317***	0.889**	-0.210	1.249***	0.572	-0.149
Lituanie	0.585**	1.984***	-0.0981	0.296	2.491***	-0.126
Luxembourg	0.844***	0.628*	-0.0600	0.835***	0.0354	-0.104
Lettonie	1.080***	1.094***	-0.873*	1.197***	1.145***	-0.776*
Mexique	1.483***	0.573	-0.253	2.575***	0.701	-0.293
Pays-Bas	0.739***	0.120	-0.116	0.512**	-0.204	-0.0963
Norvège	0.942***	0.201	-0.300*	0.942***	0.0258	-0.403*
Nouvelle-Zélande	0.747***	1.108***	-0.0402	0.482***	1.237**	-0.176
Pologne	1.260***	0.809**	-0.821**	0.824***	1.242	-0.235
Portugal	1.043***	1.255***	-0.249	1.261***	0.592	-0.211
République slovaque	0.794***	0.701	-0.106	0.724***	1.216*	-0.0942
Slovénie	0.930***	1.128***	-0.552*	0.831***	1.149***	-0.483
Suède	0.805***	0.935***	-0.189	0.456***	1.485***	-0.386*
Türkiye	1.006***	1.045***	-0.504***	0.945***	0.873*	-0.325*
États-Unis	1.122***	1.822***	-0.325*	1.099***	2.120***	-0.421**

Source : Calculs des auteurs basés sur (OECD, 2022[17]), Statistiques des recettes publiques 2022 ; et (OECD, 2022[18]), Comptes nationaux de l'OCDE.

Tableau d'annexe 2.A.3. Dynamisme des recettes de l'impôt sur les bénéfices des sociétés par pays, 1980-21

	Nominales			Réelles		
	Dynamisme à long terme	Dynamisme à court terme	Vitesse d'ajustement	Dynamisme à long terme	Dynamisme à court terme	Vitesse d'ajustement
Australie	1.327***	1.817**	-0.233	1.653***	1.926	-0.284*
Autriche	1.484***	3.807***	-0.558**	2.038***	3.998***	-0.703***
Belgique	1.623***	2.262**	-0.281*	1.939***	2.595**	-0.325*
Canada	1.470***	1.456*	-0.308*	1.598***	2.386**	-0.420**
Suisse	1.842***	1.578***	-0.196	2.169***	2.444***	-0.426**
Chili	1.683***	3.587***	-0.376*	2.717***	3.767**	-0.332
Colombie	1.521***	1.154	-0.508*	2.949***	1.880	-0.266
Costa Rica	1.549***	2.419**	-0.909*	1.749**	3.538*	-0.829**
Tchéquie	1.131***	1.785**	-0.309	1.084***	1.747***	-0.710**
Allemagne	1.208***	1.491	-0.490**	1.345***	2.802	-0.458**
Danemark	1.636***	4.430***	-0.488***	2.141***	5.821***	-0.710***
Espagne	1.791***	2.089***	-0.375*	1.848***	2.756***	-0.370*
Estonie	1.393***	0.654	-0.651*	1.492**	0.284	-0.643**
Finlande	2.334***	4.894**	-0.435*	2.536***	6.863***	-0.739***
France	1.259***	2.440**	-0.523**	1.557***	3.737**	-0.712***
Royaume-Uni	0.883***	1.791**	-0.190	0.621**	2.140**	-0.240*
Grèce	1.738***	1.649***	-0.452**	3.237***	2.906**	-0.190
Hongrie	0.936***	1.240*	-0.284	0.330	1.228	-0.393
Irlande	1.353***	1.347***	-0.0999	1.436***	1.793***	-0.145
Islande	1.602***	0.727	-0.713***	2.311***	1.203	-0.600**
Israël	1.019***	3.269**	-0.740**	1.098***	5.523***	-0.441
Italie	0.731*	1.459***	-0.277*	0.693*	1.387	-0.317*
Japon	1.027***	2.331***	-0.290	0.919***	3.658***	-0.274
Corée	1.213***	0.838	-0.399*	1.407***	0.806	-0.358
Lituanie	1.786***	2.746**	-0.391	2.107***	3.987**	-0.385
Luxembourg	0.897***	0.409	-0.343*	0.932***	0.356	-0.326*
Lettonie	0.547	2.105	-0.605*	-0.202	2.384	-0.536
Mexique	1.905***	0.984	-0.595**	3.802***	1.641	-0.620*
Pays-Bas	1.175***	2.644**	-0.420*	1.284***	4.153***	-0.448*
Norvège	1.764***	4.759***	-0.201	1.701**	6.802*	-0.182
Nouvelle-Zélande	1.323***	0.952	-0.505**	1.608***	2.691*	-0.578**
Pologne	1.037***	1.076**	-0.315	0.829***	2.887**	-0.762**
Portugal	1.529***	2.949***	-0.616***	2.429***	3.931***	-0.747***
République slovaque	1.107***	1.359**	-0.285	1.178***	2.093***	-0.258
Slovénie	2.040***	2.850***	-0.223	2.390**	3.999***	-0.163
Suède	1.375***	1.543	-0.470**	1.785***	2.818*	-0.492**
Türkiye	1.008***	1.011***	-0.289	1.353***	-0.0853	-0.260*
États-Unis	1.100***	3.761**	-0.194	1.061***	4.965***	-0.271*

Source : Calculs des auteurs basés sur (OECD, 2022[17]), Statistiques des recettes publiques 2022 ; et (OECD, 2022[18]), Comptes nationaux de l'OCDE.

Tableau d'annexe 2.A.4. Dynamisme des cotisations de sécurité sociale par pays, 1980-21

	Nominales			Réelles		
	Dynamisme à long terme	Dynamisme à court terme	Vitesse d'ajustement	Dynamisme à long terme	Dynamisme à court terme	Vitesse d'ajustement
Australie	s/o	s/o	s/o	s/o	s/o	s/o
Autriche	1.056***	0.713***	-0.0687	1.221***	0.520***	-0.0324
Belgique	0.924***	0.801***	-0.292*	1.036***	0.366*	-0.225*
Canada	1.024***	0.401*	-0.330*	1.141***	0.0700	-0.259*
Suisse	1.024***	0.414*	-0.380*	1.306***	-0.339	-0.151
Chili	1.051***	0.345***	-0.316	1.056***	0.514*	-0.613*
Colombie	0.713***	1.563***	-0.747**	0.147	1.727*	-0.721**
Costa Rica	1.045***	0.902***	-0.835*	1.279***	0.699**	-0.463*
Tchéquie	1.055***	0.991***	-0.359	1.048***	1.052***	-0.282
Allemagne	1.158***	0.873***	-0.194	1.321***	0.622**	-0.194
Danemark	2.887**	4.303	-0.405**	0.617	8.724	-0.260*
Espagne	1.032***	0.821***	-0.441*	1.077***	0.578***	-0.538**
Estonie	0.968***	0.601***	-0.326	1.002***	0.398**	-0.248
Finlande	1.008***	0.771***	-0.236**	1.347***	0.342	-0.0925
France	0.733***	0.902***	-0.119	0.732***	0.548*	-0.188
Royaume-Uni	0.986***	0.509***	-0.0664	0.980***	0.735***	-0.0685
Grèce	1.027***	0.909***	-0.175	1.733***	0.815***	-0.0915
Hongrie	0.871***	0.663***	-0.507**	0.834***	1.189**	-0.465**
Irlande	0.895***	0.332**	-0.221	0.920***	0.0219	-0.268*
Islande	1.256***	1.017**	-0.274	2.554***	0.0931	-0.0937
Israël	0.965***	0.792***	-0.623*	1.002***	0.897***	-0.581*
Italie	0.879***	0.932***	-0.429*	1.054***	0.672**	-0.433**
Japon	1.293***	0.677***	-0.00183	1.760***	0.649***	-0.0111
Corée	2.631***	2.347***	-0.351*	2.934***	2.164*	-0.190
Lituanie	1.132***	0.334	-0.632*	1.177***	-0.0671	-0.523*
Luxembourg	1.007***	0.313**	-0.197	1.022***	0.394**	-0.250
Lettonie	0.880***	0.751***	-0.0755	0.740***	0.496**	-0.129
Mexique	1.007***	1.000***	-0.216	1.211***	0.622**	-0.193*
Pays-Bas	0.759***	0.467	-0.404**	0.613***	0.512	-0.344*
Norvège	0.934***	0.236*	-0.195	0.955***	-0.104	-0.167
Nouvelle-Zélande	s/o	s/o	s/o	s/o	s/o	s/o
Pologne	0.971***	1.048***	-0.207	1.034***	0.798	-0.266
Portugal	1.068***	0.953***	-0.0193	1.433***	0.931***	-0.00410
République slovaque	0.937***	0.375*	-0.0253	0.928***	0.376	-0.156
Slovénie	1.005***	0.714***	0.0190	1.070***	0.511***	-0.0457
Suède	0.734***	1.365***	-0.0710	0.654***	1.192**	-0.187
Türkiye	1.106***	1.000***	-0.458**	2.014***	0.998	-0.269
États-Unis	0.965***	0.988***	-0.222*	0.974***	0.983***	-0.363***

Source : Calculs des auteurs basés sur (OECD, 2022[17]), Statistiques des recettes publiques 2022 ; et (OECD, 2022[18]), Comptes nationaux de l'OCDE.

Tableau d'annexe 2.A.5. Dynamisme des recettes des impôts sur le patrimoine par pays, 1980-21

	Nominales			Réelles		
	Dynamisme à long terme	Dynamisme à court terme	Vitesse d'ajustement	Dynamisme à long terme	Dynamisme à court terme	Vitesse d'ajustement
Australie	1.012***	0.926*	-0.269	1.130***	1.685*	-0.293*
Autriche	0.811***	0.307	-0.224	-0.169	0.421	-0.208
Belgique	1.978***	1.414**	-0.253*	2.650***	1.437**	-0.303*
Canada	1.008***	0.278	-0.447**	1.200***	-0.214	-0.195*
Suisse	0.903***	0.330	-0.172	0.869***	0.604	-0.125
Chili	0.766***	0.554	-0.185	0.306*	1.267*	-0.332*
Colombie	1.134***	1.341**	-0.608**	2.860***	-0.734	-0.0834
Costa Rica	1.247***	0.783	-0.308	1.826***	-0.00333	-0.391*
Tchéquie	0.874***	2.401*	-0.404	0.838***	3.624**	-0.351
Allemagne	1.051***	0.696	-0.0748	0.911***	0.427	0.00501
Danemark	0.948***	0.852	-0.417**	0.770***	0.800	-0.413**
Espagne	1.472***	1.128***	-0.271	1.802***	1.358**	-0.251
Estonie	0.599***	0.0888	-0.526*	0.297*	-0.282	-0.373
Finlande	1.176***	1.268***	-0.197	1.289***	1.228**	-0.209
France	1.398***	1.369***	-0.418**	1.889***	1.070**	-0.367**
Royaume-Uni	1.133***	0.568	-0.183	1.138***	1.793**	-0.195
Grèce	1.317***	0.868**	-0.541***	3.543***	0.478	-0.154
Hongrie	1.277***	1.194***	-0.402*	2.636***	0.296	-0.361*
Irlande	1.077***	0.937**	-0.0188	1.136***	0.654	-0.0225
Islande	0.764***	0.997***	-0.234	0.694***	0.0815	-0.291**
Israël	1.074***	1.458***	-0.903*	1.068***	1.833***	-0.930*
Italie	1.714***	0.382	-0.300*	3.506***	-1.211	-0.316*
Japon	1.431***	0.866**	-0.111	1.222***	0.716*	-0.169
Corée	1.336***	1.267***	-0.312	1.314***	1.573***	-0.182
Lituanie	0.612***	-0.146	-0.209	0.414***	-0.483	-0.236
Luxembourg	1.215***	1.546**	-0.126	1.307***	1.804***	-0.171
Lettonie	0.904***	0.618**	-0.471	0.877***	0.590	-0.503
Mexique	0.916***	0.895***	-0.296	2.076***	0.475	-0.313*
Pays-Bas	1.152***	0.764	-0.434**	1.248***	1.058	-0.333**
Norvège	1.035***	0.732***	-0.301**	1.254***	0.770	-0.184*
Nouvelle-Zélande	0.920***	0.907***	-0.195*	0.832***	0.684*	-0.190*
Pologne	0.808***	1.097***	-0.730*	0.932***	0.377	-0.291*
Portugal	1.437***	1.375***	-0.733***	2.798***	1.590**	-0.779***
République slovaque	0.606***	-0.279	0.0277	0.353***	-0.707**	-0.193
Slovénie	0.808***	0.449	-0.458*	0.650**	0.472	-0.434*
Suède	0.672***	2.489*	-0.351**	0.692	1.201	-0.418***
Türkiye	1.045***	1.044***	-0.731***	1.678***	-0.691	-0.597***
États-Unis	1.075***	0.393	-0.905***	1.156***	0.156	-0.906***

Source : Calculs des auteurs basés sur (OECD, 2022[17]), Statistiques des recettes publiques 2022 ; et (OECD, 2022[18]), Comptes nationaux de l'OCDE.

Tableau d'annexe 2.A.6. Dynamisme des recettes de la taxe sur la valeur ajoutée par pays, 1980-21

	Nominales			Réelles		
	Dynamisme à long terme	Dynamisme à court terme	Vitesse d'ajustement	Dynamisme à long terme	Dynamisme à court terme	Vitesse d'ajustement
Australie	0.990***	0.342	-0.468	0.976**	2.263*	-0.450*
Autriche	0.912***	1.010***	-0.873***	0.879***	0.862***	-0.909***
Belgique	1.025***	1.220***	-0.356*	0.987***	1.506***	-0.275
Canada	1.425***	0.698	-0.517**	1.878***	0.559	-0.348
Suisse	1.385***	0.611	-0.191	1.359***	0.973	-0.181
Chili	1.033***	0.901***	-0.723**	1.025***	1.453***	-0.811***
Colombie	1.128***	1.472***	-0.491*	1.387***	1.757***	-0.492**
Costa Rica	1.105***	1.186***	-0.636**	1.025***	1.170	-0.550**
Tchéquie	1.290***	0.809**	-0.366	1.505***	0.895**	-0.615**
Allemagne	1.271***	1.372***	-0.163	1.512***	1.261***	-0.113
Danemark	1.099***	0.906***	-0.366**	1.110***	1.147***	-0.320*
Espagne	1.242***	1.319**	-0.374	1.436***	1.684**	-0.244
Estonie	1.084***	0.885***	-1.048**	1.165***	0.950***	-1.042**
Finlande	1.130***	1.214***	-0.181	1.268***	1.137***	-0.220*
France	0.921***	0.889***	-0.225	0.730***	1.070***	-0.185
Royaume-Uni	1.162***	1.175***	-0.320*	1.348***	1.493***	-0.254
Grèce	1.030***	1.026***	-0.317*	1.361***	1.074***	-0.177
Hongrie	1.192***	0.882***	-0.533*	1.454***	0.487	-0.604**
Irlande	0.883***	0.859***	0.0717	0.828***	0.519*	0.0404
Islande	0.913***	0.760**	-0.452**	0.715***	1.338***	-0.327
Israël	1.011***	0.883***	-0.618**	1.007***	0.651*	-0.407
Italie	1.175***	1.215***	-0.717**	1.535***	1.588***	-0.577**
Japon	6.607*	1.580*	-0.0442	5.973***	0.424	-0.179
Corée	1.036***	1.091***	-0.394*	0.982***	1.398***	-0.403*
Lituanie	1.030***	1.326***	-0.260	0.983***	1.321***	-0.290
Luxembourg	1.125***	0.666*	-0.207	1.235***	0.632	-0.263*
Lettonie	1.088***	1.091***	-0.170	1.213***	1.345***	-0.157
Mexique	1.072***	1.030***	-0.125	1.625***	1.110**	-0.279*
Pays-Bas	1.047***	1.064***	-0.167	1.078***	1.103***	-0.139
Norvège	1.010***	0.366*	-0.206	1.103***	1.126*	-0.502**
Nouvelle-Zélande	1.181***	3.798***	-0.884***	1.420***	-1.180	-0.726***
Pologne	1.099***	1.199***	-0.305	1.206***	1.879***	-0.332
Portugal	1.395***	1.381***	-0.765***	2.167***	1.674***	-0.627**
République slovaque	1.105***	0.892**	-0.381	0.944***	0.764*	-0.226
Slovénie	1.244***	1.740***	-1.013***	1.396**	1.695**	-1.003***
Suède	1.191***	1.425***	-0.840***	1.523***	0.961**	-0.276*
Türkiye	1.063***	1.139***	-0.250	1.435***	1.275***	-0.127
États-Unis	s/o	s/o	s/o	s/o	s/o	s/o

Source : Calculs des auteurs basés sur (OECD, 2022[17]), Statistiques des recettes publiques 2022 ; et (OECD, 2022[18]), Comptes nationaux de l'OCDE.

Tableau d'annexe 2.A.7. Dynamisme des recettes des droits d'accise par pays, 1980-21

	Nominales			Réelles		
	Dynamisme à long terme	Dynamisme à court terme	Vitesse d'ajustement	Dynamisme à long terme	Dynamisme à court terme	Vitesse d'ajustement
Australie	0.667***	0.784*	-0.103	0.255**	0.509	-0.137
Autriche	0.759***	1.046**	-0.179	0.725***	1.187***	-0.115
Belgique	0.952***	1.063***	-0.189	1.040***	1.113***	-0.161
Canada	0.494***	-0.0435	-0.486***	0.0353	-0.333	-0.454***
Suisse	0.716***	0.406	-0.277*	0.641***	0.0711	-0.274
Chili	0.799***	0.731**	-0.497**	0.492***	0.964*	-0.314*
Colombie	0.976***	0.993***	-0.311	0.860***	1.676**	-0.348*
Costa Rica	1.142***	1.606***	-0.0722	1.177***	2.834***	-0.131
Tchéquie	0.985***	1.009*	-0.379	1.136***	1.415**	-0.278
Allemagne	0.881***	1.188***	0.0698	0.933***	1.051**	0.0533
Danemark	0.813***	1.658***	-0.130	0.567**	2.404***	-0.107
Espagne	1.380***	1.371***	-0.0600	1.719***	1.074**	-0.0725
Estonie	1.157***	0.395	-1.109**	1.404***	0.0780	-1.114**
Finlande	0.772***	0.718***	-0.312*	0.569***	0.567*	-0.424*
France	0.838***	0.903***	-0.218*	1.098***	0.672*	-0.0503
Royaume-Uni	0.685***	0.646***	0.0328	0.440***	0.761***	-0.0290
Grèce	0.862***	1.003***	-0.227*	0.573**	0.161	-0.355**
Hongrie	0.738***	0.949***	-0.475	0.375***	0.802**	-0.0290
Irlande	0.554***	0.564***	0.0492	0.293***	0.418*	-0.0604
Islande	1.295***	-0.179	-0.233	2.022***	0.848	-0.156
Israël	1.161***	0.896	0.220	1.219***	0.836	0.245
Italie	0.564	1.374***	-0.245*	1.377**	1.020*	-0.168
Japon	0.238	0.519	-0.372*	0.266	0.700	-0.638**
Corée	1.048***	1.328***	-0.0926	1.022***	1.281***	-0.0933
Lituanie	0.907***	0.596***	-0.471*	0.798***	0.405	-0.430
Luxembourg	0.935***	1.011**	-0.0391	0.781***	1.045*	-0.0347
Lettonie	0.995***	0.618***	-0.648**	0.993***	0.271	-0.616**
Mexique	1.033***	0.832***	-0.154	0.186	-0.114	-0.149
Pays-Bas	1.247***	1.138***	-0.167	1.431***	1.403***	-0.134
Norvège	0.532***	0.599**	-0.498***	0.0410	1.495**	-0.429**
Nouvelle-Zélande	0.109	1.980***	-0.232*	-0.621***	0.217	-0.291*
Pologne	0.984***	0.986***	-0.540*	1.121***	1.011	-0.296
Portugal	1.033***	1.269***	-0.214	0.697***	0.963*	-0.237
République slovaque	1.083***	0.943*	-1.117**	1.108***	1.039*	-1.113***
Slovénie	1.258***	1.457*	-0.753**	1.858***	0.758	-0.750**
Suède	0.550***	0.800***	-0.305**	0.188**	0.398	-0.407**
Türkiye	1.076***	1.125**	-0.278	3.366***	-0.681	-0.156*
États-Unis	0.665***	0.176	-0.429**	0.374***	0.0380	-0.510***

Source : Calculs des auteurs basés sur (OECD, 2022[17]), Statistiques des recettes publiques 2022 ; et (OECD, 2022[18]), Comptes nationaux de l'OCDE.

Tableau d'annexe 2.A.8. Dynamisme des recettes fiscales réelles par type d'imposition, déterminé en utilisant l'estimateur MG, 1980-21

	Dynamisme à long terme			Dynamisme à court terme		
	Moyenne	Médiane	Type	Moyenne	Médiane	Type
Total	1.101	1.050	0.212	1.066	1.009	0.348
IRPP	1.210	0.894	1.074	1.149	0.877	0.821
IS	1.712	1.608	0.741	2.970	2.756	1.586
CSS	1.165	1.051	0.511	0.769	0.661	1.482
Patrimoine	1.383	1.156	0.837	0.991	0.785	0.757
TVA	1.372	1.235	0.824	1.182	1.142	0.419
Droits d'accise	0.902	0.829	0.667	0.978	0.964	0.565

Note : Les recettes fiscales réelles sont calculées en divisant les recettes fiscales nominales provenant de la base de données des *Statistiques des recettes publiques* par le déflateur de PIB tiré de la base de données des comptes nationaux de l'OCDE Avec l'estimateur de la moyenne de groupe, le dynamisme des recettes fiscales des différents pays de l'OCDE est calculé en premier. Des moyennes simples sont ensuite calculées après suppression des valeurs aberrantes (estimations qui ne sont pas statistiquement significatives et qui sont proches de zéro ou négatives, par exemple). L'annexe à la fin de cette étude spéciale contient des informations détaillées sur le dynamisme des recettes fiscales réelles pour chaque pays de l'OCDE.
Source : Calculs des auteurs basés sur (OECD, 2022[17]), Statistiques des recettes publiques 2022 ; et (OECD, 2022[18]), Comptes nationaux de l'OCDE.

Tableau d'annexe 2.A.9. Dynamisme des recettes fiscales réelles par type d'impôt, déterminé en utilisant l'estimateur PMG, 1980-21

	Long terme	Court terme	Vitesse d'ajustement
Total	1.026***	1.052***	-0.159***
IRPP	0.846***	0.920***	-0.178***
IS	1.399***	3.059***	-0.287***
CSS	1.005***	0.709***	-0.180***
Patrimoine	1.073***	0.793***	-0.153***
TVA	1.132***	1.238***	-0.275***
Droits d'accise	0.201***	0.644***	-0.168***

Note : *, ** et *** indiquent que les résultats sont statistiquement significatifs respectivement aux seuils de 10 %, 5 % et 1 %. Les recettes fiscales réelles sont calculées en divisant les recettes fiscales nominales provenant de la base de données des *Statistiques des recettes publiques* par le déflateur de PIB tiré de la base de données des comptes nationaux de l'OCDE. Avec l'estimateur de la moyenne de groupe agrégée, le dynamisme fiscal est estimé sur la base des données de panel de 38 pays de l'OCDE entre 1980 et 2021. Il n'est pas possible d'estimer le dynamisme fiscal des différents pays parce qu'il combine agrégation et calcul de la moyenne.
Source : Calculs des auteurs basés sur (OECD, 2022[17]), Statistiques des recettes publiques 2022 ; et (OECD, 2022[18]), Comptes nationaux de l'OCDE.

Tableau d'annexe 2.A.10. Dynamisme des recettes fiscales réelles par type d'impôt, sur les périodes 1980-99, 2000-10 et 2011-21

	Dynamisme à long terme			Dynamisme à court terme		
	1980-1999	2000-2010	2011-2021	1980-1999	2000-2010	2011-2021
Total	1.292***	0.989***	1.135***	0.893***	1.426***	1.045***
IRPP	0.771***	0.719***	1.620***	1.080***	1.339***	0.881***
IS	2.417***	1.431***	1.968***	2.967***	4.280***	3.166***
CSS	1.117***	1.063***	1.300***	0.833*	0.648**	0.410**
Patrimoine	1.292***	0.668***	0.984***	0.788*	1.177***	0.528*
TVA	0.611***	1.046***	1.240***	1.316***	1.714***	1.186***
Droits d'accise	0.199**	0.349***	0.558***	0.677*	0.400	0.979***

Note : *, ** et *** indiquent que les résultats sont statistiquement significatifs respectivement aux seuils de 10 %, 5 % et 1 %. Les chiffres sont estimés au moyen de l'estimateur de la moyenne de groupe agrégée. Avec l'estimateur de la moyenne de groupe agrégée, le dynamisme fiscal est estimé sur la base des données de panel de 38 pays de l'OCDE au cours de différentes périodes. Les recettes fiscales réelles sont calculées en divisant les recettes fiscales nominales provenant de la base de données des *Statistiques des recettes publiques* par le déflateur de PIB tiré de la base de données des comptes nationaux de l'OCDE. La Slovénie est retirée de l'estimation de la TVA et des droits d'accise sur la période 1980-99 faute de données suffisantes.

Source : Calculs des auteurs basés sur (OECD, 2022[17]), Statistiques des recettes publiques 2022 ; et (OECD, 2022[18]), Comptes nationaux de l'OCDE.

Graphique d'annexe 2.A.1. Belgique : recettes de l'impôt sur le revenu et PIB pendant la crise financière mondiale et la crise du COVID-19

Milliard d'euros

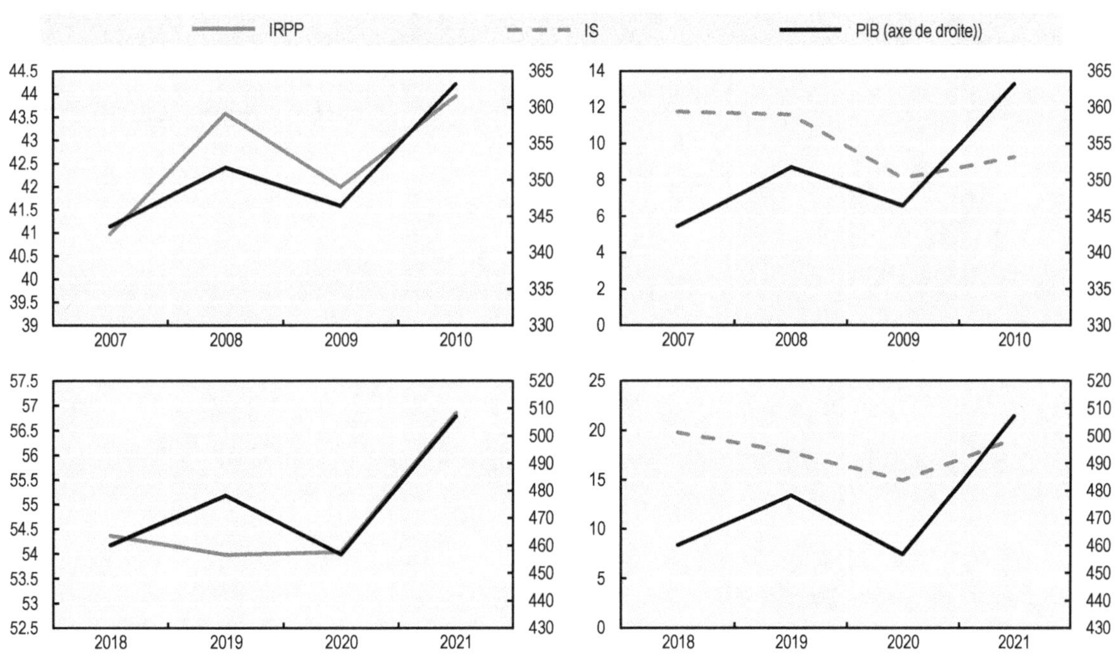

Source : Calculs des auteurs basés sur (OECD, 2022[17]), Statistiques des recettes publiques 2022 ; et (OECD, 2022[18]), Comptes nationaux de l'OCDE.

StatLink https://stat.link/l39457

Graphique d'annexe 2.A.2. France : recettes de l'impôt sur le revenu et PIB pendant la crise financière mondiale et la crise du COVID-19

Milliard d'euros

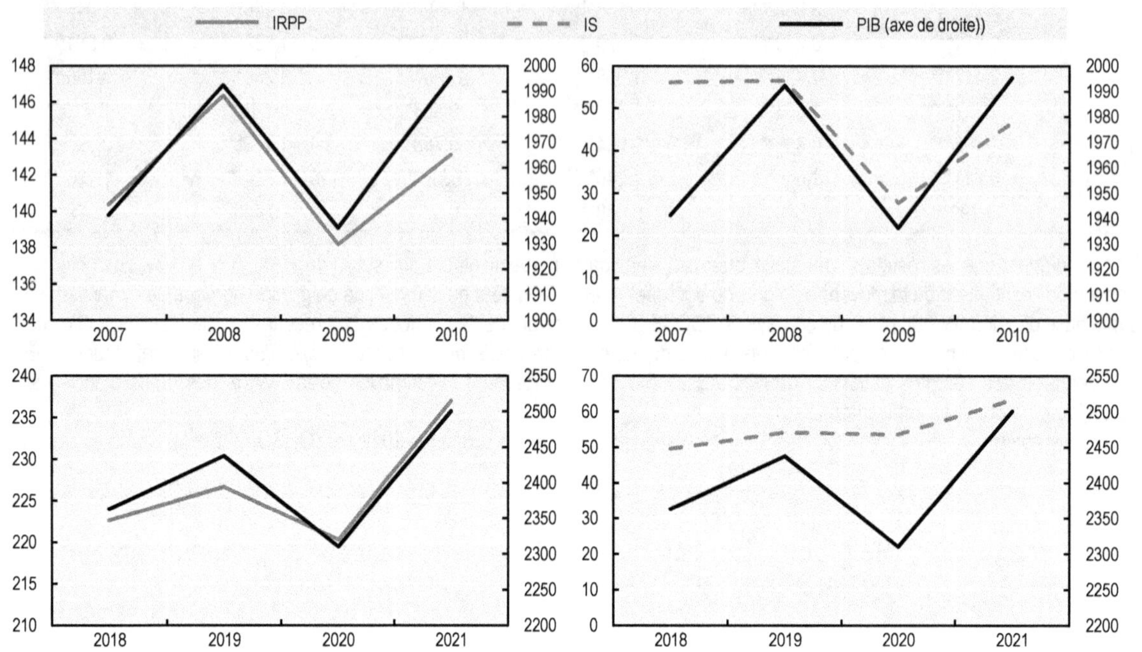

Source : Calculs des auteurs basés sur (OECD, 2022[17]), Statistiques des recettes publiques 2022 ; et (OECD, 2022[18]), Comptes nationaux de l'OCDE.

StatLink https://stat.link/deg7p6

Graphique d'annexe 2.A.3. Japon : recettes de l'impôt sur le revenu et PIB pendant la crise financière mondiale et la crise du COVID-19

Milliard de yens

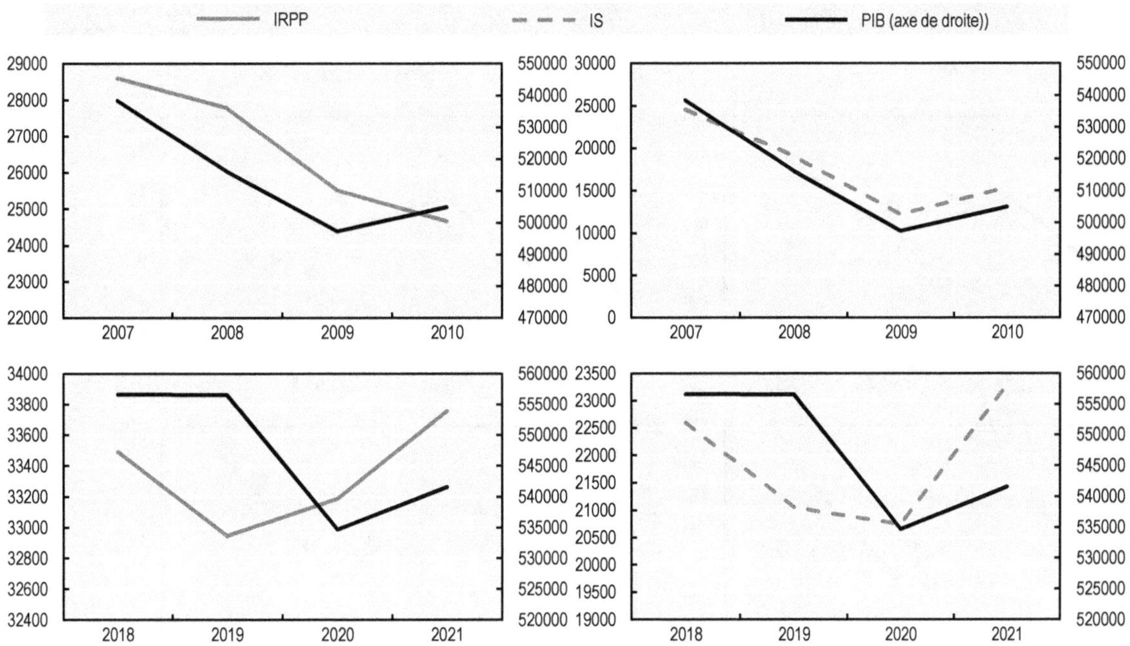

Source : Calculs des auteurs basés sur (OECD, 2022[17]), Statistiques des recettes publiques 2022 ; et (OECD, 2022[18]), Comptes nationaux de l'OCDE.

StatLink https://stat.link/vh6jdw

Graphique d'annexe 2.A.4. Suisse : recettes de l'impôt sur le revenu et PIB pendant la crise financière mondiale et la crise du COVID-19

Milliard de francs suisses

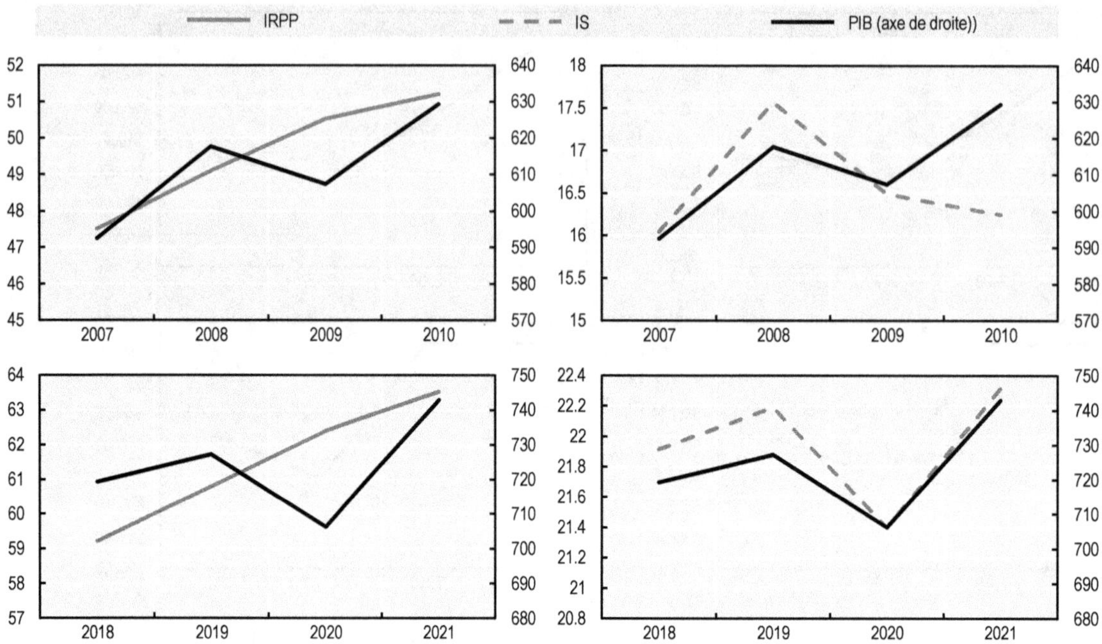

Source : Calculs des auteurs basés sur (OECD, 2022[17]), Statistiques des recettes publiques 2022 ; et (OECD, 2022[18]), Comptes nationaux de l'OCDE.

StatLink https://stat.link/2wxuj3

Graphique d'annexe 2.A.5. États-Unis : recettes de l'impôt sur le revenu et PIB pendant la crise financière mondiale et la crise du COVID-19

Milliards de dollars US

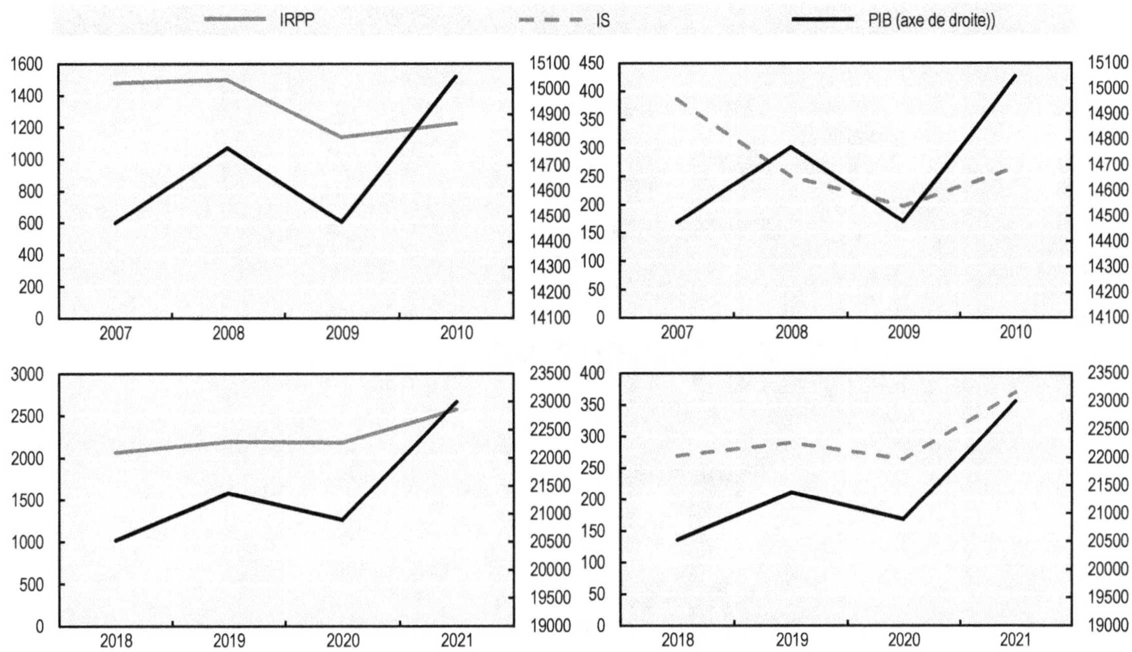

Source : Calculs des auteurs basés sur (OECD, 2022[17]), Statistiques des recettes publiques 2022 ; et (OECD, 2022[18]), Comptes nationaux de l'OCDE.

StatLink https://stat.link/vt7sce

Graphique d'annexe 2.A.6. Dynamisme des recettes fiscales réelles par type d'impôt, sur les périodes 1980-99, 2000-10 et 2011-21

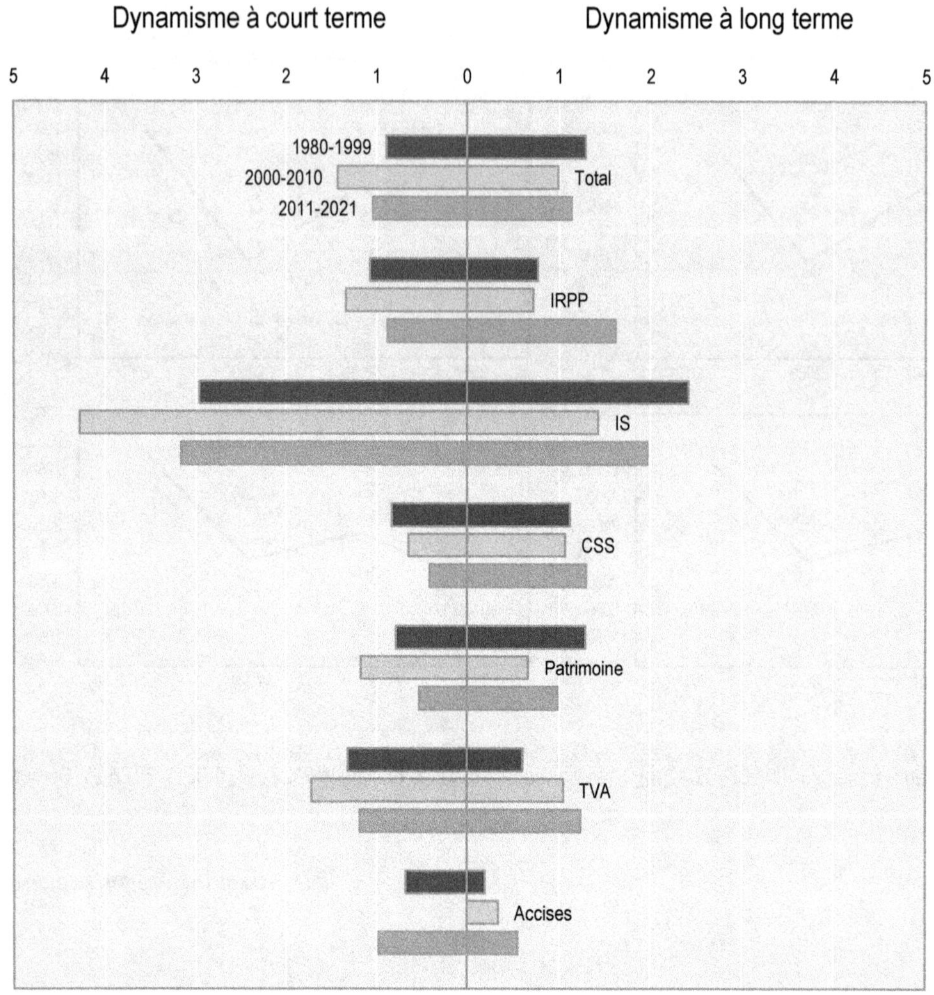

Note : Les chiffres sont estimés au moyen de l'estimateur de la moyenne de groupe agrégée. Avec l'estimateur de la moyenne de groupe agrégée, le dynamisme fiscal est estimé à partir de la base des données de panel de 38 pays de l'OCDE au cours de différentes périodes. Les recettes fiscales réelles sont calculées en divisant les recettes fiscales nominales provenant de la base de données des *Statistiques des recettes publiques* par le déflateur de PIB tiré de la base de données des comptes nationaux de l'OCDE. La Slovénie est retirée de l'estimation de la TVA et des droits d'accise sur la période 1980-99 faute de données suffisantes.

Source : Calculs des auteurs basés sur (OECD, 2022[17]), Statistiques des recettes publiques 2022 ; et (OECD, 2022[18]), Comptes nationaux de l'OCDE.

StatLink https://stat.link/uxy7s8

Notes

[1] D'autres méthodes d'estimation de l'élasticité fiscale font intervenir des variables indicatrices correspondant aux politiques fiscales, en maintenant inchangés les paramètres de la politique fiscale (base et taux d'imposition, par exemple) et en utilisant l'indice de Divisia. Lorsque des informations fiables sont disponibles en quantité suffisante, la méthode de l'ajustement proportionnel produit les meilleurs résultats car elle peut prendre en compte les changements discrétionnaires de la politique fiscale, significatifs ou mineurs, sans introduire de biais.

[2] (Dougherty, de Biase et Lorenzoni, 2022[10]) utilisent un modèle autorégressif à retards échelonnés estimé par les moindres carrés ordinaires en suivant une approche en une étape pour calculer le dynamisme des recettes fiscales à long terme dans les pays de l'OCDE pour différents types de recettes et niveaux d'administration. (Cornevin, Corrales et Angel, 2023[11]) utilisent un modèle à correction d'erreur en une étape avec trois estimateurs de « génération ». Ils définissent l'estimateur de la moyenne de groupe et l'estimateur de la moyenne de groupe agrégée en tant qu'estimateurs de « première génération » ; les estimateurs avec effets communs corrélés, qui tiennent compte de la dépendance transversale, sont définis en tant qu'estimateurs de « deuxième génération », et les estimateurs avec effets communs corrélés dynamiques sont les estimations de « troisième génération ».

[3] Ces deux estimateurs sont également employés dans (Belinga et al., 2014[6]), (Dudine et Jalles, 2017[9]), (Deli et al., 2018[7]) et (Cornevin, Corrales et Angel, 2023[11]).

[4] Bien que les données fiscales de certains pays de l'OCDE débutent en 1965, l'année de départ retenue pour l'analyse est 1980 afin de réduire les données manquantes tout en conservant un échantillon suffisamment large.

[5] Ces pays sont l'Estonie, Israël, la Lituanie, la Lettonie, la République slovaque et la Slovénie.

[6] L'écart type sert à mesurer la dispersion des données autour de leur moyenne.

[7] En 2016, l'Islande a perçu des recettes provenant de contributions à la stabilité, de nature exceptionnelle, acquittées par des entités qui exerçaient des activités de banque commerciale ou de caisse d'épargne par le passé, et qui cessaient leurs activités. Ces contributions exceptionnelles représentaient environ 15.7 % du PIB de l'Islande en 2016, et se sont traduites par des recettes fiscales inhabituellement élevées pour cette même année.

[8] Dans cette étude spéciale, « proche de l'unité » signifie que le dynamisme est compris entre 0.9 et 1.1, « supérieur à l'unité » signifie que le dynamisme est supérieur à 1.1, et « inférieur à l'unité » signifie que le dynamisme est inférieur à 0.9, dans un souci de simplicité.

[9] Ce résultat est cohérent avec les conclusions d'autres études, par exemple : (Belinga et al., 2014[6]) ; (Belinga et al., 2014[6]) ; (Deli et al., 2018[7]) ; (Dougherty, de Biase et Lorenzoni, 2022[10]) ; (OECD, 2022[32]) ; et (Cornevin, Corrales et Angel, 2023[11]).

3 Niveaux et structures des impôts, 1965-2022

Le chapitre 3 fournit un aperçu des niveaux et structures des impôts dans les pays membres de l'OCDE.

Dans tous les tableaux suivants, le symbole (..) signifie que l'information n'est pas disponible ou qu'elle n'est pas applicable. La principale série chronologique dans ce chapitre couvre une sélection d'années entre 1990 et 2022. Des séries complètes sont, cependant, disponible en ligne. La partie V dans l'édition 1998 de ce Rapport fournit des données pour les années 1955 et 1960 (pour dix-neuf pays de l'OCDE).

Les chiffres du Produit Intérieur Brut (PIB) se fondent sur le Système de comptabilité nationale de 2008 (SCN 2008) pour tous les pays membres de l'OCDE.

Encadré 3.1. Traitements des transferts en capital

Les notes de bas de page des tableaux 3.1 à 3.18 se réfèrent au traitement des transferts en capital que certains pays effectuent pour tenir compte des impôts qui ont été évalués mais non recouvrés. Le transfert en capital a été soustrait directement des impôts spécifiques auxquels il se rapporte, sauf pour la France, où les transferts en capital ont été répartis entre les différentes rubriques en pourcentage de leurs recettes au niveau de l'administration par rapport à laquelle ces transferts ont été enregistrés.

Les pays déclarant des transferts en capital sont les suivants :

- Autriche à partir de 2020
- Belgique à partir de 1995
- Danemark à partir de 1971
- France à partir de 1992
- Lituanie à partir de 1999
- Luxembourg à partir de 2013
- Pologne à partir de 1995
- Slovénie à partir de 1995
- Suisse à partir de 1990

Tableau 3.1. Total des recettes fiscales en % du PIB

	1965	1990	2000	2007	2010	2015	2019	2020	2021	2022p
Allemagne	31.7	34.8	36.4	35.4	35.5	37.3	38.6	37.9	39.3	39.3
Australie	20.6	28.0	30.4	29.4	25.2	27.8	27.7	28.4	29.5	..
Autriche[1]	33.5	39.3	42.3	40.5	41.0	43.1	42.6	42.1	43.3	43.1
Belgique[1]	30.8	41.4	43.8	42.9	42.9	44.1	42.4	42.3	42.5	42.4
Canada	25.0	35.1	34.7	32.5	31.0	32.8	33.1	34.7	33.9	33.2
Chili	..	16.8	18.7	22.8	19.7	20.5	21.0	19.3	22.2	23.9
Colombie	..	11.3	15.7	19.3	18.1	19.9	19.7	18.8	19.2	19.7
Corée	..	18.6	20.9	23.7	22.4	23.7	27.2	27.7	29.8	32.0
Costa Rica	..	22.4	21.1	23.1	22.1	22.9	23.4	22.6	25.0	25.5
Danemark[1]	29.1	44.4	46.9	46.4	44.8	46.1	46.9	47.3	47.4	41.9
Espagne	14.3	31.5	33.0	36.4	31.3	33.8	34.7	36.8	37.8	37.5
Estonie	..	..	31.1	31.0	33.2	33.3	33.5	33.3	33.5	32.8
États-Unis	23.6	26.0	28.3	26.7	23.4	26.2	25.1	25.7	26.5	27.7
Finlande	30.0	42.9	45.8	41.4	40.6	43.5	42.3	41.8	43.2	43.0
France[1]	33.7	41.2	43.4	42.5	42.1	45.3	44.9	45.4	45.2	46.1
Grèce	17.1	25.2	33.4	31.8	32.3	36.6	39.5	38.8	39.4	41.0
Hongrie	..	..	38.5	39.2	36.8	38.7	36.3	36.0	33.7	33.2
Irlande	24.5	32.4	30.8	30.8	27.7	23.1	21.9	19.7	20.7	20.9
Islande	25.7	30.5	35.9	38.4	32.2	35.1	35.1	36.4	35.1	34.9
Israël	..	..	34.1	33.3	30.2	31.1	30.2	29.7	32.5	32.9
Italie	24.6	36.3	40.5	41.6	41.7	43.0	42.3	42.6	42.4	42.9
Japon	17.3	27.7	25.3	27.2	26.2	30.2	31.5	33.0	34.1	..
Lettonie	..	..	29.0	28.2	28.5	29.8	30.9	30.9	30.5	30.2
Lituanie[1]	..	..	30.8	30.1	28.3	28.9	30.3	31.2	32.1	31.9
Luxembourg[1]	27.3	34.7	37.0	35.7	35.7	34.8	39.5	38.2	38.4	38.6
Mexique	..	12.1	11.5	12.0	12.8	15.9	16.3	17.7	17.3	16.9
Norvège	29.4	40.2	41.6	41.8	41.6	38.2	39.7	38.7	42.4	44.3
Nouvelle-Zélande	24.5	36.2	32.5	33.9	30.3	31.5	31.4	33.7	34.6	33.8
Pays-Bas	30.5	39.7	36.9	35.7	35.7	37.0	39.3	40.0	39.2	38.0
Pologne[1]	..	..	32.9	34.6	31.6	32.5	35.2	35.6	36.7	35.2
Portugal	15.7	26.5	30.9	31.8	30.4	34.4	34.5	35.2	35.3	36.4
République slovaque	..	..	33.6	29.2	27.9	32.5	34.5	34.8	35.4	34.8
Royaume-Uni	30.1	32.9	32.6	33.0	32.0	31.9	32.5	32.8	34.4	35.3
Slovénie[1]	..	..	37.7	38.0	37.8	37.3	37.2	37.2	37.9	37.4
Suède	30.9	48.8	50.0	44.9	42.9	42.6	42.8	42.4	42.7	41.3
Suisse[1]	16.0	23.2	27.0	25.5	25.8	27.0	27.7	28.0	28.5	27.2
Tchéquie	..	..	32.3	34.1	32.2	33.1	34.8	34.8	34.7	33.9
Türkiye	10.6	14.5	23.5	22.9	24.7	25.0	23.1	23.9	22.8	20.8
Moyenne OCDE[2]	**24.9**	**30.8**	**32.9**	**32.8**	**31.5**	**32.9**	**33.4**	**33.6**	**34.2**	**34.0**

.. Non disponible

Note : Les séries temporelles complètes sont accessibles sur le site web https://oe.cd/series-temporelles-completes.

1. Les transferts en capital ont été directement diminués des impôts spécifiques auxquels ils se rapportent, sauf pour la France, où les transferts en capital ont été répartis entre les différentes rubriques en proportion des recettes fiscales.
2. Calculé en appliquant le pourcentage moyen non pondéré de variation pour 2022 dans les 36 pays qui ont communiqué des données pour cette année au ratio moyen global impôts/PIB en 2021.

StatLink https://stat.link/x1y68a

Tableau 3.2. Total des recettes fiscales en milliards de dollars des É-U au taux de change du marché

	1965	1990	2000	2007	2010	2015	2019	2020	2021	2022p
Allemagne	..	577.4	706.9	1 210.4	1 206.8	1 252.2	1 501.8	1 471.2	1 682.0	1 602.9
Australie	5.6	90.8	117.3	289.9	346.5	344.3	379.6	423.8	490.7	..
Autriche[1]	..	68.6	83.2	157.6	160.5	164.7	189.5	182.7	207.9	202.6
Belgique[1]	..	89.4	103.6	201.9	206.2	203.9	227.1	221.5	252.7	245.2
Canada	14.2	210.1	260.0	477.2	501.4	511.1	576.8	571.7	679.1	710.5
Chili	..	5.8	14.6	39.4	42.8	49.7	58.3	49.0	70.4	72.0
Colombie	..	5.1	14.7	39.8	51.8	58.4	63.7	50.8	61.3	67.8
Corée	..	52.6	120.5	278.2	256.2	347.9	449.7	456.3	540.9	535.3
Costa Rica	..	1.3	3.2	6.2	8.4	13.0	15.1	14.1	16.1	17.5
Danemark[1]	3.0	61.4	76.9	148.3	144.2	139.5	162.5	167.6	192.4	167.6
Espagne	..	131.6	197.3	536.1	444.4	404.6	483.3	469.8	546.4	531.2
Estonie	..	..	1.8	7.0	6.5	7.6	10.4	10.4	12.5	12.5
États-Unis	167.0	1 552.4	2 900.5	3 868.6	3 517.1	4 773.7	5 372.5	5 419.8	6 178.0	7 041.9
Finlande	..	49.6	57.5	106.0	101.1	102.1	113.5	113.5	128.1	121.5
France[1]	..	550.7	591.8	1 130.7	1 113.7	1 104.3	1 224.8	1 194.3	1 335.9	1 280.5
Grèce	..	14.6	43.5	101.3	95.9	71.6	81.0	73.2	84.6	89.7
Hongrie	..	..	18.2	55.0	48.7	48.4	59.6	56.6	61.5	59.3
Irlande	0.7	15.6	30.7	83.2	61.5	67.6	87.3	84.4	106.2	111.5
Islande	0.1	2.0	3.2	8.3	4.4	6.2	8.7	7.8	9.0	9.7
Israël	..	..	46.4	61.3	72.3	94.2	120.8	122.3	159.1	173.0
Italie	..	336.6	463.6	918.8	889.9	788.9	850.1	805.8	912.9	879.2
Japon	17.1	920.0	1 224.6	1 281.0	1 545.1	1 386.4	1 617.3	1 649.3	1 631.4	..
Lettonie	..	..	1.8	8.8	6.8	8.1	10.6	10.7	12.1	12.4
Lituanie[1]	..	..	3.8	11.9	10.5	12.0	16.6	17.7	21.3	22.4
Luxembourg[1]	..	4.7	7.8	18.4	20.0	20.9	27.6	28.1	32.9	31.4
Mexique	..	35.9	81.2	126.5	135.9	186.1	207.9	193.9	220.2	240.1
Norvège	2.4	48.2	71.4	168.5	179.3	148.2	162.4	142.4	208.1	256.7
Nouvelle-Zélande	1.4	16.1	17.3	46.0	47.0	56.8	65.1	78.2	84.0	84.9
Pays-Bas	..	132.6	153.7	302.5	301.9	283.3	357.3	363.1	403.5	383.0
Pologne[1]	..	..	56.6	148.7	150.4	154.9	209.7	213.2	250.1	243.0
Portugal	..	18.8	36.6	76.5	72.2	68.5	82.8	80.3	89.7	91.6
République slovaque	..	..	9.8	25.3	25.4	28.9	36.5	37.0	42.0	40.2
Royaume-Uni	30.6	359.4	544.0	1 019.7	797.3	935.6	928.2	886.7	1 073.9	1 084.0
Slovénie[1]	..	..	6.6	18.3	18.2	16.1	20.2	20.0	23.5	22.4
Suède	7.8	127.7	131.5	220.7	212.7	215.5	228.7	232.2	272.9	244.4
Suisse[1]	2.6	61.6	75.5	125.4	154.6	187.1	199.5	207.1	228.0	220.0
Tchéquie	..	..	20.0	64.9	67.4	62.3	87.8	85.5	97.9	98.6
Türkiye	1.3	30.2	64.5	156.2	192.0	215.5	175.7	171.7	186.8	188.4
Moyenne OCDE	**19.5**	**192.1**	**220.1**	**356.4**	**347.8**	**382.6**	**433.4**	**431.1**	**489.6**	**..**

.. Non disponible

Note : Les séries temporelles complètes sont accessibles sur le site web https://oe.cd/series-temporelles-completes.

1. Les transferts en capital ont été directement diminués des impôts spécifiques auxquels ils se rapportent, sauf pour la France, où les transferts en capital ont été répartis entre les différentes rubriques en proportion des recettes fiscales.

StatLink https://stat.link/t7vyc0

Tableau 3.3. Recettes fiscales sous les principales rubriques en % du PIB, 2021

	1000 Revenu & bénéfices	2000 Sécurité sociale	3000 Salaires	4000 Patrimoine	5000 Biens & services[3]	6000 Autres	Pour mémoire : revenus supranationaux
Allemagne	12.8	14.8	0.0	1.2	10.5	0.0	0.2
Australie	18.1	0.0	1.3	3.2	6.9	0.0	..
Autriche[1]	12.8	15.3	2.8	0.6	11.6	0.2	0.2
Belgique[1]	15.2	13.0	0.0	3.6	10.7	0.0	0.4
Canada	17.3	4.7	0.7	3.8	7.3	0.0	..
Chili	8.5	1.2	0.0	1.1	11.8	-0.3	..
Colombie	6.1	1.9	0.3	1.7	8.3	0.9	..
Corée	9.9	7.8	0.1	4.5	6.9	0.6	..
Costa Rica	5.1	9.0	1.4	0.5	8.7	0.2	..
Danemark[1]	31.5	0.1	0.3	1.8	13.8	0.0	0.1
Espagne	11.3	13.4	0.0	2.7	10.4	0.0	0.2
Estonie	8.4	11.6	0.0	0.2	13.4	0.0	0.2
États-Unis	13.0	6.1	0.0	3.1	4.4	0.0	..
Finlande	15.6	12.0	0.0	1.5	14.0	0.0	0.2
France[1]	12.0	14.8	1.8	3.8	12.2	0.4	0.2
Grèce	8.1	12.9	0.0	2.9	15.4	0.0	0.2
Hongrie	5.5	10.5	1.1	0.9	15.9	0.0	0.1
Irlande	10.3	3.1	0.2	1.1	5.9	0.0	0.2
Islande	17.5	3.0	0.3	2.1	11.8	0.4	..
Israël	11.6	5.0	1.0	3.9	11.0	0.0	..
Italie	13.5	13.2	0.0	2.5	11.9	1.2	0.2
Japon	10.9	13.3	0.0	2.7	7.1	0.1	..
Lettonie	6.8	9.5	0.0	0.9	13.3	0.0	0.2
Lituanie[1]	9.6	10.2	0.0	0.3	12.0	0.0	0.3
Luxembourg[1]	14.6	10.6	0.0	4.0	9.1	0.0	0.4
Mexique	7.4	2.4	0.5	0.3	6.4	0.3	..
Norvège	20.8	9.5	0.1	1.3	10.8	0.0	..
Nouvelle-Zélande	20.2	0.0	0.0	1.9	12.4	0.0	..
Pays-Bas	12.4	12.9	0.0	1.6	12.1	0.1	0.5
Pologne[1]	8.0	13.0	0.6	1.3	13.9	0.0	0.2
Portugal	9.4	10.4	0.0	1.5	13.8	0.2	0.2
République slovaque	7.7	15.2	0.0	0.5	12.0	0.0	0.1
Royaume-Uni[2]	12.9	6.8	0.1	3.9	10.5	0.0	..
Slovénie[1]	7.9	16.4	0.0	0.6	13.0	0.0	0.2
Suède	15.7	8.9	5.1	1.0	11.9	0.0	0.1
Suisse[1]	13.6	6.9	0.0	2.3	5.6	0.1	..
Tchéquie	7.2	16.4	0.0	0.2	10.9	0.0	0.2
Türkiye	5.5	6.5	0.0	1.0	9.6	0.2	..
Moyenne OCDE	**12.0**	**9.0**	**0.5**	**1.9**	**10.7**	**0.1**	**0.2**

.. Non disponible

1. Les transferts en capital ont été directement diminués des impôts spécifiques auxquels ils se rapportent, sauf pour la France, où les transferts en capital ont été répartis entre les différentes rubriques en proportion des recettes fiscales.
2. Les recettes fiscales supranationales déclarées par le Royaume-Uni déclarées jusqu'en 2020 dans Les statistiques des recettes publiques. À partir de 2021, à la fin de la période de transition du Brexit, cela prend fin et les taxes introduites ultérieurement par le Royaume-Uni sont reflétées dans la catégorie de taxe appropriée au niveau national ou infranational des administrations publiques, selon le cas.
3. Les chiffres de la catégorie 5000 incluent les revenus supranationaux, qui sont également présentés séparément sous la rubrique Supranationale.

StatLink https://stat.link/kdstmn

Tableau 3.4. Recettes fiscales sous les principales rubriques en % du total des recettes fiscales, 2021

	1000 Revenu & bénéfices	2000 Sécurité sociale	3000 Salaires	4000 Patrimoine	5000 Biens & services[3]	6000 Autres	Pour mémoire : revenus supranationaux
Allemagne	32.6	37.6	0.0	3.2	26.6	0.0	0.5
Australie	61.5	0.0	4.3	10.9	23.3	0.0	..
Autriche[1]	29.5	35.4	6.5	1.5	26.7	0.4	0.4
Belgique[1]	35.7	30.6	0.0	8.4	25.2	0.0	0.9
Canada	51.0	14.0	2.2	11.3	21.4	0.1	..
Chili	38.3	5.3	0.0	4.9	53.1	-1.5	..
Colombie	31.9	10.0	1.7	8.7	43.3	4.4	..
Corée	33.2	26.2	0.3	15.1	23.1	2.1	..
Costa Rica	20.6	36.0	5.7	2.1	34.8	0.8	..
Danemark[1]	66.4	0.1	0.5	3.9	29.0	0.0	0.3
Espagne	29.8	35.5	0.0	7.2	27.4	0.0	0.7
Estonie	24.9	34.7	0.0	0.6	39.8	0.0	0.7
États-Unis	49.0	22.9	0.1	11.6	16.6	0.0	..
Finlande	36.1	27.9	0.0	3.5	32.4	0.1	0.4
France[1]	26.6	32.8	4.1	8.5	27.1	1.0	0.5
Grèce	20.7	32.8	0.0	7.4	39.2	0.0	0.5
Hongrie	16.2	31.0	3.2	2.6	47.1	-0.1	0.4
Irlande	49.8	15.2	0.9	5.4	28.7	0.0	0.8
Islande	50.0	8.5	0.8	5.9	33.6	1.2	..
Israël	35.6	15.5	3.1	12.1	33.7	0.0	..
Italie	31.8	31.2	0.0	5.8	28.2	2.9	0.5
Japon	31.9	39.2	0.0	7.9	20.8	0.3	..
Lettonie	22.4	31.1	0.0	2.9	43.6	0.0	0.7
Lituanie[1]	29.8	31.8	0.0	0.9	37.4	0.0	1.0
Luxembourg[1]	38.1	27.5	0.0	10.5	23.8	0.1	1.0
Mexique	42.7	13.7	2.6	2.0	37.0	1.8	..
Norvège	49.0	22.5	0.1	3.0	25.4	0.0	..
Nouvelle-Zélande	58.6	0.0	0.0	5.5	35.9	0.0	..
Pays-Bas	31.6	33.0	0.0	4.1	30.9	0.3	1.2
Pologne[1]	21.7	35.3	1.5	3.5	37.9	0.1	0.6
Portugal	26.6	29.5	0.0	4.3	39.0	0.6	0.5
République slovaque	21.7	43.0	0.0	1.3	34.0	0.0	0.4
Royaume-Uni[2]	37.6	19.9	0.4	11.5	30.6	0.0	..
Slovénie[1]	20.8	43.2	0.1	1.6	34.2	0.0	0.5
Suède	36.9	20.9	12.0	2.2	27.9	0.1	0.3
Suisse[1]	47.7	24.2	0.0	8.0	19.6	0.5	..
Tchéquie	20.8	47.3	0.0	0.6	31.3	0.0	0.5
Türkiye	24.0	28.6	0.0	4.2	42.1	1.0	..
Moyenne OCDE	**35.1**	**25.6**	**1.3**	**5.6**	**31.9**	**0.4**	**0.6**

.. Non disponible

1. Les transferts en capital ont été directement diminués des impôts spécifiques auxquels ils se rapportent, sauf pour la France, où les transferts en capital ont été répartis entre les différentes rubriques en proportion des recettes fiscales.
2. Les recettes fiscales supranationales déclarées par le Royaume-Uni déclarées jusqu'en 2020 dans Les statistiques des recettes publiques. À partir de 2021, à la fin de la période de transition du Brexit, cela prend fin et les taxes introduites ultérieurement par le Royaume-Uni sont reflétées dans la catégorie de taxe appropriée au niveau national ou infranational des administrations publiques, selon le cas.
3. Les chiffres de la catégorie 5000 incluent les revenus supranationaux, qui sont également présentés séparément sous la rubrique Supranationale.

StatLink https://stat.link/v9s0dg

Tableau 3.5. Recettes fiscales sous les principales rubriques en % du PIB, 2022p

	1000 Revenu & bénéfices	2000 Sécurité sociale	3000 Salaires	4000 Patrimoine	5000 Biens & services[3]	6000 Autres	Pour mémoire : revenus supranationaux
Allemagne	13.1	14.6	0.0	1.1	10.5	0.0	0.3
Australie	..	..	..	..	..	..	..
Autriche[1]	13.3	14.7	2.7	0.6	11.6	0.2	0.2
Belgique[1]	15.9	12.9	0.0	3.3	10.3	0.0	0.5
Canada	16.9	4.7	0.7	3.5	7.3	0.0	..
Chili	10.5	1.0	0.0	1.2	11.5	-0.2	..
Colombie	6.6	1.6	0.3	1.5	8.8	0.9	..
Corée	11.9	8.2	0.1	3.8	7.3	0.7	..
Costa Rica	5.5	8.9	1.4	0.5	8.3	0.9	..
Danemark[1]	27.0	0.0	0.3	1.7	12.8	0.0	0.2
Espagne	11.8	12.8	0.0	2.5	10.4	0.0	0.3
Estonie	7.9	11.4	0.0	0.2	13.3	0.0	0.3
États-Unis	14.3	6.1	0.0	2.9	4.3	0.0	..
Finlande	15.9	11.9	0.0	1.4	13.8	0.0	0.2
France[1]	12.9	15.0	1.9	3.7	12.2	0.4	0.3
Grèce	8.3	12.1	0.0	3.3	17.3	0.0	0.3
Hongrie	5.6	9.4	0.7	0.8	16.5	0.1	0.2
Irlande	11.0	3.2	0.2	1.0	5.5	0.0	0.2
Islande	17.8	3.0	0.3	2.0	11.5	0.4	..
Israël	12.3	5.0	0.9	4.0	10.7	0.0	..
Italie	14.1	13.2	0.0	2.5	11.8	1.4	0.3
Japon	11.0	..	0.0	2.7	7.1	0.1	..
Lettonie	6.8	9.2	0.0	0.8	13.5	0.0	0.2
Lituanie[1]	10.0	9.9	0.0	0.3	11.6	0.0	0.3
Luxembourg[1]	14.8	10.7	0.0	3.7	9.4	0.0	0.3
Mexique	8.0	2.4	0.5	0.3	5.3	0.4	..
Norvège	26.8	7.7	0.0	1.1	8.6	0.0	..
Nouvelle-Zélande	20.0	0.0	0.0	1.9	11.9	0.0	..
Pays-Bas	12.5	12.6	0.0	1.5	11.2	0.1	0.5
Pologne[1]	7.3	13.7	0.6	1.2	11.3	1.3	0.2
Portugal	10.5	10.3	0.0	1.5	13.9	0.2	0.2
République slovaque	7.9	14.6	0.0	0.4	11.9	0.0	0.1
Royaume-Uni[2]	13.3	7.1	0.1	4.0	10.8	0.0	..
Slovénie[1]	7.5	16.0	0.0	0.6	13.2	0.0	0.2
Suède	14.7	8.7	5.0	0.9	12.0	0.1	0.2
Suisse[1]	12.7	6.8	0.0	2.2	5.4	0.1	..
Tchéquie	7.1	15.8	0.0	0.2	10.8	0.0	0.2
Türkiye	5.8	5.0	0.0	0.7	9.1	0.2	..

.. Non disponible

1. Les transferts en capital ont été directement diminués des impôts spécifiques auxquels ils se rapportent, sauf pour la France, où les transferts en capital ont été répartis entre les différentes rubriques en proportion des recettes fiscales.
2. Les recettes fiscales supranationales déclarées par le Royaume-Uni déclarées jusqu'en 2020 dans Les statistiques des recettes publiques. À partir de 2021, à la fin de la période de transition du Brexit, cela prend fin et les taxes introduites ultérieurement par le Royaume-Uni sont reflétées dans la catégorie de taxe appropriée au niveau national ou infranational des administrations publiques, selon le cas.
3. Les chiffres de la catégorie 5000 incluent les revenus supranationaux, qui sont également présentés séparément sous la rubrique Supranationale.

StatLink https://stat.link/axdwg4

Tableau 3.6. Recettes fiscales sous les principales rubriques en % du total des recettes fiscales, 2022p

	1000 Revenu & bénéfices	2000 Sécurité sociale	3000 Salaires	4000 Patrimoine	5000 Biens & services[3]	6000 Autres	Pour mémoire : revenus supranationaux
Allemagne	33.3	37.2	0.0	2.8	26.7	0.0	0.7
Australie	..	..	..	..	..	..	..
Autriche[1]	30.9	34.1	6.3	1.4	27.0	0.4	0.5
Belgique[1]	37.4	30.5	0.0	7.7	24.4	0.0	1.2
Canada	50.9	14.3	2.2	10.5	21.9	0.1	..
Chili	43.7	4.1	0.0	5.1	47.8	-0.8	..
Colombie	33.2	8.3	1.5	7.8	44.8	4.4	..
Corée	37.4	25.6	0.3	11.9	22.7	2.2	..
Costa Rica	21.5	34.8	5.7	2.0	32.6	3.5	..
Danemark[1]	64.6	0.1	0.6	4.1	30.6	0.0	0.4
Espagne	31.4	34.1	0.0	6.8	27.7	0.0	0.8
Estonie	24.2	34.8	0.0	0.5	40.5	0.0	0.8
États-Unis	51.8	21.9	0.0	10.6	15.7	0.0	..
Finlande	36.9	27.6	0.0	3.3	32.0	0.1	0.5
France[1]	27.9	32.5	4.1	8.0	26.5	1.0	0.6
Grèce	20.3	29.5	0.0	7.9	42.3	0.0	0.6
Hongrie	16.9	28.4	2.2	2.4	49.6	0.4	0.5
Irlande	52.6	15.1	0.9	4.9	26.4	0.0	0.8
Islande	50.9	8.6	0.8	5.7	32.8	1.1	..
Israël	37.2	15.3	2.8	12.3	32.4	0.0	..
Italie	32.8	30.6	0.0	5.7	27.5	3.3	0.6
Japon	..	..	..	..	..	..	..
Lettonie	22.4	30.6	0.0	2.5	44.5	0.0	0.8
Lituanie[1]	31.4	31.1	0.0	0.9	36.6	0.0	1.0
Luxembourg[1]	38.3	27.6	0.0	9.6	24.5	0.1	0.9
Mexique	47.3	14.1	2.9	1.9	31.1	2.7	..
Norvège	60.4	17.4	0.1	2.5	19.5	0.0	..
Nouvelle-Zélande	59.3	0.0	0.0	5.6	35.1	0.0	..
Pays-Bas	32.9	33.2	0.0	4.1	29.6	0.3	1.4
Pologne[1]	20.7	38.8	1.6	3.3	32.0	3.6	0.7
Portugal	28.7	28.4	0.0	4.2	38.2	0.5	0.6
République slovaque	22.7	41.9	0.0	1.2	34.1	0.0	0.4
Royaume-Uni[2]	37.6	20.1	0.4	11.3	30.6	0.0	..
Slovénie[1]	20.0	42.9	0.1	1.6	35.4	0.0	0.5
Suède	35.5	21.0	12.1	2.2	29.1	0.1	0.4
Suisse[1]	46.5	24.8	0.0	8.2	19.9	0.5	..
Tchéquie	20.9	46.6	0.0	0.5	32.0	0.0	0.6
Türkiye	27.7	23.8	0.0	3.5	43.9	1.1	..

.. Non disponible

1. Les transferts en capital ont été directement diminués des impôts spécifiques auxquels ils se rapportent, sauf pour la France, où les transferts en capital ont été répartis entre les différentes rubriques en proportion des recettes fiscales.
2. Les recettes fiscales supranationales déclarées par le Royaume-Uni déclarées jusqu'en 2020 dans Les statistiques des recettes publiques. À partir de 2021, à la fin de la période de transition du Brexit, cela prend fin et les taxes introduites ultérieurement par le Royaume-Uni sont reflétées dans la catégorie de taxe appropriée au niveau national ou infranational des administrations publiques, selon le cas.
3. Les chiffres de la catégorie 5000 incluent les revenus supranationaux, qui sont également présentés séparément sous la rubrique Supranationale.

StatLink https://stat.link/ik31bd

Tableau 3.7. Impôts sur le revenu et les bénéfices (1000) en % du PIB et en % du total des recettes fiscales

	% du PIB					% du total des recettes fiscales				
	1990	2000	2010	2020	2021	1990	2000	2010	2020	2021
Allemagne	11.3	11.0	10.1	11.9	12.8	32.4	30.1	28.3	31.3	32.6
Australie	16.0	17.6	14.3	16.7	18.1	57.1	57.9	56.7	58.9	61.5
Autriche[1]	10.0	12.0	11.5	11.7	12.8	25.5	28.3	28.1	27.8	29.5
Belgique[1]	15.3	16.9	14.7	15.0	15.2	36.9	38.6	34.2	35.6	35.7
Canada	17.0	17.4	14.5	17.7	17.3	48.6	50.1	46.6	51.0	51.0
Chili	3.9	4.4	7.5	6.2	8.5	23.2	23.3	38.1	32.3	38.3
Colombie	3.4	3.6	4.8	6.2	6.1	29.9	23.2	26.6	32.9	31.9
Corée	6.1	6.0	6.3	8.6	9.9	32.8	28.8	28.0	30.9	33.2
Costa Rica	2.3	2.8	3.8	4.5	5.1	10.0	13.2	17.1	20.1	20.6
Danemark[1]	27.2	28.8	27.5	30.6	31.5	61.2	61.4	61.5	64.7	66.4
Espagne	9.7	9.3	8.7	10.7	11.3	30.6	28.1	28.0	29.1	29.8
Estonie	..	7.7	6.6	7.7	8.4	..	24.8	19.8	23.0	24.9
États-Unis	11.8	14.2	9.9	11.9	13.0	45.2	50.1	42.3	46.1	49.0
Finlande	16.8	19.7	14.4	14.7	15.6	39.2	43.1	35.5	35.1	36.1
France[1]	6.6	10.8	9.5	11.9	12.0	16.1	24.8	22.6	26.2	26.6
Grèce	5.0	9.0	7.1	7.9	8.1	19.9	26.8	22.0	20.4	20.7
Hongrie	..	9.4	7.6	6.5	5.5	..	24.3	20.7	18.2	16.2
Irlande	12.3	13.4	11.1	9.7	10.3	38.0	43.6	40.1	49.1	49.8
Islande	9.0	14.3	14.3	18.6	17.5	29.7	39.9	44.3	51.1	50.0
Israël	..	13.4	8.8	9.8	11.6	..	39.4	29.0	33.0	35.6
Italie	13.2	13.4	13.6	14.0	13.5	36.5	33.2	32.7	32.8	31.8
Japon	13.9	8.8	7.9	10.0	10.9	50.2	34.8	30.2	30.4	31.9
Lettonie	..	7.0	7.1	6.7	6.8	..	24.1	25.0	21.5	22.4
Lituanie[1]	..	8.3	4.6	8.9	9.6	..	27.0	16.2	28.6	29.8
Luxembourg[1]	13.9	13.5	12.9	14.5	14.6	40.2	36.5	36.2	38.0	38.1
Mexique	4.1	4.1	5.1	7.5	7.4	34.0	36.0	39.8	42.6	42.7
Norvège	14.2	18.8	19.7	14.1	20.8	35.2	45.3	47.3	36.3	49.0
Nouvelle-Zélande	21.6	19.5	16.3	19.0	20.2	59.6	60.0	53.8	56.5	58.6
Pays-Bas	12.8	9.6	9.9	12.3	12.4	32.3	25.9	27.9	30.7	31.6
Pologne[1]	..	6.7	6.3	7.5	8.0	..	20.4	20.1	21.2	21.7
Portugal	6.8	9.1	8.1	9.7	9.4	25.7	29.4	26.7	27.7	26.6
République slovaque	..	6.9	5.2	7.0	7.7	..	20.5	18.8	20.1	21.7
Royaume-Uni	12.9	12.9	12.0	11.8	12.9	39.3	39.6	37.3	36.0	37.6
Slovénie[1]	..	6.8	7.4	7.2	7.9	..	18.0	19.6	19.4	20.8
Suède	20.3	21.4	15.3	15.3	15.7	41.6	42.7	35.7	35.9	36.9
Suisse[1]	10.8	11.8	11.8	12.9	13.6	46.8	43.8	45.7	46.2	47.7
Tchéquie	..	7.4	6.5	8.0	7.2	..	22.8	20.2	22.9	20.8
Türkiye	4.9	6.9	5.3	5.2	5.5	33.5	29.5	21.3	21.9	24.0
Moyenne OCDE	**11.5**	**11.4**	**10.2**	**11.3**	**12.0**	**36.2**	**33.9**	**32.2**	**33.8**	**35.1**

.. Non disponible

Note : Les séries temporelles complètes sont accessibles sur le site web https://oe.cd/series-temporelles-completes.

1. Les transferts en capital ont été directement diminués des impôts spécifiques auxquels ils se rapportent, sauf pour la France, où les transferts en capital ont été répartis entre les différentes rubriques en proportion des recettes fiscales.

StatLink https://stat.link/ubd1ga

Tableau 3.8. Impôts sur le revenu des personnes physiques (1100) en % du PIB et en % du total des recettes fiscales

	% du PIB					% du total des recettes fiscales				
	1990	2000	2010	2020	2021	1990	2000	2010	2020	2021
Allemagne	9.6	9.2	8.6	10.3	10.5	27.6	25.3	24.1	27.0	26.6
Australie	12.1	11.5	9.7	11.4	11.5	43.0	37.7	38.7	40.1	39.0
Autriche[1]	8.2	9.3	9.2	9.3	9.7	21.0	22.0	22.4	22.2	22.4
Belgique[1]	13.2	13.8	12.1	11.8	11.3	32.0	31.4	28.2	27.8	26.7
Canada	14.3	12.8	10.9	13.0	12.3	40.8	36.8	35.0	37.4	36.3
Chili	0.9	1.4	1.3	2.0	2.4	5.6	7.6	6.8	10.2	10.8
Colombie	0.2	0.8	1.0	1.4	1.3	1.8	4.9	5.3	7.6	6.9
Corée	3.7	3.1	3.2	5.2	6.1	20.0	14.6	14.2	18.8	20.4
Costa Rica	..	..	1.0	1.5	1.6	..	..	4.6	6.8	6.2
Danemark[1]	24.0	24.7	23.3	25.6	25.0	54.0	52.6	52.0	54.1	52.8
Espagne	6.9	6.4	6.9	8.7	8.6	21.7	19.3	22.1	23.7	22.8
Estonie	..	6.8	5.3	6.0	6.8	..	22.0	15.9	18.1	20.4
États-Unis	9.8	11.9	8.1	10.6	11.4	37.7	42.2	34.8	41.0	42.9
Finlande	14.9	14.0	12.0	12.5	12.9	34.7	30.6	29.5	30.0	29.8
France[1]	4.4	7.8	7.2	9.6	9.5	10.7	17.9	17.0	21.1	21.0
Grèce	3.6	4.3	4.0	6.3	6.0	14.1	13.0	12.4	16.3	15.2
Hongrie	..	7.2	6.4	5.3	4.1	..	18.6	17.4	14.6	12.1
Irlande	10.7	9.8	8.8	6.5	6.8	33.1	31.9	31.6	32.9	32.7
Islande	8.2	12.5	11.7	15.7	14.5	26.9	34.8	36.4	43.1	41.4
Israël	..	9.9	5.4	6.4	7.2	..	28.9	17.9	21.7	22.0
Italie	9.5	10.1	11.2	11.4	11.0	26.3	24.8	26.9	26.8	25.9
Japon	7.7	5.3	4.9	6.2	6.4	27.8	21.0	18.6	18.7	18.9
Lettonie	..	5.5	6.2	6.0	6.0	..	18.8	21.6	19.2	19.6
Lituanie[1]	..	7.6	3.6	7.3	7.5	..	24.8	12.7	23.3	23.4
Luxembourg[1]	8.3	6.8	7.4	9.7	10.1	24.1	18.5	20.9	25.5	26.3
Mexique	..	..	2.3	3.7	3.6	..	..	18.3	21.0	21.1
Norvège	10.5	10.1	9.8	11.3	10.8	26.2	24.2	23.7	29.1	25.4
Nouvelle-Zélande	17.4	14.0	11.4	13.0	14.1	48.0	43.1	37.7	38.5	40.9
Pays-Bas	9.8	5.6	7.7	9.2	8.5	24.7	15.1	21.5	22.9	21.8
Pologne[1]	..	4.3	4.4	5.3	5.3	..	13.2	13.9	14.8	14.6
Portugal	4.2	5.3	5.4	7.0	7.0	15.9	17.0	17.7	19.8	19.8
République slovaque	..	3.3	2.6	3.7	3.7	..	9.9	9.3	10.8	10.6
Royaume-Uni	9.7	9.5	9.1	9.4	10.0	29.4	29.0	28.5	28.7	29.2
Slovénie[1]	..	5.5	5.6	5.2	5.4	..	14.6	14.7	14.1	14.3
Suède	18.8	17.7	12.1	12.3	12.4	38.5	35.4	28.1	29.0	29.1
Suisse[1]	7.5	7.9	8.2	9.0	8.6	32.3	29.4	31.8	32.1	30.3
Tchéquie	..	4.2	3.3	4.7	3.2	..	12.9	10.2	13.5	9.3
Türkiye	3.9	5.2	3.5	3.1	3.0	26.8	22.2	14.0	13.2	13.3
Moyenne OCDE	**9.3**	**8.5**	**7.2**	**8.3**	**8.3**	**27.6**	**24.1**	**22.0**	**24.1**	**23.7**

.. Non disponible

Note : Les séries temporelles complètes sont accessibles sur le site web https://oe.cd/series-temporelles-completes.

1. Les transferts en capital ont été directement diminués des impôts spécifiques auxquels ils se rapportent, sauf pour la France, où les transferts en capital ont été répartis entre les différentes rubriques en proportion des recettes fiscales.

StatLink https://stat.link/73dij1

Tableau 3.9. Impôts sur les bénéfices des sociétés (1200) en % du PIB et en % du total des recettes fiscales

	% du PIB					% du total des recettes fiscales				
	1990	2000	2010	2020	2021	1990	2000	2010	2020	2021
Allemagne	1.7	1.8	1.5	1.6	2.4	4.8	4.8	4.2	4.3	6.0
Australie	4.0	6.1	4.5	5.3	6.6	14.1	20.2	17.9	18.8	22.5
Autriche[1]	1.4	1.9	1.9	2.1	2.7	3.6	4.6	4.6	5.1	6.4
Belgique[1]	2.0	3.1	2.5	3.3	3.8	4.8	7.2	5.9	7.7	9.0
Canada	2.5	4.2	3.2	4.4	4.6	7.0	12.2	10.5	12.6	13.5
Chili	2.1	2.1	4.0	4.7	3.8	12.4	11.2	20.4	24.3	17.1
Colombie	1.6	2.6	3.8	4.3	4.6	13.9	16.7	20.7	23.1	23.7
Corée	2.4	3.0	3.1	3.4	3.8	12.8	14.1	13.8	12.1	12.8
Costa Rica	..	..	2.3	1.9	2.4	..	..	10.3	8.4	9.7
Danemark[1]	1.7	3.2	2.3	2.9	4.0	3.9	6.8	5.1	6.2	8.3
Espagne	2.8	2.9	1.8	2.0	2.6	8.8	8.8	5.9	5.3	7.0
Estonie	..	0.9	1.3	1.6	1.5	..	2.8	4.0	4.9	4.6
États-Unis	2.0	2.2	1.8	1.3	1.6	7.5	7.9	7.5	5.1	6.1
Finlande	1.9	5.7	2.4	2.1	2.7	4.5	12.5	6.0	5.1	6.3
France[1]	2.2	3.0	2.3	2.3	2.5	5.3	6.9	5.5	5.1	5.6
Grèce	1.4	4.0	2.6	1.2	1.8	5.5	11.9	7.9	3.1	4.5
Hongrie	..	2.2	1.2	1.3	1.4	..	5.7	3.3	3.6	4.1
Irlande	1.6	3.6	2.4	3.2	3.5	4.9	11.7	8.5	16.1	17.1
Islande	0.8	1.2	0.9	2.2	2.0	2.8	3.3	2.7	6.1	5.7
Israël	..	3.2	2.6	2.8	3.6	..	9.5	8.6	9.3	11.0
Italie	3.6	2.8	2.3	2.1	1.9	10.0	6.9	5.5	4.8	4.4
Japon	6.2	3.5	3.0	3.9	4.5	22.4	13.7	11.6	11.7	13.1
Lettonie	..	1.5	1.0	0.7	0.9	..	5.3	3.4	2.3	2.8
Lituanie[1]	..	0.7	1.0	1.7	2.1	..	2.2	3.5	5.3	6.4
Luxembourg[1]	5.6	6.7	5.4	4.8	4.5	16.1	18.0	15.3	12.5	11.8
Mexique	..	..	1.8	3.6	3.5	..	..	14.4	20.1	20.2
Norvège	3.6	8.8	9.8	2.8	10.0	9.0	21.0	23.6	7.2	23.6
Nouvelle-Zélande	2.3	4.0	3.7	5.2	5.4	6.5	12.4	12.2	15.4	15.7
Pays-Bas	3.0	4.0	2.3	3.1	3.8	7.5	10.9	6.4	7.8	9.8
Pologne[1]	..	2.4	2.0	2.3	2.6	..	7.3	6.2	6.4	7.1
Portugal	2.1	3.7	2.7	2.8	2.4	8.0	11.9	9.0	7.9	6.8
République slovaque	..	2.6	2.4	3.0	3.6	..	7.6	8.7	8.6	10.2
Royaume-Uni	3.3	3.5	2.8	2.4	2.9	9.9	10.6	8.9	7.3	8.5
Slovénie[1]	..	1.1	1.8	2.0	2.5	..	3.0	4.9	5.3	6.5
Suède	1.5	3.6	3.2	2.9	3.3	3.1	7.3	7.6	6.9	7.8
Suisse[1]	1.7	2.4	2.6	3.1	3.1	7.3	8.8	10.1	11.0	10.9
Tchéquie	..	3.2	3.2	3.3	4.0	..	9.9	10.0	9.4	11.4
Türkiye	1.0	1.7	1.8	2.1	2.5	6.7	7.3	7.3	8.7	10.8
Moyenne OCDE	**2.4**	**3.1**	**2.7**	**2.8**	**3.3**	**8.3**	**9.5**	**9.0**	**9.1**	**10.2**

.. Non disponible

Note : Les séries temporelles complètes sont accessibles sur le site web https://oe.cd/series-temporelles-completes.

1. Les transferts en capital ont été directement diminués des impôts spécifiques auxquels ils se rapportent, sauf pour la France, où les transferts en capital ont été répartis entre les différentes rubriques en proportion des recettes fiscales.

StatLink https://stat.link/4ktrzf

Tableau 3.10. Cotisations de sécurité sociale (2000) en % du PIB et en % du total des recettes fiscales

	% du PIB					% du total des recettes fiscales				
	1990	2000	2010	2020	2021	1990	2000	2010	2020	2021
Allemagne	13.0	14.2	13.8	15.1	14.8	37.5	39.0	38.9	39.7	37.6
Australie	0.0	0.0	0.0	0.0	0.0	0.0	0.0	0.0	0.0	0.0
Autriche[1]	12.9	14.3	14.0	15.5	15.3	32.9	33.8	34.2	36.8	35.4
Belgique[1]	13.7	13.5	13.9	13.5	13.0	33.2	30.8	32.4	32.0	30.6
Canada	4.3	4.7	4.6	4.9	4.7	12.1	13.6	14.9	14.0	14.0
Chili	1.5	1.4	1.3	1.5	1.2	9.0	7.3	6.8	8.0	5.3
Colombie	0.9	2.6	2.1	1.9	1.9	7.9	16.3	11.7	9.9	10.0
Corée	1.9	3.5	5.2	7.8	7.8	10.1	16.7	23.3	28.0	26.2
Costa Rica	6.5	6.4	7.3	8.1	9.0	28.9	30.4	33.1	36.1	36.0
Danemark[1]	0.0	0.6	0.1	0.1	0.1	0.0	1.4	0.2	0.1	0.1
Espagne	11.2	11.5	11.9	13.8	13.4	35.4	34.9	37.9	37.4	35.5
Estonie	..	10.9	12.7	12.1	11.6	..	35.1	38.4	36.5	34.7
États-Unis	6.7	6.7	6.1	6.3	6.1	25.6	23.6	26.1	24.5	22.9
Finlande	11.0	11.5	12.0	11.5	12.0	25.6	25.2	29.7	27.4	27.9
France[1]	18.1	15.6	16.1	14.8	14.8	44.1	35.8	38.2	32.7	32.8
Grèce	7.6	10.1	11.0	12.9	12.9	30.2	30.3	34.2	33.2	32.8
Hongrie	..	11.3	11.6	11.1	10.5	..	29.4	31.4	30.8	31.0
Irlande	4.6	3.7	5.1	3.3	3.1	14.1	11.9	18.2	16.6	15.2
Islande	1.0	2.8	3.8	3.0	3.0	3.1	7.7	11.7	8.3	8.5
Israël	..	5.0	5.1	5.2	5.0	..	14.6	16.8	17.4	15.5
Italie	11.9	11.6	13.0	13.5	13.2	32.9	28.5	31.1	31.8	31.2
Japon	7.3	8.9	10.8	13.3	13.3	26.5	35.2	41.1	40.4	39.2
Lettonie	..	9.7	8.6	9.9	9.5	..	33.5	30.1	31.8	31.1
Lituanie[1]	..	9.9	11.6	10.2	10.2	..	32.2	41.1	32.5	31.8
Luxembourg[1]	9.6	9.7	10.3	11.1	10.6	27.5	26.1	29.0	29.1	27.5
Mexique	2.0	2.1	2.1	2.5	2.4	16.8	18.0	16.2	13.9	13.7
Norvège	10.6	8.8	9.3	11.0	9.5	26.3	21.0	22.4	28.4	22.5
Nouvelle-Zélande	0.0	0.0	0.0	0.0	0.0	0.0	0.0	0.0	0.0	0.0
Pays-Bas	14.9	14.3	12.9	13.6	12.9	37.4	38.7	36.3	34.1	33.0
Pologne[1]	..	12.9	10.9	13.5	13.0	..	39.2	34.4	37.9	35.3
Portugal	7.2	7.9	8.6	10.4	10.4	27.2	25.6	28.4	29.7	29.5
République slovaque	..	13.9	11.9	15.2	15.2	..	41.4	42.6	43.8	43.0
Royaume-Uni	5.6	5.5	6.0	6.8	6.8	17.0	16.8	18.9	20.8	19.9
Slovénie[1]	..	14.9	15.8	16.8	16.4	..	39.6	41.8	45.1	43.2
Suède	13.3	12.7	10.8	9.0	8.9	27.2	25.5	25.1	21.3	20.9
Suisse[1]	5.4	6.5	6.1	7.0	6.9	23.3	24.2	23.7	25.2	24.2
Tchéquie	..	14.3	14.4	15.8	16.4	..	44.3	44.8	45.4	47.3
Türkiye	2.9	4.4	6.1	7.1	6.5	19.7	18.7	24.9	29.7	28.6
Moyenne OCDE	**7.1**	**8.4**	**8.6**	**9.2**	**9.0**	**21.8**	**24.9**	**26.6**	**26.6**	**25.6**

.. Non disponible

Note : Les séries temporelles complètes sont accessibles sur le site web https://oe.cd/series-temporelles-completes.

1. Les transferts en capital ont été directement diminués des impôts spécifiques auxquels ils se rapportent, sauf pour la France, où les transferts en capital ont été répartis entre les différentes rubriques en proportion des recettes fiscales.

StatLink https://stat.link/3obw24

Tableau 3.11. Impôts sur les salaires ou la main-d'oeuvre (3000) en % du PIB et en % du total des recettes fiscales

	% du PIB					% du total des recettes fiscales				
	1990	2000	2010	2020	2021	1990	2000	2010	2020	2021
Allemagne	0.0	0.0	0.0	0.0	0.0	0.0	0.0	0.0	0.0	0.0
Australie	1.7	1.4	1.3	1.3	1.3	6.1	4.5	5.2	4.5	4.3
Autriche[1]	2.4	2.7	2.8	2.7	2.8	6.0	6.4	6.9	6.5	6.5
Belgique[1]	0.0	0.0	0.0	0.0	0.0	0.0	0.0	0.0	0.0	0.0
Canada	0.8	0.7	0.6	0.8	0.7	2.3	2.1	2.1	2.2	2.2
Chili	0.0	0.0	0.0	0.0	0.0	0.0	0.0	0.0	0.0	0.0
Colombie	0.0	0.7	0.7	0.4	0.3	0.0	4.2	4.1	2.0	1.7
Corée	0.1	0.0	0.1	0.1	0.1	0.4	0.2	0.2	0.3	0.3
Costa Rica	1.4	1.3	1.3	1.5	1.4	6.4	6.3	5.9	6.5	5.7
Danemark[1]	0.3	0.2	0.2	0.2	0.3	0.7	0.4	0.5	0.4	0.5
Espagne	0.0	0.0	0.0	0.0	0.0	0.0	0.0	0.0	0.0	0.0
Estonie	..	0.0	0.0	0.0	0.0	..	0.0	0.0	0.0	0.0
États-Unis	0.0	0.0	0.0	0.0	0.0	0.0	0.0	0.1	0.1	0.1
Finlande	0.0	0.0	0.0	0.0	0.0	0.0	0.0	0.0	0.0	0.0
France[1]	0.8	1.0	1.3	1.9	1.8	1.9	2.3	3.2	4.1	4.1
Grèce	0.2	0.0	0.0	0.0	0.0	0.7	0.0	0.0	0.0	0.0
Hongrie	..	1.4	0.4	1.0	1.1	..	3.6	1.1	2.9	3.2
Irlande	0.4	0.0	0.2	0.2	0.2	1.3	0.0	0.7	1.0	0.9
Islande	1.1	0.0	0.2	0.3	0.3	3.5	0.1	0.5	0.9	0.8
Israël	..	1.2	1.2	1.2	1.0	..	3.6	3.8	3.9	3.1
Italie	0.1	0.0	0.0	0.0	0.0	0.3	0.0	0.0	0.0	0.0
Japon	0.0	0.0	0.0	0.0	0.0	0.0	0.0	0.0	0.0	0.0
Lettonie	..	0.0	0.0	0.0	0.0	..	0.0	0.1	0.0	0.0
Lituanie[1]	..	0.0	0.0	0.0	0.0	..	0.0	0.0	0.0	0.0
Luxembourg[1]	0.0	0.0	0.0	0.0	0.0	0.0	0.0	0.0	0.0	0.0
Mexique	0.2	0.2	0.3	0.5	0.5	1.8	1.5	2.2	2.5	2.6
Norvège	0.0	0.0	0.0	0.1	0.1	0.0	0.0	0.0	0.2	0.1
Nouvelle-Zélande	0.0	0.0	0.0	0.0	0.0	0.0	0.0	0.0	0.0	0.0
Pays-Bas	0.0	0.0	0.0	0.0	0.0	0.0	0.0	0.0	0.0	0.0
Pologne[1]	..	0.2	0.3	0.3	0.6	..	0.7	0.8	0.9	1.5
Portugal	0.0	0.0	0.0	0.0	0.0	0.0	0.0	0.0	0.0	0.0
République slovaque	..	0.0	0.0	0.0	0.0	..	0.0	0.0	0.0	0.0
Royaume-Uni	0.0	0.0	0.0	0.1	0.1	0.0	0.0	0.0	0.4	0.4
Slovénie[1]	..	1.5	0.1	0.0	0.0	..	4.1	0.2	0.1	0.1
Suède	1.2	2.1	3.0	5.1	5.1	2.5	4.2	7.0	12.0	12.0
Suisse[1]	0.0	0.0	0.0	0.0	0.0	0.0	0.0	0.0	0.0	0.0
Tchéquie	..	0.0	0.0	0.0	0.0	..	0.0	0.0	0.0	0.0
Türkiye	0.0	0.0	0.0	0.0	0.0	0.0	0.0	0.0	0.0	0.0
Moyenne OCDE	**0.4**	**0.4**	**0.4**	**0.5**	**0.5**	**1.2**	**1.2**	**1.2**	**1.4**	**1.3**

.. Non disponible

Note : Les séries temporelles complètes sont accessibles sur le site web https://oe.cd/series-temporelles-completes.

1. Les transferts en capital ont été directement diminués des impôts spécifiques auxquels ils se rapportent, sauf pour la France, où les transferts en capital ont été répartis entre les différentes rubriques en proportion des recettes fiscales.

StatLink https://stat.link/7v10mq

Tableau 3.12. Impôts sur le patrimoine (4000) en % du PIB et en % du total des recettes fiscales

	% du PIB					% du total des recettes fiscales				
	1990	2000	2010	2020	2021	1990	2000	2010	2020	2021
Allemagne	1.2	0.8	0.8	1.2	1.2	3.4	2.3	2.3	3.3	3.2
Australie	2.5	2.7	2.4	2.9	3.2	9.0	8.8	9.4	10.1	10.9
Autriche[1]	1.1	0.6	0.5	0.6	0.6	2.7	1.3	1.3	1.4	1.5
Belgique[1]	1.6	2.1	3.1	3.4	3.6	3.8	4.7	7.2	8.0	8.4
Canada	3.5	3.3	3.8	4.1	3.8	10.0	9.5	12.3	11.7	11.3
Chili	1.0	1.3	0.8	1.0	1.1	6.2	7.0	4.1	5.3	4.9
Colombie	0.2	1.0	1.6	1.8	1.7	2.2	6.6	8.7	9.7	8.7
Corée	2.2	2.6	2.5	3.9	4.5	11.8	12.4	11.3	14.2	15.1
Costa Rica	0.3	0.2	0.3	0.4	0.5	1.3	0.9	1.5	2.0	2.1
Danemark[1]	1.9	1.6	1.9	2.0	1.8	4.3	3.3	4.1	4.2	3.9
Espagne	1.7	2.1	2.1	2.5	2.7	5.5	6.5	6.6	6.7	7.2
Estonie	..	0.4	0.3	0.2	0.2	..	1.2	1.0	0.6	0.6
États-Unis	3.1	2.9	3.1	3.1	3.1	11.7	10.3	13.5	12.2	11.6
Finlande	1.1	1.1	1.1	1.5	1.5	2.4	2.4	2.7	3.6	3.5
France[1]	2.6	3.0	3.5	4.0	3.8	6.3	6.9	8.4	8.7	8.5
Grèce	1.2	2.6	1.7	3.0	2.9	4.6	7.7	5.2	7.8	7.4
Hongrie	..	0.7	1.1	1.0	0.9	..	1.7	3.1	2.9	2.6
Irlande	1.5	1.8	1.4	1.0	1.1	4.6	5.7	5.1	5.0	5.4
Islande	2.6	2.4	2.1	2.3	2.1	8.4	6.6	6.5	6.2	5.9
Israël	..	3.2	3.4	3.1	3.9	..	9.5	11.1	10.3	12.1
Italie	0.8	1.9	2.0	2.4	2.5	2.3	4.6	4.8	5.7	5.8
Japon	2.6	2.7	2.6	2.7	2.7	9.4	10.5	9.7	8.1	7.9
Lettonie	..	1.1	0.9	0.9	0.9	..	3.8	3.0	3.0	2.9
Lituanie[1]	..	0.5	0.4	0.3	0.3	..	1.5	1.3	1.0	0.9
Luxembourg[1]	2.9	4.0	2.5	3.8	4.0	8.4	10.7	7.0	10.0	10.5
Mexique	0.2	0.2	0.3	0.3	0.3	1.9	1.8	2.3	1.9	2.0
Norvège	1.2	1.0	1.1	1.3	1.3	2.9	2.3	2.6	3.4	3.0
Nouvelle-Zélande	2.5	1.7	2.0	1.9	1.9	6.8	5.3	6.6	5.5	5.5
Pays-Bas	1.5	1.9	1.4	1.7	1.6	3.7	5.3	3.8	4.3	4.1
Pologne[1]	..	1.4	1.3	1.3	1.3	..	4.3	4.2	3.6	3.5
Portugal	0.7	1.1	1.1	1.4	1.5	2.7	3.7	3.7	4.1	4.3
République slovaque	..	0.6	0.4	0.5	0.5	..	1.8	1.4	1.3	1.3
Royaume-Uni	2.7	3.7	3.8	3.8	3.9	8.2	11.4	12.0	11.5	11.5
Slovénie[1]	..	0.6	0.6	0.6	0.6	..	1.7	1.6	1.7	1.6
Suède	1.7	1.7	1.0	1.0	1.0	3.5	3.3	2.4	2.2	2.2
Suisse[1]	2.1	2.6	2.0	2.3	2.3	8.9	9.7	7.7	8.1	8.0
Tchéquie	..	0.5	0.4	0.2	0.2	..	1.4	1.3	0.6	0.6
Türkiye	0.3	0.7	1.0	1.1	1.0	2.3	3.2	4.1	4.4	4.2
Moyenne OCDE	**1.7**	**1.7**	**1.6**	**1.9**	**1.9**	**5.5**	**5.3**	**5.4**	**5.6**	**5.6**

.. Non disponible

Note : Les séries temporelles complètes sont accessibles sur le site web https://oe.cd/series-temporelles-completes.

1. Les transferts en capital ont été directement diminués des impôts spécifiques auxquels ils se rapportent, sauf pour la France, où les transferts en capital ont été répartis entre les différentes rubriques en proportion des recettes fiscales.

StatLink https://stat.link/fajokq

Tableau 3.13. Impôts sur les biens et services (5000) en % du PIB en % du total des recettes fiscales

	% du PIB					% du total des recettes fiscales				
	1990	2000	2010	2020	2021	1990	2000	2010	2020	2021
Allemagne	9.3	10.4	10.8	9.7	10.5	26.7	28.5	30.5	25.7	26.6
Australie	7.8	8.8	7.2	7.5	6.9	27.8	28.8	28.8	26.5	23.3
Autriche[1]	12.4	12.4	11.7	11.4	11.6	31.5	29.3	28.7	27.1	26.7
Belgique[1]	10.8	11.3	11.2	10.3	10.7	26.1	25.9	26.1	24.4	25.2
Canada	9.1	8.4	7.4	7.3	7.3	25.8	24.2	24.0	20.9	21.4
Chili	10.6	11.9	10.1	10.6	11.8	62.9	63.8	51.2	54.8	53.1
Colombie	6.1	7.3	8.2	7.8	8.3	53.8	46.3	45.1	41.4	43.3
Corée	8.2	8.0	7.5	6.8	6.9	44.3	38.4	33.7	24.4	23.1
Costa Rica	10.2	9.9	8.9	7.5	8.7	45.5	46.7	40.3	33.3	34.8
Danemark[1]	15.0	15.7	15.0	14.5	13.8	33.9	33.5	33.6	30.6	29.0
Espagne	9.0	10.1	8.6	9.9	10.4	28.4	30.6	27.5	26.8	27.4
Estonie	..	12.1	13.5	13.3	13.4	..	38.8	40.7	39.9	39.8
États-Unis	4.5	4.5	4.2	4.4	4.4	17.5	16.0	18.1	17.1	16.6
Finlande	14.0	13.4	13.0	14.1	14.0	32.5	29.2	32.0	33.8	32.4
France[1]	11.7	11.5	11.2	12.3	12.2	28.4	26.4	26.6	27.1	27.1
Grèce	11.2	11.8	12.5	15.0	15.4	44.5	35.2	38.6	38.5	39.2
Hongrie	..	15.6	15.9	16.2	15.9	..	40.6	43.3	45.1	47.1
Irlande	13.6	11.9	9.9	5.6	5.9	41.9	38.8	35.8	28.4	28.7
Islande	15.6	16.3	11.5	11.5	11.8	51.3	45.3	35.8	31.7	33.6
Israël	..	11.2	11.8	10.5	11.0	..	32.9	39.2	35.3	33.7
Italie	10.2	11.4	11.1	11.5	11.9	28.0	28.2	26.6	27.0	28.2
Japon	3.8	4.9	4.9	6.9	7.1	13.7	19.3	18.7	20.9	20.8
Lettonie	..	11.2	11.9	13.5	13.3	..	38.6	41.8	43.6	43.6
Lituanie[1]	..	12.1	11.7	11.8	12.0	..	39.4	41.4	37.9	37.4
Luxembourg[1]	8.2	9.8	9.9	8.7	9.1	23.6	26.6	27.6	22.8	23.8
Mexique	5.3	4.8	4.9	6.6	6.4	44.0	41.7	38.0	37.2	37.0
Norvège	14.3	13.1	11.5	12.3	10.8	35.5	31.4	27.7	31.6	25.4
Nouvelle-Zélande	12.1	11.3	12.0	12.8	12.4	33.6	34.7	39.6	38.0	35.9
Pays-Bas	10.5	10.9	11.2	12.2	12.1	26.4	29.7	31.5	30.5	30.9
Pologne[1]	..	11.6	12.7	12.9	13.9	..	35.3	40.3	36.2	37.9
Portugal	11.7	12.7	12.4	13.3	13.8	44.2	41.0	40.8	37.9	39.0
République slovaque	..	12.2	10.4	12.1	12.0	..	36.3	37.2	34.8	34.0
Royaume-Uni	10.2	10.5	10.2	10.3	10.5	31.0	32.2	31.8	31.3	30.6
Slovénie[1]	..	13.8	13.9	12.5	13.0	..	36.6	36.8	33.6	34.2
Suède	12.2	12.1	12.7	12.1	11.9	25.0	24.2	29.7	28.4	27.9
Suisse[1]	4.8	6.0	5.8	5.6	5.6	20.9	22.2	22.5	20.0	19.6
Tchéquie	..	10.2	10.9	10.8	10.9	..	31.5	33.8	31.0	31.3
Türkiye	4.1	9.9	11.8	10.2	9.6	27.9	42.0	47.7	42.9	42.1
Moyenne OCDE	**9.9**	**10.8**	**10.5**	**10.6**	**10.7**	**33.7**	**33.9**	**34.0**	**32.1**	**31.9**

.. Non disponible

Note : Les séries temporelles complètes sont accessibles sur le site web https://oe.cd/series-temporelles-completes.

1. Les transferts en capital ont été directement diminués des impôts spécifiques auxquels ils se rapportent, sauf pour la France, où les transferts en capital ont été répartis entre les différentes rubriques en proportion des recettes fiscales.

StatLink https://stat.link/w0fduh

Tableau 3.14. Taxes sur la valeur ajoutée (5111) en % du PIB en % du total des recettes fiscales

	% du PIB					% du total des recettes fiscales				
	1990	2000	2010	2020	2021	1990	2000	2010	2020	2021
Allemagne	5.8	6.7	7.0	6.5	7.2	16.6	18.4	19.8	17.2	18.3
Australie	0.0	3.4	3.3	3.5	3.3	0.0	11.1	13.1	12.4	11.1
Autriche[1]	8.2	7.9	7.7	7.4	7.6	20.8	18.7	18.7	17.6	17.5
Belgique[1]	6.8	7.1	7.0	6.3	6.8	16.4	16.1	16.2	15.0	16.0
Canada	0.0	3.2	4.2	4.5	4.4	0.0	9.2	13.7	13.0	13.1
Chili	6.3	7.8	7.6	7.9	9.5	37.4	41.8	38.5	41.1	42.6
Colombie	2.6	4.3	5.3	5.4	5.9	22.6	27.6	29.3	28.7	30.5
Corée	3.5	3.6	3.9	4.2	4.3	18.7	17.0	17.5	15.1	14.4
Costa Rica	4.1	4.8	4.6	4.4	5.1	18.1	22.8	21.0	19.7	20.4
Danemark[1]	8.3	9.1	9.4	9.8	9.6	18.7	19.5	20.9	20.8	20.1
Espagne	5.0	5.8	5.2	6.3	6.8	15.7	17.6	16.5	17.1	18.1
Estonie	..	8.4	8.5	8.9	9.1	..	27.1	25.7	26.7	27.3
États-Unis	0.0	0.0	0.0	0.0	0.0	0.0	0.0	0.0	0.0	0.0
Finlande	8.3	8.0	8.3	9.2	9.4	19.3	17.4	20.4	22.1	21.7
France[1]	7.6	7.2	6.8	7.0	7.4	18.4	16.7	16.1	15.4	16.4
Grèce	6.2	6.3	7.1	7.8	8.2	24.6	18.9	22.0	20.1	20.9
Hongrie	..	8.7	8.5	9.7	9.9	..	22.5	23.0	27.1	29.3
Irlande	6.6	7.0	6.0	3.4	3.8	20.4	22.9	21.7	17.2	18.5
Islande	8.7	10.2	7.4	8.0	8.6	28.4	28.5	22.8	22.0	24.4
Israël	..	7.2	7.3	7.1	7.5	..	21.0	24.3	23.9	23.2
Italie	5.3	6.2	6.1	6.0	6.6	14.7	15.4	14.5	14.1	15.7
Japon	1.2	2.3	2.5	4.9	5.1	4.4	9.1	9.6	14.9	14.9
Lettonie	..	6.9	6.6	8.4	8.6	..	23.9	23.3	27.1	28.1
Lituanie[1]	..	7.5	7.8	8.0	8.3	..	24.4	27.5	25.8	26.0
Luxembourg[1]	4.2	4.9	6.2	5.7	5.9	12.1	13.2	17.3	14.9	15.4
Mexique	3.2	2.8	3.8	4.2	4.4	26.1	24.7	29.4	23.8	25.2
Norvège	7.6	8.2	7.7	9.0	8.0	18.8	19.8	18.6	23.3	19.0
Nouvelle-Zélande	8.1	8.1	9.3	10.3	10.1	22.4	24.9	30.7	30.6	29.3
Pays-Bas	6.5	6.4	6.7	7.4	7.5	16.5	17.3	18.7	18.5	19.2
Pologne[1]	..	6.9	7.6	8.0	8.6	..	21.0	24.2	22.4	23.3
Portugal	5.2	7.6	7.5	8.4	8.9	19.6	24.5	24.8	23.8	25.2
République slovaque	..	6.8	6.1	7.3	7.5	..	20.4	21.8	21.0	21.1
Royaume-Uni	5.5	5.9	6.1	6.6	7.0	16.9	18.1	18.9	20.2	20.3
Slovénie[1]	..	8.5	8.1	7.5	8.2	..	22.7	21.3	20.2	21.7
Suède	7.3	8.2	9.0	9.2	9.1	14.9	16.4	21.1	21.6	21.3
Suisse[1]	2.7	3.5	3.3	3.2	3.2	11.5	13.0	12.7	11.3	11.3
Tchéquie	..	5.9	6.6	7.4	7.6	..	18.3	20.5	21.3	21.8
Türkiye	2.7	5.7	5.4	4.6	5.3	18.3	24.2	21.7	19.2	23.3
Moyenne OCDE	**5.1**	**6.3**	**6.4**	**6.7**	**7.0**	**17.0**	**19.6**	**20.5**	**20.2**	**20.7**

.. Non disponible

Note : Les séries temporelles complètes sont accessibles sur le site web https://oe.cd/series-temporelles-completes.

1. Les transferts en capital ont été directement diminués des impôts spécifiques auxquels ils se rapportent, sauf pour la France, où les transferts en capital ont été répartis entre les différentes rubriques en proportion des recettes fiscales.

StatLink https://stat.link/vz3ske

Tableau 3.15. Recettes fiscales des sous-secteurs de l'administration en % du PIB

	Supranationale			Administration centrale			Administrations d'États fédérés/Régions			Administrations locales			Administrations de sécurité sociale		
	1975	1995	2021	1975	1995	2021	1975	1995	2021	1975	1995	2021	1975	1995	2021
Pays fédéraux															
Allemagne	0.4	0.2	0.2	11.5	11.4	11.1	7.6	7.9	9.7	3.1	2.7	3.5	11.7	14.1	14.8
Australie	..	..	..	20.3	21.9	23.7	4.0	5.4	4.9	1.1	1.0	0.9	0.0	0.0	0.0
Autriche[1]	..	0.2	0.2	18.8	26.7	27.9	3.9	0.7	0.9	4.5	1.7	1.3	9.2	12.0	13.0
Belgique[1]	0.6	0.4	0.4	25.4	25.8	22.3	..	0.8	4.3	1.7	2.0	1.9	11.2	13.8	13.6
Canada	..	..	..	14.8	13.5	14.1	10.1	12.8	13.4	3.1	3.4	3.1	3.1	4.8	3.2
États-Unis	..	..	..	11.2	11.0	11.2	4.8	5.3	5.4	3.6	3.5	3.8	5.0	6.7	6.1
Mexique	..	..	..	..	7.5	13.9	..	0.3	0.7	..	0.2	0.3	..	2.2	2.4
Suisse[1]	..	..	..	6.7	7.9	10.3	5.9	6.0	7.0	4.4	4.4	4.4	4.8	6.7	6.9
Moyenne non pondérée	0.5	0.3	0.3	15.5	15.7	16.8	6.0	4.9	5.8	3.1	2.4	2.4	6.4	7.5	7.5
Pays régionaux															
Colombie[2]	..	..	..	..	10.1	14.0	..	0.9	1.0	..	1.4	2.4	..	3.6	1.9
Espagne[2]	..	0.2	0.2	8.6	16.0	15.2	..	1.6	5.9	0.8	2.7	3.3	8.5	10.8	13.1
Pays unitaires															
Chili	..	..	..	..	16.3	19.7	..	..	..	..	1.2	1.6	..	0.7	1.0
Corée	..	..	..	13.2	13.0	16.5	..	..	..	1.5	3.5	5.4	0.1	2.3	7.8
Costa Rica	..	..	..	..	12.4	15.0	..	..	..	..	0.3	0.7	..	6.2	9.2
Danemark[1]	0.4	0.2	0.1	25.6	31.7	35.1	..	..	..	11.0	14.6	12.2	0.0	0.0	0.0
Estonie	..	..	0.2	..	29.5	27.5	..	..	..	..	0.3	0.2	..	5.2	5.5
Finlande	..	0.2	0.2	20.3	20.7	20.7	..	..	..	8.5	9.9	10.3	7.4	13.7	12.0
France[1]	0.2	0.3	0.2	17.9	18.0	13.9	..	..	..	2.6	4.7	6.5	14.2	19.4	24.5
Grèce	..	0.2	0.2	12.5	18.8	25.3	..	..	..	0.6	0.6	0.9	5.5	8.8	13.0
Hongrie	..	..	0.1	..	26.0	21.7	..	..	..	..	1.0	1.7	..	13.7	10.2
Irlande	0.6	0.5	0.2	21.6	26.4	17.5	..	..	..	2.0	0.8	0.3	3.6	4.0	2.8
Islande	..	..	..	24.0	24.3	24.6	..	..	..	5.5	6.4	10.5	0.0	0.0	0.0
Israël	..	..	..	..	26.9	24.8	..	..	..	..	2.4	2.7	..	4.7	5.0
Italie	..	0.1	0.2	13.0	24.1	24.4	..	..	..	0.2	2.1	4.6	11.2	12.1	13.2
Japon	..	..	..	9.0	10.5	13.0	..	..	..	5.1	6.4	7.7	5.7	8.5	13.3
Lettonie	..	..	0.2	..	12.9	15.8	..	..	..	..	5.8	5.3	..	11.0	9.2
Lituanie[1]	..	..	0.3	..	19.8	21.2	..	..	..	..	0.6	0.3	..	7.2	10.2
Luxembourg[1]	0.2	0.2	0.4	20.7	23.9	26.2	..	..	..	2.2	2.3	1.5	9.4	9.6	10.3
Norvège	..	..	..	19.7	22.7	35.7	..	..	..	8.7	7.9	6.7	10.5	8.8	0.0
Nouvelle-Zélande	..	..	..	27.7	33.7	32.4	..	..	..	2.3	1.9	2.1	0.0	0.0	0.0
Pays-Bas	0.6	0.5	0.5	22.2	20.9	24.4	..	..	..	0.4	1.2	1.3	14.5	14.7	12.9
Pologne[1]	..	..	0.2	..	22.4	19.1	..	..	..	..	3.1	4.4	..	11.1	13.0
Portugal	..	0.2	0.2	12.3	20.0	22.6	..	..	..	0.0	2.6	2.6	6.5	6.3	10.0
République slovaque	..	..	0.1	..	24.7	19.7	..	..	..	..	0.5	0.7	..	14.2	14.8
Royaume-Uni	0.3	0.3	..	24.1	22.7	25.7	..	..	..	3.8	1.1	1.8	6.0	5.2	6.8
Slovénie[1]	..	..	0.2	..	19.8	18.3	..	..	..	..	2.4	3.3	..	16.9	16.2
Suède	..	0.2	0.1	19.7	21.1	22.3	..	..	..	11.2	13.9	15.1	7.5	9.8	5.2
Tchéquie	..	..	0.2	..	19.9	17.8	..	..	..	..	0.3	0.3	..	14.3	16.4
Türkiye	..	..	..	..	12.3	14.1	..	..	..	..	2.1	2.2	..	2.0	6.5
Moyenne non pondérée	0.4	0.3	0.2	19.0	21.3	22.0	..	..	..	4.1	3.6	4.0	6.4	8.2	8.9

.. Non disponible

1. Les transferts en capital ont été directement diminués des impôts spécifiques auxquels ils se rapportent, sauf pour la France, où les transferts en capital ont été répartis entre les différentes rubriques en proportion des recettes fiscales.
2. La Colombie et l'Espagne ne sont pas des pays constitutionnellement fédéraux, mais tous deux ont une structure politique très décentralisée, avec une grande autonomie de leurs entités territoriales.

StatLink https://stat.link/nsy0h1

Tableau 3.16. Principales recettes de l'administration centrale en % du total des recettes fiscales de l'administration centrale, 2021

	1000 Revenu & bénéfices	2000 Sécurité sociale[3]	3000 Salaires	4000 Patrimoine	5000 Biens & services	6000 Autres
Pays fédéraux						
Allemagne	45.8	0.0	0.0	0.4	53.7	0.0
Australie	76.5	0.0	0.2	0.0	23.3	0.0
Autriche[1]	44.5	7.8	5.5	1.5	40.1	0.5
Belgique[1]	56.1	0.1	0.0	2.3	41.5	0.0
Canada	73.7	6.8	0.0	0.0	19.5	0.0
États-Unis	92.3	0.0	0.0	1.0	6.7	0.0
Mexique	53.2	0.0	0.0	0.0	45.3	1.5
Suisse[1]	47.4	0.0	0.0	2.5	50.0	0.1
Moyenne non pondérée	61.2	1.8	0.7	1.0	35.0	0.3
Pays régionaux						
Colombie[2]	43.9	0.0	2.4	6.6	46.8	0.3
Espagne[2]	42.5	1.9	0.0	0.4	55.2	0.1
Pays unitaires						
Chili	43.1	1.1	0.0	1.9	55.5	-1.7
Corée	53.9	0.0	0.0	11.7	32.9	1.5
Costa Rica	34.3	7.8	0.0	1.1	55.5	1.4
Danemark[1]	58.7	0.1	0.7	1.6	38.8	0.0
Estonie	30.3	22.2	0.0	0.0	47.4	0.0
Finlande	29.4	0.0	0.0	3.5	66.9	0.2
France[1]	45.3	2.3	3.9	8.4	39.9	0.2
Grèce	32.2	0.1	0.0	8.1	59.6	0.0
Hongrie	25.2	2.1	4.9	2.5	65.5	-0.2
Irlande	58.9	2.1	1.0	4.9	33.0	0.0
Islande	37.0	12.2	1.1	1.2	46.8	1.7
Israël	46.7	0.0	4.1	5.3	43.9	0.0
Italie	51.6	0.0	0.0	5.9	42.5	0.0
Japon	54.5	0.0	0.0	5.2	40.2	0.0
Lettonie	14.4	2.0	0.1	1.1	82.5	0.0
Lituanie[1]	45.1	0.0	0.0	0.1	54.9	0.0
Luxembourg[1]	50.5	1.1	0.0	14.9	33.4	0.1
Norvège	41.5	26.7	0.1	1.5	30.1	0.0
Nouvelle-Zélande	62.4	0.0	0.0	0.1	37.5	0.0
Pays-Bas	50.7	0.0	0.0	3.7	45.2	0.5
Pologne[1]	26.7	0.0	2.9	0.0	70.5	0.0
Portugal	38.7	4.5	0.0	1.0	55.0	0.9
République slovaque	38.8	2.1	0.0	0.0	59.1	0.0
Royaume-Uni	50.3	0.0	0.5	8.3	40.9	0.0
Slovénie[1]	29.4	0.9	0.3	0.0	69.4	0.0
Suède	4.6	16.9	23.0	2.6	52.8	0.2
Tchéquie	40.5	0.0	0.0	0.0	59.4	0.0
Türkiye	34.2	0.0	0.0	4.9	60.2	0.7
Moyenne non pondérée	40.3	3.7	1.5	3.6	50.7	0.2

Note : Sont exclues les cotisations de sécurité sociale versées aux administrations de sécurité sociale.

1. Les transferts en capital ont été directement diminués des impôts spécifiques auxquels ils se rapportent, sauf pour la France, où les transferts en capital ont été répartis entre les différentes rubriques en proportion des recettes fiscales.
2. La Colombie et l'Espagne ne sont pas des pays constitutionnellement fédéraux, mais tous deux ont une structure politique très décentralisée, avec une grande autonomie de leurs entités territoriales.
3. Ne sont incluses que les cotisations de sécurité sociale versées à l'administration centrale.

StatLink https://stat.link/9v8iu5

Tableau 3.17. Principaux impôts des administrations d'États fédérés en % du total des recettes fiscales des administrations d'États fédérés, 2021

	1000 Revenu & bénéfices	2000 Sécurité sociale	3000 Salaires	4000 Patrimoine	5000 Biens & services	6000 Autres
Pays fédéraux						
Allemagne[1]	50.6	0.0	0.0	8.4	41.0	0.0
Australie	0.0	0.0	25.2	47.4	27.4	0.0
Autriche[1, 2]	38.7	12.1	32.6	1.3	12.6	2.7
Belgique[1, 2]	41.8	1.2	0.0	42.8	14.3	0.0
Canada	51.2	4.2	5.6	5.8	33.2	0.0
États-Unis	44.5	0.0	0.3	3.5	51.7	0.0
Mexique	0.0	0.0	64.0	16.5	13.9	5.6
Suisse[2]	75.2	0.0	0.0	18.1	6.0	0.7
Moyenne non pondérée	37.7	2.2	16.0	18.0	25.0	1.1
Pays régionaux						
Colombie[3]	0.0	0.0	0.0	0.0	72.1	27.9
Espagne[1, 3]	70.7	0.0	0.0	20.9	8.4	0.0
Pays unitaires						
Chili	..	..	..	..	..	..
Corée	..	..	..	..	..	..
Costa Rica	..	..	..	..	..	..
Danemark	..	..	..	..	..	..
Estonie	..	..	..	..	..	..
Finlande	..	..	..	..	..	..
France	..	..	..	..	..	..
Grèce	..	..	..	..	..	..
Hongrie	..	..	..	..	..	..
Irlande	..	..	..	..	..	..
Islande	..	..	..	..	..	..
Israël	..	..	..	..	..	..
Italie	..	..	..	..	..	..
Japon	..	..	..	..	..	..
Lettonie	..	..	..	..	..	..
Lituanie	..	..	..	..	..	..
Luxembourg	..	..	..	..	..	..
Norvège	..	..	..	..	..	..
Nouvelle-Zélande	..	..	..	..	..	..
Pays-Bas	..	..	..	..	..	..
Pologne	..	..	..	..	..	..
Portugal	..	..	..	..	..	..
République slovaque	..	..	..	..	..	..
Royaume-Uni	..	..	..	..	..	..
Slovénie	..	..	..	..	..	..
Suède	..	..	..	..	..	..
Tchéquie	..	..	..	..	..	..
Türkiye	..	..	..	..	..	..
Moyenne non pondérée	..	..	..	..	..	..

.. Non disponible

1. Les versements à L'Union européenne ne sont pas retenus dans ces comparaisons.
2. Le transfert en capital a été directement diminué des impôts spécifiques auxquels il se rapporte.
3. La Colombie et l'Espagne ne sont pas des pays constitutionnellement fédéraux, mais tous deux ont une structure politique très décentralisée, avec une grande autonomie de leurs entités territoriales.

StatLink https://stat.link/jlx5nk

Tableau 3.18. Principaux impôts locaux en % du total des recettes fiscales des administrations locales, 2021

	1000 Revenu & bénéfices	2000 Sécurité sociale	3000 Salaires	4000 Patrimoine	5000 Biens & services	6000 Autres
Pays fédéraux						
Allemagne[1]	81.0	0.0	0.0	10.7	8.0	0.2
Australie	0.0	0.0	0.0	100.0	0.0	0.0
Autriche[1, 2]	0.0	4.3	73.2	14.8	6.1	1.5
Belgique[1, 2]	32.4	0.2	0.0	60.5	6.9	0.0
Canada	0.0	0.0	0.0	97.1	1.7	1.2
États-Unis	5.9	0.0	0.0	71.6	22.5	0.0
Mexique	0.0	0.0	0.0	77.0	0.8	22.2
Suisse[2]	80.0	0.0	0.0	17.5	0.6	1.9
Moyenne non pondérée	24.9	0.6	9.2	56.2	5.8	3.4
Pays régionaux						
Colombie[3]	0.0	0.0	0.0	32.0	45.3	22.7
Espagne[1, 3]	18.4	0.0	0.0	43.8	37.8	0.1
Pays unitaires						
Chili	0.0	0.0	0.0	45.3	54.7	0.0
Corée	17.8	0.0	1.6	47.0	26.5	7.1
Costa Rica	0.0	0.0	0.0	49.0	51.0	0.0
Danemark[1, 2]	89.6	0.0	0.0	10.4	0.0	0.0
Estonie[1]	0.0	0.0	0.0	80.8	19.2	0.0
Finlande[1]	92.4	0.0	0.0	7.6	0.0	0.0
France[1, 2]	0.0	0.0	6.0	40.8	47.5	5.6
Grèce[1]	0.0	0.0	0.0	94.1	5.9	0.0
Hongrie[1]	0.0	0.0	0.0	19.2	80.8	0.0
Irlande[1]	0.0	0.0	0.0	100.0	0.0	0.0
Islande	80.3	0.0	0.0	17.0	2.7	0.0
Israël	0.0	0.0	0.0	96.3	3.7	0.0
Italie[1]	20.1	0.0	0.0	22.5	30.4	27.1
Japon	49.1	0.0	0.0	26.1	23.8	1.1
Lettonie[1]	86.7	0.0	0.0	12.8	0.5	0.0
Lituanie[2]	0.0	0.0	0.0	83.5	16.5	0.0
Luxembourg[1, 2]	92.1	0.0	0.0	7.1	0.7	0.1
Norvège	88.6	0.0	0.0	10.8	0.6	0.0
Nouvelle-Zélande	0.0	0.0	0.0	88.9	11.1	0.0
Pays-Bas[1]	0.0	0.0	0.0	54.6	45.4	0.0
Pologne[1, 2]	65.7	0.0	0.0	29.4	3.8	1.1
Portugal[1]	24.0	0.0	0.0	50.9	25.0	0.2
République slovaque[1]	0.0	0.0	0.0	66.7	33.3	0.0
Royaume-Uni[1]	0.0	0.0	0.0	100.0	0.0	0.0
Slovénie[1, 2]	77.3	0.0	0.0	18.4	4.3	0.0
Suède[1]	97.5	0.0	0.0	2.5	0.0	0.0
Tchéquie[1]	0.0	0.0	0.0	58.8	41.2	0.0
Türkiye	30.1	0.0	0.0	12.8	50.9	6.2
Moyenne non pondérée	32.5	0.0	0.3	44.8	20.7	1.7

1. Les versements à L'Union européenne ne sont pas retenus dans ces comparaisons.
2. Les transferts en capital ont été directement diminués des impôts spécifiques auxquels ils se rapportent, sauf pour la France, où les transferts en capital ont été répartis entre les différentes rubriques en proportion des recettes fiscales.
3. La Colombie et l'Espagne ne sont pas des pays constitutionnellement fédéraux, mais tous deux ont une structure politique très décentralisée, avec une grande autonomie de leurs entités territoriales.

StatLink https://stat.link/zpw8r9

Tableau 3.19. Produit intérieur brut pour les années de déclaration fiscale au prix du marché, en milliards de monnaie nationale

		1965	1990	2000	2007	2010	2015	2019	2020	2021	2022p
Allemagne	EUR	234.8	1 306.7	2 109.1	2 499.6	2 564.4	3 026.2	3 474.1	3 403.7	3 617.5	3 876.8
Australie[1]	AUD	24.4	415.3	706.9	1 179.2	1 418.4	1 657.5	1 979.5	2 080.4	2 308.0	2 530.9
Autriche	EUR	18.5	137.5	213.6	284.0	295.9	344.3	397.2	381.0	406.1	447.1
Belgique	EUR	20.9	170.1	256.4	343.6	363.1	416.7	478.7	459.8	502.5	549.5
Canada	CAD	61.3	696.1	1 125.5	1 577.7	1 666.0	1 990.4	2 313.6	2 209.7	2 509.6	2 782.6
Chili	CLP	..	10 594.8	42 215.0	90 159.5	110 777.9	158 622.9	195 752.2	201 428.9	240 371.5	262 593.4
Colombie	COP	..	22 731.4	195 108.6	428 506.0	544 060.0	804 692.0	1 060 068.0	997 742.0	1 192 586.0	1 463 873.1
Corée[2]	KRW	831.4	200 556.2	651 634.4	1 089 660.2	1 322 611.2	1 658 020.4	1 924 498.1	1 940 726.2	2 080 198.5	2 161 773.9
Costa Rica[3]	CRC	..	525.3	4 627.1	13 889.1	19 802.0	30 171.9	37 832.1	36 495.2	40 112.9	44 251.7
Danemark	DKK	71.5	855.6	1 326.9	1 738.8	1 810.9	2 036.4	2 311.0	2 320.9	2 550.6	2 831.6
Espagne	EUR	8.7	328.7	647.9	1 075.5	1 072.7	1 078.1	1 245.5	1 119.0	1 222.3	1 346.4
Estonie	EUR	..	..	6.2	16.4	14.7	20.6	27.8	27.5	31.4	36.2
États-Unis	USD	709.0	5 963.1	10 251.0	14 474.2	15 049.0	18 206.0	21 381.0	21 060.5	23 315.1	25 462.7
Finlande	EUR	4.5	91.0	136.4	187.1	188.1	211.4	239.9	238.0	250.9	268.6
France	EUR	76.4	1 053.5	1 478.6	1 941.4	1 995.3	2 198.4	2 437.6	2 310.5	2 500.9	2 642.7
Grèce	EUR	0.7	45.5	141.2	232.7	224.1	176.4	183.4	165.4	181.7	208.0
Hongrie	HUF	..	..	13 324.1	25 741.9	27 485.1	34 965.2	47 674.2	48 425.4	55 255.1	66 615.9
Irlande	EUR	1.3	37.9	108.5	197.1	167.4	263.5	356.4	375.2	434.1	506.3
Islande	ISK	0.2	377.0	709.6	1 387.0	1 681.0	2 310.8	3 023.9	2 918.8	3 244.9	3 766.4
Israël	ILS	..	124.8	555.4	756.2	893.3	1 176.6	1 424.6	1 417.3	1 581.9	1 763.8
Italie	EUR	22.4	730.9	1 241.5	1 614.8	1 611.3	1 655.4	1 796.6	1 661.2	1 822.3	1 946.5
Japon[1]	JPY	35 751.0	472 523.8	537 614.3	538 485.4	504 873.8	540 740.9	556 783.0	537 889.7	551 434.4	562 707.7
Lettonie	EUR	..	..	6.9	22.7	18.1	24.6	30.7	30.3	33.6	39.1
Lituanie	EUR	..	..	13.4	29.0	28.0	37.3	48.9	49.8	56.2	66.8
Luxembourg	EUR	1.0	10.6	23.0	37.6	42.4	54.1	62.4	64.5	72.4	77.5
Mexique	MXN	..	843.6	6 693.7	11 504.1	13 366.4	18 572.1	24 445.7	23 430.4	25 803.5	28 463.8
Norvège	NOK	57.2	749.9	1 509.1	2 360.2	2 605.4	3 130.2	3 596.9	3 461.6	4 211.6	5 570.7
Nouvelle-Zélande[1]	NZD	4.1	75.9	122.2	188.8	205.7	258.8	317.3	343.0	363.7	395.9
Pays-Bas	EUR	35.6	263.0	452.0	619.2	639.2	690.0	813.1	796.5	870.6	958.5
Pologne	PLN	..	62.7	748.5	1 187.5	1 434.4	1 798.5	2 288.5	2 337.7	2 631.3	3 078.3
Portugal	EUR	0.6	56.0	128.4	175.5	179.6	179.7	214.4	200.5	214.7	239.2
République slovaque	EUR	..	10.0	31.7	63.2	68.8	80.1	94.4	93.4	100.3	109.7
Royaume-Uni	GBP	36.4	615.7	1 101.1	1 545.8	1 612.4	1 921.0	2 238.3	2 109.6	2 270.2	2 491.2
Slovénie	EUR	..	0.9	18.9	35.1	36.4	38.9	48.6	47.0	52.3	57.0
Suède	SEK	129.3	1 549.8	2 408.2	3 320.3	3 573.6	4 260.5	5 049.6	5 038.5	5 486.6	5 979.4
Suisse	CHF	70.1	369.2	471.5	589.1	624.5	668.0	716.9	694.7	731.7	771.2
Tchéquie	CZK	..	731.2	2 386.3	3 859.5	3 992.9	4 625.4	5 791.5	5 709.1	6 108.7	6 785.9
Türkiye	TRY	0.0	0.5	171.5	887.7	1 167.7	2 350.9	4 311.7	5 048.2	7 248.8	15 006.6

.. Non disponible

1. PIB se référant à l'année fiscale. L'année A est calculée comme la somme de: T2(A) à T1(A+1) pour le Japon; et T3(A) à T2(A+1) pour l'Australie et la Nouvelle-Zélande.
2. Le PIB de la Corée pour 2022 est extrait des Comptes nationaux de l'OCDE, consultés en octobre 2023, et est une valeur provisoire.
3. Le PIB indiqué pour 1990 pour le Costa Rica est tiré du FMI (World Economic Outlook Database, consulté en octobre 2023). Le PIB pour toutes les autres années est tiré des Comptes nationaux des pays de l'OCDE.

Source : Comptes nationaux de l'OCDE, consultés en octobre 2023.

StatLink https://stat.link/lwq4ti

Tableau 3.20. Taux de change utilisés, unités de monnaie nationale par dollar des É-U au taux de change du marché

		1965	1990	2000	2007	2010	2015	2019	2020	2021	2022p
Allemagne	EUR	..	0.8	1.1	0.7	0.8	0.9	0.9	0.9	0.8	1.0
Australie	AUD	0.9	1.3	1.8	1.2	1.0	1.3	1.4	1.4	1.4	1.4
Autriche	EUR	..	0.8	1.1	0.7	0.8	0.9	0.9	0.9	0.8	1.0
Belgique	EUR	..	0.8	1.1	0.7	0.8	0.9	0.9	0.9	0.8	1.0
Canada	CAD	1.1	1.2	1.5	1.1	1.0	1.3	1.3	1.3	1.3	1.3
Chili	CLP	0.0	304.9	539.4	522.2	510.0	654.3	703.3	791.7	759.8	873.3
Colombie	COP	10.5	502.3	2 087.6	2 077.7	1 899.8	2 744.5	3 281.1	3 695.6	3 744.3	4 258.6
Corée	KRW	266.3	708.0	1 130.6	929.5	1 155.4	1 131.3	1 165.3	1 180.1	1 144.5	1 291.4
Costa Rica	CRC	6.6	91.6	307.4	517.2	521.9	534.6	587.0	584.7	621.4	644.8
Danemark	DKK	6.9	6.2	8.1	5.4	5.6	6.7	6.7	6.5	6.3	7.1
Espagne	EUR	..	0.8	1.1	0.7	0.8	0.9	0.9	0.9	0.8	1.0
Estonie	EUR	..	0.8	1.1	0.7	0.8	0.9	0.9	0.9	0.8	1.0
États-Unis	USD	1.0	1.0	1.0	1.0	1.0	1.0	1.0	1.0	1.0	1.0
Finlande	EUR	..	0.8	1.1	0.7	0.8	0.9	0.9	0.9	0.8	1.0
France	EUR	..	0.8	1.1	0.7	0.8	0.9	0.9	0.9	0.8	1.0
Grèce	EUR	..	0.8	1.1	0.7	0.8	0.9	0.9	0.9	0.8	1.0
Hongrie	HUF	..	63.2	282.3	183.6	207.8	279.2	290.6	308.0	303.2	372.6
Irlande	EUR	0.5	0.8	1.1	0.7	0.8	0.9	0.9	0.9	0.8	1.0
Islande	ISK	0.4	58.4	78.8	64.1	122.2	131.9	122.6	135.4	127.0	135.3
Israël	ILS	0.0	2.0	4.1	4.1	3.7	3.9	3.6	3.4	3.2	3.4
Italie	EUR	..	0.8	1.1	0.7	0.8	0.9	0.9	0.9	0.8	1.0
Japon	JPY	361.7	142.2	111.2	114.2	85.7	118.0	108.5	107.5	115.2	131.4
Lettonie	EUR	..	0.8	1.1	0.7	0.8	0.9	0.9	0.9	0.8	1.0
Lituanie	EUR	..	0.8	1.1	0.7	0.8	0.9	0.9	0.9	0.8	1.0
Luxembourg	EUR	..	0.8	1.1	0.7	0.8	0.9	0.9	0.9	0.8	1.0
Mexique	MXN	0.0	2.8	9.5	10.9	12.6	15.9	19.2	21.4	20.2	20.1
Norvège	NOK	7.2	6.3	8.8	5.9	6.0	8.1	8.8	9.4	8.6	9.6
Nouvelle-Zélande	NZD	0.7	1.7	2.3	1.4	1.3	1.4	1.5	1.5	1.5	1.6
Pays-Bas	EUR	..	0.8	1.1	0.7	0.8	0.9	0.9	0.9	0.8	1.0
Pologne	PLN	0.0	1.0	4.3	2.8	3.0	3.8	3.8	3.9	3.9	4.5
Portugal	EUR	..	0.8	1.1	0.7	0.8	0.9	0.9	0.9	0.8	1.0
République slovaque	EUR	..	0.8	1.1	0.7	0.8	0.9	0.9	0.9	0.8	1.0
Royaume-Uni	GBP	0.4	0.6	0.7	0.5	0.6	0.7	0.8	0.8	0.7	0.8
Slovénie	EUR	..	0.8	1.1	0.7	0.8	0.9	0.9	0.9	0.8	1.0
Suède	SEK	5.2	5.9	9.2	6.8	7.2	8.4	9.5	9.2	8.6	10.1
Suisse	CHF	4.3	1.4	1.7	1.2	1.0	1.0	1.0	0.9	0.9	1.0
Tchéquie	CZK	..	..	38.6	20.3	19.1	24.6	22.9	23.2	21.7	23.4
Türkiye	TRY	0.0	0.0	0.6	1.3	1.5	2.7	5.7	7.0	8.9	16.6

.. Non disponible
Source : Indicateurs financiers de l'OCDE.

StatLink https://stat.link/tsuc1a

4 Tableaux par pays, 1990-2021

Le Chapitre 4 fournit un aperçu des recettes fiscales par catégorie et par sous-secteur d‘administration pour chaque pays membre de l’OCDE.

4.1 Recettes fiscales et % du PIB pour une sélection de catégories d'impôts et par niveau d'administration

Dans tous les tableaux suivants, le symbole (..) signifie que l'information n'est pas disponible ou qu'elle n'est pas applicable. La principale série chronologique dans ce chapitre couvre une sélection d'années entre 1990 et 2021. Des séries complètes sont, cependant, disponible en ligne. La partie V dans l'édition 1998 de ce Rapport fournit des données pour les années 1955 et 1960 (pour dix-neuf pays de l'OCDE).

Les chiffres du Produit Intérieur Brut (PIB) se fondent sur le Système de comptabilité nationale de 2008 (SCN 2008) pour tous les pays membres de l'OCDE.

Encadré 4.1. Traitements des transferts en capital.

Les notes de bas de page de certains tableaux se réfèrent au traitement des transferts en capital que certains pays effectuent pour tenir compte des impôts qui ont été évalués mais non recouvrés. Le transfert en capital a été soustrait directement des impôts spécifiques auxquels il se rapporte, sauf pour la France, où les transferts en capital ont été répartis entre les différentes rubriques en pourcentage de leurs recettes au niveau de l'administration par rapport à laquelle ces transferts ont été enregistrés.

Les pays déclarant des transferts en capital sont les suivants :

- Autriche à partir de 2020
- Belgique à partir de 1995
- Danemark à partir de 1971
- France à partir de 1992
- Lituanie à partir de 1999
- Luxembourg à partir de 2013
- Pologne à partir de 1995
- Slovénie à partir de 1995
- Suisse à partir de 1990

Tableau 4.1. Australie, recettes fiscales et % du PIB (sélection de catégories d'impôts)

	Milliard AUD					% du PIB				
	1990	2000	2010	2020	2021	1990	2000	2010	2020	2021
Recettes fiscales totales	**116.5**	**214.8**	**356.7**	**590.2**	**680.4**	**28.0**	**30.4**	**25.2**	**28.4**	**29.5**
1000 Impôts sur le revenu, les bénéfices et les gains en capital	**66.5**	**124.4**	**202.2**	**347.9**	**418.6**	**16.0**	**17.6**	**14.3**	**16.7**	**18.1**
1100 Des personnes physiques	50.1	81.0	138.2	236.9	265.4	12.1	11.5	9.7	11.4	11.5
1200 Des sociétés	16.5	43.4	64.0	111.0	153.2	4.0	6.1	4.5	5.3	6.6
1300 Non-ventilables entre 1100 et 1200	0.0	0.0	0.0	0.0	0.0	0.0	0.0	0.0	0.0	0.0
2000 Cotisations de sécurité sociale	**0.0**	**0.0**	**0.0**	**0.0**	**0.0**	**0.0**	**0.0**	**0.0**	**0.0**	**0.0**
2100 À la charge des salariés	0.0	0.0	0.0	0.0	0.0	0.0	0.0	0.0	0.0	0.0
2200 À la charge des employeurs	0.0	0.0	0.0	0.0	0.0	0.0	0.0	0.0	0.0	0.0
2300 À la charge des indép. ou sans emploi	0.0	0.0	0.0	0.0	0.0	0.0	0.0	0.0	0.0	0.0
2400 Non-ventilables entre 2100, 2200 et 2300	0.0	0.0	0.0	0.0	0.0	0.0	0.0	0.0	0.0	0.0
3000 Sur les salaires ou main d'oeuvre	**7.1**	**9.6**	**18.5**	**26.4**	**29.4**	**1.7**	**1.4**	**1.3**	**1.3**	**1.3**
4000 Impôts sur le patrimoine	**10.4**	**18.8**	**33.5**	**59.5**	**74.1**	**2.5**	**2.7**	**2.4**	**2.9**	**3.2**
4100 Impôts périodiques sur la propriété immobilière	6.1	9.1	19.9	34.5	36.5	1.5	1.3	1.4	1.7	1.6
4200 Impôts périodiques sur l'actif net	0.0	0.0	0.0	0.0	0.0	0.0	0.0	0.0	0.0	0.0
4300 Impôts sur mut. par décès, succ. et donations	0.0	0.0	0.0	0.0	0.0	0.0	0.0	0.0	0.0	0.0
4400 Impôts sur transact. mobilières et immob.	4.3	9.8	13.6	25.0	37.6	1.0	1.4	1.0	1.2	1.6
4500 Impôts non périodiques sur	0.0	0.0	0.0	0.0	0.0	0.0	0.0	0.0	0.0	0.0
4600 Autres impôts périodiques sur patrimoine	0.0	0.0	0.0	0.0	0.0	0.0	0.0	0.0	0.0	0.0
5000 Impôts sur les biens et services	**32.4**	**61.9**	**102.6**	**156.4**	**158.4**	**7.8**	**8.8**	**7.2**	**7.5**	**6.9**
5100 Impôts sur production, vente, transfert, etc.	27.2	56.2	90.8	134.8	134.8	6.6	7.9	6.4	6.5	5.8
5110 Impôts généraux	9.4	25.8	48.1	75.3	77.7	2.3	3.7	3.4	3.6	3.4
5111 Taxes sur la valeur ajoutée	0.0	23.9	46.9	73.3	75.6	0.0	3.4	3.3	3.5	3.3
5120 Impôts sur biens et services déterminés	17.8	30.3	42.7	59.5	57.1	4.3	4.3	3.0	2.9	2.5
5121 Accises	12.0	19.8	26.7	25.5	23.7	2.9	2.8	1.9	1.2	1.0
5200 Impôts sur utilisation des biens et exerc. activités	5.2	5.7	11.7	21.6	23.6	1.3	0.8	0.8	1.0	1.0
5300 Non-ventilables entre 5100 et 5200	0.0	0.0	0.0	0.0	0.0	0.0	0.0	0.0	0.0	0.0
6000 Autres impôts	**0.0**	**0.0**	**0.0**	**0.0**	**0.0**	**0.0**	**0.0**	**0.0**	**0.0**	**0.0**
Crédits d'impôts récupérables										
Crédits d'impôts récupérables contre 1000	..	0.2	6.7	11.0	10.4	..	0.0	0.5	0.5	0.5
Composante transfert	..	0.0	4.4	7.1	7.0	..	0.0	0.3	0.3	0.3
Composante fiscale	..	0.2	2.4	3.9	3.4	..	0.0	0.2	0.2	0.1

.. Non disponible

Note : Des données et des notes plus détaillées par pays sont disponibles dans le chapitre 5 "Tableaux détaillés par pays". Les séries temporelles complètes sont accessibles sur le site web https://oe.cd/series-temporelles-completes.

Source : Australian Bureau of Statistics.

StatLink https://stat.link/7ce5uv

Tableau 4.2. Australie, recettes fiscales et % du PIB par niveaux d'administration (principaux impôts)

	Milliard AUD					% du PIB				
	1990	2000	2010	2020	2021	1990	2000	2010	2020	2021
Administrations fédérale ou centrale										
Recettes fiscales totales	**92.6**	**175.7**	**285.9**	**477.1**	**547.2**	**22.3**	**24.9**	**20.2**	**22.9**	**23.7**
1000 Impôts sur revenu, bénéfices et gains en capital	66.5	124.4	202.2	347.9	418.6	16.0	17.6	14.3	16.7	18.1
2000 Cotisations de sécurité sociale	0.0	0.0	0.0	0.0	0.0	0.0	0.0	0.0	0.0	0.0
3000 Sur salaires ou main d'oeuvre	1.3	0.1	0.5	1.7	1.1	0.3	0.0	0.0	0.1	0.0
4000 Impôts sur le patrimoine	0.2	0.0	0.0	0.0	0.0	0.1	0.0	0.0	0.0	0.0
5000 Impôts sur les biens et services	24.5	51.1	83.2	127.5	127.5	5.9	7.2	5.9	6.1	5.5
6000 Autres impôts	0.0	0.0	0.0	0.0	0.0	0.0	0.0	0.0	0.0	0.0
Administrations d'un État/Régions										
Recettes fiscales totales	**19.7**	**32.7**	**58.4**	**93.0**	**112.4**	**4.7**	**4.6**	**4.1**	**4.5**	**4.9**
1000 Impôts sur revenu, bénéfices et gains en capital	0.0	0.0	0.0	0.0	0.0	0.0	0.0	0.0	0.0	0.0
2000 Cotisations de sécurité sociale	0.0	0.0	0.0	0.0	0.0	0.0	0.0	0.0	0.0	0.0
3000 Sur salaires ou main d'oeuvre	5.8	9.5	18.0	24.7	28.3	1.4	1.3	1.3	1.2	1.2
4000 Impôts sur le patrimoine	6.0	12.4	21.0	39.4	53.2	1.4	1.8	1.5	1.9	2.3
5000 Impôts sur les biens et services	7.9	10.8	19.3	28.9	30.9	1.9	1.5	1.4	1.4	1.3
6000 Autres impôts	0.0	0.0	0.0	0.0	0.0	0.0	0.0	0.0	0.0	0.0
Administrations locales										
Recettes fiscales totales	**4.2**	**6.4**	**12.4**	**20.1**	**20.8**	**1.0**	**0.9**	**0.9**	**1.0**	**0.9**
1000 Impôts sur revenu, bénéfices et gains en capital	0.0	0.0	0.0	0.0	0.0	0.0	0.0	0.0	0.0	0.0
2000 Cotisations de sécurité sociale	0.0	0.0	0.0	0.0	0.0	0.0	0.0	0.0	0.0	0.0
3000 Sur salaires ou main d'oeuvre	0.0	0.0	0.0	0.0	0.0	0.0	0.0	0.0	0.0	0.0
4000 Impôts sur le patrimoine	4.2	6.4	12.4	20.1	20.8	1.0	0.9	0.9	1.0	0.9
5000 Impôts sur les biens et services	0.0	0.0	0.0	0.0	0.0	0.0	0.0	0.0	0.0	0.0
6000 Autres impôts	0.0	0.0	0.0	0.0	0.0	0.0	0.0	0.0	0.0	0.0
Administrations de sécurité sociale										
Recettes fiscales totales	**0.0**	**0.0**	**0.0**	**0.0**	**0.0**	**0.0**	**0.0**	**0.0**	**0.0**	**0.0**
1000 Impôts sur revenu, bénéfices et gains en capital	0.0	0.0	0.0	0.0	0.0	0.0	0.0	0.0	0.0	0.0
2000 Cotisations de sécurité sociale	0.0	0.0	0.0	0.0	0.0	0.0	0.0	0.0	0.0	0.0
3000 Sur salaires ou main d'oeuvre	0.0	0.0	0.0	0.0	0.0	0.0	0.0	0.0	0.0	0.0
4000 Impôts sur le patrimoine	0.0	0.0	0.0	0.0	0.0	0.0	0.0	0.0	0.0	0.0
5000 Impôts sur les biens et services	0.0	0.0	0.0	0.0	0.0	0.0	0.0	0.0	0.0	0.0
6000 Autres impôts	0.0	0.0	0.0	0.0	0.0	0.0	0.0	0.0	0.0	0.0

Note : Des données et des notes plus détaillées par pays sont disponibles dans le chapitre 6 "Recettes fiscales des sous-secteurs de l'administration". Les séries temporelles complètessont accessibles sur le site web https://oe.cd/series-temporelles-completes.

Source : Australian Bureau of Statistics.

StatLink https://stat.link/xm3uh0

Tableau 4.3. Autriche, recettes fiscales et % du PIB (sélection de catégories d'impôts)

	Milliard EUR					% du PIB				
	1990	2000	2010	2020	2021	1990	2000	2010	2020	2021
Recettes fiscales totales	**54.0**	**90.3**	**121.2**	**160.4**	**175.8**	**39.3**	**42.3**	**41.0**	**42.1**	**43.3**
1000 Impôts sur le revenu, les bénéfices et les gains en capital	**13.8**	**25.6**	**34.0**	**44.5**	**51.9**	**10.0**	**12.0**	**11.5**	**11.7**	**12.8**
1100 Des personnes physiques	11.3	19.9	27.1	35.5	39.4	8.2	9.3	9.2	9.3	9.7
1200 Des sociétés	1.9	4.2	5.5	8.2	11.2	1.4	1.9	1.9	2.1	2.7
1300 Non-ventilables entre 1100 et 1200	0.5	1.5	1.4	0.8	1.3	0.4	0.7	0.5	0.2	0.3
2000 Cotisations de sécurité sociale	**17.8**	**30.5**	**41.4**	**59.0**	**62.3**	**12.9**	**14.3**	**14.0**	**15.5**	**15.3**
2100 À la charge des salariés	7.5	12.5	16.8	23.8	25.0	5.5	5.8	5.7	6.3	6.2
2200 À la charge des employeurs	8.8	14.7	19.4	27.7	29.2	6.4	6.9	6.6	7.3	7.2
2300 À la charge des indép. ou sans emploi	1.5	3.4	5.2	7.5	8.1	1.1	1.6	1.7	2.0	2.0
2400 Non-ventilables entre 2100, 2200 et 2300	0.0	0.0	0.0	0.0	0.0	0.0	0.0	0.0	0.0	0.0
3000 Sur les salaires ou main d'oeuvre	**3.3**	**5.8**	**8.4**	**10.4**	**11.3**	**2.4**	**2.7**	**2.8**	**2.7**	**2.8**
4000 Impôts sur le patrimoine	**1.5**	**1.2**	**1.6**	**2.2**	**2.6**	**1.1**	**0.6**	**0.5**	**0.6**	**0.6**
4100 Impôts périodiques sur la propriété immobilière	0.4	0.5	0.7	0.9	0.9	0.3	0.2	0.2	0.2	0.2
4200 Impôts périodiques sur l'actif net	0.6	0.0	0.0	0.0	0.0	0.5	0.0	0.0	0.0	0.0
4300 Impôts sur mut. par décès, succ. et donations	0.1	0.1	0.0	0.0	0.0	0.1	0.1	0.0	0.0	0.0
4400 Impôts sur transact. mobilières et immob.	0.4	0.6	0.8	1.3	1.7	0.3	0.3	0.3	0.3	0.4
4500 Impôts non périodiques sur	0.0	0.0	0.0	0.0	0.0	0.0	0.0	0.0	0.0	0.0
4600 Autres impôts périodiques sur patrimoine	0.0	0.0	0.0	0.0	0.0	0.0	0.0	0.0	0.0	0.0
5000 Impôts sur les biens et services	**17.0**	**26.5**	**34.7**	**43.5**	**47.0**	**12.4**	**12.4**	**11.7**	**11.4**	**11.6**
5100 Impôts sur production, vente, transfert, etc.	16.2	24.6	32.1	39.4	42.9	11.8	11.5	10.9	10.3	10.6
5110 Impôts généraux	11.2	16.9	22.7	28.2	30.8	8.2	7.9	7.7	7.4	7.6
5111 Taxes sur la valeur ajoutée	11.2	16.9	22.7	28.2	30.8	8.2	7.9	7.7	7.4	7.6
5120 Impôts sur biens et services déterminés	4.9	7.7	9.4	11.1	12.0	3.5	3.6	3.2	2.9	3.0
5121 Accises	3.3	5.5	6.9	7.2	8.0	2.4	2.6	2.3	1.9	2.0
5200 Impôts sur utilisation des biens et exerc. activités	0.9	1.9	2.6	4.1	4.1	0.6	0.9	0.9	1.1	1.0
5300 Non-ventilables entre 5100 et 5200	0.0	0.0	0.0	0.0	0.0	0.0	0.0	0.0	0.0	0.0
6000 Autres impôts	**0.7**	**0.8**	**1.1**	**0.7**	**0.7**	**0.5**	**0.4**	**0.4**	**0.2**	**0.2**
Crédits d'impôts récupérables										
Crédits d'impôts récupérables contre 1000	..	0.7	0.7	0.3	0.3	..	0.3	0.2	0.1	0.1
Composante transfert	..	0.1	0.2	0.1	0.1	..	0.0	0.1	0.0	0.0
Composante fiscale	..	0.6	0.4	0.2	0.2	..	0.3	0.1	0.1	0.0
Recettes fiscales collectés pour le compte de l'UE										
Recettes fiscales collectés pour le compte de l'UE, total	..	0.4	0.3	0.7	0.8	..	0.2	0.1	0.2	0.2
Droits de douane perçus pour le compte de l'UE	..	0.4	0.3	0.5	0.5	..	0.2	0.1	0.1	0.1
Contributions au Fonds de résolution unique collectées pour le compte de l'UE	..	..	..	0.2	0.3	..	..	..	0.1	0.1

.. Non disponible

Note : Le total des recettes fiscales a été diminué du montant de tout transfert en capital représentant les impôts non perçus. Le transfert en capital a été directement diminué des impôts spécifiques auxquels il se rapporte. Par conséquent, les montants des recettes fiscales sont différents de ceux présentés dans le chapitre 5 "Tableaux détaillés par pays".

Des données et des notes plus détaillées par pays sont disponibles dans le chapitre 5 "Tableaux détaillés par pays". Les séries temporelles complètes sont accessibles sur le site web https://oe.cd/series-temporelles-completes.

Source : Statistics Austria.

StatLink https://stat.link/vsp4lo

Tableau 4.4. Autriche, recettes fiscales et % du PIB par niveaux d'administration (principaux impôts)

	Milliard EUR					% du PIB				
	1990	2000	2010	2020	2021	1990	2000	2010	2020	2021
Administrations fédérale ou centrale										
Recettes fiscales totales	**27.2**	**60.5**	**80.7**	**101.2**	**113.5**	**19.8**	**28.3**	**27.3**	**26.6**	**27.9**
1000 Impôts sur revenu, bénéfices et gains en capital	8.6	24.9	33.1	43.3	50.5	6.2	11.7	11.2	11.4	12.4
2000 Cotisations de sécurité sociale	2.4	5.1	6.3	8.4	8.9	1.7	2.4	2.1	2.2	2.2
3000 Sur salaires ou main d'oeuvre	2.6	3.9	5.8	5.7	6.3	1.9	1.8	1.9	1.5	1.5
4000 Impôts sur le patrimoine	0.9	0.7	0.9	1.4	1.7	0.6	0.3	0.3	0.4	0.4
5000 Impôts sur les biens et services	12.3	25.3	33.7	42.0	45.5	8.9	11.8	11.4	11.0	11.2
6000 Autres impôts	0.5	0.6	0.9	0.5	0.6	0.4	0.3	0.3	0.1	0.1
Administrations d'un État/Régions										
Recettes fiscales totales	**5.8**	**1.4**	**2.0**	**3.3**	**3.5**	**4.2**	**0.7**	**0.7**	**0.9**	**0.9**
1000 Impôts sur revenu, bénéfices et gains en capital	2.8	0.6	0.9	1.3	1.4	2.0	0.3	0.3	0.3	0.3
2000 Cotisations de sécurité sociale	0.2	0.4	0.5	0.4	0.4	0.2	0.2	0.2	0.1	0.1
3000 Sur salaires ou main d'oeuvre	0.0	0.1	0.2	1.1	1.1	0.0	0.1	0.1	0.3	0.3
4000 Impôts sur le patrimoine	0.1	0.0	0.0	0.0	0.0	0.0	0.0	0.0	0.0	0.0
5000 Impôts sur les biens et services	2.7	0.2	0.3	0.4	0.4	2.0	0.1	0.1	0.1	0.1
6000 Autres impôts	0.0	0.1	0.1	0.1	0.1	0.0	0.0	0.0	0.0	0.0
Administrations locales										
Recettes fiscales totales	**6.1**	**3.2**	**3.8**	**5.1**	**5.3**	**4.4**	**1.5**	**1.3**	**1.3**	**1.3**
1000 Impôts sur revenu, bénéfices et gains en capital	2.4	0.0	0.0	0.0	0.0	1.8	0.0	0.0	0.0	0.0
2000 Cotisations de sécurité sociale	0.2	0.3	0.3	0.2	0.2	0.1	0.1	0.1	0.1	0.1
3000 Sur salaires ou main d'oeuvre	0.7	1.8	2.4	3.7	3.9	0.5	0.8	0.8	1.0	1.0
4000 Impôts sur le patrimoine	0.5	0.5	0.6	0.8	0.8	0.4	0.2	0.2	0.2	0.2
5000 Impôts sur les biens et services	2.1	0.6	0.4	0.4	0.3	1.5	0.3	0.1	0.1	0.1
6000 Autres impôts	0.2	0.1	0.1	0.1	0.1	0.1	0.0	0.0	0.0	0.0
Administrations de sécurité sociale										
Recettes fiscales totales	**15.0**	**24.8**	**34.4**	**50.0**	**52.7**	**10.9**	**11.6**	**11.6**	**13.1**	**13.0**
1000 Impôts sur revenu, bénéfices et gains en capital	0.0	0.0	0.0	0.0	0.0	0.0	0.0	0.0	0.0	0.0
2000 Cotisations de sécurité sociale	15.0	24.8	34.4	50.0	52.7	10.9	11.6	11.6	13.1	13.0
3000 Sur salaires ou main d'oeuvre	0.0	0.0	0.0	0.0	0.0	0.0	0.0	0.0	0.0	0.0
4000 Impôts sur le patrimoine	0.0	0.0	0.0	0.0	0.0	0.0	0.0	0.0	0.0	0.0
5000 Impôts sur les biens et services	0.0	0.0	0.0	0.0	0.0	0.0	0.0	0.0	0.0	0.0
6000 Autres impôts	0.0	0.0	0.0	0.0	0.0	0.0	0.0	0.0	0.0	0.0

Note : Le total des recettes fiscales a été diminué du montant de tout transfert en capital représentant les impôts non perçus. Le transfert en capital a été directement diminué des impôts spécifiques auxquels il se rapporte. Par conséquent, les montants des recettes fiscales sont différents de ceux présentés dans le chapitre 6 "Recettes fiscales des sous-secteurs de l'administration".

Des données et des notes plus détaillées par pays sont disponibles dans le chapitre 6 "Recettes fiscales des sous-secteurs de l'administration". Les séries temporelles complètes sont accessibles sur le site web https://oe.cd/series-temporelles-completes.

Source : Statistics Austria.

StatLink https://stat.link/p1d24m

Tableau 4.5. Belgique, recettes fiscales et % du PIB (sélection de catégories d'impôts)

	Milliard EUR					% du PIB				
	1990	2000	2010	2020	2021	1990	2000	2010	2020	2021
Recettes fiscales totales	**70.4**	**112.4**	**155.7**	**194.3**	**213.7**	**41.4**	**43.8**	**42.9**	**42.3**	**42.5**
1000 Impôts sur le revenu, les bénéfices et les gains en capital	**26.0**	**43.4**	**53.2**	**69.2**	**76.3**	**15.3**	**16.9**	**14.7**	**15.0**	**15.2**
1100 Des personnes physiques	22.5	35.3	44.0	54.1	57.0	13.2	13.8	12.1	11.8	11.3
1200 Des sociétés	3.4	8.1	9.2	15.0	19.2	2.0	3.1	2.5	3.3	3.8
1300 Non-ventilables entre 1100 et 1200	0.0	0.1	0.0	0.1	0.1	0.0	0.0	0.0	0.0	0.0
2000 Cotisations de sécurité sociale	**23.4**	**34.6**	**50.5**	**62.1**	**65.5**	**13.7**	**13.5**	**13.9**	**13.5**	**13.0**
2100 À la charge des salariés	7.2	10.9	15.0	18.8	19.8	4.2	4.3	4.1	4.1	3.9
2200 À la charge des employeurs	14.7	20.8	30.9	37.2	39.3	8.6	8.1	8.5	8.1	7.8
2300 À la charge des indép. ou sans emploi	1.5	2.9	4.6	6.1	6.3	0.9	1.1	1.3	1.3	1.3
2400 Non-ventilables entre 2100, 2200 et 2300	0.0	0.0	0.0	0.0	0.0	0.0	0.0	0.0	0.0	0.0
3000 Sur les salaires ou main d'oeuvre	**0.0**	**0.0**	**0.0**	**0.0**	**0.0**	**0.0**	**0.0**	**0.0**	**0.0**	**0.0**
4000 Impôts sur le patrimoine	**2.7**	**5.3**	**11.3**	**15.6**	**18.0**	**1.6**	**2.1**	**3.1**	**3.4**	**3.6**
4100 Impôts périodiques sur la propriété immobilière	0.6	1.2	4.6	6.1	6.2	0.4	0.5	1.3	1.3	1.2
4200 Impôts périodiques sur l'actif net	0.0	0.1	0.2	1.0	1.0	0.0	0.0	0.1	0.2	0.2
4300 Impôts sur mut. par décès, succ. et donations	0.5	1.1	2.3	3.0	3.7	0.3	0.4	0.6	0.6	0.7
4400 Impôts sur transact. mobilières et immob.	1.5	2.7	3.5	5.0	5.9	0.9	1.0	1.0	1.1	1.2
4500 Impôts non périodiques sur	0.0	0.1	0.3	0.3	0.4	0.0	0.0	0.1	0.1	0.1
4600 Autres impôts périodiques sur patrimoine	0.1	0.2	0.3	0.3	0.7	0.1	0.1	0.1	0.1	0.1
5000 Impôts sur les biens et services	**18.4**	**29.1**	**40.7**	**47.4**	**53.9**	**10.8**	**11.3**	**11.2**	**10.3**	**10.7**
5100 Impôts sur production, vente, transfert, etc.	17.4	27.0	38.3	44.7	51.1	10.2	10.5	10.5	9.7	10.2
5110 Impôts généraux	11.6	18.2	25.5	29.3	34.6	6.8	7.1	7.0	6.4	6.9
5111 Taxes sur la valeur ajoutée	11.5	18.1	25.3	29.1	34.3	6.8	7.1	7.0	6.3	6.8
5120 Impôts sur biens et services déterminés	5.8	8.7	12.8	15.4	16.4	3.4	3.4	3.5	3.3	3.3
5121 Accises	3.5	5.7	7.8	9.0	9.9	2.0	2.2	2.1	2.0	2.0
5200 Impôts sur utilisation des biens et exerc. activités	1.0	2.1	2.4	2.7	2.8	0.6	0.8	0.7	0.6	0.6
5300 Non-ventilables entre 5100 et 5200	0.0	0.0	0.0	0.0	0.0	0.0	0.0	0.0	0.0	0.0
6000 Autres impôts	**0.0**	**0.0**	**0.0**	**0.0**	**0.0**	**0.0**	**0.0**	**0.0**	**0.0**	**0.0**
Crédits d'impôts récupérables										
Crédits d'impôts récupérables contre 1000	..	..	1.0	1.4	1.1	..	..	0.3	0.3	0.2
Composante transfert	..	..	0.4	0.4	0.3	..	..	0.1	0.1	0.1
Composante fiscale	..	..	0.6	1.1	0.8	..	..	0.2	0.2	0.2
Recettes fiscales collectés pour le compte de l'UE										
Recettes fiscales collectés pour le compte de l'UE, total	0.9	1.0	1.3	1.8	2.0	0.6	0.4	0.4	0.4	0.4
Droits de douane perçus pour le compte de l'UE	..	1.0	1.2	1.5	1.6	..	0.4	0.3	0.3	0.3
Contributions au Fonds de résolution unique collectées pour le compte de l'UE	..	..	..	0.3	0.3	..	..	..	0.1	0.1

.. Non disponible

Note : Le total des recettes fiscales a été diminué du montant de tout transfert en capital représentant les impôts non perçus. Le transfert en capital a été directement diminué des impôts spécifiques auxquels il se rapporte. Par conséquent, les montants des recettes fiscales sont différents de ceux présentés dans le chapitre 5 "Tableaux détaillés par pays".

Des données et des notes plus détaillées par pays sont disponibles dans le chapitre 5 "Tableaux détaillés par pays". Les séries temporelles complètes sont accessibles sur le site web https://oe.cd/series-temporelles-completes.

Source : Institut de Comptes Nationaux, Service Public Fédéral des Finances.

StatLink https://stat.link/fmqv1d

Tableau 4.6. Belgique, recettes fiscales et % du PIB par niveaux d'administration (principaux impôts)

	Milliard EUR					% du PIB				
	1990	2000	2010	2020	2021	1990	2000	2010	2020	2021
Administrations fédérale ou centrale										
Recettes fiscales totales	**42.5**	**69.4**	**87.8**	**96.2**	**111.9**	**25.0**	**27.1**	**24.2**	**20.9**	**22.3**
1000 Impôts sur revenu, bénéfices et gains en capital	23.9	39.6	49.3	53.7	62.8	14.0	15.4	13.6	11.7	12.5
2000 Cotisations de sécurité sociale	0.9	1.3	2.5	0.1	0.1	0.5	0.5	0.7	0.0	0.0
3000 Sur salaires ou main d'oeuvre	0.0	0.0	0.0	0.0	0.0	0.0	0.0	0.0	0.0	0.0
4000 Impôts sur le patrimoine	1.1	2.3	0.9	2.1	2.6	0.6	0.9	0.3	0.4	0.5
5000 Impôts sur les biens et services	16.7	26.3	35.0	40.4	46.4	9.8	10.2	9.7	8.8	9.2
6000 Autres impôts	0.0	0.0	0.0	0.0	0.0	0.0	0.0	0.0	0.0	0.0
Administrations d'un État/Régions										
Recettes fiscales totales	**1.2**	**2.4**	**8.1**	**21.5**	**21.8**	**0.7**	**1.0**	**2.2**	**4.7**	**4.3**
1000 Impôts sur revenu, bénéfices et gains en capital	0.0	0.1	0.0	10.6	9.1	0.0	0.0	0.0	2.3	1.8
2000 Cotisations de sécurité sociale	0.0	0.0	0.0	0.3	0.3	0.0	0.0	0.0	0.1	0.1
3000 Sur salaires ou main d'oeuvre	0.0	0.0	0.0	0.0	0.0	0.0	0.0	0.0	0.0	0.0
4000 Impôts sur le patrimoine	0.9	1.9	5.6	7.6	9.3	0.5	0.7	1.5	1.7	1.9
5000 Impôts sur les biens et services	0.2	0.5	2.4	3.0	3.1	0.1	0.2	0.7	0.7	0.6
6000 Autres impôts	0.0	0.0	0.0	0.0	0.0	0.0	0.0	0.0	0.0	0.0
Administrations locales										
Recettes fiscales totales	**3.1**	**4.6**	**7.9**	**9.9**	**9.5**	**1.8**	**1.8**	**2.2**	**2.2**	**1.9**
1000 Impôts sur revenu, bénéfices et gains en capital	2.1	3.1	2.9	3.7	3.1	1.2	1.2	0.8	0.8	0.6
2000 Cotisations de sécurité sociale	0.1	0.0	0.0	0.0	0.0	0.1	0.0	0.0	0.0	0.0
3000 Sur salaires ou main d'oeuvre	0.0	0.0	0.0	0.0	0.0	0.0	0.0	0.0	0.0	0.0
4000 Impôts sur le patrimoine	0.6	1.0	4.4	5.6	5.8	0.3	0.4	1.2	1.2	1.1
5000 Impôts sur les biens et services	0.3	0.4	0.6	0.6	0.7	0.2	0.2	0.2	0.1	0.1
6000 Autres impôts	0.0	0.0	0.0	0.0	0.0	0.0	0.0	0.0	0.0	0.0
Administrations de sécurité sociale										
Recettes fiscales totales	**22.7**	**34.9**	**50.7**	**64.9**	**68.5**	**13.4**	**13.6**	**14.0**	**14.1**	**13.6**
1000 Impôts sur revenu, bénéfices et gains en capital	0.0	0.6	1.0	1.2	1.3	0.0	0.2	0.3	0.3	0.3
2000 Cotisations de sécurité sociale	22.4	33.3	48.0	61.8	65.1	13.2	13.0	13.2	13.4	13.0
3000 Sur salaires ou main d'oeuvre	0.0	0.0	0.0	0.0	0.0	0.0	0.0	0.0	0.0	0.0
4000 Impôts sur le patrimoine	0.1	0.2	0.3	0.3	0.3	0.1	0.1	0.1	0.1	0.1
5000 Impôts sur les biens et services	0.2	0.8	1.3	1.6	1.8	0.1	0.3	0.4	0.3	0.3
6000 Autres impôts	0.0	0.0	0.0	0.0	0.0	0.0	0.0	0.0	0.0	0.0

Note : Le total des recettes fiscales a été diminué du montant de tout transfert en capital représentant les impôts non perçus. Le transfert en capital a été directement diminué des impôts spécifiques auxquels il se rapporte. Par conséquent, les montants des recettes fiscales sont différents de ceux présentés dans le chapitre 6 "Recettes fiscales des sous-secteurs de l'administration".

Des données et des notes plus détaillées par pays sont disponibles dans le chapitre 6 "Recettes fiscales des sous-secteurs de l'administration". Les séries temporelles complètes sont accessibles sur le site web https://oe.cd/series-temporelles-completes.

Source : Institut de Comptes Nationaux, Service Public Fédéral des Finances.

StatLink https://stat.link/gvwro6

Tableau 4.7. Canada, recettes fiscales et % du PIB (sélection de catégories d'impôts)

	Milliard CAD					% du PIB				
	1990	2000	2010	2020	2021	1990	2000	2010	2020	2021
Recettes fiscales totales	**244.2**	**390.2**	**516.6**	**766.8**	**851.2**	**35.1**	**34.7**	**31.0**	**34.7**	**33.9**
1000 Impôts sur le revenu, les bénéfices et les gains en capital	**118.6**	**195.3**	**241.0**	**390.9**	**433.9**	**17.0**	**17.4**	**14.5**	**17.7**	**17.3**
1100 Des personnes physiques	99.7	143.7	180.9	286.8	309.2	14.3	12.8	10.9	13.0	12.3
1200 Des sociétés	17.2	47.6	54.1	96.6	114.8	2.5	4.2	3.2	4.4	4.6
1300 Non-ventilables entre 1100 et 1200	1.7	4.0	6.0	7.5	10.0	0.2	0.4	0.4	0.3	0.4
2000 Cotisations de sécurité sociale	**29.7**	**53.1**	**76.8**	**107.7**	**118.9**	**4.3**	**4.7**	**4.6**	**4.9**	**4.7**
2100 À la charge des salariés	10.6	21.4	30.6	44.4	49.4	1.5	1.9	1.8	2.0	2.0
2200 À la charge des employeurs	18.4	30.3	43.5	59.3	65.0	2.7	2.7	2.6	2.7	2.6
2300 À la charge des indép. ou sans emploi	0.6	1.4	2.6	4.0	4.5	0.1	0.1	0.2	0.2	0.2
2400 Non-ventilables entre 2100, 2200 et 2300	0.0	0.0	0.0	0.0	0.0	0.0	0.0	0.0	0.0	0.0
3000 Sur les salaires ou main d'oeuvre	**5.5**	**8.0**	**10.8**	**17.2**	**18.8**	**0.8**	**0.7**	**0.6**	**0.8**	**0.7**
4000 Impôts sur le patrimoine	**24.5**	**37.2**	**63.7**	**89.7**	**96.2**	**3.5**	**3.3**	**3.8**	**4.1**	**3.8**
4100 Impôts périodiques sur la propriété immobilière	20.2	30.2	51.7	72.1	74.1	2.9	2.7	3.1	3.3	3.0
4200 Impôts périodiques sur l'actif net	1.9	4.2	1.5	0.5	0.5	0.3	0.4	0.1	0.0	0.0
4300 Impôts sur mut. par décès, succ. et donations	0.0	0.0	0.2	0.3	0.4	0.0	0.0	0.0	0.0	0.0
4400 Impôts sur transact. mobilières et immob.	0.0	0.0	3.1	8.0	11.4	0.0	0.0	0.2	0.4	0.5
4500 Impôts non périodiques sur	2.4	2.7	7.3	8.8	9.8	0.3	0.2	0.4	0.4	0.4
4600 Autres impôts périodiques sur patrimoine	0.0	0.0	0.0	0.0	0.0	0.0	0.0	0.0	0.0	0.0
5000 Impôts sur les biens et services	**63.1**	**94.5**	**123.8**	**160.4**	**182.5**	**9.1**	**8.4**	**7.4**	**7.3**	**7.3**
5100 Impôts sur production, vente, transfert, etc.	59.6	88.9	116.2	149.9	169.7	8.6	7.9	7.0	6.8	6.8
5110 Impôts généraux	34.5	55.3	72.1	101.0	114.3	5.0	4.9	4.3	4.6	4.6
5111 Taxes sur la valeur ajoutée	0.0	35.9	70.7	99.5	111.5	0.0	3.2	4.2	4.5	4.4
5120 Impôts sur biens et services déterminés	25.2	33.6	44.0	48.9	55.5	3.6	3.0	2.6	2.2	2.2
5121 Accises	14.5	18.4	23.3	27.5	29.7	2.1	1.6	1.4	1.2	1.2
5200 Impôts sur utilisation des biens et exerc. activités	3.5	5.6	7.6	10.4	12.8	0.5	0.5	0.5	0.5	0.5
5300 Non-ventilables entre 5100 et 5200	0.0	0.0	0.0	0.0	0.0	0.0	0.0	0.0	0.0	0.0
6000 Autres impôts	**2.9**	**2.2**	**0.6**	**0.9**	**0.9**	**0.4**	**0.2**	**0.0**	**0.0**	**0.0**
Crédits d'impôts récupérables										
Crédits d'impôts récupérables contre 1000	..	3.4	11.1	13.1	18.4	..	0.3	0.7	0.6	0.7
Composante transfert	..	3.1	10.2	11.8	16.1	..	0.3	0.6	0.5	0.6
Composante fiscale	..	0.3	0.9	1.3	2.3	..	0.0	0.1	0.1	0.1

.. Non disponible

Note : Des données et des notes plus détaillées par pays sont disponibles dans le chapitre 5 "Tableaux détaillés par pays". Les séries temporelles complètes sont accessibles sur le site web https://oe.cd/series-temporelles-completes.

Source : Statistics Canada.

StatLink https://stat.link/he7jmz

Tableau 4.8. Canada, recettes fiscales et % du PIB par niveaux d'administration (principaux impôts)

	Milliard CAD					% du PIB				
	1990	2000	2010	2020	2021	1990	2000	2010	2020	2021
Administrations fédérale ou centrale										
Recettes fiscales totales	**101.7**	**184.4**	**212.8**	**320.9**	**354.8**	**14.6**	**16.4**	**12.8**	**14.5**	**14.1**
1000 Impôts sur revenu, bénéfices et gains en capital	73.6	126.3	148.7	238.5	261.5	10.6	11.2	8.9	10.8	10.4
2000 Cotisations de sécurité sociale	0.0	18.8	17.9	22.6	24.0	0.0	1.7	1.1	1.0	1.0
3000 Sur salaires ou main d'oeuvre	0.0	0.0	0.0	0.0	0.0	0.0	0.0	0.0	0.0	0.0
4000 Impôts sur le patrimoine	0.0	0.0	0.0	0.0	0.0	0.0	0.0	0.0	0.0	0.0
5000 Impôts sur les biens et services	28.1	39.4	46.2	59.7	69.3	4.0	3.5	2.8	2.7	2.8
6000 Autres impôts	0.0	0.0	0.0	0.0	0.0	0.0	0.0	0.0	0.0	0.0
Administrations d'un État/Régions										
Recettes fiscales totales	**89.3**	**148.2**	**201.1**	**297.9**	**336.7**	**12.8**	**13.2**	**12.1**	**13.5**	**13.4**
1000 Impôts sur revenu, bénéfices et gains en capital	44.9	69.0	92.2	152.4	172.4	6.5	6.1	5.5	6.9	6.9
2000 Cotisations de sécurité sociale	0.0	8.3	11.7	13.6	14.2	0.0	0.7	0.7	0.6	0.6
3000 Sur salaires ou main d'oeuvre	5.5	8.0	10.8	17.2	18.8	0.8	0.7	0.6	0.8	0.7
4000 Impôts sur le patrimoine	4.2	8.4	9.8	15.3	19.5	0.6	0.7	0.6	0.7	0.8
5000 Impôts sur les biens et services	34.6	54.5	76.7	99.5	111.8	5.0	4.8	4.6	4.5	4.5
6000 Autres impôts	0.0	0.0	0.0	0.0	0.0	0.0	0.0	0.0	0.0	0.0
Administrations locales										
Recettes fiscales totales	**23.5**	**31.5**	**55.4**	**76.5**	**79.0**	**3.4**	**2.8**	**3.3**	**3.5**	**3.1**
1000 Impôts sur revenu, bénéfices et gains en capital	0.0	0.0	0.0	0.0	0.0	0.0	0.0	0.0	0.0	0.0
2000 Cotisations de sécurité sociale	0.0	0.0	0.0	0.0	0.0	0.0	0.0	0.0	0.0	0.0
3000 Sur salaires ou main d'oeuvre	0.0	0.0	0.0	0.0	0.0	0.0	0.0	0.0	0.0	0.0
4000 Impôts sur le patrimoine	20.3	28.8	53.9	74.5	76.7	2.9	2.6	3.2	3.4	3.1
5000 Impôts sur les biens et services	0.4	0.6	0.9	1.2	1.4	0.1	0.1	0.1	0.1	0.1
6000 Autres impôts	2.9	2.2	0.6	0.9	0.9	0.4	0.2	0.0	0.0	0.0
Administrations de sécurité sociale										
Recettes fiscales totales	**29.7**	**26.0**	**47.2**	**71.4**	**80.8**	**4.3**	**2.3**	**2.8**	**3.2**	**3.2**
1000 Impôts sur revenu, bénéfices et gains en capital	0.0	0.0	0.0	0.0	0.0	0.0	0.0	0.0	0.0	0.0
2000 Cotisations de sécurité sociale	29.7	26.0	47.2	71.4	80.8	4.3	2.3	2.8	3.2	3.2
3000 Sur salaires ou main d'oeuvre	0.0	0.0	0.0	0.0	0.0	0.0	0.0	0.0	0.0	0.0
4000 Impôts sur le patrimoine	0.0	0.0	0.0	0.0	0.0	0.0	0.0	0.0	0.0	0.0
5000 Impôts sur les biens et services	0.0	0.0	0.0	0.0	0.0	0.0	0.0	0.0	0.0	0.0
6000 Autres impôts	0.0	0.0	0.0	0.0	0.0	0.0	0.0	0.0	0.0	0.0

Note : Des données et des notes plus détaillées par pays sont disponibles dans le chapitre 6 "Recettes fiscales des sous-secteurs de l'administration". Les séries temporelles complètes sont accessibles sur le site web https://oe.cd/series-temporelles-completes.

Source : Statistics Canada.

StatLink https://stat.link/dm0juh

Tableau 4.9. Chili, recettes fiscales et % du PIB (sélection de catégories d'impôts)

	Milliard CLP					% du PIB				
	1990	2000	2010	2020	2021	1990	2000	2010	2020	2021
Recettes fiscales totales	**1 777.2**	**7 902.0**	**21 845.7**	**38 817.2**	**53 463.3**	**16.8**	**18.7**	**19.7**	**19.3**	**22.2**
1000 Impôts sur le revenu, les bénéfices et les gains en capital	**413.0**	**1 841.6**	**8 329.1**	**12 540.3**	**20 456.9**	**3.9**	**4.4**	**7.5**	**6.2**	**8.5**
1100 Des personnes physiques	99.2	604.1	1 492.8	3 976.0	5 780.4	0.9	1.4	1.3	2.0	2.4
1200 Des sociétés	219.6	882.9	4 448.7	9 429.8	9 145.9	2.1	2.1	4.0	4.7	3.8
1300 Non-ventilables entre 1100 et 1200	94.2	354.6	2 387.5	-865.5	5 530.6	0.9	0.8	2.2	-0.4	2.3
2000 Cotisations de sécurité sociale	**159.6**	**576.8**	**1 494.0**	**3 104.9**	**2 815.1**	**1.5**	**1.4**	**1.3**	**1.5**	**1.2**
2100 À la charge des salariés	154.0	553.9	1 433.2	2 994.0	2 686.0	1.5	1.3	1.3	1.5	1.1
2200 À la charge des employeurs	5.5	22.8	60.8	110.8	129.1	0.1	0.1	0.1	0.1	0.1
2300 À la charge des indép. ou sans emploi	0.0	0.0	0.0	0.0	0.0	0.0	0.0	0.0	0.0	0.0
2400 Non-ventilables entre 2100, 2200 et 2300	0.0	0.0	0.0	0.0	0.0	0.0	0.0	0.0	0.0	0.0
3000 Sur les salaires ou main d'oeuvre	**0.0**	**0.0**	**0.0**	**0.0**	**0.0**	**0.0**	**0.0**	**0.0**	**0.0**	**0.0**
4000 Impôts sur le patrimoine	**109.3**	**554.0**	**898.6**	**2 071.9**	**2 606.9**	**1.0**	**1.3**	**0.8**	**1.0**	**1.1**
4100 Impôts périodiques sur la propriété immobilière	60.0	302.2	662.4	1 562.3	1 724.3	0.6	0.7	0.6	0.8	0.7
4200 Impôts périodiques sur l'actif net	0.0	0.0	0.0	0.0	0.0	0.0	0.0	0.0	0.0	0.0
4300 Impôts sur mut. par décès, succ. et donations	3.4	10.9	39.3	155.4	291.8	0.0	0.0	0.0	0.1	0.1
4400 Impôts sur transact. mobilières et immob.	45.9	240.9	196.9	354.2	590.8	0.4	0.6	0.2	0.2	0.2
4500 Impôts non périodiques sur	0.0	0.0	0.0	0.0	0.0	0.0	0.0	0.0	0.0	0.0
4600 Autres impôts périodiques sur patrimoine	0.0	0.0	0.0	0.0	0.0	0.0	0.0	0.0	0.0	0.0
5000 Impôts sur les biens et services	**1 118.7**	**5 041.8**	**11 185.2**	**21 275.1**	**28 370.0**	**10.6**	**11.9**	**10.1**	**10.6**	**11.8**
5100 Impôts sur production, vente, transfert, etc.	1 074.0	4 789.8	10 532.9	19 614.2	26 629.4	10.1	11.3	9.5	9.7	11.1
5110 Impôts généraux	664.4	3 306.4	8 399.9	15 963.0	22 785.9	6.3	7.8	7.6	7.9	9.5
5111 Taxes sur la valeur ajoutée	664.4	3 306.4	8 399.9	15 963.0	22 785.9	6.3	7.8	7.6	7.9	9.5
5120 Impôts sur biens et services déterminés	409.6	1 483.5	2 133.0	3 651.2	3 843.5	3.9	3.5	1.9	1.8	1.6
5121 Accises	166.0	816.2	1 561.2	2 900.2	2 800.4	1.6	1.9	1.4	1.4	1.2
5200 Impôts sur utilisation des biens et exerc. activités	44.7	251.9	652.3	1 660.9	1 740.6	0.4	0.6	0.6	0.8	0.7
5300 Non-ventilables entre 5100 et 5200	0.0	0.0	0.0	0.0	0.0	0.0	0.0	0.0	0.0	0.0
6000 Autres impôts	**-23.4**	**-112.2**	**-61.1**	**-175.0**	**-785.6**	**-0.2**	**-0.3**	**-0.1**	**-0.1**	**-0.3**
Crédits d'impôts récupérables										
Crédits d'impôts récupérables contre 1000	0.0	0.0	0.0	298.0	279.4	0.0	0.0	0.0	0.1	0.1
Composante transfert	..	..	..	223.0	215.8	..	..	..	0.1	0.1
Composante fiscale	..	..	..	74.9	63.5	..	..	..	0.0	0.0

.. Non disponible

Note : Des données et des notes plus détaillées par pays sont disponibles dans le chapitre 5 "Tableaux détaillés par pays". Les séries temporelles complètes sont accessibles sur le site web https://oe.cd/series-temporelles-completes.

Source : Servicio de Impuestos internos (Chile's Tax Service).

StatLink https://stat.link/cwvo3k

Tableau 4.10. Chili, recettes fiscales et % du PIB par niveaux d'administration (principaux impôts)

	Milliard CLP					% du PIB				
	1990	2000	2010	2020	2021	1990	2000	2010	2020	2021
Administrations fédérale ou centrale										
Recettes fiscales totales	**1 579.7**	**6 936.8**	**19 214.8**	**32 833.3**	**47 410.5**	**14.9**	**16.4**	**17.3**	**16.3**	**19.7**
1000 Impôts sur revenu, bénéfices et gains en capital	413.0	1 841.6	8 329.1	12 540.3	20 456.9	3.9	4.4	7.5	6.2	8.5
2000 Cotisations de sécurité sociale	66.7	232.7	371.4	510.8	511.5	0.6	0.6	0.3	0.3	0.2
3000 Sur salaires ou main d'oeuvre	0.0	0.0	0.0	0.0	0.0	0.0	0.0	0.0	0.0	0.0
4000 Impôts sur le patrimoine	59.7	255.4	245.0	535.0	909.0	0.6	0.6	0.2	0.3	0.4
5000 Impôts sur les biens et services	1 063.7	4 719.3	10 330.4	19 422.1	26 318.6	10.0	11.2	9.3	9.6	10.9
6000 Autres impôts	-23.4	-112.2	-61.1	-175.0	-785.6	-0.2	-0.3	-0.1	-0.1	-0.3
Administrations d'un État/Régions										
Recettes fiscales totales	**..**	**..**	**..**	**..**	**..**	**..**	**..**	**..**	**..**	**..**
1000 Impôts sur revenu, bénéfices et gains en capital	..	..	..	..	..	..	..	..	..	..
2000 Cotisations de sécurité sociale	..	..	..	..	..	..	..	..	..	..
3000 Sur salaires ou main d'oeuvre	..	..	..	..	..	..	..	..	..	..
4000 Impôts sur le patrimoine	..	..	..	..	..	..	..	..	..	..
5000 Impôts sur les biens et services	..	..	..	..	..	..	..	..	..	..
6000 Autres impôts	..	..	..	..	..	..	..	..	..	..
Administrations locales										
Recettes fiscales totales	**104.7**	**621.2**	**1 508.3**	**3 389.9**	**3 749.3**	**1.0**	**1.5**	**1.4**	**1.7**	**1.6**
1000 Impôts sur revenu, bénéfices et gains en capital	0.0	0.0	0.0	0.0	0.0	0.0	0.0	0.0	0.0	0.0
2000 Cotisations de sécurité sociale	0.0	0.0	0.0	0.0	0.0	0.0	0.0	0.0	0.0	0.0
3000 Sur salaires ou main d'oeuvre	0.0	0.0	0.0	0.0	0.0	0.0	0.0	0.0	0.0	0.0
4000 Impôts sur le patrimoine	49.6	298.7	653.6	1 537.0	1 697.9	0.5	0.7	0.6	0.8	0.7
5000 Impôts sur les biens et services	55.0	322.5	854.8	1 853.0	2 051.4	0.5	0.8	0.8	0.9	0.9
6000 Autres impôts	0.0	0.0	0.0	0.0	0.0	0.0	0.0	0.0	0.0	0.0
Administrations de sécurité sociale										
Recettes fiscales totales	**92.8**	**344.0**	**1 122.6**	**2 594.0**	**2 303.6**	**0.9**	**0.8**	**1.0**	**1.3**	**1.0**
1000 Impôts sur revenu, bénéfices et gains en capital	0.0	0.0	0.0	0.0	0.0	0.0	0.0	0.0	0.0	0.0
2000 Cotisations de sécurité sociale	92.8	344.0	1 122.6	2 594.0	2 303.6	0.9	0.8	1.0	1.3	1.0
3000 Sur salaires ou main d'oeuvre	0.0	0.0	0.0	0.0	0.0	0.0	0.0	0.0	0.0	0.0
4000 Impôts sur le patrimoine	0.0	0.0	0.0	0.0	0.0	0.0	0.0	0.0	0.0	0.0
5000 Impôts sur les biens et services	0.0	0.0	0.0	0.0	0.0	0.0	0.0	0.0	0.0	0.0
6000 Autres impôts	0.0	0.0	0.0	0.0	0.0	0.0	0.0	0.0	0.0	0.0

.. Non disponible

Note : Des données et des notes plus détaillées par pays sont disponibles dans le chapitre 6 "Recettes fiscales des sous-secteurs de l'administration". Les séries temporelles complètes sont accessibles sur le site web https://oe.cd/series-temporelles-completes.

Source : Servicio de Impuestos internos (Chile's Tax Service).

StatLink https://stat.link/o016lq

Tableau 4.11. Colombie, recettes fiscales et % du PIB (sélection de catégories d'impôts)

	Milliard COP					% du PIB				
	1990	2000	2010	2020	2021	1990	2000	2010	2020	2021
Recettes fiscales totales	**2 579.4**	**30 598.6**	**98 455.3**	**187 664.6**	**229 480.8**	**11.3**	**15.7**	**18.1**	**18.8**	**19.2**
1000 Impôts sur le revenu, les bénéfices et les gains en capital	**771.7**	**7 103.5**	**26 218.9**	**61 812.5**	**73 222.9**	**3.4**	**3.6**	**4.8**	**6.2**	**6.1**
1100 Des personnes physiques	47.2	1 499.3	5 192.4	14 327.9	15 758.0	0.2	0.8	1.0	1.4	1.3
1200 Des sociétés	359.8	5 119.8	20 405.2	43 259.8	54 418.7	1.6	2.6	3.8	4.3	4.6
1300 Non-ventilables entre 1100 et 1200	364.7	484.4	621.3	4 224.9	3 046.1	1.6	0.2	0.1	0.4	0.3
2000 Cotisations de sécurité sociale	**203.6**	**4 989.0**	**11 478.1**	**18 615.4**	**22 844.4**	**0.9**	**2.6**	**2.1**	**1.9**	**1.9**
2100 À la charge des salariés	..	..	..	..	..	..	..	..	..	..
2200 À la charge des employeurs	..	..	..	..	..	..	..	..	..	..
2300 À la charge des indép. ou sans emploi	..	..	..	..	..	..	..	..	..	..
2400 Non-ventilables entre 2100, 2200 et 2300	203.6	4 989.0	11 478.1	18 615.4	22 844.4	0.9	2.6	2.1	1.9	1.9
3000 Sur les salaires ou main d'oeuvre	**0.0**	**1 286.8**	**4 022.5**	**3 670.5**	**3 927.1**	**0.0**	**0.7**	**0.7**	**0.4**	**0.3**
4000 Impôts sur le patrimoine	**56.2**	**2 027.7**	**8 535.2**	**18 167.4**	**20 048.8**	**0.2**	**1.0**	**1.6**	**1.8**	**1.7**
4100 Impôts périodiques sur la propriété immobilière	56.2	991.1	3 338.9	9 109.6	9 040.0	0.2	0.5	0.6	0.9	0.8
4200 Impôts périodiques sur l'actif net	0.0	0.0	1 970.5	957.1	1 032.1	0.0	0.0	0.4	0.1	0.1
4300 Impôts sur mut. par décès, succ. et donations	0.0	0.0	0.0	0.0	0.0	0.0	0.0	0.0	0.0	0.0
4400 Impôts sur transact. mobilières et immob.	0.0	1 036.6	3 225.8	7 476.3	9 831.2	0.0	0.5	0.6	0.7	0.8
4500 Impôts non périodiques sur	0.0	0.0	0.0	624.3	145.6	0.0	0.0	0.0	0.1	0.0
4600 Autres impôts périodiques sur patrimoine	0.0	0.0	0.0	0.0	0.0	0.0	0.0	0.0	0.0	0.0
5000 Impôts sur les biens et services	**1 388.7**	**14 180.5**	**44 411.6**	**77 752.5**	**99 265.4**	**6.1**	**7.3**	**8.2**	**7.8**	**8.3**
5100 Impôts sur production, vente, transfert, etc.	1 388.7	14 048.7	44 038.1	75 960.4	97 222.3	6.1	7.2	8.1	7.6	8.2
5110 Impôts généraux	672.4	9 585.9	33 333.8	62 866.7	80 101.3	3.0	4.9	6.1	6.3	6.7
5111 Taxes sur la valeur ajoutée	583.1	8 445.8	28 811.7	53 912.6	69 883.4	2.6	4.3	5.3	5.4	5.9
5120 Impôts sur biens et services déterminés	716.3	4 462.8	10 704.3	13 093.7	17 121.0	3.2	2.3	2.0	1.3	1.4
5121 Accises	404.7	2 718.7	6 052.3	10 159.9	12 906.4	1.8	1.4	1.1	1.0	1.1
5200 Impôts sur utilisation des biens et exerc. activités	0.0	131.8	373.6	1 792.2	2 043.1	0.0	0.1	0.1	0.2	0.2
5300 Non-ventilables entre 5100 et 5200	0.0	0.0	0.0	0.0	0.0	0.0	0.0	0.0	0.0	0.0
6000 Autres impôts	**159.3**	**1 011.2**	**3 789.0**	**7 646.3**	**10 172.3**	**0.7**	**0.5**	**0.7**	**0.8**	**0.9**
Crédits d'impôts récupérables										
Crédits d'impôts récupérables contre 1000	..	..	..	..	..	..	..	..	..	..
Composante transfert	..	..	..	..	..	..	..	..	..	..
Composante fiscale	..	..	..	..	..	..	..	..	..	..

.. Non disponible

Note : Des données et des notes plus détaillées par pays sont disponibles dans le chapitre 5 "Tableaux détaillés par pays". Les séries temporelles complètes sont accessibles sur le site web https://oe.cd/series-temporelles-completes.

Source : Dirección de Impuestos y Aduanas Nacionales de Colombia, Ministerio de Hacienda y Crédito Público y Banco Central de Colombia. (National Tax and Customs Administration, Ministry of Finance and Public Credit and Central Bank of Colombia).

StatLink https://stat.link/j6by4c

Tableau 4.12. Colombie, recettes fiscales et % du PIB par niveaux d'administration (principaux impôts)

	Milliard COP					% du PIB				
	1990	2000	2010	2020	2021	1990	2000	2010	2020	2021
Administrations fédérale ou centrale										
Recettes fiscales totales	**1 885.9**	**21 016.3**	**71 304.3**	**134 938.4**	**166 725.8**	**8.3**	**10.8**	**13.1**	**13.5**	**14.0**
1000 Impôts sur revenu, bénéfices et gains en capital	771.7	7 103.5	26 218.9	61 812.5	73 222.9	3.4	3.6	4.8	6.2	6.1
2000 Cotisations de sécurité sociale	0.0	0.0	0.0	0.0	0.0	0.0	0.0	0.0	0.0	0.0
3000 Sur salaires ou main d'oeuvre	0.0	1 286.8	4 022.5	3 670.5	3 927.1	0.0	0.7	0.7	0.4	0.3
4000 Impôts sur le patrimoine	0.0	1 036.6	5 196.3	9 057.8	11 008.8	0.0	0.5	1.0	0.9	0.9
5000 Impôts sur les biens et services	1 035.9	11 108.6	35 382.9	60 110.7	78 060.1	4.6	5.7	6.5	6.0	6.5
6000 Autres impôts	78.3	480.8	483.8	286.9	506.9	0.3	0.2	0.1	0.0	0.0
Administrations d'un État/Régions										
Recettes fiscales totales	**263.4**	**1 723.2**	**4 781.3**	**9 095.0**	**11 699.6**	**1.2**	**0.9**	**0.9**	**0.9**	**1.0**
1000 Impôts sur revenu, bénéfices et gains en capital	0.0	0.0	0.0	0.0	0.0	0.0	0.0	0.0	0.0	0.0
2000 Cotisations de sécurité sociale	0.0	0.0	0.0	0.0	0.0	0.0	0.0	0.0	0.0	0.0
3000 Sur salaires ou main d'oeuvre	0.0	0.0	0.0	0.0	0.0	0.0	0.0	0.0	0.0	0.0
4000 Impôts sur le patrimoine	0.0	0.0	0.0	0.0	0.0	0.0	0.0	0.0	0.0	0.0
5000 Impôts sur les biens et services	263.4	1 481.7	3 406.3	6 575.4	8 435.8	1.2	0.8	0.6	0.7	0.7
6000 Autres impôts	0.0	241.5	1 375.0	2 519.6	3 263.7	0.0	0.1	0.3	0.3	0.3
Administrations locales										
Recettes fiscales totales	**226.5**	**2 870.1**	**10 891.7**	**25 015.8**	**28 211.1**	**1.0**	**1.5**	**2.0**	**2.5**	**2.4**
1000 Impôts sur revenu, bénéfices et gains en capital	0.0	0.0	0.0	0.0	0.0	0.0	0.0	0.0	0.0	0.0
2000 Cotisations de sécurité sociale	0.0	0.0	0.0	0.0	0.0	0.0	0.0	0.0	0.0	0.0
3000 Sur salaires ou main d'oeuvre	0.0	0.0	0.0	0.0	0.0	0.0	0.0	0.0	0.0	0.0
4000 Impôts sur le patrimoine	56.2	991.1	3 338.9	9 109.6	9 040.0	0.2	0.5	0.6	0.9	0.8
5000 Impôts sur les biens et services	89.3	1 590.1	5 622.5	11 066.4	12 769.5	0.4	0.8	1.0	1.1	1.1
6000 Autres impôts	81.0	288.9	1 930.3	4 839.8	6 401.7	0.4	0.1	0.4	0.5	0.5
Administrations de sécurité sociale										
Recettes fiscales totales	**203.6**	**4 989.0**	**11 478.1**	**18 615.4**	**22 844.4**	**0.9**	**2.6**	**2.1**	**1.9**	**1.9**
1000 Impôts sur revenu, bénéfices et gains en capital	0.0	0.0	0.0	0.0	0.0	0.0	0.0	0.0	0.0	0.0
2000 Cotisations de sécurité sociale	203.6	4 989.0	11 478.1	18 615.4	22 844.4	0.9	2.6	2.1	1.9	1.9
3000 Sur salaires ou main d'oeuvre	0.0	0.0	0.0	0.0	0.0	0.0	0.0	0.0	0.0	0.0
4000 Impôts sur le patrimoine	0.0	0.0	0.0	0.0	0.0	0.0	0.0	0.0	0.0	0.0
5000 Impôts sur les biens et services	0.0	0.0	0.0	0.0	0.0	0.0	0.0	0.0	0.0	0.0
6000 Autres impôts	0.0	0.0	0.0	0.0	0.0	0.0	0.0	0.0	0.0	0.0

Note : Des données et des notes plus détaillées par pays sont disponibles dans le chapitre 6 "Recettes fiscales des sous-secteurs de l'administration". Les séries temporelles complètes sont accessibles sur le site web https://oe.cd/series-temporelles-completes.

Source : Dirección de Impuestos y Aduanas Nacionales de Colombia, Ministerio de Hacienda y Crédito Público y Banco Central de Colombia. (National Tax and Customs Administration, Ministry of Finance and Public Credit and Central Bank of Colombia).

StatLink https://stat.link/dysajb

Tableau 4.13. Costa Rica, recettes fiscales et % du PIB (sélection de catégories d'impôts)

	Milliard CRC					% du PIB				
	1990	2000	2010	2020	2021	1990	2000	2010	2020	2021
Recettes fiscales totales	**117.7**	**978.1**	**4 382.4**	**8 235.5**	**10 019.3**	**22.4**	**21.1**	**22.1**	**22.6**	**25.0**
1000 Impôts sur le revenu, les bénéfices et les gains en capital	**11.8**	**128.8**	**748.1**	**1 651.2**	**2 063.8**	**2.3**	**2.8**	**3.8**	**4.5**	**5.1**
1100 Des personnes physiques	..	..	202.8	556.1	622.8	..	..	1.0	1.5	1.6
1200 Des sociétés	..	..	450.3	692.6	970.5	..	..	2.3	1.9	2.4
1300 Non-ventilables entre 1100 et 1200	11.8	128.8	94.9	402.6	470.5	2.3	2.8	0.5	1.1	1.2
2000 Cotisations de sécurité sociale	**34.0**	**297.1**	**1 450.5**	**2 971.6**	**3 605.7**	**6.5**	**6.4**	**7.3**	**8.1**	**9.0**
2100 À la charge des salariés	..	..	..	..	..	..	..	..	..	..
2200 À la charge des employeurs	3.4	37.3	207.2	387.8	389.2	0.7	0.8	1.0	1.1	1.0
2300 À la charge des indép. ou sans emploi	..	..	..	..	..	..	..	..	..	..
2400 Non-ventilables entre 2100, 2200 et 2300	30.5	259.8	1 243.3	2 583.7	3 216.5	5.8	5.6	6.3	7.1	8.0
3000 Sur les salaires ou main d'oeuvre	**7.6**	**61.8**	**260.7**	**537.7**	**569.3**	**1.4**	**1.3**	**1.3**	**1.5**	**1.4**
4000 Impôts sur le patrimoine	**1.6**	**8.4**	**63.7**	**162.9**	**208.5**	**0.3**	**0.2**	**0.3**	**0.4**	**0.5**
4100 Impôts périodiques sur la propriété immobilière	1.2	5.4	49.0	127.6	150.3	0.2	0.1	0.2	0.3	0.4
4200 Impôts périodiques sur l'actif net	0.0	0.0	0.0	0.0	0.0	0.0	0.0	0.0	0.0	0.0
4300 Impôts sur mut. par décès, succ. et donations	0.0	0.0	0.0	0.0	0.0	0.0	0.0	0.0	0.0	0.0
4400 Impôts sur transact. mobilières et immob.	0.4	3.0	14.7	35.3	58.2	0.1	0.1	0.1	0.1	0.1
4500 Impôts non périodiques sur	0.0	0.0	0.0	0.0	0.0	0.0	0.0	0.0	0.0	0.0
4600 Autres impôts périodiques sur patrimoine	0.0	0.0	0.0	0.0	0.0	0.0	0.0	0.0	0.0	0.0
5000 Impôts sur les biens et services	**53.5**	**456.9**	**1 766.9**	**2 745.1**	**3 488.5**	**10.2**	**9.9**	**8.9**	**7.5**	**8.7**
5100 Impôts sur production, vente, transfert, etc.	49.9	425.7	1 600.3	2 500.5	3 150.4	9.5	9.2	8.1	6.9	7.9
5110 Impôts généraux	21.3	222.8	920.3	1 649.5	2 065.6	4.1	4.8	4.6	4.5	5.1
5111 Taxes sur la valeur ajoutée	21.3	222.8	920.3	1 623.7	2 040.0	4.1	4.8	4.6	4.4	5.1
5120 Impôts sur biens et services déterminés	28.5	202.9	680.0	851.0	1 084.8	5.4	4.4	3.4	2.3	2.7
5121 Accises	11.1	157.2	523.6	688.8	863.1	2.1	3.4	2.6	1.9	2.2
5200 Impôts sur utilisation des biens et exerc. activités	3.6	31.1	166.6	244.6	338.1	0.7	0.7	0.8	0.7	0.8
5300 Non-ventilables entre 5100 et 5200	0.0	0.0	0.0	0.0	0.0	0.0	0.0	0.0	0.0	0.0
6000 Autres impôts	**9.3**	**25.2**	**92.5**	**167.0**	**83.3**	**1.8**	**0.5**	**0.5**	**0.5**	**0.2**
Crédits d'impôts récupérables										
Crédits d'impôts récupérables contre 1000	..	..	..	..	..	..	..	..	..	..
Composante transfert	..	..	..	..	..	..	..	..	..	..
Composante fiscale	..	..	..	..	..	..	..	..	..	..

.. Non disponible

Note : Des données et des notes plus détaillées par pays sont disponibles dans le chapitre 5 "Tableaux détaillés par pays". Les séries temporelles complètes sont accessibles sur le site web https://oe.cd/series-temporelles-completes.

Source : Secretaría Técnica de la Autoridad Presupuestaria, Ministerio de Finanzas y Contraloría General de la República (Technical Secretary of the Budgeting Authority, Ministry of Finance and National General Comptroller).

StatLink https://stat.link/6bsrf2

Tableau 4.14. Costa Rica, recettes fiscales et % du PIB par niveaux d'administration (principaux impôts)

	Milliard CRC					% du PIB				
	1990	2000	2010	2020	2021	1990	2000	2010	2020	2021
Administrations fédérale ou centrale										
Recettes fiscales totales	**75.0**	**619.3**	**2 616.6**	**4 549.0**	**6 016.8**	**14.3**	**13.4**	**13.2**	**12.5**	**15.0**
1000 Impôts sur revenu, bénéfices et gains en capital	11.8	128.8	748.1	1 651.2	2 063.8	2.3	2.8	3.8	4.5	5.1
2000 Cotisations de sécurité sociale	1.3	18.7	61.2	79.4	469.2	0.3	0.4	0.3	0.2	1.2
3000 Sur salaires ou main d'oeuvre	0.0	0.0	0.0	0.0	0.0	0.0	0.0	0.0	0.0	0.0
4000 Impôts sur le patrimoine	0.4	3.0	18.3	40.0	63.3	0.1	0.1	0.1	0.1	0.2
5000 Impôts sur les biens et services	52.2	444.9	1 696.6	2 611.5	3 337.3	9.9	9.6	8.6	7.2	8.3
6000 Autres impôts	9.3	24.0	92.5	166.9	83.2	1.8	0.5	0.5	0.5	0.2
Administrations d'un État/Régions										
Recettes fiscales totales	**..**	**..**	**..**	**..**	**..**	**..**	**..**	**..**	**..**	**..**
1000 Impôts sur revenu, bénéfices et gains en capital	..	..	..	..	..	..	..	..	..	..
2000 Cotisations de sécurité sociale	..	..	..	..	..	..	..	..	..	..
3000 Sur salaires ou main d'oeuvre	..	..	..	..	..	..	..	..	..	..
4000 Impôts sur le patrimoine	..	..	..	..	..	..	..	..	..	..
5000 Impôts sur les biens et services	..	..	..	..	..	..	..	..	..	..
6000 Autres impôts	..	..	..	..	..	..	..	..	..	..
Administrations locales										
Recettes fiscales totales	**2.5**	**18.6**	**115.8**	**256.7**	**296.6**	**0.5**	**0.4**	**0.6**	**0.7**	**0.7**
1000 Impôts sur revenu, bénéfices et gains en capital	0.0	0.0	0.0	0.0	0.0	0.0	0.0	0.0	0.0	0.0
2000 Cotisations de sécurité sociale	0.0	0.0	0.0	0.0	0.0	0.0	0.0	0.0	0.0	0.0
3000 Sur salaires ou main d'oeuvre	0.0	0.0	0.0	0.0	0.0	0.0	0.0	0.0	0.0	0.0
4000 Impôts sur le patrimoine	1.2	5.4	45.4	123.0	145.2	0.2	0.1	0.2	0.3	0.4
5000 Impôts sur les biens et services	1.3	12.0	70.3	133.6	151.3	0.2	0.3	0.4	0.4	0.4
6000 Autres impôts	0.0	1.2	0.0	0.1	0.1	0.0	0.0	0.0	0.0	0.0
Administrations de sécurité sociale										
Recettes fiscales totales	**40.2**	**340.2**	**1 650.0**	**3 429.8**	**3 705.9**	**7.7**	**7.4**	**8.3**	**9.4**	**9.2**
1000 Impôts sur revenu, bénéfices et gains en capital	0.0	0.0	0.0	0.0	0.0	0.0	0.0	0.0	0.0	0.0
2000 Cotisations de sécurité sociale	32.6	278.4	1 389.3	2 892.2	3 136.5	6.2	6.0	7.0	7.9	7.8
3000 Sur salaires ou main d'oeuvre	7.6	61.8	260.7	537.7	569.3	1.4	1.3	1.3	1.5	1.4
4000 Impôts sur le patrimoine	0.0	0.0	0.0	0.0	0.0	0.0	0.0	0.0	0.0	0.0
5000 Impôts sur les biens et services	0.0	0.0	0.0	0.0	0.0	0.0	0.0	0.0	0.0	0.0
6000 Autres impôts	0.0	0.0	0.0	0.0	0.0	0.0	0.0	0.0	0.0	0.0

.. Non disponible

Note : Des données et des notes plus détaillées par pays sont disponibles dans le chapitre 6 "Recettes fiscales des sous-secteurs de l'administration". Les séries temporelles complètes sont accessibles sur le site web https://oe.cd/series-temporelles-completes.

Source : Secretaría Técnica de la Autoridad Presupuestaria, Ministerio de Finanzas y Contraloría General de la República (Technical Secretary of the Budgeting Authority, Ministry of Finance and National General Comptroller).

StatLink https://stat.link/efy46a

Tableau 4.15. Tchéquie, recettes fiscales et % du PIB (sélection de catégories d'impôts)

	Milliard CZK					% du PIB				
	1990	2000	2010	2020	2021	1990	2000	2010	2020	2021
Recettes fiscales totales	..	**771.6**	**1 286.9**	**1 984.3**	**2 122.3**	..	**32.3**	**32.2**	**34.8**	**34.7**
1000 Impôts sur le revenu, les bénéfices et les gains en capital	..	**175.8**	**259.9**	**455.0**	**440.6**	..	**7.4**	**6.5**	**8.0**	**7.2**
1100 Des personnes physiques	..	99.7	131.7	268.4	198.2	..	4.2	3.3	4.7	3.2
1200 Des sociétés	..	76.2	128.2	186.6	242.4	..	3.2	3.2	3.3	4.0
1300 Non-ventilables entre 1100 et 1200	..	0.0	0.0	0.0	0.0	..	0.0	0.0	0.0	0.0
2000 Cotisations de sécurité sociale	..	**341.5**	**576.0**	**901.7**	**1 004.8**	..	**14.3**	**14.4**	**15.8**	**16.4**
2100 À la charge des salariés	..	77.3	116.8	187.7	201.0	..	3.2	2.9	3.3	3.3
2200 À la charge des employeurs	..	220.2	363.1	573.8	618.3	..	9.2	9.1	10.0	10.1
2300 À la charge des indép. ou sans emploi	..	44.1	96.1	140.2	185.6	..	1.8	2.4	2.5	3.0
2400 Non-ventilables entre 2100, 2200 et 2300	..	0.0	0.0	0.0	0.0	..	0.0	0.0	0.0	0.0
3000 Sur les salaires ou main d'oeuvre	..	**0.0**	**0.0**	**0.0**	**0.0**	..	**0.0**	**0.0**	**0.0**	**0.0**
4000 Impôts sur le patrimoine	..	**10.9**	**16.4**	**11.6**	**11.9**	..	**0.5**	**0.4**	**0.2**	**0.2**
4100 Impôts périodiques sur la propriété immobilière	..	4.5	8.8	11.6	11.9	..	0.2	0.2	0.2	0.2
4200 Impôts périodiques sur l'actif net	..	0.0	0.0	0.0	0.0	..	0.0	0.0	0.0	0.0
4300 Impôts sur mut. par décès, succ. et donations	..	0.6	0.2	0.0	0.0	..	0.0	0.0	0.0	0.0
4400 Impôts sur transact. mobilières et immob.	..	5.8	7.4	0.0	0.1	..	0.2	0.2	0.0	0.0
4500 Impôts non périodiques sur	..	0.0	0.0	0.0	0.0	..	0.0	0.0	0.0	0.0
4600 Autres impôts périodiques sur patrimoine	..	0.0	0.0	0.0	0.0	..	0.0	0.0	0.0	0.0
5000 Impôts sur les biens et services	..	**243.0**	**434.4**	**615.9**	**664.7**	..	**10.2**	**10.9**	**10.8**	**10.9**
5100 Impôts sur production, vente, transfert, etc.	..	226.4	408.6	588.3	636.0	..	9.5	10.2	10.3	10.4
5110 Impôts généraux	..	141.2	263.5	422.5	463.5	..	5.9	6.6	7.4	7.6
5111 Taxes sur la valeur ajoutée	..	141.2	263.5	422.5	463.5	..	5.9	6.6	7.4	7.6
5120 Impôts sur biens et services déterminés	..	85.1	145.2	165.9	172.5	..	3.6	3.6	2.9	2.8
5121 Accises	..	71.4	138.4	157.4	161.6	..	3.0	3.5	2.8	2.6
5200 Impôts sur utilisation des biens et exerc. activités	..	16.6	25.7	27.5	28.7	..	0.7	0.6	0.5	0.5
5300 Non-ventilables entre 5100 et 5200	..	0.0	0.0	0.0	0.0	..	0.0	0.0	0.0	0.0
6000 Autres impôts	..	**0.4**	**0.1**	**0.2**	**0.2**	..	**0.0**	**0.0**	**0.0**	**0.0**
Crédits d'impôts récupérables										
Crédits d'impôts récupérables contre 1000	..	0.0	25.7	38.9	41.1	..	0.0	0.6	0.7	0.7
Composante transfert	..	..	7.8	9.6	11.4	..	..	0.2	0.2	0.2
Composante fiscale	..	..	17.9	29.3	29.7	..	..	0.4	0.5	0.5
Recettes fiscales collectés pour le compte de l'UE										
Recettes fiscales collectés pour le compte de l'UE, total	..	..	6.6	8.1	10.7	..	..	0.2	0.1	0.2
Droits de douane perçus pour le compte de l'UE	..	..	6.6	8.1	10.7	..	..	0.2	0.1	0.2
Contributions au Fonds de résolution unique collectées pour le compte de l'UE	..	..	..	..	..	..	..	..	..	..

.. Non disponible

Note : Des données et des notes plus détaillées par pays sont disponibles dans le chapitre 5 "Tableaux détaillés par pays". Les séries temporelles complètes sont accessibles sur le site web https://oe.cd/series-temporelles-completes.

Source : Ministry of Finance, Tax Analyses Department.

StatLink https://stat.link/kq94ig

Tableau 4.16. Tchéquie, recettes fiscales et % du PIB par niveaux d'administration (principaux impôts)

	Milliard CZK					% du PIB				
	1990	2000	2010	2020	2021	1990	2000	2010	2020	2021
Administrations fédérale ou centrale										
Recettes fiscales totales	..	**423.4**	**687.3**	**1 054.6**	**1 086.7**	..	**17.7**	**17.2**	**18.5**	**17.8**
1000 Impôts sur revenu, bénéfices et gains en capital	..	175.8	259.9	455.0	440.6	..	7.4	6.5	8.0	7.2
2000 Cotisations de sécurité sociale	..	0.0	0.0	0.0	0.0	..	0.0	0.0	0.0	0.0
3000 Sur salaires ou main d'oeuvre	..	0.0	0.0	0.0	0.0	..	0.0	0.0	0.0	0.0
4000 Impôts sur le patrimoine	..	6.4	7.6	0.0	0.1	..	0.3	0.2	0.0	0.0
5000 Impôts sur les biens et services	..	241.0	419.6	599.4	645.8	..	10.1	10.5	10.5	10.6
6000 Autres impôts	..	0.1	0.1	0.2	0.2	..	0.0	0.0	0.0	0.0
Administrations d'un État/Régions										
Recettes fiscales totales	..	..	..	..	..	..	..	..	..	..
1000 Impôts sur revenu, bénéfices et gains en capital	..	..	..	..	..	..	..	..	..	..
2000 Cotisations de sécurité sociale	..	..	..	..	..	..	..	..	..	..
3000 Sur salaires ou main d'oeuvre	..	..	..	..	..	..	..	..	..	..
4000 Impôts sur le patrimoine	..	..	..	..	..	..	..	..	..	..
5000 Impôts sur les biens et services	..	..	..	..	..	..	..	..	..	..
6000 Autres impôts	..	..	..	..	..	..	..	..	..	..
Administrations locales										
Recettes fiscales totales	..	**6.7**	**17.0**	**19.9**	**20.1**	..	**0.3**	**0.4**	**0.3**	**0.3**
1000 Impôts sur revenu, bénéfices et gains en capital	..	0.0	0.0	0.0	0.0	..	0.0	0.0	0.0	0.0
2000 Cotisations de sécurité sociale	..	0.0	0.0	0.0	0.0	..	0.0	0.0	0.0	0.0
3000 Sur salaires ou main d'oeuvre	..	0.0	0.0	0.0	0.0	..	0.0	0.0	0.0	0.0
4000 Impôts sur le patrimoine	..	4.5	8.7	11.6	11.8	..	0.2	0.2	0.2	0.2
5000 Impôts sur les biens et services	..	2.0	8.2	8.4	8.3	..	0.1	0.2	0.1	0.1
6000 Autres impôts	..	0.3	0.0	0.0	0.0	..	0.0	0.0	0.0	0.0
Administrations de sécurité sociale										
Recettes fiscales totales	..	**341.5**	**576.0**	**901.7**	**1 004.8**	..	**14.3**	**14.4**	**15.8**	**16.4**
1000 Impôts sur revenu, bénéfices et gains en capital	..	0.0	0.0	0.0	0.0	..	0.0	0.0	0.0	0.0
2000 Cotisations de sécurité sociale	..	341.5	576.0	901.7	1 004.8	..	14.3	14.4	15.8	16.4
3000 Sur salaires ou main d'oeuvre	..	0.0	0.0	0.0	0.0	..	0.0	0.0	0.0	0.0
4000 Impôts sur le patrimoine	..	0.0	0.0	0.0	0.0	..	0.0	0.0	0.0	0.0
5000 Impôts sur les biens et services	..	0.0	0.0	0.0	0.0	..	0.0	0.0	0.0	0.0
6000 Autres impôts	..	0.0	0.0	0.0	0.0	..	0.0	0.0	0.0	0.0

.. Non disponible

Note : Des données et des notes plus détaillées par pays sont disponibles dans le chapitre 6 "Recettes fiscales des sous-secteurs de l'administration". Les séries temporelles complètes sont accessibles sur le site web https://oe.cd/series-temporelles-completes.

Source : Ministry of Finance, Tax Analyses Department.

StatLink https://stat.link/tbphns

Tableau 4.17. Danemark, recettes fiscales et % du PIB (sélection de catégories d'impôts)

	Milliard DKK					% du PIB				
	1990	2000	2010	2020	2021	1990	2000	2010	2020	2021
Recettes fiscales totales	**379.8**	**622.0**	**810.5**	**1 096.7**	**1 209.6**	**44.4**	**46.9**	**44.8**	**47.3**	**47.4**
1000 Impôts sur le revenu, les bénéfices et les gains en capital	**232.3**	**382.0**	**498.8**	**709.8**	**803.4**	**27.2**	**28.8**	**27.5**	**30.6**	**31.5**
1100 Des personnes physiques	205.1	327.3	421.3	593.8	638.8	24.0	24.7	23.3	25.6	25.0
1200 Des sociétés	14.7	42.3	41.1	67.7	100.8	1.7	3.2	2.3	2.9	4.0
1300 Non-ventilables entre 1100 et 1200	12.6	12.4	36.5	48.3	63.8	1.5	0.9	2.0	2.1	2.5
2000 Cotisations de sécurité sociale	**0.1**	**8.5**	**1.8**	**1.4**	**1.5**	**0.0**	**0.6**	**0.1**	**0.1**	**0.1**
2100 À la charge des salariés	0.1	8.2	0.9	0.8	0.7	0.0	0.6	0.0	0.0	0.0
2200 À la charge des employeurs	0.0	0.2	0.9	0.6	0.8	0.0	0.0	0.1	0.0	0.0
2300 À la charge des indép. ou sans emploi	0.0	0.0	0.0	0.0	0.0	0.0	0.0	0.0	0.0	0.0
2400 Non-ventilables entre 2100, 2200 et 2300	0.0	0.0	0.0	0.0	0.0	0.0	0.0	0.0	0.0	0.0
3000 Sur les salaires ou main d'oeuvre	**2.5**	**2.3**	**4.2**	**4.2**	**6.6**	**0.3**	**0.2**	**0.2**	**0.2**	**0.3**
4000 Impôts sur le patrimoine	**16.3**	**20.7**	**33.5**	**45.6**	**47.1**	**1.9**	**1.6**	**1.9**	**2.0**	**1.8**
4100 Impôts périodiques sur la propriété immobilière	8.9	13.6	24.2	31.6	32.4	1.0	1.0	1.3	1.4	1.3
4200 Impôts périodiques sur l'actif net	0.9	0.0	0.0	0.0	0.0	0.1	0.0	0.0	0.0	0.0
4300 Impôts sur mut. par décès, succ. et donations	2.2	2.9	3.6	6.7	6.1	0.3	0.2	0.2	0.3	0.2
4400 Impôts sur transact. mobilières et immob.	4.2	4.2	5.7	7.4	8.6	0.5	0.3	0.3	0.3	0.3
4500 Impôts non périodiques sur	0.1	0.1	0.0	0.0	0.0	0.0	0.0	0.0	0.0	0.0
4600 Autres impôts périodiques sur patrimoine	0.0	0.0	0.0	0.0	0.0	0.0	0.0	0.0	0.0	0.0
5000 Impôts sur les biens et services	**128.7**	**208.1**	**271.9**	**335.4**	**350.7**	**15.0**	**15.7**	**15.0**	**14.5**	**13.8**
5100 Impôts sur production, vente, transfert, etc.	122.7	197.3	252.3	310.8	326.9	14.3	14.9	13.9	13.4	12.8
5110 Impôts généraux	79.7	121.2	169.6	227.6	243.7	9.3	9.1	9.4	9.8	9.6
5111 Taxes sur la valeur ajoutée	71.2	121.2	169.6	227.6	243.7	8.3	9.1	9.4	9.8	9.6
5120 Impôts sur biens et services déterminés	43.0	76.0	82.7	83.2	83.2	5.0	5.7	4.6	3.6	3.3
5121 Accises	38.3	69.0	74.0	75.5	74.4	4.5	5.2	4.1	3.3	2.9
5200 Impôts sur utilisation des biens et exerc. activités	4.4	7.5	14.7	15.0	13.8	0.5	0.6	0.8	0.6	0.5
5300 Non-ventilables entre 5100 et 5200	1.6	3.4	4.9	9.6	10.0	0.2	0.3	0.3	0.4	0.4
6000 Autres impôts	**0.0**	**0.4**	**0.2**	**0.3**	**0.3**	**0.0**	**0.0**	**0.0**	**0.0**	**0.0**
Crédits d'impôts récupérables										
Crédits d'impôts récupérables contre 1000	..	..	5.0	3.0	3.0	..	..	0.3	0.1	0.1
Composante transfert	..	..	0.2	0.2	0.2	..	..	0.0	0.0	0.0
Composante fiscale	..	..	4.7	2.9	2.9	..	..	0.3	0.1	0.1
Recettes fiscales collectés pour le compte de l'UE										
Recettes fiscales collectés pour le compte de l'UE, total	2.7	2.6	3.3	3.1	3.7	0.3	0.2	0.2	0.1	0.1
Droits de douane perçus pour le compte de l'UE	1.8	2.3	3.2	3.1	3.7	0.2	0.2	0.2	0.1	0.1
Contributions au Fonds de résolution unique collectées pour le compte de l'UE	..	..	..	..	..	..	..	..	..	..

.. Non disponible

Note : Des données et des notes plus détaillées par pays sont disponibles dans le chapitre 5 "Tableaux détaillés par pays". Les séries temporelles complètes sont accessibles sur le site web https://oe.cd/series-temporelles-completes.

Le total des recettes fiscales a été diminué du montant de tout transfert en capital représentant les impôts non perçus. Le transfert en capital a été directement diminué des impôts spécifiques auxquels il se rapporte. Par conséquent, les montants des recettes fiscales sont différents de ceux présentés dans le chapitre 5 "Tableaux détaillés par pays".

Source : Statistics Denmark.

StatLink https://stat.link/5xpjot

Tableau 4.18. Danemark, recettes fiscales et % du PIB par niveaux d'administration (principaux impôts)

	Milliard DKK					% du PIB				
	1990	2000	2010	2020	2021	1990	2000	2010	2020	2021
Administrations fédérale ou centrale										
Recettes fiscales totales	**259.5**	**420.6**	**589.0**	**798.4**	**894.3**	**30.3**	**31.7**	**32.5**	**34.4**	**35.1**
1000 Impôts sur revenu, bénéfices et gains en capital	123.4	203.9	305.7	446.8	525.0	14.4	15.4	16.9	19.2	20.6
2000 Cotisations de sécurité sociale	0.1	1.4	0.9	0.8	0.7	0.0	0.1	0.1	0.0	0.0
3000 Sur salaires ou main d'oeuvre	2.5	2.3	4.2	4.2	6.6	0.3	0.2	0.2	0.2	0.3
4000 Impôts sur le patrimoine	7.6	7.2	9.4	14.1	14.7	0.9	0.5	0.5	0.6	0.6
5000 Impôts sur les biens et services	126.0	205.5	268.7	332.3	347.0	14.7	15.5	14.8	14.3	13.6
6000 Autres impôts	0.0	0.4	0.2	0.3	0.3	0.0	0.0	0.0	0.0	0.0
Administrations d'un État/Régions										
Recettes fiscales totales	**..**	**..**	**..**	**..**	**..**	**..**	**..**	**..**	**..**	**..**
1000 Impôts sur revenu, bénéfices et gains en capital	..	..	..	..	..	..	..	..	..	..
2000 Cotisations de sécurité sociale	..	..	..	..	..	..	..	..	..	..
3000 Sur salaires ou main d'oeuvre	..	..	..	..	..	..	..	..	..	..
4000 Impôts sur le patrimoine	..	..	..	..	..	..	..	..	..	..
5000 Impôts sur les biens et services	..	..	..	..	..	..	..	..	..	..
6000 Autres impôts	..	..	..	..	..	..	..	..	..	..
Administrations locales										
Recettes fiscales totales	**117.6**	**191.7**	**217.3**	**294.6**	**310.8**	**13.8**	**14.4**	**12.0**	**12.7**	**12.2**
1000 Impôts sur revenu, bénéfices et gains en capital	108.9	178.1	193.1	263.0	278.4	12.7	13.4	10.7	11.3	10.9
2000 Cotisations de sécurité sociale	0.0	0.0	0.0	0.0	0.0	0.0	0.0	0.0	0.0	0.0
3000 Sur salaires ou main d'oeuvre	0.0	0.0	0.0	0.0	0.0	0.0	0.0	0.0	0.0	0.0
4000 Impôts sur le patrimoine	8.7	13.6	24.2	31.6	32.4	1.0	1.0	1.3	1.4	1.3
5000 Impôts sur les biens et services	0.0	0.0	0.0	0.0	0.0	0.0	0.0	0.0	0.0	0.0
6000 Autres impôts	0.0	0.0	0.0	0.0	0.0	0.0	0.0	0.0	0.0	0.0
Administrations de sécurité sociale										
Recettes fiscales totales	**0.0**	**7.1**	**0.9**	**0.6**	**0.8**	**0.0**	**0.5**	**0.1**	**0.0**	**0.0**
1000 Impôts sur revenu, bénéfices et gains en capital	0.0	0.0	0.0	0.0	0.0	0.0	0.0	0.0	0.0	0.0
2000 Cotisations de sécurité sociale	0.0	7.1	0.9	0.6	0.8	0.0	0.5	0.1	0.0	0.0
3000 Sur salaires ou main d'oeuvre	0.0	0.0	0.0	0.0	0.0	0.0	0.0	0.0	0.0	0.0
4000 Impôts sur le patrimoine	0.0	0.0	0.0	0.0	0.0	0.0	0.0	0.0	0.0	0.0
5000 Impôts sur les biens et services	0.0	0.0	0.0	0.0	0.0	0.0	0.0	0.0	0.0	0.0
6000 Autres impôts	0.0	0.0	0.0	0.0	0.0	0.0	0.0	0.0	0.0	0.0

.. Non disponible

Note : Des données et des notes plus détaillées par pays sont disponibles dans le chapitre 6 "Recettes fiscales des sous-secteurs de l'administration". Les séries temporelles complètes sont accessibles sur le site web https://oe.cd/series-temporelles-completes.

Le total des recettes fiscales a été diminué du montant de tout transfert en capital représentant les impôts non perçus. Le transfert en capital a été directement diminué des impôts spécifiques auxquels il se rapporte. Par conséquent, les montants des recettes fiscales sont différents de ceux présentés dans le chapitre 6 "Recettes fiscales des sous-secteurs de l'administration".

Source : Statistics Denmark.

StatLink https://stat.link/tovs1x

Tableau 4.19. Estonie, recettes fiscales et % du PIB (sélection de catégories d'impôts)

	Milliard EUR					% du PIB				
	1990	2000	2010	2020	2021	1990	2000	2010	2020	2021
Recettes fiscales totales	**..**	**1.9**	**4.9**	**9.1**	**10.5**	**..**	**31.1**	**33.2**	**33.3**	**33.5**
1000 Impôts sur le revenu, les bénéfices et les gains en capital	**..**	**0.5**	**1.0**	**2.1**	**2.6**	**..**	**7.7**	**6.6**	**7.7**	**8.4**
1100 Des personnes physiques	..	0.4	0.8	1.7	2.1	..	6.8	5.3	6.0	6.8
1200 Des sociétés	..	0.1	0.2	0.4	0.5	..	0.9	1.3	1.6	1.5
1300 Non-ventilables entre 1100 et 1200	..	0.0	0.0	0.0	0.0	..	0.0	0.0	0.0	0.0
2000 Cotisations de sécurité sociale	**..**	**0.7**	**1.9**	**3.3**	**3.7**	**..**	**10.9**	**12.7**	**12.1**	**11.6**
2100 À la charge des salariés	..	0.0	0.1	0.1	0.2	..	0.0	0.8	0.5	0.5
2200 À la charge des employeurs	..	0.7	1.7	3.0	3.3	..	10.7	11.8	10.8	10.4
2300 À la charge des indép. ou sans emploi	..	0.0	0.0	0.2	0.2	..	0.2	0.1	0.8	0.7
2400 Non-ventilables entre 2100, 2200 et 2300	..	0.0	0.0	0.0	0.0	..	0.0	0.0	0.0	0.0
3000 Sur les salaires ou main d'oeuvre	**..**	**0.0**	**0.0**	**0.0**	**0.0**	**..**	**0.0**	**0.0**	**0.0**	**0.0**
4000 Impôts sur le patrimoine	**..**	**0.0**	**0.1**	**0.1**	**0.1**	**..**	**0.4**	**0.3**	**0.2**	**0.2**
4100 Impôts périodiques sur la propriété immobilière	..	0.0	0.1	0.1	0.1	..	0.4	0.3	0.2	0.2
4200 Impôts périodiques sur l'actif net	..	0.0	0.0	0.0	0.0	..	0.0	0.0	0.0	0.0
4300 Impôts sur mut. par décès, succ. et donations	..	0.0	0.0	0.0	0.0	..	0.0	0.0	0.0	0.0
4400 Impôts sur transact. mobilières et immob.	..	0.0	0.0	0.0	0.0	..	0.0	0.0	0.0	0.0
4500 Impôts non périodiques sur	..	0.0	0.0	0.0	0.0	..	0.0	0.0	0.0	0.0
4600 Autres impôts périodiques sur patrimoine	..	0.0	0.0	0.0	0.0	..	0.0	0.0	0.0	0.0
5000 Impôts sur les biens et services	**..**	**0.7**	**2.0**	**3.6**	**4.2**	**..**	**12.1**	**13.5**	**13.3**	**13.4**
5100 Impôts sur production, vente, transfert, etc.	..	0.7	1.9	3.4	4.0	..	11.7	13.1	12.5	12.7
5110 Impôts généraux	..	0.5	1.3	2.4	2.9	..	8.4	8.6	8.9	9.1
5111 Taxes sur la valeur ajoutée	..	0.5	1.3	2.4	2.9	..	8.4	8.5	8.9	9.1
5120 Impôts sur biens et services déterminés	..	0.2	0.7	1.0	1.1	..	3.3	4.6	3.6	3.6
5121 Accises	..	0.2	0.6	0.9	1.0	..	3.0	4.2	3.3	3.1
5200 Impôts sur utilisation des biens et exerc. activités	..	0.0	0.1	0.2	0.2	..	0.4	0.4	0.7	0.6
5300 Non-ventilables entre 5100 et 5200	..	0.0	0.0	0.0	0.0	..	0.0	0.0	0.0	0.0
6000 Autres impôts	**..**	**0.0**	**0.0**	**0.0**	**0.0**	**..**	**0.0**	**0.0**	**0.0**	**0.0**
Crédits d'impôts récupérables										
Crédits d'impôts récupérables contre 1000	..	..	..	..	..	..	..	..	..	..
Composante transfert	..	..	..	..	..	..	..	..	..	..
Composante fiscale	..	..	..	..	..	..	..	..	..	..
Recettes fiscales collectés pour le compte de l'UE										
Recettes fiscales collectés pour le compte de l'UE, total	..	..	0.0	0.1	0.1	..	..	0.2	0.2	0.2
Droits de douane perçus pour le compte de l'UE	..	..	0.0	0.0	0.1	..	..	0.2	0.2	0.2
Contributions au Fonds de résolution unique collectées pour le compte de l'UE	..	..	..	0.0	0.0	..	..	..	0.0	0.0

.. Non disponible

Note : Des données et des notes plus détaillées par pays sont disponibles dans le chapitre 5 "Tableaux détaillés par pays". Les séries temporelles complètes sont accessibles sur le site web https://oe.cd/series-temporelles-completes.

Source : Statistics Estonia.

StatLink https://stat.link/54dyz8

Tableau 4.20. Estonie, recettes fiscales et % du PIB par niveaux d'administration (principaux impôts)

	Milliard EUR					% du PIB				
	1990	2000	2010	2020	2021	1990	2000	2010	2020	2021
Administrations fédérale ou centrale										
Recettes fiscales totales	**..**	**1.6**	**3.9**	**7.4**	**8.7**	**..**	**26.3**	**26.7**	**27.0**	**27.5**
1000 Impôts sur revenu, bénéfices et gains en capital	..	0.5	1.0	2.1	2.6	..	7.7	6.6	7.7	8.4
2000 Cotisations de sécurité sociale	..	0.4	1.0	1.7	1.9	..	6.6	6.8	6.4	6.1
3000 Sur salaires ou main d'oeuvre	..	0.0	0.0	0.0	0.0	..	0.0	0.0	0.0	0.0
4000 Impôts sur le patrimoine	..	0.0	0.0	0.0	0.0	..	0.0	0.0	0.0	0.0
5000 Impôts sur les biens et services	..	0.7	2.0	3.6	4.1	..	12.0	13.2	13.0	13.1
6000 Autres impôts	..	0.0	0.0	0.0	0.0	..	0.0	0.0	0.0	0.0
Administrations d'un État/Régions										
Recettes fiscales totales	**..**	**..**	**..**	**..**	**..**	**..**	**..**	**..**	**..**	**..**
1000 Impôts sur revenu, bénéfices et gains en capital	..	..	..	..	..	..	..	..	..	..
2000 Cotisations de sécurité sociale	..	..	..	..	..	..	..	..	..	..
3000 Sur salaires ou main d'oeuvre	..	..	..	..	..	..	..	..	..	..
4000 Impôts sur le patrimoine	..	..	..	..	..	..	..	..	..	..
5000 Impôts sur les biens et services	..	..	..	..	..	..	..	..	..	..
6000 Autres impôts	..	..	..	..	..	..	..	..	..	..
Administrations locales										
Recettes fiscales totales	**..**	**0.0**	**0.1**	**0.1**	**0.1**	**..**	**0.5**	**0.5**	**0.3**	**0.2**
1000 Impôts sur revenu, bénéfices et gains en capital	..	0.0	0.0	0.0	0.0	..	0.0	0.0	0.0	0.0
2000 Cotisations de sécurité sociale	..	0.0	0.0	0.0	0.0	..	0.0	0.0	0.0	0.0
3000 Sur salaires ou main d'oeuvre	..	0.0	0.0	0.0	0.0	..	0.0	0.0	0.0	0.0
4000 Impôts sur le patrimoine	..	0.0	0.1	0.1	0.1	..	0.4	0.3	0.2	0.2
5000 Impôts sur les biens et services	..	0.0	0.0	0.0	0.0	..	0.1	0.1	0.0	0.0
6000 Autres impôts	..	0.0	0.0	0.0	0.0	..	0.0	0.0	0.0	0.0
Administrations de sécurité sociale										
Recettes fiscales totales	**..**	**0.3**	**0.9**	**1.6**	**1.7**	**..**	**4.3**	**5.9**	**5.8**	**5.5**
1000 Impôts sur revenu, bénéfices et gains en capital	..	0.0	0.0	0.0	0.0	..	0.0	0.0	0.0	0.0
2000 Cotisations de sécurité sociale	..	0.3	0.9	1.6	1.7	..	4.3	5.9	5.8	5.5
3000 Sur salaires ou main d'oeuvre	..	0.0	0.0	0.0	0.0	..	0.0	0.0	0.0	0.0
4000 Impôts sur le patrimoine	..	0.0	0.0	0.0	0.0	..	0.0	0.0	0.0	0.0
5000 Impôts sur les biens et services	..	0.0	0.0	0.0	0.0	..	0.0	0.0	0.0	0.0
6000 Autres impôts	..	0.0	0.0	0.0	0.0	..	0.0	0.0	0.0	0.0

.. Non disponible

Note : Des données et des notes plus détaillées par pays sont disponibles dans le chapitre 6 "Recettes fiscales des sous-secteurs de l'administration". Les séries temporelles complètes sont accessibles sur le site web https://oe.cd/series-temporelles-completes.

Source : Statistics Estonia.

StatLink https://stat.link/qbw6u5

Tableau 4.21. Finlande, recettes fiscales et % du PIB (sélection de catégories d'impôts)

	Milliard EUR					% du PIB				
	1990	2000	2010	2020	2021	1990	2000	2010	2020	2021
Recettes fiscales totales	**39.1**	**62.4**	**76.3**	**99.6**	**108.3**	**42.9**	**45.8**	**40.6**	**41.8**	**43.2**
1000 Impôts sur le revenu, les bénéfices et les gains en capital	**15.3**	**26.9**	**27.1**	**35.0**	**39.1**	**16.8**	**19.7**	**14.4**	**14.7**	**15.6**
1100 Des personnes physiques	13.6	19.1	22.5	29.9	32.3	14.9	14.0	12.0	12.5	12.9
1200 Des sociétés	1.8	7.8	4.6	5.1	6.8	1.9	5.7	2.4	2.1	2.7
1300 Non-ventilables entre 1100 et 1200	0.0	0.0	0.0	0.0	0.0	0.0	0.0	0.0	0.0	0.0
2000 Cotisations de sécurité sociale	**10.0**	**15.8**	**22.6**	**27.3**	**30.2**	**11.0**	**11.5**	**12.0**	**11.5**	**12.0**
2100 À la charge des salariés	1.2	2.9	4.7	8.6	9.1	1.3	2.1	2.5	3.6	3.6
2200 À la charge des employeurs	8.1	11.6	16.0	16.7	18.9	8.9	8.5	8.5	7.0	7.5
2300 À la charge des indép. ou sans emploi	0.7	1.3	1.9	2.1	2.2	0.8	0.9	1.0	0.9	0.9
2400 Non-ventilables entre 2100, 2200 et 2300	0.0	0.0	0.0	0.0	0.0	0.0	0.0	0.0	0.0	0.0
3000 Sur les salaires ou main d'oeuvre	**0.0**	**0.0**	**0.0**	**0.0**	**0.0**	**0.0**	**0.0**	**0.0**	**0.0**	**0.0**
4000 Impôts sur le patrimoine	**1.0**	**1.5**	**2.1**	**3.6**	**3.8**	**1.1**	**1.1**	**1.1**	**1.5**	**1.5**
4100 Impôts périodiques sur la propriété immobilière	0.1	0.6	1.2	2.0	2.0	0.1	0.4	0.6	0.8	0.8
4200 Impôts périodiques sur l'actif net	0.0	0.2	0.0	0.0	0.0	0.0	0.1	0.0	0.0	0.0
4300 Impôts sur mut. par décès, succ. et donations	0.1	0.4	0.4	0.8	0.8	0.2	0.3	0.2	0.3	0.3
4400 Impôts sur transact. mobilières et immob.	0.7	0.4	0.5	0.8	1.0	0.8	0.3	0.3	0.3	0.4
4500 Impôts non périodiques sur	0.0	0.0	0.0	0.0	0.0	0.0	0.0	0.0	0.0	0.0
4600 Autres impôts périodiques sur patrimoine	0.0	0.0	0.0	0.0	0.0	0.0	0.0	0.0	0.0	0.0
5000 Impôts sur les biens et services	**12.7**	**18.2**	**24.4**	**33.7**	**35.1**	**14.0**	**13.4**	**13.0**	**14.1**	**14.0**
5100 Impôts sur production, vente, transfert, etc.	12.6	17.8	23.6	32.2	33.7	13.8	13.0	12.6	13.5	13.4
5110 Impôts généraux	7.5	10.9	15.5	22.0	23.6	8.3	8.0	8.3	9.2	9.4
5111 Taxes sur la valeur ajoutée	7.5	10.9	15.5	22.0	23.6	8.3	8.0	8.3	9.2	9.4
5120 Impôts sur biens et services déterminés	5.0	6.9	8.1	10.2	10.1	5.5	5.1	4.3	4.3	4.0
5121 Accises	3.8	5.6	6.3	8.0	7.8	4.2	4.1	3.3	3.4	3.1
5200 Impôts sur utilisation des biens et exerc. activités	0.2	0.4	0.8	1.5	1.4	0.2	0.3	0.4	0.6	0.6
5300 Non-ventilables entre 5100 et 5200	0.0	0.0	0.0	0.0	0.0	0.0	0.0	0.0	0.0	0.0
6000 Autres impôts	**0.1**	**0.0**	**0.1**	**0.1**	**0.1**	**0.1**	**0.0**	**0.0**	**0.0**	**0.0**
Crédits d'impôts récupérables										
Crédits d'impôts récupérables contre 1000	..	..	..	..	..	..	..	..	..	..
Composante transfert	..	..	..	..	..	..	..	..	..	..
Composante fiscale	..	..	..	..	..	..	..	..	..	..
Recettes fiscales collectés pour le compte de l'UE										
Recettes fiscales collectés pour le compte de l'UE, total	..	0.1	0.2	0.4	0.5	..	0.1	0.1	0.2	0.2
Droits de douane perçus pour le compte de l'UE	..	0.1	0.2	0.2	0.2	..	0.1	0.1	0.1	0.1
Contributions au Fonds de résolution unique collectées pour le compte de l'UE	..	..	..	0.2	0.3	..	..	..	0.1	0.1

.. Non disponible

Note : Des données et des notes plus détaillées par pays sont disponibles dans le chapitre 5 "Tableaux détaillés par pays". Les séries temporelles complètes sont accessibles sur le site web https://oe.cd/series-temporelles-completes.

Source : Statistics Finland, basing on data from State Treasury, Tax Administration, Finnish Customs, Finnish Transport and Communication Agency, Financial Stability Authority and Financial Supervisory Authority. Supplementary information from unpublished sources.

StatLink https://stat.link/ltx2cg

Tableau 4.22. Finlande, recettes fiscales et % du PIB par niveaux d'administration (principaux impôts)

	Milliard EUR					% du PIB				
	1990	2000	2010	2020	2021	1990	2000	2010	2020	2021
Administrations fédérale ou centrale										
Recettes fiscales totales	**20.7**	**33.1**	**35.0**	**47.3**	**51.8**	**22.7**	**24.2**	**18.6**	**19.9**	**20.7**
1000 Impôts sur revenu, bénéfices et gains en capital	7.0	14.0	9.8	12.3	15.2	7.7	10.3	5.2	5.2	6.1
2000 Cotisations de sécurité sociale	0.0	0.0	0.0	0.0	0.0	0.0	0.0	0.0	0.0	0.0
3000 Sur salaires ou main d'oeuvre	0.0	0.0	0.0	0.0	0.0	0.0	0.0	0.0	0.0	0.0
4000 Impôts sur le patrimoine	0.9	0.9	0.9	1.6	1.8	1.0	0.7	0.5	0.7	0.7
5000 Impôts sur les biens et services	12.7	18.1	24.3	33.3	34.6	14.0	13.2	12.9	14.0	13.8
6000 Autres impôts	0.1	0.0	0.1	0.1	0.1	0.1	0.0	0.0	0.0	0.0
Administrations d'un État/Régions										
Recettes fiscales totales	**..**	**..**	**..**	**..**	**..**	**..**	**..**	**..**	**..**	**..**
1000 Impôts sur revenu, bénéfices et gains en capital	..	..	..	..	..	..	..	..	..	..
2000 Cotisations de sécurité sociale	..	..	..	..	..	..	..	..	..	..
3000 Sur salaires ou main d'oeuvre	..	..	..	..	..	..	..	..	..	..
4000 Impôts sur le patrimoine	..	..	..	..	..	..	..	..	..	..
5000 Impôts sur les biens et services	..	..	..	..	..	..	..	..	..	..
6000 Autres impôts	..	..	..	..	..	..	..	..	..	..
Administrations locales										
Recettes fiscales totales	**8.4**	**13.5**	**18.5**	**24.6**	**25.8**	**9.2**	**9.9**	**9.8**	**10.3**	**10.3**
1000 Impôts sur revenu, bénéfices et gains en capital	8.3	12.9	17.3	22.6	23.9	9.1	9.4	9.2	9.5	9.5
2000 Cotisations de sécurité sociale	0.0	0.0	0.0	0.0	0.0	0.0	0.0	0.0	0.0	0.0
3000 Sur salaires ou main d'oeuvre	0.0	0.0	0.0	0.0	0.0	0.0	0.0	0.0	0.0	0.0
4000 Impôts sur le patrimoine	0.1	0.6	1.2	2.0	2.0	0.1	0.4	0.6	0.8	0.8
5000 Impôts sur les biens et services	0.0	0.0	0.0	0.0	0.0	0.0	0.0	0.0	0.0	0.0
6000 Autres impôts	0.0	0.0	0.0	0.0	0.0	0.0	0.0	0.0	0.0	0.0
Administrations de sécurité sociale										
Recettes fiscales totales	**10.0**	**15.8**	**22.6**	**27.3**	**30.2**	**11.0**	**11.5**	**12.0**	**11.5**	**12.0**
1000 Impôts sur revenu, bénéfices et gains en capital	0.0	0.0	0.0	0.0	0.0	0.0	0.0	0.0	0.0	0.0
2000 Cotisations de sécurité sociale	10.0	15.8	22.6	27.3	30.2	11.0	11.5	12.0	11.5	12.0
3000 Sur salaires ou main d'oeuvre	0.0	0.0	0.0	0.0	0.0	0.0	0.0	0.0	0.0	0.0
4000 Impôts sur le patrimoine	0.0	0.0	0.0	0.0	0.0	0.0	0.0	0.0	0.0	0.0
5000 Impôts sur les biens et services	0.0	0.0	0.0	0.0	0.0	0.0	0.0	0.0	0.0	0.0
6000 Autres impôts	0.0	0.0	0.0	0.0	0.0	0.0	0.0	0.0	0.0	0.0

.. Non disponible

Note : Des données et des notes plus détaillées par pays sont disponibles dans le chapitre 6 "Recettes fiscales des sous-secteurs de l'administration". Les séries temporelles complètes sont accessibles sur le site web https://oe.cd/series-temporelles-completes.

Source : Statistics Finland, basing on data from State Treasury, Tax Administration, Finnish Customs, Finnish Transport and Communication Agency, Financial Stability Authority and Financial Supervisory Authority. Supplementary information from unpublished sources.

StatLink https://stat.link/jl89qh

Tableau 4.23. France, recettes fiscales et % du PIB (sélection de catégories d'impôts)

	Milliard EUR					% du PIB				
	1990	2000	2010	2020	2021	1990	2000	2010	2020	2021
Recettes fiscales totales	**433.8**	**642.2**	**840.9**	**1 048.1**	**1 129.6**	**41.2**	**43.4**	**42.1**	**45.4**	**45.2**
1000 Impôts sur le revenu, les bénéfices et les gains en capital	**69.6**	**159.5**	**189.7**	**274.3**	**300.2**	**6.6**	**10.8**	**9.5**	**11.9**	**12.0**
1100 Des personnes physiques	46.3	115.2	143.1	220.7	236.9	4.4	7.8	7.2	9.6	9.5
1200 Des sociétés	23.1	44.3	46.6	53.6	63.3	2.2	3.0	2.3	2.3	2.5
1300 Non-ventilables entre 1100 et 1200	0.3	0.0	0.0	0.0	0.0	0.0	0.0	0.0	0.0	0.0
2000 Cotisations de sécurité sociale	**191.1**	**230.2**	**321.3**	**342.6**	**370.6**	**18.1**	**15.6**	**16.1**	**14.8**	**14.8**
2100 À la charge des salariés	57.3	57.3	77.7	82.9	89.9	5.4	3.9	3.9	3.6	3.6
2200 À la charge des employeurs	118.1	158.3	218.0	232.9	252.3	11.2	10.7	10.9	10.1	10.1
2300 À la charge des indép. ou sans emploi	15.7	14.6	25.7	26.7	28.3	1.5	1.0	1.3	1.2	1.1
2400 Non-ventilables entre 2100, 2200 et 2300	0.0	0.0	0.0	0.0	0.0	0.0	0.0	0.0	0.0	0.0
3000 Sur les salaires ou main d'oeuvre	**8.3**	**14.9**	**26.8**	**43.2**	**46.1**	**0.8**	**1.0**	**1.3**	**1.9**	**1.8**
4000 Impôts sur le patrimoine	**27.4**	**44.0**	**70.5**	**91.6**	**95.7**	**2.6**	**3.0**	**3.5**	**4.0**	**3.8**
4100 Impôts périodiques sur la propriété immobilière	14.8	27.3	47.6	54.8	51.1	1.4	1.8	2.4	2.4	2.0
4200 Impôts périodiques sur l'actif net	2.6	2.4	4.4	2.0	2.1	0.2	0.2	0.2	0.1	0.1
4300 Impôts sur mut. par décès, succ. et donations	4.1	6.9	7.7	15.0	18.6	0.4	0.5	0.4	0.6	0.7
4400 Impôts sur transact. mobilières et immob.	5.9	7.4	10.8	19.8	23.9	0.6	0.5	0.5	0.9	1.0
4500 Impôts non périodiques sur	0.0	0.0	0.0	0.0	0.0	0.0	0.0	0.0	0.0	0.0
4600 Autres impôts périodiques sur patrimoine	0.0	0.0	0.0	0.0	0.0	0.0	0.0	0.0	0.0	0.0
5000 Impôts sur les biens et services	**123.2**	**169.5**	**223.3**	**283.8**	**306.2**	**11.7**	**11.5**	**11.2**	**12.3**	**12.2**
5100 Impôts sur production, vente, transfert, etc.	119.2	162.8	214.6	272.6	294.8	11.3	11.0	10.8	11.8	11.8
5110 Impôts généraux	81.3	109.8	150.6	180.8	196.6	7.7	7.4	7.5	7.8	7.9
5111 Taxes sur la valeur ajoutée	80.0	107.1	135.2	161.4	185.0	7.6	7.2	6.8	7.0	7.4
5120 Impôts sur biens et services déterminés	37.9	53.0	64.0	91.8	98.2	3.6	3.6	3.2	4.0	3.9
5121 Accises	26.8	39.7	45.6	60.9	65.1	2.5	2.7	2.3	2.6	2.6
5200 Impôts sur utilisation des biens et exerc. activités	4.0	6.7	8.8	11.2	11.4	0.4	0.5	0.4	0.5	0.5
5300 Non-ventilables entre 5100 et 5200	0.0	0.0	0.0	0.0	0.0	0.0	0.0	0.0	0.0	0.0
6000 Autres impôts	**14.1**	**24.1**	**9.2**	**12.5**	**10.8**	**1.3**	**1.6**	**0.5**	**0.5**	**0.4**
Crédits d'impôts récupérables										
Crédits d'impôts récupérables contre 1000	..	0.5	17.4	26.1	22.1	..	0.0	0.9	1.1	0.9
Composante transfert	..	..	7.9	14.3	13.8	..	..	0.4	0.6	0.6
Composante fiscale	..	..	9.5	11.7	8.3	..	..	0.5	0.5	0.3
Recettes fiscales collectés pour le compte de l'UE										
Recettes fiscales collectés pour le compte de l'UE, total	2.6	1.9	2.0	5.1	5.6	0.2	0.1	0.1	0.2	0.2
Droits de douane perçus pour le compte de l'UE	..	1.5	1.8	2.1	2.3	..	0.1	0.1	0.1	0.1
Contributions au Fonds de résolution unique collectées pour le compte de l'UE	..	..	..	3.0	3.3	..	..	..	0.1	0.1

.. Non disponible

Note : Des données et des notes plus détaillées par pays sont disponibles dans le chapitre 5 "Tableaux détaillés par pays". Les séries temporelles complètes sont accessibles sur le site web https://oe.cd/series-temporelles-completes.

Le total des recettes fiscales a été diminué du montant de tout transfert en capital représentant les impôts non perçus. Le transfert en capital a été réparti entre les différentes rubriques en proportion des recettes fiscales. Par conséquent, les montants des recettes fiscales sont différents de ceux présentés dans le chapitre 5 "Tableaux détaillés par pays".

Source : Comptes nationaux de la France, Insee.

StatLink https://stat.link/wju9oc

Tableau 4.24. France, recettes fiscales et % du PIB par niveaux d'administration (principaux impôts)

	Milliard EUR					% du PIB				
	1990	2000	2010	2020	2021	1990	2000	2010	2020	2021
Administrations fédérale ou centrale										
Recettes fiscales totales	**200.1**	**270.3**	**299.6**	**336.8**	**347.6**	**19.0**	**18.3**	**15.0**	**14.6**	**13.9**
1000 Impôts sur revenu, bénéfices et gains en capital	69.6	94.4	97.0	140.0	157.3	6.6	6.4	4.9	6.1	6.3
2000 Cotisations de sécurité sociale	3.2	5.4	7.6	8.2	8.0	0.3	0.4	0.4	0.4	0.3
3000 Sur salaires ou main d'oeuvre	6.2	10.6	4.2	12.2	13.6	0.6	0.7	0.2	0.5	0.5
4000 Impôts sur le patrimoine	8.6	11.4	13.4	20.3	29.2	0.8	0.8	0.7	0.9	1.2
5000 Impôts sur les biens et services	112.1	145.5	170.0	155.1	138.8	10.6	9.8	8.5	6.7	5.5
6000 Autres impôts	0.4	3.1	7.4	1.1	0.7	0.0	0.2	0.4	0.0	0.0
Administrations d'un État/Régions										
Recettes fiscales totales	..	..	..	..	..	..	..	..	..	..
1000 Impôts sur revenu, bénéfices et gains en capital	..	..	..	..	..	..	..	..	..	..
2000 Cotisations de sécurité sociale	..	..	..	..	..	..	..	..	..	..
3000 Sur salaires ou main d'oeuvre	..	..	..	..	..	..	..	..	..	..
4000 Impôts sur le patrimoine	..	..	..	..	..	..	..	..	..	..
5000 Impôts sur les biens et services	..	..	..	..	..	..	..	..	..	..
6000 Autres impôts	..	..	..	..	..	..	..	..	..	..
Administrations locales										
Recettes fiscales totales	**40.2**	**64.7**	**89.3**	**141.7**	**162.9**	**3.8**	**4.4**	**4.5**	**6.1**	**6.5**
1000 Impôts sur revenu, bénéfices et gains en capital	0.0	0.0	0.1	0.0	0.0	0.0	0.0	0.0	0.0	0.0
2000 Cotisations de sécurité sociale	0.0	0.0	0.0	0.0	0.0	0.0	0.0	0.0	0.0	0.0
3000 Sur salaires ou main d'oeuvre	1.7	3.9	7.5	9.2	9.8	0.2	0.3	0.4	0.4	0.4
4000 Impôts sur le patrimoine	18.8	32.7	57.1	71.3	66.5	1.8	2.2	2.9	3.1	2.7
5000 Impôts sur les biens et services	6.0	7.3	23.0	50.6	77.4	0.6	0.5	1.2	2.2	3.1
6000 Autres impôts	13.7	20.9	1.6	10.6	9.2	1.3	1.4	0.1	0.5	0.4
Administrations de sécurité sociale										
Recettes fiscales totales	**190.9**	**305.3**	**450.1**	**564.5**	**613.5**	**18.1**	**20.6**	**22.6**	**24.4**	**24.5**
1000 Impôts sur revenu, bénéfices et gains en capital	0.0	65.0	92.7	134.3	142.9	0.0	4.4	4.6	5.8	5.7
2000 Cotisations de sécurité sociale	187.9	224.8	313.7	334.4	362.6	17.8	15.2	15.7	14.5	14.5
3000 Sur salaires ou main d'oeuvre	0.4	0.4	15.1	21.9	22.7	0.0	0.0	0.8	0.9	0.9
4000 Impôts sur le patrimoine	0.0	0.0	0.0	0.0	0.0	0.0	0.0	0.0	0.0	0.0
5000 Impôts sur les biens et services	2.5	14.9	28.4	73.1	84.4	0.2	1.0	1.4	3.2	3.4
6000 Autres impôts	0.0	0.1	0.2	0.8	0.9	0.0	0.0	0.0	0.0	0.0

.. Non disponible

Note : Des données et des notes plus détaillées par pays sont disponibles dans le chapitre 6 "Recettes fiscales des sous-secteurs de l'administration". Les séries temporelles complètes sont accessibles sur le site web https://oe.cd/series-temporelles-completes.

Le total des recettes fiscales a été diminué du montant de tout transfert en capital représentant les impôts non perçus. Le transfert en capital a été réparti entre les différentes rubriques en proportion des recettes fiscales. Par conséquent, les montants des recettes fiscales sont différents de ceux présentés dans le chapitre 6 "Recettes fiscales des sous-secteurs de l'administration".

Source : Comptes nationaux de la France, Insee.

StatLink https://stat.link/xgq8y3

Tableau 4.25. Allemagne, recettes fiscales et % du PIB (sélection de catégories d'impôts)

	Milliard EUR					% du PIB				
	1990	2000	2010	2020	2021	1990	2000	2010	2020	2021
Recettes fiscales totales	**454.8**	**767.0**	**911.2**	**1 291.1**	**1 422.2**	**34.8**	**36.4**	**35.5**	**37.9**	**39.3**
1000 Impôts sur le revenu, les bénéfices et les gains en capital	**147.3**	**231.2**	**257.8**	**404.6**	**464.2**	**11.3**	**11.0**	**10.1**	**11.9**	**12.8**
1100 Des personnes physiques	125.3	194.2	219.4	348.9	378.9	9.6	9.2	8.6	10.3	10.5
1200 Des sociétés	22.0	37.1	38.4	55.7	85.3	1.7	1.8	1.5	1.6	2.4
1300 Non-ventilables entre 1100 et 1200	0.0	0.0	0.0	0.0	0.0	0.0	0.0	0.0	0.0	0.0
2000 Cotisations de sécurité sociale	**170.4**	**299.4**	**354.3**	**512.3**	**534.4**	**13.0**	**14.2**	**13.8**	**15.1**	**14.8**
2100 À la charge des salariés	73.6	131.6	152.8	217.2	229.1	5.6	6.2	6.0	6.4	6.3
2200 À la charge des employeurs	86.7	147.4	165.5	244.8	253.5	6.6	7.0	6.5	7.2	7.0
2300 À la charge des indép. ou sans emploi	10.2	20.4	36.0	50.3	51.8	0.8	1.0	1.4	1.5	1.4
2400 Non-ventilables entre 2100, 2200 et 2300	0.0	0.0	0.0	0.0	0.0	0.0	0.0	0.0	0.0	0.0
3000 Sur les salaires ou main d'oeuvre	**0.0**	**0.0**	**0.0**	**0.0**	**0.0**	**0.0**	**0.0**	**0.0**	**0.0**	**0.0**
4000 Impôts sur le patrimoine	**15.3**	**17.5**	**21.0**	**42.4**	**44.8**	**1.2**	**0.8**	**0.8**	**1.2**	**1.2**
4100 Impôts périodiques sur la propriété immobilière	4.5	8.8	11.3	14.7	15.0	0.3	0.4	0.4	0.4	0.4
4200 Impôts périodiques sur l'actif net	6.2	0.4	0.0	1.5	1.8	0.5	0.0	0.0	0.0	0.0
4300 Impôts sur mut. par décès, succ. et donations	1.5	3.0	4.4	8.7	9.8	0.1	0.1	0.2	0.3	0.3
4400 Impôts sur transact. mobilières et immob.	3.1	5.2	5.3	17.6	18.3	0.2	0.2	0.2	0.5	0.5
4500 Impôts non périodiques sur	0.0	0.0	0.0	0.0	0.0	0.0	0.0	0.0	0.0	0.0
4600 Autres impôts périodiques sur patrimoine	0.0	0.0	0.0	0.0	0.0	0.0	0.0	0.0	0.0	0.0
5000 Impôts sur les biens et services	**121.6**	**218.7**	**277.9**	**331.6**	**378.6**	**9.3**	**10.4**	**10.8**	**9.7**	**10.5**
5100 Impôts sur production, vente, transfert, etc.	117.2	211.4	261.2	310.7	349.5	9.0	10.0	10.2	9.1	9.7
5110 Impôts généraux	75.5	140.9	180.5	221.9	259.8	5.8	6.7	7.0	6.5	7.2
5111 Taxes sur la valeur ajoutée	75.5	140.9	180.5	221.9	259.8	5.8	6.7	7.0	6.5	7.2
5120 Impôts sur biens et services déterminés	41.7	70.6	80.3	88.6	89.5	3.2	3.3	3.1	2.6	2.5
5121 Accises	31.2	57.2	63.4	63.2	62.8	2.4	2.7	2.5	1.9	1.7
5200 Impôts sur utilisation des biens et exerc. activités	4.4	7.2	16.8	20.9	29.1	0.3	0.3	0.7	0.6	0.8
5300 Non-ventilables entre 5100 et 5200	0.0	0.0	0.0	0.0	0.0	0.0	0.0	0.0	0.0	0.0
6000 Autres impôts	**0.2**	**0.2**	**0.1**	**0.2**	**0.3**	**0.0**	**0.0**	**0.0**	**0.0**	**0.0**
Crédits d'impôts récupérables										
Crédits d'impôts récupérables contre 1000	..	39.3	46.3	51.9	52.1	..	1.9	1.8	1.5	1.4
Composante transfert	..	..	17.7	20.3	20.1	..	..	0.7	0.6	0.6
Composante fiscale	..	..	28.6	31.5	32.0	..	..	1.1	0.9	0.9
Recettes fiscales collectés pour le compte de l'UE										
Recettes fiscales collectés pour le compte de l'UE, total	4.1	3.7	4.3	6.9	7.7	0.3	0.2	0.2	0.2	0.2
Droits de douane perçus pour le compte de l'UE	3.7	3.4	4.2	4.7	5.2	0.3	0.2	0.2	0.1	0.1
Contributions au Fonds de résolution unique collectées pour le compte de l'UE	..	..	..	2.2	2.5	..	..	..	0.1	0.1

.. Non disponible

Note : Des données et des notes plus détaillées par pays sont disponibles dans le chapitre 5 "Tableaux détaillés par pays". Les séries temporelles complètes sont accessibles sur le site web https://oe.cd/series-temporelles-completes.

Source : Finanzbericht, Bonn; Tax Statistics. Unpublished estimates by the Ministry of Finance.

StatLink https://stat.link/nxhumv

Tableau 4.26. Allemagne, recettes fiscales et % du PIB par niveaux d'administration (principaux impôts)

	Milliard EUR					% du PIB				
	1990	2000	2010	2020	2021	1990	2000	2010	2020	2021
Administrations fédérale ou centrale										
Recettes fiscales totales	**143.9**	**234.8**	**283.2**	**355.5**	**403.0**	**11.0**	**11.1**	**11.0**	**10.4**	**11.1**
1000 Impôts sur revenu, bénéfices et gains en capital	58.2	97.9	104.5	168.5	184.7	4.5	4.6	4.1	5.0	5.1
2000 Cotisations de sécurité sociale	0.0	0.0	0.0	0.0	0.0	0.0	0.0	0.0	0.0	0.0
3000 Sur salaires ou main d'oeuvre	0.0	0.0	0.0	0.0	0.0	0.0	0.0	0.0	0.0	0.0
4000 Impôts sur le patrimoine	1.2	0.0	0.0	1.5	1.8	0.1	0.0	0.0	0.0	0.0
5000 Impôts sur les biens et services	84.6	136.9	178.6	185.5	216.5	6.5	6.5	7.0	5.4	6.0
6000 Autres impôts	0.0	0.0	0.0	0.0	0.0	0.0	0.0	0.0	0.0	0.0
Administrations d'un État/Régions										
Recettes fiscales totales	**97.8**	**172.1**	**198.1**	**309.8**	**351.9**	**7.5**	**8.2**	**7.7**	**9.1**	**9.7**
1000 Impôts sur revenu, bénéfices et gains en capital	58.2	88.9	97.6	153.3	177.9	4.5	4.2	3.8	4.5	4.9
2000 Cotisations de sécurité sociale	0.0	0.0	0.0	0.0	0.0	0.0	0.0	0.0	0.0	0.0
3000 Sur salaires ou main d'oeuvre	0.0	0.0	0.0	0.0	0.0	0.0	0.0	0.0	0.0	0.0
4000 Impôts sur le patrimoine	7.0	8.5	9.7	27.8	29.6	0.5	0.4	0.4	0.8	0.8
5000 Impôts sur les biens et services	32.6	74.6	90.8	128.8	144.3	2.5	3.5	3.5	3.8	4.0
6000 Autres impôts	0.0	0.0	0.0	0.0	0.0	0.0	0.0	0.0	0.0	0.0
Administrations locales										
Recettes fiscales totales	**38.4**	**57.0**	**71.4**	**106.5**	**125.3**	**2.9**	**2.7**	**2.8**	**3.1**	**3.5**
1000 Impôts sur revenu, bénéfices et gains en capital	30.9	44.4	55.7	82.8	101.5	2.4	2.1	2.2	2.4	2.8
2000 Cotisations de sécurité sociale	0.0	0.0	0.0	0.0	0.0	0.0	0.0	0.0	0.0	0.0
3000 Sur salaires ou main d'oeuvre	0.0	0.0	0.0	0.0	0.0	0.0	0.0	0.0	0.0	0.0
4000 Impôts sur le patrimoine	7.2	9.0	11.3	13.2	13.4	0.5	0.4	0.4	0.4	0.4
5000 Impôts sur les biens et services	0.3	3.4	4.3	10.3	10.1	0.0	0.2	0.2	0.3	0.3
6000 Autres impôts	0.2	0.1	0.1	0.2	0.3	0.0	0.0	0.0	0.0	0.0
Administrations de sécurité sociale										
Recettes fiscales totales	**170.4**	**299.4**	**354.3**	**512.3**	**534.4**	**13.0**	**14.2**	**13.8**	**15.1**	**14.8**
1000 Impôts sur revenu, bénéfices et gains en capital	0.0	0.0	0.0	0.0	0.0	0.0	0.0	0.0	0.0	0.0
2000 Cotisations de sécurité sociale	170.4	299.4	354.3	512.3	534.4	13.0	14.2	13.8	15.1	14.8
3000 Sur salaires ou main d'oeuvre	0.0	0.0	0.0	0.0	0.0	0.0	0.0	0.0	0.0	0.0
4000 Impôts sur le patrimoine	0.0	0.0	0.0	0.0	0.0	0.0	0.0	0.0	0.0	0.0
5000 Impôts sur les biens et services	0.0	0.0	0.0	0.0	0.0	0.0	0.0	0.0	0.0	0.0
6000 Autres impôts	0.0	0.0	0.0	0.0	0.0	0.0	0.0	0.0	0.0	0.0

Note : Des données et des notes plus détaillées par pays sont disponibles dans le chapitre 6 "Recettes fiscales des sous-secteurs de l'administration". Les séries temporelles complètes sont accessibles sur le site web https://oe.cd/series-temporelles-completes.

Source : Finanzbericht, Bonn; Tax Statistics. Unpublished estimates by the Ministry of Finance.

StatLink https://stat.link/8nokug

Tableau 4.27. Grèce, recettes fiscales et % du PIB (sélection de catégories d'impôts)

	Milliard EUR					% du PIB				
	1990	2000	2010	2020	2021	1990	2000	2010	2020	2021
Recettes fiscales totales	**11.5**	**47.2**	**72.4**	**64.3**	**71.5**	**25.2**	**33.4**	**32.3**	**38.8**	**39.4**
1000 Impôts sur le revenu, les bénéfices et les gains en capital	**2.3**	**12.7**	**16.0**	**13.1**	**14.8**	**5.0**	**9.0**	**7.1**	**7.9**	**8.1**
1100 Des personnes physiques	1.6	6.1	9.0	10.4	10.8	3.6	4.3	4.0	6.3	6.0
1200 Des sociétés	0.6	5.6	5.7	2.0	3.2	1.4	4.0	2.6	1.2	1.8
1300 Non-ventilables entre 1100 et 1200	0.0	0.9	1.2	0.7	0.7	0.1	0.6	0.5	0.4	0.4
2000 Cotisations de sécurité sociale	**3.5**	**14.3**	**24.7**	**21.4**	**23.4**	**7.6**	**10.1**	**11.0**	**12.9**	**12.9**
2100 À la charge des salariés	1.7	7.6	13.3	11.6	12.2	3.8	5.4	5.9	7.0	6.7
2200 À la charge des employeurs	1.7	6.7	11.5	9.7	11.2	3.8	4.7	5.1	5.9	6.2
2300 À la charge des indép. ou sans emploi	0.0	0.0	0.0	0.0	0.0	0.0	0.0	0.0	0.0	0.0
2400 Non-ventilables entre 2100, 2200 et 2300	0.0	0.0	0.0	0.0	0.0	0.0	0.0	0.0	0.0	0.0
3000 Sur les salaires ou main d'oeuvre	**0.1**	**0.0**	**0.0**	**0.0**	**0.0**	**0.2**	**0.0**	**0.0**	**0.0**	**0.0**
4000 Impôts sur le patrimoine	**0.5**	**3.6**	**3.7**	**5.0**	**5.3**	**1.2**	**2.6**	**1.7**	**3.0**	**2.9**
4100 Impôts périodiques sur la propriété immobilière	0.0	0.4	0.6	3.1	3.2	0.0	0.3	0.2	1.9	1.8
4200 Impôts périodiques sur l'actif net	0.0	0.7	1.3	1.2	1.2	0.0	0.5	0.6	0.7	0.6
4300 Impôts sur mut. par décès, succ. et donations	0.1	0.4	0.2	0.2	0.2	0.3	0.3	0.1	0.1	0.1
4400 Impôts sur transact. mobilières et immob.	0.4	2.0	1.1	0.6	0.7	0.8	1.4	0.5	0.4	0.4
4500 Impôts non périodiques sur	0.0	0.0	0.0	0.0	0.0	0.0	0.0	0.0	0.0	0.0
4600 Autres impôts périodiques sur patrimoine	0.0	0.1	0.6	0.0	0.0	0.0	0.1	0.3	0.0	0.0
5000 Impôts sur les biens et services	**5.1**	**16.6**	**28.0**	**24.7**	**28.0**	**11.2**	**11.8**	**12.5**	**15.0**	**15.4**
5100 Impôts sur production, vente, transfert, etc.	4.9	14.8	25.5	21.1	23.7	10.7	10.5	11.4	12.8	13.1
5110 Impôts généraux	3.0	9.2	16.5	13.0	15.1	6.7	6.5	7.4	7.9	8.3
5111 Taxes sur la valeur ajoutée	2.8	8.9	16.0	12.9	14.9	6.2	6.3	7.1	7.8	8.2
5120 Impôts sur biens et services déterminés	1.8	5.5	8.9	8.1	8.6	3.9	3.9	4.0	4.9	4.7
5121 Accises	1.4	4.1	7.6	6.3	6.9	3.0	2.9	3.4	3.8	3.8
5200 Impôts sur utilisation des biens et exerc. activités	0.2	1.3	1.7	2.9	3.6	0.5	0.9	0.8	1.8	2.0
5300 Non-ventilables entre 5100 et 5200	0.0	0.5	0.8	0.7	0.7	0.0	0.4	0.4	0.4	0.4
6000 Autres impôts	**0.0**	**0.0**	**0.0**	**0.0**	**0.0**	**0.0**	**0.0**	**0.0**	**0.0**	**0.0**
Crédits d'impôts récupérables										
Crédits d'impôts récupérables contre 1000	..	..	..	..	..	..	..	..	..	..
Composante transfert	..	..	..	..	..	..	..	..	..	..
Composante fiscale	..	..	..	..	..	..	..	..	..	..
Recettes fiscales collectés pour le compte de l'UE										
Recettes fiscales collectés pour le compte de l'UE, total	0.1	0.2	0.3	0.3	0.4	0.2	0.2	0.1	0.2	0.2
Droits de douane perçus pour le compte de l'UE	0.1	0.2	0.3	0.3	0.3	0.2	0.1	0.1	0.2	0.2
Contributions au Fonds de résolution unique collectées pour le compte de l'UE	..	..	..	0.1	0.1	..	..	..	0.1	0.1

.. Non disponible

Note : Des données et des notes plus détaillées par pays sont disponibles dans le chapitre 5 "Tableaux détaillés par pays". Les séries temporelles complètes sont accessibles sur le site web https://oe.cd/series-temporelles-completes.

Source : Ministry of Finance, General Accounting Office, Directorate of General Government Budget in collaboration with the National Statistical Authority (ELSTAT).

StatLink https://stat.link/nf1rt7

Tableau 4.28. Grèce, recettes fiscales et % du PIB par niveaux d'administration (principaux impôts)

	Milliard EUR					% du PIB				
	1990	2000	2010	2020	2021	1990	2000	2010	2020	2021
Administrations fédérale ou centrale										
Recettes fiscales totales	**7.8**	**31.9**	**46.5**	**40.9**	**45.9**	**17.1**	**22.6**	**20.7**	**24.7**	**25.3**
1000 Impôts sur revenu, bénéfices et gains en capital	2.3	12.7	15.9	13.1	14.8	5.0	9.0	7.1	7.9	8.1
2000 Cotisations de sécurité sociale	0.0	0.7	1.3	0.1	0.1	0.1	0.5	0.6	0.0	0.0
3000 Sur salaires ou main d'oeuvre	0.0	0.0	0.0	0.0	0.0	0.0	0.0	0.0	0.0	0.0
4000 Impôts sur le patrimoine	0.5	2.6	2.1	3.5	3.7	1.2	1.8	0.9	2.1	2.0
5000 Impôts sur les biens et services	4.9	16.0	27.1	24.2	27.4	10.9	11.3	12.1	14.6	15.1
6000 Autres impôts	0.0	0.0	0.0	0.0	0.0	0.0	0.0	0.0	0.0	0.0
Administrations d'un État/Régions										
Recettes fiscales totales	**..**	**..**	**..**	**..**	**..**	**..**	**..**	**..**	**..**	**..**
1000 Impôts sur revenu, bénéfices et gains en capital	..	..	..	..	..	..	..	..	..	..
2000 Cotisations de sécurité sociale	..	..	..	..	..	..	..	..	..	..
3000 Sur salaires ou main d'oeuvre	..	..	..	..	..	..	..	..	..	..
4000 Impôts sur le patrimoine	..	..	..	..	..	..	..	..	..	..
5000 Impôts sur les biens et services	..	..	..	..	..	..	..	..	..	..
6000 Autres impôts	..	..	..	..	..	..	..	..	..	..
Administrations locales										
Recettes fiscales totales	**0.1**	**1.0**	**1.7**	**1.6**	**1.7**	**0.3**	**0.7**	**0.8**	**1.0**	**0.9**
1000 Impôts sur revenu, bénéfices et gains en capital	0.0	0.0	0.0	0.0	0.0	0.0	0.0	0.0	0.0	0.0
2000 Cotisations de sécurité sociale	0.0	0.0	0.0	0.0	0.0	0.0	0.0	0.0	0.0	0.0
3000 Sur salaires ou main d'oeuvre	0.1	0.0	0.0	0.0	0.0	0.2	0.0	0.0	0.0	0.0
4000 Impôts sur le patrimoine	0.0	0.8	1.5	1.6	1.6	0.0	0.6	0.7	0.9	0.9
5000 Impôts sur les biens et services	0.1	0.2	0.2	0.1	0.1	0.1	0.1	0.1	0.0	0.1
6000 Autres impôts	0.0	0.0	0.0	0.0	0.0	0.0	0.0	0.0	0.0	0.0
Administrations de sécurité sociale										
Recettes fiscales totales	**3.4**	**14.1**	**24.0**	**21.4**	**23.5**	**7.5**	**10.0**	**10.7**	**12.9**	**13.0**
1000 Impôts sur revenu, bénéfices et gains en capital	0.0	0.0	0.0	0.0	0.0	0.0	0.0	0.0	0.0	0.0
2000 Cotisations de sécurité sociale	3.4	13.6	23.4	21.3	23.4	7.5	9.6	10.5	12.9	12.9
3000 Sur salaires ou main d'oeuvre	0.0	0.0	0.0	0.0	0.0	0.0	0.0	0.0	0.0	0.0
4000 Impôts sur le patrimoine	0.0	0.2	0.1	0.0	0.0	0.0	0.1	0.1	0.0	0.0
5000 Impôts sur les biens et services	0.0	0.3	0.4	0.1	0.2	0.0	0.2	0.2	0.1	0.1
6000 Autres impôts	0.0	0.0	0.0	0.0	0.0	0.0	0.0	0.0	0.0	0.0

.. Non disponible

Note : Des données et des notes plus détaillées par pays sont disponibles dans le chapitre 6 "Recettes fiscales des sous-secteurs de l'administration". Les séries temporelles complètes sont accessibles sur le site web https://oe.cd/series-temporelles-completes.

Source : Ministry of Finance, General Accounting Office, Directorate of General Government Budget in collaboration with the National Statistical Authority (ELSTAT).

StatLink https://stat.link/2rjdlv

Tableau 4.29. Hongrie, recettes fiscales et % du PIB (sélection de catégories d'impôts)

	Milliard HUF					% du PIB				
	1990	2000	2010	2020	2021	1990	2000	2010	2020	2021
Recettes fiscales totales	..	**5 132.6**	**10 121.7**	**17 425.2**	**18 644.2**	..	**38.5**	**36.8**	**36.0**	**33.7**
1000 Impôts sur le revenu, les bénéfices et les gains en capital	..	**1 247.4**	**2 093.8**	**3 165.9**	**3 011.8**	..	**9.4**	**7.6**	**6.5**	**5.5**
1100 Des personnes physiques	..	954.7	1 764.1	2 543.6	2 255.0	..	7.2	6.4	5.3	4.1
1200 Des sociétés	..	292.7	329.7	622.3	756.9	..	2.2	1.2	1.3	1.4
1300 Non-ventilables entre 1100 et 1200	..	0.0	0.0	0.0	0.0	..	0.0	0.0	0.0	0.0
2000 Cotisations de sécurité sociale	..	**1 506.8**	**3 179.5**	**5 364.4**	**5 781.8**	..	**11.3**	**11.6**	**11.1**	**10.5**
2100 À la charge des salariés	..	275.3	1 112.6	2 813.8	3 165.8	..	2.1	4.0	5.8	5.7
2200 À la charge des employeurs	..	1 213.2	2 043.8	2 521.3	2 586.1	..	9.1	7.4	5.2	4.7
2300 À la charge des indép. ou sans emploi	..	0.9	0.0	0.0	0.0	..	0.0	0.0	0.0	0.0
2400 Non-ventilables entre 2100, 2200 et 2300	..	17.4	23.2	29.3	30.0	..	0.1	0.1	0.1	0.1
3000 Sur les salaires ou main d'oeuvre	..	**183.4**	**113.7**	**501.3**	**598.6**	..	**1.4**	**0.4**	**1.0**	**1.1**
4000 Impôts sur le patrimoine	..	**89.0**	**312.1**	**507.4**	**482.7**	..	**0.7**	**1.1**	**1.0**	**0.9**
4100 Impôts périodiques sur la propriété immobilière	..	30.8	92.5	224.6	236.0	..	0.2	0.3	0.5	0.4
4200 Impôts périodiques sur l'actif net	..	0.0	135.7	108.1	52.3	..	0.0	0.5	0.2	0.1
4300 Impôts sur mut. par décès, succ. et donations	..	5.5	6.3	9.5	9.1	..	0.0	0.0	0.0	0.0
4400 Impôts sur transact. mobilières et immob.	..	52.8	77.6	165.2	185.3	..	0.4	0.3	0.3	0.3
4500 Impôts non périodiques sur	..	0.0	0.0	0.0	0.0	..	0.0	0.0	0.0	0.0
4600 Autres impôts périodiques sur patrimoine	..	0.0	0.0	0.0	0.0	..	0.0	0.0	0.0	0.0
5000 Impôts sur les biens et services	..	**2 081.4**	**4 383.9**	**7 863.9**	**8 790.4**	..	**15.6**	**15.9**	**16.2**	**15.9**
5100 Impôts sur production, vente, transfert, etc.	..	2 052.7	4 272.3	7 645.0	8 550.6	..	15.4	15.5	15.8	15.5
5110 Impôts généraux	..	1 340.6	3 010.8	5 632.9	6 420.3	..	10.1	11.0	11.6	11.6
5111 Taxes sur la valeur ajoutée	..	1 153.7	2 325.6	4 717.0	5 460.2	..	8.7	8.5	9.7	9.9
5120 Impôts sur biens et services déterminés	..	712.1	1 261.5	2 012.1	2 130.4	..	5.3	4.6	4.2	3.9
5121 Accises	..	533.5	929.9	1 318.4	1 352.1	..	4.0	3.4	2.7	2.4
5200 Impôts sur utilisation des biens et exerc. activités	..	28.7	111.6	218.9	239.8	..	0.2	0.4	0.5	0.4
5300 Non-ventilables entre 5100 et 5200	..	0.0	0.0	0.0	0.0	..	0.0	0.0	0.0	0.0
6000 Autres impôts	..	**24.5**	**38.7**	**22.3**	**-21.1**	..	**0.2**	**0.1**	**0.0**	**0.0**
Crédits d'impôts récupérables										
Crédits d'impôts récupérables contre 1000	..	..	..	..	..	..	..	..	..	..
Composante transfert	..	..	..	..	..	..	..	..	..	..
Composante fiscale	..	..	..	..	..	..	..	..	..	..
Recettes fiscales collectés pour le compte de l'UE										
Recettes fiscales collectés pour le compte de l'UE, total	..	..	25.7	63.5	72.8	..	..	0.1	0.1	0.1
Droits de douane perçus pour le compte de l'UE	..	..	25.0	63.5	72.8	..	..	0.1	0.1	0.1
Contributions au Fonds de résolution unique collectées pour le compte de l'UE	..	..	..	..	..	..	..	..	..	..

.. Non disponible

Note : Des données et des notes plus détaillées par pays sont disponibles dans le chapitre 5 "Tableaux détaillés par pays". Les séries temporelles complètes sont accessibles sur le site web https://oe.cd/series-temporelles-completes.

Source : Ministry of Finance, Economic Department.

StatLink https://stat.link/qsfgow

Tableau 4.30. Hongrie, recettes fiscales et % du PIB par niveaux d'administration (principaux impôts)

	Milliard HUF					% du PIB				
	1990	2000	2010	2020	2021	1990	2000	2010	2020	2021
Administrations fédérale ou centrale										
Recettes fiscales totales	**..**	**3 308.0**	**6 379.4**	**11 191.7**	**11 965.8**	**..**	**24.8**	**23.2**	**23.1**	**21.7**
1000 Impôts sur revenu, bénéfices et gains en capital	..	1 230.8	2 064.3	3 165.6	3 011.7	..	9.2	7.5	6.5	5.5
2000 Cotisations de sécurité sociale	..	136.6	182.0	228.6	253.6	..	1.0	0.7	0.5	0.5
3000 Sur salaires ou main d'oeuvre	..	15.4	103.1	491.7	590.0	..	0.1	0.4	1.0	1.1
4000 Impôts sur le patrimoine	..	29.1	182.8	335.3	300.8	..	0.2	0.7	0.7	0.5
5000 Impôts sur les biens et services	..	1 878.6	3 808.5	6 955.6	7 834.9	..	14.1	13.9	14.4	14.2
6000 Autres impôts	..	17.5	38.7	14.9	-25.2	..	0.1	0.1	0.0	0.0
Administrations d'un État/Régions										
Recettes fiscales totales	**..**	**..**	**..**	**..**	**..**	**..**	**..**	**..**	**..**	**..**
1000 Impôts sur revenu, bénéfices et gains en capital	..	..	..	..	..	..	..	..	..	..
2000 Cotisations de sécurité sociale	..	..	..	..	..	..	..	..	..	..
3000 Sur salaires ou main d'oeuvre	..	..	..	..	..	..	..	..	..	..
4000 Impôts sur le patrimoine	..	..	..	..	..	..	..	..	..	..
5000 Impôts sur les biens et services	..	..	..	..	..	..	..	..	..	..
6000 Autres impôts	..	..	..	..	..	..	..	..	..	..
Administrations locales										
Recettes fiscales totales	**..**	**266.0**	**652.2**	**906.2**	**944.8**	**..**	**2.0**	**2.4**	**1.9**	**1.7**
1000 Impôts sur revenu, bénéfices et gains en capital	..	2.2	0.1	0.0	0.0	..	0.0	0.0	0.0	0.0
2000 Cotisations de sécurité sociale	..	0.0	0.0	0.0	0.0	..	0.0	0.0	0.0	0.0
3000 Sur salaires ou main d'oeuvre	..	1.2	1.2	0.0	0.0	..	0.0	0.0	0.0	0.0
4000 Impôts sur le patrimoine	..	59.9	129.3	172.1	181.8	..	0.4	0.5	0.4	0.3
5000 Impôts sur les biens et services	..	202.8	521.6	734.1	763.0	..	1.5	1.9	1.5	1.4
6000 Autres impôts	..	0.0	0.0	0.0	0.0	..	0.0	0.0	0.0	0.0
Administrations de sécurité sociale										
Recettes fiscales totales	**..**	**1 558.6**	**3 064.5**	**5 263.8**	**5 660.7**	**..**	**11.7**	**11.1**	**10.9**	**10.2**
1000 Impôts sur revenu, bénéfices et gains en capital	..	14.5	29.4	0.3	0.2	..	0.1	0.1	0.0	0.0
2000 Cotisations de sécurité sociale	..	1 370.2	2 997.5	5 135.8	5 528.1	..	10.3	10.9	10.6	10.0
3000 Sur salaires ou main d'oeuvre	..	166.9	9.4	9.5	8.6	..	1.3	0.0	0.0	0.0
4000 Impôts sur le patrimoine	..	0.0	0.0	0.0	0.0	..	0.0	0.0	0.0	0.0
5000 Impôts sur les biens et services	..	0.0	28.1	110.7	119.8	..	0.0	0.1	0.2	0.2
6000 Autres impôts	..	7.0	0.0	7.4	4.1	..	0.1	0.0	0.0	0.0

.. Non disponible

Note : Des données et des notes plus détaillées par pays sont disponibles dans le chapitre 6 "Recettes fiscales des sous-secteurs de l'administration". Les séries temporelles complètes sont accessibles sur le site web https://oe.cd/series-temporelles-completes.

Source : Ministry of Finance, Economic Department.

StatLink https://stat.link/3bx2el

Tableau 4.31. Islande, recettes fiscales et % du PIB (sélection de catégories d'impôts)

	Milliard ISK					% du PIB				
	1990	2000	2010	2020	2021	1990	2000	2010	2020	2021
Recettes fiscales totales	**114.9**	**254.6**	**541.6**	**1 061.1**	**1 139.8**	**30.5**	**35.9**	**32.2**	**36.4**	**35.1**
1000 Impôts sur le revenu, les bénéfices et les gains en capital	**34.1**	**101.5**	**239.7**	**542.0**	**569.4**	**9.0**	**14.3**	**14.3**	**18.6**	**17.5**
1100 Des personnes physiques	30.9	88.5	197.3	457.3	471.7	8.2	12.5	11.7	15.7	14.5
1200 Des sociétés	3.2	8.4	14.6	64.4	65.5	0.8	1.2	0.9	2.2	2.0
1300 Non-ventilables entre 1100 et 1200	0.0	4.6	27.7	20.3	32.3	0.0	0.7	1.7	0.7	1.0
2000 Cotisations de sécurité sociale	**3.6**	**19.7**	**63.6**	**88.4**	**97.4**	**1.0**	**2.8**	**3.8**	**3.0**	**3.0**
2100 À la charge des salariés	0.3	..	..	..	..	0.1	..	..	..	..
2200 À la charge des employeurs	3.3	..	..	..	..	0.9	..	..	..	..
2300 À la charge des indép. ou sans emploi	0.0	..	..	..	..	0.0	..	..	..	..
2400 Non-ventilables entre 2100, 2200 et 2300	0.0	19.7	63.6	88.4	97.4	0.0	2.8	3.8	3.0	3.0
3000 Sur les salaires ou main d'oeuvre	**4.1**	**0.2**	**2.8**	**9.2**	**9.2**	**1.1**	**0.0**	**0.2**	**0.3**	**0.3**
4000 Impôts sur le patrimoine	**9.7**	**16.8**	**35.4**	**66.3**	**67.8**	**2.6**	**2.4**	**2.1**	**2.3**	**2.1**
4100 Impôts périodiques sur la propriété immobilière	4.1	10.1	28.5	56.0	58.2	1.1	1.4	1.7	1.9	1.8
4200 Impôts périodiques sur l'actif net	2.4	5.2	3.8	0.0	0.0	0.6	0.7	0.2	0.0	0.0
4300 Impôts sur mut. par décès, succ. et donations	0.2	0.8	2.6	9.1	8.4	0.1	0.1	0.2	0.3	0.3
4400 Impôts sur transact. mobilières et immob.	2.9	0.0	0.0	0.0	0.0	0.8	0.0	0.0	0.0	0.0
4500 Impôts non périodiques sur	0.0	0.1	0.1	0.6	0.5	0.0	0.0	0.0	0.0	0.0
4600 Autres impôts périodiques sur patrimoine	0.0	0.7	0.3	0.6	0.6	0.0	0.1	0.0	0.0	0.0
5000 Impôts sur les biens et services	**58.9**	**115.4**	**194.1**	**336.0**	**382.8**	**15.6**	**16.3**	**11.5**	**11.5**	**11.8**
5100 Impôts sur production, vente, transfert, etc.	56.6	103.8	183.0	312.8	361.4	15.0	14.6	10.9	10.7	11.1
5110 Impôts généraux	37.1	75.8	126.4	239.8	284.5	9.8	10.7	7.5	8.2	8.8
5111 Taxes sur la valeur ajoutée	32.7	72.7	123.7	233.7	277.8	8.7	10.2	7.4	8.0	8.6
5120 Impôts sur biens et services déterminés	19.5	28.0	56.6	73.0	76.8	5.2	3.9	3.4	2.5	2.4
5121 Accises	2.3	23.6	46.7	64.3	66.6	0.6	3.3	2.8	2.2	2.1
5200 Impôts sur utilisation des biens et exerc. activités	2.4	11.6	11.1	23.1	21.4	0.6	1.6	0.7	0.8	0.7
5300 Non-ventilables entre 5100 et 5200	0.0	0.0	0.0	0.0	0.0	0.0	0.0	0.0	0.0	0.0
6000 Autres impôts	**4.5**	**1.0**	**6.0**	**19.2**	**13.3**	**1.2**	**0.1**	**0.4**	**0.7**	**0.4**
Crédits d'impôts récupérables										
Crédits d'impôts récupérables contre 1000	..	..	..	5.2	10.4	..	..	..	0.2	0.3
Composante transfert	..	..	..	4.4	9.7	..	..	..	0.1	0.3
Composante fiscale	..	..	..	0.8	0.7	..	..	..	0.0	0.0

.. Non disponible

Note : Des données et des notes plus détaillées par pays sont disponibles dans le chapitre 5 "Tableaux détaillés par pays". Les séries temporelles complètes sont accessibles sur le site web https://oe.cd/series-temporelles-completes.

Source : Statistics Iceland.

StatLink https://stat.link/s7m3ak

Tableau 4.32. Islande, recettes fiscales et % du PIB par niveaux d'administration (principaux impôts)

	Milliard ISK					% du PIB				
	1990	2000	2010	2020	2021	1990	2000	2010	2020	2021
Administrations fédérale ou centrale										
Recettes fiscales totales	**91.6**	**195.1**	**403.6**	**744.5**	**798.9**	**24.3**	**27.5**	**24.0**	**25.5**	**24.6**
1000 Impôts sur revenu, bénéfices et gains en capital	19.9	55.5	132.9	287.5	295.6	5.3	7.8	7.9	9.8	9.1
2000 Cotisations de sécurité sociale	3.6	19.7	63.6	88.4	97.4	1.0	2.8	3.8	3.0	3.0
3000 Sur salaires ou main d'oeuvre	4.1	0.2	2.8	9.2	9.2	1.1	0.0	0.2	0.3	0.3
4000 Impôts sur le patrimoine	6.0	6.7	7.0	10.5	9.8	1.6	0.9	0.4	0.4	0.3
5000 Impôts sur les biens et services	57.7	112.0	191.3	329.8	373.6	15.3	15.8	11.4	11.3	11.5
6000 Autres impôts	0.4	1.0	6.0	19.2	13.3	0.1	0.1	0.4	0.7	0.4
Administrations d'un État/Régions										
Recettes fiscales totales	**..**	**..**	**..**	**..**	**..**	**..**	**..**	**..**	**..**	**..**
1000 Impôts sur revenu, bénéfices et gains en capital	..	..	..	..	..	..	..	..	..	..
2000 Cotisations de sécurité sociale	..	..	..	..	..	..	..	..	..	..
3000 Sur salaires ou main d'oeuvre	..	..	..	..	..	..	..	..	..	..
4000 Impôts sur le patrimoine	..	..	..	..	..	..	..	..	..	..
5000 Impôts sur les biens et services	..	..	..	..	..	..	..	..	..	..
6000 Autres impôts	..	..	..	..	..	..	..	..	..	..
Administrations locales										
Recettes fiscales totales	**23.3**	**59.4**	**138.0**	**316.5**	**340.9**	**6.2**	**8.4**	**8.2**	**10.8**	**10.5**
1000 Impôts sur revenu, bénéfices et gains en capital	14.2	46.0	106.8	254.6	273.8	3.8	6.5	6.4	8.7	8.4
2000 Cotisations de sécurité sociale	0.0	0.0	0.0	0.0	0.0	0.0	0.0	0.0	0.0	0.0
3000 Sur salaires ou main d'oeuvre	0.0	0.0	0.0	0.0	0.0	0.0	0.0	0.0	0.0	0.0
4000 Impôts sur le patrimoine	3.7	10.1	28.4	55.8	57.9	1.0	1.4	1.7	1.9	1.8
5000 Impôts sur les biens et services	1.2	3.3	2.8	6.2	9.1	0.3	0.5	0.2	0.2	0.3
6000 Autres impôts	4.1	0.0	0.0	0.0	0.0	1.1	0.0	0.0	0.0	0.0
Administrations de sécurité sociale										
Recettes fiscales totales	**0.0**	**0.0**	**0.0**	**0.0**	**0.0**	**0.0**	**0.0**	**0.0**	**0.0**	**0.0**
1000 Impôts sur revenu, bénéfices et gains en capital	0.0	0.0	0.0	0.0	0.0	0.0	0.0	0.0	0.0	0.0
2000 Cotisations de sécurité sociale	0.0	0.0	0.0	0.0	0.0	0.0	0.0	0.0	0.0	0.0
3000 Sur salaires ou main d'oeuvre	0.0	0.0	0.0	0.0	0.0	0.0	0.0	0.0	0.0	0.0
4000 Impôts sur le patrimoine	0.0	0.0	0.0	0.0	0.0	0.0	0.0	0.0	0.0	0.0
5000 Impôts sur les biens et services	0.0	0.0	0.0	0.0	0.0	0.0	0.0	0.0	0.0	0.0
6000 Autres impôts	0.0	0.0	0.0	0.0	0.0	0.0	0.0	0.0	0.0	0.0

.. Non disponible

Note : Des données et des notes plus détaillées par pays sont disponibles dans le chapitre 5 "Tableaux détaillés par pays". Les séries temporelles complètes sont accessibles sur le site web https://oe.cd/series-temporelles-completes.

Source : Statistics Iceland.

StatLink https://stat.link/vg19y5

Tableau 4.33. Irlande, recettes fiscales et % du PIB (sélection de catégories d'impôts)

	Milliard EUR					% du PIB				
	1990	2000	2010	2020	2021	1990	2000	2010	2020	2021
Recettes fiscales totales	**12.3**	**33.4**	**46.4**	**74.0**	**89.8**	**32.4**	**30.8**	**27.7**	**19.7**	**20.7**
1000 Impôts sur le revenu, les bénéfices et les gains en capital	**4.7**	**14.6**	**18.6**	**36.3**	**44.7**	**12.3**	**13.4**	**11.1**	**9.7**	**10.3**
1100 Des personnes physiques	4.1	10.6	14.7	24.4	29.4	10.7	9.8	8.8	6.5	6.8
1200 Des sociétés	0.6	3.9	3.9	12.0	15.3	1.6	3.6	2.4	3.2	3.5
1300 Non-ventilables entre 1100 et 1200	0.0	0.0	0.0	0.0	0.0	0.0	0.0	0.0	0.0	0.0
2000 Cotisations de sécurité sociale	**1.7**	**4.0**	**8.5**	**12.3**	**13.6**	**4.6**	**3.7**	**5.1**	**3.3**	**3.1**
2100 À la charge des salariés	0.6	1.0	3.2	3.8	4.2	1.5	0.9	1.9	1.0	1.0
2200 À la charge des employeurs	1.1	2.8	4.9	7.9	8.7	2.9	2.6	2.9	2.1	2.0
2300 À la charge des indép. ou sans emploi	0.1	0.2	0.3	0.6	0.7	0.2	0.2	0.2	0.2	0.2
2400 Non-ventilables entre 2100, 2200 et 2300	0.0	0.0	0.0	0.0	0.0	0.0	0.0	0.0	0.0	0.0
3000 Sur les salaires ou main d'oeuvre	**0.2**	**0.0**	**0.3**	**0.7**	**0.8**	**0.4**	**0.0**	**0.2**	**0.2**	**0.2**
4000 Impôts sur le patrimoine	**0.6**	**1.9**	**2.4**	**3.7**	**4.8**	**1.5**	**1.8**	**1.4**	**1.0**	**1.1**
4100 Impôts périodiques sur la propriété immobilière	0.3	0.6	1.3	1.2	1.7	0.8	0.5	0.8	0.3	0.4
4200 Impôts périodiques sur l'actif net	0.0	0.0	0.0	0.0	0.0	0.0	0.0	0.0	0.0	0.0
4300 Impôts sur mut. par décès, succ. et donations	0.0	0.2	0.2	0.5	0.6	0.1	0.2	0.1	0.1	0.1
4400 Impôts sur transact. mobilières et immob.	0.2	1.1	0.8	2.0	2.6	0.6	1.0	0.5	0.5	0.6
4500 Impôts non périodiques sur	0.0	0.0	0.0	0.0	0.0	0.0	0.0	0.0	0.0	0.0
4600 Autres impôts périodiques sur patrimoine	0.0	0.0	0.0	0.0	0.0	0.0	0.0	0.0	0.0	0.0
5000 Impôts sur les biens et services	**5.1**	**12.9**	**16.6**	**21.0**	**25.8**	**13.6**	**11.9**	**9.9**	**5.6**	**5.9**
5100 Impôts sur production, vente, transfert, etc.	4.9	12.4	15.3	19.2	23.8	13.0	11.4	9.2	5.1	5.5
5110 Impôts généraux	2.5	7.6	10.1	12.8	16.6	6.6	7.0	6.0	3.4	3.8
5111 Taxes sur la valeur ajoutée	2.5	7.6	10.1	12.8	16.6	6.6	7.0	6.0	3.4	3.8
5120 Impôts sur biens et services déterminés	2.4	4.7	5.3	6.4	7.2	6.4	4.4	3.1	1.7	1.7
5121 Accises	2.1	4.4	4.9	5.5	5.9	5.5	4.1	2.9	1.5	1.4
5200 Impôts sur utilisation des biens et exerc. activités	0.2	0.6	1.3	1.8	2.0	0.5	0.5	0.8	0.5	0.5
5300 Non-ventilables entre 5100 et 5200	0.0	0.0	0.0	0.0	0.0	0.0	0.0	0.0	0.0	0.0
6000 Autres impôts	**0.0**	**0.0**	**0.0**	**0.0**	**0.0**	**0.0**	**0.0**	**0.0**	**0.0**	**0.0**
Crédits d'impôts récupérables										
Crédits d'impôts récupérables contre 1000	..	..	1.1	0.4	0.4	..	..	0.6	0.1	0.1
Composante transfert	..	..	0.0	0.0	0.0	..	..	0.0	0.0	0.0
Composante fiscale	..	..	1.1	0.4	0.4	..	..	0.6	0.1	0.1
Recettes fiscales collectés pour le compte de l'UE										
Recettes fiscales collectés pour le compte de l'UE, total	0.2	0.2	0.2	0.4	0.7	0.5	0.2	0.1	0.1	0.2
Droits de douane perçus pour le compte de l'UE	0.1	0.2	0.2	0.3	0.5	0.4	0.2	0.1	0.1	0.1
Contributions au Fonds de résolution unique collectées pour le compte de l'UE	..	..	..	0.1	0.2	..	..	..	0.0	0.0

.. Non disponible

Note : Des données et des notes plus détaillées par pays sont disponibles dans le chapitre 5 "Tableaux détaillés par pays". Les séries temporelles complètes sont accessibles sur le site web https://oe.cd/series-temporelles-completes.

Source : Annual Report of the Revenue Commissioners, Financial Accounts and National Income and Expenditure Accounts.

StatLink https://stat.link/z50a19

Tableau 4.34. Irlande, recettes fiscales et % du PIB par niveaux d'administration (principaux impôts)

	Milliard EUR					% du PIB				
	1990	2000	2010	2020	2021	1990	2000	2010	2020	2021
Administrations fédérale ou centrale										
Recettes fiscales totales	**10.1**	**28.7**	**37.9**	**62.1**	**75.9**	**26.7**	**26.5**	**22.7**	**16.5**	**17.5**
1000 Impôts sur revenu, bénéfices et gains en capital	4.7	14.6	18.6	36.3	44.7	12.3	13.4	11.1	9.7	10.3
2000 Cotisations de sécurité sociale	0.1	0.1	1.5	1.5	1.6	0.2	0.1	0.9	0.4	0.4
3000 Sur salaires ou main d'oeuvre	0.2	0.0	0.3	0.7	0.8	0.4	0.0	0.2	0.2	0.2
4000 Impôts sur le patrimoine	0.3	1.3	1.1	3.0	3.7	0.7	1.2	0.6	0.8	0.9
5000 Impôts sur les biens et services	5.0	12.7	16.4	20.6	25.1	13.1	11.7	9.8	5.5	5.8
6000 Autres impôts	0.0	0.0	0.0	0.0	0.0	0.0	0.0	0.0	0.0	0.0
Administrations d'un État/Régions										
Recettes fiscales totales	**..**	**..**	**..**	**..**	**..**	**..**	**..**	**..**	**..**	**..**
1000 Impôts sur revenu, bénéfices et gains en capital	..	..	..	..	..	..	..	..	..	..
2000 Cotisations de sécurité sociale	..	..	..	..	..	..	..	..	..	..
3000 Sur salaires ou main d'oeuvre	..	..	..	..	..	..	..	..	..	..
4000 Impôts sur le patrimoine	..	..	..	..	..	..	..	..	..	..
5000 Impôts sur les biens et services	..	..	..	..	..	..	..	..	..	..
6000 Autres impôts	..	..	..	..	..	..	..	..	..	..
Administrations locales										
Recettes fiscales totales	**0.3**	**0.7**	**1.5**	**0.7**	**1.1**	**0.9**	**0.6**	**0.9**	**0.2**	**0.3**
1000 Impôts sur revenu, bénéfices et gains en capital	0.0	0.0	0.0	0.0	0.0	0.0	0.0	0.0	0.0	0.0
2000 Cotisations de sécurité sociale	0.0	0.1	0.2	0.0	0.0	0.1	0.1	0.1	0.0	0.0
3000 Sur salaires ou main d'oeuvre	0.0	0.0	0.0	0.0	0.0	0.0	0.0	0.0	0.0	0.0
4000 Impôts sur le patrimoine	0.3	0.6	1.3	0.7	1.1	0.8	0.5	0.8	0.2	0.3
5000 Impôts sur les biens et services	0.0	0.0	0.0	0.0	0.0	0.0	0.0	0.0	0.0	0.0
6000 Autres impôts	0.0	0.0	0.0	0.0	0.0	0.0	0.0	0.0	0.0	0.0
Administrations de sécurité sociale										
Recettes fiscales totales	**1.6**	**3.8**	**6.7**	**10.8**	**12.0**	**4.3**	**3.5**	**4.0**	**2.9**	**2.8**
1000 Impôts sur revenu, bénéfices et gains en capital	0.0	0.0	0.0	0.0	0.0	0.0	0.0	0.0	0.0	0.0
2000 Cotisations de sécurité sociale	1.6	3.8	6.7	10.8	12.0	4.3	3.5	4.0	2.9	2.8
3000 Sur salaires ou main d'oeuvre	0.0	0.0	0.0	0.0	0.0	0.0	0.0	0.0	0.0	0.0
4000 Impôts sur le patrimoine	0.0	0.0	0.0	0.0	0.0	0.0	0.0	0.0	0.0	0.0
5000 Impôts sur les biens et services	0.0	0.0	0.0	0.0	0.0	0.0	0.0	0.0	0.0	0.0
6000 Autres impôts	0.0	0.0	0.0	0.0	0.0	0.0	0.0	0.0	0.0	0.0

.. Non disponible

Note : Des données et des notes plus détaillées par pays sont disponibles dans le chapitre 6 "Recettes fiscales des sous-secteurs de l'administration". Les séries temporelles complètes sont accessibles sur le site web https://oe.cd/series-temporelles-completes.

Source : Annual Report of the Revenue Commissioners, Financial Accounts and National Income and Expenditure Accounts.

StatLink https://stat.link/z5los0

Tableau 4.35. Israël, recettes fiscales et % du PIB (sélection de catégories d'impôts)

	Milliard ILS					% du PIB				
	1990	2000	2010	2020	2021	1990	2000	2010	2020	2021
Recettes fiscales totales	..	**189.3**	**269.7**	**420.8**	**514.0**	..	**34.1**	**30.2**	**29.7**	**32.5**
1000 Impôts sur le revenu, les bénéfices et les gains en capital	..	**74.6**	**78.3**	**139.0**	**182.9**	..	**13.4**	**8.8**	**9.8**	**11.6**
1100 Des personnes physiques	..	54.8	48.2	91.2	113.2	..	9.9	5.4	6.4	7.2
1200 Des sociétés	..	18.0	23.1	39.0	56.5	..	3.2	2.6	2.8	3.6
1300 Non-ventilables entre 1100 et 1200	..	1.8	6.9	8.7	13.2	..	0.3	0.8	0.6	0.8
2000 Cotisations de sécurité sociale	..	**27.6**	**45.3**	**73.0**	**79.6**	..	**5.0**	**5.1**	**5.2**	**5.0**
2100 À la charge des salariés	..	15.8	27.8	40.8	44.4	..	2.8	3.1	2.9	2.8
2200 À la charge des employeurs	..	8.2	11.4	22.6	24.7	..	1.5	1.3	1.6	1.6
2300 À la charge des indép. ou sans emploi	..	3.6	6.1	9.7	10.5	..	0.7	0.7	0.7	0.7
2400 Non-ventilables entre 2100, 2200 et 2300	..	0.0	0.0	0.0	0.0	..	0.0	0.0	0.0	0.0
3000 Sur les salaires ou main d'oeuvre	..	**6.8**	**10.3**	**16.6**	**16.1**	..	**1.2**	**1.2**	**1.2**	**1.0**
4000 Impôts sur le patrimoine	..	**18.0**	**30.0**	**43.5**	**62.0**	..	**3.2**	**3.4**	**3.1**	**3.9**
4100 Impôts périodiques sur la propriété immobilière	..	11.9	18.8	24.8	29.0	..	2.1	2.1	1.7	1.8
4200 Impôts périodiques sur l'actif net	..	0.0	0.0	0.0	0.0	..	0.0	0.0	0.0	0.0
4300 Impôts sur mut. par décès, succ. et donations	..	0.0	0.0	0.0	0.0	..	0.0	0.0	0.0	0.0
4400 Impôts sur transact. mobilières et immob.	..	3.2	4.1	6.9	12.6	..	0.6	0.5	0.5	0.8
4500 Impôts non périodiques sur	..	2.9	7.2	11.8	20.4	..	0.5	0.8	0.8	1.3
4600 Autres impôts périodiques sur patrimoine	..	0.0	0.0	0.0	0.0	..	0.0	0.0	0.0	0.0
5000 Impôts sur les biens et services	..	**62.3**	**105.8**	**148.7**	**173.4**	..	**11.2**	**11.8**	**10.5**	**11.0**
5100 Impôts sur production, vente, transfert, etc.	..	57.9	98.1	138.7	162.1	..	10.4	11.0	9.8	10.2
5110 Impôts généraux	..	49.9	79.9	118.9	139.7	..	9.0	8.9	8.4	8.8
5111 Taxes sur la valeur ajoutée	..	39.8	65.5	100.4	119.3	..	7.2	7.3	7.1	7.5
5120 Impôts sur biens et services déterminés	..	8.0	18.1	19.9	22.4	..	1.4	2.0	1.4	1.4
5121 Accises	..	6.6	15.5	17.0	18.8	..	1.2	1.7	1.2	1.2
5200 Impôts sur utilisation des biens et exerc. activités	..	4.5	7.7	9.9	11.3	..	0.8	0.9	0.7	0.7
5300 Non-ventilables entre 5100 et 5200	..	0.0	0.0	0.0	0.0	..	0.0	0.0	0.0	0.0
6000 Autres impôts	..	**0.0**	**0.0**	**0.0**	**0.0**	..	**0.0**	**0.0**	**0.0**	**0.0**
Crédits d'impôts récupérables										
Crédits d'impôts récupérables contre 1000	..	..	0.1	1.3	0.7	..	..	0.0	0.1	0.0
Composante transfert	..	..	0.1	1.3	0.7	..	..	0.0	0.1	0.0
Composante fiscale	..	..	0.0	0.0	0.0	..	..	0.0	0.0	0.0

.. Non disponible

Note : Des données et des notes plus détaillées par pays sont disponibles dans le chapitre 5 "Tableaux détaillés par pays". Les séries temporelles complètes sont accessibles sur le site web https://oe.cd/series-temporelles-completes.

Source : Israel Central Bureau of Statistics and Israel Ministry of Finance.

StatLink https://stat.link/zw4agy

Tableau 4.36. Israël, recettes fiscales et % du PIB par niveaux d'administration (principaux impôts)

	Milliard ILS					% du PIB				
	1990	2000	2010	2020	2021	1990	2000	2010	2020	2021
Administrations fédérale ou centrale										
Recettes fiscales totales	**..**	**148.0**	**199.9**	**314.2**	**391.6**	**..**	**26.6**	**22.4**	**22.2**	**24.8**
1000 Impôts sur revenu, bénéfices et gains en capital	..	74.6	78.3	139.0	182.9	..	13.4	8.8	9.8	11.6
2000 Cotisations de sécurité sociale	..	0.0	0.0	0.0	0.0	..	0.0	0.0	0.0	0.0
3000 Sur salaires ou main d'oeuvre	..	6.8	10.3	16.6	16.1	..	1.2	1.2	1.2	1.0
4000 Impôts sur le patrimoine	..	4.8	6.6	11.4	20.8	..	0.9	0.7	0.8	1.3
5000 Impôts sur les biens et services	..	61.8	104.7	147.3	171.8	..	11.1	11.7	10.4	10.9
6000 Autres impôts	..	0.0	0.0	0.0	0.0	..	0.0	0.0	0.0	0.0
Administrations d'un État/Régions										
Recettes fiscales totales	**..**	**..**	**..**	**..**	**..**	**..**	**..**	**..**	**..**	**..**
1000 Impôts sur revenu, bénéfices et gains en capital	..	..	..	..	..	..	..	..	..	..
2000 Cotisations de sécurité sociale	..	..	..	..	..	..	..	..	..	..
3000 Sur salaires ou main d'oeuvre	..	..	..	..	..	..	..	..	..	..
4000 Impôts sur le patrimoine	..	..	..	..	..	..	..	..	..	..
5000 Impôts sur les biens et services	..	..	..	..	..	..	..	..	..	..
6000 Autres impôts	..	..	..	..	..	..	..	..	..	..
Administrations locales										
Recettes fiscales totales	**..**	**13.7**	**24.5**	**33.5**	**42.8**	**..**	**2.5**	**2.7**	**2.4**	**2.7**
1000 Impôts sur revenu, bénéfices et gains en capital	..	0.0	0.0	0.0	0.0	..	0.0	0.0	0.0	0.0
2000 Cotisations de sécurité sociale	..	0.0	0.0	0.0	0.0	..	0.0	0.0	0.0	0.0
3000 Sur salaires ou main d'oeuvre	..	0.0	0.0	0.0	0.0	..	0.0	0.0	0.0	0.0
4000 Impôts sur le patrimoine	..	13.2	23.5	32.1	41.2	..	2.4	2.6	2.3	2.6
5000 Impôts sur les biens et services	..	0.6	1.0	1.4	1.6	..	0.1	0.1	0.1	0.1
6000 Autres impôts	..	0.0	0.0	0.0	0.0	..	0.0	0.0	0.0	0.0
Administrations de sécurité sociale										
Recettes fiscales totales	**..**	**27.6**	**45.3**	**73.0**	**79.6**	**..**	**5.0**	**5.1**	**5.2**	**5.0**
1000 Impôts sur revenu, bénéfices et gains en capital	..	0.0	0.0	0.0	0.0	..	0.0	0.0	0.0	0.0
2000 Cotisations de sécurité sociale	..	27.6	45.3	73.0	79.6	..	5.0	5.1	5.2	5.0
3000 Sur salaires ou main d'oeuvre	..	0.0	0.0	0.0	0.0	..	0.0	0.0	0.0	0.0
4000 Impôts sur le patrimoine	..	0.0	0.0	0.0	0.0	..	0.0	0.0	0.0	0.0
5000 Impôts sur les biens et services	..	0.0	0.0	0.0	0.0	..	0.0	0.0	0.0	0.0
6000 Autres impôts	..	0.0	0.0	0.0	0.0	..	0.0	0.0	0.0	0.0

.. Non disponible

Note : Des données et des notes plus détaillées par pays sont disponibles dans le chapitre 6 "Recettes fiscales des sous-secteurs de l'administration". Les séries temporelles complètes sont accessibles sur le site web https://oe.cd/series-temporelles-completes.

Source : Israel Central Bureau of Statistics and Israel Ministry of Finance.

StatLink https://stat.link/xtbjvl

Tableau 4.37. Italie, recettes fiscales et % du PIB (sélection de catégories d'impôts)

	Milliard EUR					% du PIB				
	1990	2000	2010	2020	2021	1990	2000	2010	2020	2021
Recettes fiscales totales	**265.1**	**503.1**	**671.9**	**707.1**	**771.9**	**36.3**	**40.5**	**41.7**	**42.6**	**42.4**
1000 Impôts sur le revenu, les bénéfices et les gains en capital	**96.7**	**166.9**	**219.5**	**231.9**	**245.8**	**13.2**	**13.4**	**13.6**	**14.0**	**13.5**
1100 Des personnes physiques	69.7	124.9	180.5	189.2	200.0	9.5	10.1	11.2	11.4	11.0
1200 Des sociétés	26.6	34.7	36.7	34.2	34.0	3.6	2.8	2.3	2.1	1.9
1300 Non-ventilables entre 1100 et 1200	0.4	7.3	2.3	8.5	11.7	0.1	0.6	0.1	0.5	0.6
2000 Cotisations de sécurité sociale	**87.3**	**143.6**	**209.1**	**224.7**	**240.7**	**11.9**	**11.6**	**13.0**	**13.5**	**13.2**
2100 À la charge des salariés	16.8	27.3	37.6	41.3	45.6	2.3	2.2	2.3	2.5	2.5
2200 À la charge des employeurs	62.5	99.9	144.3	149.8	161.1	8.6	8.0	9.0	9.0	8.8
2300 À la charge des indép. ou sans emploi	8.0	16.4	27.2	33.6	34.1	1.1	1.3	1.7	2.0	1.9
2400 Non-ventilables entre 2100, 2200 et 2300	0.0	0.0	0.0	0.0	0.0	0.0	0.0	0.0	0.0	0.0
3000 Sur les salaires ou main d'oeuvre	**0.9**	**0.0**	**0.0**	**0.0**	**0.0**	**0.1**	**0.0**	**0.0**	**0.0**	**0.0**
4000 Impôts sur le patrimoine	**6.0**	**23.4**	**32.4**	**40.4**	**45.1**	**0.8**	**1.9**	**2.0**	**2.4**	**2.5**
4100 Impôts périodiques sur la propriété immobilière	0.0	9.4	9.7	21.3	22.4	0.0	0.8	0.6	1.3	1.2
4200 Impôts périodiques sur l'actif net	0.0	0.0	2.1	0.4	0.6	0.0	0.0	0.1	0.0	0.0
4300 Impôts sur mut. par décès, succ. et donations	0.4	1.0	0.5	0.4	0.9	0.1	0.1	0.0	0.0	0.0
4400 Impôts sur transact. mobilières et immob.	5.6	12.3	17.4	17.3	19.6	0.8	1.0	1.1	1.0	1.1
4500 Impôts non périodiques sur	0.0	0.1	0.9	0.1	0.2	0.0	0.0	0.1	0.0	0.0
4600 Autres impôts périodiques sur patrimoine	0.0	0.6	1.9	1.0	1.5	0.0	0.0	0.1	0.1	0.1
5000 Impôts sur les biens et services	**74.3**	**141.9**	**178.9**	**190.6**	**217.7**	**10.2**	**11.4**	**11.1**	**11.5**	**11.9**
5100 Impôts sur production, vente, transfert, etc.	67.1	127.3	160.8	164.8	189.6	9.2	10.3	10.0	9.9	10.4
5110 Impôts généraux	38.9	77.5	97.6	99.9	121.3	5.3	6.2	6.1	6.0	6.7
5111 Taxes sur la valeur ajoutée	38.9	77.5	97.6	99.7	121.0	5.3	6.2	6.1	6.0	6.6
5120 Impôts sur biens et services déterminés	28.0	49.8	63.2	64.9	68.3	3.8	4.0	3.9	3.9	3.7
5121 Accises	20.3	31.5	36.4	40.2	42.4	2.8	2.5	2.3	2.4	2.3
5200 Impôts sur utilisation des biens et exerc. activités	4.5	8.5	10.5	12.8	15.1	0.6	0.7	0.7	0.8	0.8
5300 Non-ventilables entre 5100 et 5200	2.7	6.1	7.6	13.0	13.1	0.4	0.5	0.5	0.8	0.7
6000 Autres impôts	**0.0**	**27.3**	**31.9**	**19.4**	**22.6**	**0.0**	**2.2**	**2.0**	**1.2**	**1.2**
Crédits d'impôts récupérables										
Crédits d'impôts récupérables contre 1000	..	..	0.0	12.1	14.4	..	..	0.0	0.7	0.8
Composante transfert	..	..	0.1	1.9	2.1	..	..	0.0	0.1	0.1
Composante fiscale	..	..	-0.1	10.2	12.3	..	..	0.0	0.6	0.7
Recettes fiscales collectés pour le compte de l'UE										
Recettes fiscales collectés pour le compte de l'UE, total	1.3	1.5	2.2	3.0	3.5	0.2	0.1	0.1	0.2	0.2
Droits de douane perçus pour le compte de l'UE	0.8	1.5	2.2	2.0	2.4	0.1	0.1	0.1	0.1	0.1
Contributions au Fonds de résolution unique collectées pour le compte de l'UE	..	..	..	1.0	1.1	..	..	..	0.1	0.1

.. Non disponible

Note : Des données et des notes plus détaillées par pays sont disponibles dans le chapitre 5 "Tableaux détaillés par pays". Les séries temporelles complètes sont accessibles sur le site web https://oe.cd/series-temporelles-completes.

Source : Ministero dell'economia e delle finanze; Istituto nazionale di statistica.

StatLink https://stat.link/erlg6v

Tableau 4.38. Italie, recettes fiscales et % du PIB par niveaux d'administration (principaux impôts)

	Milliard EUR					% du PIB				
	1990	2000	2010	2020	2021	1990	2000	2010	2020	2021
Administrations fédérale ou centrale										
Recettes fiscales totales	**168.9**	**280.8**	**357.3**	**401.1**	**444.1**	**23.1**	**22.6**	**22.2**	**24.1**	**24.4**
1000 Impôts sur revenu, bénéfices et gains en capital	92.7	154.2	193.9	215.4	229.0	12.7	12.4	12.0	13.0	12.6
2000 Cotisations de sécurité sociale	0.0	0.0	0.0	0.0	0.0	0.0	0.0	0.0	0.0	0.0
3000 Sur salaires ou main d'oeuvre	0.9	0.0	0.0	0.0	0.0	0.1	0.0	0.0	0.0	0.0
4000 Impôts sur le patrimoine	6.0	12.9	21.0	22.5	26.2	0.8	1.0	1.3	1.4	1.4
5000 Impôts sur les biens et services	69.3	113.6	142.5	163.2	188.8	9.5	9.2	8.8	9.8	10.4
6000 Autres impôts	0.0	0.0	0.0	0.0	0.0	0.0	0.0	0.0	0.0	0.0
Administrations d'un État/Régions										
Recettes fiscales totales	..	..	..	..	..	..	..	..	..	..
1000 Impôts sur revenu, bénéfices et gains en capital	..	..	..	..	..	..	..	..	..	..
2000 Cotisations de sécurité sociale	..	..	..	..	..	..	..	..	..	..
3000 Sur salaires ou main d'oeuvre	..	..	..	..	..	..	..	..	..	..
4000 Impôts sur le patrimoine	..	..	..	..	..	..	..	..	..	..
5000 Impôts sur les biens et services	..	..	..	..	..	..	..	..	..	..
6000 Autres impôts	..	..	..	..	..	..	..	..	..	..
Administrations locales										
Recettes fiscales totales	**7.7**	**77.2**	**103.2**	**78.4**	**83.6**	**1.1**	**6.2**	**6.4**	**4.7**	**4.6**
1000 Impôts sur revenu, bénéfices et gains en capital	4.0	12.7	25.6	16.5	16.8	0.6	1.0	1.6	1.0	0.9
2000 Cotisations de sécurité sociale	0.0	0.0	0.0	0.0	0.0	0.0	0.0	0.0	0.0	0.0
3000 Sur salaires ou main d'oeuvre	0.0	0.0	0.0	0.0	0.0	0.0	0.0	0.0	0.0	0.0
4000 Impôts sur le patrimoine	0.0	10.5	11.5	18.0	18.8	0.0	0.8	0.7	1.1	1.0
5000 Impôts sur les biens et services	3.7	26.7	34.2	24.5	25.4	0.5	2.1	2.1	1.5	1.4
6000 Autres impôts	0.0	27.3	31.9	19.4	22.6	0.0	2.2	2.0	1.2	1.2
Administrations de sécurité sociale										
Recettes fiscales totales	**87.3**	**143.6**	**209.1**	**224.7**	**240.7**	**11.9**	**11.6**	**13.0**	**13.5**	**13.2**
1000 Impôts sur revenu, bénéfices et gains en capital	0.0	0.0	0.0	0.0	0.0	0.0	0.0	0.0	0.0	0.0
2000 Cotisations de sécurité sociale	87.3	143.6	209.1	224.7	240.7	11.9	11.6	13.0	13.5	13.2
3000 Sur salaires ou main d'oeuvre	0.0	0.0	0.0	0.0	0.0	0.0	0.0	0.0	0.0	0.0
4000 Impôts sur le patrimoine	0.0	0.0	0.0	0.0	0.0	0.0	0.0	0.0	0.0	0.0
5000 Impôts sur les biens et services	0.0	0.0	0.0	0.0	0.0	0.0	0.0	0.0	0.0	0.0
6000 Autres impôts	0.0	0.0	0.0	0.0	0.0	0.0	0.0	0.0	0.0	0.0

.. Non disponible

Note : Des données et des notes plus détaillées par pays sont disponibles dans le chapitre 6 "Recettes fiscales des sous-secteurs de l'administration". Les séries temporelles complètes sont accessibles sur le site web https://oe.cd/series-temporelles-completes.

Source : Ministero dell'economia e delle finanze; Istituto nazionale di statistica.

StatLink https://stat.link/y5p79q

Tableau 4.39. Japon, recettes fiscales et % du PIB (sélection de catégories d'impôts)

	Milliard JPY					% du PIB				
	1990	2000	2010	2020	2021	1990	2000	2010	2020	2021
Recettes fiscales totales	**130 842.7**	**136 235.8**	**132 484.3**	**177 321.2**	**187 903.5**	**27.7**	**25.3**	**26.2**	**33.0**	**34.1**
1000 Impôts sur le revenu, les bénéfices et les gains en capital	**65 681.6**	**47 398.2**	**40 034.3**	**53 933.8**	**60 005.8**	**13.9**	**8.8**	**7.9**	**10.0**	**10.9**
1100 Des personnes physiques	36 393.6	28 677.3	24 662.7	33 188.6	35 439.0	7.7	5.3	4.9	6.2	6.4
1200 Des sociétés	29 288.0	18 720.9	15 371.6	20 745.2	24 566.8	6.2	3.5	3.0	3.9	4.5
1300 Non-ventilables entre 1100 et 1200	0.0	0.0	0.0	0.0	0.0	0.0	0.0	0.0	0.0	0.0
2000 Cotisations de sécurité sociale	**34 612.6**	**47 968.3**	**54 460.6**	**71 562.4**	**73 613.5**	**7.3**	**8.9**	**10.8**	**13.3**	**13.3**
2100 À la charge des salariés	13 895.0	19 829.9	23 592.6	31 842.2	32 780.0	2.9	3.7	4.7	5.9	5.9
2200 À la charge des employeurs	16 648.8	22 455.5	24 674.2	33 244.5	34 312.2	3.5	4.2	4.9	6.2	6.2
2300 À la charge des indép. ou sans emploi	4 068.8	5 682.9	6 193.8	6 475.8	6 521.3	0.9	1.1	1.2	1.2	1.2
2400 Non-ventilables entre 2100, 2200 et 2300	0.0	0.0	0.0	0.0	0.0	0.0	0.0	0.0	0.0	0.0
3000 Sur les salaires ou main d'oeuvre	**0.0**	**0.0**	**0.0**	**0.0**	**0.0**	**0.0**	**0.0**	**0.0**	**0.0**	**0.0**
4000 Impôts sur le patrimoine	**12 296.3**	**14 294.4**	**12 878.3**	**14 327.5**	**14 778.6**	**2.6**	**2.7**	**2.6**	**2.7**	**2.7**
4100 Impôts périodiques sur la propriété immobilière	7 098.5	10 413.7	10 225.0	10 719.2	10 655.5	1.5	1.9	2.0	2.0	1.9
4200 Impôts périodiques sur l'actif net	0.0	0.0	0.0	0.0	0.0	0.0	0.0	0.0	0.0	0.0
4300 Impôts sur mut. par décès, succ. et donations	1 918.0	1 782.2	1 250.4	2 314.5	2 770.2	0.4	0.3	0.2	0.4	0.5
4400 Impôts sur transact. mobilières et immob.	3 279.8	2 098.5	1 402.9	1 293.8	1 352.9	0.7	0.4	0.3	0.2	0.2
4500 Impôts non périodiques sur	0.0	0.0	0.0	0.0	0.0	0.0	0.0	0.0	0.0	0.0
4600 Autres impôts périodiques sur patrimoine	0.0	0.0	0.0	0.0	0.0	0.0	0.0	0.0	0.0	0.0
5000 Impôts sur les biens et services	**17 916.8**	**26 227.2**	**24 730.2**	**37 053.1**	**39 009.7**	**3.8**	**4.9**	**4.9**	**6.9**	**7.1**
5100 Impôts sur production, vente, transfert, etc.	15 646.5	23 180.2	22 160.4	34 433.1	36 408.7	3.3	4.3	4.4	6.4	6.6
5110 Impôts généraux	5 778.3	12 350.3	12 675.2	26 395.2	28 058.9	1.2	2.3	2.5	4.9	5.1
5111 Taxes sur la valeur ajoutée	5 778.3	12 350.3	12 675.2	26 395.2	28 058.9	1.2	2.3	2.5	4.9	5.1
5120 Impôts sur biens et services déterminés	9 868.2	10 829.9	9 485.2	8 037.9	8 349.9	2.1	2.0	1.9	1.5	1.5
5121 Accises	8 637.2	9 837.0	8 622.4	7 166.6	7 397.9	1.8	1.8	1.7	1.3	1.3
5200 Impôts sur utilisation des biens et exerc. activités	2 270.3	3 047.0	2 569.8	2 620.0	2 601.0	0.5	0.6	0.5	0.5	0.5
5300 Non-ventilables entre 5100 et 5200	0.0	0.0	0.0	0.0	0.0	0.0	0.0	0.0	0.0	0.0
6000 Autres impôts	**335.4**	**347.7**	**381.1**	**444.4**	**495.9**	**0.1**	**0.1**	**0.1**	**0.1**	**0.1**
Crédits d'impôts récupérables										
Crédits d'impôts récupérables contre 1000	..	..	..	..	..	..	..	..	..	..
Composante transfert	..	..	..	..	..	..	..	..	..	..
Composante fiscale	..	..	..	..	..	..	..	..	..	..

.. Non disponible

Note : Des données et des notes plus détaillées par pays sont disponibles dans le chapitre 5 "Tableaux détaillés par pays". Les séries temporelles complètes sont accessibles sur le site web https://oe.cd/series-temporelles-completes.

Source : Tax Bureau, Ministry of Finance.

StatLink https://stat.link/bkpmxg

Tableau 4.40. Japon, recettes fiscales et % du PIB par niveaux d'administration (principaux impôts)

	Milliard JPY					% du PIB				
	1990	2000	2010	2020	2021	1990	2000	2010	2020	2021
Administrations fédérale ou centrale										
Recettes fiscales totales	**62 779.7**	**52 720.8**	**43 707.4**	**64 933.1**	**71 881.1**	**13.3**	**9.8**	**8.7**	**12.1**	**13.0**
1000 Impôts sur revenu, bénéfices et gains en capital	44 379.1	30 536.2	23 372.1	33 893.7	39 184.7	9.4	5.7	4.6	6.3	7.1
2000 Cotisations de sécurité sociale	0.0	0.0	0.0	0.0	0.0	0.0	0.0	0.0	0.0	0.0
3000 Sur salaires ou main d'oeuvre	0.0	0.0	0.0	0.0	0.0	0.0	0.0	0.0	0.0	0.0
4000 Impôts sur le patrimoine	4 601.6	3 314.9	2 274.5	3 234.0	3 731.1	1.0	0.6	0.5	0.6	0.7
5000 Impôts sur les biens et services	13 799.0	18 869.7	18 060.9	27 805.2	28 930.1	2.9	3.5	3.6	5.2	5.2
6000 Autres impôts	0.0	0.0	0.0	0.2	35.2	0.0	0.0	0.0	0.0	0.0
Administrations d'un État/Régions										
Recettes fiscales totales	**..**	**..**	**..**	**..**	**..**	**..**	**..**	**..**	**..**	**..**
1000 Impôts sur revenu, bénéfices et gains en capital	..	..	..	..	..	..	..	..	..	..
2000 Cotisations de sécurité sociale	..	..	..	..	..	..	..	..	..	..
3000 Sur salaires ou main d'oeuvre	..	..	..	..	..	..	..	..	..	..
4000 Impôts sur le patrimoine	..	..	..	..	..	..	..	..	..	..
5000 Impôts sur les biens et services	..	..	..	..	..	..	..	..	..	..
6000 Autres impôts	..	..	..	..	..	..	..	..	..	..
Administrations locales										
Recettes fiscales totales	**33 450.4**	**35 546.7**	**34 316.3**	**40 825.7**	**42 408.9**	**7.1**	**6.6**	**6.8**	**7.6**	**7.7**
1000 Impôts sur revenu, bénéfices et gains en capital	21 302.5	16 862.0	16 662.2	20 040.1	20 821.1	4.5	3.1	3.3	3.7	3.8
2000 Cotisations de sécurité sociale	0.0	0.0	0.0	0.0	0.0	0.0	0.0	0.0	0.0	0.0
3000 Sur salaires ou main d'oeuvre	0.0	0.0	0.0	0.0	0.0	0.0	0.0	0.0	0.0	0.0
4000 Impôts sur le patrimoine	7 694.7	10 979.5	10 603.8	11 093.5	11 047.5	1.6	2.0	2.1	2.1	2.0
5000 Impôts sur les biens et services	4 117.8	7 357.5	6 669.3	9 247.9	10 079.7	0.9	1.4	1.3	1.7	1.8
6000 Autres impôts	335.4	347.7	381.1	444.2	460.7	0.1	0.1	0.1	0.1	0.1
Administrations de sécurité sociale										
Recettes fiscales totales	**34 612.6**	**47 968.3**	**54 460.6**	**71 562.4**	**73 613.5**	**7.3**	**8.9**	**10.8**	**13.3**	**13.3**
1000 Impôts sur revenu, bénéfices et gains en capital	0.0	0.0	0.0	0.0	0.0	0.0	0.0	0.0	0.0	0.0
2000 Cotisations de sécurité sociale	34 612.6	47 968.3	54 460.6	71 562.4	73 613.5	7.3	8.9	10.8	13.3	13.3
3000 Sur salaires ou main d'oeuvre	0.0	0.0	0.0	0.0	0.0	0.0	0.0	0.0	0.0	0.0
4000 Impôts sur le patrimoine	0.0	0.0	0.0	0.0	0.0	0.0	0.0	0.0	0.0	0.0
5000 Impôts sur les biens et services	0.0	0.0	0.0	0.0	0.0	0.0	0.0	0.0	0.0	0.0
6000 Autres impôts	0.0	0.0	0.0	0.0	0.0	0.0	0.0	0.0	0.0	0.0

.. Non disponible

Note : Des données et des notes plus détaillées par pays sont disponibles dans le chapitre 6 "Recettes fiscales des sous-secteurs de l'administration". Les séries temporelles complètes sont accessibles sur le site web https://oe.cd/series-temporelles-completes.

Source : Tax Bureau, Ministry of Finance.

StatLink https://stat.link/7jdb6r

Tableau 4.41. Corée, recettes fiscales et % du PIB (sélection de catégories d'impôts)

	Milliard KRW					% du PIB				
	1990	2000	2010	2020	2021	1990	2000	2010	2020	2021
Recettes fiscales totales	**37 261.7**	**136 295.0**	**295 968.0**	**538 450.0**	**619 084.0**	**18.6**	**20.9**	**22.4**	**27.7**	**29.8**
1000 Impôts sur le revenu, les bénéfices et les gains en capital	**12 203.5**	**39 254.0**	**82 905.0**	**166 564.0**	**205 574.0**	**6.1**	**6.0**	**6.3**	**8.6**	**9.9**
1100 Des personnes physiques	7 440.4	19 950.0	42 098.0	101 286.0	126 210.0	3.7	3.1	3.2	5.2	6.1
1200 Des sociétés	4 756.6	19 271.0	40 807.0	65 278.0	79 364.0	2.4	3.0	3.1	3.4	3.8
1300 Non-ventilables entre 1100 et 1200	6.5	33.0	0.0	0.0	0.0	0.0	0.0	0.0	0.0	0.0
2000 Cotisations de sécurité sociale	**3 760.0**	**22 759.0**	**69 090.0**	**150 854.0**	**162 209.0**	**1.9**	**3.5**	**5.2**	**7.8**	**7.8**
2100 À la charge des salariés	1 464.0	8 578.0	28 213.0	65 384.0	70 297.0	0.7	1.3	2.1	3.4	3.4
2200 À la charge des employeurs	1 694.0	9 409.0	30 856.0	67 676.0	72 773.0	0.8	1.4	2.3	3.5	3.5
2300 À la charge des indép. ou sans emploi	602.0	4 772.0	10 021.0	17 794.0	19 139.0	0.3	0.7	0.8	0.9	0.9
2400 Non-ventilables entre 2100, 2200 et 2300	0.0	0.0	0.0	0.0	0.0	0.0	0.0	0.0	0.0	0.0
3000 Sur les salaires ou main d'oeuvre	**152.8**	**258.0**	**714.0**	**1 607.0**	**1 755.0**	**0.1**	**0.0**	**0.1**	**0.1**	**0.1**
4000 Impôts sur le patrimoine	**4 388.9**	**16 846.0**	**33 516.0**	**76 512.0**	**93 263.0**	**2.2**	**2.6**	**2.5**	**3.9**	**4.5**
4100 Impôts périodiques sur la propriété immobilière	980.0	3 385.0	9 270.0	20 044.0	24 486.0	0.5	0.5	0.7	1.0	1.2
4200 Impôts périodiques sur l'actif net	0.0	0.0	0.0	0.0	0.0	0.0	0.0	0.0	0.0	0.0
4300 Impôts sur mut. par décès, succ. et donations	353.9	989.0	3 076.0	10 375.0	15 006.0	0.2	0.2	0.2	0.5	0.7
4400 Impôts sur transact. mobilières et immob.	2 959.7	11 935.0	21 170.0	46 093.0	53 771.0	1.5	1.8	1.6	2.4	2.6
4500 Impôts non périodiques sur	95.3	537.0	0.0	0.0	0.0	0.0	0.1	0.0	0.0	0.0
4600 Autres impôts périodiques sur patrimoine	0.0	0.0	0.0	0.0	0.0	0.0	0.0	0.0	0.0	0.0
5000 Impôts sur les biens et services	**16 497.5**	**52 271.0**	**99 769.0**	**131 353.0**	**143 100.0**	**8.2**	**8.0**	**7.5**	**6.8**	**6.9**
5100 Impôts sur production, vente, transfert, etc.	16 023.5	50 023.0	96 573.0	123 219.0	134 745.0	8.0	7.7	7.3	6.3	6.5
5110 Impôts généraux	6 964.4	23 212.0	51 800.0	81 452.0	89 022.0	3.5	3.6	3.9	4.2	4.3
5111 Taxes sur la valeur ajoutée	6 964.4	23 212.0	51 800.0	81 452.0	89 022.0	3.5	3.6	3.9	4.2	4.3
5120 Impôts sur biens et services déterminés	9 059.1	26 811.0	44 773.0	41 767.0	45 723.0	4.5	4.1	3.4	2.2	2.2
5121 Accises	4 923.7	18 155.0	31 340.0	33 013.0	35 792.0	2.5	2.8	2.4	1.7	1.7
5200 Impôts sur utilisation des biens et exerc. activités	473.9	2 248.0	3 196.0	8 134.0	8 355.0	0.2	0.3	0.2	0.4	0.4
5300 Non-ventilables entre 5100 et 5200	0.0	0.0	0.0	0.0	0.0	0.0	0.0	0.0	0.0	0.0
6000 Autres impôts	**259.1**	**4 907.0**	**9 974.0**	**11 560.0**	**13 183.0**	**0.1**	**0.8**	**0.8**	**0.6**	**0.6**
Crédits d'impôts récupérables										
Crédits d'impôts récupérables contre 1000	..	..	..	..	..	..	..	..	..	..
Composante transfert	..	..	..	..	..	..	..	..	..	..
Composante fiscale	..	..	..	..	..	..	..	..	..	..

.. Non disponible

Note : Des données et des notes plus détaillées par pays sont disponibles dans le chapitre 5 "Tableaux détaillés par pays". Les séries temporelles complètes sont accessibles sur le site web https://oe.cd/series-temporelles-completes.

Source : Ministry of Finance and Economy, Ministry of Home Affairs.

StatLink https://stat.link/dg6vp9

Tableau 4.42. Corée, recettes fiscales et % du PIB par niveaux d'administration (principaux impôts)

	Milliard KRW					% du PIB				
	1990	2000	2010	2020	2021	1990	2000	2010	2020	2021
Administrations fédérale ou centrale										
Recettes fiscales totales	**27 140.8**	**92 935.0**	**177 718.0**	**285 547.0**	**344 077.0**	**13.5**	**14.3**	**13.4**	**14.7**	**16.5**
1000 Impôts sur revenu, bénéfices et gains en capital	11 655.2	35 824.0	75 352.0	149 319.0	185 459.0	5.8	5.5	5.7	7.7	8.9
2000 Cotisations de sécurité sociale	0.0	0.0	0.0	0.0	0.0	0.0	0.0	0.0	0.0	0.0
3000 Sur salaires ou main d'oeuvre	29.3	0.0	0.0	0.0	0.0	0.0	0.0	0.0	0.0	0.0
4000 Impôts sur le patrimoine	866.3	5 866.0	11 288.0	29 160.0	40 207.0	0.4	0.9	0.9	1.5	1.9
5000 Impôts sur les biens et services	14 377.5	46 812.0	86 629.0	102 903.0	113 264.0	7.2	7.2	6.5	5.3	5.4
6000 Autres impôts	212.5	4 433.0	4 449.0	4 165.0	5 147.0	0.1	0.7	0.3	0.2	0.2
Administrations d'un État/Régions										
Recettes fiscales totales	**..**	**..**	**..**	**..**	**..**	**..**	**..**	**..**	**..**	**..**
1000 Impôts sur revenu, bénéfices et gains en capital	..	..	..	..	..	..	..	..	..	..
2000 Cotisations de sécurité sociale	..	..	..	..	..	..	..	..	..	..
3000 Sur salaires ou main d'oeuvre	..	..	..	..	..	..	..	..	..	..
4000 Impôts sur le patrimoine	..	..	..	..	..	..	..	..	..	..
5000 Impôts sur les biens et services	..	..	..	..	..	..	..	..	..	..
6000 Autres impôts	..	..	..	..	..	..	..	..	..	..
Administrations locales										
Recettes fiscales totales	**6 360.9**	**20 601.0**	**49 160.0**	**102 049.0**	**112 798.0**	**3.2**	**3.2**	**3.7**	**5.3**	**5.4**
1000 Impôts sur revenu, bénéfices et gains en capital	548.3	3 430.0	7 553.0	17 245.0	20 115.0	0.3	0.5	0.6	0.9	1.0
2000 Cotisations de sécurité sociale	0.0	0.0	0.0	0.0	0.0	0.0	0.0	0.0	0.0	0.0
3000 Sur salaires ou main d'oeuvre	123.5	258.0	714.0	1 607.0	1 755.0	0.1	0.0	0.1	0.1	0.1
4000 Impôts sur le patrimoine	3 522.6	10 980.0	22 228.0	47 352.0	53 056.0	1.8	1.7	1.7	2.4	2.6
5000 Impôts sur les biens et services	2 120.0	5 459.0	13 140.0	28 450.0	29 836.0	1.1	0.8	1.0	1.5	1.4
6000 Autres impôts	46.6	474.0	5 525.0	7 395.0	8 036.0	0.0	0.1	0.4	0.4	0.4
Administrations de sécurité sociale										
Recettes fiscales totales	**3 760.0**	**22 759.0**	**69 090.0**	**150 854.0**	**162 209.0**	**1.9**	**3.5**	**5.2**	**7.8**	**7.8**
1000 Impôts sur revenu, bénéfices et gains en capital	0.0	0.0	0.0	0.0	0.0	0.0	0.0	0.0	0.0	0.0
2000 Cotisations de sécurité sociale	3 760.0	22 759.0	69 090.0	150 854.0	162 209.0	1.9	3.5	5.2	7.8	7.8
3000 Sur salaires ou main d'oeuvre	0.0	0.0	0.0	0.0	0.0	0.0	0.0	0.0	0.0	0.0
4000 Impôts sur le patrimoine	0.0	0.0	0.0	0.0	0.0	0.0	0.0	0.0	0.0	0.0
5000 Impôts sur les biens et services	0.0	0.0	0.0	0.0	0.0	0.0	0.0	0.0	0.0	0.0
6000 Autres impôts	0.0	0.0	0.0	0.0	0.0	0.0	0.0	0.0	0.0	0.0

.. Non disponible

Note : Des données et des notes plus détaillées par pays sont disponibles dans le chapitre 6 "Recettes fiscales des sous-secteurs de l'administration". Les séries temporelles complètes sont accessibles sur le site web https://oe.cd/series-temporelles-completes.

Source : Ministry of Finance and Economy, Ministry of Home Affairs.

StatLink https://stat.link/ky1qfr

Tableau 4.43. Lettonie, recettes fiscales et % du PIB (sélection de catégories d'impôts)

	Milliard EUR					% du PIB				
	1990	2000	2010	2020	2021	1990	2000	2010	2020	2021
Recettes fiscales totales	**..**	**2.0**	**5.2**	**9.4**	**10.3**	**..**	**29.0**	**28.5**	**30.9**	**30.5**
1000 Impôts sur le revenu, les bénéfices et les gains en capital	**..**	**0.5**	**1.3**	**2.0**	**2.3**	**..**	**7.0**	**7.1**	**6.7**	**6.8**
1100 Des personnes physiques	..	0.4	1.1	1.8	2.0	..	5.5	6.2	6.0	6.0
1200 Des sociétés	..	0.1	0.2	0.2	0.3	..	1.5	1.0	0.7	0.9
1300 Non-ventilables entre 1100 et 1200	..	0.0	0.0	0.0	0.0	..	0.0	0.0	0.0	0.0
2000 Cotisations de sécurité sociale	**..**	**0.7**	**1.6**	**3.0**	**3.2**	**..**	**9.7**	**8.6**	**9.9**	**9.5**
2100 À la charge des salariés	..	0.2	0.4	1.0	1.0	..	2.4	2.2	3.2	3.1
2200 À la charge des employeurs	..	0.5	1.2	2.0	2.1	..	7.3	6.4	6.5	6.3
2300 À la charge des indép. ou sans emploi	..	0.0	0.0	0.0	0.0	..	0.0	0.1	0.1	0.1
2400 Non-ventilables entre 2100, 2200 et 2300	..	0.0	0.0	0.0	0.0	..	0.0	0.0	0.0	0.0
3000 Sur les salaires ou main d'oeuvre	**..**	**0.0**	**0.0**	**0.0**	**0.0**	**..**	**0.0**	**0.0**	**0.0**	**0.0**
4000 Impôts sur le patrimoine	**..**	**0.1**	**0.2**	**0.3**	**0.3**	**..**	**1.1**	**0.9**	**0.9**	**0.9**
4100 Impôts périodiques sur la propriété immobilière	..	0.1	0.1	0.2	0.2	..	0.9	0.7	0.7	0.7
4200 Impôts périodiques sur l'actif net	..	0.0	0.0	0.0	0.0	..	0.0	0.0	0.0	0.0
4300 Impôts sur mut. par décès, succ. et donations	..	0.0	0.0	0.0	0.0	..	0.0	0.0	0.0	0.0
4400 Impôts sur transact. mobilières et immob.	..	0.0	0.0	0.0	0.0	..	0.2	0.1	0.1	0.1
4500 Impôts non périodiques sur	..	0.0	0.0	0.0	0.0	..	0.0	0.0	0.0	0.0
4600 Autres impôts périodiques sur patrimoine	..	0.0	0.0	0.0	0.0	..	0.0	0.0	0.0	0.0
5000 Impôts sur les biens et services	**..**	**0.8**	**2.2**	**4.1**	**4.5**	**..**	**11.2**	**11.9**	**13.5**	**13.3**
5100 Impôts sur production, vente, transfert, etc.	..	0.7	2.0	3.9	4.2	..	10.8	11.2	12.8	12.6
5110 Impôts généraux	..	0.5	1.3	2.7	3.0	..	6.9	7.2	8.9	8.9
5111 Taxes sur la valeur ajoutée	..	0.5	1.2	2.5	2.9	..	6.9	6.6	8.4	8.6
5120 Impôts sur biens et services déterminés	..	0.3	0.7	1.2	1.2	..	3.8	4.0	3.9	3.7
5121 Accises	..	0.2	0.6	1.1	1.1	..	3.4	3.6	3.5	3.3
5200 Impôts sur utilisation des biens et exerc. activités	..	0.0	0.1	0.2	0.2	..	0.5	0.7	0.7	0.7
5300 Non-ventilables entre 5100 et 5200	..	0.0	0.0	0.0	0.0	..	0.0	0.0	0.0	0.0
6000 Autres impôts	**..**	**0.0**	**0.0**	**0.0**	**0.0**	**..**	**0.0**	**0.0**	**0.0**	**0.0**
Crédits d'impôts récupérables										
Crédits d'impôts récupérables contre 1000	..	..	..	..	..	..	..	..	..	..
Composante transfert	..	..	..	..	..	..	..	..	..	..
Composante fiscale	..	..	..	..	..	..	..	..	..	..
Recettes fiscales collectés pour le compte de l'UE										
Recettes fiscales collectés pour le compte de l'UE, total	..	..	0.0	0.1	0.1	..	..	0.1	0.2	0.2
Droits de douane perçus pour le compte de l'UE	..	..	0.0	0.0	0.1	..	..	0.1	0.2	0.2
Contributions au Fonds de résolution unique collectées pour le compte de l'UE	..	..	..	0.0	0.0	..	..	..	0.0	0.0

.. Non disponible

Note : Des données et des notes plus détaillées par pays sont disponibles dans le chapitre 5 "Tableaux détaillés par pays". Les séries temporelles complètes sont accessibles sur le site web https://oe.cd/series-temporelles-completes.

Source : Ministry of Finance.

StatLink https://stat.link/chlk3m

Tableau 4.44. Lettonie, recettes fiscales et % du PIB par niveaux d'administration (principaux impôts)

	Milliard EUR					% du PIB				
	1990	2000	2010	2020	2021	1990	2000	2010	2020	2021
Administrations fédérale ou centrale										
Recettes fiscales totales	**..**	**1.0**	**2.5**	**4.8**	**5.3**	**..**	**14.4**	**14.1**	**15.7**	**15.8**
1000 Impôts sur revenu, bénéfices et gains en capital	..	0.2	0.4	0.6	0.8	..	3.1	2.2	1.9	2.3
2000 Cotisations de sécurité sociale	..	0.0	0.0	0.1	0.1	..	0.0	0.0	0.3	0.3
3000 Sur salaires ou main d'oeuvre	..	0.0	0.0	0.0	0.0	..	0.0	0.0	0.0	0.0
4000 Impôts sur le patrimoine	..	0.0	0.0	0.0	0.1	..	0.2	0.2	0.2	0.2
5000 Impôts sur les biens et services	..	0.8	2.1	4.0	4.4	..	11.1	11.7	13.3	13.1
6000 Autres impôts	..	0.0	0.0	0.0	0.0	..	0.0	0.0	0.0	0.0
Administrations d'un État/Régions										
Recettes fiscales totales	**..**	**..**	**..**	**..**	**..**	**..**	**..**	**..**	**..**	**..**
1000 Impôts sur revenu, bénéfices et gains en capital	..	..	..	..	..	..	..	..	..	..
2000 Cotisations de sécurité sociale	..	..	..	..	..	..	..	..	..	..
3000 Sur salaires ou main d'oeuvre	..	..	..	..	..	..	..	..	..	..
4000 Impôts sur le patrimoine	..	..	..	..	..	..	..	..	..	..
5000 Impôts sur les biens et services	..	..	..	..	..	..	..	..	..	..
6000 Autres impôts	..	..	..	..	..	..	..	..	..	..
Administrations locales										
Recettes fiscales totales	**..**	**0.3**	**1.0**	**1.7**	**1.8**	**..**	**4.9**	**5.7**	**5.5**	**5.3**
1000 Impôts sur revenu, bénéfices et gains en capital	..	0.3	0.9	1.4	1.5	..	3.9	4.9	4.8	4.6
2000 Cotisations de sécurité sociale	..	0.0	0.0	0.0	0.0	..	0.0	0.0	0.0	0.0
3000 Sur salaires ou main d'oeuvre	..	0.0	0.0	0.0	0.0	..	0.0	0.0	0.0	0.0
4000 Impôts sur le patrimoine	..	0.1	0.1	0.2	0.2	..	0.9	0.7	0.7	0.7
5000 Impôts sur les biens et services	..	0.0	0.0	0.0	0.0	..	0.1	0.1	0.0	0.0
6000 Autres impôts	..	0.0	0.0	0.0	0.0	..	0.0	0.0	0.0	0.0
Administrations de sécurité sociale										
Recettes fiscales totales	**..**	**0.7**	**1.6**	**2.9**	**3.1**	**..**	**9.7**	**8.6**	**9.6**	**9.2**
1000 Impôts sur revenu, bénéfices et gains en capital	..	0.0	0.0	0.0	0.0	..	0.0	0.0	0.0	0.0
2000 Cotisations de sécurité sociale	..	0.7	1.6	2.9	3.1	..	9.7	8.6	9.5	9.2
3000 Sur salaires ou main d'oeuvre	..	0.0	0.0	0.0	0.0	..	0.0	0.0	0.0	0.0
4000 Impôts sur le patrimoine	..	0.0	0.0	0.0	0.0	..	0.0	0.0	0.0	0.0
5000 Impôts sur les biens et services	..	0.0	0.0	0.0	0.0	..	0.0	0.0	0.0	0.0
6000 Autres impôts	..	0.0	0.0	0.0	0.0	..	0.0	0.0	0.0	0.0

.. Non disponible

Note : Des données et des notes plus détaillées par pays sont disponibles dans le chapitre 6 "Recettes fiscales des sous-secteurs de l'administration". Les séries temporelles complètes sont accessibles sur le site web https://oe.cd/series-temporelles-completes.

Source : Ministry of Finance.

StatLink https://stat.link/51mif2

Tableau 4.45. Lituanie, recettes fiscales et % du PIB (sélection de catégories d'impôts)

	Milliard EUR					% du PIB				
	1990	2000	2010	2020	2021	1990	2000	2010	2020	2021
Recettes fiscales totales	..	**4.1**	**7.9**	**15.6**	**18.0**	..	**30.8**	**28.3**	**31.2**	**32.1**
1000 Impôts sur le revenu, les bénéfices et les gains en capital	..	**1.1**	**1.3**	**4.5**	**5.4**	..	**8.3**	**4.6**	**8.9**	**9.6**
1100 Des personnes physiques	..	1.0	1.0	3.6	4.2	..	7.6	3.6	7.3	7.5
1200 Des sociétés	..	0.1	0.3	0.8	1.2	..	0.7	1.0	1.7	2.1
1300 Non-ventilables entre 1100 et 1200	..	0.0	0.0	0.0	0.0	..	0.0	0.0	0.0	0.0
2000 Cotisations de sécurité sociale	..	**1.3**	**3.3**	**5.1**	**5.7**	..	**9.9**	**11.6**	**10.2**	**10.2**
2100 À la charge des salariés	..	0.1	0.6	3.8	4.4	..	0.8	2.2	7.6	7.7
2200 À la charge des employeurs	..	1.1	2.1	0.4	0.4	..	8.1	7.4	0.7	0.7
2300 À la charge des indép. ou sans emploi	..	0.1	0.5	0.9	1.0	..	1.0	1.9	1.8	1.7
2400 Non-ventilables entre 2100, 2200 et 2300	..	0.0	0.0	0.0	0.0	..	0.0	0.0	0.0	0.0
3000 Sur les salaires ou main d'oeuvre	..	**0.0**	**0.0**	**0.0**	**0.0**	..	**0.0**	**0.0**	**0.0**	**0.0**
4000 Impôts sur le patrimoine	..	**0.1**	**0.1**	**0.2**	**0.2**	..	**0.5**	**0.4**	**0.3**	**0.3**
4100 Impôts périodiques sur la propriété immobilière	..	0.1	0.1	0.1	0.2	..	0.5	0.4	0.3	0.3
4200 Impôts périodiques sur l'actif net	..	0.0	0.0	0.0	0.0	..	0.0	0.0	0.0	0.0
4300 Impôts sur mut. par décès, succ. et donations	..	0.0	0.0	0.0	0.0	..	0.0	0.0	0.0	0.0
4400 Impôts sur transact. mobilières et immob.	..	0.0	0.0	0.0	0.0	..	0.0	0.0	0.0	0.0
4500 Impôts non périodiques sur	..	0.0	0.0	0.0	0.0	..	0.0	0.0	0.0	0.0
4600 Autres impôts périodiques sur patrimoine	..	0.0	0.0	0.0	0.0	..	0.0	0.0	0.0	0.0
5000 Impôts sur les biens et services	..	**1.6**	**3.3**	**5.9**	**6.7**	..	**12.1**	**11.7**	**11.8**	**12.0**
5100 Impôts sur production, vente, transfert, etc.	..	1.6	3.2	5.8	6.6	..	11.7	11.4	11.6	11.8
5110 Impôts généraux	..	1.1	2.2	4.0	4.7	..	8.1	7.8	8.1	8.4
5111 Taxes sur la valeur ajoutée	..	1.0	2.2	4.0	4.7	..	7.5	7.8	8.0	8.3
5120 Impôts sur biens et services déterminés	..	0.5	1.0	1.7	1.9	..	3.5	3.6	3.5	3.4
5121 Accises	..	0.4	0.9	1.6	1.7	..	3.2	3.2	3.1	3.0
5200 Impôts sur utilisation des biens et exerc. activités	..	0.1	0.1	0.1	0.1	..	0.5	0.3	0.2	0.2
5300 Non-ventilables entre 5100 et 5200	..	0.0	0.0	0.0	0.0	..	0.0	0.0	0.0	0.0
6000 Autres impôts	..	**0.0**	**0.0**	**0.0**	**0.0**	..	**0.0**	**0.0**	**0.0**	**0.0**
Crédits d'impôts récupérables										
Crédits d'impôts récupérables contre 1000	..	..	..	..	..	..	..	..	..	..
Composante transfert	..	..	..	..	..	..	..	..	..	..
Composante fiscale	..	..	..	..	..	..	..	..	..	..
Recettes fiscales collectés pour le compte de l'UE										
Recettes fiscales collectés pour le compte de l'UE, total	..	..	0.1	0.1	0.2	..	..	0.2	0.3	0.3
Droits de douane perçus pour le compte de l'UE	..	..	0.1	0.1	0.2	..	..	0.2	0.3	0.3
Contributions au Fonds de résolution unique collectées pour le compte de l'UE	..	..	..	0.0	0.0	..	..	..	0.0	0.0

.. Non disponible

Note : Des données et des notes plus détaillées par pays sont disponibles dans le chapitre 5 "Tableaux détaillés par pays". Les séries temporelles complètes sont accessibles sur le site web https://oe.cd/series-temporelles-completes.

Le total des recettes fiscales a été diminué du montant de tout transfert en capital représentant les impôts non perçus. Le transfert en capital a été directement diminué des impôts spécifiques auxquels il se rapporte. Par conséquent, les montants des recettes fiscales sont différents de ceux présentés dans le chapitre 5 "Tableaux détaillés par pays".

Source : Ministry of Finance.

StatLink https://stat.link/yx59mk

Tableau 4.46. Lituanie, recettes fiscales et % du PIB par niveaux d'administration (principaux impôts)

	Milliard EUR					% du PIB				
	1990	2000	2010	2020	2021	1990	2000	2010	2020	2021
Administrations fédérale ou centrale										
Recettes fiscales totales	..	**2.7**	**4.5**	**10.2**	**11.9**	..	**20.3**	**16.0**	**20.4**	**21.2**
1000 Impôts sur revenu, bénéfices et gains en capital	..	1.1	1.3	4.5	5.4	..	8.3	4.6	8.9	9.6
2000 Cotisations de sécurité sociale	..	0.0	0.0	0.0	0.0	..	0.0	0.0	0.0	0.0
3000 Sur salaires ou main d'oeuvre	..	0.0	0.0	0.0	0.0	..	0.0	0.0	0.0	0.0
4000 Impôts sur le patrimoine	..	0.0	0.0	0.0	0.0	..	0.0	0.0	0.0	0.0
5000 Impôts sur les biens et services	..	1.6	3.2	5.7	6.5	..	12.0	11.4	11.5	11.7
6000 Autres impôts	..	0.0	0.0	0.0	0.0	..	0.0	0.0	0.0	0.0
Administrations d'un État/Régions										
Recettes fiscales totales	..	..	..	..	..	..	..	..	..	..
1000 Impôts sur revenu, bénéfices et gains en capital	..	..	..	..	..	..	..	..	..	..
2000 Cotisations de sécurité sociale	..	..	..	..	..	..	..	..	..	..
3000 Sur salaires ou main d'oeuvre	..	..	..	..	..	..	..	..	..	..
4000 Impôts sur le patrimoine	..	..	..	..	..	..	..	..	..	..
5000 Impôts sur les biens et services	..	..	..	..	..	..	..	..	..	..
6000 Autres impôts	..	..	..	..	..	..	..	..	..	..
Administrations locales										
Recettes fiscales totales	..	**0.1**	**0.1**	**0.2**	**0.2**	..	**0.6**	**0.5**	**0.3**	**0.3**
1000 Impôts sur revenu, bénéfices et gains en capital	..	0.0	0.0	0.0	0.0	..	0.0	0.0	0.0	0.0
2000 Cotisations de sécurité sociale	..	0.0	0.0	0.0	0.0	..	0.0	0.0	0.0	0.0
3000 Sur salaires ou main d'oeuvre	..	0.0	0.0	0.0	0.0	..	0.0	0.0	0.0	0.0
4000 Impôts sur le patrimoine	..	0.1	0.1	0.1	0.2	..	0.5	0.4	0.3	0.3
5000 Impôts sur les biens et services	..	0.0	0.0	0.0	0.0	..	0.1	0.1	0.1	0.1
6000 Autres impôts	..	0.0	0.0	0.0	0.0	..	0.0	0.0	0.0	0.0
Administrations de sécurité sociale										
Recettes fiscales totales	..	**1.3**	**3.3**	**5.1**	**5.7**	..	**9.9**	**11.6**	**10.2**	**10.2**
1000 Impôts sur revenu, bénéfices et gains en capital	..	0.0	0.0	0.0	0.0	..	0.0	0.0	0.0	0.0
2000 Cotisations de sécurité sociale	..	1.3	3.3	5.1	5.7	..	9.9	11.6	10.2	10.2
3000 Sur salaires ou main d'oeuvre	..	0.0	0.0	0.0	0.0	..	0.0	0.0	0.0	0.0
4000 Impôts sur le patrimoine	..	0.0	0.0	0.0	0.0	..	0.0	0.0	0.0	0.0
5000 Impôts sur les biens et services	..	0.0	0.0	0.0	0.0	..	0.0	0.0	0.0	0.0
6000 Autres impôts	..	0.0	0.0	0.0	0.0	..	0.0	0.0	0.0	0.0

.. Non disponible

Note : Des données et des notes plus détaillées par pays sont disponibles dans le chapitre 6 "Recettes fiscales des sous-secteurs de l'administration". Les séries temporelles complètes sont accessibles sur le site web https://oe.cd/series-temporelles-completes.

Le total des recettes fiscales a été diminué du montant de tout transfert en capital représentant les impôts non perçus. Le transfert en capital a été directement diminué des impôts spécifiques auxquels il se rapporte. Par conséquent, les montants des recettes fiscales sont différents de ceux présentés dans le chapitre 6 "Recettes fiscales des sous-secteurs de l'administration".

Source : Ministry of Finance.

StatLink https://stat.link/x8146n

Tableau 4.47. Luxembourg, recettes fiscales et % du PIB (sélection de catégories d'impôts)

	Milliard EUR					% du PIB				
	1990	2000	2010	2020	2021	1990	2000	2010	2020	2021
Recettes fiscales totales	**3.7**	**8.5**	**15.1**	**24.7**	**27.8**	**34.7**	**37.0**	**35.7**	**38.2**	**38.4**
1000 Impôts sur le revenu, les bénéfices et les gains en capital	**1.5**	**3.1**	**5.5**	**9.4**	**10.6**	**13.9**	**13.5**	**12.9**	**14.5**	**14.6**
1100 Des personnes physiques	0.9	1.6	3.2	6.3	7.3	8.3	6.8	7.4	9.7	10.1
1200 Des sociétés	0.6	1.5	2.3	3.1	3.3	5.6	6.7	5.4	4.8	4.5
1300 Non-ventilables entre 1100 et 1200	0.0	0.0	0.0	0.0	0.0	0.0	0.0	0.0	0.0	0.0
2000 Cotisations de sécurité sociale	**1.0**	**2.2**	**4.4**	**7.2**	**7.6**	**9.6**	**9.7**	**10.3**	**11.1**	**10.6**
2100 À la charge des salariés	0.4	1.0	2.0	3.3	3.5	3.7	4.3	4.8	5.2	4.9
2200 À la charge des employeurs	0.5	1.0	1.9	2.9	3.1	4.7	4.2	4.5	4.6	4.3
2300 À la charge des indép. ou sans emploi	0.1	0.3	0.5	0.9	1.0	1.2	1.2	1.1	1.4	1.3
2400 Non-ventilables entre 2100, 2200 et 2300	0.0	0.0	0.0	0.0	0.0	0.0	0.0	0.0	0.0	0.0
3000 Sur les salaires ou main d'oeuvre	**0.0**	**0.0**	**0.0**	**0.0**	**0.0**	**0.0**	**0.0**	**0.0**	**0.0**	**0.0**
4000 Impôts sur le patrimoine	**0.3**	**0.9**	**1.1**	**2.5**	**2.9**	**2.9**	**4.0**	**2.5**	**3.8**	**4.0**
4100 Impôts périodiques sur la propriété immobilière	0.0	0.0	0.0	0.0	0.0	0.1	0.1	0.1	0.1	0.1
4200 Impôts périodiques sur l'actif net	0.2	0.6	0.8	1.9	2.1	1.6	2.8	2.0	2.9	2.9
4300 Impôts sur mut. par décès, succ. et donations	0.0	0.0	0.1	0.1	0.1	0.1	0.1	0.1	0.1	0.2
4400 Impôts sur transact. mobilières et immob.	0.1	0.2	0.2	0.5	0.6	1.1	1.0	0.4	0.8	0.9
4500 Impôts non périodiques sur	0.0	0.0	0.0	0.0	0.0	0.0	0.0	0.0	0.0	0.0
4600 Autres impôts périodiques sur patrimoine	0.0	0.0	0.0	0.0	0.0	0.0	0.0	0.0	0.0	0.0
5000 Impôts sur les biens et services	**0.9**	**2.3**	**4.2**	**5.6**	**6.6**	**8.2**	**9.8**	**9.9**	**8.7**	**9.1**
5100 Impôts sur production, vente, transfert, etc.	0.8	2.2	4.1	5.5	6.5	8.0	9.7	9.7	8.6	9.0
5110 Impôts généraux	0.4	1.1	2.6	3.7	4.3	4.2	4.9	6.2	5.7	5.9
5111 Taxes sur la valeur ajoutée	0.4	1.1	2.6	3.7	4.3	4.2	4.9	6.2	5.7	5.9
5120 Impôts sur biens et services déterminés	0.4	1.1	1.5	1.9	2.2	3.8	4.8	3.5	2.9	3.1
5121 Accises	0.4	1.0	1.4	1.5	1.8	3.4	4.5	3.3	2.3	2.5
5200 Impôts sur utilisation des biens et exerc. activités	0.0	0.0	0.1	0.1	0.1	0.2	0.1	0.2	0.1	0.1
5300 Non-ventilables entre 5100 et 5200	0.0	0.0	0.0	0.0	0.0	0.0	0.0	0.0	0.0	0.0
6000 Autres impôts	**0.0**	**0.0**	**0.0**	**0.0**	**0.0**	**0.1**	**0.0**	**0.1**	**0.0**	**0.0**
Crédits d'impôts récupérables										
Crédits d'impôts récupérables contre 1000	..	..	..	0.2	0.2	..	..	..	0.3	0.3
Composante transfert	..	..	..	..	..	..	..	..	..	..
Composante fiscale	..	..	..	..	..	..	..	..	..	..
Recettes fiscales collectés pour le compte de l'UE										
Recettes fiscales collectés pour le compte de l'UE, total	0.0	0.0	0.0	0.2	0.3	0.2	0.1	0.0	0.3	0.4
Droits de douane perçus pour le compte de l'UE	0.0	0.0	0.0	0.0	0.0	0.1	0.1	0.0	0.0	0.0
Contributions au Fonds de résolution unique collectées pour le compte de l'UE	..	..	..	0.2	0.2	..	..	..	0.3	0.3

.. Non disponible

Note : Le total des recettes fiscales a été diminué du montant de tout transfert en capital représentant les impôts non perçus. Le transfert en capital a été directement diminué des impôts spécifiques auxquels il se rapporte. Par conséquent, les montants des recettes fiscales sont différents de ceux présentés dans le chapitre 5 "Tableaux détaillés par pays".

Des données et des notes plus détaillées par pays sont disponibles dans le chapitre 5 "Tableaux détaillés par pays". Les séries temporelles complètes sont accessibles sur le site web https://oe.cd/series-temporelles-completes.

Source : Compte Général de l'État.

StatLink https://stat.link/1tcxej

Tableau 4.48. Luxembourg, recettes fiscales et % du PIB par niveaux d'administration (principaux impôts)

	Milliard EUR					% du PIB				
	1990	2000	2010	2020	2021	1990	2000	2010	2020	2021
Administrations fédérale ou centrale										
Recettes fiscales totales	**2.4**	**5.8**	**10.2**	**16.4**	**19.0**	**22.9**	**25.4**	**24.0**	**25.5**	**26.2**
1000 Impôts sur revenu, bénéfices et gains en capital	1.3	2.6	4.9	8.4	9.6	12.0	11.5	11.5	13.0	13.2
2000 Cotisations de sécurité sociale	0.0	0.1	0.1	0.2	0.2	0.2	0.3	0.3	0.3	0.3
3000 Sur salaires ou main d'oeuvre	0.0	0.0	0.0	0.0	0.0	0.0	0.0	0.0	0.0	0.0
4000 Impôts sur le patrimoine	0.3	0.9	1.0	2.4	2.8	2.7	3.8	2.4	3.7	3.9
5000 Impôts sur les biens et services	0.8	2.2	4.2	5.4	6.3	8.0	9.7	9.8	8.4	8.8
6000 Autres impôts	0.0	0.0	0.0	0.0	0.0	0.1	0.0	0.0	0.0	0.0
Administrations d'un État/Régions										
Recettes fiscales totales	**..**	**..**	**..**	**..**	**..**	**..**	**..**	**..**	**..**	**..**
1000 Impôts sur revenu, bénéfices et gains en capital	..	..	..	..	..	..	..	..	..	..
2000 Cotisations de sécurité sociale	..	..	..	..	..	..	..	..	..	..
3000 Sur salaires ou main d'oeuvre	..	..	..	..	..	..	..	..	..	..
4000 Impôts sur le patrimoine	..	..	..	..	..	..	..	..	..	..
5000 Impôts sur les biens et services	..	..	..	..	..	..	..	..	..	..
6000 Autres impôts	..	..	..	..	..	..	..	..	..	..
Administrations locales										
Recettes fiscales totales	**0.2**	**0.5**	**0.7**	**1.0**	**1.1**	**2.2**	**2.2**	**1.5**	**1.6**	**1.5**
1000 Impôts sur revenu, bénéfices et gains en capital	0.2	0.5	0.6	1.0	1.0	2.0	2.0	1.4	1.5	1.4
2000 Cotisations de sécurité sociale	0.0	0.0	0.0	0.0	0.0	0.0	0.0	0.0	0.0	0.0
3000 Sur salaires ou main d'oeuvre	0.0	0.0	0.0	0.0	0.0	0.0	0.0	0.0	0.0	0.0
4000 Impôts sur le patrimoine	0.0	0.0	0.0	0.1	0.1	0.2	0.1	0.1	0.1	0.1
5000 Impôts sur les biens et services	0.0	0.0	0.0	0.0	0.0	0.0	0.0	0.0	0.0	0.0
6000 Autres impôts	0.0	0.0	0.0	0.0	0.0	0.0	0.0	0.0	0.0	0.0
Administrations de sécurité sociale										
Recettes fiscales totales	**1.0**	**2.2**	**4.3**	**7.0**	**7.4**	**9.4**	**9.4**	**10.1**	**10.8**	**10.3**
1000 Impôts sur revenu, bénéfices et gains en capital	0.0	0.0	0.0	0.0	0.0	0.0	0.0	0.0	0.0	0.0
2000 Cotisations de sécurité sociale	1.0	2.2	4.3	7.0	7.4	9.4	9.4	10.1	10.8	10.3
3000 Sur salaires ou main d'oeuvre	0.0	0.0	0.0	0.0	0.0	0.0	0.0	0.0	0.0	0.0
4000 Impôts sur le patrimoine	0.0	0.0	0.0	0.0	0.0	0.0	0.0	0.0	0.0	0.0
5000 Impôts sur les biens et services	0.0	0.0	0.0	0.0	0.0	0.0	0.0	0.0	0.0	0.0
6000 Autres impôts	0.0	0.0	0.0	0.0	0.0	0.0	0.0	0.0	0.0	0.0

.. Non disponible

Note : Le total des recettes fiscales a été diminué du montant de tout transfert en capital représentant les impôts non perçus. Le transfert en capital a été directement diminué des impôts spécifiques auxquels il se rapporte. Par conséquent, les montants des recettes fiscales sont différents de ceux présentés dans le chapitre 6 "Recettes fiscales des sous-secteurs de l'administration".

Des données et des notes plus détaillées par pays sont disponibles dans le chapitre 6 "Recettes fiscales des sous-secteurs de l'administration". Les séries temporelles complètes sont accessibles sur le site web https://oe.cd/series-temporelles-completes.

Source : Compte Général de l'État.

StatLink https://stat.link/trmw09

Tableau 4.49. Mexique, recettes fiscales et % du PIB (sélection de catégories d'impôts)

	Milliard MXN					% du PIB				
	1990	2000	2010	2020	2021	1990	2000	2010	2020	2021
Recettes fiscales totales	**102.0**	**767.2**	**1 716.2**	**4 148.7**	**4 452.4**	**12.1**	**11.5**	**12.8**	**17.7**	**17.3**
1000 Impôts sur le revenu, les bénéfices et les gains en capital	**34.7**	**276.5**	**683.6**	**1 768.2**	**1 903.0**	**4.1**	**4.1**	**5.1**	**7.5**	**7.4**
1100 Des personnes physiques	..	..	313.5	872.6	938.6	..	..	2.3	3.7	3.6
1200 Des sociétés	..	..	246.7	832.1	898.8	..	..	1.8	3.6	3.5
1300 Non-ventilables entre 1100 et 1200	34.7	276.5	123.4	63.4	65.7	4.1	4.1	0.9	0.3	0.3
2000 Cotisations de sécurité sociale	**17.2**	**138.2**	**277.5**	**576.0**	**612.2**	**2.0**	**2.1**	**2.1**	**2.5**	**2.4**
2100 À la charge des salariés	..	..	..	..	..	..	..	..	..	..
2200 À la charge des employeurs	..	..	..	..	..	..	..	..	..	..
2300 À la charge des indép. ou sans emploi	..	..	..	..	..	..	..	..	..	..
2400 Non-ventilables entre 2100, 2200 et 2300	17.2	138.2	277.5	576.0	612.2	2.0	2.1	2.1	2.5	2.4
3000 Sur les salaires ou main d'oeuvre	**1.8**	**11.2**	**36.9**	**105.5**	**116.9**	**0.2**	**0.2**	**0.3**	**0.5**	**0.5**
4000 Impôts sur le patrimoine	**1.9**	**14.0**	**39.0**	**79.2**	**90.2**	**0.2**	**0.2**	**0.3**	**0.3**	**0.3**
4100 Impôts périodiques sur la propriété immobilière	1.0	9.9	25.7	52.7	56.1	0.1	0.1	0.2	0.2	0.2
4200 Impôts périodiques sur l'actif net	0.0	0.0	0.0	0.0	0.0	0.0	0.0	0.0	0.0	0.0
4300 Impôts sur mut. par décès, succ. et donations	0.0	0.0	0.0	0.0	0.0	0.0	0.0	0.0	0.0	0.0
4400 Impôts sur transact. mobilières et immob.	0.9	4.0	13.2	26.5	34.1	0.1	0.1	0.1	0.1	0.1
4500 Impôts non périodiques sur	0.0	0.0	0.0	0.0	0.0	0.0	0.0	0.0	0.0	0.0
4600 Autres impôts périodiques sur patrimoine	0.0	0.0	0.0	0.0	0.0	0.0	0.0	0.0	0.0	0.0
5000 Impôts sur les biens et services	**44.8**	**319.6**	**651.9**	**1 544.2**	**1 647.9**	**5.3**	**4.8**	**4.9**	**6.6**	**6.4**
5100 Impôts sur production, vente, transfert, etc.	44.2	310.3	630.1	1 527.7	1 630.6	5.2	4.6	4.7	6.5	6.3
5110 Impôts généraux	26.6	189.6	504.5	987.5	1 123.7	3.2	2.8	3.8	4.2	4.4
5111 Taxes sur la valeur ajoutée	26.6	189.6	504.5	987.5	1 123.7	3.2	2.8	3.8	4.2	4.4
5120 Impôts sur biens et services déterminés	17.5	120.7	125.6	540.1	506.9	2.1	1.8	0.9	2.3	2.0
5121 Accises	10.1	86.2	86.1	469.0	410.4	1.2	1.3	0.6	2.0	1.6
5200 Impôts sur utilisation des biens et exerc. activités	0.7	9.3	21.8	16.5	17.3	0.1	0.1	0.2	0.1	0.1
5300 Non-ventilables entre 5100 et 5200	0.0	0.0	0.0	0.0	0.0	0.0	0.0	0.0	0.0	0.0
6000 Autres impôts	**1.6**	**7.7**	**27.4**	**75.7**	**82.1**	**0.2**	**0.1**	**0.2**	**0.3**	**0.3**
Crédits d'impôts récupérables										
Crédits d'impôts récupérables contre 1000	..	..	40.3	50.5	53.4	..	..	0.3	0.2	0.2
Composante transfert	..	..	9.7	0.5	0.5	..	..	0.1	0.0	0.0
Composante fiscale	..	..	30.6	50.0	52.9	..	..	0.2	0.2	0.2

.. Non disponible

Note : Des données et des notes plus détaillées par pays sont disponibles dans le chapitre 5 "Tableaux détaillés par pays". Les séries temporelles complètes sont accessibles sur le site web https://oe.cd/series-temporelles-completes.

Source : Ministry of Finance, Economic Department.

StatLink https://stat.link/z96ncl

Tableau 4.50. Mexique, recettes fiscales et % du PIB par niveaux d'administration (principaux impôts)

	Milliard MXN					% du PIB				
	1990	2000	2010	2020	2021	1990	2000	2010	2020	2021
Administrations fédérale ou centrale										
Recettes fiscales totales	**81.4**	**600.5**	**1 351.5**	**3 347.5**	**3 579.5**	**9.7**	**9.0**	**10.1**	**14.3**	**13.9**
1000 Impôts sur revenu, bénéfices et gains en capital	34.7	276.5	683.6	1 768.2	1 903.0	4.1	4.1	5.1	7.5	7.4
2000 Cotisations de sécurité sociale	0.0	0.0	0.0	0.0	0.0	0.0	0.0	0.0	0.0	0.0
3000 Sur salaires ou main d'oeuvre	0.8	0.0	0.0	0.0	0.0	0.1	0.0	0.0	0.0	0.0
4000 Impôts sur le patrimoine	0.0	0.0	0.0	0.0	0.0	0.0	0.0	0.0	0.0	0.0
5000 Impôts sur les biens et services	44.6	318.1	645.6	1 522.3	1 621.9	5.3	4.8	4.8	6.5	6.3
6000 Autres impôts	1.3	5.9	22.2	57.0	54.5	0.2	0.1	0.2	0.2	0.2
Administrations d'un État/Régions										
Recettes fiscales totales	**2.2**	**20.5**	**58.3**	**161.2**	**182.6**	**0.3**	**0.3**	**0.4**	**0.7**	**0.7**
1000 Impôts sur revenu, bénéfices et gains en capital	0.0	0.0	0.0	0.0	0.0	0.0	0.0	0.0	0.0	0.0
2000 Cotisations de sécurité sociale	0.0	0.0	0.0	0.0	0.0	0.0	0.0	0.0	0.0	0.0
3000 Sur salaires ou main d'oeuvre	1.0	11.2	36.8	105.5	116.9	0.1	0.2	0.3	0.5	0.5
4000 Impôts sur le patrimoine	0.9	7.0	13.1	26.4	30.1	0.1	0.1	0.1	0.1	0.1
5000 Impôts sur les biens et services	0.1	1.3	5.8	21.2	25.4	0.0	0.0	0.0	0.1	0.1
6000 Autres impôts	0.2	0.9	2.5	8.0	10.2	0.0	0.0	0.0	0.0	0.0
Administrations locales										
Recettes fiscales totales	**1.3**	**8.0**	**29.0**	**64.1**	**78.1**	**0.1**	**0.1**	**0.2**	**0.3**	**0.3**
1000 Impôts sur revenu, bénéfices et gains en capital	0.0	0.0	0.0	0.0	0.0	0.0	0.0	0.0	0.0	0.0
2000 Cotisations de sécurité sociale	0.0	0.0	0.0	0.0	0.0	0.0	0.0	0.0	0.0	0.0
3000 Sur salaires ou main d'oeuvre	0.0	0.0	0.1	0.0	0.0	0.0	0.0	0.0	0.0	0.0
4000 Impôts sur le patrimoine	1.0	6.9	25.8	52.8	60.1	0.1	0.1	0.2	0.2	0.2
5000 Impôts sur les biens et services	0.1	0.2	0.5	0.7	0.6	0.0	0.0	0.0	0.0	0.0
6000 Autres impôts	0.1	0.9	2.6	10.6	17.3	0.0	0.0	0.0	0.0	0.1
Administrations de sécurité sociale										
Recettes fiscales totales	**17.2**	**138.2**	**277.5**	**576.0**	**612.2**	**2.0**	**2.1**	**2.1**	**2.5**	**2.4**
1000 Impôts sur revenu, bénéfices et gains en capital	0.0	0.0	0.0	0.0	0.0	0.0	0.0	0.0	0.0	0.0
2000 Cotisations de sécurité sociale	17.2	138.2	277.5	576.0	612.2	2.0	2.1	2.1	2.5	2.4
3000 Sur salaires ou main d'oeuvre	0.0	0.0	0.0	0.0	0.0	0.0	0.0	0.0	0.0	0.0
4000 Impôts sur le patrimoine	0.0	0.0	0.0	0.0	0.0	0.0	0.0	0.0	0.0	0.0
5000 Impôts sur les biens et services	0.0	0.0	0.0	0.0	0.0	0.0	0.0	0.0	0.0	0.0
6000 Autres impôts	0.0	0.0	0.0	0.0	0.0	0.0	0.0	0.0	0.0	0.0

Note : Des données et des notes plus détaillées par pays sont disponibles dans le chapitre 6 "Recettes fiscales des sous-secteurs de l'administration". Les séries temporelles complètes sont accessibles sur le site web https://oe.cd/series-temporelles-completes.
Source : Ministry of Finance, Economic Department.

StatLink https://stat.link/bro2hm

Tableau 4.51. Pays-Bas, recettes fiscales et % du PIB (sélection de catégories d'impôts)

	Milliard EUR					% du PIB				
	1990	2000	2010	2020	2021	1990	2000	2010	2020	2021
Recettes fiscales totales	**104.4**	**166.8**	**227.9**	**318.6**	**341.1**	**39.7**	**36.9**	**35.7**	**40.0**	**39.2**
1000 Impôts sur le revenu, les bénéfices et les gains en capital	**33.7**	**43.3**	**63.6**	**97.8**	**107.8**	**12.8**	**9.6**	**9.9**	**12.3**	**12.4**
1100 Des personnes physiques	25.8	25.1	49.0	73.1	74.4	9.8	5.6	7.7	9.2	8.5
1200 Des sociétés	7.9	18.1	14.6	24.7	33.4	3.0	4.0	2.3	3.1	3.8
1300 Non-ventilables entre 1100 et 1200	0.0	0.0	0.0	0.0	0.0	0.0	0.0	0.0	0.0	0.0
2000 Cotisations de sécurité sociale	**39.1**	**64.5**	**82.7**	**108.7**	**112.7**	**14.9**	**14.3**	**12.9**	**13.6**	**12.9**
2100 À la charge des salariés	24.1	35.3	41.6	40.3	42.2	9.2	7.8	6.5	5.1	4.8
2200 À la charge des employeurs	7.8	18.7	29.4	44.1	45.1	3.0	4.1	4.6	5.5	5.2
2300 À la charge des indép. ou sans emploi	7.1	10.5	11.7	24.3	25.4	2.7	2.3	1.8	3.0	2.9
2400 Non-ventilables entre 2100, 2200 et 2300	0.0	0.0	0.0	0.0	0.0	0.0	0.0	0.0	0.0	0.0
3000 Sur les salaires ou main d'oeuvre	**0.0**	**0.0**	**0.0**	**0.0**	**0.0**	**0.0**	**0.0**	**0.0**	**0.0**	**0.0**
4000 Impôts sur le patrimoine	**3.8**	**8.8**	**8.8**	**13.5**	**14.1**	**1.5**	**1.9**	**1.4**	**1.7**	**1.6**
4100 Impôts périodiques sur la propriété immobilière	1.7	3.1	4.2	7.9	7.8	0.7	0.7	0.7	1.0	0.9
4200 Impôts périodiques sur l'actif net	0.6	0.8	0.0	0.0	0.0	0.2	0.2	0.0	0.0	0.0
4300 Impôts sur mut. par décès, succ. et donations	0.5	1.5	1.7	2.1	2.5	0.2	0.3	0.3	0.3	0.3
4400 Impôts sur transact. mobilières et immob.	1.0	3.4	2.8	3.6	3.8	0.4	0.8	0.4	0.4	0.4
4500 Impôts non périodiques sur	0.0	0.0	0.0	0.0	0.0	0.0	0.0	0.0	0.0	0.0
4600 Autres impôts périodiques sur patrimoine	0.0	0.0	0.0	0.0	0.0	0.0	0.0	0.0	0.0	0.0
5000 Impôts sur les biens et services	**27.6**	**49.5**	**71.9**	**97.0**	**105.5**	**10.5**	**10.9**	**11.2**	**12.2**	**12.1**
5100 Impôts sur production, vente, transfert, etc.	25.1	44.9	64.2	87.5	95.7	9.5	9.9	10.1	11.0	11.0
5110 Impôts généraux	17.2	28.9	42.7	59.0	65.5	6.5	6.4	6.7	7.4	7.5
5111 Taxes sur la valeur ajoutée	17.2	28.8	42.7	59.0	65.4	6.5	6.4	6.7	7.4	7.5
5120 Impôts sur biens et services déterminés	7.9	16.0	21.6	28.5	30.3	3.0	3.5	3.4	3.6	3.5
5121 Accises	6.0	13.8	18.4	20.4	21.1	2.3	3.0	2.9	2.6	2.4
5200 Impôts sur utilisation des biens et exerc. activités	2.5	4.6	7.6	9.5	9.8	1.0	1.0	1.2	1.2	1.1
5300 Non-ventilables entre 5100 et 5200	0.0	0.0	0.0	0.0	0.0	0.0	0.0	0.0	0.0	0.0
6000 Autres impôts	**0.3**	**0.8**	**1.0**	**1.5**	**1.0**	**0.1**	**0.2**	**0.2**	**0.2**	**0.1**
Crédits d'impôts récupérables										
Crédits d'impôts récupérables contre 1000	..	..	..	..	..	..	..	..	..	..
Composante transfert	..	..	..	..	..	..	..	..	..	..
Composante fiscale	..	..	..	..	..	..	..	..	..	..
Recettes fiscales collectés pour le compte de l'UE										
Recettes fiscales collectés pour le compte de l'UE, total	1.5	1.6	2.0	3.5	4.1	0.6	0.4	0.3	0.4	0.5
Droits de douane perçus pour le compte de l'UE	..	1.3	1.7	2.5	3.0	..	0.3	0.3	0.3	0.3
Contributions au Fonds de résolution unique collectées pour le compte de l'UE	..	..	..	0.7	0.8	..	..	..	0.1	0.1

.. Non disponible

Note : Des données et des notes plus détaillées par pays sont disponibles dans le chapitre 5 "Tableaux détaillés par pays". Les séries temporelles complètes sont accessibles sur le site web https://oe.cd/series-temporelles-completes.

Source : Social security contributions and local taxes: Central Bureau of Statistics. Other taxes: Ministry of Finance.

StatLink https://stat.link/g39ho1

Tableau 4.52. Pays-Bas, recettes fiscales et % du PIB par niveaux d'administration (principaux impôts)

	Milliard EUR					% du PIB				
	1990	2000	2010	2020	2021	1990	2000	2010	2020	2021
Administrations fédérale ou centrale										
Recettes fiscales totales	**61.4**	**95.1**	**135.1**	**195.3**	**212.8**	**23.3**	**21.0**	**21.1**	**24.5**	**24.4**
1000 Impôts sur revenu, bénéfices et gains en capital	33.7	43.3	63.6	97.8	107.8	12.8	9.6	9.9	12.3	12.4
2000 Cotisations de sécurité sociale	0.0	0.0	0.0	0.0	0.0	0.0	0.0	0.0	0.0	0.0
3000 Sur salaires ou main d'oeuvre	0.0	0.0	0.0	0.0	0.0	0.0	0.0	0.0	0.0	0.0
4000 Impôts sur le patrimoine	2.1	5.7	4.6	7.5	7.8	0.8	1.3	0.7	0.9	0.9
5000 Impôts sur les biens et services	25.3	45.4	66.2	88.4	96.2	9.6	10.0	10.3	11.1	11.0
6000 Autres impôts	0.3	0.8	0.8	1.5	1.0	0.1	0.2	0.1	0.2	0.1
Administrations d'un État/Régions										
Recettes fiscales totales	**..**	**..**	**..**	**..**	**..**	**..**	**..**	**..**	**..**	**..**
1000 Impôts sur revenu, bénéfices et gains en capital	..	..	..	..	..	..	..	..	..	..
2000 Cotisations de sécurité sociale	..	..	..	..	..	..	..	..	..	..
3000 Sur salaires ou main d'oeuvre	..	..	..	..	..	..	..	..	..	..
4000 Impôts sur le patrimoine	..	..	..	..	..	..	..	..	..	..
5000 Impôts sur les biens et services	..	..	..	..	..	..	..	..	..	..
6000 Autres impôts	..	..	..	..	..	..	..	..	..	..
Administrations locales										
Recettes fiscales totales	**2.5**	**5.6**	**8.1**	**11.1**	**11.6**	**0.9**	**1.2**	**1.3**	**1.4**	**1.3**
1000 Impôts sur revenu, bénéfices et gains en capital	0.0	0.0	0.0	0.0	0.0	0.0	0.0	0.0	0.0	0.0
2000 Cotisations de sécurité sociale	0.0	0.0	0.0	0.0	0.0	0.0	0.0	0.0	0.0	0.0
3000 Sur salaires ou main d'oeuvre	0.0	0.0	0.0	0.0	0.0	0.0	0.0	0.0	0.0	0.0
4000 Impôts sur le patrimoine	1.7	3.1	4.2	6.0	6.3	0.7	0.7	0.7	0.8	0.7
5000 Impôts sur les biens et services	0.8	2.5	3.7	5.1	5.3	0.3	0.6	0.6	0.6	0.6
6000 Autres impôts	0.0	0.0	0.2	0.0	0.0	0.0	0.0	0.0	0.0	0.0
Administrations de sécurité sociale										
Recettes fiscales totales	**39.1**	**64.5**	**82.7**	**108.7**	**112.7**	**14.9**	**14.3**	**12.9**	**13.6**	**12.9**
1000 Impôts sur revenu, bénéfices et gains en capital	0.0	0.0	0.0	0.0	0.0	0.0	0.0	0.0	0.0	0.0
2000 Cotisations de sécurité sociale	39.1	64.5	82.7	108.7	112.7	14.9	14.3	12.9	13.6	12.9
3000 Sur salaires ou main d'oeuvre	0.0	0.0	0.0	0.0	0.0	0.0	0.0	0.0	0.0	0.0
4000 Impôts sur le patrimoine	0.0	0.0	0.0	0.0	0.0	0.0	0.0	0.0	0.0	0.0
5000 Impôts sur les biens et services	0.0	0.0	0.0	0.0	0.0	0.0	0.0	0.0	0.0	0.0
6000 Autres impôts	0.0	0.0	0.0	0.0	0.0	0.0	0.0	0.0	0.0	0.0

.. Non disponible

Note : Des données et des notes plus détaillées par pays sont disponibles dans le chapitre 6 "Recettes fiscales des sous-secteurs de l'administration". Les séries temporelles complètes sont accessibles sur le site web https://oe.cd/series-temporelles-completes.

Source : Social security contributions and local taxes: Central Bureau of Statistics. Other taxes: Ministry of Finance.

StatLink https://stat.link/y07emk

Tableau 4.53. Nouvelle-Zélande, recettes fiscales et % du PIB (sélection de catégories d'impôts)

	Milliard NZD					% du PIB				
	1990	2000	2010	2020	2021	1990	2000	2010	2020	2021
Recettes fiscales totales	**27.5**	**39.8**	**62.3**	**115.6**	**125.7**	**36.2**	**32.5**	**30.3**	**33.7**	**34.6**
1000 Impôts sur le revenu, les bénéfices et les gains en capital	**16.4**	**23.9**	**33.5**	**65.3**	**73.6**	**21.6**	**19.5**	**16.3**	**19.0**	**20.2**
1100 Des personnes physiques	13.2	17.1	23.5	44.5	51.4	17.4	14.0	11.4	13.0	14.1
1200 Des sociétés	1.8	4.9	7.6	17.8	19.8	2.3	4.0	3.7	5.2	5.4
1300 Non-ventilables entre 1100 et 1200	1.4	1.8	2.4	3.0	2.5	1.9	1.5	1.2	0.9	0.7
2000 Cotisations de sécurité sociale	**0.0**	**0.0**	**0.0**	**0.0**	**0.0**	**0.0**	**0.0**	**0.0**	**0.0**	**0.0**
2100 À la charge des salariés	0.0	0.0	0.0	0.0	0.0	0.0	0.0	0.0	0.0	0.0
2200 À la charge des employeurs	0.0	0.0	0.0	0.0	0.0	0.0	0.0	0.0	0.0	0.0
2300 À la charge des indép. ou sans emploi	0.0	0.0	0.0	0.0	0.0	0.0	0.0	0.0	0.0	0.0
2400 Non-ventilables entre 2100, 2200 et 2300	0.0	0.0	0.0	0.0	0.0	0.0	0.0	0.0	0.0	0.0
3000 Sur les salaires ou main d'oeuvre	**0.0**	**0.0**	**0.0**	**0.0**	**0.0**	**0.0**	**0.0**	**0.0**	**0.0**	**0.0**
4000 Impôts sur le patrimoine	**1.9**	**2.1**	**4.1**	**6.4**	**7.0**	**2.5**	**1.7**	**2.0**	**1.9**	**1.9**
4100 Impôts périodiques sur la propriété immobilière	1.7	2.0	4.0	6.3	6.9	2.3	1.7	2.0	1.8	1.9
4200 Impôts périodiques sur l'actif net	0.0	0.0	0.0	0.0	0.0	0.0	0.0	0.0	0.0	0.0
4300 Impôts sur mut. par décès, succ. et donations	0.1	0.0	0.0	0.0	0.0	0.1	0.0	0.0	0.0	0.0
4400 Impôts sur transact. mobilières et immob.	0.1	0.1	0.1	0.1	0.1	0.1	0.0	0.0	0.0	0.0
4500 Impôts non périodiques sur	0.0	0.0	0.0	0.0	0.0	0.0	0.0	0.0	0.0	0.0
4600 Autres impôts périodiques sur patrimoine	0.0	0.0	0.0	0.0	0.0	0.0	0.0	0.0	0.0	0.0
5000 Impôts sur les biens et services	**9.2**	**13.8**	**24.7**	**43.9**	**45.1**	**12.1**	**11.3**	**12.0**	**12.8**	**12.4**
5100 Impôts sur production, vente, transfert, etc.	8.7	12.9	23.1	41.1	42.4	11.4	10.5	11.2	12.0	11.6
5110 Impôts généraux	6.2	9.9	19.1	35.4	36.9	8.1	8.1	9.3	10.3	10.1
5111 Taxes sur la valeur ajoutée	6.2	9.9	19.1	35.4	36.9	8.1	8.1	9.3	10.3	10.1
5120 Impôts sur biens et services déterminés	2.5	3.0	4.0	5.7	5.5	3.3	2.5	1.9	1.7	1.5
5121 Accises	1.9	2.1	1.8	2.1	1.7	2.5	1.8	0.9	0.6	0.5
5200 Impôts sur utilisation des biens et exerc. activités	0.5	0.9	1.6	2.8	2.8	0.7	0.7	0.8	0.8	0.8
5300 Non-ventilables entre 5100 et 5200	0.0	0.0	0.0	0.0	0.0	0.0	0.0	0.0	0.0	0.0
6000 Autres impôts	**0.0**	**0.0**	**0.0**	**0.0**	**0.0**	**0.0**	**0.0**	**0.0**	**0.0**	**0.0**
Crédits d'impôts récupérables										
Crédits d'impôts récupérables contre 1000	..	1.1	2.8	3.0	2.8	..	0.9	1.4	0.9	0.8
Composante transfert	..	0.7	1.8	1.4	1.3	..	0.6	0.9	0.4	0.4
Composante fiscale	..	0.3	1.0	1.5	1.5	..	0.3	0.5	0.4	0.4

.. Non disponible

Note : Des données et des notes plus détaillées par pays sont disponibles dans le chapitre 5 "Tableaux détaillés par pays". Les séries temporelles complètes sont accessibles sur le site web https://oe.cd/series-temporelles-completes.

Source : Statistics New Zealand.

StatLink https://stat.link/b3tua2

Tableau 4.54. Nouvelle-Zélande, recettes fiscales et % du PIB par niveaux d'administration (principaux impôts)

	Milliard NZD					% du PIB				
	1990	2000	2010	2020	2021	1990	2000	2010	2020	2021
Administrations fédérale ou centrale										
Recettes fiscales totales	**25.8**	**37.5**	**57.9**	**108.5**	**118.0**	**34.0**	**30.7**	**28.1**	**31.6**	**32.4**
1000 Impôts sur revenu, bénéfices et gains en capital	16.4	23.9	33.5	65.3	73.6	21.6	19.5	16.3	19.0	20.2
2000 Cotisations de sécurité sociale	0.0	0.0	0.0	0.0	0.0	0.0	0.0	0.0	0.0	0.0
3000 Sur salaires ou main d'oeuvre	0.0	0.0	0.0	0.0	0.0	0.0	0.0	0.0	0.0	0.0
4000 Impôts sur le patrimoine	0.3	0.1	0.1	0.1	0.1	0.4	0.1	0.0	0.0	0.0
5000 Impôts sur les biens et services	9.1	13.6	24.3	43.1	44.3	12.0	11.1	11.8	12.6	12.2
6000 Autres impôts	0.0	0.0	0.0	0.0	0.0	0.0	0.0	0.0	0.0	0.0
Administrations d'un État/Régions										
Recettes fiscales totales	**..**	**..**	**..**	**..**	**..**	**..**	**..**	**..**	**..**	**..**
1000 Impôts sur revenu, bénéfices et gains en capital	..	..	..	..	..	..	..	..	..	..
2000 Cotisations de sécurité sociale	..	..	..	..	..	..	..	..	..	..
3000 Sur salaires ou main d'oeuvre	..	..	..	..	..	..	..	..	..	..
4000 Impôts sur le patrimoine	..	..	..	..	..	..	..	..	..	..
5000 Impôts sur les biens et services	..	..	..	..	..	..	..	..	..	..
6000 Autres impôts	..	..	..	..	..	..	..	..	..	..
Administrations locales										
Recettes fiscales totales	**1.7**	**2.3**	**4.5**	**7.1**	**7.7**	**2.2**	**1.9**	**2.2**	**2.1**	**2.1**
1000 Impôts sur revenu, bénéfices et gains en capital	0.0	0.0	0.0	0.0	0.0	0.0	0.0	0.0	0.0	0.0
2000 Cotisations de sécurité sociale	0.0	0.0	0.0	0.0	0.0	0.0	0.0	0.0	0.0	0.0
3000 Sur salaires ou main d'oeuvre	0.0	0.0	0.0	0.0	0.0	0.0	0.0	0.0	0.0	0.0
4000 Impôts sur le patrimoine	1.6	2.0	4.0	6.3	6.9	2.0	1.7	2.0	1.8	1.9
5000 Impôts sur les biens et services	0.1	0.2	0.4	0.8	0.9	0.2	0.2	0.2	0.2	0.2
6000 Autres impôts	0.0	0.0	0.0	0.0	0.0	0.0	0.0	0.0	0.0	0.0
Administrations de sécurité sociale										
Recettes fiscales totales	**0.0**	**0.0**	**0.0**	**0.0**	**0.0**	**0.0**	**0.0**	**0.0**	**0.0**	**0.0**
1000 Impôts sur revenu, bénéfices et gains en capital	0.0	0.0	0.0	0.0	0.0	0.0	0.0	0.0	0.0	0.0
2000 Cotisations de sécurité sociale	0.0	0.0	0.0	0.0	0.0	0.0	0.0	0.0	0.0	0.0
3000 Sur salaires ou main d'oeuvre	0.0	0.0	0.0	0.0	0.0	0.0	0.0	0.0	0.0	0.0
4000 Impôts sur le patrimoine	0.0	0.0	0.0	0.0	0.0	0.0	0.0	0.0	0.0	0.0
5000 Impôts sur les biens et services	0.0	0.0	0.0	0.0	0.0	0.0	0.0	0.0	0.0	0.0
6000 Autres impôts	0.0	0.0	0.0	0.0	0.0	0.0	0.0	0.0	0.0	0.0

.. Non disponible

Note : Des données et des notes plus détaillées par pays sont disponibles dans le chapitre 6 "Recettes fiscales des sous-secteurs de l'administration". Les séries temporelles complètes sont accessibles sur le site web https://oe.cd/series-temporelles-completes.

Source : Statistics New Zealand.

StatLink https://stat.link/a6nhi0

Tableau 4.55. Norvège, recettes fiscales et % du PIB (sélection de catégories d'impôts)

	Milliard NOK					% du PIB				
	1990	2000	2010	2020	2021	1990	2000	2010	2020	2021
Recettes fiscales totales	**301.8**	**628.0**	**1 083.3**	**1 340.1**	**1 787.8**	**40.2**	**41.6**	**41.6**	**38.7**	**42.4**
1000 Impôts sur le revenu, les bénéfices et les gains en capital	**106.3**	**284.2**	**512.2**	**486.9**	**876.1**	**14.2**	**18.8**	**19.7**	**14.1**	**20.8**
1100 Des personnes physiques	79.1	152.0	256.5	390.4	454.3	10.5	10.1	9.8	11.3	10.8
1200 Des sociétés	27.2	132.2	255.7	96.5	421.9	3.6	8.8	9.8	2.8	10.0
1300 Non-ventilables entre 1100 et 1200	0.0	0.0	0.0	0.0	0.0	0.0	0.0	0.0	0.0	0.0
2000 Cotisations de sécurité sociale	**79.4**	**132.2**	**243.0**	**381.2**	**402.2**	**10.6**	**8.8**	**9.3**	**11.0**	**9.5**
2100 À la charge des salariés	25.3	45.2	81.0	134.8	142.3	3.4	3.0	3.1	3.9	3.4
2200 À la charge des employeurs	50.1	79.2	148.0	221.3	232.6	6.7	5.3	5.7	6.4	5.5
2300 À la charge des indép. ou sans emploi	3.9	7.8	13.9	25.2	27.3	0.5	0.5	0.5	0.7	0.6
2400 Non-ventilables entre 2100, 2200 et 2300	0.0	0.0	0.0	0.0	0.0	0.0	0.0	0.0	0.0	0.0
3000 Sur les salaires ou main d'oeuvre	**0.0**	**0.0**	**0.0**	**2.1**	**2.2**	**0.0**	**0.0**	**0.0**	**0.1**	**0.1**
4000 Impôts sur le patrimoine	**8.9**	**14.4**	**28.5**	**45.8**	**52.9**	**1.2**	**1.0**	**1.1**	**1.3**	**1.3**
4100 Impôts périodiques sur la propriété immobilière	2.2	2.7	7.1	14.8	15.6	0.3	0.2	0.3	0.4	0.4
4200 Impôts périodiques sur l'actif net	5.1	7.7	13.2	19.6	24.2	0.7	0.5	0.5	0.6	0.6
4300 Impôts sur mut. par décès, succ. et donations	0.4	1.3	2.4	0.1	0.0	0.1	0.1	0.1	0.0	0.0
4400 Impôts sur transact. mobilières et immob.	1.1	2.7	5.9	11.4	13.1	0.1	0.2	0.2	0.3	0.3
4500 Impôts non périodiques sur	0.0	0.0	0.0	0.0	0.0	0.0	0.0	0.0	0.0	0.0
4600 Autres impôts périodiques sur patrimoine	0.0	0.0	0.0	0.0	0.0	0.0	0.0	0.0	0.0	0.0
5000 Impôts sur les biens et services	**107.3**	**197.2**	**299.5**	**424.1**	**454.4**	**14.3**	**13.1**	**11.5**	**12.3**	**10.8**
5100 Impôts sur production, vente, transfert, etc.	102.9	185.9	284.6	403.9	430.5	13.7	12.3	10.9	11.7	10.2
5110 Impôts généraux	56.7	125.0	201.8	312.9	340.4	7.6	8.3	7.7	9.0	8.1
5111 Taxes sur la valeur ajoutée	56.7	124.2	201.2	311.6	338.9	7.6	8.2	7.7	9.0	8.0
5120 Impôts sur biens et services déterminés	46.2	60.9	82.8	91.0	90.1	6.2	4.0	3.2	2.6	2.1
5121 Accises	37.5	54.9	76.3	81.7	79.6	5.0	3.6	2.9	2.4	1.9
5200 Impôts sur utilisation des biens et exerc. activités	4.4	11.3	14.9	20.2	23.9	0.6	0.7	0.6	0.6	0.6
5300 Non-ventilables entre 5100 et 5200	0.0	0.0	0.0	0.0	0.0	0.0	0.0	0.0	0.0	0.0
6000 Autres impôts	**0.0**	**0.0**	**0.0**	**0.0**	**0.0**	**0.0**	**0.0**	**0.0**	**0.0**	**0.0**
Crédits d'impôts récupérables										
Crédits d'impôts récupérables contre 1000	..	..	1.2	3.7	3.7	..	..	0.0	0.1	0.1
Composante transfert	..	..	1.2	2.8	3.0	..	..	0.0	0.1	0.1
Composante fiscale	..	..	0.1	0.8	0.8	..	..	0.0	0.0	0.0
Recettes fiscales collectés pour le compte de l'UE										
Recettes fiscales collectés pour le compte de l'UE, total	..	..	..	..	..	..	..	..	..	..
Droits de douane perçus pour le compte de l'UE	..	..	..	..	..	..	..	..	..	..
Contributions au Fonds de résolution unique collectées pour le compte de l'UE	..	..	..	..	..	..	..	..	..	..

.. Non disponible

Note : Des données et des notes plus détaillées par pays sont disponibles dans le chapitre 5 "Tableaux détaillés par pays". Les séries temporelles complètes sont accessibles sur le site web https://oe.cd/series-temporelles-completes.

Source : Statistics Norway; National Accounts.

StatLink https://stat.link/ak5rsf

Tableau 4.56. Norvège, recettes fiscales et % du PIB par niveaux d'administration (principaux impôts)

	Milliard NOK					% du PIB				
	1990	2000	2010	2020	2021	1990	2000	2010	2020	2021
Administrations fédérale ou centrale										
Recettes fiscales totales	**165.4**	**532.5**	**935.7**	**1 116.1**	**1 504.0**	**22.1**	**35.3**	**35.9**	**32.2**	**35.7**
1000 Impôts sur revenu, bénéfices et gains en capital	50.6	198.4	381.0	293.6	624.7	6.8	13.1	14.6	8.5	14.8
2000 Cotisations de sécurité sociale	4.7	132.2	243.0	381.2	402.2	0.6	8.8	9.3	11.0	9.5
3000 Sur salaires ou main d'oeuvre	0.0	0.0	0.0	2.1	2.2	0.0	0.0	0.0	0.1	0.1
4000 Impôts sur le patrimoine	3.4	6.8	13.7	16.8	22.1	0.5	0.5	0.5	0.5	0.5
5000 Impôts sur les biens et services	106.7	195.1	298.0	422.4	452.7	14.2	12.9	11.4	12.2	10.7
6000 Autres impôts	0.0	0.0	0.0	0.0	0.0	0.0	0.0	0.0	0.0	0.0
Administrations d'un État/Régions										
Recettes fiscales totales	**..**	**..**	**..**	**..**	**..**	**..**	**..**	**..**	**..**	**..**
1000 Impôts sur revenu, bénéfices et gains en capital	..	..	..	..	..	..	..	..	..	..
2000 Cotisations de sécurité sociale	..	..	..	..	..	..	..	..	..	..
3000 Sur salaires ou main d'oeuvre	..	..	..	..	..	..	..	..	..	..
4000 Impôts sur le patrimoine	..	..	..	..	..	..	..	..	..	..
5000 Impôts sur les biens et services	..	..	..	..	..	..	..	..	..	..
6000 Autres impôts	..	..	..	..	..	..	..	..	..	..
Administrations locales										
Recettes fiscales totales	**61.6**	**95.5**	**147.7**	**224.0**	**283.8**	**8.2**	**6.3**	**5.7**	**6.5**	**6.7**
1000 Impôts sur revenu, bénéfices et gains en capital	55.7	85.8	131.2	193.3	251.4	7.4	5.7	5.0	5.6	6.0
2000 Cotisations de sécurité sociale	0.0	0.0	0.0	0.0	0.0	0.0	0.0	0.0	0.0	0.0
3000 Sur salaires ou main d'oeuvre	0.0	0.0	0.0	0.0	0.0	0.0	0.0	0.0	0.0	0.0
4000 Impôts sur le patrimoine	5.5	7.6	14.9	29.0	30.8	0.7	0.5	0.6	0.8	0.7
5000 Impôts sur les biens et services	0.4	2.1	1.6	1.7	1.7	0.1	0.1	0.1	0.0	0.0
6000 Autres impôts	0.0	0.0	0.0	0.0	0.0	0.0	0.0	0.0	0.0	0.0
Administrations de sécurité sociale										
Recettes fiscales totales	**74.8**	**0.0**	**0.0**	**0.0**	**0.0**	**10.0**	**0.0**	**0.0**	**0.0**	**0.0**
1000 Impôts sur revenu, bénéfices et gains en capital	0.0	0.0	0.0	0.0	0.0	0.0	0.0	0.0	0.0	0.0
2000 Cotisations de sécurité sociale	74.6	0.0	0.0	0.0	0.0	10.0	0.0	0.0	0.0	0.0
3000 Sur salaires ou main d'oeuvre	0.0	0.0	0.0	0.0	0.0	0.0	0.0	0.0	0.0	0.0
4000 Impôts sur le patrimoine	0.0	0.0	0.0	0.0	0.0	0.0	0.0	0.0	0.0	0.0
5000 Impôts sur les biens et services	0.2	0.0	0.0	0.0	0.0	0.0	0.0	0.0	0.0	0.0
6000 Autres impôts	0.0	0.0	0.0	0.0	0.0	0.0	0.0	0.0	0.0	0.0

.. Non disponible

Note : Des données et des notes plus détaillées par pays sont disponibles dans le chapitre 6 "Recettes fiscales des sous-secteurs de l'administration". Les séries temporelles complètes sont accessibles sur le site web https://oe.cd/series-temporelles-completes.

Source : Statistics Norway; National Accounts.

StatLink https://stat.link/8mld74

Tableau 4.57. Pologne, recettes fiscales et % du PIB (sélection de catégories d'impôts)

	Milliard PLN					% du PIB				
	1990	2000	2010	2020	2021	1990	2000	2010	2020	2021
Recettes fiscales totales	..	**246.0**	**453.3**	**831.3**	**965.6**	..	**32.9**	**31.6**	**35.6**	**36.7**
1000 Impôts sur le revenu, les bénéfices et les gains en capital	..	**50.3**	**91.0**	**175.8**	**209.3**	..	**6.7**	**6.3**	**7.5**	**8.0**
1100 Des personnes physiques	..	32.4	62.9	123.0	140.7	..	4.3	4.4	5.3	5.3
1200 Des sociétés	..	17.9	28.1	52.9	68.6	..	2.4	2.0	2.3	2.6
1300 Non-ventilables entre 1100 et 1200	..	0.0	0.0	0.0	0.0	..	0.0	0.0	0.0	0.0
2000 Cotisations de sécurité sociale	..	**96.4**	**156.0**	**315.4**	**341.2**	..	**12.9**	**10.9**	**13.5**	**13.0**
2100 À la charge des salariés	..	42.2	59.6	131.8	148.3	..	5.6	4.2	5.6	5.6
2200 À la charge des employeurs	..	41.4	66.3	119.6	122.4	..	5.5	4.6	5.1	4.7
2300 À la charge des indép. ou sans emploi	..	12.8	30.1	64.0	70.5	..	1.7	2.1	2.7	2.7
2400 Non-ventilables entre 2100, 2200 et 2300	..	0.0	0.0	0.0	0.0	..	0.0	0.0	0.0	0.0
3000 Sur les salaires ou main d'oeuvre	..	**1.6**	**3.7**	**7.7**	**14.5**	..	**0.2**	**0.3**	**0.3**	**0.6**
4000 Impôts sur le patrimoine	..	**10.6**	**19.1**	**30.3**	**33.7**	..	**1.4**	**1.3**	**1.3**	**1.3**
4100 Impôts périodiques sur la propriété immobilière	..	8.4	16.4	26.5	28.1	..	1.1	1.1	1.1	1.1
4200 Impôts périodiques sur l'actif net	..	0.0	0.0	0.0	0.0	..	0.0	0.0	0.0	0.0
4300 Impôts sur mut. par décès, succ. et donations	..	0.2	0.3	0.3	0.4	..	0.0	0.0	0.0	0.0
4400 Impôts sur transact. mobilières et immob.	..	2.0	2.4	3.5	5.2	..	0.3	0.2	0.2	0.2
4500 Impôts non périodiques sur	..	0.0	0.0	0.0	0.0	..	0.0	0.0	0.0	0.0
4600 Autres impôts périodiques sur patrimoine	..	0.0	0.0	0.0	0.0	..	0.0	0.0	0.0	0.0
5000 Impôts sur les biens et services	..	**86.9**	**182.8**	**301.0**	**365.6**	..	**11.6**	**12.7**	**12.9**	**13.9**
5100 Impôts sur production, vente, transfert, etc.	..	84.9	176.0	283.8	344.5	..	11.3	12.3	12.1	13.1
5110 Impôts généraux	..	51.6	109.7	186.0	228.1	..	6.9	7.6	8.0	8.7
5111 Taxes sur la valeur ajoutée	..	51.6	109.7	186.0	225.1	..	6.9	7.6	8.0	8.6
5120 Impôts sur biens et services déterminés	..	33.3	66.3	97.9	116.5	..	4.4	4.6	4.2	4.4
5121 Accises	..	27.2	62.0	81.8	96.9	..	3.6	4.3	3.5	3.7
5200 Impôts sur utilisation des biens et exerc. activités	..	2.0	6.8	17.2	21.1	..	0.3	0.5	0.7	0.8
5300 Non-ventilables entre 5100 et 5200	..	0.0	0.0	0.0	0.0	..	0.0	0.0	0.0	0.0
6000 Autres impôts	..	**0.3**	**0.6**	**1.0**	**1.3**	..	**0.0**	**0.0**	**0.0**	**0.0**
Crédits d'impôts récupérables										
Crédits d'impôts récupérables contre 1000	..	..	..	..	..	..	..	..	..	..
Composante transfert	..	..	..	..	..	..	..	..	..	..
Composante fiscale	..	..	..	..	..	..	..	..	..	..
Recettes fiscales collectés pour le compte de l'UE										
Recettes fiscales collectés pour le compte de l'UE, total	..	..	1.7	4.4	5.9	..	..	0.1	0.2	0.2
Droits de douane perçus pour le compte de l'UE	..	..	1.6	4.4	5.9	..	..	0.1	0.2	0.2
Contributions au Fonds de résolution unique collectées pour le compte de l'UE	..	..	..	..	..	..	..	..	..	..

.. Non disponible

Note : Le total des recettes fiscales a été diminué du montant de tout transfert en capital représentant les impôts non perçus. Le transfert en capital a été directement diminué des impôts spécifiques auxquels il se rapporte. Par conséquent, les montants des recettes fiscales sont différents de ceux présentés dans le chapitre 5 "Tableaux détaillés par pays".

Des données et des notes plus détaillées par pays sont disponibles dans le chapitre 5 "Tableaux détaillés par pays". Les séries temporelles complètes sont accessibles sur le site web https://oe.cd/series-temporelles-completes.

Source : Ministry of Finance, Economic Department.

StatLink https://stat.link/w8rqep

Tableau 4.58. Pologne, recettes fiscales et % du PIB par niveaux d'administration (principaux impôts)

	Milliard PLN					% du PIB				
	1990	2000	2010	2020	2021	1990	2000	2010	2020	2021
Administrations fédérale ou centrale										
Recettes fiscales totales	..	**126.9**	**238.4**	**408.6**	**502.4**	..	**17.0**	**16.6**	**17.5**	**19.1**
1000 Impôts sur revenu, bénéfices et gains en capital	..	40.0	57.7	108.2	133.9	..	5.3	4.0	4.6	5.1
2000 Cotisations de sécurité sociale	..	0.0	0.0	0.0	0.0	..	0.0	0.0	0.0	0.0
3000 Sur salaires ou main d'oeuvre	..	1.6	3.7	7.7	14.5	..	0.2	0.3	0.3	0.6
4000 Impôts sur le patrimoine	..	0.0	0.0	0.0	0.0	..	0.0	0.0	0.0	0.0
5000 Impôts sur les biens et services	..	85.3	177.0	292.7	354.0	..	11.4	12.3	12.5	13.5
6000 Autres impôts	..	0.0	0.0	0.0	0.0	..	0.0	0.0	0.0	0.0
Administrations d'un État/Régions										
Recettes fiscales totales	..	..	..	..	..	..	..	..	..	..
1000 Impôts sur revenu, bénéfices et gains en capital	..	..	..	..	..	..	..	..	..	..
2000 Cotisations de sécurité sociale	..	..	..	..	..	..	..	..	..	..
3000 Sur salaires ou main d'oeuvre	..	..	..	..	..	..	..	..	..	..
4000 Impôts sur le patrimoine	..	..	..	..	..	..	..	..	..	..
5000 Impôts sur les biens et services	..	..	..	..	..	..	..	..	..	..
6000 Autres impôts	..	..	..	..	..	..	..	..	..	..
Administrations locales										
Recettes fiscales totales	..	**22.7**	**57.1**	**102.9**	**114.7**	..	**3.0**	**4.0**	**4.4**	**4.4**
1000 Impôts sur revenu, bénéfices et gains en capital	..	10.3	33.3	67.6	75.4	..	1.4	2.3	2.9	2.9
2000 Cotisations de sécurité sociale	..	0.0	0.0	0.0	0.0	..	0.0	0.0	0.0	0.0
3000 Sur salaires ou main d'oeuvre	..	0.0	0.0	0.0	0.0	..	0.0	0.0	0.0	0.0
4000 Impôts sur le patrimoine	..	10.6	19.1	30.3	33.7	..	1.4	1.3	1.3	1.3
5000 Impôts sur les biens et services	..	1.5	4.1	4.0	4.3	..	0.2	0.3	0.2	0.2
6000 Autres impôts	..	0.3	0.6	1.0	1.3	..	0.0	0.0	0.0	0.0
Administrations de sécurité sociale										
Recettes fiscales totales	..	**96.4**	**156.0**	**315.4**	**342.6**	..	**12.9**	**10.9**	**13.5**	**13.0**
1000 Impôts sur revenu, bénéfices et gains en capital	..	0.0	0.0	0.0	0.0	..	0.0	0.0	0.0	0.0
2000 Cotisations de sécurité sociale	..	96.4	156.0	315.4	341.2	..	12.9	10.9	13.5	13.0
3000 Sur salaires ou main d'oeuvre	..	0.0	0.0	0.0	0.0	..	0.0	0.0	0.0	0.0
4000 Impôts sur le patrimoine	..	0.0	0.0	0.0	0.0	..	0.0	0.0	0.0	0.0
5000 Impôts sur les biens et services	..	0.0	0.0	0.0	1.4	..	0.0	0.0	0.0	0.1
6000 Autres impôts	..	0.0	0.0	0.0	0.0	..	0.0	0.0	0.0	0.0

.. Non disponible

Note : Le total des recettes fiscales a été diminué du montant de tout transfert en capital représentant les impôts non perçus. Le transfert en capital a été directement diminué des impôts spécifiques auxquels il se rapporte. Par conséquent, les montants des recettes fiscales sont différents de ceux présentés dans le chapitre 6 "Recettes fiscales des sous-secteurs de l'administration".

Des données et des notes plus détaillées par pays sont disponibles dans le chapitre 6 "Recettes fiscales des sous-secteurs de l'administration". Les séries temporelles complètes sont accessibles sur le site web https://oe.cd/series-temporelles-completes.

Source : Ministry of Finance, Economic Department.

StatLink https://stat.link/gpov2y

Tableau 4.59. Portugal, recettes fiscales et % du PIB (sélection de catégories d'impôts)

	Milliard EUR					% du PIB				
	1990	2000	2010	2020	2021	1990	2000	2010	2020	2021
Recettes fiscales totales	**14.8**	**39.7**	**54.5**	**70.5**	**75.8**	**26.5**	**30.9**	**30.4**	**35.2**	**35.3**
1000 Impôts sur le revenu, les bénéfices et les gains en capital	**3.8**	**11.7**	**14.6**	**19.5**	**20.1**	**6.8**	**9.1**	**8.1**	**9.7**	**9.4**
1100 Des personnes physiques	2.4	6.8	9.6	14.0	15.0	4.2	5.3	5.4	7.0	7.0
1200 Des sociétés	1.2	4.7	4.9	5.5	5.2	2.1	3.7	2.7	2.8	2.4
1300 Non-ventilables entre 1100 et 1200	0.3	0.2	0.0	0.0	0.0	0.5	0.1	0.0	0.0	0.0
2000 Cotisations de sécurité sociale	**4.0**	**10.2**	**15.5**	**20.9**	**22.4**	**7.2**	**7.9**	**8.6**	**10.4**	**10.4**
2100 À la charge des salariés	1.5	4.3	6.7	8.3	8.9	2.6	3.3	3.7	4.1	4.2
2200 À la charge des employeurs	2.4	5.9	8.8	12.7	13.5	4.3	4.6	4.9	6.3	6.3
2300 À la charge des indép. ou sans emploi	0.1	0.0	0.0	0.0	0.0	0.3	0.0	0.0	0.0	0.0
2400 Non-ventilables entre 2100, 2200 et 2300	0.0	0.0	0.0	0.0	0.0	0.0	0.0	0.0	0.0	0.0
3000 Sur les salaires ou main d'oeuvre	**0.0**	**0.0**	**0.0**	**0.0**	**0.0**	**0.0**	**0.0**	**0.0**	**0.0**	**0.0**
4000 Impôts sur le patrimoine	**0.4**	**1.5**	**2.0**	**2.9**	**3.3**	**0.7**	**1.1**	**1.1**	**1.4**	**1.5**
4100 Impôts périodiques sur la propriété immobilière	0.1	0.5	1.1	1.6	1.6	0.2	0.4	0.6	0.8	0.8
4200 Impôts périodiques sur l'actif net	0.0	0.0	0.0	0.0	0.0	0.0	0.0	0.0	0.0	0.0
4300 Impôts sur mut. par décès, succ. et donations	0.1	0.1	0.0	0.0	0.0	0.1	0.1	0.0	0.0	0.0
4400 Impôts sur transact. mobilières et immob.	0.2	0.9	0.9	1.3	1.7	0.3	0.7	0.5	0.6	0.8
4500 Impôts non périodiques sur	0.0	0.0	0.0	0.0	0.0	0.0	0.0	0.0	0.0	0.0
4600 Autres impôts périodiques sur patrimoine	0.0	0.0	0.0	0.0	0.0	0.0	0.0	0.0	0.0	0.0
5000 Impôts sur les biens et services	**6.6**	**16.3**	**22.2**	**26.7**	**29.6**	**11.7**	**12.7**	**12.4**	**13.3**	**13.8**
5100 Impôts sur production, vente, transfert, etc.	6.4	15.9	21.5	25.2	28.1	11.5	12.3	12.0	12.6	13.1
5110 Impôts généraux	2.9	9.7	13.5	16.8	19.1	5.2	7.6	7.5	8.4	8.9
5111 Taxes sur la valeur ajoutée	2.9	9.7	13.5	16.8	19.1	5.2	7.6	7.5	8.4	8.9
5120 Impôts sur biens et services déterminés	3.5	6.1	8.0	8.4	8.9	6.3	4.8	4.4	4.2	4.2
5121 Accises	2.1	4.5	5.7	5.5	5.8	3.7	3.5	3.1	2.7	2.7
5200 Impôts sur utilisation des biens et exerc. activités	0.1	0.4	0.7	1.5	1.5	0.2	0.3	0.4	0.7	0.7
5300 Non-ventilables entre 5100 et 5200	0.0	0.0	0.0	0.0	0.0	0.0	0.0	0.0	0.0	0.0
6000 Autres impôts	**0.0**	**0.1**	**0.2**	**0.4**	**0.4**	**0.1**	**0.1**	**0.1**	**0.2**	**0.2**
Crédits d'impôts récupérables										
Crédits d'impôts récupérables contre 1000	..	..	..	..	..	..	..	..	..	..
Composante transfert	..	..	..	..	..	..	..	..	..	..
Composante fiscale	..	..	..	..	..	..	..	..	..	..
Recettes fiscales collectés pour le compte de l'UE										
Recettes fiscales collectés pour le compte de l'UE, total	0.2	0.2	0.2	0.3	0.4	0.3	0.2	0.1	0.2	0.2
Droits de douane perçus pour le compte de l'UE	..	0.2	0.2	0.2	0.2	..	0.2	0.1	0.1	0.1
Contributions au Fonds de résolution unique collectées pour le compte de l'UE	..	..	..	0.1	0.1	..	..	..	0.1	0.1

.. Non disponible

Note : Des données et des notes plus détaillées par pays sont disponibles dans le chapitre 5 "Tableaux détaillés par pays". Les séries temporelles complètes sont accessibles sur le site web https://oe.cd/series-temporelles-completes.

Source : Instituto Nacional de Estatística.

StatLink https://stat.link/nb5ucf

Tableau 4.60. Portugal, recettes fiscales et % du PIB par niveaux d'administration (principaux impôts)

	Milliard EUR					% du PIB				
	1990	2000	2010	2020	2021	1990	2000	2010	2020	2021
Administrations fédérale ou centrale										
Recettes fiscales totales	**9.8**	**26.5**	**34.7**	**45.2**	**48.6**	**17.6**	**20.6**	**19.3**	**22.5**	**22.6**
1000 Impôts sur revenu, bénéfices et gains en capital	3.6	11.1	13.5	18.2	18.8	6.4	8.7	7.5	9.1	8.8
2000 Cotisations de sécurité sociale	0.0	0.2	0.3	2.1	2.2	0.0	0.1	0.2	1.1	1.0
3000 Sur salaires ou main d'oeuvre	0.0	0.0	0.0	0.0	0.0	0.0	0.0	0.0	0.0	0.0
4000 Impôts sur le patrimoine	0.1	0.3	0.3	0.4	0.5	0.1	0.2	0.2	0.2	0.2
5000 Impôts sur les biens et services	6.1	14.8	20.4	24.0	26.7	10.9	11.5	11.4	12.0	12.4
6000 Autres impôts	0.0	0.1	0.2	0.4	0.4	0.1	0.1	0.1	0.2	0.2
Administrations d'un État/Régions										
Recettes fiscales totales	..	..	..	..	..	..	..	..	..	..
1000 Impôts sur revenu, bénéfices et gains en capital	..	..	..	..	..	..	..	..	..	..
2000 Cotisations de sécurité sociale	..	..	..	..	..	..	..	..	..	..
3000 Sur salaires ou main d'oeuvre	..	..	..	..	..	..	..	..	..	..
4000 Impôts sur le patrimoine	..	..	..	..	..	..	..	..	..	..
5000 Impôts sur les biens et services	..	..	..	..	..	..	..	..	..	..
6000 Autres impôts	..	..	..	..	..	..	..	..	..	..
Administrations locales										
Recettes fiscales totales	**0.8**	**3.7**	**5.3**	**5.1**	**5.5**	**1.5**	**2.8**	**2.9**	**2.5**	**2.6**
1000 Impôts sur revenu, bénéfices et gains en capital	0.2	0.6	1.1	1.3	1.3	0.4	0.4	0.6	0.7	0.6
2000 Cotisations de sécurité sociale	0.0	1.1	1.7	0.0	0.0	0.0	0.9	0.9	0.0	0.0
3000 Sur salaires ou main d'oeuvre	0.0	0.0	0.0	0.0	0.0	0.0	0.0	0.0	0.0	0.0
4000 Impôts sur le patrimoine	0.3	1.2	1.7	2.4	2.8	0.6	0.9	1.0	1.2	1.3
5000 Impôts sur les biens et services	0.3	0.7	0.8	1.3	1.4	0.5	0.6	0.4	0.6	0.6
6000 Autres impôts	0.0	0.0	0.0	0.0	0.0	0.0	0.0	0.0	0.0	0.0
Administrations de sécurité sociale										
Recettes fiscales totales	**4.0**	**9.4**	**14.4**	**19.9**	**21.4**	**7.2**	**7.3**	**8.0**	**9.9**	**10.0**
1000 Impôts sur revenu, bénéfices et gains en capital	0.0	0.0	0.0	0.0	0.0	0.0	0.0	0.0	0.0	0.0
2000 Cotisations de sécurité sociale	4.0	8.8	13.5	18.8	20.2	7.2	6.9	7.5	9.4	9.4
3000 Sur salaires ou main d'oeuvre	0.0	0.0	0.0	0.0	0.0	0.0	0.0	0.0	0.0	0.0
4000 Impôts sur le patrimoine	0.0	0.0	0.0	0.0	0.0	0.0	0.0	0.0	0.0	0.0
5000 Impôts sur les biens et services	0.0	0.5	0.8	1.1	1.1	0.0	0.4	0.5	0.5	0.5
6000 Autres impôts	0.0	0.0	0.0	0.0	0.0	0.0	0.0	0.0	0.0	0.0

.. Non disponible

Note : Des données et des notes plus détaillées par pays sont disponibles dans le chapitre 6 "Recettes fiscales des sous-secteurs de l'administration". Les séries temporelles complètes sont accessibles sur le site web https://oe.cd/series-temporelles-completes.

Source : Instituto Nacional de Estatística.

StatLink https://stat.link/q51fda

Tableau 4.61. République slovaque, recettes fiscales et % du PIB (sélection de catégories d'impôts)

	Milliard EUR					% du PIB				
	1990	2000	2010	2020	2021	1990	2000	2010	2020	2021
Recettes fiscales totales	**..**	**10.6**	**19.2**	**32.5**	**35.5**	**..**	**33.6**	**27.9**	**34.8**	**35.4**
1000 Impôts sur le revenu, les bénéfices et les gains en capital	**..**	**2.2**	**3.6**	**6.5**	**7.7**	**..**	**6.9**	**5.2**	**7.0**	**7.7**
1100 Des personnes physiques	..	1.1	1.8	3.5	3.8	..	3.3	2.6	3.7	3.7
1200 Des sociétés	..	0.8	1.7	2.8	3.6	..	2.6	2.4	3.0	3.6
1300 Non-ventilables entre 1100 et 1200	..	0.3	0.2	0.2	0.3	..	1.0	0.2	0.3	0.3
2000 Cotisations de sécurité sociale	**..**	**4.4**	**8.2**	**14.2**	**15.3**	**..**	**13.9**	**11.9**	**15.2**	**15.2**
2100 À la charge des salariés	..	0.9	2.1	3.5	3.7	..	2.8	3.0	3.7	3.7
2200 À la charge des employeurs	..	2.9	4.6	8.6	9.1	..	9.0	6.7	9.3	9.1
2300 À la charge des indép. ou sans emploi	..	0.7	1.5	2.1	2.4	..	2.1	2.2	2.3	2.4
2400 Non-ventilables entre 2100, 2200 et 2300	..	0.0	0.0	0.0	0.0	..	0.0	0.0	0.0	0.0
3000 Sur les salaires ou main d'oeuvre	**..**	**0.0**	**0.0**	**0.0**	**0.0**	**..**	**0.0**	**0.0**	**0.0**	**0.0**
4000 Impôts sur le patrimoine	**..**	**0.2**	**0.3**	**0.4**	**0.5**	**..**	**0.6**	**0.4**	**0.5**	**0.5**
4100 Impôts périodiques sur la propriété immobilière	..	0.1	0.3	0.4	0.5	..	0.5	0.4	0.5	0.5
4200 Impôts périodiques sur l'actif net	..	0.0	0.0	0.0	0.0	..	0.0	0.0	0.0	0.0
4300 Impôts sur mut. par décès, succ. et donations	..	0.0	0.0	0.0	0.0	..	0.0	0.0	0.0	0.0
4400 Impôts sur transact. mobilières et immob.	..	0.0	0.0	0.0	0.0	..	0.1	0.0	0.0	0.0
4500 Impôts non périodiques sur	..	0.0	0.0	0.0	0.0	..	0.0	0.0	0.0	0.0
4600 Autres impôts périodiques sur patrimoine	..	0.0	0.0	0.0	0.0	..	0.0	0.0	0.0	0.0
5000 Impôts sur les biens et services	**..**	**3.9**	**7.1**	**11.3**	**12.1**	**..**	**12.2**	**10.4**	**12.1**	**12.0**
5100 Impôts sur production, vente, transfert, etc.	..	3.6	6.6	10.4	11.1	..	11.5	9.6	11.1	11.1
5110 Impôts généraux	..	2.2	4.2	6.8	7.5	..	6.8	6.1	7.3	7.5
5111 Taxes sur la valeur ajoutée	..	2.2	4.2	6.8	7.5	..	6.8	6.1	7.3	7.5
5120 Impôts sur biens et services déterminés	..	1.5	2.4	3.6	3.6	..	4.6	3.5	3.8	3.6
5121 Accises	..	1.0	2.1	2.8	3.0	..	3.1	3.0	2.9	2.9
5200 Impôts sur utilisation des biens et exerc. activités	..	0.2	0.4	0.7	0.7	..	0.7	0.6	0.8	0.7
5300 Non-ventilables entre 5100 et 5200	..	0.0	0.1	0.2	0.2	..	0.0	0.2	0.2	0.2
6000 Autres impôts	**..**	**0.0**	**0.0**	**0.0**	**0.0**	**..**	**0.0**	**0.0**	**0.0**	**0.0**
Crédits d'impôts récupérables										
Crédits d'impôts récupérables contre 1000	..	..	0.3	0.4	0.4	..	..	0.4	0.4	0.4
Composante transfert	..	..	..	..	..	..	..	..	..	..
Composante fiscale	..	..	..	..	..	..	..	..	..	..
Recettes fiscales collectés pour le compte de l'UE										
Recettes fiscales collectés pour le compte de l'UE, total	..	..	0.1	0.1	0.1	..	..	0.2	0.1	0.1
Droits de douane perçus pour le compte de l'UE	..	..	0.1	0.1	0.1	..	..	0.2	0.1	0.1
Contributions au Fonds de résolution unique collectées pour le compte de l'UE	..	..	..	0.0	0.0	..	..	..	0.0	0.0

.. Non disponible

Note : Des données et des notes plus détaillées par pays sont disponibles dans le chapitre 5 "Tableaux détaillés par pays". Les séries temporelles complètes sont accessibles sur le site web https://oe.cd/series-temporelles-completes.

Source : Ministry of Finance.

StatLink https://stat.link/t8y03i

Tableau 4.62. République slovaque, recettes fiscales et % du PIB par niveaux d'administration (principaux impôts)

	Milliard EUR					% du PIB				
	1990	2000	2010	2020	2021	1990	2000	2010	2020	2021
Administrations fédérale ou centrale										
Recettes fiscales totales	..	**6.2**	**10.5**	**17.9**	**19.8**	..	**19.5**	**15.3**	**19.2**	**19.7**
1000 Impôts sur revenu, bénéfices et gains en capital	..	2.2	3.6	6.5	7.7	..	6.9	5.2	7.0	7.7
2000 Cotisations de sécurité sociale	..	0.1	0.2	0.4	0.4	..	0.3	0.3	0.5	0.4
3000 Sur salaires ou main d'oeuvre	..	0.0	0.0	0.0	0.0	..	0.0	0.0	0.0	0.0
4000 Impôts sur le patrimoine	..	0.1	0.0	0.0	0.0	..	0.2	0.0	0.0	0.0
5000 Impôts sur les biens et services	..	3.9	6.7	10.9	11.7	..	12.2	9.8	11.7	11.7
6000 Autres impôts	..	0.0	0.0	0.0	0.0	..	0.0	0.0	0.0	0.0
Administrations d'un État/Régions										
Recettes fiscales totales	..	..	..	..	..	..	..	..	..	..
1000 Impôts sur revenu, bénéfices et gains en capital	..	..	..	..	..	..	..	..	..	..
2000 Cotisations de sécurité sociale	..	..	..	..	..	..	..	..	..	..
3000 Sur salaires ou main d'oeuvre	..	..	..	..	..	..	..	..	..	..
4000 Impôts sur le patrimoine	..	..	..	..	..	..	..	..	..	..
5000 Impôts sur les biens et services	..	..	..	..	..	..	..	..	..	..
6000 Autres impôts	..	..	..	..	..	..	..	..	..	..
Administrations locales										
Recettes fiscales totales	..	**0.1**	**0.5**	**0.7**	**0.7**	..	**0.5**	**0.8**	**0.7**	**0.7**
1000 Impôts sur revenu, bénéfices et gains en capital	..	0.0	0.0	0.0	0.0	..	0.0	0.0	0.0	0.0
2000 Cotisations de sécurité sociale	..	0.0	0.0	0.0	0.0	..	0.0	0.0	0.0	0.0
3000 Sur salaires ou main d'oeuvre	..	0.0	0.0	0.0	0.0	..	0.0	0.0	0.0	0.0
4000 Impôts sur le patrimoine	..	0.1	0.3	0.4	0.5	..	0.4	0.4	0.5	0.5
5000 Impôts sur les biens et services	..	0.0	0.3	0.2	0.2	..	0.0	0.4	0.2	0.2
6000 Autres impôts	..	0.0	0.0	0.0	0.0	..	0.0	0.0	0.0	0.0
Administrations de sécurité sociale										
Recettes fiscales totales	..	**4.3**	**7.9**	**13.8**	**14.8**	..	**13.6**	**11.5**	**14.8**	**14.8**
1000 Impôts sur revenu, bénéfices et gains en capital	..	0.0	0.0	0.0	0.0	..	0.0	0.0	0.0	0.0
2000 Cotisations de sécurité sociale	..	4.3	7.9	13.8	14.8	..	13.6	11.5	14.8	14.8
3000 Sur salaires ou main d'oeuvre	..	0.0	0.0	0.0	0.0	..	0.0	0.0	0.0	0.0
4000 Impôts sur le patrimoine	..	0.0	0.0	0.0	0.0	..	0.0	0.0	0.0	0.0
5000 Impôts sur les biens et services	..	0.0	0.0	0.0	0.0	..	0.0	0.0	0.0	0.0
6000 Autres impôts	..	0.0	0.0	0.0	0.0	..	0.0	0.0	0.0	0.0

.. Non disponible

Note : Des données et des notes plus détaillées par pays sont disponibles dans le chapitre 6 "Recettes fiscales des sous-secteurs de l'administration". Les séries temporelles complètes sont accessibles sur le site web https://oe.cd/series-temporelles-completes.

Source : Ministry of Finance.

StatLink https://stat.link/vs6wi5

Tableau 4.63. Slovénie, recettes fiscales et % du PIB (sélection de catégories d'impôts)

	Milliard EUR					% du PIB				
	1990	2000	2010	2020	2021	1990	2000	2010	2020	2021
Recettes fiscales totales	**..**	**7.1**	**13.7**	**17.5**	**19.8**	**..**	**37.7**	**37.8**	**37.2**	**37.9**
1000 Impôts sur le revenu, les bénéfices et les gains en capital	**..**	**1.3**	**2.7**	**3.4**	**4.1**	**..**	**6.8**	**7.4**	**7.2**	**7.9**
1100 Des personnes physiques	..	1.0	2.0	2.5	2.8	..	5.5	5.6	5.2	5.4
1200 Des sociétés	..	0.2	0.7	0.9	1.3	..	1.1	1.8	2.0	2.5
1300 Non-ventilables entre 1100 et 1200	..	0.0	0.0	0.0	0.0	..	0.1	0.0	0.0	0.0
2000 Cotisations de sécurité sociale	**..**	**2.8**	**5.7**	**7.9**	**8.6**	**..**	**14.9**	**15.8**	**16.8**	**16.4**
2100 À la charge des salariés	..	1.4	2.8	3.9	4.3	..	7.7	7.7	8.3	8.2
2200 À la charge des employeurs	..	1.0	2.1	2.9	3.1	..	5.3	5.7	6.1	6.0
2300 À la charge des indép. ou sans emploi	..	0.4	0.9	1.1	1.2	..	1.9	2.5	2.4	2.2
2400 Non-ventilables entre 2100, 2200 et 2300	..	0.0	0.0	0.0	0.0	..	0.0	0.0	0.0	0.0
3000 Sur les salaires ou main d'oeuvre	**..**	**0.3**	**0.0**	**0.0**	**0.0**	**..**	**1.5**	**0.1**	**0.0**	**0.0**
4000 Impôts sur le patrimoine	**..**	**0.1**	**0.2**	**0.3**	**0.3**	**..**	**0.6**	**0.6**	**0.6**	**0.6**
4100 Impôts périodiques sur la propriété immobilière	..	0.1	0.2	0.2	0.3	..	0.4	0.5	0.5	0.5
4200 Impôts périodiques sur l'actif net	..	0.0	0.0	0.0	0.0	..	0.0	0.0	0.0	0.0
4300 Impôts sur mut. par décès, succ. et donations	..	0.0	0.0	0.0	0.0	..	0.0	0.0	0.0	0.0
4400 Impôts sur transact. mobilières et immob.	..	0.0	0.0	0.0	0.1	..	0.1	0.1	0.1	0.1
4500 Impôts non périodiques sur	..	0.0	0.0	0.0	0.0	..	0.1	0.0	0.0	0.0
4600 Autres impôts périodiques sur patrimoine	..	0.0	0.0	0.0	0.0	..	0.0	0.0	0.0	0.0
5000 Impôts sur les biens et services	**..**	**2.6**	**5.1**	**5.9**	**6.8**	**..**	**13.8**	**13.9**	**12.5**	**13.0**
5100 Impôts sur production, vente, transfert, etc.	..	2.5	4.8	5.4	6.3	..	13.2	13.3	11.6	12.1
5110 Impôts généraux	..	1.6	2.9	3.5	4.3	..	8.7	8.1	7.5	8.2
5111 Taxes sur la valeur ajoutée	..	1.6	2.9	3.5	4.3	..	8.5	8.1	7.5	8.2
5120 Impôts sur biens et services déterminés	..	0.8	1.9	1.9	2.0	..	4.5	5.3	4.1	3.9
5121 Accises	..	0.6	1.6	1.4	1.5	..	3.1	4.3	3.0	2.9
5200 Impôts sur utilisation des biens et exerc. activités	..	0.1	0.2	0.4	0.4	..	0.6	0.6	0.9	0.9
5300 Non-ventilables entre 5100 et 5200	..	0.0	0.0	0.0	0.0	..	0.0	0.0	0.0	0.0
6000 Autres impôts	**..**	**0.0**	**0.0**	**0.0**	**0.0**	**..**	**0.0**	**0.0**	**0.0**	**0.0**
Crédits d'impôts récupérables										
Crédits d'impôts récupérables contre 1000	..	..	..	..	..	..	..	..	..	..
Composante transfert	..	..	..	..	..	..	..	..	..	..
Composante fiscale	..	..	..	..	..	..	..	..	..	..
Recettes fiscales collectés pour le compte de l'UE										
Recettes fiscales collectés pour le compte de l'UE, total	..	..	0.1	0.1	0.1	..	..	0.2	0.2	0.2
Droits de douane perçus pour le compte de l'UE	..	..	0.1	0.1	0.1	..	..	0.2	0.1	0.2
Contributions au Fonds de résolution unique collectées pour le compte de l'UE	..	..	..	0.0	0.0	..	..	..	0.0	0.0

.. Non disponible

Note : Le total des recettes fiscales a été diminué du montant de tout transfert en capital représentant les impôts non perçus. Le transfert en capital a été directement diminué des impôts spécifiques auxquels il se rapporte. Par conséquent, les montants des recettes fiscales sont différents de ceux présentés dans le chapitre 5 "Tableaux détaillés par pays".

Des données et des notes plus détaillées par pays sont disponibles dans le chapitre 5 "Tableaux détaillés par pays". Les séries temporelles complètes sont accessibles sur le site web https://oe.cd/series-temporelles-completes.

Source : Statistical Office of the Republic of Slovenia.

StatLink https://stat.link/qbgan4

Tableau 4.64. Slovénie, recettes fiscales et % du PIB par niveaux d'administration (principaux impôts)

	Milliard EUR					% du PIB				
	1990	2000	2010	2020	2021	1990	2000	2010	2020	2021
Administrations fédérale ou centrale										
Recettes fiscales totales	**..**	**3.8**	**6.5**	**7.9**	**9.5**	**..**	**20.2**	**18.0**	**16.8**	**18.3**
1000 Impôts sur revenu, bénéfices et gains en capital	..	0.9	1.6	2.1	2.8	..	4.8	4.3	4.4	5.4
2000 Cotisations de sécurité sociale	..	0.0	0.1	0.1	0.1	..	0.1	0.2	0.2	0.2
3000 Sur salaires ou main d'oeuvre	..	0.3	0.0	0.0	0.0	..	1.5	0.1	0.0	0.0
4000 Impôts sur le patrimoine	..	0.0	0.0	0.0	0.0	..	0.1	0.0	0.0	0.0
5000 Impôts sur les biens et services	..	2.6	4.9	5.7	6.6	..	13.7	13.5	12.2	12.7
6000 Autres impôts	..	0.0	0.0	0.0	0.0	..	0.0	0.0	0.0	0.0
Administrations d'un État/Régions										
Recettes fiscales totales	**..**	**..**	**..**	**..**	**..**	**..**	**..**	**..**	**..**	**..**
1000 Impôts sur revenu, bénéfices et gains en capital	..	..	..	..	..	..	..	..	..	..
2000 Cotisations de sécurité sociale	..	..	..	..	..	..	..	..	..	..
3000 Sur salaires ou main d'oeuvre	..	..	..	..	..	..	..	..	..	..
4000 Impôts sur le patrimoine	..	..	..	..	..	..	..	..	..	..
5000 Impôts sur les biens et services	..	..	..	..	..	..	..	..	..	..
6000 Autres impôts	..	..	..	..	..	..	..	..	..	..
Administrations locales										
Recettes fiscales totales	**..**	**0.5**	**1.5**	**1.7**	**1.7**	**..**	**2.7**	**4.0**	**3.6**	**3.3**
1000 Impôts sur revenu, bénéfices et gains en capital	..	0.4	1.1	1.3	1.3	..	2.0	3.1	2.8	2.6
2000 Cotisations de sécurité sociale	..	0.0	0.0	0.0	0.0	..	0.0	0.0	0.0	0.0
3000 Sur salaires ou main d'oeuvre	..	0.0	0.0	0.0	0.0	..	0.0	0.0	0.0	0.0
4000 Impôts sur le patrimoine	..	0.1	0.2	0.3	0.3	..	0.6	0.6	0.6	0.6
5000 Impôts sur les biens et services	..	0.0	0.1	0.1	0.1	..	0.1	0.3	0.2	0.1
6000 Autres impôts	..	0.0	0.0	0.0	0.0	..	0.0	0.0	0.0	0.0
Administrations de sécurité sociale										
Recettes fiscales totales	**..**	**2.8**	**5.7**	**7.8**	**8.5**	**..**	**14.8**	**15.6**	**16.6**	**16.2**
1000 Impôts sur revenu, bénéfices et gains en capital	..	0.0	0.0	0.0	0.0	..	0.0	0.0	0.0	0.0
2000 Cotisations de sécurité sociale	..	2.8	5.7	7.8	8.5	..	14.8	15.6	16.6	16.2
3000 Sur salaires ou main d'oeuvre	..	0.0	0.0	0.0	0.0	..	0.0	0.0	0.0	0.0
4000 Impôts sur le patrimoine	..	0.0	0.0	0.0	0.0	..	0.0	0.0	0.0	0.0
5000 Impôts sur les biens et services	..	0.0	0.0	0.0	0.0	..	0.0	0.0	0.0	0.0
6000 Autres impôts	..	0.0	0.0	0.0	0.0	..	0.0	0.0	0.0	0.0

.. Non disponible

Note : Le total des recettes fiscales a été diminué du montant de tout transfert en capital représentant les impôts non perçus. Le transfert en capital a été directement diminué des impôts spécifiques auxquels il se rapporte. Par conséquent, les montants des recettes fiscales sont différents de ceux présentés dans le chapitre 6 "Recettes fiscales des sous-secteurs de l'administration".

Des données et des notes plus détaillées par pays sont disponibles dans le chapitre 6 "Recettes fiscales des sous-secteurs de l'administration". Les séries temporelles complètes sont accessibles sur le site web https://oe.cd/series-temporelles-completes.

Source : Statistical Office of the Republic of Slovenia.

StatLink https://stat.link/k68vgs

Tableau 4.65. Espagne, recettes fiscales et % du PIB (sélection de catégories d'impôts)

	Milliard EUR					% du PIB				
	1990	2000	2010	2020	2021	1990	2000	2010	2020	2021
Recettes fiscales totales	**103.7**	**214.1**	**335.6**	**412.3**	**462.0**	**31.5**	**33.0**	**31.3**	**36.8**	**37.8**
1000 Impôts sur le revenu, les bénéfices et les gains en capital	**31.8**	**60.1**	**93.8**	**119.8**	**137.8**	**9.7**	**9.3**	**8.7**	**10.7**	**11.3**
1100 Des personnes physiques	22.5	41.2	74.1	97.8	105.5	6.9	6.4	6.9	8.7	8.6
1200 Des sociétés	9.1	18.9	19.7	22.0	32.3	2.8	2.9	1.8	2.0	2.6
1300 Non-ventilables entre 1100 et 1200	0.1	0.0	0.0	0.0	0.0	0.0	0.0	0.0	0.0	0.0
2000 Cotisations de sécurité sociale	**36.7**	**74.7**	**127.2**	**154.3**	**163.9**	**11.2**	**11.5**	**11.9**	**13.8**	**13.4**
2100 À la charge des salariés	6.0	11.7	19.4	22.2	24.1	1.8	1.8	1.8	2.0	2.0
2200 À la charge des employeurs	26.4	54.2	89.7	112.4	119.0	8.0	8.4	8.4	10.0	9.7
2300 À la charge des indép. ou sans emploi	4.4	8.7	18.1	19.6	20.8	1.3	1.4	1.7	1.8	1.7
2400 Non-ventilables entre 2100, 2200 et 2300	0.0	0.0	0.0	0.0	0.0	0.0	0.0	0.0	0.0	0.0
3000 Sur les salaires ou main d'oeuvre	**0.0**	**0.0**	**0.0**	**0.0**	**0.0**	**0.0**	**0.0**	**0.0**	**0.0**	**0.0**
4000 Impôts sur le patrimoine	**5.7**	**13.8**	**22.2**	**27.8**	**33.3**	**1.7**	**2.1**	**2.1**	**2.5**	**2.7**
4100 Impôts périodiques sur la propriété immobilière	1.5	4.0	9.7	13.3	13.7	0.4	0.6	0.9	1.2	1.1
4200 Impôts périodiques sur l'actif net	0.6	1.4	0.7	2.3	2.4	0.2	0.2	0.1	0.2	0.2
4300 Impôts sur mut. par décès, succ. et donations	0.4	1.4	2.4	2.5	3.5	0.1	0.2	0.2	0.2	0.3
4400 Impôts sur transact. mobilières et immob.	2.5	5.9	7.6	7.5	11.1	0.8	0.9	0.7	0.7	0.9
4500 Impôts non périodiques sur	0.6	1.1	1.8	2.2	2.6	0.2	0.2	0.2	0.2	0.2
4600 Autres impôts périodiques sur patrimoine	0.0	0.0	0.0	0.0	0.0	0.0	0.0	0.0	0.0	0.0
5000 Impôts sur les biens et services	**29.4**	**65.5**	**92.3**	**110.3**	**126.8**	**9.0**	**10.1**	**8.6**	**9.9**	**10.4**
5100 Impôts sur production, vente, transfert, etc.	26.7	59.4	85.0	101.0	116.5	8.1	9.2	7.9	9.0	9.5
5110 Impôts généraux	16.6	37.8	55.6	70.8	83.9	5.1	5.8	5.2	6.3	6.9
5111 Taxes sur la valeur ajoutée	16.3	37.8	55.3	70.7	83.5	5.0	5.8	5.2	6.3	6.8
5120 Impôts sur biens et services déterminés	10.1	21.6	29.4	30.1	32.6	3.1	3.3	2.7	2.7	2.7
5121 Accises	6.0	18.0	24.4	23.2	24.3	1.8	2.8	2.3	2.1	2.0
5200 Impôts sur utilisation des biens et exerc. activités	2.6	6.1	7.4	9.3	10.3	0.8	0.9	0.7	0.8	0.8
5300 Non-ventilables entre 5100 et 5200	0.1	0.0	0.0	0.0	0.0	0.0	0.0	0.0	0.0	0.0
6000 Autres impôts	**0.0**	**0.0**	**0.0**	**0.1**	**0.2**	**0.0**	**0.0**	**0.0**	**0.0**	**0.0**
Crédits d'impôts récupérables										
Crédits d'impôts récupérables contre 1000	..	..	1.9	3.1	4.1	..	..	0.2	0.3	0.3
Composante transfert	..	..	1.2	1.9	2.9	..	..	0.1	0.2	0.2
Composante fiscale	..	..	0.7	1.2	1.2	..	..	0.1	0.1	0.1
Recettes fiscales collectés pour le compte de l'UE										
Recettes fiscales collectés pour le compte de l'UE, total	0.5	1.0	1.5	2.5	3.0	0.2	0.2	0.1	0.2	0.2
Droits de douane perçus pour le compte de l'UE	..	1.0	1.5	1.7	2.0	..	0.1	0.1	0.1	0.2
Contributions au Fonds de résolution unique collectées pour le compte de l'UE	..	..	..	0.8	1.0	..	..	..	0.1	0.1

.. Non disponible

Note : Des données et des notes plus détaillées par pays sont disponibles dans le chapitre 5 "Tableaux détaillés par pays". Les séries temporelles complètes sont accessibles sur le site web https://oe.cd/series-temporelles-completes.

Source : Information from the Ministry of Finance for taxes and from Social Security System for social security contributions up to 1994. Since 1995 (accrual basis), national account data (IGAE-Ministry of Finance).

StatLink https://stat.link/pn0f1d

Tableau 4.66. Espagne, recettes fiscales et % du PIB par niveaux d'administration (principaux impôts)

	Milliard EUR					% du PIB				
	1990	2000	2010	2020	2021	1990	2000	2010	2020	2021
Administrations fédérale ou centrale										
Recettes fiscales totales	**53.7**	**104.7**	**135.9**	**154.0**	**186.0**	**16.3**	**16.2**	**12.7**	**13.8**	**15.2**
1000 Impôts sur revenu, bénéfices et gains en capital	29.5	51.0	60.6	61.0	79.0	9.0	7.9	5.6	5.4	6.5
2000 Cotisations de sécurité sociale	0.4	2.3	3.5	3.4	3.5	0.1	0.4	0.3	0.3	0.3
3000 Sur salaires ou main d'oeuvre	0.0	0.0	0.0	0.0	0.0	0.0	0.0	0.0	0.0	0.0
4000 Impôts sur le patrimoine	0.4	0.4	0.1	0.4	0.7	0.1	0.1	0.0	0.0	0.1
5000 Impôts sur les biens et services	23.4	51.1	71.7	89.2	102.7	7.1	7.9	6.7	8.0	8.4
6000 Autres impôts	0.0	0.0	0.0	0.1	0.1	0.0	0.0	0.0	0.0	0.0
Administrations d'un État/Régions										
Recettes fiscales totales	**5.0**	**16.9**	**44.1**	**68.4**	**72.7**	**1.5**	**2.6**	**4.1**	**6.1**	**5.9**
1000 Impôts sur revenu, bénéfices et gains en capital	0.4	5.6	28.1	52.1	51.4	0.1	0.9	2.6	4.7	4.2
2000 Cotisations de sécurité sociale	0.0	0.0	0.0	0.0	0.0	0.0	0.0	0.0	0.0	0.0
3000 Sur salaires ou main d'oeuvre	0.0	0.0	0.0	0.0	0.0	0.0	0.0	0.0	0.0	0.0
4000 Impôts sur le patrimoine	3.0	7.7	9.7	11.0	15.2	0.9	1.2	0.9	1.0	1.2
5000 Impôts sur les biens et services	1.6	3.6	6.3	5.3	6.1	0.5	0.6	0.6	0.5	0.5
6000 Autres impôts	0.0	0.0	0.0	0.0	0.0	0.0	0.0	0.0	0.0	0.0
Administrations locales										
Recettes fiscales totales	**8.1**	**19.0**	**30.3**	**36.5**	**39.8**	**2.5**	**2.9**	**2.8**	**3.3**	**3.3**
1000 Impôts sur revenu, bénéfices et gains en capital	1.9	3.5	5.2	6.8	7.3	0.6	0.5	0.5	0.6	0.6
2000 Cotisations de sécurité sociale	0.0	0.0	0.0	0.0	0.0	0.0	0.0	0.0	0.0	0.0
3000 Sur salaires ou main d'oeuvre	0.0	0.0	0.0	0.0	0.0	0.0	0.0	0.0	0.0	0.0
4000 Impôts sur le patrimoine	2.3	5.8	12.4	16.4	17.4	0.7	0.9	1.2	1.5	1.4
5000 Impôts sur les biens et services	3.9	9.7	12.8	13.3	15.0	1.2	1.5	1.2	1.2	1.2
6000 Autres impôts	0.0	0.0	0.0	0.0	0.0	0.0	0.0	0.0	0.0	0.0
Administrations de sécurité sociale										
Recettes fiscales totales	**36.4**	**72.4**	**123.7**	**150.9**	**160.4**	**11.1**	**11.2**	**11.5**	**13.5**	**13.1**
1000 Impôts sur revenu, bénéfices et gains en capital	0.0	0.0	0.0	0.0	0.0	0.0	0.0	0.0	0.0	0.0
2000 Cotisations de sécurité sociale	36.4	72.4	123.7	150.9	160.4	11.1	11.2	11.5	13.5	13.1
3000 Sur salaires ou main d'oeuvre	0.0	0.0	0.0	0.0	0.0	0.0	0.0	0.0	0.0	0.0
4000 Impôts sur le patrimoine	0.0	0.0	0.0	0.0	0.0	0.0	0.0	0.0	0.0	0.0
5000 Impôts sur les biens et services	0.0	0.0	0.0	0.0	0.0	0.0	0.0	0.0	0.0	0.0
6000 Autres impôts	0.0	0.0	0.0	0.0	0.0	0.0	0.0	0.0	0.0	0.0

Note : Des données et des notes plus détaillées par pays sont disponibles dans le chapitre 6 "Recettes fiscales des sous-secteurs de l'administration". Les séries temporelles complètes sont accessibles sur le site web https://oe.cd/series-temporelles-completes.

Source : Information from the Ministry of Finance for taxes and from Social Security System for social security contributions up to 1994. Since 1995 (accrual basis), national account data (IGAE-Ministry of Finance).

StatLink https://stat.link/9v6jn4

Tableau 4.67. Suède, recettes fiscales et % du PIB (sélection de catégories d'impôts)

	Milliard SEK					% du PIB				
	1990	2000	2010	2020	2021	1990	2000	2010	2020	2021
Recettes fiscales totales	**756.0**	**1 204.8**	**1 532.3**	**2 138.2**	**2 340.9**	**48.8**	**50.0**	**42.9**	**42.4**	**42.7**
1000 Impôts sur le revenu, les bénéfices et les gains en capital	**314.8**	**514.7**	**546.7**	**768.4**	**862.8**	**20.3**	**21.4**	**15.3**	**15.3**	**15.7**
1100 Des personnes physiques	291.1	427.0	430.9	619.9	680.5	18.8	17.7	12.1	12.3	12.4
1200 Des sociétés	23.7	87.8	115.8	148.5	182.3	1.5	3.6	3.2	2.9	3.3
1300 Non-ventilables entre 1100 et 1200	0.0	0.0	0.0	0.0	0.0	0.0	0.0	0.0	0.0	0.0
2000 Cotisations de sécurité sociale	**205.9**	**307.0**	**384.7**	**455.4**	**489.9**	**13.3**	**12.7**	**10.8**	**9.0**	**8.9**
2100 À la charge des salariés	0.8	63.1	89.2	131.0	137.3	0.1	2.6	2.5	2.6	2.5
2200 À la charge des employeurs	196.9	237.6	288.3	321.6	348.6	12.7	9.9	8.1	6.4	6.4
2300 À la charge des indép. ou sans emploi	8.1	5.6	7.6	4.1	4.6	0.5	0.2	0.2	0.1	0.1
2400 Non-ventilables entre 2100, 2200 et 2300	0.0	0.8	-0.4	-1.4	-0.7	0.0	0.0	0.0	0.0	0.0
3000 Sur les salaires ou main d'oeuvre	**18.7**	**50.1**	**107.5**	**255.9**	**280.8**	**1.2**	**2.1**	**3.0**	**5.1**	**5.1**
4000 Impôts sur le patrimoine	**26.6**	**39.9**	**36.5**	**47.9**	**52.2**	**1.7**	**1.7**	**1.0**	**1.0**	**1.0**
4100 Impôts périodiques sur la propriété immobilière	8.9	23.3	26.4	34.6	36.1	0.6	1.0	0.7	0.7	0.7
4200 Impôts périodiques sur l'actif net	3.2	8.2	0.0	0.0	0.0	0.2	0.3	0.0	0.0	0.0
4300 Impôts sur mut. par décès, succ. et donations	1.4	2.5	0.0	0.0	0.0	0.1	0.1	0.0	0.0	0.0
4400 Impôts sur transact. mobilières et immob.	13.1	5.8	10.1	13.3	16.1	0.8	0.2	0.3	0.3	0.3
4500 Impôts non périodiques sur	0.0	0.0	0.0	0.0	0.0	0.0	0.0	0.0	0.0	0.0
4600 Autres impôts périodiques sur patrimoine	0.0	0.0	0.0	0.0	0.0	0.0	0.0	0.0	0.0	0.0
5000 Impôts sur les biens et services	**188.7**	**291.6**	**455.4**	**608.2**	**652.6**	**12.2**	**12.1**	**12.7**	**12.1**	**11.9**
5100 Impôts sur production, vente, transfert, etc.	181.6	284.2	439.1	586.6	630.1	11.7	11.8	12.3	11.6	11.5
5110 Impôts généraux	112.4	199.6	326.7	461.3	499.5	7.3	8.3	9.1	9.2	9.1
5111 Taxes sur la valeur ajoutée	112.4	197.5	322.6	461.1	499.4	7.3	8.2	9.0	9.2	9.1
5120 Impôts sur biens et services déterminés	69.2	84.6	112.4	125.3	130.6	4.5	3.5	3.1	2.5	2.4
5121 Accises	55.3	70.3	91.5	105.1	108.5	3.6	2.9	2.6	2.1	2.0
5200 Impôts sur utilisation des biens et exerc. activités	7.1	7.4	16.4	21.6	22.5	0.5	0.3	0.5	0.4	0.4
5300 Non-ventilables entre 5100 et 5200	0.0	0.0	0.0	0.0	0.0	0.0	0.0	0.0	0.0	0.0
6000 Autres impôts	**1.3**	**1.5**	**1.4**	**2.4**	**2.6**	**0.1**	**0.1**	**0.0**	**0.0**	**0.0**
Crédits d'impôts récupérables										
Crédits d'impôts récupérables contre 1000	..	..	..	..	..	..	..	..	..	..
Composante transfert	..	..	..	..	..	..	..	..	..	..
Composante fiscale	..	..	..	..	..	..	..	..	..	..
Recettes fiscales collectés pour le compte de l'UE										
Recettes fiscales collectés pour le compte de l'UE, total	..	3.8	5.7	6.2	7.3	..	0.2	0.2	0.1	0.1
Droits de douane perçus pour le compte de l'UE	..	3.4	5.4	6.2	7.3	..	0.1	0.2	0.1	0.1
Contributions au Fonds de résolution unique collectées pour le compte de l'UE	..	..	..	..	..	..	..	..	..	..

.. Non disponible

Note : Des données et des notes plus détaillées par pays sont disponibles dans le chapitre 5 "Tableaux détaillés par pays". Les séries temporelles complètes sont accessibles sur le site web https://oe.cd/series-temporelles-completes.

Source : National Financial Management Authority, Stockholm.

StatLink https://stat.link/zi1q2c

Tableau 4.68. Suède, recettes fiscales et % du PIB par niveaux d'administration (principaux impôts)

	Milliard SEK					% du PIB				
	1990	2000	2010	2020	2021	1990	2000	2010	2020	2021
Administrations fédérale ou centrale										
Recettes fiscales totales	**383.9**	**737.9**	**806.2**	**1 077.5**	**1 223.0**	**24.8**	**30.6**	**22.6**	**21.4**	**22.3**
1000 Impôts sur revenu, bénéfices et gains en capital	94.7	178.4	23.8	2.3	56.3	6.1	7.4	0.7	0.0	1.0
2000 Cotisations de sécurité sociale	54.8	180.2	201.2	186.3	206.4	3.5	7.5	5.6	3.7	3.8
3000 Sur salaires ou main d'oeuvre	18.7	50.1	107.5	255.9	280.8	1.2	2.1	3.0	5.1	5.1
4000 Impôts sur le patrimoine	26.6	39.9	22.5	28.6	31.6	1.7	1.7	0.6	0.6	0.6
5000 Impôts sur les biens et services	187.8	287.8	449.8	602.0	645.3	12.1	12.0	12.6	11.9	11.8
6000 Autres impôts	1.3	1.5	1.4	2.4	2.6	0.1	0.1	0.0	0.0	0.0
Administrations d'un État/Régions										
Recettes fiscales totales	**..**	**..**	**..**	**..**	**..**	**..**	**..**	**..**	**..**	**..**
1000 Impôts sur revenu, bénéfices et gains en capital	..	..	..	..	..	..	..	..	..	..
2000 Cotisations de sécurité sociale	..	..	..	..	..	..	..	..	..	..
3000 Sur salaires ou main d'oeuvre	..	..	..	..	..	..	..	..	..	..
4000 Impôts sur le patrimoine	..	..	..	..	..	..	..	..	..	..
5000 Impôts sur les biens et services	..	..	..	..	..	..	..	..	..	..
6000 Autres impôts	..	..	..	..	..	..	..	..	..	..
Administrations locales										
Recettes fiscales totales	**221.0**	**336.3**	**536.9**	**785.4**	**827.1**	**14.3**	**14.0**	**15.0**	**15.6**	**15.1**
1000 Impôts sur revenu, bénéfices et gains en capital	220.1	336.3	522.9	766.1	806.4	14.2	14.0	14.6	15.2	14.7
2000 Cotisations de sécurité sociale	0.0	0.0	0.0	0.0	0.0	0.0	0.0	0.0	0.0	0.0
3000 Sur salaires ou main d'oeuvre	0.0	0.0	0.0	0.0	0.0	0.0	0.0	0.0	0.0	0.0
4000 Impôts sur le patrimoine	0.0	0.0	14.0	19.3	20.6	0.0	0.0	0.4	0.4	0.4
5000 Impôts sur les biens et services	0.9	0.0	0.0	0.0	0.0	0.1	0.0	0.0	0.0	0.0
6000 Autres impôts	0.0	0.0	0.0	0.0	0.0	0.0	0.0	0.0	0.0	0.0
Administrations de sécurité sociale										
Recettes fiscales totales	**151.1**	**126.8**	**183.5**	**269.1**	**283.5**	**9.7**	**5.3**	**5.1**	**5.3**	**5.2**
1000 Impôts sur revenu, bénéfices et gains en capital	0.0	0.0	0.0	0.0	0.0	0.0	0.0	0.0	0.0	0.0
2000 Cotisations de sécurité sociale	151.1	126.8	183.5	269.1	283.5	9.7	5.3	5.1	5.3	5.2
3000 Sur salaires ou main d'oeuvre	0.0	0.0	0.0	0.0	0.0	0.0	0.0	0.0	0.0	0.0
4000 Impôts sur le patrimoine	0.0	0.0	0.0	0.0	0.0	0.0	0.0	0.0	0.0	0.0
5000 Impôts sur les biens et services	0.0	0.0	0.0	0.0	0.0	0.0	0.0	0.0	0.0	0.0
6000 Autres impôts	0.0	0.0	0.0	0.0	0.0	0.0	0.0	0.0	0.0	0.0

.. Non disponible

Note : Des données et des notes plus détaillées par pays sont disponibles dans le chapitre 6 "Recettes fiscales des sous-secteurs de l'administration". Les séries temporelles complètes sont accessibles sur le site web https://oe.cd/series-temporelles-completes.

Source : National Financial Management Authority, Stockholm.

Stat https://stat.link/57c3iv

Tableau 4.69. Suisse, recettes fiscales et % du PIB (sélection de catégories d'impôts)

	Milliard CHF					% du PIB				
	1990	2000	2010	2020	2021	1990	2000	2010	2020	2021
Recettes fiscales totales	**85.5**	**127.5**	**161.2**	**194.4**	**208.4**	**23.2**	**27.0**	**25.8**	**28.0**	**28.5**
1000 Impôts sur le revenu, les bénéfices et les gains en capital	**40.0**	**55.8**	**73.6**	**89.9**	**99.4**	**10.8**	**11.8**	**11.8**	**12.9**	**13.6**
1100 Des personnes physiques	27.7	37.5	51.2	62.4	63.2	7.5	7.9	8.2	9.0	8.6
1200 Des sociétés	6.3	11.2	16.2	21.4	22.8	1.7	2.4	2.6	3.1	3.1
1300 Non-ventilables entre 1100 et 1200	6.1	7.1	6.2	6.1	13.4	1.6	1.5	1.0	0.9	1.8
2000 Cotisations de sécurité sociale	**19.9**	**30.8**	**38.3**	**48.9**	**50.5**	**5.4**	**6.5**	**6.1**	**7.0**	**6.9**
2100 À la charge des salariés	9.3	14.5	17.5	23.7	24.0	2.5	3.1	2.8	3.4	3.3
2200 À la charge des employeurs	9.3	14.5	17.6	22.0	23.2	2.5	3.1	2.8	3.2	3.2
2300 À la charge des indép. ou sans emploi	1.2	1.9	3.2	3.2	3.2	0.3	0.4	0.5	0.5	0.4
2400 Non-ventilables entre 2100, 2200 et 2300	0.0	0.0	0.0	0.0	0.0	0.0	0.0	0.0	0.0	0.0
3000 Sur les salaires ou main d'oeuvre	**0.0**	**0.0**	**0.0**	**0.0**	**0.0**	**0.0**	**0.0**	**0.0**	**0.0**	**0.0**
4000 Impôts sur le patrimoine	**7.6**	**12.3**	**12.4**	**15.7**	**16.6**	**2.1**	**2.6**	**2.0**	**2.3**	**2.3**
4100 Impôts périodiques sur la propriété immobilière	0.4	0.7	1.0	1.3	1.4	0.1	0.2	0.2	0.2	0.2
4200 Impôts périodiques sur l'actif net	3.4	5.3	7.1	10.0	10.3	0.9	1.1	1.1	1.4	1.4
4300 Impôts sur mut. par décès, succ. et donations	0.9	1.2	1.0	1.3	1.4	0.2	0.3	0.2	0.2	0.2
4400 Impôts sur transact. mobilières et immob.	2.2	4.3	2.4	2.0	2.2	0.6	0.9	0.4	0.3	0.3
4500 Impôts non périodiques sur	0.0	0.0	0.0	0.0	0.0	0.0	0.0	0.0	0.0	0.0
4600 Autres impôts périodiques sur patrimoine	0.6	0.8	0.9	1.2	1.4	0.2	0.2	0.1	0.2	0.2
5000 Impôts sur les biens et services	**17.9**	**28.3**	**36.4**	**38.9**	**40.8**	**4.8**	**6.0**	**5.8**	**5.6**	**5.6**
5100 Impôts sur production, vente, transfert, etc.	16.0	25.3	32.1	33.5	35.4	4.3	5.4	5.1	4.8	4.8
5110 Impôts généraux	9.9	16.9	20.9	22.4	23.8	2.7	3.6	3.3	3.2	3.3
5111 Taxes sur la valeur ajoutée	9.9	16.6	20.5	22.0	23.5	2.7	3.5	3.3	3.2	3.2
5120 Impôts sur biens et services déterminés	6.1	8.3	11.2	11.0	11.6	1.6	1.8	1.8	1.6	1.6
5121 Accises	4.6	6.8	8.3	8.0	8.5	1.2	1.4	1.3	1.2	1.2
5200 Impôts sur utilisation des biens et exerc. activités	1.9	3.0	4.2	5.4	5.4	0.5	0.6	0.7	0.8	0.7
5300 Non-ventilables entre 5100 et 5200	0.0	0.0	0.0	0.0	0.0	0.0	0.0	0.0	0.0	0.0
6000 Autres impôts	**0.1**	**0.2**	**0.6**	**1.0**	**1.1**	**0.0**	**0.0**	**0.1**	**0.2**	**0.1**
Crédits d'impôts récupérables										
Crédits d'impôts récupérables contre 1000	..	..	..	..	..	..	..	..	..	..
Composante transfert	..	..	..	..	..	..	..	..	..	..
Composante fiscale	..	..	..	..	..	..	..	..	..	..

.. Non disponible

Note : Des données et des notes plus détaillées par pays sont disponibles dans le chapitre 5 "Tableaux détaillés par pays". Les séries temporelles complètes sont accessibles sur le site web https://oe.cd/series-temporelles-completes.

Le total des recettes fiscales a été diminué du montant de tout transfert en capital représentant les impôts non perçus. Le transfert en capital a été directement diminué des impôts spécifiques auxquels il se rapporte. Par conséquent, les montants des recettes fiscales sont différents de ceux présentés dans le chapitre 5 "Tableaux détaillés par pays".

Source : Statistique financière, Administration fédérale des finances.

StatLink https://stat.link/qtswm1

Tableau 4.70. Suisse, recettes fiscales et % du PIB par niveaux d'administration (principaux impôts)

	Milliard CHF					% du PIB				
	1990	2000	2010	2020	2021	1990	2000	2010	2020	2021
Administrations fédérale ou centrale										
Recettes fiscales totales	**29.4**	**47.3**	**58.5**	**65.1**	**75.0**	**8.0**	**10.0**	**9.4**	**9.4**	**10.3**
1000 Impôts sur revenu, bénéfices et gains en capital	10.9	17.0	22.7	27.6	35.6	2.9	3.6	3.6	4.0	4.9
2000 Cotisations de sécurité sociale	0.0	0.0	0.0	0.0	0.0	0.0	0.0	0.0	0.0	0.0
3000 Sur salaires ou main d'oeuvre	0.0	0.0	0.0	0.0	0.0	0.0	0.0	0.0	0.0	0.0
4000 Impôts sur le patrimoine	2.1	4.1	2.2	1.7	1.9	0.6	0.9	0.4	0.2	0.3
5000 Impôts sur les biens et services	16.4	26.1	33.5	35.7	37.5	4.4	5.5	5.4	5.1	5.1
6000 Autres impôts	0.0	0.0	0.0	0.1	0.1	0.0	0.0	0.0	0.0	0.0
Administrations d'un État/Régions										
Recettes fiscales totales	**21.3**	**28.9**	**39.9**	**49.8**	**51.0**	**5.8**	**6.1**	**6.4**	**7.2**	**7.0**
1000 Impôts sur revenu, bénéfices et gains en capital	16.4	21.7	30.8	37.6	38.4	4.4	4.6	4.9	5.4	5.2
2000 Cotisations de sécurité sociale	0.0	0.0	0.0	0.0	0.0	0.0	0.0	0.0	0.0	0.0
3000 Sur salaires ou main d'oeuvre	0.0	0.0	0.0	0.0	0.0	0.0	0.0	0.0	0.0	0.0
4000 Impôts sur le patrimoine	3.5	5.1	6.4	8.8	9.2	0.9	1.1	1.0	1.3	1.3
5000 Impôts sur les biens et services	1.4	2.1	2.7	3.0	3.1	0.4	0.4	0.4	0.4	0.4
6000 Autres impôts	0.0	0.0	0.0	0.4	0.4	0.0	0.0	0.0	0.1	0.1
Administrations locales										
Recettes fiscales totales	**14.9**	**20.5**	**24.6**	**30.6**	**31.8**	**4.0**	**4.3**	**3.9**	**4.4**	**4.4**
1000 Impôts sur revenu, bénéfices et gains en capital	12.7	17.1	20.1	24.6	25.5	3.4	3.6	3.2	3.5	3.5
2000 Cotisations de sécurité sociale	0.0	0.0	0.0	0.0	0.0	0.0	0.0	0.0	0.0	0.0
3000 Sur salaires ou main d'oeuvre	0.0	0.0	0.0	0.0	0.0	0.0	0.0	0.0	0.0	0.0
4000 Impôts sur le patrimoine	2.0	3.1	3.8	5.2	5.6	0.5	0.7	0.6	0.7	0.8
5000 Impôts sur les biens et services	0.1	0.1	0.1	0.2	0.2	0.0	0.0	0.0	0.0	0.0
6000 Autres impôts	0.1	0.2	0.6	0.6	0.6	0.0	0.0	0.1	0.1	0.1
Administrations de sécurité sociale										
Recettes fiscales totales	**19.9**	**30.8**	**38.3**	**48.9**	**50.5**	**5.4**	**6.5**	**6.1**	**7.0**	**6.9**
1000 Impôts sur revenu, bénéfices et gains en capital	0.0	0.0	0.0	0.0	0.0	0.0	0.0	0.0	0.0	0.0
2000 Cotisations de sécurité sociale	19.9	30.8	38.3	48.9	50.5	5.4	6.5	6.1	7.0	6.9
3000 Sur salaires ou main d'oeuvre	0.0	0.0	0.0	0.0	0.0	0.0	0.0	0.0	0.0	0.0
4000 Impôts sur le patrimoine	0.0	0.0	0.0	0.0	0.0	0.0	0.0	0.0	0.0	0.0
5000 Impôts sur les biens et services	0.0	0.0	0.0	0.0	0.0	0.0	0.0	0.0	0.0	0.0
6000 Autres impôts	0.0	0.0	0.0	0.0	0.0	0.0	0.0	0.0	0.0	0.0

Note : Des données et des notes plus détaillées par pays sont disponibles dans le chapitre 6 "Recettes fiscales des sous-secteurs de l'administration". Les séries temporelles complètes sont accessibles sur le site web https://oe.cd/series-temporelles-completes.

Le total des recettes fiscales a été diminué du montant de tout transfert en capital représentant les impôts non perçus. Le transfert en capital a été directement diminué des impôts spécifiques auxquels il se rapporte. Par conséquent, les montants des recettes fiscales sont différents de ceux présentés dans le chapitre 6 "Recettes fiscales des sous-secteurs de l'administration".

Source : Statistique financière, Administration fédérale des finances.

StatLink https://stat.link/mqvhlp

Tableau 4.71. Türkiye, recettes fiscales et % du PIB (sélection de catégories d'impôts)

	Milliard TRY					% du PIB				
	1990	2000	2010	2020	2021	1990	2000	2010	2020	2021
Recettes fiscales totales	**0.1**	**40.3**	**287.9**	**1 204.6**	**1 655.0**	**14.5**	**23.5**	**24.7**	**23.9**	**22.8**
1000 Impôts sur le revenu, les bénéfices et les gains en capital	**0.0**	**11.9**	**61.3**	**263.9**	**397.6**	**4.9**	**6.9**	**5.3**	**5.2**	**5.5**
1100 Des personnes physiques	0.0	9.0	40.4	158.8	219.7	3.9	5.2	3.5	3.1	3.0
1200 Des sociétés	0.0	2.9	20.9	105.1	178.0	1.0	1.7	1.8	2.1	2.5
1300 Non-ventilables entre 1100 et 1200	0.0	0.0	0.0	0.0	0.0	0.0	0.0	0.0	0.0	0.0
2000 Cotisations de sécurité sociale	**0.0**	**7.5**	**71.7**	**357.7**	**473.5**	**2.9**	**4.4**	**6.1**	**7.1**	**6.5**
2100 À la charge des salariés	0.0	2.7	26.9	137.7	180.2	1.1	1.6	2.3	2.7	2.5
2200 À la charge des employeurs	0.0	3.6	39.4	204.0	267.2	1.6	2.1	3.4	4.0	3.7
2300 À la charge des indép. ou sans emploi	0.0	1.2	5.4	15.9	26.1	0.2	0.7	0.5	0.3	0.4
2400 Non-ventilables entre 2100, 2200 et 2300	0.0	0.0	0.0	0.0	0.0	0.0	0.0	0.0	0.0	0.0
3000 Sur les salaires ou main d'oeuvre	**0.0**	**0.0**	**0.0**	**0.0**	**0.0**	**0.0**	**0.0**	**0.0**	**0.0**	**0.0**
4000 Impôts sur le patrimoine	**0.0**	**1.3**	**11.7**	**53.5**	**70.2**	**0.3**	**0.7**	**1.0**	**1.1**	**1.0**
4100 Impôts périodiques sur la propriété immobilière	0.0	0.2	2.7	11.2	13.6	0.0	0.1	0.2	0.2	0.2
4200 Impôts périodiques sur l'actif net	0.0	0.0	0.0	0.0	0.0	0.0	0.0	0.0	0.0	0.0
4300 Impôts sur mut. par décès, succ. et donations	0.0	0.0	0.2	1.3	2.3	0.0	0.0	0.0	0.0	0.0
4400 Impôts sur transact. mobilières et immob.	0.0	1.1	8.8	41.0	54.3	0.3	0.6	0.8	0.8	0.7
4500 Impôts non périodiques sur	0.0	0.0	0.0	0.0	0.0	0.0	0.0	0.0	0.0	0.0
4600 Autres impôts périodiques sur patrimoine	0.0	0.0	0.0	0.0	0.0	0.0	0.0	0.0	0.0	0.0
5000 Impôts sur les biens et services	**0.0**	**16.9**	**137.3**	**517.3**	**696.3**	**4.1**	**9.9**	**11.8**	**10.2**	**9.6**
5100 Impôts sur production, vente, transfert, etc.	0.0	16.3	131.9	500.4	676.0	4.0	9.5	11.3	9.9	9.3
5110 Impôts généraux	0.0	9.7	62.5	230.8	385.3	2.9	5.7	5.4	4.6	5.3
5111 Taxes sur la valeur ajoutée	0.0	9.7	62.5	230.8	385.3	2.7	5.7	5.4	4.6	5.3
5120 Impôts sur biens et services déterminés	0.0	6.6	69.3	269.6	290.6	1.1	3.8	5.9	5.3	4.0
5121 Accises	0.0	4.7	57.3	207.3	205.4	0.1	2.8	4.9	4.1	2.8
5200 Impôts sur utilisation des biens et exerc. activités	0.0	0.6	5.4	16.9	20.4	0.1	0.3	0.5	0.3	0.3
5300 Non-ventilables entre 5100 et 5200	0.0	0.0	0.0	0.0	0.0	0.0	0.0	0.0	0.0	0.0
6000 Autres impôts	**0.0**	**2.7**	**5.9**	**12.2**	**17.4**	**2.4**	**1.6**	**0.5**	**0.2**	**0.2**
Crédits d'impôts récupérables										
Crédits d'impôts récupérables contre 1000	..	..	..	..	..	..	..	..	..	..
Composante transfert	..	..	..	..	..	..	..	..	..	..
Composante fiscale	..	..	..	..	..	..	..	..	..	..

.. Non disponible
Note : Des données et des notes plus détaillées par pays sont disponibles dans le chapitre 5 "Tableaux détaillés par pays". Les séries temporelles complètes sont accessibles sur le site web https://oe.cd/series-temporelles-completes.
Source : Bulletin of national accounts and the Budget revenue Bulletin.

StatLink https://stat.link/mjpfzu

Tableau 4.72. Türkiye, recettes fiscales et % du PIB par niveaux d'administration (principaux impôts)

	Milliard TRY					% du PIB				
	1990	2000	2010	2020	2021	1990	2000	2010	2020	2021
Administrations fédérale ou centrale										
Recettes fiscales totales	**0.1**	**29.1**	**189.4**	**733.6**	**1 024.0**	**10.4**	**17.0**	**16.2**	**14.5**	**14.1**
1000 Impôts sur revenu, bénéfices et gains en capital	0.0	10.5	54.6	231.8	350.2	4.3	6.1	4.7	4.6	4.8
2000 Cotisations de sécurité sociale	0.0	0.0	0.0	0.0	0.0	0.0	0.0	0.0	0.0	0.0
3000 Sur salaires ou main d'oeuvre	0.0	0.0	0.0	0.0	0.0	0.0	0.0	0.0	0.0	0.0
4000 Impôts sur le patrimoine	0.0	0.9	8.1	37.2	50.0	0.3	0.5	0.7	0.7	0.7
5000 Impôts sur les biens et services	0.0	15.2	124.0	459.6	616.2	3.6	8.9	10.6	9.1	8.5
6000 Autres impôts	0.0	2.5	2.7	5.1	7.6	2.2	1.4	0.2	0.1	0.1
Administrations d'un État/Régions										
Recettes fiscales totales	**..**	**..**	**..**	**..**	**..**	**..**	**..**	**..**	**..**	**..**
1000 Impôts sur revenu, bénéfices et gains en capital	..	..	..	..	..	..	..	..	..	..
2000 Cotisations de sécurité sociale	..	..	..	..	..	..	..	..	..	..
3000 Sur salaires ou main d'oeuvre	..	..	..	..	..	..	..	..	..	..
4000 Impôts sur le patrimoine	..	..	..	..	..	..	..	..	..	..
5000 Impôts sur les biens et services	..	..	..	..	..	..	..	..	..	..
6000 Autres impôts	..	..	..	..	..	..	..	..	..	..
Administrations locales										
Recettes fiscales totales	**0.0**	**3.6**	**26.8**	**113.3**	**157.5**	**1.3**	**2.1**	**2.3**	**2.2**	**2.2**
1000 Impôts sur revenu, bénéfices et gains en capital	0.0	1.4	6.7	32.1	47.4	0.6	0.8	0.6	0.6	0.7
2000 Cotisations de sécurité sociale	0.0	0.0	0.0	0.0	0.0	0.0	0.0	0.0	0.0	0.0
3000 Sur salaires ou main d'oeuvre	0.0	0.0	0.0	0.0	0.0	0.0	0.0	0.0	0.0	0.0
4000 Impôts sur le patrimoine	0.0	0.3	3.6	16.4	20.2	0.0	0.2	0.3	0.3	0.3
5000 Impôts sur les biens et services	0.0	1.7	13.3	57.7	80.1	0.5	1.0	1.1	1.1	1.1
6000 Autres impôts	0.0	0.2	3.2	7.1	9.8	0.2	0.1	0.3	0.1	0.1
Administrations de sécurité sociale										
Recettes fiscales totales	**0.0**	**7.5**	**71.7**	**357.7**	**473.5**	**2.9**	**4.4**	**6.1**	**7.1**	**6.5**
1000 Impôts sur revenu, bénéfices et gains en capital	0.0	0.0	0.0	0.0	0.0	0.0	0.0	0.0	0.0	0.0
2000 Cotisations de sécurité sociale	0.0	7.5	71.7	357.7	473.5	2.9	4.4	6.1	7.1	6.5
3000 Sur salaires ou main d'oeuvre	0.0	0.0	0.0	0.0	0.0	0.0	0.0	0.0	0.0	0.0
4000 Impôts sur le patrimoine	0.0	0.0	0.0	0.0	0.0	0.0	0.0	0.0	0.0	0.0
5000 Impôts sur les biens et services	0.0	0.0	0.0	0.0	0.0	0.0	0.0	0.0	0.0	0.0
6000 Autres impôts	0.0	0.0	0.0	0.0	0.0	0.0	0.0	0.0	0.0	0.0

.. Non disponible

Note : Des données et des notes plus détaillées par pays sont disponibles dans le chapitre 6 "Recettes fiscales des sous-secteurs de l'administration". Les séries temporelles complètes sont accessibles sur le site web https://oe.cd/series-temporelles-completes.

Source : Bulletin of national accounts and the Budget revenue Bulletin.

StatLink https://stat.link/uh1a8s

Tableau 4.73. Royaume-Uni, recettes fiscales et % du PIB (sélection de catégories d'impôts)

	Milliard GBP					% du PIB				
	1990	2000	2010	2020	2021	1990	2000	2010	2020	2021
Recettes fiscales totales	**202.4**	**359.4**	**516.2**	**691.4**	**780.7**	**32.9**	**32.6**	**32.0**	**32.8**	**34.4**
1000 Impôts sur le revenu, les bénéfices et les gains en capital	**79.6**	**142.2**	**192.8**	**248.6**	**293.9**	**12.9**	**12.9**	**12.0**	**11.8**	**12.9**
1100 Des personnes physiques	59.5	104.1	147.0	198.2	227.7	9.7	9.5	9.1	9.4	10.0
1200 Des sociétés	20.1	38.1	45.8	50.5	66.2	3.3	3.5	2.8	2.4	2.9
1300 Non-ventilables entre 1100 et 1200	0.0	0.0	0.0	0.0	0.0	0.0	0.0	0.0	0.0	0.0
2000 Cotisations de sécurité sociale	**34.5**	**60.3**	**97.3**	**143.6**	**155.3**	**5.6**	**5.5**	**6.0**	**6.8**	**6.8**
2100 À la charge des salariés	13.3	24.2	38.7	56.2	59.9	2.2	2.2	2.4	2.7	2.6
2200 À la charge des employeurs	20.0	34.0	55.9	83.0	90.8	3.2	3.1	3.5	3.9	4.0
2300 À la charge des indép. ou sans emploi	1.2	2.0	2.8	4.5	4.6	0.2	0.2	0.2	0.2	0.2
2400 Non-ventilables entre 2100, 2200 et 2300	0.0	0.0	0.0	0.0	0.0	0.0	0.0	0.0	0.0	0.0
3000 Sur les salaires ou main d'oeuvre	**0.0**	**0.0**	**0.0**	**2.9**	**3.1**	**0.0**	**0.0**	**0.0**	**0.1**	**0.1**
4000 Impôts sur le patrimoine	**16.5**	**41.1**	**61.8**	**79.8**	**89.6**	**2.7**	**3.7**	**3.8**	**3.8**	**3.9**
4100 Impôts périodiques sur la propriété immobilière	13.5	30.6	50.0	61.1	64.6	2.2	2.8	3.1	2.9	2.8
4200 Impôts périodiques sur l'actif net	0.0	0.0	0.0	0.0	0.0	0.0	0.0	0.0	0.0	0.0
4300 Impôts sur mut. par décès, succ. et donations	1.3	2.2	2.6	5.3	6.0	0.2	0.2	0.2	0.2	0.3
4400 Impôts sur transact. mobilières et immob.	1.8	8.4	9.1	13.2	18.7	0.3	0.8	0.6	0.6	0.8
4500 Impôts non périodiques sur	0.0	0.0	0.0	0.2	0.4	0.0	0.0	0.0	0.0	0.0
4600 Autres impôts périodiques sur patrimoine	0.0	0.0	0.0	0.0	0.0	0.0	0.0	0.0	0.0	0.0
5000 Impôts sur les biens et services	**62.8**	**115.8**	**164.4**	**216.5**	**238.8**	**10.2**	**10.5**	**10.2**	**10.3**	**10.5**
5100 Impôts sur production, vente, transfert, etc.	59.4	110.8	156.1	206.9	229.0	9.6	10.1	9.7	9.8	10.1
5110 Impôts généraux	34.1	65.0	97.6	140.2	158.6	5.5	5.9	6.1	6.6	7.0
5111 Taxes sur la valeur ajoutée	34.1	65.0	97.6	139.9	158.1	5.5	5.9	6.1	6.6	7.0
5120 Impôts sur biens et services déterminés	25.2	45.8	58.5	66.7	70.3	4.1	4.2	3.6	3.2	3.1
5121 Accises	19.7	37.3	45.5	44.9	48.3	3.2	3.4	2.8	2.1	2.1
5200 Impôts sur utilisation des biens et exerc. activités	3.4	5.0	8.2	9.5	9.9	0.6	0.5	0.5	0.5	0.4
5300 Non-ventilables entre 5100 et 5200	0.0	0.0	0.0	0.0	0.0	0.0	0.0	0.0	0.0	0.0
6000 Autres impôts	**9.0**	**0.0**	**0.0**	**0.0**	**0.0**	**1.5**	**0.0**	**0.0**	**0.0**	**0.0**
Crédits d'impôts récupérables										
Crédits d'impôts récupérables contre 1000	7.5	4.7	30.2	23.4	18.8	1.2	0.4	1.9	1.1	0.8
Composante transfert	0.5	3.4	23.7	19.6	15.1	0.1	0.3	1.5	0.9	0.7
Composante fiscale	7.0	1.2	6.5	3.8	3.7	1.1	0.1	0.4	0.2	0.2
Recettes fiscales collectés pour le compte de l'UE										
Recettes fiscales collectés pour le compte de l'UE, total	1.8	2.1	2.9	2.9	..	0.3	0.2	0.2	0.1	..
Droits de douane perçus pour le compte de l'UE	..	1.8	2.9	2.9	..	..	0.2	0.2	0.1	..
Contributions au Fonds de résolution unique collectées pour le compte de l'UE	..	..	..	..	..	..	..	..	..	..

.. Non disponible

Note : Veuillez noter que les données relatives aux crédits d'impôt récupérables pour le Royaume-Uni sont sur la base d'encaissements et incluent des estimations pour certaines années. Veuillez consulter les notes de bas de page du tableau pour le Royaume-Uni au chapitre 5 pour plus d'informations.

Les recettes fiscales supranationales déclarées par le Royaume-Uni sont déclarées jusqu'en 2020 dans Les statistiques des recettes publiques. À partir de 2021, à la fin de la période de transition du Brexit, cela prend fin et les taxes introduites ultérieurement par le Royaume-Uni sont reflétées dans la catégorie de taxe appropriée au niveau national ou infranational des administrations publiques, selon le cas.

Des données et des notes plus détaillées par pays sont disponibles dans le chapitre 5 "Tableaux détaillés par pays". Les séries temporelles complètes sont accessibles sur le site web https://oe.cd/series-temporelles-completes.

Source : National Income and Expenditure; Central Statistical Office; Annual reports of His Majesty's Revenue and Customs.

StatLink https://stat.link/asv3ku

Tableau 4.74. Royaume-Uni, recettes fiscales et % du PIB par niveaux d'administration (principaux impôts)

	Milliard GBP					% du PIB				
	1990	2000	2010	2020	2021	1990	2000	2010	2020	2021
Administrations fédérale ou centrale										
Recettes fiscales totales	**151.9**	**282.8**	**389.7**	**506.3**	**584.5**	**24.7**	**25.7**	**24.2**	**24.0**	**25.7**
1000 Impôts sur revenu, bénéfices et gains en capital	79.6	142.2	192.8	248.6	293.9	12.9	12.9	12.0	11.8	12.9
2000 Cotisations de sécurité sociale	0.0	0.0	0.0	0.0	0.0	0.0	0.0	0.0	0.0	0.0
3000 Sur salaires ou main d'oeuvre	0.0	0.0	0.0	2.9	3.1	0.0	0.0	0.0	0.1	0.1
4000 Impôts sur le patrimoine	11.4	26.9	35.5	41.2	48.6	1.9	2.4	2.2	2.0	2.1
5000 Impôts sur les biens et services	60.9	113.7	161.4	213.6	238.8	9.9	10.3	10.0	10.1	10.5
6000 Autres impôts	0.0	0.0	0.0	0.0	0.0	0.0	0.0	0.0	0.0	0.0
Administrations d'un État/Régions										
Recettes fiscales totales	**..**	**..**	**..**	**..**	**..**	**..**	**..**	**..**	**..**	**..**
1000 Impôts sur revenu, bénéfices et gains en capital	..	..	..	..	..	..	..	..	..	..
2000 Cotisations de sécurité sociale	..	..	..	..	..	..	..	..	..	..
3000 Sur salaires ou main d'oeuvre	..	..	..	..	..	..	..	..	..	..
4000 Impôts sur le patrimoine	..	..	..	..	..	..	..	..	..	..
5000 Impôts sur les biens et services	..	..	..	..	..	..	..	..	..	..
6000 Autres impôts	..	..	..	..	..	..	..	..	..	..
Administrations locales										
Recettes fiscales totales	**14.1**	**14.2**	**26.2**	**38.6**	**41.0**	**2.3**	**1.3**	**1.6**	**1.8**	**1.8**
1000 Impôts sur revenu, bénéfices et gains en capital	0.0	0.0	0.0	0.0	0.0	0.0	0.0	0.0	0.0	0.0
2000 Cotisations de sécurité sociale	0.0	0.0	0.0	0.0	0.0	0.0	0.0	0.0	0.0	0.0
3000 Sur salaires ou main d'oeuvre	0.0	0.0	0.0	0.0	0.0	0.0	0.0	0.0	0.0	0.0
4000 Impôts sur le patrimoine	5.1	14.2	26.2	38.6	41.0	0.8	1.3	1.6	1.8	1.8
5000 Impôts sur les biens et services	0.0	0.0	0.0	0.0	0.0	0.0	0.0	0.0	0.0	0.0
6000 Autres impôts	9.0	0.0	0.0	0.0	0.0	1.5	0.0	0.0	0.0	0.0
Administrations de sécurité sociale										
Recettes fiscales totales	**34.5**	**60.3**	**97.3**	**143.6**	**155.3**	**5.6**	**5.5**	**6.0**	**6.8**	**6.8**
1000 Impôts sur revenu, bénéfices et gains en capital	0.0	0.0	0.0	0.0	0.0	0.0	0.0	0.0	0.0	0.0
2000 Cotisations de sécurité sociale	34.5	60.3	97.3	143.6	155.3	5.6	5.5	6.0	6.8	6.8
3000 Sur salaires ou main d'oeuvre	0.0	0.0	0.0	0.0	0.0	0.0	0.0	0.0	0.0	0.0
4000 Impôts sur le patrimoine	0.0	0.0	0.0	0.0	0.0	0.0	0.0	0.0	0.0	0.0
5000 Impôts sur les biens et services	0.0	0.0	0.0	0.0	0.0	0.0	0.0	0.0	0.0	0.0
6000 Autres impôts	0.0	0.0	0.0	0.0	0.0	0.0	0.0	0.0	0.0	0.0

.. Non disponible

Note : Des données et des notes plus détaillées par pays sont disponibles dans le chapitre 6 "Recettes fiscales des sous-secteurs de l'administration". Les séries temporelles complètes sont accessibles sur le site web https://oe.cd/series-temporelles-completes.

Source : National Income and Expenditure; Central Statistical Office; Annual reports of His Majesty's Revenue and Customs.

StatLink https://stat.link/bvi9d2

Tableau 4.75. États-Unis, recettes fiscales et % du PIB (sélection de catégories d'impôts)

	Milliard USD					% du PIB				
	1990	2000	2010	2020	2021	1990	2000	2010	2020	2021
Recettes fiscales totales	**1 552.4**	**2 900.5**	**3 517.1**	**5 419.8**	**6 178.0**	**26.0**	**28.3**	**23.4**	**25.7**	**26.5**
1000 Impôts sur le revenu, les bénéfices et les gains en capital	**701.7**	**1 453.9**	**1 488.7**	**2 500.5**	**3 025.0**	**11.8**	**14.2**	**9.9**	**11.9**	**13.0**
1100 Des personnes physiques	584.7	1 224.5	1 223.2	2 224.4	2 650.6	9.8	11.9	8.1	10.6	11.4
1200 Des sociétés	117.0	229.3	265.5	276.1	374.4	2.0	2.2	1.8	1.3	1.6
1300 Non-ventilables entre 1100 et 1200	0.0	0.0	0.0	0.0	0.0	0.0	0.0	0.0	0.0	0.0
2000 Cotisations de sécurité sociale	**397.0**	**683.1**	**917.4**	**1 328.1**	**1 413.2**	**6.7**	**6.7**	**6.1**	**6.3**	**6.1**
2100 À la charge des salariés	173.9	305.6	406.4	605.0	648.9	2.9	3.0	2.7	2.9	2.8
2200 À la charge des employeurs	204.1	343.2	461.7	652.4	691.4	3.4	3.3	3.1	3.1	3.0
2300 À la charge des indép. ou sans emploi	19.0	34.4	49.3	70.7	72.9	0.3	0.3	0.3	0.3	0.3
2400 Non-ventilables entre 2100, 2200 et 2300	0.0	0.0	0.0	0.0	0.0	0.0	0.0	0.0	0.0	0.0
3000 Sur les salaires ou main d'oeuvre	**0.0**	**0.0**	**2.3**	**3.4**	**3.2**	**0.0**	**0.0**	**0.0**	**0.0**	**0.0**
4000 Impôts sur le patrimoine	**182.4**	**299.5**	**473.4**	**662.2**	**713.8**	**3.1**	**2.9**	**3.1**	**3.1**	**3.1**
4100 Impôts périodiques sur la propriété immobilière	161.5	254.7	438.6	608.4	645.5	2.7	2.5	2.9	2.9	2.8
4200 Impôts périodiques sur l'actif net	0.0	0.0	0.0	0.0	0.0	0.0	0.0	0.0	0.0	0.0
4300 Impôts sur mut. par décès, succ. et donations	15.8	35.6	19.7	25.3	34.7	0.3	0.3	0.1	0.1	0.1
4400 Impôts sur transact. mobilières et immob.	2.1	4.4	7.5	17.5	22.1	0.0	0.0	0.0	0.1	0.1
4500 Impôts non périodiques sur	0.0	0.0	0.0	0.0	0.0	0.0	0.0	0.0	0.0	0.0
4600 Autres impôts périodiques sur patrimoine	3.0	4.8	7.7	10.9	11.5	0.0	0.0	0.1	0.1	0.0
5000 Impôts sur les biens et services	**271.3**	**464.0**	**635.3**	**925.8**	**1 022.8**	**4.5**	**4.5**	**4.2**	**4.4**	**4.4**
5100 Impôts sur production, vente, transfert, etc.	235.2	404.1	546.7	810.0	898.0	3.9	3.9	3.6	3.8	3.9
5110 Impôts généraux	125.6	221.4	295.1	446.7	499.5	2.1	2.2	2.0	2.1	2.1
5111 Taxes sur la valeur ajoutée	0.0	0.0	0.0	0.0	0.0	0.0	0.0	0.0	0.0	0.0
5120 Impôts sur biens et services déterminés	109.7	182.7	251.6	363.3	398.5	1.8	1.8	1.7	1.7	1.7
5121 Accises	65.0	108.6	146.6	157.7	171.5	1.1	1.1	1.0	0.7	0.7
5200 Impôts sur utilisation des biens et exerc. activités	36.1	59.9	88.6	115.8	124.8	0.6	0.6	0.6	0.5	0.5
5300 Non-ventilables entre 5100 et 5200	0.0	0.0	0.0	0.0	0.0	0.0	0.0	0.0	0.0	0.0
6000 Autres impôts	**0.0**	**0.0**	**0.0**	**0.0**	**0.0**	**0.0**	**0.0**	**0.0**	**0.0**	**0.0**
Crédits d'impôts récupérables										
Crédits d'impôts récupérables contre 1000	6.2	36.5	171.9	526.6	562.5	0.1	0.4	1.1	2.5	2.4
Composante transfert	4.4	26.9	101.8	433.7	450.7	0.1	0.3	0.7	2.1	1.9
Composante fiscale	1.8	9.6	70.1	93.0	111.8	0.0	0.1	0.5	0.4	0.5

Note : Des données et des notes plus détaillées par pays sont disponibles dans le chapitre 5 "Tableaux détaillés par pays". Les séries temporelles complètes sont accessibles sur le site web https://oe.cd/series-temporelles-completes.

Source : Federal estimates are derived from the US Budget, the Final Monthly Treasury Statement and the Annual Report of the US Treasury Department. The State and Local estimates are derived from Government Finances, published by the Bureau of the Census.

StatLink https://stat.link/59t8v3

Tableau 4.76. États-Unis, recettes fiscales et % du PIB par niveaux d'administration (principaux impôts)

	Milliard USD					% du PIB				
	1990	2000	2010	2020	2021	1990	2000	2010	2020	2021
Administrations fédérale ou centrale										
Recettes fiscales totales	**632.2**	**1 316.6**	**1 288.7**	**2 134.5**	**2 619.1**	**10.6**	**12.8**	**8.6**	**10.1**	**11.2**
1000 Impôts sur revenu, bénéfices et gains en capital	569.7	1 201.3	1 176.8	1 959.6	2 417.1	9.6	11.7	7.8	9.3	10.4
2000 Cotisations de sécurité sociale	0.0	0.0	0.0	0.0	0.0	0.0	0.0	0.0	0.0	0.0
3000 Sur salaires ou main d'oeuvre	0.0	0.0	0.0	0.0	0.0	0.0	0.0	0.0	0.0	0.0
4000 Impôts sur le patrimoine	11.6	28.1	15.1	19.1	27.5	0.2	0.3	0.1	0.1	0.1
5000 Impôts sur les biens et services	50.9	87.3	96.8	155.8	174.6	0.9	0.9	0.6	0.7	0.7
6000 Autres impôts	0.0	0.0	0.0	0.0	0.0	0.0	0.0	0.0	0.0	0.0
Administrations d'un État/Régions										
Recettes fiscales totales	**309.7**	**547.6**	**723.9**	**1 127.7**	**1 249.5**	**5.2**	**5.3**	**4.8**	**5.4**	**5.4**
1000 Impôts sur revenu, bénéfices et gains en capital	120.2	231.0	279.4	494.8	555.5	2.0	2.3	1.9	2.3	2.4
2000 Cotisations de sécurité sociale	0.0	0.0	0.0	0.0	0.0	0.0	0.0	0.0	0.0	0.0
3000 Sur salaires ou main d'oeuvre	0.0	0.0	2.3	3.4	3.2	0.0	0.0	0.0	0.0	0.0
4000 Impôts sur le patrimoine	12.2	21.9	23.1	39.0	44.3	0.2	0.2	0.2	0.2	0.2
5000 Impôts sur les biens et services	177.3	294.7	419.1	590.5	646.5	3.0	2.9	2.8	2.8	2.8
6000 Autres impôts	0.0	0.0	0.0	0.0	0.0	0.0	0.0	0.0	0.0	0.0
Administrations locales										
Recettes fiscales totales	**213.6**	**353.2**	**587.2**	**829.5**	**896.2**	**3.6**	**3.4**	**3.9**	**3.9**	**3.8**
1000 Impôts sur revenu, bénéfices et gains en capital	11.9	21.6	32.5	46.1	52.5	0.2	0.2	0.2	0.2	0.2
2000 Cotisations de sécurité sociale	0.0	0.0	0.0	0.0	0.0	0.0	0.0	0.0	0.0	0.0
3000 Sur salaires ou main d'oeuvre	0.0	0.0	0.0	0.0	0.0	0.0	0.0	0.0	0.0	0.0
4000 Impôts sur le patrimoine	158.6	249.5	435.3	604.0	642.1	2.7	2.4	2.9	2.9	2.8
5000 Impôts sur les biens et services	43.1	82.0	119.4	179.4	201.7	0.7	0.8	0.8	0.9	0.9
6000 Autres impôts	0.0	0.0	0.0	0.0	0.0	0.0	0.0	0.0	0.0	0.0
Administrations de sécurité sociale										
Recettes fiscales totales	**397.0**	**683.1**	**917.4**	**1 328.1**	**1 413.2**	**6.7**	**6.7**	**6.1**	**6.3**	**6.1**
1000 Impôts sur revenu, bénéfices et gains en capital	0.0	0.0	0.0	0.0	0.0	0.0	0.0	0.0	0.0	0.0
2000 Cotisations de sécurité sociale	397.0	683.1	917.4	1 328.1	1 413.2	6.7	6.7	6.1	6.3	6.1
3000 Sur salaires ou main d'oeuvre	0.0	0.0	0.0	0.0	0.0	0.0	0.0	0.0	0.0	0.0
4000 Impôts sur le patrimoine	0.0	0.0	0.0	0.0	0.0	0.0	0.0	0.0	0.0	0.0
5000 Impôts sur les biens et services	0.0	0.0	0.0	0.0	0.0	0.0	0.0	0.0	0.0	0.0
6000 Autres impôts	0.0	0.0	0.0	0.0	0.0	0.0	0.0	0.0	0.0	0.0

Note : Des données et des notes plus détaillées par pays sont disponibles dans le chapitre 6 "Recettes fiscales des sous-secteurs de l'administration". Les séries temporelles complètes sont accessibles sur le site web https://oe.cd/series-temporelles-completes.

Source : Federal estimates are derived from the US Budget, the Final Monthly Treasury Statement and the Annual Report of the US Treasury Department. The State and Local estimates are derived from Government Finances, published by the Bureau of the Census.

StatLink https://stat.link/o3xydv

4.2 Tableaux pour mémoire

Le Tableau 4.77 présente les différentes sources de financement des prestations sociales, au-delà des cotisations obligatoires de sécurité sociale reportées dans la section 4.1. Cette table montre également les données concernant les autres impôts, les cotisations volontaires aux administrations et les cotisations obligatoires au secteur privé.

Le Tableau 4.78 contient les cotisations de sécurité sociale et les impôts sur les salaires acquittés par les administrations. Lors de la révision du Guide d'interprétation en 1984, la question s'est posée de savoir comment il convenait de traiter les impôts acquittés par les administrations. Les deux exemples les plus marquants d'impôts de ce type sont les cotisations de sécurité sociale et les impôts sur les salaires acquittés par les administrations au titre de leurs agents. Après un échange de vues approfondi, il a été décidé que les données présentées dans cette publication continueraient d'inclure les impôts acquittés par les administrations (voir le §7 du Guide d'interprétation dans l'Annexe A).

Alors qu'il a été admis qu'à certaines fins (par exemple, pour mesurer le flux de paiements allant du secteur privé au secteur des administrations), il conviendrait d'exclure les impôts payés par un secteur de l'administration à un autre ou les impôts acquittés entre les différentes unités d'un même secteur de l'administration, il a été décidé que les impôts acquittés par les administrations devaient être inclus dans les données lorsque l'on comptabilise tous les flux d'impôts de l'ensemble de l'économie. Cette prise en compte permet d'être sûr que les différents flux de ressources d'une économie, y compris la valeur de la production des administrations, sont bien mesurés de façon cohérente nette d'impôt.

Il a été toutefois décidé que les données sur les impôts acquittés par les administrations et que l'on pouvait identifier isolément seraient présentées séparément dans un poste pour mémoire et c'est l'objet des tableaux par pays qui suivent.

Les données reproduites dans les tableaux suivants ont trait aux montants effectifs versés par les administrations publiques au titre de leurs agents. Les cotisations fictives, volontaires et imputées sont exclues de ces données. Les définitions des cotisations de sécurité sociale, des impôts sur les salaires et des administrations publiques correspondent aux définitions données aux §40 á § 46, §47 et §3 á § 4 du Guide d'interprétation. Les informations sur les autres impôts payés par les administrations (à savoir impôts sur la propriété et impôts sur la consommation) ne sont pas disponibles pour la plupart des pays, même s'il semble bien que, dans tous les pays, les impôts assis sur les salaires sont les impôts les plus importants qu'acquittent les administrations. Dans beaucoup de cas, les données sont estimées et ne sont pas toujours établies sur une base compatible avec celle utilisée dans les tableaux principaux.

Tableau 4.77. Financement des prestations de sécurité sociale

En % du PIB

	Total					2021				
	1990	2000	2010	2020	2021	Cotisations de sécurité sociale	Autres impôts	Contributions volontaires au gouvernement	Contributions obligatoires au secteur privé	Total
Allemagne	14.2	15.6	14.4	15.7	15.4	14.8	0.0	0.2	0.4	15.4
Australie	0.0	0.0	0.0	0.0	0.0	..	..	..	..	0.0
Autriche	13.0	14.4	14.1	15.6	15.4	15.3	0.0	0.1	0.0	15.4
Belgique	14.2	15.6	18.5	17.9	17.7	13.0	4.7	0.0	0.0	17.7
Canada	4.3	4.7	4.6	4.9	4.7	4.7	0.0	0.0	0.0	4.7
Chili	4.6	6.2	6.2	7.6	6.8	1.2	0.0	0.0	5.7	6.8
Colombie	0.9	2.6	7.1	6.0	5.8	1.9	0.0	0.0	3.9	5.8
Corée	1.9	3.5	5.2	7.8	7.8	7.8	0.0	0.0	0.0	7.8
Costa Rica	6.5	6.4	7.3	8.1	9.0	9.0	..	..	..	9.0
Danemark	1.1	2.0	1.3	0.8	0.8	0.1	0.0	0.6	0.1	0.8
Espagne	11.2	11.6	12.0	13.9	13.5	13.4	0.0	0.1	0.0	13.5
Estonie	..	10.9	13.0	13.4	12.6	11.6	0.0	0.0	1.0	12.6
États-Unis	6.9	6.9	6.5	6.9	6.6	6.1	0.0	0.5	0.0	6.6
Finlande	12.2	12.4	12.5	11.8	12.4	12.0	0.0	0.1	0.3	12.4
France	18.4	21.0	23.0	25.0	25.0	14.8	10.1	0.0	0.0	25.0
Grèce	7.6	10.1	11.0	12.9	12.9	12.9	0.0	0.0	0.0	12.9
Hongrie	..	13.2	12.9	11.3	10.7	10.5	0.2	0.0	0.0	10.7
Irlande	4.6	3.7	5.1	3.3	3.1	3.1	0.0	0.0	0.0	3.1
Islande	10.0	13.4	14.1	18.5	17.9	3.0	8.5	0.0	6.4	17.9
Israël	..	5.0	6.1	7.9	7.8	5.0	0.0	0.0	2.7	7.8
Italie	11.9	11.6	13.0	13.6	13.3	13.2	0.0	0.0	0.0	13.3
Japon	7.3	8.9	10.8	13.3	13.3	13.3	0.0	0.0	0.0	13.3
Lettonie	..	9.9	8.8	10.3	9.9	9.5	0.4	0.0	0.0	9.9
Lituanie	..	9.9	12.0	10.2	10.2	10.2	0.0	0.0	0.0	10.2
Luxembourg	9.6	9.8	10.4	11.2	10.6	10.6	0.0	0.1	0.0	10.6
Mexique	2.5	3.1	3.2	3.9	3.8	2.4	0.0	0.0	1.4	3.8
Norvège	10.6	8.8	9.3	11.0	9.5	9.5	0.0	0.0	0.0	9.5
Nouvelle-Zélande	0.0	0.0	0.0	0.0	0.0	..	..	..	..	0.0
Pays-Bas	17.1	22.5	12.9	13.6	12.9	12.9	0.0	0.0	..	12.9
Pologne	..	12.9	10.9	13.5	13.0	13.0	0.1	0.0	0.0	13.0
Portugal	7.2	8.3	9.0	10.9	10.9	10.4	0.4	0.0	0.0	10.9
République slovaque	..	13.9	12.9	16.0	16.2	15.2	0.0	0.0	0.9	16.2
Royaume-Uni	7.4	7.0	8.0	8.6	8.6	6.8	0.0	1.8	0.0	8.6
Slovénie	..	14.9	15.8	16.8	16.4	16.4	0.0	0.0	0.0	16.4
Suède	13.3	13.1	11.1	9.5	9.5	8.9	0.0	0.5	0.0	9.5
Suisse	11.3	13.8	14.6	16.2	15.7	6.9	0.5	0.0	8.4	15.7
Tchéquie	..	14.5	14.6	16.0	16.6	16.4	0.0	0.0	0.2	16.6
Türkiye	2.9	4.4	6.1	7.1	6.5	6.5	0.0	0.0	0.0	6.5

.. Non disponible

StatLink https://stat.link/23dxnj

Tableau 4.78. Les cotisations de sécurité sociale et impôts sur les salaires payés par les administrations publiques, totaux

En % du PIB

	Total					2021				
	1990	2000	2010	2020	2021	Administrations fédérale ou centrale	Administrations d'un État/ Régions	Administrations locales	Administrations de sécurité sociale	Total
Allemagne	1.0	0.8	0.8	0.9	0.9	0.1	0.3	0.4	0.1	0.9
Australie[1]	0.0	0.0	0.0	0.0	0.0	0.0	0.0	0.0	0.0	0.0
Autriche	1.0	1.4	1.9	2.1	2.1	0.8	0.6	0.6	0.1	2.1
Belgique	1.0	1.2	1.5	1.9	1.8	0.2	0.6	1.0	0.1	1.8
Canada	..	0.6	0.6	0.7	0.6	0.1	0.3	0.2	0.0	0.6
Chili	..	0.1	0.2	0.2	0.1	0.1	..	0.0	0.0	0.1
Colombie	..	..	..	0.3	0.2	0.1	0.0	0.0	0.2	0.2
Corée	..	..	..	..	..	..	..	..	..	..
Costa Rica	0.7	0.9	1.1	1.1	1.0	1.0	0.0	0.1	0.0	1.0
Danemark	0.0	0.0	0.0	0.0	0.0	..	..	..	..	0.0
Espagne	1.2	1.5	1.7	2.1	2.1	0.2	1.4	0.5	0.0	2.1
Estonie	..	2.6	2.9	3.2	3.0	1.8	..	1.2	0.0	3.0
États-Unis	0.5	0.4	0.5	0.4	0.4	0.1	0.3	0.0	0.0	0.4
Finlande	2.1	2.8	3.0	2.3	2.4	0.5	..	1.8	0.1	2.4
France	2.2	2.5	2.7	2.8	2.7	0.7	..	1.0	1.1	2.7
Grèce	0.3	0.5	0.8	1.7	1.6	1.3	..	0.2	0.0	1.6
Hongrie	..	2.8	2.4	1.4	1.2	0.9	..	0.2	0.0	1.2
Irlande	0.4	0.4	0.7	0.5	0.5	0.2	..	0.3	0.0	0.5
Islande	..	..	..	..	..	..	..	..	..	..
Israël	..	0.8	0.8	0.8	0.8	0.6	..	0.2	0.0	0.8
Italie	..	3.0	3.1	3.2	3.0	0.0	..	0.0	3.0	3.0
Japon	0.4	0.5	0.6	0.7	0.6	0.2	0.0	0.5	0.0	0.6
Lettonie	..	0.6	1.0	1.1	1.1	..	..	..	..	1.1
Lituanie	..	2.7	2.5	0.2	0.2	0.1	..	0.1	0.0	0.2
Luxembourg	2.5	1.3	1.2	1.3	1.2	1.2	..	0.0	0.0	1.2
Mexique	0.3	0.7	0.8	0.8	0.8	0.8	0.0	0.0	0.0	0.8
Norvège	2.4	2.4	2.9	3.5	3.0	1.4	..	1.7	0.0	3.0
Nouvelle-Zélande	0.0	0.0	0.0	0.0	0.0	..	..	..	..	0.0
Pays-Bas	0.1	0.4	0.0	0.0	0.0	..	..	..	..	0.0
Pologne	..	1.5	1.3	1.5	1.4	0.6	..	0.8	0.0	1.4
Portugal	0.1	0.2	0.0	0.0	0.0	..	..	..	..	0.0
République slovaque	..	2.0	2.0	2.7	2.8	1.6	..	1.1	0.1	2.8
Royaume-Uni	0.7	0.6	0.7	0.8	0.8	0.6	..	0.2	0.0	0.8
Slovénie	..	1.9	1.7	1.8	1.7	1.1	..	0.6	0.0	1.7
Suède	4.5	4.2	3.8	3.9	3.9	0.9	..	3.0	0.0	3.9
Suisse	0.4	0.4	0.5	0.5	0.5	0.1	0.3	0.1	0.0	0.5
Tchéquie	..	1.4	1.4	2.2	2.2	1.0	..	1.2	0.0	2.2
Türkiye	1.6	2.1	3.4	4.0	3.7	3.7	..	0.0	0.0	3.7

.. Non disponible

1. Pour l'Australie, le total diffère de la somme des quatre niveaux d'administration publique. La différence résulte de l'existence d'un secteur multi-juridictionnel (université) spécifique à ce pays. Ce secteur contient des unités où la juridiction est partagée entre deux administrations publiques au moins, ou contient des unités dont le classement dans une juridiction n'est pas clair. Les universités publiques sont le principal type d'unités appartenant actuellement à cette catégorie.

StatLink https://stat.link/dt75q9

5 Tableaux détaillés par pays, 1965-2021

Le Chapitre 5 fournit des tableaux détaillés sur les recettes fiscales de chaque pays membre de l'OCDE.

Recettes fiscales

Dans tous les tableaux suivants, le symbole (..) signifie que l'information n'est pas disponible ou qu'elle n'est pas applicable. La principale série chronologique des statistiques de recettes fiscales couvre une sélection d'années entre 1965 et 2021. Des séries complètes sont disponible en ligne. La partie V dans l'édition 1998 de ce Rapport fournit des données pour les années 1955 et 1960 (pour dix-neuf pays de l'OCDE).

Tableau 5.1. Australie : recettes fiscales détaillées, 1965-2021

Million AUD

	1965	1980	1990	2000	2007	2010	2015	2019	2020	2021
Recettes fiscales totales	**5 024**	**39 878**	**116 500**	**214 753**	**346 772**	**356 747**	**460 729**	**548 880**	**590 183**	**680 448**
1000 Impôts sur revenu, bénéfices et gains en capital	**2 547**	**22 383**	**66 542**	**124 427**	**206 134**	**202 184**	**261 345**	**324 792**	**347 897**	**418 554**
1100 Des personnes physiques	1 729	17 532	50 062	80 991	127 587	138 163	191 720	230 775	236 897	265 397
1110 Sur le revenu et les bénéfices	1 729	17 532	49 888	80 991	127 587	138 163	191 720	230 775	236 897	265 397
1120 Sur les gains en capital	0	0	174	0	0	0	0	0	0	0
1200 Des sociétés	818	4 851	16 480	43 436	78 547	64 021	69 625	94 017	111 000	153 157
1210 Sur les bénéfices	818	4 851	16 315	43 436	78 547	64 021	69 625	94 017	111 000	153 157
Income tax on companies	791	4 574	15 220	42 221	76 655	62 549	67 794	91 907	109 471	151 520
Dividend and interest taxes	17	161	899	846	1 892	1 472	1 831	2 110	1 529	1 637
Other withholding taxes	0	116	196	369	..	..	..	..	..	..
1220 Sur les gains en capital	0	0	165	0	0	0	0	0	0	0
1300 Non-ventilables entre 1100 et 1200	0	0	0	0	0	0	0	0	0	0
2000 Cotisations de sécurité sociale	**0**	**0**	**0**	**0**	**0**	**0**	**0**	**0**	**0**	**0**
2100 À la charge des salariés	0	0	0	0	0	0	0	0	0	0
2110 Sur la base du salaire	..	..	..	..	..	..	..	..	..	..
2120 Sur la base de l'impôt sur les revenus	..	..	..	..	..	..	..	..	..	..
2200 À la charge des employeurs	0	0	0	0	0	0	0	0	0	0
2210 Sur la base du salaire	..	..	..	..	..	..	..	..	..	..
2220 Sur la base de l'impôt sur les revenus	..	..	..	..	..	..	..	..	..	..
2300 A charge des travailleurs indép. ou sans emploi	0	0	0	0	0	0	0	0	0	0
2310 Sur la base du salaire	..	..	..	..	..	..	..	..	..	..
2320 Sur la base de l'impôt sur les revenus	..	..	..	..	..	..	..	..	..	..
2400 Non-ventilables entre 2100, 2200 et 2300	0	0	0	0	0	0	0	0	0	0
2410 Sur la base du salaire	..	..	..	..	..	..	..	..	..	..
2420 Sur la base de l'impôt sur les revenus	..	..	..	..	..	..	..	..	..	..
3000 Sur salaires ou main d'oeuvre	**157**	**1 988**	**7 115**	**9 624**	**16 407**	**18 492**	**23 354**	**25 701**	**26 383**	**29 399**
4000 Impôts sur le patrimoine	**576**	**3 105**	**10 427**	**18 825**	**31 130**	**33 498**	**49 168**	**53 982**	**59 509**	**74 104**
4100 Impôts périodiques sur la propriété immobilière	341	1 886	6 148	9 067	15 615	19 907	26 649	33 803	34 471	36 473
4110 Ménages	..	..	..	..	..	..	..	..	..	..
4120 Autres agents	..	..	..	..	..	..	..	..	..	..
4200 Impôts périodiques sur l'actif net	0	0	0	0	0	0	0	0	0	0
4210 Personnes physiques	..	..	..	..	..	..	..	..	..	..
4220 Sociétés	..	..	..	..	..	..	..	..	..	..
4300 Impôts sur mut. par décès, succ. et donations	137	175	0	0	0	0	0	0	0	0
4310 Impôts sur mut. par décès et successions	131	174	..	..	..	..	..	..	..	..
Estate duty central government	36	17	..	..	..	..	..	..	..	..
St. and loc. estate probate and succession	95	157	..	..	..	..	..	..	..	..
4320 Impôts sur les donations	7	1	..	..	..	..	..	..	..	..
4400 Impôts sur transact. mobilières et immob.	98	1 044	4 279	9 758	15 515	13 591	22 519	20 179	25 038	37 631
4500 Impôts non-périodiques	0	0	0	0	0	0	0	0	0	0
4510 Sur l'actif net	..	..	..	..	..	..	..	..	..	..
4520 Autres non-périodiques	..	..	..	..	..	..	..	..	..	..
4600 Autres impôts périodiques sur patrimoine	0	0	0	0	0	0	0	0	0	0
5000 Impôts sur les biens et services	**1 744**	**12 402**	**32 416**	**61 877**	**93 101**	**102 573**	**126 862**	**144 405**	**156 394**	**158 391**
5100 Impôts sur production, vente, transfert, etc.	1 508	11 097	27 213	56 179	84 104	90 824	109 050	123 639	134 792	134 780
5110 Impôts généraux	370	2 102	9 365	25 830	44 739	48 146	60 680	65 720	75 298	77 661
5111 Taxes sur la valeur ajoutée	0	0	0	23 854	43 634	46 910	59 177	64 048	73 297	75 565
5112 Impôts sur les ventes	370	2 102	9 365	1 976	1 105	1 236	1 503	1 672	2 001	2 096
5113 Autres impôts	0	0	0	0	0	0	0	0	0	0
5120 Impôts sur biens et services déterminés	1 138	8 995	17 848	30 349	39 365	42 678	48 370	57 919	59 494	57 119
5121 Accises	781	6 183	11 975	19 768	24 357	26 689	22 541	24 065	25 548	23 721
Excises central government	752	5 834	10 359	19 019	23 526	25 803	21 625	23 116	24 503	22 562
Statutory corporate payments	0	83	378	295	231	452	405	480	511	513
Primary production charges	29	266	1 238	454	600	434	511	469	534	646
5122 Bénéfices des monopoles fiscaux	0	0	0	0	0	0	0	0	0	0
5123 Droits de douane et droits à l'importation	271	1 799	3 319	4 606	6 070	5 828	14 046	19 507	18 123	16 945
Customs duties central government	271	1 799	3 319	4 606	6 070	5 828	14 046	19 507	18 123	16 945
5124 Taxes à l'exportation	1	117	57	0	10	11	11	0	0	0
Customs duties on coal exports	0	85	54	..	0	0	0	..	..	..
Other	1	32	3	..	10	11	11	..	..	..
5125 Impôts sur biens d'équipement	0	0	0	0	0	0	0	0	0	0
5126 Impôts sur services déterminés	85	896	2 497	5 975	8 928	10 150	11 772	14 347	15 823	16 453
Taxes race meetings	31	240	651	301	359	373	265	596	795	931
Poker machines	16	140	295	2 074	3 009	3 125	3 684	3 202	3 935	3 856
Lotteries	7	122	325	890	1 118	1 141	1 362	1 676	1 813	2 005
Levies on fire insurance companies	16	157	363	574	937	1 232	786	932	1 115	942
Other	15	237	863	2 136	3 505	4 279	5 675	7 941	8 165	8 719
5127 Autres impôts sur commerce et transact. internat.	0	0	0	0	0	0	0	0	0	0

	1965	1980	1990	2000	2007	2010	2015	2019	2020	2021
5128 Autres impôts	0	0	0	0	0	0	0	0	0	0
5130 Non-ventilables entre 5110 et 5120	0	0	0	0	0	0	0	0	0	0
5200 Impôts sur utilisation des biens et exerc. activités	236	1 305	5 203	5 698	8 997	11 749	17 812	20 766	21 602	23 611
5210 Impôts périodiques	197	1 260	5 109	5 698	8 997	11 749	15 898	18 609	19 969	21 629
5211 À la charge des ménages : véhicules à moteur	65	448	1 373	2 748	4 381	5 064	7 253	8 128	8 723	9 194
5212 À la charge autres agents : véhicules à moteur	65	351	937	1 285	2 005	2 397	2 649	3 174	3 409	3 661
Fees on motor vehicle registry	46	312	794	778	1 165	1 499	1 530	1 975	1 957	2 126
Drivers licences	12	30	111	0	0	0	0	0	0	0
Stamp duty on vehicle registry	6	9	32	506	839	898	1 119	1 199	1 452	1 535
5213 Autres impôts périodiques	67	461	2 799	1 665	2 611	4 288	5 996	7 307	7 837	8 774
Broadcasting tv licences	37	21	125	210	288	150	128	37	14	46
Business franchise lic. tobac. fuel	0	221	2 016	227	0	0	1	0	0	0
Other taxes	2	12	33	1 129	2 321	4 136	5 846	7 265	7 813	8 697
Liquor taxes	28	206	603	97	2	1	22	5	10	31
Dog licenses	0	1	22	0	0	0	0	0	0	0
5220 Impôts non-périodiques	39	45	94	0	0	0	1 914	2 157	1 633	1 982
5300 Non-ventilables entre 5100 et 5200	0	0	0	0	0	0	0	0	0	0
6000 Autres impôts	**0**	**0**	**0**	**0**	**0**	**0**	**0**	**0**	**0**	**0**
6100 À la charge exclusive des entreprises	..	..	..	..	..	..	..	..	..	..
6200 À la charge d'autres agents	..	..	..	..	..	..	..	..	..	..
Crédits d'impôts récupérables										
Crédits d'impôts récupérables contre 1110	..	..	..	195	2 585	991	460	452	401	372
Composante fiscale	..	..	..	175	178	110	334	315	281	258
Composante transfert	..	..	..	20	2 407	881	126	137	120	114
Crédits d'impôts récupérables contre 1210	..	..	..	0	4 564	5 726	8 951	10 206	10 595	10 035
Composante fiscale	..	..	..	..	1 922	2 253	3 438	3 482	3 606	3 120
Composante transfert	..	..	..	..	2 642	3 473	5 513	6 724	6 989	6 915
Recettes fiscales totales sur la base d'encaissements	**5 024**	**39 878**	**116 500**	..	..	..	..	..	..	..
Recettes fiscales totales sur la base des droits constatés	..	..	..	**214 753**	**346 772**	**356 747**	**460 729**	**548 880**	**590 183**	**680 448**
Conciliation avec les Comptes nationaux										
Impôts additionnels inclus dans les comptes nationaux	..	..	..	0	0	0	0	0	0	0
Impôt exclus des comptes nationaux	..	..	..	0	0	0	0	0	0	0
Différence dans les traitements des crédits d'impôts	..	..	..	175	2 100	2 363	3 772	3 797	3 887	3 378
Transfert en capital des recettes non collectées	..	..	..	0	0	0	0	0	0	0
Cotisations de sécurité sociale volontaires	..	..	..	0	0	0	0	0	0	0
Différences diverses	..	..	..	0	0	0	0	0	0	0
Comptes nationaux : impôts et cotisations sociales effectives	..	..	..	214 928	348 872	359 110	464 501	552 677	594 070	683 826
Cotisations sociales imputées	..	..	..	0	0	0	0	0	0	0
Comptes nationaux : impôts et toutes les cotisations sociales	..	..	..	214 928	348 872	359 110	464 501	552 677	594 070	683 826

.. Non disponible

Note : Data are on a fiscal year basis beginning 1st July.

From 1998 taxes are recorded on an accrual basis; prior to that they were on a cash basis.

Direct taxes paid by public trading enterprises are excluded from receipts.

The figures for total tax revenue do not match the published totals in Taxation Revenue Australia. The latter is based on an accrual IMF GFS methodology and there are some differences between that and the OECD equivalent.

Heading 5213 includes radio and television licenses fees, though these are usually not regarded as a tax revenue in the OECD list.

Headings for non-wastable tax credits 1110 and 1210 include the private health insurance tax offset, family benefit, baby bonus tax offsets (paid during the 2003-04 budget year), film tax offset, and research and development tax offsets. The estimation of non-wastable credits into the expenditure and transfer components is in accordance with the OECD guidelines on the treatment and the data for this memorandum item has been provided by the Australian Taxation Office.

Source : Australian Bureau of Statistics.

StatLink https://stat.link/q0zf73

Tableau 5.2. Autriche : recettes fiscales détaillées, 1965-2021

Million EUR

	1965	1980	1990	2000	2007	2010	2015	2019	2020	2021
Recettes fiscales totales	**6 210**	**29 759**	**54 040**	**90 324**	**115 146**	**121 192**	**148 469**	**169 253**	**160 714**	**176 111**
Recettes fiscales totales excluant les taxes collectés pour le compte de l'UE	..	..	**54 040**	**89 897**	**114 728**	**120 843**	**147 841**	**168 564**	**159 995**	**175 343**
1000 Impôts sur revenu, bénéfices et gains en capital	**1 584**	**7 959**	**13 797**	**25 553**	**34 319**	**34 021**	**44 796**	**49 888**	**44 597**	**51 922**
1100 Des personnes physiques	1 240	6 899	11 326	19 890	25 741	27 098	35 841	38 262	35 595	39 442
1110 Sur le revenu et les bénéfices	1 240	6 899	11 326	19 890	25 741	27 098	35 841	38 262	35 595	39 442
Income tax	415	1 576	2 501	3 202	3 253	3 358	4 274	5 592	4 210	4 690
Special income tax	0	0	0	0	0	0	0	0	0	0
Wage tax	417	4 626	7 823	15 630	20 607	21 783	28 429	29 631	28 686	31 096
Tax on industry and trade	196	402	454	7	0	0	0	0	0	0
Tax on capital yields	2	14	46	354	970	938	1 979	1 683	1 342	2 205
Contribution to chambers	60	279	501	697	910	1 018	1 159	1 355	1 358	1 451
Water supply fund	151	0	0	0	0	0	0	0	0	0
Contribution emergency fund	0	0	0	0	0	0	0	0	0	0
1120 Sur les gains en capital	0	0	0	0	0	0	0	0	0	0
1200 Des sociétés	334	1 049	1 930	4 157	6 622	5 519	7 659	10 795	8 182	11 168
1210 Sur les bénéfices	334	1 049	1 930	4 157	6 622	5 519	7 659	10 795	8 182	11 168
Corporation tax	195	698	998	3 865	6 094	4 978	6 752	9 995	7 526	10 180
Tax on industry and trade	83	254	624	10	0	1	0	0	0	0
Special tax on income	0	0	0	0	0	0	0	0	0	0
Tax on capital yields	5	33	108	118	346	347	684	561	447	735
Water supply fund	35	0	0	0	0	0	0	0	0	0
Contribution emergency fund	0	0	0	0	0	0	0	0	0	0
Contribution to chambers	14	58	200	164	182	193	224	240	210	253
Directors tax	2	6	0	0	0	0	0	0	0	0
1220 Sur les gains en capital	0	0	0	0	0	0	0	0	0	0
1300 Non-ventilables entre 1100 et 1200	10	12	540	1 506	1 956	1 405	1 295	830	819	1 312
Fines related to tax offences	10	12	18	33	77	99	70	85	28	34
Tax on interest	0	0	522	1 473	1 879	1 305	1 225	746	791	1 278
2000 Cotisations de sécurité sociale	**1 548**	**9 200**	**17 763**	**30 510**	**38 453**	**41 423**	**49 867**	**59 083**	**59 094**	**62 312**
2100 À la charge des salariés	686	3 792	7 512	12 477	15 612	16 846	20 115	23 778	23 857	25 030
2110 Sur la base du salaire	..	..	..	12 477	15 612	16 846	20 115	23 778	23 857	25 030
Health insurance contributions	..	..	..	2 606	3 326	3 675	4 347	5 206	5 249	5 487
Pension insurance contributions	..	..	..	6 410	8 274	8 986	10 896	13 216	13 350	14 042
Pension contributions, civil servants	..	..	..	1 489	1 579	1 625	1 629	1 553	1 504	1 451
Unemployment insurance contributions	..	..	..	1 854	2 284	2 385	3 040	3 567	3 504	3 786
Health insurance contributions, local government employees	..	..	..	100	130	156	181	206	222	232
Special unemployment insurance contributions	..	..	..	17	19	20	23	29	29	33
2120 Sur la base de l'impôt sur les revenus	..	..	..	0	0	0	0	0	0	0
2200 À la charge des employeurs	721	4 563	8 768	14 651	18 091	19 421	23 281	27 826	27 733	29 189
2210 Sur la base du salaire	..	..	..	14 651	18 091	19 421	23 281	27 826	27 733	29 189
Health insurance contributions	..	..	..	2 667	3 395	3 669	4 339	5 197	5 240	5 477
Pension insurance contributions	..	..	..	7 888	10 214	11 145	13 549	16 475	16 648	17 517
Pension contributions, civil servants	..	..	..	438	376	361	298	261	244	230
Accident insurance contributions	..	..	..	952	1 157	1 254	1 394	1 527	1 459	1 519
Unemployment insurance contributions	..	..	..	1 854	2 284	2 385	3 040	3 567	3 504	3 786
Health insurance contributions, local government employees	..	..	..	101	141	157	181	207	222	232
Contributions to sickness benefit fund	..	..	..	341	0	0	0	0	0	0
Special pension contributions, nightshift workers	..	..	..	11	18	15	38	44	46	48
Contributions to insolvency fund	..	..	..	381	488	416	419	394	234	226
Special unemployment insurance contributions construction workers	..	..	..	17	19	20	23	154	136	154
2220 Sur la base de l'impôt sur les revenus	..	..	..	0	0	0	0	0	0	0
2300 A charge des travailleurs indép. ou sans emploi	141	845	1 482	3 382	4 750	5 155	6 470	7 479	7 504	8 093
2310 Sur la base du salaire	..	..	..	3 382	4 750	5 155	6 470	7 479	7 504	8 093
Health insurance contributions	..	..	..	1 971	2 724	3 090	3 664	4 142	4 219	4 422
Pension insurance contributions	..	..	..	1 117	1 527	1 524	2 210	2 712	2 574	2 945
Pension contributions, civil servants (retired)	..	..	..	116	274	297	317	308	311	307
Accident insurance contributions	..	..	..	77	85	88	98	110	178	187
Health insurance contributions, local government employees	..	..	..	101	140	156	181	206	222	232
2320 Sur la base de l'impôt sur les revenus	..	..	..	0	0	0	0	0	0	0
2400 Non-ventilables entre 2100, 2200 et 2300	0	0	0	0	0	0	0	0	0	0
2410 Sur la base du salaire	..	..	..	..	..	..	..	..	..	..
2420 Sur la base de l'impôt sur les revenus	..	..	..	..	..	..	..	..	..	..

	1965	1980	1990	2000	2007	2010	2015	2019	2020	2021
3000 Sur salaires ou main d'oeuvre	**472**	**2 097**	**3 259**	**5 788**	**7 266**	**8 359**	**10 040**	**10 775**	**10 447**	**11 348**
Emplr. contr. equaliz. of family.burdens	318	1 397	2 147	3 140	3 915	4 762	5 623	5 548	5 389	5 989
Tax on sum of wages	82	375	669	1 735	2 238	2 402	2 911	3 471	3 326	3 531
Promotion residential buildings	44	217	389	595	754	811	965	1 157	1 149	1 229
Tax on employment (Vienna undergr.)	0	20	21	21	22	22	65	70	69	65
Special levy for households allowances	26	80	0	0	0	0	0	0	0	0
Disabled persons equalization levy	2	8	34	54	83	91	148	160	163	159
Contributions to chambers	0	0	0	242	253	271	327	369	352	374
4000 Impôts sur le patrimoine	**246**	**858**	**1 473**	**1 206**	**1 572**	**1 555**	**1 965**	**2 158**	**2 195**	**2 558**
4100 Impôts périodiques sur la propriété immobilière	92	231	355	526	626	682	761	829	861	889
4110 Ménages	47	66	84	87	92	93	107	133	142	145
Duty on farms	9	15	20	20	20	20	30	40	32	36
Farm contr. equaliz. of family burdens	5	6	6	6	6	6	6	8	7	7
Farm contribution to chambers	14	23	32	32	39	40	44	51	49	47
Contr. residential buildings reconstruction	4	0	0	0	0	0	0	0	0	0
Land tax A	16	22	25	28	26	26	26	34	31	31
Tax on secondary residences	..	..	0	0	0	0	0	0	23	23
4120 Autres agents	45	165	271	440	534	589	654	696	719	744
Tax on vacant plots	1	4	5	5	5	6	6	6	5	5
Land tax B	44	161	266	435	529	583	649	690	714	738
4200 Impôts périodiques sur l'actif net	103	401	642	1	0	0	0	0	0	0
4210 Personnes physiques	37	140	189	1	..	..	..	..	..	..
Capital tax	25	109	189	1	..	..	..	..	..	..
Contribution emergency fund	0	0	0	0	..	..	..	..	..	..
Tax on industry and trade	10	26	0	0	..	..	..	..	..	..
Contribution to chambers	2	6	0	0	..	..	..	..	..	..
4220 Sociétés	66	260	453	0	..	..	..	..	..	..
Capital tax	24	139	322	0	..	..	..	..	..	..
Capital death duty	20	53	131	0	..	..	..	..	..	..
Contribution emergency fund	0	0	0	0	..	..	..	..	..	..
Tax on industry and trade	19	56	0	0	..	..	..	..	..	..
Contribution to chambers	3	13	0	0	..	..	..	..	..	..
4300 Impôts sur mut. par décès, succ. et donations	16	50	77	111	155	35	12	0	0	0
4310 Impôts sur mut. par décès et successions	..	..	..	..	..	..	..	..	..	..
4320 Impôts sur les donations	..	..	..	..	..	..	..	..	..	..
4400 Impôts sur transact. mobilières et immob.	35	176	399	568	791	828	1 116	1 318	1 320	1 657
Land transfer tax	30	150	251	452	644	727	1 014	1 317	1 319	1 658
Capital transfer tax	5	27	148	115	147	102	102	1	1	-1
4500 Impôts non-périodiques	0	0	0	0	0	10	76	11	14	13
4510 Sur l'actif net	..	..	..	..	..	0	4	0	0	0
Withholding tax	..	..	..	..	..	..	4	0	0	0
4520 Autres non-périodiques	..	..	..	..	..	10	72	11	14	13
Foundation tax	..	..	..	..	..	10	72	11	14	13
4600 Autres impôts périodiques sur patrimoine	0	0	0	0	0	0	0	0	0	0
5000 Impôts sur les biens et services	**2 321**	**9 379**	**17 034**	**26 497**	**32 609**	**34 740**	**41 064**	**46 536**	**43 693**	**47 229**
5100 Impôts sur production, vente, transfert, etc.	2 275	9 006	16 169	24 616	30 180	32 114	37 633	42 490	39 628	43 098
5110 Impôts généraux	1 160	5 984	11 229	16 857	20 941	22 711	26 282	30 426	28 480	31 060
5111 Taxes sur la valeur ajoutée	0	5 984	11 229	16 857	20 941	22 711	26 282	30 426	28 437	30 980
5112 Impôts sur les ventes	0	0	0	0	0	0	0	0	0	0
5113 Autres impôts	1 160	0	0	0	0	0	0	0	43	80
Turnover tax	664	..	..	..	..	..	..	..	0	0
Additional federal levy-turnover	332	..	..	..	..	..	..	..	0	0
Additional lieu invoice stp.	164	..	..	..	..	..	..	..	0	0
Tax on online advertisement	..	..	..	..	..	..	..	..	43	80
5120 Impôts sur biens et services déterminés	1 115	2 996	4 873	7 721	9 236	9 400	11 348	12 060	11 146	12 034

	1965	1980	1990	2000	2007	2010	2015	2019	2020	2021
5121 Accises	610	2 219	3 290	5 484	6 760	6 921	7 749	8 217	7 246	8 001
Tax on beer	39	44	56	161	200	198	189	190	194	178
Tax on wine	7	0	0	0	0	0	0	0	0	0
Tax on sparkling wine	1	7	25	25	1	1	19	24	13	3
Tax on tobacco	188	519	820	1 197	1 446	1 502	1 782	1 891	1 983	2 073
Tax on mineral oils	50	136	1 426	2 726	3 689	3 854	4 218	4 480	3 579	4 201
Additional federal levy mineral oils	202	876	0	0	0	0	0	0	0	0
Special duty alcoholic drinks	0	142	193	0	0	0	0	0	0	0
Special duty vehicles	0	0	0	0	0	0	0	0	0	0
Duty on starch products	0	4	13	0	0	0	0	0	0	0
Beverage tax	46	216	364	178	3	-1	0	0	0	0
Other receipts-Market Organisation Act	26	35	9	0	1	0	0	0	0	0
Transport equality levy	0	5	1	0	0	0	0	0	0	0
Market Organisation Act - milk	35	177	192	0	0	0	0	0	0	0
Market Organisation Act - livestock	0	0	0	0	0	0	0	0	0	0
Market Organisation Act - grain	16	23	142	0	0	0	0	0	0	0
Duty promotion milk distrib.	0	34	13	0	0	0	0	0	0	0
Special tax on mineral oils	0	0	37	0	0	0	0	0	0	0
Duty on vehicles (fuel consumption)	0	0	0	433	457	453	395	555	440	406
Agricultural fund	0	0	0	23	16	18	17	17	17	17
Tax on energy	0	0	0	562	764	726	931	866	836	925
Social contributions to the artists' fund	0	0	0	0	11	6	13	7	8	9
Duty on exceeding milk-quota	0	0	0	36	24	6	11	0	0	0
Car registration taxes	0	0	0	143	148	158	174	188	175	189
Tax on Non-ETS emissions (carbon tax)	..	..	..	..	..	..	..	..	..	..
5122 Bénéfices des monopoles fiscaux	37	57	52	130	122	129	328	400	380	459
Duty on spirits	5	14	17	130	122	129	120	154	138	161
Federal monopolies salt	1	0	0	0	0	0	0	0	0	0
Federal monopolies spirits	30	43	35	0	0	0	0	0	0	0
Federal monopolies gambling	0	0	0	0	0	0	208	246	242	298
5123 Droits de douane et droits à l'importation	332	354	677	351	390	340	415	491	477	488
Customs duties	310	237	418	352	390	339	415	491	477	488
Other import duties	0	21	61	0	0	0	0	0	0	0
Contribution promote foreign trade	10	63	171	0	0	0	0	0	0	0
Import equalization duties	12	33	27	0	0	0	0	0	0	0
5124 Taxes à l'exportation	8	36	1	0	0	0	0	0	0	0
Contribution to promote foreign trade	8	36	1	..	..	..	..	..	..	..
5125 Impôts sur biens d'équipement	0	33	0	0	0	0	0	0	0	0
5126 Impôts sur services déterminés	129	297	854	1 720	1 967	2 005	2 852	2 951	3 043	3 085
Insurance tax	25	135	384	745	993	1 017	1 122	1 215	1 240	1 287
Transport tax	63	0	0	0	0	0	0	0	0	0
Duty on casinos	2	28	64	105	71	55	70	114	80	45
Fire protection tax	5	24	50	45	54	56	61	67	67	70
Advertisement tax	7	31	65	62	0	0	0	0	0	0
Entertainment tax	2	2	2	5	8	9	18	0	0	0
Tax on tourism	8	43	71	103	142	171	186	261	235	251
Amusement tax	13	17	51	73	94	107	30	18	9	8
Announcement tax	3	18	40	81	0	1	0	0	0	0
Tax on interest yields	0	0	0	0	0	0	0	0	0	0
Tax on gambling stakes - licences	0	0	116	197	202	221	254	273	276	318
Tax on advertisement	0	0	0	33	108	110	107	106	88	101
Levy on dangerous waste	0	0	10	71	72	51	56	69	57	66
Duty for airways security	0	0	0	28	56	30	0	0	0	0
Tax on gambling stakes - gains	0	0	0	171	166	176	0	0	0	0
Flight Charge	0	0	0	0	0	0	109	72	23	46
Financial Institutions Stability Fee	0	0	0	0	0	0	640	558	724	613
SRF Contributions	..	..	0	0	0	0	198	198	242	280
5127 Autres impôts sur commerce et transact. internat.	0	0	0	0	0	0	0	0	0	0
5128 Autres impôts	0	0	0	34	-3	4	4	0	0	0
Levy on sugar	..	..	..	34	-3	4	4	..	..	..
5130 Non-ventilables entre 5110 et 5120	0	26	66	38	3	4	4	5	2	4
Fines related to tax offenses	..	26	66	38	3	4	4	5	2	4
5200 Impôts sur utilisation des biens et exerc. activités	46	373	865	1 881	2 429	2 626	3 431	4 045	4 065	4 131
5210 Impôts périodiques	38	335	757	1 733	2 253	2 416	3 124	3 564	3 631	3 711
5211 À la charge des ménages : véhicules à moteur	22	156	366	811	1 173	1 293	1 814	2 106	2 172	2 230
5212 À la charge autres agents : véhicules à moteur	13	41	97	298	370	334	421	487	496	514
5213 Autres impôts périodiques	3	138	294	624	710	789	890	971	963	967
Hunting and fishing duties	1	4	7	10	10	10	22	25	15	14
Dog tax	1	4	6	8	10	11	18	21	21	22
Contribution to promotion of arts	1	3	8	71	120	132	143	163	162	166
Tax on radio and tv - licenses	0	15	46	450	571	636	708	763	765	765
Road transport duty	0	112	226	84	0	0	0	0	0	0

	1965	1980	1990	2000	2007	2010	2015	2019	2020	2021
5220 Impôts non-périodiques	8	38	108	147	175	210	307	481	434	420
Certain user fees; taxes on emission of noxious gases	8	38	108	147	175	210	307	481	434	420
5300 Non-ventilables entre 5100 et 5200	0	0	0	0	0	0	0	0	0	0
6000 Autres impôts	**38**	**266**	**714**	**770**	**928**	**1 095**	**737**	**814**	**688**	**741**
Tax on financial institutions	0	0	123	-3	0	0	0	0	0	0
Administration duties	4	17	32	278	366	521	302	341	352	365
Stamp fees	7	46	76	135	92	84	32	35	25	24
Contributions of interested persons	0	0	130	0	0	0	0	0	0	0
Parking duty	0	0	6	0	0	0	0	0	0	0
Contrbutions to students' associations	0	0	0	4	8	11	11	15	14	15
Duty on contribution to political parties	0	0	0	0	-1	1	0	0	0	0
Other fees, taxes on production n.e.c.	0	0	0	272	346	353	252	264	223	262
Embossing fee	0	0	0	0	1	1	1	1	0	0
Other taxes	28	202	347	82	115	124	137	153	70	71
Compensation levy according to the Vienna Tree Protection Act	..	..	0	1	1	2	2	5	3	5
6100 À la charge exclusive des entreprises	..	..	..	..	..	..	..	..	..	..
6200 À la charge d'autres agents	..	..	..	..	..	..	..	..	..	..
Pour mémoire										
Droits de douane perçus pour le compte de l'UE	..	..	..	352	390	339	415	491	477	488
Contributions au Fonds de résolution unique collectées pour le compte de l'UE	..	..	..	..	..	..	198	198	242	280
Crédits d'impôts récupérables										
Crédits d'impôts récupérables contre 1110	..	..	..	650	650	650	540	330	330	325
Composante fiscale	..	..	..	590	450	422	295	210	210	190
Composante transfert	..	..	..	60	200	228	245	120	120	135
Crédits d'impôts récupérables contre 1210	..	..	..	..	..	..	..	..	..	..
Composante fiscale	..	..	..	..	..	..	..	..	..	..
Composante transfert	..	..	..	..	..	..	..	..	..	..
Recettes fiscales totales sur la base d'encaissements	**6 210**	**29 759**	**54 040**	**90 299**	**115 045**	**120 735**	**148 036**	**168 684**	**158 729**	**176 054**
Recettes fiscales totales sur la base des droits constatés	**..**	**..**	**..**	**90 324**	**115 146**	**121 192**	**148 469**	**169 253**	**160 714**	**176 111**
Conciliation avec les comptes nationaux										
Impôts additionnels inclus dans les comptes nationaux	..	..	..	..	..	..	..	..	..	..
Impôt exclus des comptes nationaux	..	..	..	..	..	..	..	..	..	..
Différence dans les traitements des crédits d'impôts	..	..	..	590	450	422	295	210	210	190
Transfert en capital des recettes non collectées	..	..	..	..	..	..	..	..	-349	-314
Cotisations de sécurité sociale volontaires	..	..	..	206	256	339	321	336	344	358
Différences diverses	..	..	..	0	0	0	0	0	0	0
Comptes nationaux : impôts et cotisations sociales effectives	..	..	..	91 120	115 853	121 953	149 085	169 798	160 919	176 345
Cotisations sociales imputées	..	..	..	2 485	2 177	2 106	1 925	1 703	1 640	1 567
Comptes nationaux : impôts et toutes les cotisations sociales	..	..	..	93 605	118 030	124 060	151 010	171 502	162 559	177 911

.. Non disponible

Note : Year ending 31st December.

From 1995 data are on accrual basis.

The pre-1995 figures are not in all cases comparable with those from the following years (due to the switch to the new System of National Accounts implemented only from 1995 onwards).

Source : Statistics Austria.

StatLink https://stat.link/3z648y

Tableau 5.3. Belgique : recettes fiscales détaillées, 1965-2021

Million EUR

	1965	1980	1990	2000	2007	2010	2015	2019	2020	2021
Recettes fiscales totales	**6 421**	**37 443**	**70 408**	**112 710**	**147 861**	**156 317**	**184 374**	**203 520**	**195 289**	**214 332**
Recettes fiscales totales excluant les taxes collectés pour le compte de l'UE	..	..	..	**111 675**	**146 411**	**155 042**	**182 758**	**201 519**	**193 443**	**212 381**
1000 Impôts sur revenu, bénéfices et gains en capital	**1 774**	**15 379**	**25 983**	**43 461**	**52 854**	**53 313**	**65 572**	**71 846**	**69 230**	**76 335**
1100 Des personnes physiques	1 317	13 626	22 538	35 318	41 020	44 027	51 877	54 046	54 162	57 068
1110 Sur le revenu et les bénéfices	1 317	13 626	22 538	35 318	41 020	44 027	51 877	54 046	54 162	57 068
Précompte immobilier	148	532	1 053	1 857	0	0	0	0	0	0
Précompte mobilier	119	1 062	3 014	1 755	2 351	2 426	4 104	3 700	3 066	3 522
Précompte professionnel	740	9 119	15 422	27 778	36 022	39 829	45 658	47 635	48 443	50 853
Impôt versé par non-salariés	125	1 776	2 144	1 959	1 747	1 611	1 547	1 586	1 474	1 503
Impôt des non-résidents	0	-2	4	585	792	810	926	1 133	1 229	1 256
Impôt sur revenu global	183	1 128	878	774	-915	-1 697	-1 512	-1 318	-1 327	-1 414
Cotisation spéciale séc. sociale	0	0	19	602	957	1 032	1 106	1 267	1 223	1 327
Autres (personnes physiques)	0	12	2	8	65	17	48	42	54	21
1120 Sur les gains en capital	0	0	0	0	0	0	0	0	0	0
1200 Des sociétés	397	1 744	3 405	8 065	11 749	9 249	13 644	17 728	15 001	19 193
1210 Sur les bénéfices	397	1 744	3 405	8 065	11 749	9 249	13 644	17 728	15 001	19 193
Précompte immobilier	33	0	0	0	0	0	0	0	0	0
Précompte mobilier	41	367	1 206	527	686	315	466	352	254	528
Versements anticipés (sociétés)	262	1 273	2 735	7 112	9 733	7 691	8 539	14 622	12 426	15 539
Impôt sur revenu global	60	79	-553	404	1 270	1 196	4 466	2 571	2 246	2 964
Impôt des non-résidents (sociétés)	0	-6	18	17	41	43	154	191	52	149
Autres (sociétés)	0	32	-2	5	19	4	19	-7	24	12
1220 Sur les gains en capital	0	0	0	0	0	0	0	0	0	0
1300 Non-ventilables entre 1100 et 1200	61	9	40	77	85	38	51	72	67	75
Anciens impôts sur revenu	51	0	0	0	0	0	0	0	0	0
Amendes	3	0	0	0	0	0	0	0	0	0
Autres	7	9	40	77	85	38	51	72	67	75
2000 Cotisations de sécurité sociale	**2 018**	**10 798**	**23 386**	**34 865**	**45 929**	**50 674**	**58 812**	**63 203**	**62 291**	**65 572**
2100 À la charge des salariés	569	3 130	7 152	10 932	13 847	14 996	17 036	19 071	18 838	19 841
2110 Sur la base du salaire	..	3 130	7 152	10 932	13 847	14 996	17 036	19 071	18 838	19 841
Sur les salaires et traitements bruts	..	3 130	7 062	10 932	13 847	14 996	17 036	19 071	18 838	19 841
Sur les prestations sociales	..	0	89	0	0	0	0	0	0	0
2120 Sur la base de l'impôt sur les revenus	..	0	0	0	0	0	0	0	0	0
2200 À la charge des employeurs	1 320	6 791	14 689	21 027	28 216	31 041	36 240	37 902	37 349	39 404
2210 Sur la base du salaire	..	6 791	14 689	21 027	28 216	31 041	36 240	37 902	37 349	39 404
À la charge des administrations publiques	..	1 059	1 769	3 105	4 493	5 381	7 686	8 557	8 823	9 181
À la charge des autres secteurs	..	5 732	12 920	17 922	23 723	25 661	28 554	29 345	28 526	30 224
2220 Sur la base de l'impôt sur les revenus	..	0	0	0	0	0	0	0	0	0
2300 A charge des travailleurs indép. ou sans emploi	129	877	1 546	2 906	3 866	4 637	5 537	6 230	6 104	6 328
Travailleurs indépendants	..	803	1 230	2 053	2 678	3 342	3 975	4 327	4 088	4 433
Sans emploi	..	0	0	0	0	0	0	0	0	0
Pensionnés, retraités	..	29	198	709	1 012	1 134	1 449	1 778	1 890	1 762
Autres	..	45	118	144	176	161	113	125	127	133
2310 Sur la base du salaire	..	877	1 546	2 906	3 866	4 637	5 537	6 230	6 104	6 328
2320 Sur la base de l'impôt sur les revenus	..	0	0	0	0	0	0	0	0	0
2400 Non-ventilables entre 2100, 2200 et 2300	0	0	0	0	0	0	0	0	0	0
2410 Sur la base du salaire	..	..	..	..	..	..	..	..	..	..
2420 Sur la base de l'impôt sur les revenus	..	..	..	..	..	..	..	..	..	..
3000 Sur salaires ou main d'oeuvre	**0**	**0**	**0**	**0**	**6**	**7**	**8**	**9**	**5**	**5**
Cotisation mandats publics	..	..	..	..	6	7	8	9	5	5
4000 Impôts sur le patrimoine	**240**	**1 161**	**2 679**	**5 282**	**10 550**	**11 252**	**14 408**	**16 360**	**15 615**	**18 001**
4100 Impôts périodiques sur la propriété immobilière	2	210	599	1 164	4 146	4 632	5 433	6 147	6 058	6 248
4110 Ménages	0	26	63	102	2 779	3 115	3 651	4 176	4 128	4 262
4120 Autres agents	2	184	536	1 063	1 367	1 517	1 782	1 971	1 930	1 986
Taxes sur associations sans but lucratif	2	7	17	41	32	33	41	47	50	51
Précompte immobilier (soc.)	0	177	519	929	1 269	1 416	1 651	1 830	1 794	1 841
Taxe régionale (Br.)	0	0	0	94	66	68	90	94	86	94
4200 Impôts périodiques sur l'actif net	0	0	0	92	253	237	661	922	984	1 031
4210 Personnes physiques	..	..	..	0	0	0	0	0	0	0
4220 Sociétés	..	..	..	92	253	237	661	922	984	1 031
4300 Impôts sur mut. par décès, succ. et donations	75	309	504	1 101	2 053	2 269	2 996	2 936	2 967	3 663
4310 Impôts sur mut. par décès et successions	69	281	475	1 042	1 702	1 939	2 504	2 400	2 411	2 948
4320 Impôts sur les donations	6	29	29	59	351	330	492	536	556	716

	1965	1980	1990	2000	2007	2010	2015	2019	2020	2021
4400 Impôts sur transact. mobilières et immob.	163	633	1 478	2 669	3 704	3 493	4 358	5 379	4 961	5 943
Droits d'enregistrement	153	527	1 213	1 967	3 325	3 210	3 899	4 911	4 403	5 337
Droits d'hypothèque	2	10	29	37	76	75	93	95	84	93
Droits de greffe	2	8	29	38	31	34	41	32	19	30
Fonds d'expansion économique	0	0	0	0	0	0	0	0	0	0
Taxe sur opérations de bourse	4	31	92	386	234	134	287	298	413	435
Taxe sur titres cotés en bourse	2	4	21	0	0	0	0	0	0	0
Taxe sur les titres au porteur	0	0	0	79	3	0	0	0	0	0
Droits de timbre, droits d'écriture	0	53	94	161	35	40	38	42	42	48
4500 Impôts non-périodiques	0	0	0	74	163	327	643	456	321	416
4510 Sur l'actif net	..	..	..	0	0	0	0	0	0	0
4520 Autres non-périodiques	..	..	..	74	163	327	643	456	321	416
Taxe sur l'épargne à long terme	..	..	..	74	163	194	413	342	203	207
Déclaration libératoire unique (DLU)	..	..	..	0	0	0	0	0	0	0
Déclaration libératoire unique (Diamant)	..	..	..	0	0	0	0	0	0	0
Régularisation fiscale (DLU bis)	..	..	..	0	0	133	152	28	26	37
Régularisation fiscale (DLU ter)	..	..	..	0	0	0	78	85	92	172
Contr. spéciale associations de crédit	..	..	..	0	0	0	0	0	0	0
4600 Autres impôts périodiques sur patrimoine	0	8	99	182	232	294	318	522	325	700
Prélèvement visant à lutter contre la non-utilisation d'un site de production d'électricité par un producteur	..	..	..	0	-16	0	0	0	0	0
Transfert au Fonds des Accidents de Travail en provenance des caisses privées d'assurance contre les accidents de travail	..	..	..	182	249	294	318	305	297	321
Taxe sur les comptes titres	..	..	..	0	0	0	0	217	27	379
5000 Impôts sur les biens et services	**2 386**	**10 105**	**18 360**	**29 103**	**38 462**	**41 035**	**45 535**	**52 102**	**48 147**	**54 419**
5100 Impôts sur production, vente, transfert, etc.	2 187	9 606	17 387	27 000	36 091	38 646	43 043	49 213	45 398	51 595
5110 Impôts généraux	1 355	6 321	11 570	18 258	24 411	25 882	28 170	32 563	30 008	35 146
5111 Taxes sur la valeur ajoutée	0	6 321	11 547	18 132	24 140	25 628	27 952	32 181	29 761	34 783
T V A	..	6 293	11 491	18 132	24 140	25 628	27 952	32 181	29 761	34 783
Taxe d'immatriculation	..	28	56	0	0	0	0	0	0	0
5112 Impôts sur les ventes	0	0	23	126	271	253	219	381	247	363
5113 Autres impôts	1 355	0	0	0	0	0	0	0	0	0
Taxes assimilées au timbre	1 355	..	..	..	..	..	..	..	..	..
5120 Impôts sur biens et services déterminés	832	3 285	5 818	8 742	11 680	12 764	14 873	16 650	15 390	16 449
5121 Accises	531	1 997	3 478	5 690	7 367	7 783	8 649	9 990	9 031	9 858
Huiles minérales	278	1 109	2 017	3 392	3 891	4 148	4 556	5 426	4 401	5 202
Gaz de pétrole, hydroc. liquéfiés, benzoles	0	4	0	0	0	0	0	0	0	0
Sur le tabac	132	501	868	1 342	1 821	1 885	2 262	2 404	2 451	2 580
Eaux de vie	23	123	191	206	225	235	318	311	344	322
Taxe consommation alcools, eaux de vie	26	54	0	0	0	0	0	0	0	0
Boissons fermentées mousseuses	1	7	11	24	39	57	92	104	90	106
Boissons fermentées de fruits	18	57	88	101	115	116	148	174	186	169
Bières	38	93	170	208	191	188	194	200	180	167
Eaux de boisson et limonades	10	44	113	148	49	54	56	183	186	164
Sucres et sirops de raffinage + café	5	5	22	13	12	13	14	15	15	14
Cotisation sur l'énergie	0	0	0	193	341	383	343	340	321	340
Produits intermédiaires alcoolisés	0	0	0	32	28	26	26	25	26	24
Redevance de contrôle fuel domestique	0	0	0	29	43	51	36	30	32	30
Ecotaxes	0	0	0	2	1	0	0	0	0	0
Cotisation d'emballage	0	0	0	0	296	320	336	349	372	321
Cotisation fédérale sur l'électricité et le gaz naturel	0	0	0	0	311	292	269	430	430	418
Cotisation environnementale	0	0	0	0	5	15	1	0	0	0
5122 Bénéfices des monopoles fiscaux	0	0	0	0	0	0	0	0	0	0
5123 Droits de douane et droits à l'importation	272	627	809	960	1 388	1 234	1 373	1 731	1 545	1 604
Droits d'entrée	206	0	0	0	0	0	0	0	0	0
Prélèvements agricoles	63	0	0	0	0	0	0	0	0	0
Prélèvements CECA	2	0	0	0	0	0	0	0	0	0
Prélèvements UE, droit d'entrée	0	383	716	932	1 365	1 210	1 368	1 731	1 545	1 604
Prélèvements agricoles UE	0	244	93	28	23	23	5	0	0	0
5124 Taxes à l'exportation	0	1	0	0	0	0	0	0	0	0
5125 Impôts sur biens d'équipement	0	0	0	0	0	0	0	0	0	0
5126 Impôts sur services déterminés	29	452	937	1 365	2 044	2 454	3 210	3 321	3 398	3 551
Taxes jeux et paris	9	47	51	45	64	77	80	107	93	104
Taxe annuelle contrats assurances	19	404	885	1 282	1 930	2 123	2 307	2 512	2 566	2 653
Taxe d'affichage	0	0	1	1	3	3	3	3	3	2
Protection des dépots	0	0	0	36	48	252	441	428	435	446
Fonds de résolution	..	..	..	0	0	0	380	271	302	347
Taxe sur l'embarquement dans un aéronef	..	..	..	..	..	..	..	..	..	..
5127 Autres impôts sur commerce et transact. internat.	0	0	0	0	0	0	0	0	0	0
5128 Autres impôts	0	208	593	726	881	1 294	1 640	1 608	1 416	1 435
5130 Non-ventilables entre 5110 et 5120	0	0	0	0	0	0	0	0	0	0
5200 Impôts sur utilisation des biens et exerc. activités	199	496	966	2 096	2 363	2 384	2 482	2 877	2 738	2 812

	1965	1980	1990	2000	2007	2010	2015	2019	2020	2021
5210 Impôts périodiques	199	496	966	1 887	2 032	2 005	2 032	1 973	1 934	1 946
Taxe de circulation	100	368	712	1 413	1 693	1 702	1 851	1 897	1 880	1 909
5211 À la charge des ménages : véhicules à moteur	0	204	458	889	1 051	1 054	1 163	1 270	1 260	1 279
5212 À la charge autres agents : véhicules à moteur	0	164	254	525	642	648	689	626	620	630
5213 Autres impôts périodiques	99	127	254	474	338	303	181	76	54	37
Taxe appareils de divertissement	6	20	20	71	56	58	56	53	30	13
Taxe débits de boissons	1	5	24	18	0	0	0	0	0	0
Taxe sur la chasse	2	0	0	0	0	0	0	0	0	0
Collectivités locales	90	15	19	38	99	112	22	23	24	24
Radio, TV	0	87	191	347	184	133	103	0	0	0
5220 Impôts non-périodiques	0	0	0	209	332	379	451	904	804	866
Taxe de mise en circulation	..	..	..	209	332	379	349	497	455	479
Ménages	..	..	..	139	221	252	233	331	303	320
Autres agents	..	..	..	70	111	126	116	166	152	160
Droits d'émission	..	..	..	0	0	0	101	407	349	387
5300 Non-ventilables entre 5100 et 5200	0	3	7	7	7	6	9	13	12	13
6000 Autres impôts	**2**	**0**	**0**	**0**	**61**	**36**	**40**	**0**	**0**	**0**
6100 À la charge exclusive des entreprises	0	..	..	..	0	0	0	..	..	0
6200 À la charge d'autres agents	2	..	..	..	61	36	40	..	..	0
Amendes et intérets	2	..	..	..	0	0	0	..	..	0
Pour mémoire										
Droits de douane perçus pour le compte de l'UE	..	..	..	960	1 388	1 234	1 373	1 731	1 545	1 604
Contributions au Fonds de résolution unique collectées pour le compte de l'UE	..	..	..	..	..	..	380	271	302	347
Autres taxes pour le compte de l'UE	..	..	..	75	62	42	9	..	..	..
Impôts sur le revenu et cotisations sociales obligatoires (UE)	..	..	..	310	521	685	731	879	951	929
Impôts sur le revenu (UE)	..	..	..	174	270	345	370	446	482	471
Cotisations sociales obligatoires (UE)	..	..	..	136	250	340	360	433	469	458
Crédits d'impôts récupérables										
Crédits d'impôts récupérables contre 1110	..	..	..	..	348	1 037	830	1 196	1 449	1 099
Composante fiscale	..	..	..	..	78	588	537	927	1 073	799
Composante transfert	..	..	..	..	270	449	293	269	376	300
Crédits d'impôts récupérables contre 1210	..	..	..	..	..	..	..	..	..	..
Composante fiscale	..	..	..	..	..	..	..	..	..	..
Composante transfert	..	..	..	..	..	..	..	..	..	..
Recettes fiscales totales sur la base d'encaissements	**6 421**	**37 438**	**70 268**	**..**	**..**	**..**	**..**	**..**	**..**	**..**
Recettes fiscales totales sur la base des droits constatés	**..**	**37 443**	**70 408**	**112 710**	**147 861**	**156 317**	**184 374**	**203 520**	**195 289**	**214 332**
Conciliation avec les Comptes nationaux										
Impôts additionnels inclus dans les comptes nationaux	..	107	447	1 300	1 740	2 458	3 670	4 894	5 242	5 453
Bénéfices de la loterie nationale	..	107	262	279	225	243	206	185	185	185
Taxes sur les eaux (RF, RW et RB-C)	..	0	66	378	119	137	104	142	135	144
Cot. producteurs produits animaux (Sanitel)	..	0	0	14	13	15	6	8	12	12
Taxe sur les déchets industriels	..	0	27	74	68	54	55	81	76	77
Taxe sur le lisier (RF)	..	0	0	11	11	5	1	2	4	6
Taxe sur les déchets ménagers (RW)	..	0	0	20	..	..	..	..	..	..
Retenue à la source sur salaires (UE)	..	0	93	174	270	345	370	446	482	471
Cotisations de sécurité sociale (UE)	..	0	0	136	250	340	360	433	469	458
Cotisations sociales imputées (UE)	..	0	0	213	431	508	554	663	721	706
Certificats verts	..	..	..	..	354	812	1 959	2 329	2 427	2 519
Conventions article 81 (Managed Entry Agreements)	..	..	..	..	..	..	55	605	733	876
Impôt exclus des comptes nationaux	..	0	0	0	0	0	0	0	0	0
Protection des dépots	..	..	..	..	..	..	..	..	..	..
Différence dans les traitements des crédits d'impôts	..	0	..	..	78	588	537	927	1 073	799
Transfert en capital des recettes non collectées	..	0	0	-291	-381	-597	-547	-615	-940	-670
TVA grevant les produits non recouvrable	..	..	..	-18	-276	-367	-357	-479	-700	-500
Précompte professionnel non recouvrable	..	..	..	-40	-53	-71	-49	-45	-70	-50
Cotisations sociales effectives à la charge des employeurs dues non recouvrables	..	..	..	-233	-52	-159	-141	-90	-170	-120
Cotisations de sécurité sociale volontaires	..	41	52	58	57	59	70	84	82	83
Différences diverses	..	0	0	0	0	0	0	0	0	0
Réallocation niveaux d'administration nationaux	..	..	..	..	..	..	..	..	..	..
Réallocation UE	..	..	..	..	..	..	..	..	..	..
Comptes nationaux : impôts et cotisations sociales effectives	..	37 590	70 907	113 564	148 924	158 318	187 550	208 147	200 025	219 290
Cotisations sociales imputées	..	1 497	2 886	5 377	7 568	8 713	9 812	11 051	11 433	11 691
Comptes nationaux : impôts et toutes les cotisations sociales	..	39 087	73 793	118 940	156 492	167 031	197 362	219 198	211 458	230 981

..

Non disponible
Note : Données établies sur la base de l'année civile se terminant le 31 décembre. A partir de 1970, les données sont sur la base des droits constatés.
Source : Institut de Comptes Nationaux, Service Public Fédéral des Finances.

StatLink https://stat.link/ukxb3n

Tableau 5.4. Canada : recettes fiscales détaillées, 1965-2021

Millions CAD

	1965	1980	1990	2000	2007	2010	2015	2019	2020	2021
Recettes fiscales totales	**15 318**	**101 015**	**244 152**	**390 234**	**512 663**	**516 591**	**653 269**	**765 370**	**766 755**	**851 227**
1000 Impôts sur revenu, bénéfices et gains en capital	**5 910**	**47 064**	**118 566**	**195 320**	**251 198**	**240 961**	**314 841**	**374 778**	**390 889**	**433 880**
1100 Des personnes physiques	3 464	34 451	99 722	143 652	190 025	180 894	240 304	278 059	286 838	309 157
1110 Sur le revenu et les bénéfices	3 464	34 451	99 722	143 652	190 025	180 894	240 304	278 059	286 838	309 157
Taxes federal government	2 635	21 231	60 252	90 694	116 395	109 341	143 315	167 060	173 111	181 899
Taxes on individuals - province	829	13 220	39 470	52 958	73 630	71 553	96 989	110 999	113 727	127 258
1120 Sur les gains en capital	0	0	0	0	0	0	0	0	0	0
1200 Des sociétés	2 276	11 741	17 190	47 643	54 272	54 101	67 894	86 614	96 572	114 759
1210 Sur les bénéfices	2 276	11 741	17 190	47 643	54 272	54 101	67 894	86 614	96 572	114 759
Taxes federal government	1 752	8 110	11 726	31 570	37 093	33 419	41 726	52 995	57 946	69 630
Taxes on corporations - province	524	3 631	5 464	16 073	17 179	20 682	26 168	33 619	38 626	45 129
1220 Sur les gains en capital	0	0	0	0	0	0	0	0	0	0
1300 Non-ventilables entre 1100 et 1200	170	872	1 654	4 025	6 901	5 966	6 643	10 105	7 479	9 964
Non-resident withhold taxes - federal	170	872	1 654	4 025	6 901	5 966	6 643	10 105	7 479	9 964
2000 Cotisations de sécurité sociale	**854**	**10 649**	**29 653**	**53 109**	**73 722**	**76 787**	**96 371**	**108 379**	**107 655**	**118 880**
2100 À la charge des salariés	318	3 756	10 634	21 361	29 361	30 626	38 685	44 226	44 392	49 378
Canada pension plan	47	1 265	3 745	9 401	16 194	16 852	21 491	25 257	25 699	28 876
Quebec pension plan	15	431	1 108	2 897	4 124	5 449	6 293	7 963	8 026	9 257
Employment insurance	164	1 393	5 284	7 782	7 084	7 388	9 772	9 680	9 331	9 900
Hospital insurance premiums	92	667	496	1 281	1 959	937	1 128	1 325	1 336	1 345
2110 Sur la base du salaire	..	..	10 634	20 976	28 654	29 689	37 557	42 901	43 056	48 033
2120 Sur la base de l'impôt sur les revenus	..	..	0	385	707	937	1 128	1 325	1 336	1 345
2200 À la charge des employeurs	536	6 697	18 449	30 307	41 922	43 525	54 380	60 220	59 267	64 993
Canada pension plan	48	1 266	3 745	9 401	16 194	16 852	21 491	25 257	25 699	28 876
Quebec pension plan	15	432	1 108	2 897	4 124	5 449	6 293	7 963	8 026	9 257
Employment insurance	164	2 006	7 398	10 894	9 917	10 343	13 681	13 553	13 064	13 861
Hospital insurance premiums	92	1 270	496	897	1 252	0	0	0	0	0
Social insurance levies	217	1 723	5 702	6 218	10 434	10 881	12 914	13 447	12 478	13 000
2210 Sur la base du salaire	..	..	18 449	30 307	41 922	43 525	54 380	60 220	59 267	64 993
2220 Sur la base de l'impôt sur les revenus	..	..	0	0	0	0	0	0	0	0
2300 A charge des travailleurs indép. ou sans emploi	0	196	570	1 442	2 440	2 636	3 307	3 933	3 996	4 509
Canada pension plan	..	153	478	1 200	2 096	2 181	2 781	3 268	3 326	3 737
Quebec pension plan	..	43	92	242	344	455	525	665	670	773
2310 Sur la base du salaire	..	196	570	1 442	2 440	2 636	3 307	3 933	3 996	4 509
2320 Sur la base de l'impôt sur les revenus	..	0	0	0	0	0	0	0	0	0
2400 Non-ventilables entre 2100, 2200 et 2300	0	0	0	0	0	0	0	0	0	0
2410 Sur la base du salaire	..	..	..	..	..	..	..	..	..	..
2420 Sur la base de l'impôt sur les revenus	..	..	..	..	..	..	..	..	..	..
3000 Sur salaires ou main d'oeuvre	**0**	**0**	**5 499**	**8 013**	**10 038**	**10 760**	**13 256**	**17 382**	**17 196**	**18 821**
4000 Impôts sur le patrimoine	**2 186**	**9 195**	**24 467**	**37 157**	**54 507**	**63 735**	**77 778**	**89 499**	**89 743**	**96 198**
4100 Impôts périodiques sur la propriété immobilière	1 830	8 315	20 189	30 242	44 567	51 702	62 651	71 611	72 134	74 103
On property provincial government	11	133	1 645	3 078	3 164	4 476	5 410	6 960	6 645	7 108
Personal property local government	17	0	18 544	27 165	41 403	47 226	57 241	64 651	65 489	66 995
Real property local government	1 802	8 182	0	0	0	0	0	0	0	0
4110 Ménages	..	..	..	..	..	..	..	..	..	..
4120 Autres agents	..	..	..	..	..	..	..	..	..	..
4200 Impôts périodiques sur l'actif net	25	512	1 911	4 171	2 970	1 523	372	458	458	463
4210 Personnes physiques	0	0	0	0	0	0	0	0	0	0
4220 Sociétés	25	512	1 911	4 171	2 970	1 523	372	458	458	463
4300 Impôts sur mut. par décès, succ. et donations	223	75	3	2	0	178	268	344	339	443
4310 Impôts sur mut. par décès et successions	216	75	3	2	..	178	268	344	339	443
On inheritances federal government	108	0	0	0	..	0	0	0	0	0
Succession duties provincial government	108	75	3	2	..	178	268	344	339	443
4320 Impôts sur les donations	7	0	0	0	..	0	0	0	0	0
On gifts federal government	7	..	..	..	..	..	..	..	..	..
4400 Impôts sur transact. mobilières et immob.	0	0	0	0	2 868	3 077	4 975	6 688	7 982	11 410
4500 Impôts non-périodiques	108	293	2 365	2 742	4 102	7 254	9 512	10 398	8 830	9 779
4510 Sur l'actif net	0	0	0	0	0	0	0	0	0	0
4520 Autres non-périodiques	108	293	2 365	2 742	4 102	7 254	9 512	10 398	8 830	9 779
Special assessments and charges local govt.	108	293	2 365	2 742	4 102	7 254	9 512	10 398	8 830	9 779
4600 Autres impôts périodiques sur patrimoine	0	0	0	0	0	0	0	0	0	0
5000 Impôts sur les biens et services	**6 202**	**32 909**	**63 092**	**94 468**	**122 855**	**123 752**	**150 275**	**174 373**	**160 377**	**182 516**
5100 Impôts sur production, vente, transfert, etc.	5 310	24 808	59 627	88 879	114 701	116 160	140 750	163 428	149 947	169 732
5110 Impôts généraux	2 730	11 658	34 475	55 313	71 242	72 130	90 598	107 021	101 008	114 263
5111 Taxes sur la valeur ajoutée	0	0	0	35 884	46 072	70 712	86 694	103 853	99 491	111 463
5112 Impôts sur les ventes	2 730	11 658	34 475	19 429	25 170	1 418	3 904	3 168	1 517	2 800
Sales taxes federal government	813	5 429	16 866	0	0	0	0	0	0	0
Sales taxes provincial, local govt.	1 917	6 229	17 609	19 429	25 170	1 418	3 904	3 168	1 517	2 800

	1965	1980	1990	2000	2007	2010	2015	2019	2020	2021
5113 Autres impôts	0	0	0	0	0	0	0	0	0	0
5120 Impôts sur biens et services déterminés	2 580	13 150	25 153	33 565	43 459	44 030	50 152	56 407	48 939	55 469
5121 Accises	1 499	6 805	14 473	18 417	22 759	23 281	25 284	28 385	27 455	29 728
Excises federal government	740	3 850	6 405	8 377	9 249	10 244	10 372	12 998	14 358	16 769
Liquor	..	..	926	1 103	1 224	1 554	1 521	1 881	2 023	1 991
Tobacco	..	..	2 247	2 176	2 466	3 025	2 875	3 024	3 024	3 223
Gasoline and motive fuel	..	..	2 472	4 807	5 272	5 306	5 678	5 769	5 029	5 126
Remitted gaming profits	..	..	45	0	0	0	0	0	0	0
Miscellaneous consumption taxes	..	..	715	291	287	358	297	2 324	4 282	6 429
Excises provincial government	759	2 955	8 067	10 039	13 510	13 037	14 912	15 387	13 097	12 959
Motor fuel	680	1 863	4 674	7 031	8 065	8 198	9 727	9 941	7 927	7 910
Tobacco	53	772	2 776	2 279	4 181	4 620	5 108	4 683	4 593	4 171
Other	26	320	617	730	1 264	219	77	763	577	878
5122 Bénéfices des monopoles fiscaux	294	1 406	3 758	8 756	11 565	11 565	13 016	14 313	10 441	12 317
Own enterprises contributions	294	1 406	3 758	8 756	11 565	11 565	13 016	14 313	10 441	12 317
5123 Droits de douane et droits à l'importation	686	3 199	4 021	2 824	3 829	3 441	5 181	5 493	4 025	5 386
Customs and import duties federal govt.	686	3 199	4 021	2 824	3 829	3 441	5 181	5 493	4 025	5 386
5124 Taxes à l'exportation	0	842	0	0	0	0	0	0	0	0
5125 Impôts sur biens d'équipement	0	0	0	0	0	0	0	0	0	0
5126 Impôts sur services déterminés	84	575	2 385	2 524	4 088	4 489	5 213	6 611	5 816	6 734
Tax on insurance premiums, provincial govt.	45	261	1 141	1 740	2 796	3 305	3 962	5 118	5 407	6 148
Tax on insurance premiums, federal govt.	0	1	1	1	11	28	10	9	13	18
Amusement and admission taxes	4	25	126	538	537	322	291	312	85	122
Air transportation taxes	0	166	488	0	403	600	722	800	147	168
Racetrack betting	35	122	155	55	36	36	33	23	19	21
Tax on meals and hotels	0	0	473	191	305	198	195	349	145	257
5127 Autres impôts sur commerce et transact. internat.	0	0	0	0	0	0	0	0	0	0
5128 Autres impôts	17	323	517	1 045	1 217	1 255	1 458	1 605	1 201	1 304
Other taxes federal government	0	98	272	758	762	557	544	499	349	318
Other taxes provincial government	17	225	245	287	455	698	914	1 106	852	986
5130 Non-ventilables entre 5110 et 5120	0	0	0	0	0	0	0	0	0	0
5200 Impôts sur utilisation des biens et exerc. activités	892	8 101	3 465	5 589	8 154	7 592	9 525	10 945	10 430	12 784
5210 Impôts périodiques	306	1 500	2 393	3 644	4 368	4 452	5 589	6 285	6 262	6 300
5211 À la charge des ménages : véhicules à moteur	103	666	1 056	1 696	2 241	1 986	2 478	2 994	2 984	2 966
5212 À la charge autres agents : véhicules à moteur	141	509	697	1 039	1 242	1 153	1 552	1 723	1 708	1 743
5213 Autres impôts périodiques	62	325	640	909	885	1 313	1 559	1 568	1 570	1 591
5220 Impôts non-périodiques	586	6 601	1 072	1 945	3 786	3 140	3 936	4 660	4 168	6 484
Licences and permits local govt.	36	132	317	499	889	807	1 023	1 153	1 049	1 183
Licences and permits provincial govt.	550	6 469	755	1 446	2 897	2 333	2 913	3 507	3 119	5 301
5300 Non-ventilables entre 5100 et 5200	0	0	0	0	0	0	0	0	0	0
6000 Autres impôts	**166**	**1 198**	**2 875**	**2 167**	**342**	**596**	**748**	**959**	**895**	**932**
6100 À la charge exclusive des entreprises	139	943	2 386	1 280	0	0	0	0	0	0
6200 À la charge d'autres agents	27	255	489	887	342	596	748	959	895	932
Poll tax local government	5	0	0	0	0	0	0	0	0	0
Miscellaneous local government	11	358	489	887	342	596	748	959	895	932
Other federal government	11	-103	0	0	0	0	0	0	0	0
Crédits d'impôts récupérables										
Crédits d'impôts récupérables contre 1110	..	..	..	1 633	5 550	6 415	7 510	9 762	8 358	14 061
Composante fiscale	..	..	..	276	824	875	968	1 368	1 246	2 305
Composante transfert	..	..	..	1 357	4 726	5 540	6 542	8 394	7 112	11 756
Crédits d'impôts récupérables contre 1210	..	..	..	1 758	3 445	4 726	3 768	4 507	4 734	4 345
Composante fiscale	..	..	..	20	12	19	15	26	25	29
Composante transfert	..	..	..	1 738	3 433	4 707	3 753	4 481	4 709	4 316
Recettes fiscales totales sur la base d'encaissements	**15 318**	**101 015**	**244 152**	**388 833**	**527 734**	**..**	**0**	**0**	**0**	**0**
Recettes fiscales totales sur la base des droits constatés	**..**	**..**	**..**	**390 234**	**512 663**	**516 591**	**653 269**	**765 370**	**766 755**	**851 227**
Conciliation avec les comptes nationaux										
Impôts additionnels inclus dans les comptes nationaux	..	..	..	0	0	0	0	0	0	0
Impôt exclus des comptes nationaux	..	..	..	0	0	0	0	0	0	0
Différence dans les traitements des crédits d'impôts	..	..	..	296	836	894	983	1 393	1 271	2 334
Transfert en capital des recettes non collectées	..	..	..	0	0	0	0	0	0	0
Cotisations de sécurité sociale volontaires	..	..	..	0	0	0	0	0	0	0
Différences diverses	..	..	..	0	0	0	0	0	0	0
Comptes nationaux : impôts et cotisations sociales effectives	..	..	..	390 234	513 499	517 485	654 252	766 763	768 026	853 561
Cotisations sociales imputées	..	..	..	0	0	0	0	0	0	0
Comptes nationaux : impôts et toutes les cotisations sociales	..	..	..	390 234	513 499	517 485	654 252	766 763	768 026	853 561

.. Non disponible

Note : From 2001, all data are for the year ending 31st December. For 2000 and earlier years, data for the Federal, Provincial and Territorial governments and Social security funds are on a fiscal year basis commencing 1st April. Data for local government are on a fiscal year basis commencing 1st January. From 1999 data are on accrual basis.

There are some minor differences between the data for the years 1965 to 1978 and those for subsequent years. These mostly relate to the inclusion of fines and penalities or late payment of taxes and deductions for the child tax credits in the data for the years 1979 to 1983.

Heading 1210 - Taxes federal government: Federal corporate taxes include capital taxes.

Heading 2000: Includes receipts from the Canadian Pension Plan, Quebec Pension Plan, Unemployment Insurance Fund and Provincial Health Insurance. Premiums, Medicare Premiums and Social Insurance levies but excludes that part of the taxes on income and sales taxes earmarked for old age security. The practice of earmarking these taxes was discontinued in June 1975.

Heading 4400: From 2002 onward includes land transfer taxes of the provincial, territorial and local governments. Prior to 2002 land transfer taxes of the local government were included in line 6000 and those provincial and territorial governments were included in line 4520.

Heading 5121: The large increase in this heading between 1980 and 1981 is due to the introduction of a 'special petroleum compensation charge', a 'Canadian ownership special charge' and to an increase in the natural gas tax of C$ 2399 millions.

Heading 5122: From 1988, profits on fiscal monopolies include lottery profits.

Heading 5128: From 1988, other taxes of Federal Government does not include the annual fees for managing the spectrum (airwaves) allocation to the cellular industry.

Heading 5211: Some Québec motor vehicle licence administrative fees are included in sales of goods and services for the period 1988-89 to 1997-98. From 1998-99 onward, these fees are included under other taxes - motor vehicle licences.

Source : Statistics Canada.

StatLink https://stat.link/oix34z

Tableau 5.5. Chili : recettes fiscales détaillées, 1965-2021

Million CLP

	1965	1980	1990	2000	2007	2010	2015	2019	2020	2021
Recettes fiscales totales	**..**	**..**	**1 777 218**	**7 901 998**	**20 598 963**	**21 845 693**	**32 533 542**	**41 025 508**	**38 817 226**	**53 463 333**
1000 Impôts sur revenu, bénéfices et gains en capital	**..**	**..**	**412 974**	**1 841 630**	**9 412 056**	**8 329 060**	**11 840 521**	**14 283 183**	**12 540 342**	**20 456 920**
1100 Des personnes physiques	..	..	99 154	604 100	989 348	1 492 837	3 199 876	2 937 532	3 976 009	5 780 432
Second category tax	..	..	65 552	490 980	993 129	1 449 099	2 350 120	3 015 794	3 051 177	3 442 651
Global complementary tax	..	..	33 603	113 120	-3 781	43 738	-36 757	-78 261	132 551	620 904
Other	..	..	0	0	0	0	886 513	0	792 281	1 716 877
1110 Sur le revenu et les bénéfices	..	..	..	..	..	..	..	..	..	..
1120 Sur les gains en capital	..	..	..	..	..	..	..	..	..	..
1200 Des sociétés	..	..	219 586	882 896	6 054 487	4 448 745	6 839 133	9 597 472	9 429 787	9 145 873
First category tax	..	..	200 891	815 747	5 084 996	3 913 870	6 183 830	8 880 080	8 745 612	8 360 928
Surtax on state owned enterprises	..	..	16 074	47 634	113 334	194 203	132 352	122 054	203 416	249 073
Mining tax	..	..	0	0	835 452	298 558	323 507	277 861	267 544	393 548
Other	..	..	2 621	19 516	20 705	42 114	199 444	317 477	213 216	142 323
1210 Sur les bénéfices	..	..	..	..	..	..	..	..	..	..
1220 Sur les gains en capital	..	..	..	..	..	..	..	..	..	..
1300 Non-ventilables entre 1100 et 1200	..	..	94 233	354 634	2 368 221	2 387 478	1 801 512	1 748 179	-865 454	5 530 616
Additional tax	..	..	59 082	350 301	1 462 715	1 414 057	1 429 758	1 902 585	2 063 149	2 534 906
Other	..	..	35 151	4 332	905 507	973 421	371 755	-154 406	-2 928 603	2 995 710
2000 Cotisations de sécurité sociale	**..**	**..**	**159 559**	**576 758**	**1 148 647**	**1 493 987**	**2 252 490**	**2 994 906**	**3 104 866**	**2 815 090**
2100 À la charge des salariés	..	..	154 021	553 937	1 098 620	1 433 159	2 188 576	2 894 725	2 994 036	2 686 021
2110 Sur la base du salaire	..	..	154 021	553 937	1 098 620	1 433 159	2 188 576	2 894 725	2 994 036	2 686 021
2120 Sur la base de l'impôt sur les revenus	..	..	0	0	0	0	0	0	0	0
2200 À la charge des employeurs	..	..	5 538	22 821	50 027	60 828	63 914	100 181	110 830	129 068
2210 Sur la base du salaire	..	..	5 538	22 821	50 027	60 828	63 914	100 181	110 830	129 068
2220 Sur la base de l'impôt sur les revenus	..	..	0	0	0	0	0	0	0	0
2300 A charge des travailleurs indép. ou sans emploi	..	..	0	0	0	0	0	0	0	0
2310 Sur la base du salaire	..	..	..	..	..	..	..	..	..	..
2320 Sur la base de l'impôt sur les revenus	..	..	..	..	..	..	..	..	..	..
2400 Non-ventilables entre 2100, 2200 et 2300	..	..	0	0	0	0	0	0	0	0
2410 Sur la base du salaire	..	..	..	..	..	..	..	..	..	..
2420 Sur la base de l'impôt sur les revenus	..	..	..	..	..	..	..	..	..	..
3000 Sur salaires ou main d'oeuvre	**..**	**..**	**0**	**0**	**0**	**0**	**0**	**0**	**0**	**0**
4000 Impôts sur le patrimoine	**..**	**..**	**109 319**	**554 037**	**1 013 571**	**898 607**	**1 421 274**	**2 242 561**	**2 071 921**	**2 606 922**
4100 Impôts périodiques sur la propriété immobilière	..	..	59 968	302 244	496 311	662 368	1 056 920	1 507 182	1 562 317	1 724 276
4110 Ménages	..	..	..	..	..	..	..	..	..	..
4120 Autres agents	..	..	..	..	..	..	..	..	..	..
4200 Impôts périodiques sur l'actif net	..	..	0	0	0	0	0	0	0	0
4210 Personnes physiques	..	..	..	..	..	..	..	..	..	..
4220 Sociétés	..	..	..	..	..	..	..	..	..	..
4300 Impôts sur mut. par décès, succ. et donations	..	..	3 444	10 906	28 501	39 338	92 236	62 824	155 433	291 830
4310 Impôts sur mut. par décès et successions	..	..	..	..	..	..	..	..	..	..
4320 Impôts sur les donations	..	..	..	..	..	..	..	..	..	..
4400 Impôts sur transact. mobilières et immob.	..	..	45 907	240 886	488 759	196 901	272 118	672 555	354 171	590 816
4500 Impôts non-périodiques	..	..	0	0	0	0	0	0	0	0
4510 Sur l'actif net	..	..	..	..	..	..	..	..	..	..
4520 Autres non-périodiques	..	..	..	..	..	..	..	..	..	..
4600 Autres impôts périodiques sur patrimoine	..	..	0	0	0	0	0	0	0	0
5000 Impôts sur les biens et services	**..**	**..**	**1 118 722**	**5 041 769**	**9 023 666**	**11 185 156**	**17 598 561**	**21 755 381**	**21 275 113**	**28 369 986**
5100 Impôts sur production, vente, transfert, etc.	..	..	1 074 009	4 789 827	8 578 636	10 532 904	16 516 668	20 167 012	19 614 250	26 629 396
5110 Impôts généraux	..	..	664 421	3 306 350	6 781 501	8 399 926	13 273 958	16 348 944	15 963 032	22 785 935
5111 Taxes sur la valeur ajoutée	..	..	664 421	3 306 350	6 781 501	8 399 926	13 273 958	16 348 944	15 963 032	22 785 935
5112 Impôts sur les ventes	..	..	0	0	0	0	0	0	0	0
5113 Autres impôts	..	..	0	0	0	0	0	0	0	0
5120 Impôts sur biens et services déterminés	..	..	409 588	1 483 477	1 797 135	2 132 978	3 242 710	3 818 068	3 651 218	3 843 461
5121 Accises	..	..	166 050	816 160	1 299 844	1 561 205	2 413 957	2 862 327	2 900 245	2 800 387
Cigarettes and tobacco	..	..	60 604	283 275	455 595	647 637	982 609	973 335	1 021 917	1 201 968
Gasolene and diesel	..	..	105 445	532 885	844 249	913 568	1 388 218	1 811 132	1 799 846	1 507 872
Oil stabilisation fund	..	..	0	0	0	0	0	0	0	0
Fisheries Law Extraction Rights	..	..	0	0	0	0	8 558	17 662	33 104	8 967
Additional tax on new motor vehicles	..	..	0	0	0	0	34 571	60 197	45 379	81 579
5122 Bénéfices des monopoles fiscaux	..	..	0	0	0	0	0	0	0	0
5123 Droits de douane et droits à l'importation	..	..	222 486	548 571	300 416	267 331	343 491	331 846	294 204	468 128
5124 Taxes à l'exportation	..	..	0	0	0	0	0	0	0	0
5125 Impôts sur biens d'équipement	..	..	0	0	0	0	0	0	0	0
5126 Impôts sur services déterminés	..	..	21 052	118 746	196 875	304 442	485 263	623 895	456 768	574 947
5127 Autres impôts sur commerce et transact. internat.	..	..	0	0	0	0	0	0	0	0
5128 Autres impôts	..	..	0	0	0	0	0	0	0	0
5130 Non-ventilables entre 5110 et 5120	..	..	0	0	0	0	0	0	0	0

	1965	1980	1990	2000	2007	2010	2015	2019	2020	2021
5200 Impôts sur utilisation des biens et exerc. activités	..	..	44 714	251 942	445 030	652 252	1 081 893	1 588 369	1 660 863	1 740 590
5210 Impôts périodiques	..	..	44 714	251 942	445 030	652 252	1 081 893	1 461 686	1 503 269	1 617 710
Motor vehicles	..	..	24 469	93 880	155 158	218 219	397 608	592 327	585 116	671 258
5211 À la charge des ménages : véhicules à moteur	..	..	0	0	0	0	0	0	0	0
5212 À la charge autres agents : véhicules à moteur	..	..	0	0	0	0	0	0	0	0
5213 Autres impôts périodiques	..	..	20 245	158 062	289 872	434 033	684 285	869 359	918 153	946 452
Municipal permits	..	..	18 401	136 138	263 996	396 944	630 943	813 159	862 199	885 324
Mining patents	..	..	3 374	34 730	25 184	36 213	51 767	54 696	54 932	59 801
Other	..	..	-1 530	-12 806	692	876	1 575	1 504	1 023	1 327
5220 Impôts non-périodiques	..	..	0	0	0	0	0	126 683	157 594	122 880
Tax on Polluting Fixed Sources	..	..	..	..	..	..	..	126 683	157 594	122 880
5300 Non-ventilables entre 5100 et 5200	..	..	0	0	0	0	0	0	0	0
6000 Autres impôts	**..**	**..**	**-23 356**	**-112 195**	**1 023**	**-61 117**	**-579 303**	**-250 523**	**-175 017**	**-785 585**
6100 À la charge exclusive des entreprises	..	..	0	0	0	0	0	0	0	0
6200 À la charge d'autres agents	..	..	-23 356	-112 195	1 023	-61 117	-579 303	-250 523	-175 017	-785 585
Crédits d'impôts récupérables										
Crédits d'impôts récupérables contre 1110	..	..	0	0	0	0	0	0	0	0
Composante fiscale	..	..	..	..	..	..	..	..	..	..
Composante transfert	..	..	..	..	..	..	..	..	..	..
Crédits d'impôts récupérables contre 1210	..	..	0	0	0	0	175 468	278 792	297 981	279 353
Composante fiscale	..	..	..	..	..	..	45 774	78 226	74 949	63 520
Composante transfert	..	..	..	..	..	..	129 694	200 566	223 032	215 833
Recettes fiscales totales sur la base d'encaissements	**..**	**..**	**1 777 218**	**7 901 998**	**20 598 963**	**21 845 693**	**32 533 542**	**41 025 508**	**38 817 226**	**53 463 333**
Recettes fiscales totales sur la base des droits constatés	**..**	**..**	**..**	**..**	**..**	**..**	**..**	**..**	**..**	**..**
Conciliation avec les comptes nationaux										
Impôts additionnels inclus dans les comptes nationaux	..	..	..	..	..	..	..	..	..	..
Impôt exclus des comptes nationaux	..	..	..	..	..	..	..	..	..	..
Différence dans les traitements des crédits d'impôts	..	..	..	..	..	..	..	..	..	..
Transfert en capital des recettes non collectées	..	..	..	..	..	..	..	..	..	..
Cotisations de sécurité sociale volontaires	..	..	..	..	..	..	..	..	..	..
Différences diverses	..	..	..	..	..	..	..	..	..	..
Comptes nationaux : impôts et cotisations sociales effectives	..	..	..	..	..	..	..	..	..	..
Cotisations sociales imputées	..	..	..	..	..	..	..	..	..	..
Comptes nationaux : impôts et toutes les cotisations sociales	..	..	..	..	..	..	..	..	..	..

.. Non disponible

Note : Year ending 31st December.

The data are on a cash basis.

Source : Servicio de Impuestos internos (Chile's Tax Service).

StatLink https://stat.link/3w0u68

Tableau 5.6. Colombie : recettes fiscales détaillées, 1965-2021

Million COP

	1965	1980	1990	2000	2007	2010	2015	2019	2020	2021
Recettes fiscales totales	**..**	**..**	**2 579 426**	**30 598 630**	**82 697 457**	**98 455 335**	**160 157 693**	**209 071 314**	**187 664 589**	**229 480 845**
1000 Impôts sur revenu, bénéfices et gains encapital	..	..	**771 694**	**7 103 525**	**24 010 404**	**26 218 852**	**52 656 876**	**67 519 599**	**61 812 525**	**73 222 876**
1100 Des personnes physiques	..	..	47 210	1 499 345	4 751 580	5 192 384	9 219 972	14 244 001	14 327 856	15 758 043
1110 Sur le revenu et les bénéfices	..	..	47 210	1 499 345	4 751 580	5 192 384	9 219 972	14 244 001	14 327 856	15 758 043
Income tax	..	..	47 210	1 499 345	4 751 580	5 192 384	9 219 972	14 237 452	14 292 259	15 687 699
Simple tax regime	..	..	0	0	0	0	0	6 549	35 598	70 344
1120 Sur les gains en capital	..	..	..	..	..	..	..	..	..	..
1200 Des sociétés	..	..	359 758	5 119 828	18 427 899	20 405 209	41 403 504	50 284 832	43 259 798	54 418 742
1210 Sur les bénéfices	..	..	359 758	5 119 828	18 427 899	20 405 209	41 403 504	50 284 832	43 259 798	54 418 742
Income tax	..	..	359 758	5 119 828	18 427 899	20 405 209	27 477 335	50 168 966	43 133 458	54 225 235
Pro Equity Income Tax - CREE	..	..	0	0	0	0	13 926 169	99 798	39 871	28 428
Simple tax regime	..	..	0	0	0	0	0	16 068	86 469	165 079
1220 Sur les gains en capital	..	..	..	..	..	..	..	..	..	..
1300 Non-ventilables entre 1100 et 1200	..	..	364 726	484 352	830 925	621 258	2 033 400	2 990 766	4 224 870	3 046 091
Income tax	..	..	364 726	484 352	830 925	621 258	2 033 400	2 990 766	4 224 870	3 046 091
Pro Equity Income Tax - CREE	..	..	0	0	0	0	0	0	0	0
2000 Cotisations de sécurité sociale	**..**	**..**	**203 596**	**4 989 000**	**9 694 000**	**11 478 085**	**13 585 138**	**19 875 398**	**18 615 408**	**22 844 403**
2100 À la charge des salariés	..	..	..	..	..	..	..	..	..	..
2110 Sur la base du salaire	..	..	..	..	..	..	..	..	..	..
2120 Sur la base de l'impôt sur les revenus	..	..	..	..	..	..	..	..	..	..
2200 À la charge des employeurs	..	..	..	..	..	..	..	..	..	..
2210 Sur la base du salaire	..	..	..	..	..	..	..	..	..	..
2220 Sur la base de l'impôt sur les revenus	..	..	..	..	..	..	..	..	..	..
2300 A charge des travailleurs indép. ou sans emploi	..	..	..	..	..	..	..	..	..	..
2310 Sur la base du salaire	..	..	..	..	..	..	..	..	..	..
2320 Sur la base de l'impôt sur les revenus	..	..	..	..	..	..	..	..	..	..
2400 Non-ventilables entre 2100, 2200 et 2300	..	..	203 596	4 989 000	9 694 000	11 478 085	13 585 138	19 875 398	18 615 408	22 844 403
2410 Sur la base du salaire	..	..	203 596	4 989 000	9 694 000	11 478 085	13 585 138	19 875 398	18 615 408	22 844 403
2420 Sur la base de l'impôt sur les revenus	..	..	0	0	0	0	0	0	0	0
3000 Sur salaires ou main d'oeuvre	**..**	**..**	**0**	**1 286 803**	**2 798 906**	**4 022 503**	**2 797 308**	**3 604 071**	**3 670 490**	**3 927 070**
4000 Impôts sur le patrimoine	**..**	**..**	**56 160**	**2 027 654**	**6 459 259**	**8 535 238**	**18 156 105**	**18 984 414**	**18 167 358**	**20 048 796**
4100 Impôts périodiques sur la propriété immobilière	..	..	56 160	991 070	2 298 829	3 338 935	6 061 965	8 743 115	9 109 598	9 039 961
4110 Ménages	..	..	0	0	0	0	0	0	0	0
4120 Autres agents	..	..	56 160	991 070	2 298 829	3 338 935	6 061 965	8 743 115	9 109 598	9 039 961
4200 Impôts périodiques sur l'actif net	..	..	0	0	1 170 908	1 970 530	5 352 940	923 255	957 137	1 032 058
4210 Personnes physiques	..	..	..	..	..	..	..	..	..	..
4220 Sociétés	..	..	..	..	..	..	..	..	..	..
4300 Impôts sur mut. par décès, succ. et donations	..	..	0	0	0	0	0	0	0	0
4310 Impôts sur mut. par décès et successions	..	..	..	..	..	..	..	..	..	..
4320 Impôts sur les donations	..	..	..	..	..	..	..	..	..	..
4400 Impôts sur transact. mobilières et immob.	..	..	0	1 036 584	2 989 522	3 225 773	6 741 200	8 190 516	7 476 295	9 831 204
4500 Impôts non-périodiques	..	..	0	0	0	0	0	1 127 528	624 327	145 573
4510 Sur l'actif net	..	..	..	..	..	..	..	0	0	0
4520 Autres non-périodiques	..	..	..	..	..	..	..	1 127 528	624 327	145 573
4600 Autres impôts périodiques sur patrimoine	..	..	0	0	0	0	0	0	0	0
5000 Impôts sur les biens et services	**..**	**..**	**1 388 653**	**14 180 450**	**36 766 741**	**44 411 642**	**65 716 566**	**89 797 927**	**77 752 543**	**99 265 361**
5100 Impôts sur production, vente, transfert, etc.	..	..	1 388 653	14 048 655	36 447 297	44 038 074	64 688 081	88 064 087	75 960 351	97 222 272
5110 Impôts généraux	..	..	672 368	9 585 866	26 910 512	33 333 802	48 684 900	71 235 138	62 866 653	80 101 256
5111 Taxes sur la valeur ajoutée	..	..	583 078	8 445 776	23 377 821	28 811 682	41 659 696	61 936 282	53 912 648	69 883 378
5112 Impôts sur les ventes	..	..	89 290	1 140 090	3 532 691	4 522 121	7 025 204	9 298 856	8 954 004	10 217 878
Industry and commerce tax (State)	..	..	89 290	1 140 090	3 532 691	4 522 121	7 025 204	9 298 856	8 954 004	10 217 878
5113 Autres impôts	..	..	0	0	0	0	0	0	0	0
5120 Impôts sur biens et services déterminés	..	..	716 285	4 462 789	9 536 785	10 704 271	16 003 181	16 828 948	13 093 698	17 121 016
5121 Accises	..	..	404 699	2 718 692	5 276 999	6 052 273	11 412 250	12 995 955	10 159 930	12 906 426
Petrol	..	..	141 270	833 004	1 211 511	1 418 766	3 297 392	1 585 141	1 205 806	1 732 540
Tobacco (State)	..	..	52 898	213 412	330 016	390 472	524 357	1 278 561	1 239 269	1 451 431
Beer (State)	..	..	85 722	471 135	1 203 838	1 432 453	2 305 895	2 611 466	2 243 811	2 723 800
Liquors (State)	..	..	124 808	520 394	834 390	929 328	1 253 466	2 146 818	1 675 472	2 503 248
Restaurant service, vehicle sale and mobile telephone service	..	..	0	0	0	0	1 684 179	2 208 669	1 226 863	1 279 312
Carbon	..	..	0	0	0	0	0	436 914	281 911	330 567
Plastic bags	..	..	0	0	0	0	0	37 331	43 777	48 079
Medicinal cannabis	..	..	0	0	0	0	0	145	972	993
Diesel surcharge	..	..	0	85 716	388 091	500 405	598 993	599 600	505 000	570 600
Petrol surcharge	..	..	0	595 031	1 309 154	1 380 848	1 747 969	2 091 310	1 737 050	2 265 855
5122 Bénéfices des monopoles fiscaux	..	..	0	0	0	0	0	0	0	0

	1965	1980	1990	2000	2007	2010	2015	2019	2020	2021
5123 Droits de douane et droits à l'importation	..	..	311 586	1 744 097	4 259 786	4 651 999	4 590 931	3 832 994	2 933 768	4 214 590
Custom duties	..	..	180 989	1 744 097	4 259 786	4 651 999	4 590 931	3 832 994	2 933 768	4 214 590
Imports surcharge	..	..	130 597	0	0	0	0	0	0	0
5124 Taxes à l'exportation	..	..	0	0	0	0	0	0	0	0
5125 Impôts sur biens d'équipement	..	..	0	0	0	0	0	0	0	0
5126 Impôts sur services déterminés	..	..	0	0	0	0	0	0	0	0
5127 Autres impôts sur commerce et transact. internat.	..	..	0	0	0	0	0	0	0	0
5128 Autres impôts	..	..	0	0	0	0	0	0	0	0
5130 Non-ventilables entre 5110 et 5120	..	..	0	0	0	0	0	0	0	0
5200 Impôts sur utilisation des biens et exerc. activités	..	..	0	131 795	319 444	373 568	1 028 485	1 733 840	1 792 192	2 043 090
5210 Impôts périodiques	..	..	..	131 795	319 444	373 568	1 028 485	1 733 840	1 792 192	2 043 090
5211 À la charge des ménages : véhicules à moteur	..	..	..	131 795	319 444	373 568	1 028 485	1 733 840	1 792 192	2 043 090
Tax on motor vehicle ownership	..	..	..	131 795	319 444	373 568	1 028 485	1 733 840	1 792 192	2 043 090
5212 À la charge autres agents : véhicules à moteur	..	..	..	..	..	..	..	..	..	..
5213 Autres impôts périodiques	..	..	..	..	..	..	..	..	..	..
5220 Impôts non-périodiques	..	..	..	..	..	..	..	..	..	..
5300 Non-ventilables entre 5100 et 5200	..	..	0	0	0	0	0	0	0	0
6000 Autres impôts	**..**	**..**	**159 323**	**1 011 197**	**2 968 147**	**3 789 014**	**7 245 701**	**9 289 906**	**7 646 264**	**10 172 339**
6100 À la charge exclusive des entreprises	..	..	0	0	0	0	0	0	0	0
6200 À la charge d'autres agents	..	..	159 323	1 011 197	2 968 147	3 789 014	7 245 701	9 289 906	7 646 264	10 172 339
Stamp tax	..	..	0	401 497	759 787	357 160	101 668	85 799	41 373	83 115
Other	..	..	78 306	79 287	86 297	126 602	318 271	533 852	245 541	423 822
Other (sub-national)	..	..	81 017	530 413	2 122 062	3 305 252	6 825 762	8 670 255	7 359 350	9 665 402
Recettes fiscales totales sur la base d'encaissements	**..**	**..**	**2 579 426**	**30 598 630**	**82 697 457**	**98 455 335**	**160 157 693**	**209 071 314**	**187 664 589**	**229 480 845**
Recettes fiscales totales sur la base des droits constatés	**..**	**..**	**..**	**..**	**..**	**..**	**..**	**..**	**..**	**..**
Conciliation avec les comptes nationaux										
Impôts additionnels inclus dans les comptes nationaux	..	..	..	..	..	..	..	..	..	..
Impôt exclus des comptes nationaux	..	..	..	..	..	..	..	..	..	..
Différence dans les traitements des crédits d'impôts	..	..	..	..	..	..	..	..	..	..
Transfert en capital des recettes non collectées	..	..	..	..	..	..	..	..	..	..
Cotisations de sécurité sociale volontaires	..	..	..	..	..	..	..	..	..	..
Différences diverses	..	..	..	..	..	..	..	..	..	..
Comptes nationaux : impôts et cotisations sociales effectives	..	..	..	..	..	..	..	..	..	..
Cotisations sociales imputées	..	..	..	..	..	..	..	..	..	..
Comptes nationaux : impôts et toutes les cotisations sociales	..	..	..	..	..	..	..	..	..	..

.. Non disponible

Note : Year ending 31st December.

Data on an cash basis.

Includes the reported consolidated revenues of the territorial entities (departments and municipalities).

Heading 2000: Before 2013, social security contributions did not include all the contributions entering FOSYGA (Solidarity and Guarantee Fund). Only the portion of the contributions used to finance the subsidised regime (up to 1.5 pp of the 12.5% of the monthly wage paid by employers and employees as an obligatory health contribution) was included. The part of the contributions entering FOSYGA to finance the contributory regime was classified in the social security sector as "other incomes".

From 2013 onwards, all of the health contributions entering FOSYGA are classified as social security contributions. The portion of the contributions not entering FOSYGA that is both collected and spent by the health insurers – EPS - is not part of the fiscal accounts.

Headings 1100 and 1200: The data for the preliminary year are estimates.

Source : Dirección de Impuestos y Aduanas Nacionales de Colombia, Ministerio de Hacienda y Crédito Público y Banco Central de Colombia.

(National Tax and Customs Administration, Ministry of Finance and Public Credit and Central Bank of Colombia).

StatLink https://stat.link/ucvxfq

Tableau 5.7. Costa Rica : recettes fiscales détaillées, 1965-2021

Million CRC

	1965	1980	1990	2000	2007	2010	2015	2019	2020	2021
Recettes fiscales totales	..	..	**117 711**	**978 114**	**3 213 401**	**4 382 367**	**6 923 575**	**8 855 885**	**8 235 528**	**10 019 264**
1000 Impôts sur revenu, bénéfices et gains en capital	..	..	**11 820**	**128 805**	**531 552**	**748 093**	**1 247 308**	**1 854 866**	**1 651 249**	**2 063 810**
1100 Des personnes physiques	..	..	..	..	123 194	202 849	386 241	540 954	556 084	622 772
1110 Sur le revenu et les bénéfices	..	..	..	..	123 194	202 849	386 241	535 412	554 486	618 550
1120 Sur les gains en capital	..	..	..	..	0	0	0	5 542	1 598	4 222
1200 Des sociétés	..	..	..	..	348 826	450 312	659 951	1 058 086	692 551	970 546
1210 Sur les bénéfices	..	..	..	..	348 826	450 312	659 951	955 908	685 470	952 951
1220 Sur les gains en capital	..	..	..	..	0	0	0	102 177	7 081	17 595
1300 Non-ventilables entre 1100 et 1200	..	..	11 820	128 805	59 531	94 932	201 116	255 827	402 613	470 492
2000 Cotisations de sécurité sociale	..	..	**33 990**	**297 069**	**885 053**	**1 450 531**	**2 305 133**	**3 026 691**	**2 971 589**	**3 605 731**
2100 À la charge des salariés	..	..	..	..	..	..	..	..	..	..
2110 Sur la base du salaire	..	..	..	..	..	..	..	..	..	..
2120 Sur la base de l'impôt sur les revenus	..	..	..	..	..	..	..	..	..	..
2200 À la charge des employeurs	..	..	3 447	37 313	107 398	207 206	318 652	381 940	387 840	389 183
Government contributions	..	..	3 447	37 313	107 398	207 206	318 652	381 940	387 840	389 183
2210 Sur la base du salaire	..	..	..	..	..	..	..	..	..	..
2220 Sur la base de l'impôt sur les revenus	..	..	..	..	..	..	..	..	..	..
2300 A charge des travailleurs indép. ou sans emploi	..	..	..	..	..	..	..	..	..	..
2310 Sur la base du salaire	..	..	..	..	..	..	..	..	..	..
2320 Sur la base de l'impôt sur les revenus	..	..	..	..	..	..	..	..	..	..
2400 Non-ventilables entre 2100, 2200 et 2300	..	..	30 543	259 756	777 654	1 243 325	1 986 481	2 644 751	2 583 749	3 216 548
Contributions by employees and non-government employers	..	..	30 543	249 182	727 844	1 139 265	1 785 522	2 274 644	2 212 249	2 447 640
Contributions for the special regimes	..	..	0	10 574	49 811	104 060	200 959	292 634	292 072	299 713
2410 Sur la base du salaire	..	..	..	..	..	..	..	..	..	..
2420 Sur la base de l'impôt sur les revenus	..	..	..	..	..	..	..	..	..	..
3000 Sur salaires ou main d'oeuvre	..	..	**7 575**	**61 796**	**170 996**	**260 664**	**423 616**	**522 529**	**537 654**	**569 339**
Contributions by non-government employers	..	..	7 484	59 129	165 677	248 259	406 296	501 734	515 624	546 262
Contributions by government employers	..	..	91	2 666	5 320	12 405	17 321	20 795	22 030	23 077
4000 Impôts sur le patrimoine	..	..	**1 566**	**8 396**	**42 658**	**63 706**	**123 261**	**167 952**	**162 950**	**208 531**
4100 Impôts périodiques sur la propriété immobilière	..	..	1 200	5 390	23 293	48 963	90 003	125 398	127 625	150 279
Land tax	..	..	0	0	0	0	0	0	0	0
Additional land tax	..	..	0	0	0	0	0	0	0	0
Tax on sumptuary constructions	..	..	0	0	0	0	0	0	0	0
Immovable property tax	..	..	0	0	0	3 527	4 076	4 699	4 655	5 108
Municipal immovable property tax	..	..	1 200	5 390	23 293	45 436	85 927	120 698	122 970	145 171
4110 Ménages	..	..	..	..	..	..	..	..	..	..
4120 Autres agents	..	..	..	..	..	..	..	..	..	..
4200 Impôts périodiques sur l'actif net	..	..	0	0	0	0	0	0	0	0
4210 Personnes physiques	..	..	..	..	..	..	..	..	..	..
4220 Sociétés	..	..	..	..	..	..	..	..	..	..
4300 Impôts sur mut. par décès, succ. et donations	..	..	0	0	0	0	0	0	0	0
4310 Impôts sur mut. par décès et successions	..	..	..	..	..	..	..	..	..	..
4320 Impôts sur les donations	..	..	..	..	..	..	..	..	..	..
4400 Impôts sur transact. mobilières et immob.	..	..	366	3 007	19 366	14 743	33 258	42 554	35 300	58 206
4500 Impôts non-périodiques	..	..	0	0	0	0	0	0	24	46
4510 Sur l'actif net	..	..	..	..	..	..	..	..	0	0
4520 Autres non-périodiques	..	..	..	..	..	..	..	..	24	46
4600 Autres impôts périodiques sur patrimoine	..	..	0	0	0	0	0	0	0	0
5000 Impôts sur les biens et services	..	..	**53 509**	**456 851**	**1 505 510**	**1 766 914**	**2 661 902**	**3 081 941**	**2 745 118**	**3 488 535**
5100 Impôts sur production, vente, transfert, etc.	..	..	49 867	425 713	1 406 100	1 600 302	2 388 900	2 756 759	2 500 510	3 150 398
5110 Impôts généraux	..	..	21 326	222 775	797 850	920 298	1 368 601	1 662 503	1 649 531	2 065 623
5111 Taxes sur la valeur ajoutée	..	..	21 326	222 775	797 850	920 298	1 336 075	1 634 986	1 623 695	2 039 997
5112 Impôts sur les ventes	..	..	0	0	0	0	0	0	0	0
5113 Autres impôts	..	..	0	0	0	0	32 526	27 517	25 836	25 626
5120 Impôts sur biens et services déterminés	..	..	28 541	202 939	608 250	680 004	1 020 299	1 094 256	850 979	1 084 775
5121 Accises	..	..	11 096	157 204	447 168	523 617	798 412	864 985	688 784	863 133
Fuels and energy	..	..	0	0	250 577	320 638	457 827	552 017	436 384	522 063
Alcoholic beverages	..	..	0	8 229	23 802	28 035	43 095	43 849	44 373	53 118
Non alcoholic beverages	..	..	0	0	18 263	26 566	36 353	41 247	38 510	43 234
Soaps	..	..	0	0	883	1 317	2 562	3 020	3 052	3 200
Cement	..	..	0	0	0	227	304	216	123	0
Tobaco	..	..	0	0	0	0	33 681	27 185	23 896	27 019
Abolished specific taxes on production and consumption	..	..	0	0	0	0	0	0	0	0
Other specific taxes on consumption	..	..	11 096	148 975	153 643	146 834	224 590	197 452	142 447	214 499
5122 Bénéfices des monopoles fiscaux	..	..	0	0	0	0	0	0	0	0

	1965	1980	1990	2000	2007	2010	2015	2019	2020	2021
5123 Droits de douane et droits à l'importation	..	..	15 052	40 485	134 576	126 134	174 568	164 224	133 733	177 948
Import duties	..	..	13 977	32 336	107 565	103 851	148 666	140 919	114 777	152 133
Custom duties	..	..	1 075	8 149	27 011	22 284	25 902	23 305	18 956	25 815
Import duties on animals	..	..	0	0	0	0	0	0	0	0
5124 Taxes à l'exportation	..	..	2 113	2 238	2 432	3 973	4 468	5 412	5 471	6 274
Export duties	..	..	..	..	..	..	..	..	..	..
Export duties Law 133	..	..	..	..	..	..	..	..	..	..
Export duties Law 5519	..	..	..	..	..	..	..	..	..	..
Tax on banana exports	..	..	..	..	..	..	..	..	..	..
Export tax on ground transportation	..	..	..	..	..	..	..	..	..	..
5125 Impôts sur biens d'équipement	..	..	0	0	0	0	0	0	0	0
5126 Impôts sur services déterminés	..	..	280	2 929	23 242	24 767	38 687	54 556	18 463	31 742
Casinos and gambling	..	..	0	225	442	445	1 455	1 241	378	431
Port cargo movements	..	..	0	6	0	0	0	0	0	0
Overseas departure tax	..	..	0	0	22 799	24 322	37 232	53 315	18 085	31 311
10% on public shows	..	..	0	0	0	0	0	0	0	0
Pro-national airports stamp tax	..	..	0	0	0	0	0	0	0	0
Stamp tax on the use of borders and ports	..	..	280	2 697	0	0	0	0	0	0
5127 Autres impôts sur commerce et transact. internat.	..	..	0	83	832	1 513	3 093	3 841	3 304	3 916
5128 Autres impôts	..	..	0	0	0	0	1 071	1 238	1 225	1 761
5130 Non-ventilables entre 5110 et 5120	..	..	0	0	0	0	0	0	0	0
5200 Impôts sur utilisation des biens et exerc. activités	..	..	3 642	31 138	99 410	166 612	273 003	325 182	244 608	338 138
5210 Impôts périodiques	..	..	3 642	31 138	99 410	166 612	273 003	325 182	244 608	338 138
5211 À la charge des ménages : véhicules à moteur	..	..	0	0	0	0	0	0	0	0
5212 À la charge autres agents : véhicules à moteur	..	..	1 425	15 374	52 511	94 102	145 894	181 198	108 198	183 368
Property tax on vehicles, aircraft and boats	..	..	1 425	15 374	52 511	94 102	145 894	181 198	108 198	183 368
5213 Autres impôts périodiques	..	..	2 217	15 763	46 899	72 510	127 109	143 984	136 410	154 769
Local taxes	..	..	1 262	11 898	43 874	68 808	122 248	137 979	130 332	147 349
Hunting and fishing licences	..	..	0	0	0	0	0	0	0	0
Spirits license	..	..	0	0	0	0	0	0	0	0
Revenue stamps	..	..	955	3 866	3 025	3 702	4 861	6 004	6 078	7 421
Sport stamp tax	..	..	0	0	0	0	0	0	0	0
5220 Impôts non-périodiques	..	..	0	0	0	0	0	0	0	0
5300 Non-ventilables entre 5100 et 5200	..	..	0	0	0	0	0	0	0	0
6000 Autres impôts	**..**	**..**	**9 251**	**25 198**	**77 632**	**92 460**	**162 355**	**201 906**	**166 969**	**83 319**
6100 À la charge exclusive des entreprises	..	..	0	0	0	0	0	0	0	0
6200 À la charge d'autres agents	..	..	9 251	25 198	77 632	92 460	162 355	201 906	166 969	83 319
STransfers of vehicles, aircraft and boats	..	..	497	2 530	9 937	12 311	20 999	23 223	22 593	28 064
Tax revenue from decentralised units	..	..	2 764	15 048	22 257	29 969	49 334	67 968	60 054	0
Other taxes	..	..	5 990	7 620	45 438	50 180	92 022	110 654	84 266	55 122
Recettes fiscales totales sur la base d'encaissements	..	..	..	..	..	..	..	..	..	..
Recettes fiscales totales sur la base des droits constatés	..	..	..	..	..	..	..	..	..	..
Conciliation avec les comptes nationaux										
Impôts additionnels inclus dans les comptes nationaux	..	..	..	..	..	..	..	..	..	..
Impôt exclus des comptes nationaux	..	..	..	..	..	..	..	..	..	..
Différence dans les traitements des crédits d'impôts	..	..	..	..	..	..	..	..	..	..
Transfert en capital des recettes non collectées	..	..	..	..	..	..	..	..	..	..
Cotisations de sécurité sociale volontaires	..	..	..	..	..	..	..	..	..	..
Différences diverses	..	..	..	..	..	..	..	..	..	..
Comptes nationaux : impôts et cotisations sociales effectives	..	..	..	..	..	..	..	..	..	..
Cotisations sociales imputées	..	..	..	..	..	..	..	..	..	..
Comptes nationaux : impôts et toutes les cotisations sociales	..	..	..	..	..	..	..	..	..	..

.. Non disponible

Note : Note: Year ending 31st December.

Data on an cash basis.

Heading 2000: The data include social security contributions paid by the governments for their employees as well as the contributions for special regimes (teachers and magistrates). In ECLAC data, social security contributions also include INA (National Institute of Apprenticeship), IMAS (Joint Social Aid Institute) and FODESAF (Social Development and Family Allowances Fund).

Heading 3000: In Costa Rica and for ECLAC, payments from decentralised institutions are classified under heading 2000.

Heading 5212: In ECLAC data, tax on ownership of vehicles, aircraft and boats is classified in category 4000.

In ECLAC data, the tax on the transfer of used vehicles Law No. 7088 of 30/11/87 is classified as a property tax.

Source : Secretaría Técnica de la Autoridad Presupuestaria, Ministerio de Finanzas y Contraloría General de la República.

(Technical Secretary of the Budgeting Authority, Ministry of Finance and National General Comptroller).

StatLink https://stat.link/rpbk9f

Tableau 5.8. Tchéquie : recettes fiscales détaillées, 1965-2021

Million CZK

	1965	1980	1990	2000	2007	2010	2015	2019	2020	2021
Recettes fiscales totales	..	..	..	**771 596**	**1 316 197**	**1 286 861**	**1 532 565**	**2 014 190**	**1 984 321**	**2 122 301**
Recettes fiscales totales excluant les taxes collectés pour le compte de l'UE	..	..	..	**771 596**	**1 309 754**	**1 280 288**	**1 524 653**	**2 005 418**	**1 976 244**	**2 111 645**
1000 Impôts sur revenu, bénéfices et gains en capital	..	..	..	**175 846**	**327 771**	**259 934**	**329 768**	**458 786**	**454 979**	**440 618**
1100 Des personnes physiques	..	..	..	99 668	155 817	131 706	164 678	255 670	268 362	198 237
1110 Sur le revenu et les bénéfices	..	..	..	99 668	155 817	131 706	164 678	255 670	268 362	198 237
Wages and salaries withholding	..	..	..	73 474	127 524	115 755	139 888	221 720	233 421	155 614
Of unincorporated individuals	..	..	..	17 254	19 568	5 747	9 100	13 260	13 929	17 659
Withheld on interest and dividends paid to individuals	..	..	..	8 940	8 725	10 204	15 691	20 690	21 012	24 964
1120 Sur les gains en capital	..	..	..	0	0	0	0	0	0	0
1200 Des sociétés	..	..	..	76 178	171 954	128 228	165 090	203 116	186 617	242 381
1210 Sur les bénéfices	..	..	..	76 178	171 954	128 228	165 090	203 116	186 617	242 381
Profit tax	..	..	..	68 945	164 016	118 248	147 157	184 705	172 720	224 588
Withheld on interest and dividends paid to corporations	..	..	..	7 233	7 162	9 156	9 415	7 708	4 187	4 775
Levy on lottery revenue	..	..	..	0	776	824	8 518	10 703	9 709	13 019
1220 Sur les gains en capital	..	..	..	0	0	0	0	0	0	0
1300 Non-ventilables entre 1100 et 1200	..	..	..	0	0	0	0	0	0	0
2000 Cotisations de sécurité sociale	..	..	..	**341 544**	**573 417**	**576 029**	**659 743**	**889 237**	**901 670**	**1 004 804**
2100 À la charge des salariés	..	..	..	77 272	127 662	116 818	133 878	184 563	187 733	200 968
2110 Sur la base du salaire	..	..	..	77 272	127 662	116 818	133 878	184 563	187 733	200 968
Retirement	..	..	..	40 489	66 644	69 272	78 120	108 137	107 988	117 893
State employment policy	..	..	..	2 492	4 101	0	0	0	0	0
Sick leave	..	..	..	6 852	11 279	0	0	0	0	0
Health insurance	..	..	..	27 439	45 638	47 546	55 758	76 426	79 745	83 075
2120 Sur la base de l'impôt sur les revenus	..	..	..	0	0	0	0	0	0	0
2200 À la charge des employeurs	..	..	..	220 207	359 493	363 074	417 778	569 522	573 753	618 255
2210 Sur la base du salaire	..	..	..	220 207	359 493	363 074	417 778	569 522	573 753	618 255
Retirement	..	..	..	121 547	220 591	229 450	261 786	358 382	357 887	390 597
State employment policy	..	..	..	19 933	12 303	12 756	14 604	19 989	19 961	21 789
Sick leave	..	..	..	20 555	33 834	24 332	27 851	36 427	34 687	37 870
Health insurance	..	..	..	54 879	91 275	95 095	111 517	152 853	159 493	166 150
Penalties	..	..	..	3 293	1 490	1 441	2 020	1 871	1 725	1 849
2220 Sur la base de l'impôt sur les revenus	..	..	..	0	0	0	0	0	0	0
2300 A charge des travailleurs indép. ou sans emploi	..	..	..	44 065	86 262	96 137	108 088	135 153	140 184	185 581
2310 Sur la base du salaire	..	..	..	44 065	86 262	96 137	108 088	135 153	140 184	185 581
Retirement	..	..	..	7 819	19 508	20 510	22 472	30 441	20 882	28 297
State employment policy	..	..	..	1 082	1 114	1 173	962	1 305	896	1 213
Sick leave	..	..	..	0	0	0	0	0	0	0
Health insurance	..	..	..	34 992	65 483	74 299	84 460	103 232	118 288	155 924
Self-employed	..	..	..	7 328	15 921	17 603	20 748	27 925	17 846	26 326
Non-employed	..	..	..	200	2 103	3 996	2 768	3 458	3 180	3 275
Government	..	..	..	27 464	47 459	52 700	60 944	71 849	97 262	126 323
Penalties	..	..	..	172	157	155	193	175	118	147
2320 Sur la base de l'impôt sur les revenus	..	..	..	0	0	0	0	0	0	0
2400 Non-ventilables entre 2100, 2200 et 2300	..	..	..	0	0	0	0	0	0	0
2410 Sur la base du salaire	..	..	..	..	..	..	..	..	..	..
2420 Sur la base de l'impôt sur les revenus	..	..	..	..	..	..	..	..	..	..
3000 Sur salaires ou main d'oeuvre	..	..	..	**0**	**0**	**0**	**0**	**0**	**0**	**0**
4000 Impôts sur le patrimoine	..	..	..	**10 890**	**15 495**	**16 364**	**21 920**	**24 080**	**11 615**	**11 939**
4100 Impôts périodiques sur la propriété immobilière	..	..	..	4 469	5 126	8 752	10 333	10 967	11 606	11 864
4110 Ménages	..	..	..	1 452	2 228	4 302	5 433	5 828	6 079	6 253
Real property tax	..	..	..	1 452	2 228	4 302	5 433	5 828	6 079	6 253
4120 Autres agents	..	..	..	3 017	2 898	4 450	4 900	5 138	5 526	5 611
Levy collected by Winery Fund	..	..	..	0	2	5	20	32	26	28
Real property tax	..	..	..	3 017	2 895	4 445	4 880	5 106	5 501	5 583
4200 Impôts périodiques sur l'actif net	..	..	..	0	0	0	0	0	0	0
4210 Personnes physiques	..	..	..	..	..	..	..	..	..	..
4220 Sociétés	..	..	..	..	..	..	..	..	..	..
4300 Impôts sur mut. par décès, succ. et donations	..	..	..	587	460	218	20	1	7	1
4310 Impôts sur mut. par décès et successions	..	..	..	112	115	78	10	0	8	0
Inheritance tax	..	..	..	112	115	78	10	0	8	0
4320 Impôts sur les donations	..	..	..	475	345	140	10	0	-2	0
Gift tax	..	..	..	475	345	140	10	0	-2	0
4400 Impôts sur transact. mobilières et immob.	..	..	..	5 834	9 909	7 394	11 566	13 113	3	74
Real property transfer tax	..	..	..	5 834	9 909	7 394	11 566	13 113	3	74
4500 Impôts non-périodiques	..	..	..	0	0	0	0	0	0	0
4510 Sur l'actif net	..	..	..	..	..	..	..	..	..	..

	1965	1980	1990	2000	2007	2010	2015	2019	2020	2021
4520 Autres non-périodiques	..	..	..	..	..	..	..	..	..	..
4600 Autres impôts périodiques sur patrimoine	..	..	..	0	0	0	0	0	0	0
5000 Impôts sur les biens et services	**..**	**..**	**..**	**242 960**	**399 484**	**434 386**	**520 747**	**641 867**	**615 888**	**664 721**
5100 Impôts sur production, vente, transfert, etc.	..	..	..	226 354	372 441	408 645	495 291	613 003	588 343	635 978
5110 Impôts généraux	..	..	..	141 235	232 288	263 457	333 274	435 463	422 479	463 521
5111 Taxes sur la valeur ajoutée	..	..	..	141 235	232 288	263 457	333 274	435 463	422 479	463 521
5112 Impôts sur les ventes	..	..	..	0	0	0	0	0	0	0
5113 Autres impôts	..	..	..	0	0	0	0	0	0	0
Previous turnover tax	..	..	..	..	..	..	..	..	..	..
5120 Impôts sur biens et services déterminés	..	..	..	85 119	140 153	145 188	162 017	177 540	165 864	172 457
5121 Accises	..	..	..	71 404	133 492	138 401	153 785	168 195	157 444	161 597
On mineral oils	..	..	..	46 998	81 661	80 508	83 460	92 194	83 308	83 147
On alcohol and liquor	..	..	..	5 629	7 201	5 820	7 203	9 388	6 787	8 789
On beer	..	..	..	3 410	3 564	4 396	4 648	4 782	4 344	4 308
On wine	..	..	..	350	342	317	332	407	439	530
On tobacco products	..	..	..	14 984	40 713	44 062	53 380	55 967	57 148	59 168
Duty on CFC	..	..	..	33	0	0	0	0	0	0
Levy collected by Winery Fund	..	..	..	0	11	24	0	5	5	5
On electricity	..	..	..	0	0	1 433	1 229	1 575	1 497	1 600
On natural gas	..	..	..	0	0	1 347	1 146	1 360	1 434	1 601
On solid fuels	..	..	..	0	0	495	415	353	323	350
Fee on electricity from solar radiation	..	..	..	0	0	0	1 972	2 166	2 159	2 100
5122 Bénéfices des monopoles fiscaux	..	..	..	0	0	0	0	0	0	0
5123 Droits de douane et droits à l'importation	..	..	..	13 572	6 443	6 573	7 912	8 772	8 077	10 656
Customs duties	..	..	..	13 572	6 443	6 573	7 912	8 772	8 077	10 656
Previous import surcharge	..	..	..	0	0	0	0	0	0	0
5124 Taxes à l'exportation	..	..	..	0	0	0	0	0	0	0
5125 Impôts sur biens d'équipement	..	..	..	0	0	0	0	0	0	0
5126 Impôts sur services déterminés	..	..	..	143	218	214	320	573	343	204
Fees on entry tickets	..	..	..	65	61	53	53	82	19	15
Fees on recreational units (based on capacity)	..	..	..	69	144	147	240	297	132	6
Fees on advertising facilities	..	..	..	0	0	0	0	0	0	0
Restaurant sale alcoh. beverages and tobac. products	..	..	..	0	0	0	0	0	0	0
Fees collected by the cinematography EBF	..	..	..	9	13	14	27	0	0	0
Fees on advertisement	..	..	..	0	0	0	191	194	191	183
5127 Autres impôts sur commerce et transact. internat.	..	..	..	0	0	0	0	0	0	0
5128 Autres impôts	..	..	..	0	0	0	0	0	0	0
5130 Non-ventilables entre 5110 et 5120	..	..	..	0	0	0	0	0	0	0
5200 Impôts sur utilisation des biens et exerc. activités	..	..	..	16 606	27 043	25 740	25 456	28 864	27 545	28 743
5210 Impôts périodiques	..	..	..	10 788	18 100	18 461	19 023	21 627	20 999	21 343
Highway fee	..	..	..	1 753	2 429	3 061	4 397	5 384	4 930	5 356
5211 À la charge des ménages : véhicules à moteur	..	..	..	0	0	0	0	0	0	0
5212 À la charge autres agents : véhicules à moteur	..	..	..	5 456	5 882	5 138	5 868	6 501	5 933	5 430
Road tax (commercial)	..	..	..	5 456	5 882	5 138	5 868	6 501	5 933	5 430
5213 Autres impôts périodiques	..	..	..	3 579	9 790	10 262	8 758	9 743	10 137	10 557
Resort and recreation fees on visitors	..	..	..	232	312	284	327	435	322	397
Dog fees	..	..	..	191	277	281	277	275	287	300
Motor vehicle entry fees	..	..	..	32	25	23	13	19	14	11
Water pollution fee	..	..	..	520	404	202	173	22	228	236
Air pollution fee	..	..	..	685	525	399	283	457	451	339
Waste deposit fee	..	..	..	454	5 728	5 948	6 218	6 723	7 065	7 453
Levy on temp. withdrawal of land from agriculture	..	..	..	94	40	34	39	88	68	79
Radioactive waste fee	..	..	..	642	1 310	1 430	1 393	1 692	1 668	1 708
Fees on operated gambling machines	..	..	..	722	1 145	927	0	0	0	0
Fees on registration and recording of packaging	..	..	..	0	17	17	18	17	17	17
Levy on temp. withdrawal of land from forestry	..	..	..	7	6	6	7	7	11	7
Other environmental fees	..	..	..	0	0	710	11	7	5	10
5220 Impôts non-périodiques	..	..	..	5 818	8 943	7 280	6 433	7 237	6 546	7 400
Levy on withdrawal of land from agriculture	..	..	..	532	361	306	348	791	609	707
Levy on withdrawal of land from forestry	..	..	..	40	57	57	59	63	103	63
Tax on use of public space	..	..	..	645	639	626	632	739	506	579
Misc. licence and permit fees	..	..	..	4 601	7 881	6 279	5 382	5 631	5 293	6 031
Land betterment fee	..	..	..	0	4	11	11	12	35	21
Licence for lorry transport	..	..	..	0	1	1	1	0	0	0
5300 Non-ventilables entre 5100 et 5200	..	..	..	0	0	0	0	0	0	0
6000 Autres impôts	**..**	**..**	**..**	**356**	**29**	**149**	**387**	**220**	**170**	**219**
Unallocated previous taxes and levies	..	..	..	0	0	0	0	0	0	0
6100 À la charge exclusive des entreprises	..	..	..	0	0	0	0	0	0	0

	1965	1980	1990	2000	2007	2010	2015	2019	2020	2021
6200 À la charge d'autres agents	..	..	..	356	29	149	387	220	170	219
Other taxes, fees and related payments	..	..	..	356	29	149	387	220	170	219
Pour mémoire										
Droits de douane perçus pour le compte de l'UE	..	..	..	..	6 443	6 573	7 912	8 772	8 077	10 656
Crédits d'impôts récupérables										
Crédits d'impôts récupérables contre 1110	..	..	..	0	13 093	25 727	31 415	39 854	38 913	41 145
Composante fiscale	..	..	..	..	10 487	17 922	22 532	31 554	29 323	29 717
Composante transfert	..	..	..	..	2 606	7 805	8 883	8 301	9 590	11 428
Recettes fiscales totales sur la base d'encaissements	**..**	**..**	**..**	**772 272**	**1 310 618**	**1 273 676**	**1 478 758**	**1 982 448**	**1 937 606**	**2 055 661**
Recettes fiscales totales sur la base des droits constatés	**..**	**..**	**..**	**771 596**	**1 316 197**	**1 286 861**	**1 532 565**	**2 014 190**	**1 984 321**	**2 122 301**
Conciliation avec les comptes nationaux										
Impôts additionnels inclus dans les comptes nationaux	..	..	..	2 837	5 757	6 094	0	0	0	0
Compulsory injury insurance	..	..	..	2 837	5 757	6 094	0	0	0	0
Driving licence fees	..	..	..	0	0	0	0	0	0	0
Impôt exclus des comptes nationaux	..	..	..	-9 488	-17 797	-20 096	-20 314	-22 857	-21 838	-23 382
Tax on use of public space	..	..	..	-645	-639	-632	-632	-739	-506	-579
Waste deposit fee	..	..	..	-454	-5 728	-5 948	-6 218	-6 723	-7 065	-7 453
Misc. licence and permit fees	..	..	..	-2 301	-3 940	-3 139	-2 691	-2 816	-2 646	-3 015
Radioactive waste fee	..	..	..	-642	-1 310	-1 430	-1 393	-1 692	-1 668	-1 708
Health insurance: non-employed	..	..	..	-200	-2 103	-3 996	-2 768	-3 458	-3 180	-3 275
Health insurance: government	..	..	..	0	0	0	0	0	0	0
Soc. Security contr. employers: Penalties	..	..	..	-3 293	-1 490	-1 441	-2 020	-1 871	-1 725	-1 849
Soc. Security contr. Self-employed or non-employed: Penalties	..	..	..	-200	-157	-155	-193	-175	-118	-147
Licence for lorry transport	..	..	..	0	-1	-1	-1	0	0	0
Highway fee	..	..	..	-1 753	-2 429	-3 061	-4 397	-5 384	-4 930	-5 356
Other environmental fees	..	..	..	0	0	-105	0	0	0	0
Levy on loterry revenue	..	..	..	0	0	-187	0	0	0	0
Value added taxes	..	..	..	0	0	0	0	0	0	0
Différence dans les traitements des crédits d'impôts	..	..	..	0	-127	451	118	272	1 734	-722
Transfert en capital des recettes non collectées	..	..	..	0	0	0	0	0	0	0
Cotisations de sécurité sociale volontaires	..	..	..	1 099	974	661	386	578	537	573
Différences diverses	..	..	..	2 162	0	0	0	0	0	0
Comptes nationaux : impôts et cotisations sociales effectives	..	..	..	768 206	1 305 004	1 273 971	1 512 755	1 992 183	1 964 755	2 098 770
Cotisations sociales imputées	..	..	..	423	299	600	1 027	1 867	3 179	3 557
Comptes nationaux : impôts et toutes les cotisations sociales	..	..	..	768 629	1 305 303	1 274 571	1 513 782	1 994 050	1 967 934	2 102 327

.. Non disponible

Note : Year ending 31st December.

From 1995 data are on accrual basis.

Source : Ministry of Finance, Tax Analyses Department.

StatLink https://stat.link/sv6e85

Tableau 5.9. Danemark : recettes fiscales détaillées, 1965-2021

Million DKK

	1965	1980	1990	2000	2007	2010	2015	2019	2020	2021
Recettes fiscales totales	**20 821**	**166 358**	**382 232**	**623 911**	**809 988**	**813 972**	**957 281**	**1 094 118**	**1 107 430**	**1 218 551**
Recettes fiscales totales excluant les taxes collectés pour le compte de l'UE	**..**	**..**	**379 547**	**621 274**	**806 337**	**810 697**	**953 963**	**1 090 990**	**1 104 341**	**1 214 838**
1000 Impôts sur revenu, bénéfices et gains en capital	**9 712**	**92 404**	**233 739**	**383 244**	**486 845**	**500 276**	**605 698**	**706 131**	**716 412**	**804 314**
1100 Des personnes physiques	8 758	86 958	206 478	328 532	427 412	422 685	525 144	569 897	600 426	639 755
1110 Sur le revenu et les bénéfices	8 758	86 909	206 335	328 305	427 070	422 364	524 856	569 673	600 160	639 439
Central government income tax	5 020	33 351	91 638	77 491	155 540	124 943	169 059	198 398	207 809	226 638
County income tax	0	10 742	31 361	56 135	0	0	0	0	0	0
Municipality income tax	2 948	33 555	77 571	121 975	173 114	193 111	220 815	247 730	263 024	278 357
Seaman's income tax	66	457	0	0	0	0	0	0	0	0
Old-age pension fund contributions	592	2 163	0	0	0	0	0	0	0	0
Social pension fund contributions	0	3 340	0	0	0	0	0	0	0	0
Sickness benefit fund contributions	0	1 804	0	0	0	0	0	0	0	0
Pension schemes and annuity insurance	22	355	2 627	6 923	8 948	9 842	22 842	5 555	5 705	5 897
Special income tax	101	1 054	2 810	0	0	0	0	0	0	0
Duty on canceled pension schemes	9	82	0	0	0	0	0	0	0	0
Duty on feed rent increases	0	8	5	0	0	0	0	0	0	0
Duty on employees' remuneration compens. fund releases	0	0	325	654	1 144	982	11 177	2 406	2 293	1 919
Duty on interest on consumer loans	0	0	0	0	0	0	0	0	0	0
Labour market contributions	0	0	0	56 729	76 609	80 863	87 359	100 814	106 254	112 439
Imputed income from owner-occupied dwelling	0	0	0	8 399	11 716	12 623	13 604	14 770	15 076	14 188
1120 Sur les gains en capital	0	49	144	226	343	321	289	224	267	316
Tax on winnings from lotteries, pools, etc.	..	49	144	226	343	321	289	224	267	316
1200 Des sociétés	954	5 446	14 660	42 279	54 871	41 057	57 723	72 820	67 720	100 781
1210 Sur les bénéfices	954	5 446	14 660	42 279	54 871	41 057	57 723	72 820	67 720	100 781
1220 Sur les gains en capital	0	0	0	0	0	0	0	0	0	0
1300 Non-ventilables entre 1100 et 1200	0	0	12 601	12 434	4 562	36 535	22 832	63 414	48 265	63 778
2000 Cotisations de sécurité sociale	**690**	**710**	**101**	**8 453**	**1 286**	**1 815**	**1 378**	**991**	**1 359**	**1 541**
2100 À la charge des salariés	567	1	98	8 209	1 057	900	826	684	751	736
Sickness benefit fund contributions	30	0	0	0	0	0	0	0	0	0
Sickday benefit contributions, ordinary	534	0	0	0	0	0	0	0	0	0
Sickday benefit contributions, special	3	0	0	0	0	0	0	0	0	0
Contribution to merchant marine's welf. board	0	1	1	0	0	0	0	0	0	0
Special pension scheme savings	0	0	0	6 846	0	0	0	0	0	0
Contr. to pension funds from officials in companies	0	0	0	879	555	450	438	355	402	428
Contr. to pension funds from officials in non-profit institutions	0	0	96	485	502	450	388	328	349	308
2110 Sur la base du salaire	..	..	..	..	..	..	..	..	..	..
2120 Sur la base de l'impôt sur les revenus	..	..	..	..	..	..	..	..	..	..
2200 À la charge des employeurs	123	709	3	244	229	914	552	308	609	806
Unemployment insurance contributions	41	598	0	0	0	0	0	0	0	0
Disablement insurance contributions	21	58	0	0	0	0	0	0	0	0
Sickness benefit fund contributions	61	0	0	0	0	0	0	0	0	0
Contribution to employee's wage guarantee fund	0	50	0	241	227	908	542	305	601	802
Contribution to merchant marine's welf. board	0	1	1	0	0	0	0	0	0	0
Shipping owners contr. sickness assist. seamen	0	1	2	3	2	6	10	3	8	4
2210 Sur la base du salaire	..	..	..	..	..	..	..	..	..	..
2220 Sur la base de l'impôt sur les revenus	..	..	..	..	..	..	..	..	..	..
2300 A charge des travailleurs indép. ou sans emploi	0	0	0	0	0	0	0	0	0	0
2310 Sur la base du salaire	..	..	..	..	..	..	..	..	..	..
2320 Sur la base de l'impôt sur les revenus	..	..	..	..	..	..	..	..	..	..
2400 Non-ventilables entre 2100, 2200 et 2300	0	0	0	0	0	0	0	0	0	0
2410 Sur la base du salaire	..	..	..	..	..	..	..	..	..	..
2420 Sur la base de l'impôt sur les revenus	..	..	..	..	..	..	..	..	..	..
3000 Sur salaires ou main d'oeuvre	**0**	**0**	**2 494**	**2 258**	**3 975**	**4 160**	**5 894**	**6 534**	**4 203**	**6 615**
4000 Impôts sur le patrimoine	**1 691**	**9 806**	**16 269**	**20 738**	**31 556**	**33 533**	**39 169**	**46 352**	**45 629**	**47 605**
4100 Impôts périodiques sur la propriété immobilière	1 029	5 676	8 891	13 565	18 996	24 161	28 085	30 567	31 581	32 432
Central government land tax	130	264	0	0	0	0	0	0	0	0
County land tax	169	2 315	2 915	4 070	0	0	0	0	0	0
Municipal land tax	408	2 257	4 123	7 049	15 601	19 645	24 707	27 433	28 440	29 270
Centr. Govt. fixed tax on real property	32	11	0	0	0	0	0	0	0	0
County fixed tax on real property	45	0	0	0	0	0	0	0	0	0
Municipal fixed tax on real property	190	91	0	0	0	0	0	0	0	0
County duty on land (public property)	4	22	22	25	0	0	0	0	0	0
County duty on buildings (public property)	0	53	88	97	0	0	0	0	0	0
Municipal duty on land (public property)	26	103	244	383	393	434	364	333	332	332
Municipal duty on buildings (residential)	0	195	335	381	757	814	599	556	567	575
Municipal duty on buildings (business)	25	366	1 165	1 560	2 244	3 269	2 416	2 245	2 242	2 255

	1965	1980	1990	2000	2007	2010	2015	2019	2020	2021
4110 Ménages	..	..	..	..	..	..	..	..	..	..
4120 Autres agents	..	..	..	..	..	..	..	..	..	..
4200 Impôts périodiques sur l'actif net	306	963	934	0	0	0	0	0	0	0
4210 Personnes physiques	306	963	934	..	..	..	..	..	..	..
4220 Sociétés	0	0	0	..	..	..	..	..	..	..
4300 Impôts sur mut. par décès, succ. et donations	137	738	2 197	2 863	3 896	3 646	5 177	8 571	6 676	6 616
4310 Impôts sur mut. par décès et successions	..	..	..	..	..	..	..	..	..	..
4320 Impôts sur les donations	..	..	..	..	..	..	..	..	..	..
4400 Impôts sur transact. mobilières et immob.	219	2 313	4 166	4 171	8 659	5 726	5 907	7 214	7 372	8 557
Stamp duties	214	2 243	2 829	4 125	8 574	5 695	5 879	7 165	7 313	8 500
Duty on share capital creation	0	32	500	0	0	0	0	0	0	0
Duty to land registry office	5	38	28	46	85	30	28	49	59	57
Duty on transfers of shares	0	0	809	0	0	0	0	0	0	0
4500 Impôts non-périodiques	0	116	81	140	6	0	0	0	0	0
4510 Sur l'actif net	..	0	0	0	0	0	..	..	..	..
4520 Autres non-périodiques	..	116	81	140	6	0	..	..	..	..
4600 Autres impôts périodiques sur patrimoine	0	0	0	0	0	0	0	0	0	0
5000 Impôts sur les biens et services	**8 727**	**63 437**	**129 630**	**208 826**	**286 136**	**273 982**	**304 823**	**333 822**	**339 569**	**358 198**
5100 Impôts sur production, vente, transfert, etc.	8 239	60 545	123 645	197 991	267 325	254 303	281 109	308 401	314 887	334 358
5110 Impôts généraux	2 139	37 727	80 650	121 955	174 639	171 583	191 479	223 180	231 650	251 166
5111 Taxes sur la valeur ajoutée	2 139	37 727	72 120	121 955	174 639	171 583	191 479	223 180	231 650	251 166
5112 Impôts sur les ventes	0	0	0	0	0	0	0	0	0	0
5113 Autres impôts	0	0	8 530	0	0	0	0	0	0	0
Labour market contrib. concerning imports	..	..	4 903	..	..	..	..	..	..	..
Labour market contrib. concerning value added	..	..	3 627	..	..	..	..	..	..	..
5120 Impôts sur biens et services déterminés	6 100	22 817	42 995	76 036	92 686	82 720	89 630	85 221	83 237	83 192
5121 Accises	5 466	20 473	38 339	68 977	82 861	74 032	81 893	76 758	75 482	74 371
Duty on petrol	1 016	3 713	5 637	10 005	9 154	8 029	7 348	7 658	7 055	7 367
Motor vehicle registration duty	818	2 989	7 917	13 858	24 289	13 586	17 988	20 307	18 683	16 381
Cigarettes and tobacco duties	1 469	4 472	6 516	7 489	7 201	8 283	7 658	7 830	8 809	9 149
Duties on cigars, cheroots and cigarillos	234	220	128	80	40	32	113	46	51	52
Sale of revenue labels	0	3	10	13	13	5	4	0	0	0
Sales duties on chocolate and sugar	254	331	801	1 205	1 289	1 470	2 156	2 191	2 285	2 410
Raw material duty on chocolate and sugar	11	14	54	60	93	144	187	94	0	0
Special tax on chocolate and sugar	0	2	13	76	46	51	103	93	121	109
Duty on ice-cream	33	58	135	168	180	201	297	356	408	393
Duty on coffee	5	249	224	266	250	243	280	277	274	284
Duty on mineral water	68	195	466	505	418	383	0	0	0	0
Duty on beer	622	1 983	3 100	1 510	1 080	895	916	810	781	846
Duty on wine	122	611	1 448	1 166	1 032	1 071	1 764	1 664	1 803	1 822
Duty on spirits	412	1 432	1 982	1 756	1 213	1 028	1 201	1 205	1 179	1 330
Duty on restaurant sales of alcoholic bev.	150	0	0	0	0	0	0	0	0	0
Duty on wireless sets	55	67	0	0	0	0	0	0	0	0
Duty on television sets	0	93	-18	0	0	0	0	0	0	0
Duty on video recorders	0	17	-15	0	0	0	0	0	0	0
Duty on major household appliances	0	199	-10	0	0	0	0	0	0	0
Duty on grammophone records	10	46	84	0	0	0	0	0	0	0
Duty on playing cards	1	2	0	0	0	0	0	0	0	0
Duty on matches	5	3	-1	0	0	0	0	0	0	0
Duty on lighters	1	8	-4	0	0	0	0	0	0	0
Duty on electric bulbs	36	67	152	176	211	117	86	42	38	33
Duty on perfumery and toilet articles	91	214	506	0	0	0	0	0	0	0
Duty on almanacs	3	0	0	0	0	0	0	0	0	0
Duty on salmon	0	1	0	0	0	0	0	0	0	0
Duty on paper and cardboard	45	0	0	0	0	0	0	0	0	0
Duty on sugar	0	174	-8	0	0	0	0	0	0	0
Duty on tea	0	12	10	8	8	8	8	0	0	0
Duty on electricity	0	1 222	4 317	7 430	8 665	10 195	11 501	11 178	11 203	11 693
Duty on certain oil products	0	1 719	2 938	6 757	8 549	8 623	9 347	9 971	9 467	10 171
Duty on certain retail containers	0	100	397	594	727	706	316	244	132	146
Duty on gas	0	56	47	0	0	0	0	0	0	0
Duty on extraction and import of raw materials	0	16	129	172	220	119	148	163	183	200
Duty on disposable tableware	0	0	72	65	126	120	138	140	267	303
Duty on insecticides, herbicides, etc.	0	0	13	366	449	466	598	590	563	614
Duty on videotapes	0	0	0	0	0	0	0	0	0	0
Duty on coal, etc.	0	0	849	1 217	1 450	2 587	2 255	1 766	1 600	1 797
Other duties on goods and services	5	186	20	53	147	189	186	178	136	127
Duty on waste	0	0	404	1 025	1 225	51	130	120	158	193
Duty on CFC	0	0	27	0	53	56	65	45	41	52
Duty on CO2	0	0	0	4 883	5 108	5 822	3 652	3 565	3 306	3 502
Duty on cigarette paper	0	0	0	68	32	28	38	32	30	28
Duty on rechargeable Ni-Cd batteries	0	0	0	21	17	4	2	1	1	1

	1965	1980	1990	2000	2007	2010	2015	2019	2020	2021
Duty on piped water	0	0	0	1 357	1 371	1 334	1 688	1 673	1 687	1 704
Duty on carrier bags made of paper, plastic, etc.	0	0	0	178	210	201	208	166	324	307
Duty on tires	0	0	0	29	45	62	57	47	56	54
Duty on sulphur	0	0	0	165	108	48	42	33	35	38
Duty on chlorinated solvents	0	0	0	2	0	0	0	0	0	0
Duty on natural gas	0	0	0	2 532	3 375	4 524	3 160	2 781	2 784	2 934
Duty on nitrogen	0	0	0	30	27	26	17	14	15	22
Duty on specific growth stimulants	0	0	0	0	0	0	0	0	0	0
Duty on PVC-film	0	0	0	7	12	11	11	0	0	17
Duty on PVC and phathalates	0	0	0	31	42	23	19	0	0	17
Duty on lead accumulators	0	0	0	14	0	0	0	0	0	0
Duty on mineral phosphorus	0	0	0	0	51	51	52	25	0	0
Surcharge on alcoholic soft drinks	0	0	0	0	17	26	33	0	0	0
Duty on nitrogen oxides	0	0	0	0	0	212	820	152	155	165
Duty on saturated fat	0	0	0	0	0	0	0	0	0	0
Duty on PSO (Public Service Obligations)	0	0	0	3 641	4 319	3 004	7 302	1 301	1 853	114
Duty on nicotine products etc.	..	..	..	..	..	..	..	..	..	..
Energy producers payback in relation to extraordinary high energy prices	..	..	..	..	..	..	..	..	..	..
5122 Bénéfices des monopoles fiscaux	16	183	404	1 402	1 648	1 481	1 230	1 989	1 574	1 631
5123 Droits de douane et droits à l'importation	556	1 113	1 849	2 325	3 282	3 242	3 285	3 129	3 089	3 713
Customs duties	0	1 032	1 779	2 325	3 282	3 242	3 285	3 129	3 089	3 713
Temporary import surcharge	556	0	0	0	0	0	0	0	0	0
Import duties on agricultural produce	0	81	70	0	0	0	0	0	0	0
5124 Taxes à l'exportation	0	0	0	0	0	0	0	0	0	0
5125 Impôts sur biens d'équipement	0	0	0	0	0	0	0	0	0	0
5126 Impôts sur services déterminés	62	771	1 567	3 019	4 525	3 932	3 189	3 346	3 092	3 476
Sales tax on gambling stakes races	17	28	20	12	18	16	14	0	0	0
Tax on football pools	31	152	284	942	1 143	1 071	0	0	0	0
Tax on cinema tickets	14	0	0	0	0	0	0	0	0	0
Duty on motor vehicle compl. insurance	0	470	923	1 327	2 104	1 854	1 529	1 478	1 444	1 421
Duty on insurance on pleasure boats	0	13	57	66	100	122	126	93	104	105
Duty on charter flight	0	109	283	0	0	0	0	0	0	0
Turnover tax on 6-win horse race betting	0	0	0	0	0	0	0	0	0	0
Duty on casinos	0	0	0	180	261	173	200	198	132	117
Passenger duty	0	0	0	477	6	0	0	0	0	0
Duty on the Danish State Lottery	0	0	0	16	35	41	44	44	45	45
Duty on slot machines	0	0	0	0	858	656	618	569	414	328
Duty on gambling	0	0	0	0	0	0	397	490	459	681
Duty on online casinos	0	0	0	0	0	0	261	475	495	780
5127 Autres impôts sur commerce et transact. internat.	0	0	0	0	0	0	0	0	0	0
5128 Autres impôts	0	277	837	312	370	33	33	0	0	0
Duty paid to ECSC	..	4	5	0	0	0	0	..	..	..
Sugar storing duty	..	83	113	62	0	0	0	..	..	..
Duty on the production of sugar	..	81	145	249	-26	33	33	..	..	..
Duty on milk co-reponsibility levy	..	109	255	0	0	0	0	..	..	..
Grain co-reponsibility levy	..	0	319	0	0	0	0	..	..	..
Restructuring scheme for EU sugar system	..	0	0	0	397	0	0	..	..	..
5130 Non-ventilables entre 5110 et 5120	0	0	0	0	0	0	0	0	0	0
5200 Impôts sur utilisation des biens et exerc. activités	488	2 893	4 410	7 468	14 088	14 731	16 537	16 099	15 076	13 864
5210 Impôts périodiques	488	2 893	4 410	7 468	14 088	14 731	16 171	14 859	13 836	12 624
5211 À la charge des ménages : véhicules à moteur	199	1 874	2 922	5 485	7 105	7 614	8 136	7 298	7 177	7 216
Weight duty automobiles	199	1 874	2 922	5 318	6 954	7 467	7 859	7 048	6 917	6 955
Recycling fee on cars	0	0	0	167	151	147	277	251	259	261
5212 À la charge autres agents : véhicules à moteur	287	1 014	1 441	1 919	3 125	2 980	3 483	3 935	3 908	4 085
Weight duty automobiles	287	1 014	1 441	1 612	2 652	2 611	3 088	3 416	3 352	3 514
Road charges	0	0	0	307	473	370	395	519	555	571
5213 Autres impôts périodiques	2	5	47	64	3 858	4 137	4 552	3 626	2 752	1 323
5220 Impôts non-périodiques	0	0	0	0	0	0	365	1 240	1 240	1 241
5300 Non-ventilables entre 5100 et 5200	0	0	1 575	3 368	4 724	4 948	7 177	9 322	9 606	9 976
6000 Autres impôts	**0**	**0**	**0**	**391**	**190**	**206**	**320**	**289**	**258**	**278**
6100 À la charge exclusive des entreprises	..	..	..	391	190	206	320	289	258	278
6200 À la charge d'autres agents	..	..	..	0	0	0	0	0	0	0
Pour mémoire										
Droits de douane perçus pour le compte de l'UE	..	..	1 779	2 325	3 282	3 242	3 285	3 129	3 089	3 713
Crédits d'impôts récupérables										
Crédits d'impôts récupérables contre 1110	..	..	..	..	..	4 960	4 228	3 099	3 026	3 026
Composante fiscale	..	..	..	..	..	4 712	4 016	2 944	2 875	2 874
Composante transfert	..	..	..	..	..	248	211	155	151	151
Crédits d'impôts récupérables contre 1210	..	..	..	..	..	0	0	0	0	0
Composante fiscale	..	..	..	..	..	..	..	..	..	..
Composante transfert	..	..	..	..	..	..	..	..	..	..

	1965	1980	1990	2000	2007	2010	2015	2019	2020	2021
Recettes fiscales totales sur la base d'encaissements	..	..	..	..	..	..	..	..	..	..
Recettes fiscales totales sur la base des droits constatés	**20 821**	**166 358**	**382 232**	**623 911**	**809 988**	**813 972**	**957 281**	**1 094 118**	**1 107 430**	**1 218 551**
Conciliation avec les comptes nationaux										
Impôts additionnels inclus dans les comptes nationaux	0	0	..	..	..	..	..	..	..	..
Impôt exclus des comptes nationaux	0	0	..	..	..	..	..	..	..	..
Différence dans les traitements des crédits d'impôts	0	0	0	0	0	4 712	4 016	2 944	2 875	2 874
Transfert en capital des recettes non collectées	0	-1 374	-2 387	-1 917	-2 726	-3 475	-19 396	-10 370	-10 754	-8 927
Cotisations de sécurité sociale volontaires	0	1 673	8 087	16 633	17 061	17 192	14 721	14 792	14 873	15 277
Différences diverses	0	0	..	..	..	..	..	..	..	..
Comptes nationaux : impôts et cotisations sociales effectives	20 821	166 657	387 932	638 626	824 323	832 401	956 623	1 101 485	1 114 424	1 227 775
Cotisations sociales imputées	0	5 958	4 592	6 223	5 693	5 356	4 067	3 227	3 094	3 026
Comptes nationaux : impôts et toutes les cotisations sociales	20 821	172 615	392 525	644 849	830 017	837 758	960 690	1 104 712	1 117 518	1 230 801

.. Non disponible

Note : Year ending 31st December.

The figures are on an accrual basis.

Heading 2300 includes a small amount of voluntary contributions which cannot be isolated.

Source : Statistics Denmark.

StatLink https://stat.link/b4schz

Tableau 5.10. Estonie : recettes fiscales détaillées, 1965-2021

Million EUR

	1965	1980	1990	2000	2007	2010	2015	2019	2020	2021
Recettes fiscales totales	..	..	..	**1 919**	**5 082**	**4 894**	**6 874**	**9 298**	**9 134**	**10 536**
Recettes fiscales totales excluant les taxes collectés pour le compte de l'UE	..	..	..	**1 919**	**5 047**	**4 870**	**6 840**	**9 239**	**9 084**	**10 462**
1000 Impôts sur revenu, bénéfices et gains en capital	..	..	..	**476**	**1 197**	**970**	**1 607**	**2 041**	**2 102**	**2 627**
1100 Des personnes physiques	..	..	..	421	936	776	1 182	1 532	1 652	2 146
1110 Sur le revenu et les bénéfices	..	..	..	421	936	776	1 182	1 532	1 652	2 146
1120 Sur les gains en capital	..	..	..	0	0	0	0	0	0	0
1200 Des sociétés	..	..	..	55	261	194	424	509	450	481
1210 Sur les bénéfices	..	..	..	55	65	35	38	94	82	96
1220 Sur les gains en capital	..	..	..	0	196	159	386	416	368	386
1300 Non-ventilables entre 1100 et 1200	..	..	..	0	0	0	0	0	0	0
2000 Cotisations de sécurité sociale	..	..	..	**674**	**1 683**	**1 879**	**2 300**	**3 256**	**3 331**	**3 652**
2100 À la charge des salariés	..	..	..	0	28	116	99	136	139	150
2110 Sur la base du salaire	..	..	..	..	28	116	99	136	139	150
2120 Sur la base de l'impôt sur les revenus	..	..	..	..	0	0	0	0	0	0
2200 À la charge des employeurs	..	..	..	662	1 635	1 742	2 181	3 101	2 974	3 280
2210 Sur la base du salaire	..	..	..	662	1 635	1 742	2 181	3 101	2 974	3 280
2220 Sur la base de l'impôt sur les revenus	..	..	..	0	0	0	0	0	0	0
2300 A charge des travailleurs indép. ou sans emploi	..	..	..	12	21	21	20	20	217	221
2310 Sur la base du salaire	..	..	..	12	21	21	20	20	217	221
2320 Sur la base de l'impôt sur les revenus	..	..	..	0	0	0	0	0	0	0
2400 Non-ventilables entre 2100, 2200 et 2300	..	..	..	0	0	0	0	0	0	0
2410 Sur la base du salaire	..	..	..	..	..	..	..	..	..	..
2420 Sur la base de l'impôt sur les revenus	..	..	..	..	..	..	..	..	..	..
3000 Sur salaires ou main d'oeuvre	..	..	..	**0**	**0**	**0**	**0**	**0**	**0**	**0**
4000 Impôts sur le patrimoine	..	..	..	**24**	**35**	**51**	**58**	**58**	**58**	**59**
4100 Impôts périodiques sur la propriété immobilière	..	..	..	24	35	51	58	58	58	59
Land tax	..	..	..	24	35	51	58	58	58	59
4110 Ménages	..	..	..	..	..	..	..	..	..	..
4120 Autres agents	..	..	..	..	..	..	..	..	..	..
4200 Impôts périodiques sur l'actif net	..	..	..	0	0	0	0	0	0	0
4210 Personnes physiques	..	..	..	..	..	..	..	..	..	..
4220 Sociétés	..	..	..	..	..	..	..	..	..	..
4300 Impôts sur mut. par décès, succ. et donations	..	..	..	0	0	0	0	0	0	0
4310 Impôts sur mut. par décès et successions	..	..	..	..	..	..	..	..	..	..
4320 Impôts sur les donations	..	..	..	..	..	..	..	..	..	..
4400 Impôts sur transact. mobilières et immob.	..	..	..	0	0	0	0	0	0	0
4500 Impôts non-périodiques	..	..	..	0	0	0	0	0	0	0
4510 Sur l'actif net	..	..	..	..	..	..	..	..	..	..
4520 Autres non-périodiques	..	..	..	..	..	..	..	..	..	..
4600 Autres impôts périodiques sur patrimoine	..	..	..	0	0	0	0	0	0	0
5000 Impôts sur les biens et services	..	..	..	**745**	**2 166**	**1 993**	**2 909**	**3 943**	**3 643**	**4 198**
5100 Impôts sur production, vente, transfert, etc.	..	..	..	723	2 099	1 938	2 829	3 725	3 438	3 994
5110 Impôts généraux	..	..	..	521	1 423	1 263	1 873	2 483	2 439	2 877
5111 Taxes sur la valeur ajoutée	..	..	..	520	1 423	1 257	1 873	2 483	2 439	2 877
5112 Impôts sur les ventes	..	..	..	0	0	6	0	0	0	0
5113 Autres impôts	..	..	..	0	0	0	0	0	0	0
5120 Impôts sur biens et services déterminés	..	..	..	202	675	675	956	1 243	999	1 117
5121 Accises	..	..	..	183	577	619	869	1 128	897	981
Alcohol	..	..	..	62	153	154	207	225	211	223
Tobacco	..	..	..	36	134	91	183	231	231	242
Fuel	..	..	..	76	290	343	444	638	437	507
Motor vehicle	..	..	..	9	0	0	0	0	0	0
Package	..	..	..	0	0	0	1	0	0	0
Fur	..	..	..	0	0	0	0	0	0	0
Electricity	..	..	..	0	0	31	34	34	18	8
5122 Bénéfices des monopoles fiscaux	..	..	..	0	0	0	0	0	0	0
5123 Droits de douane et droits à l'importation	..	..	..	2	35	24	34	52	42	62
5124 Taxes à l'exportation	..	..	..	0	0	0	0	0	0	0
5125 Impôts sur biens d'équipement	..	..	..	0	0	0	0	0	0	0
5126 Impôts sur services déterminés	..	..	..	17	64	33	53	62	60	73
Gambling tax	..	..	..	7	30	21	23	30	28	33
Advertising tax	..	..	..	1	3	2	4	6	5	7
Postal service payment	..	..	..	0	0	0	0	0	0	0
Liquid fuel stockpiling fee	..	..	..	0	2	5	5	5	4	5
Contributions to the Guarantee Fund	..	..	..	9	29	5	20	21	23	28
5127 Autres impôts sur commerce et transact. internat.	..	..	..	0	0	0	0	0	0	0
5128 Autres impôts	..	..	..	0	0	0	0	0	0	0

	1965	1980	1990	2000	2007	2010	2015	2019	2020	2021
5130 Non-ventilables entre 5110 et 5120	..	..	..	0	0	0	0	0	0	0
5200 Impôts sur utilisation des biens et exerc. activités	..	..	..	22	68	55	80	217	204	204
5210 Impôts périodiques	..	..	..	22	68	55	73	77	61	62
Car registration fee	..	..	..	2	5	4	7	8	6	8
Heavy vehicle tax	..	..	..	0	4	4	5	5	5	5
5211 À la charge des ménages : véhicules à moteur	..	..	..	..	..	..	..	..	..	..
5212 À la charge autres agents : véhicules à moteur	..	..	..	..	..	..	..	..	..	..
5213 Autres impôts périodiques	..	..	..	20	58	47	61	64	50	49
Business and professional licenses	..	..	..	3	2	1	1	4	4	5
Pollution fee	..	..	..	10	44	31	44	44	29	25
Specific use of water	..	..	..	4	9	13	13	13	14	14
Fees for closure of roads, streets and squares	..	..	..	0	1	1	2	2	2	2
Fishing fees	..	..	..	1	1	1	2	2	2	2
Tax on motor vehicle	..	..	..	2	0	0	0	0	0	0
Boat tax	..	..	..	0	0	0	0	0	0	0
Animal tax	..	..	..	0	0	0	0	0	0	0
5220 Impôts non-périodiques	..	..	..	0	0	0	7	140	143	142
Revenue from the sale of emission permits	..	..	..	..	..	..	7	140	143	142
5300 Non-ventilables entre 5100 et 5200	..	..	..	0	0	0	0	0	0	0
6000 Autres impôts	**..**	**..**	**..**	**0**	**0**	**0**	**0**	**0**	**0**	**0**
6100 À la charge exclusive des entreprises	..	..	..	..	..	..	..	..	..	..
6200 À la charge d'autres agents	..	..	..	..	..	..	..	..	..	..
Other taxes	..	..	..	..	..	..	..	..	..	..
Pour mémoire										
Droits de douane perçus pour le compte de l'UE	..	..	..	..	35	24	34	52	42	62
Contributions au Fonds de résolution unique collectées pour le compte de l'UE	..	..	..	..	..	..	..	7	8	12
Recettes fiscales totales sur la base d'encaissements	**..**	**..**	**..**	**1 907**	**5 003**	**4 921**	**6 848**	**9 195**	**9 204**	**10 426**
Recettes fiscales totales sur la base des droits constatés	**..**	**..**	**..**	**1 919**	**5 082**	**4 894**	**6 874**	**9 298**	**9 134**	**10 536**
Conciliation avec les comptes nationaux										
Impôts additionnels inclus dans les comptes nationaux	..	..	..	0	0	0	0	0	0	0
Impôt exclus des comptes nationaux	..	..	..	0	0	0	0	0	0	0
Différence dans les traitements des crédits d'impôts	..	..	..	0	0	0	0	0	0	0
Transfert en capital des recettes non collectées	..	..	..	0	0	0	0	0	0	0
Cotisations de sécurité sociale volontaires	..	..	..	0	0	0	0	0	0	0
Différences diverses	..	..	..	0	0	0	0	0	0	0
Comptes nationaux : impôts et cotisations sociales effectives	..	..	..	1 919	5 082	4 894	6 874	9 298	9 134	10 536
Cotisations sociales imputées	..	..	..	4	20	30	49	73	86	95
Comptes nationaux : impôts et toutes les cotisations sociales	..	..	..	1 922	5 102	4 924	6 923	9 371	9 220	10 631

.. Non disponible
Note : Year ending 31st December.
Data on an accrual basis.
Source : Statistics Estonia.

StatLink https://stat.link/5h3ry8

Tableau 5.11. Finlande : recettes fiscales détaillées, 1965-2021

Million EUR

	1965	1980	1990	2000	2007	2010	2015	2019	2020	2021
Recettes fiscales totales	**1 362**	**11 895**	**39 052**	**62 435**	**77 447**	**76 315**	**92 003**	**101 439**	**99 610**	**108 314**
Recettes fiscales totales excluant les taxes collectés pour le compte de l'UE	..	..	**39 052**	**62 296**	**77 247**	**76 163**	**91 760**	**101 036**	**99 201**	**107 839**
1000 Impôts sur revenu, bénéfices et gains en capital	**564**	**4 654**	**15 323**	**26 910**	**30 358**	**27 104**	**32 371**	**35 470**	**34 962**	**39 115**
1100 Des personnes physiques	453	4 248	13 562	19 118	23 396	22 545	27 824	29 401	29 873	32 270
1110 Sur le revenu et les bénéfices	453	4 234	13 520	19 118	23 396	22 545	27 824	29 401	29 873	32 270
Tax on income	125	1 827	5 917	9 036	9 086	6 465	9 138	9 986	9 360	11 417
The final withdrawal tax on interest income	0	0	0	92	254	205	110	39	36	26
Communal tax	279	2 376	7 603	9 990	14 056	15 875	18 576	19 376	20 477	20 827
Seaman's tax	3	31	0	0	0	0	0	0	0	0
National pension contributions	32	0	0	0	0	0	0	0	0	0
National health insurance contributions	15	0	0	0	0	0	0	0	0	0
1120 Sur les gains en capital	0	14	42	0	0	0	0	0	0	0
Tax on lottery prizes	..	14	42	..	..	..	..	..	..	..
1200 Des sociétés	111	405	1 761	7 792	6 962	4 559	4 547	6 069	5 089	6 845
1210 Sur les bénéfices	111	405	1 761	7 792	6 962	4 559	4 547	6 069	5 089	6 845
Tax on income	72	202	1 001	4 758	5 298	2 972	2 761	4 151	2 933	3 797
Communal tax	36	187	699	2 900	1 541	1 471	1 668	1 918	2 156	3 048
Church tax	3	16	61	134	123	116	118	0	0	0
1220 Sur les gains en capital	0	0	0	0	0	0	0	0	0	0
1300 Non-ventilables entre 1100 et 1200	0	0	0	0	0	0	0	0	0	0
2000 Cotisations de sécurité sociale	**93**	**2 776**	**10 012**	**15 756**	**21 384**	**22 648**	**26 639**	**28 295**	**27 326**	**30 186**
2100 À la charge des salariés	1	394	1 152	2 926	4 050	4 710	6 364	8 546	8 553	9 133
For employment pension schemes	1	10	23	2 120	2 950	3 386	4 714	6 078	6 239	6 546
For unemployment schemes	0	0	0	435	369	267	489	1 379	1 072	1 239
2110 Sur la base du salaire	..	10	23	2 565	3 319	3 653	5 203	7 457	7 311	7 785
2120 Sur la base de l'impôt sur les revenus	..	384	1 129	361	731	1 057	1 161	1 089	1 242	1 348
National pension contributions	..	251	502	2	0	0	0	0	0	0
National health insurance contributions	..	133	627	359	731	1 057	1 161	1 089	1 242	1 348
2200 À la charge des employeurs	93	2 230	8 127	11 571	15 715	16 041	18 232	17 778	16 704	18 890
For national pension schemes	29	685	1 502	1 566	1 331	0	0	0	0	0
For national health insurance	10	244	792	839	1 142	1 590	1 662	694	1 197	1 445
For unemployment schemes	3	106	206	1 143	1 346	1 377	1 676	1 260	1 006	1 172
For employment pension schemes	50	1 195	5 627	8 023	11 896	13 074	14 894	15 824	14 501	16 273
For accident and group life insurance premiums	0	0	0	0	0	0	0	0	0	0
2210 Sur la base du salaire	..	2 230	8 127	11 571	15 715	16 041	18 232	17 778	16 704	18 890
2220 Sur la base de l'impôt sur les revenus	..	0	0	0	0	0	0	0	0	0
2300 A charge des travailleurs indép. ou sans emploi	0	152	733	1 259	1 619	1 897	2 043	1 971	2 069	2 163
For employment pension schemes	..	84	394	576	817	932	1 269	1 245	1 241	1 246
2310 Sur la base du salaire	..	84	394	576	817	932	1 269	1 245	1 241	1 246
2320 Sur la base de l'impôt sur les revenus	..	68	339	683	802	965	774	726	828	917
National pension contributions	..	43	151	5	0	0	0	0	0	0
National health insurance contributions	..	25	188	678	802	965	774	726	828	917
2400 Non-ventilables entre 2100, 2200 et 2300	0	0	0	0	0	0	0	0	0	0
2410 Sur la base du salaire	..	..	..	..	..	..	..	..	..	..
2420 Sur la base de l'impôt sur les revenus	..	..	..	..	..	..	..	..	..	..
3000 Sur salaires ou main d'oeuvre	**70**	**22**	**0**	**0**	**0**	**0**	**0**	**0**	**0**	**0**
Soc. Sec. contr. for children allowance	70	22	..	..	..	..	..	..	..	..
4000 Impôts sur le patrimoine	**54**	**221**	**956**	**1 518**	**2 012**	**2 087**	**3 017**	**3 477**	**3 569**	**3 788**
4100 Impôts périodiques sur la propriété immobilière	0	0	76	570	855	1 169	1 603	1 871	1 950	1 960
4110 Ménages	..	..	46	273	405	576	733	860	899	904
4120 Autres agents	..	..	30	297	450	593	870	1 011	1 051	1 056
4200 Impôts périodiques sur l'actif net	24	24	27	179	0	0	0	0	0	0
4210 Personnes physiques	11	23	25	175	..	..	..	..	..	..
4220 Sociétés	13	2	2	4	..	..	..	..	..	..
4300 Impôts sur mut. par décès, succ. et donations	3	26	146	368	459	387	631	749	797	826
4310 Impôts sur mut. par décès et successions	3	21	121	307	384	324	528	612	650	662
4320 Impôts sur les donations	1	5	25	61	75	63	103	137	147	164
4400 Impôts sur transact. mobilières et immob.	27	170	707	401	698	531	783	857	822	1 002
Stamp duty excluded entertainment	27	170	688	-20	0	0	0	0	0	0
Credit tax	0	0	19	0	0	0	0	0	0	0
Transfer tax	0	0	0	421	698	531	783	857	822	1 002
4500 Impôts non-périodiques	0	0	0	0	0	0	0	0	0	0
4510 Sur l'actif net	..	..	..	..	..	..	..	..	..	..
4520 Autres non-périodiques	..	..	..	..	..	..	..	..	..	..
4600 Autres impôts périodiques sur patrimoine	0	0	0	0	0	0	0	0	0	0
5000 Impôts sur les biens et services	**578**	**4 202**	**12 711**	**18 221**	**23 624**	**24 407**	**29 895**	**34 146**	**33 680**	**35 117**
5100 Impôts sur production, vente, transfert, etc.	570	4 158	12 555	17 781	22 953	23 642	28 836	32 667	32 224	33 680

	1965	1980	1990	2000	2007	2010	2015	2019	2020	2021
5110 Impôts généraux	251	2 062	7 519	10 869	15 207	15 533	18 974	21 974	22 005	23 551
5111 Taxes sur la valeur ajoutée	251	2 062	7 519	10 869	15 207	15 533	18 974	21 974	22 005	23 551
Value added taxes	251	2 062	7 519	9 616	13 657	13 691	16 680	18 929	18 802	20 226
VAT repayments of local government	0	0	0	849	1 550	1 842	2 294	3 045	3 203	3 325
Social Insur. Institutions' part of VAT revenue	0	0	0	404	0	0	0	0	0	0
5112 Impôts sur les ventes	0	0	0	0	0	0	0	0	0	0
5113 Autres impôts	0	0	0	0	0	0	0	0	0	0
Suppl. sales tax on consumer durables	..	..	..	..	..	..	..	..	..	..
5120 Impôts sur biens et services déterminés	319	2 096	5 036	6 912	7 746	8 109	9 862	10 693	10 219	10 129
5121 Accises	183	1 615	3 813	5 613	6 013	6 286	7 678	8 118	8 006	7 834
Excise on tobacco products	52	206	473	561	622	655	885	1 019	1 054	1 019
Excise on sweetments	6	23	26	0	0	0	0	0	0	0
Excise on medium, strong beer	3	109	419	0	0	0	0	0	0	0
Excise on non-alcoholic beverages	2	17	22	32	35	37	250	180	209	221
Excise on certain foodstuffs	3	218	36	0	0	0	0	0	0	0
Excise on liquid fuels	58	504	986	2 583	2 907	3 167	4 054	4 294	4 253	4 272
Excise on motor cars	28	238	697	1 059	1 217	941	882	886	713	515
Tax on alcoholic beverages	29	353	813	1 239	1 016	1 279	1 356	1 483	1 521	1 543
Levies on pharmacy	2	16	46	85	113	122	165	188	198	202
Levies for price reduction on butter	0	3	0	0	0	0	0	0	0	0
Levies for marketing of milk	0	12	58	0	0	0	0	0	0	0
Excise on margarines	0	18	55	0	0	0	0	0	0	0
Stock-building levies on liquid fuels	0	15	44	46	50	48	43	43	40	44
Excise on sugar products	0	18	34	0	0	0	0	0	0	0
Excise on feeding stuffs	0	0	0	0	0	0	0	0	0	0
Excise on fertilizers	0	21	21	0	0	0	0	0	0	0
Excise on oil-based concentrated feed	0	1	0	0	0	0	0	0	0	0
Excise on protein feed	0	0	0	0	0	0	0	0	0	0
Equalization fee agricultural products	0	8	29	0	0	0	0	0	0	0
Excise on albumen	0	0	30	0	0	0	0	0	0	0
Tax on electricity	0	65	0	0	0	0	0	0	0	0
Oil damage levy	0	0	7	5	8	20	24	7	2	0
Oil waste levy	0	0	4	3	4	4	4	4	0	0
Price difference compensations	0	-231	0	0	0	0	0	0	0	0
The milk quota charge	0	0	6	0	0	0	0	0	0	0
Levies for marketing of special agric. prod.	0	0	0	0	0	0	0	0	0	0
Excise on phosphorous fertilizers	0	0	7	0	0	0	0	0	0	0
Excise on certain beverage packages	0	0	0	0	41	13	15	14	16	18
5122 Bénéfices des monopoles fiscaux	38	86	202	0	0	0	0	0	0	0
Excess profits on alcohol	38	86	202	..	..	..	..	..	..	..
5123 Droits de douane et droits à l'importation	88	235	423	130	199	151	166	187	174	205
Import duties	62	126	232	0	0	0	0	0	0	0
Import levies on agricultural products	26	6	12	0	0	0	0	0	0	0
Local import duties (Town dues)	1	0	0	0	0	0	0	0	0	0
Import levies price stabilisation fund	0	3	0	0	0	0	0	0	0	0
Agricultural levies	0	0	0	0	0	0	0	0	0	0
Equalization tax	0	100	179	0	0	0	0	0	0	0
Custom duties	..	..	0	130	199	151	166	187	174	205
5124 Taxes à l'exportation	0	0	0	0	0	0	0	0	0	0
Export duties	..	..	..	..	..	..	..	..	..	..
Levies on export	..	..	..	..	..	..	..	..	..	..
Counter-cyclical tax exports	..	..	..	..	..	..	..	..	..	..
5125 Impôts sur biens d'équipement	0	0	0	0	0	0	0	0	0	0
Investment tax on buildings	..	..	..	..	..	..	..	..	..	..
5126 Impôts sur services déterminés	9	161	598	1 160	1 533	1 671	2 017	2 388	2 039	2 090
Net revenue of betting	8	94	328	704	807	874	967	1 099	746	819
Tax on motion pictures	0	0	0	0	0	0	0	0	0	0
Stamp duties on entertainment	2	5	0	0	0	0	0	0	0	0
Fire protection levy	0	3	7	6	8	9	11	11	11	12
Tax on waste	0	0	0	33	56	42	32	3	7	3
Rail tax	0	0	0	0	18	18	6	0	0	0
Tax on insurance premiums	0	58	263	337	509	584	777	789	820	848
Tax on lottery prizes	0	0	0	80	135	144	222	217	163	67
Tax on telecommunications	0	0	0	0	0	0	0	0	0	0
Bank tax	0	0	0	0	0	0	-74	-3	-2	-1
Contributions to the Resolution Fund	..	..	0	0	0	0	76	216	235	270
Contributions to the Deposit Guarantee Fund	..	..	0	0	0	0	0	56	59	72
5127 Autres impôts sur commerce et transact. internat.	0	0	0	0	0	0	0	0	0	0
Tax on charter flights	..	..	..	..	..	..	..	..	..	..
5128 Autres impôts	0	0	0	9	1	1	1	0	0	0
Sugar levy	..	..	..	9	1	1	1	..	..	..
Steel and coal levy	..	..	..	0	0	0	0	..	..	..

	1965	1980	1990	2000	2007	2010	2015	2019	2020	2021
5130 Non-ventilables entre 5110 et 5120	0	0	0	0	0	0	0	0	0	0
5200 Impôts sur utilisation des biens et exerc. activités	8	44	156	440	671	765	1 059	1 479	1 456	1 437
5210 Impôts périodiques	8	44	156	423	637	725	960	1 189	1 208	1 170
5211 À la charge des ménages : véhicules à moteur	0	2	5	165	486	541	748	949	965	938
5212 À la charge autres agents : véhicules à moteur	7	32	135	235	126	150	182	201	203	196
5213 Autres impôts périodiques	1	10	16	23	25	34	30	39	40	36
Dog licenses	1	2	4	5	3	2	1	0	0	0
Hunting and fishing licenses	1	7	12	17	17	24	22	27	28	27
Seamens welfare and rescue levy	0	0	0	1	1	1	0	0	0	0
Nuclear energy research levy	0	0	0	0	4	7	7	12	12	9
5220 Impôts non-périodiques	0	0	0	17	34	40	99	290	248	267
Vehicle registration tax	..	..	..	17	34	40	36	27	27	29
Income from auction of emission allowances	..	..	..	0	0	0	63	263	221	238
5300 Non-ventilables entre 5100 et 5200	0	0	0	0	0	0	0	0	0	0
6000 Autres impôts	**2**	**21**	**50**	**30**	**69**	**69**	**81**	**51**	**73**	**108**
6100 À la charge exclusive des entreprises	0	0	0	0	0	0	0	0	0	0
6200 À la charge d'autres agents	2	21	50	30	69	69	81	51	73	108
Pour mémoire										
Droits de douane perçus pour le compte de l'UE	..	..	..	130	199	151	166	187	174	205
Contributions au Fonds de résolution unique collectées pour le compte de l'UE	..	..	..	..	..	..	76	216	235	270
Recettes fiscales totales sur la base d'encaissements	**1 362**	**11 895**	**39 396**	**61 638**	**77 110**	**76 176**	**91 846**	**101 219**	**98 048**	**107 070**
Recettes fiscales totales sur la base des droits constatés	**..**	**..**	**39 052**	**62 435**	**77 447**	**76 315**	**92 003**	**101 439**	**99 610**	**108 314**
Conciliation avec les comptes nationaux										
Impôts additionnels inclus dans les comptes nationaux	..	0	0	0	0	0	0	0	0	0
Impôt exclus des comptes nationaux	..	0	0	0	0	0	0	0	0	0
Différence dans les traitements des crédits d'impôts	..	0	0	0	0	0	0	0	0	0
Transfert en capital des recettes non collectées	..	0	0	0	0	0	0	0	0	0
Cotisations de sécurité sociale volontaires	..	262	632	236	228	254	303	246	235	261
Différences diverses	..	0	0	0	0	0	0	0	0	0
Comptes nationaux : impôts et cotisations sociales effectives	..	12 157	39 684	62 671	77 675	76 569	92 306	101 685	99 845	108 575
Cotisations sociales imputées	..	513	688	30	0	0	0	..	..	..
Comptes nationaux : impôts et toutes les cotisations sociales	..	12 670	40 372	62 701	77 675	76 569	92 306	101 685	99 845	108 575

.. Non disponible

Note : Year ending 31st December.
From 1988 data are on accrual basis.
The comparability of the time series to earlier years is slightly lower.
Headings 2120 and 2320: The breakdown of contributions paid by employees and self-employed or non-employed is estimated, except for the healthcare fee of students in higher education included also into 2320 (in effect from 2021).
Headings 4110 and 4120: The breakdown of contributions paid by households and others is estimated.
Heading 4400: Negative values in Stamp duties are due to repayments during transition time from Stamp duties to Transfer tax.
Heading 5121: Negative items in Price difference compensations were due to subsidies under the price compensation scheme, which could be offset against any positive tax liability.
Heading 5126: Negative values are due to repayments temporary bank tax.
Heading 5212: Prior to 1990, a part of the tax was paid by households.

Source : Statistics Finland, basing on data from State Treasury, Tax Administration, Finnish Customs, Finnish Transport and Communication Agency, Financial Stability Authority and Financial Supervisory Authority. Supplementary information from unpublished sources.

StatLink https://stat.link/n3jwq4

Tableau 5.12. France : recettes fiscales détaillées, 1965-2021

Million EUR

	1965	1980	1990	2000	2007	2010	2015	2019	2020	2021
Recettes fiscales totales	**25 776**	**178 576**	**433 771**	**645 528**	**831 226**	**846 318**	**1 002 131**	**1 098 902**	**1 058 872**	**1 136 931**
Recettes fiscales totales excluant les taxes collectés pour le compte de l'UE	..	..	..	**643 655**	**829 411**	**844 346**	**999 064**	**1 094 291**	**1 053 818**	**1 131 336**
1000 Impôts sur revenu, bénéfices et gains en capital	**4 095**	**30 019**	**69 649**	**160 363**	**197 939**	**191 085**	**234 532**	**282 086**	**277 082**	**302 034**
1100 Des personnes physiques	2 736	20 734	46 272	115 885	141 405	144 165	188 357	227 806	223 271	238 609
1110 Sur le revenu et les bénéfices	2 723	20 674	46 252	115 884	141 405	144 165	188 357	227 806	223 271	238 609
Impôt sur revenu personnes physiques	..	18 207	39 237	49 548	48 597	49 575	72 750	77 681	75 920	81 482
Retenue source sur B.N.C.	..	51	189	293	559	446	927	979	694	981
Retenue sur capitaux mobiliers	..	2 333	3 971	0	0	0	0	0	0	0
CSG, CRDS, prélèvements sociaux au profit du FSV, du FNAL ou/et du FS	..	0	0	65 953	92 204	93 972	113 065	135 098	131 852	138 116
Taxe forfaitaire sur métaux précieux	..	70	58	47	37	52	71	104	79	94
Ressources sur cumuls rémunérations	..	7	20	38	0	0	0	0	0	0
Prélèvements de solidarité	..	0	2 207	5	0	82	0	10 537	10 292	11 557
Autres	..	6	571	0	8	38	1 544	3 407	4 434	6 379
1120 Sur les gains en capital	14	59	20	1	0	0	0	0	0	0
Sur les gains en capital	..	0	0	0	..	..	..	..	..	..
Prélév. sur bénéf. construction immobilière	..	59	20	1	..	..	..	..	..	..
1200 Des sociétés	1 358	9 158	23 117	44 478	56 534	46 920	46 175	54 280	53 811	63 425
1210 Sur les bénéfices	1 358	9 158	23 117	44 478	56 534	46 920	46 175	54 280	53 811	63 425
Impôts sur les sociétés (émission de rôles)	..	8 524	20 804	39 755	51 063	39 095	39 579	48 670	49 942	58 403
3% dividendes	..	0	0	0	0	0	2 165	0	0	0
Retenue sur capitaux mobiliers	..	487	1 333	1 460	3 492	5 952	3 325	4 339	1 575	3 395
Précomptes sur bénéfices distribués (devenu prélèvement exceptionnel de 25% en 2005)	..	36	247	1 135	88	28	4	-131	0	0
Prélév. except. entrep. travail temporaire	..	0	0	0	0	0	0	0	0	0
Contribution sociale sur bénéfices des sociétés	..	0	0	589	158	842	971	1 240	1 171	1 042
Imposition annuelle forfaitaire	..	111	658	1 484	1 656	599	4	1	1	1
Prélèvement except. assurances	..	0	61	55	64	94	127	161	1 122	584
Contribution sur la rente inframarginale de la production d'électricité	..	..	..	..	..	..	..	..	..	..
Autres	..	0	14	0	13	310	0	0	0	0
1220 Sur les gains en capital	0	0	0	0	0	0	0	0	0	0
1300 Non-ventilables entre 1100 et 1200	0	127	260	0	0	0	0	0	0	0
2000 Cotisations de sécurité sociale	**8 804**	**76 235**	**191 141**	**231 875**	**307 663**	**323 816**	**370 375**	**363 817**	**348 335**	**374 574**
2100 À la charge des salariés	1 701	19 851	57 347	57 686	76 815	78 268	93 767	87 940	84 244	90 835
Cotisations effectives	0	19 851	57 347	57 686	76 815	78 268	93 767	87 940	84 244	90 835
2110 Sur la base du salaire	0	0	0	57 686	76 815	78 268	93 767	87 940	84 244	90 835
2120 Sur la base de l'impôt sur les revenus	0	0	0	0	0	0	0	0	0	0
2200 À la charge des employeurs	6 525	50 742	118 079	159 476	208 688	219 687	248 173	247 437	236 893	255 092
Cotisations effectives	0	50 742	118 079	159 476	208 688	219 687	248 173	247 437	236 893	255 092
2210 Sur la base du salaire	0	0	0	159 476	208 688	219 687	248 173	247 437	236 893	255 092
2220 Sur la base de l'impôt sur les revenus	0	0	0	0	0	0	0	0	0	0
2300 A charge des travailleurs indép. ou sans emploi	578	5 642	15 714	14 713	22 160	25 861	28 435	28 440	27 198	28 647
Cotisations effectives	..	5 642	15 714	14 713	22 160	25 861	28 435	28 440	27 198	28 647
2310 Sur la base du salaire	0	0	0	14 713	22 160	25 861	28 435	28 440	27 198	28 647
2320 Sur la base de l'impôt sur les revenus	0	0	0	0	0	0	0	0	0	0
2400 Non-ventilables entre 2100, 2200 et 2300	0	0	0	0	0	0	0	0	0	0
2410 Sur la base du salaire	0	0	0	..	..	..	..	..	..	..
2420 Sur la base de l'impôt sur les revenus	0	0	0	..	..	..	..	..	..	..
3000 Sur salaires ou main d'oeuvre	**1 189**	**3 935**	**8 254**	**14 916**	**22 874**	**26 926**	**34 574**	**43 522**	**43 656**	**46 362**
Taxe sur les salaires	0	2 413	5 208	7 583	10 272	11 440	13 165	13 533	14 537	15 380
Forfait social	0	0	0	0	0	657	5 019	5 251	5 428	5 137
Taxe d'apprentissage	0	172	101	102	964	1 130	1 436	3 758	0	0
Taxe au profit de l'AGS : redevances pour concessions, brevets, licences, marques, procédés, droits et valeurs similaires	0	263	379	551	736	1 759	1 479	841	798	865
Taxe de formation professionnelle	0	236	30	97	19	13	17	5 447	8 442	9 092
Taxe au profit du FNAL : ACOSS (part cotisations employeurs)	0	120	754	1 506	2 412	2 465	2 929	2 855	2 978	3 647
Taxe au profit des syndicats de transports	0	731	1 600	3 786	5 738	6 344	7 842	9 402	9 185	9 795
Versement au profit de l'UNEDIC	0	0	23	24	0	0	0	0	0	0
Taxe sur salaires retraités réemployés	0	0	0	0	0	0	0	0	0	0
Cotisation de prévoyance	0	0	0	415	773	1 120	415	331	283	312
Autres	0	0	159	851	100	81	27	26	11	17
Caisse nationale de solidarité pour l'autonomie (CNSA)	0	0	0	0	1 860	1 917	1 891	2 049	1 993	2 114
Contribution employeurs pour le FCAATA	0	0	0	0	0	0	0	0	0	0
Taxe exceptionnelle de solidarité sur les hautes rémunérations	0	0	0	0	0	0	354	29	1	3

	1965	1980	1990	2000	2007	2010	2015	2019	2020	2021
4000 Impôts sur le patrimoine	**1 105**	**8 591**	**27 434**	**44 070**	**65 318**	**70 613**	**89 311**	**94 802**	**91 679**	**95 743**
4100 Impôts périodiques sur la propriété immobilière	506	5 358	14 808	27 340	39 875	47 589	57 431	57 572	54 847	51 085
4110 Ménages	198	4 454	11 493	20 186	30 584	36 480	43 861	42 235	39 231	36 923
Taxe d'habitation	0	2 306	5 100	8 366	12 433	15 254	18 424	13 928	10 456	7 312
Contributions foncieres (bâti)	0	1 034	4 040	8 460	11 983	14 403	17 557	19 936	20 309	20 802
Taxe d'enlèvement ordures ménagères	0	534	1 219	3 103	5 117	5 699	6 567	7 027	7 155	7 449
Imposition foncier non-bâti	0	506	979	172	851	919	980	998	1 001	1 011
Taxe au profit chambre d'agriculture	0	0	0	53	59	61	61	56	55	55
Taxe de balayage	0	0	0	68	74	75	109	112	111	115
Autres	0	74	156	-36	67	69	163	178	144	179
4120 Autres agents	308	904	3 315	7 154	9 291	11 109	13 570	15 337	15 616	14 162
Contribution foncière propriété bâtie	0	759	3 032	6 256	9 054	10 865	13 246	15 039	15 321	13 871
Impositions foncier non-bâti	0	127	245	688	0	0	0	0	0	0
Taxe au profit chambre d'agriculture	0	18	39	210	237	244	242	222	219	219
Autres	0	0	0	0	0	0	82	76	76	72
4200 Impôts périodiques sur l'actif net	0	0	2 615	2 440	4 390	4 461	5 224	2 054	1 999	2 084
4210 Personnes physiques	..	..	938	2 440	4 390	4 461	5 224	2 054	1 999	2 084
4220 Sociétés	..	..	1 677	0	0	0	0	0	0	0
4300 Impôts sur mut. par décès, succ. et donations	145	1 010	4 124	6 907	8 910	7 738	12 317	15 252	15 039	18 624
4310 Impôts sur mut. par décès et successions	140	875	3 490	5 508	7 853	6 862	10 690	12 311	12 578	14 772
Mutations à titre gratuit	0	861	3 453	5 428	7 794	6 806	10 540	12 208	12 527	14 646
Recettes diverses et pénalités	0	14	37	80	59	56	150	103	51	126
4320 Impôts sur les donations	5	135	634	1 399	1 057	876	1 627	2 941	2 461	3 852
Donations	0	113	568	1 399	1 057	876	1 627	2 941	2 461	3 852
Recettes diverses et pénalités	0	0	0	0	0	0	0	0	0	0
Autres	0	22	66	0	0	0	0	0	0	0
4400 Impôts sur transact. mobilières et immob.	447	2 224	5 886	7 383	12 143	10 825	14 339	19 924	19 794	23 950
Créances rentes offices	0	30	209	279	443	279	335	428	322	385
Fonds de commerce	0	253	518	199	268	154	132	159	159	148
Meubles corporels	0	14	18	0	0	1	1	0	0	0
Immeubles et droits immobiliers	0	63	4	2	2	3	1	0	0	0
Conventions et actes civils entre sociétés	0	95	218	4	5	8	7	0	0	1
Recettes diverses et pénalités	0	35	60	367	179	253	6	15	3	13
Actes judiciaires et extra-judiciaires	0	6	10	0	0	0	0	0	0	0
Taxe de publicité foncière	0	781	38	68	130	140	770	1 034	991	1 175
Droits et timbres divers	0	94	242	0	0	0	0	0	0	0
Impôts sur opérations de bourse	0	168	525	407	271	0	0	0	0	0
Taxe sur les transactions financières	0	0	0	0	0	0	917	906	1 290	1 204
Taxe additionnelle droits d'enregistrement	0	679	4 002	5 339	10 396	9 567	11 618	16 844	16 549	20 406
Autres droits et recettes	0	5	44	718	449	420	552	538	480	618
4500 Impôts non-périodiques	8	0	0	0	0	0	0	0	0	0
4510 Sur l'actif net	8	..	..	..	..	..	..	..	..	..
4520 Autres non-périodiques	0	..	..	..	..	..	..	..	..	..
4600 Autres impôts périodiques sur patrimoine	0	0	0	0	0	0	0	0	0	0
5000 Impôts sur les biens et services	**9 902**	**54 317**	**123 235**	**170 220**	**210 205**	**224 637**	**261 968**	**302 425**	**285 607**	**307 375**
5100 Impôts sur production, vente, transfert, etc.	9 676	52 719	119 201	163 520	202 109	215 844	251 793	290 464	274 375	295 969
5110 Impôts généraux	5 994	37 760	81 341	110 296	142 033	151 565	169 913	194 261	182 045	197 435
5111 Taxes sur la valeur ajoutée	5 173	37 282	79 972	107 511	137 137	136 129	152 550	174 894	162 577	185 784
TVA (budget général)	0	36 895	78 902	103 054	136 927	135 578	151 680	173 953	161 537	184 731
TVA (BAPSA)	0	62	101	4 111	0	0	0	0	0	0
Autres TVA	0	325	969	0	0	0	0	0	0	0
Sous-compensation TVA agriculture	0	0	0	346	138	330	381	406	407	409
TVA sur subventions	0	0	0	0	72	221	489	535	633	644
5112 Impôts sur les ventes	822	0	0	0	0	0	0	0	0	0
5113 Autres impôts	0	477	1 369	2 784	4 896	15 436	17 363	19 367	19 468	11 651
Contribution sociale de solidarité	..	477	1 369	2 784	4 896	5 090	4 390	3 899	4 107	3 664
Cotisation sur la valeur ajoutée des entreprises	..	..	..	0	0	10 346	12 973	15 191	14 986	7 519
Taxe sur les services numériques	..	..	..	0	0	0	0	277	375	468
5120 Impôts sur biens et services déterminés	3 682	14 960	37 860	53 225	60 076	64 279	81 880	96 203	92 330	98 534

	1965	1980	1990	2000	2007	2010	2015	2019	2020	2021
5121 Accises	2 775	11 013	26 834	39 850	44 013	45 770	56 660	64 796	61 310	65 361
Taxe intérieure de consommation sur les produits énergétiques	0	7 136	17 476	23 493	24 318	23 577	26 238	31 438	27 018	30 322
Prélèv. except. sur entrep. produits pétroliers	0	0	0	0	0	0	0	0	0	0
Droits sur vins, cidres et hydromels	0	97	174	0	121	121	501	572	533	565
Droits sur alcools	0	1 238	1 593	3 025	484	2 482	2 956	2 900	2 909	3 050
Droits sur bières et eaux minérales	0	58	91	20	409	538	931	1 114	1 048	1 096
Autres droits et recettes	0	136	38	19	2 169	100	110	76	61	64
Impôts et taxes sur tabacs et allumettes	0	1 188	2 989	7 965	9 659	11 083	12 318	13 682	15 416	15 332
Amendes et confiscations	0	2	1	0	0	0	0	0	0	0
Garantie matières or et argent	0	6	19	29	2	0	0	0	0	0
Taxes au profit de l'ANDA	0	84	147	89	0	0	0	0	0	0
Taxe de protection sanitaire et d'organisation du marché des viandes	0	0	0	48	46	43	43	41	41	42
Taxe sur les céréales	0	147	275	19	19	24	14	4	4	4
Redevances débits de tabac	0	0	0	0	0	0	0	0	0	0
Redevances sur sel de potasse	0	0	0	0	0	0	0	0	0	0
Taxe sur les farines	0	0	0	38	0	0	0	0	0	0
Redevances incluses dans prix carburants	0	36	32	453	485	495	493	558	499	546
Taxe au profit du Fonds National du Livre	0	7	17	0	0	0	0	0	0	0
Taxe sur produit exploitations forestières	0	11	0	0	0	0	0	0	0	0
Redevances des mines	0	16	59	43	23	25	16	19	18	17
Taxe sur électricité et chauffage	0	426	1 340	1 061	2 990	3 717	8 703	9 955	9 434	9 573
Surtaxe sur les apéritifs	0	12	17	0	0	0	0	0	0	0
Vignettes pharmaceutiques	0	4	559	0	0	0	0	0	0	0
Taxe sur betterave, sucre et alcool	0	22	400	0	0	0	0	0	0	0
Taxe solidarité sur graines oléagineuses	0	8	41	0	0	0	0	0	0	0
Taxe sur corps gras alimentaires	0	32	89	99	0	0	0	0	0	0
Taxe au profit Caisse Nationale des Lettres	0	23	0	0	0	0	0	0	0	0
Taxe sur consommation eau au profit FNAE	0	34	51	74	5	11	2	0	0	1
Taxe sur les viandes	0	25	36	0	19	1	0	0	0	0
Taxe au profit agences financières de bassin	0	217	609	1 624	1 821	1 763	2 268	2 237	2 175	2 317
Taxe au profit du FIRS (marché du sucre)	0	0	0	0	0	0	0	0	0	0
Contrib. except. pharmacies et laboratoires	0	16	0	522	0	0	0	0	0	0
Taxe locale	0	5	8	241	247	325	126	64	95	76
Contrib. distributeurs énergie élec. au profit du FACE	0	0	0	183	322	324	375	378	376	377
Taxe au profit de l'ADEME	0	0	0	80	212	489	449	0	0	0
Octroi de mer	0	0	0	449	544	581	422	466	467	524
Taxe générale sur les activités polluantes	0	0	0	6	16	16	117	331	268	550
Stocks sur les produits pétroliers	0	0	0	0	0	0	379	401	384	356
Autres	0	30	772	78	102	55	199	560	564	549
Taxe au profit de l'Institut français du pétrole (IFP)	0	0	0	193	0	0	0	0	0	0
5122 Bénéfices des monopoles fiscaux	0	0	0	0	0	0	0	0	0	0
5123 Droits de douane et droits à l'importation	471	966	1 669	1 810	2 043	2 180	2 665	2 848	2 874	3 146
Droits à l'importation (Etat)	0	0	0	0	0	0	0	0	0	0
Droits à l'importation (UE)	0	873	1 623	0	0	0	0	0	0	0
Octroi de mer	0	0	0	267	327	361	678	765	768	845
Autres	0	94	46	30	59	67	55	56	40	51
5124 Taxes à l'exportation	0	75	15	0	0	0	0	0	0	0
Prélèv. agricoles (part de l'Etat)	..	0	0	..	..	..	..	..	..	..
Prélèv. agricoles (part UE)	..	75	15	..	..	..	..	..	..	..
5125 Impôts sur biens d'équipement	0	0	0	0	0	0	0	0	0	0

	1965	1980	1990	2000	2007	2010	2015	2019	2020	2021
5126 Impôts sur services déterminés	431	2 690	8 373	11 204	14 007	16 274	22 501	28 559	28 146	30 027
Prélèvements sur le PMU	0	446	545	502	719	626	446	421	362	395
Prélèv. produit jeux et casinos	0	0	0	727	1 022	748	691	803	476	388
Prélèv. sur loterie nationale et loto	0	200	702	1 305	1 982	1 800	2 118	2 593	2 107	2 706
Prélèv. except. sur banque et établ. crédit	0	0	0	0	0	0	0	0	0	0
Taxe sur convention d'assurance	0	1 292	4 782	5 097	6 571	7 099	10 386	11 407	12 205	12 514
Baux enregistrement	0	264	633	573	29	-5	0	0	0	1
Taxes funéraires	0	11	32	14	11	12	12	13	15	7
Droits de timbre contrat transport	0	9	77	10	0	0	0	0	0	0
Expertises et vérifications techniques	0	0	0	0	0	0	0	0	0	0
Taxe au profit de l'ANAEM	0	0	0	33	58	129	146	115	115	115
Taxe sur l'utilisation des voies navigables	0	0	0	104	157	169	183	176	167	175
Autres taxes diverses	0	98	272	273	449	1 007	798	2 686	2 735	2 391
Taxes sur les jeux et spectacles	0	75	195	274	372	425	785	1 238	1 053	1 428
Taxe sur fonds de garantie automobile (FGAC)	0	32	135	223	274	323	450	766	783	824
Taxes assurance auto. (Etat + Séc. Soc.)	0	0	0	55	0	0	0	0	0	0
Taxe Fonds National Calamités Agricoles	0	0	0	261	96	101	125	60	60	60
Taxe sur les surfaces commerciales	0	114	258	678	604	604	932	992	1 000	991
Cotisat. des entrep. au Centre Nat. du Cinéma	0	52	207	397	144	766	695	741	616	660
Taxe alimentation au Fonds Assurances Agricoles	0	0	0	0	0	0	0	0	0	0
Taxe au profit du Fonds National Sportif	0	3	0	0	0	0	0	0	0	0
Taxe Fonds de Revalorisation Rentes et Pensions	0	15	0	0	0	0	0	0	0	0
Taxe annuelle sur encours de crédits	0	0	0	0	0	0	0	0	0	0
Taxe sur la publicité	0	0	26	52	38	156	232	247	173	194
Prélév. sur salaires des conserv. hypothèques	0	67	188	0	0	0	0	0	0	0
Taxe de sécurité et sûreté	0	0	0	220	353	459	574	773	261	363
Taxe de risque systémique	0	0	0	0	0	0	591	29	28	28
Taxe sur les mutuelles au profit de la CMU	0	0	0	247	560	1 637	1 909	2 430	2 531	2 832
Taxe au profit du FPRNM (Fonds de prévention des risques naturels majeurs)	0	0	0	0	0	0	205	137	137	228
Contributions au Fonds de résolution unique collectées pour le compte de l'UE	..	..	..	..	..	..	916	2 419	2 988	3 345
Autres	0	10	320	159	568	218	307	513	334	382
5127 Autres impôts sur commerce et transact. internat.	0	0	0	0	0	0	0	0	0	0
5128 Autres impôts	5	215	970	360	13	55	54	0	0	0
Taxe de co-responsabilité sur le lait	0	48	119	0	0	0	0	..	..	..
Taxe de co-responsabilité sur les céréales	0	0	520	0	0	0	0	..	..	..
Prélèvement pour la CECA	0	14	0	0	0	0	0	..	..	..
Receveur des douanes	0	9	24	0	0	0	0	..	..	..
Divers (collect. locales)	0	0	0	0	0	0	0	..	..	..
Cotisations sur les sucres	0	68	185	270	0	42	41	..	..	..
Taxe au profit du FIRS (marché du sucre)	0	76	120	76	0	0	0	..	..	..
Autres	0	0	2	14	13	13	13	..	..	..
5130 Non-ventilables entre 5110 et 5120	0	0	0	0	0	0	0	0	0	0
5200 Impôts sur utilisation des biens et exerc. activités	226	1 598	4 034	6 700	8 096	8 793	10 175	11 961	11 232	11 406
5210 Impôts périodiques	178	1 226	3 024	4 909	5 264	5 338	5 681	6 177	5 797	5 802
5211 À la charge des ménages : véhicules à moteur	27	545	1 236	126	0	0	0	0	0	0
Taxe différentielle (budget gén. et collect. loc.)	0	545	1 236	126	..	..	..	..	..	..
5212 À la charge autres agents : véhicules à moteur	79	545	1 086	1 280	1 559	1 269	1 028	917	927	889
Taxe sur les véhicules des sociétés	0	197	345	644	891	992	753	767	801	756
Taxe sur les véhicules (budg. gén. et coll. loc.)	0	348	741	636	668	277	275	150	126	133
5213 Autres impôts périodiques	72	136	702	3 503	3 705	4 069	4 653	5 260	4 870	4 913
Taxe spéciale usage des routes	0	0	0	420	526	539	574	640	530	615
Droit de pesage	0	17	14	0	0	0	0	0	0	0
Divers taxes (collectivités locales)	0	7	33	0	0	0	0	0	0	0
Taxe magnétoscopes	0	0	0	0	0	0	0	0	0	0
Redev. pour surveillance centrales nucléaires	0	8	41	0	0	0	0	0	0	0
Taxe d'usage des abattoirs	0	19	13	0	0	0	0	0	0	0
Contrib. des entrepr. à la prépa. médicaments	0	0	20	238	0	379	255	252	269	233
Taxe sur les pylones électriques	0	1	66	128	183	213	231	272	283	290
Licence débit de boisson	0	8	22	23	0	0	0	0	0	0
Droit annuel de francisation et de navigation	0	0	0	0	0	39	37	38	38	38
Redevances d'usage des fréquences radioélectriques	0	0	0	191	280	275	187	270	360	321
Contribution à l'audiovisuel public	..	..	..	2 099	2 255	2 472	3 012	3 147	3 048	3 098
Autres	0	75	493	404	461	152	357	641	342	318

	1965	1980	1990	2000	2007	2010	2015	2019	2020	2021
5220 Impôts non-périodiques	47	372	1 010	1 791	2 832	3 455	4 494	5 784	5 435	5 604
Récépissés de mise en circulation	0	75	0	0	0	0	0	0	0	0
Quotas d'émission carbone	..	..	..	0	0	0	215	828	727	728
Taxes et licences débits de boissons	0	0	0	3	0	0	0	0	0	0
Redevance pour droit de construire	0	79	53	72	0	18	0	0	0	0
Taxe d'aménagement	0	146	263	305	848	1 252	1 839	2 164	2 048	2 176
Taxe sur les certificats d'immatriculation des véhicules	0	0	0	1 373	1 939	1 917	2 086	2 299	2 091	2 163
Dépassement plafond légal de densité	0	38	270	38	45	82	52	0	0	0
Taxe additionnelle sur certif. d'immatric. des véhicules	0	0	0	0	0	186	302	493	569	537
Autres	0	35	423	0	0	0	0	0	0	0
5300 Non-ventilables entre 5100 et 5200	0	0	0	0	0	0	0	0	0	0
6000 Autres impôts	**681**	**5 480**	**14 060**	**24 084**	**27 227**	**9 241**	**11 371**	**12 250**	**12 513**	**10 843**
6100 À la charge exclusive des entreprises	678	5 480	14 060	22 398	27 219	9 235	11 365	12 227	12 491	10 825
Taxes au profit de l'INPI	0	43	67	115	156	165	193	231	234	129
Taxe sur les frais généraux	0	0	0	0	0	0	0	0	0	0
Taxe professionnelle	0	5 152	13 381	19 641	22 035	0	0	0	0	0
Taxe des prestations des syndicats (collect. loc.)	0	36	197	293	0	0	0	0	0	0
Taxes diverses (budget gén. et org. div. adm. cent.)	0	0	0	61	236	255	649	813	848	934
Taxe annuelle sur les encours de crédits	0	110	0	0	0	0	0	0	0	0
Prélèv. except. sur entreprises d'assurances	0	0	0	0	0	0	0	0	0	0
Produit de l'imposition (Chambre des Métiers)	0	36	125	155	203	275	253	200	201	190
Versements des entreprises industrielles au profit du FNE	0	4	240	204	33	10	0	0	0	0
Autres	0	98	50	1 127	3 721	1 078	1 269	1 046	999	1 018
Taxe ANDA - ADAR	0	0	0	32	0	0	0	0	0	0
Cotisation foncière des entreprises	..	..	..	0	0	10 346	12 973	15 191	14 986	7 519
Imposition forfaitaire sur les entreprises de réseaux	0	0	0	0	0	1 223	1 297	1 408	1 444	1 395
Exit taxe sur les assurances	0	0	0	0	0	0	0	0	0	0
Produit imposition Chambre de Commerce	0	0	0	770	835	1 103	458	655	642	531
Contribution patronale sur stock-options	0	0	0	0	0	185	490	567	755	880
Taxe sur le résultat des entreprises ferroviaires	0	0	0	0	0	0	400	226	226	0
6200 À la charge d'autres agents	3	0	0	1 686	8	6	6	23	22	18
Autres	0	..	..	1 686	8	6	6	23	22	18
Ecart aux comptes de secteurs	0	..	..	0	0	0	0	0	0	0
Pour mémoire										
Droits de douane perçus pour le compte de l'UE	..	..	..	1 513	1 657	1 752	1 932	2 027	2 066	2 250
Contributions au Fonds de résolution unique collectées pour le compte de l'UE	..	..	..	..	..	..	916	2 419	2 988	3 345
Crédits d'impôts récupérables										
Crédits d'impôts récupérables contre 1110	..	..	..	0	7 663	10 761	8 041	8 473	7 848	6 566
Composante fiscale	..	..	..	..	..	8 234	5 669	6 245	6 365	4 851
Composante transfert	..	..	..	..	..	2 527	2 372	2 228	1 483	1 715
Crédits d'impôts récupérables contre 1210	..	..	..	457	1 860	6 655	18 618	26 885	18 209	15 504
Composante fiscale	..	..	..	..	..	1 277	10 560	10 661	5 349	3 416
Composante transfert	..	..	..	..	..	5 378	8 058	16 224	12 860	12 088
Crédits d'impôts récupérables contre 3000	..	..	..	0	0	0	0	578	0	0
Composante fiscale	..	..	..	..	..	..	..	578	..	..
Composante transfert	..	..	..	..	..	..	..	0	..	..
Recettes fiscales totales sur la base d'encaissements	**25 776**	**178 576**	**433 771**	**642 156**	**825 954**	**840 905**	**995 462**	**1 100 141**	**1 047 573**	**1 129 599**
Recettes fiscales totales sur la base des droits constatés	**..**	**..**	**..**	**645 528**	**831 226**	**846 318**	**1 002 131**	**1 098 902**	**1 058 872**	**1 136 931**
Conciliation avec les comptes nationaux										
Impôts additionnels inclus dans les comptes nationaux	..	..	..	0	0	0	0	0	0	0
Impôt exclus des comptes nationaux	..	..	..	-3 171	-5 191	-5 774	-6 676	-7 139	-7 266	-7 564
Taxe d'enlèvement des ordures ménagères	..	..	..	-3 103	-5 117	-5 699	-6 567	-7 027	-7 155	-7 449
Taxe sur les pylônes	..	..	..	0	0	0	0	0	0	0
Taxe de balayage	..	..	..	-68	-74	-75	-109	-112	-111	-115
Différence dans les traitements des crédits d'impôts	..	..	..	0	0	9 511	16 229	17 484	11 714	8 267
Transfert en capital des recettes non collectées	..	..	..	-3 372	-5 272	-5 413	-6 669	-4 761	-10 814	-7 332
Cotisations de sécurité sociale volontaires	..	..	..	0	0	0	0	0	0	0
Différences diverses	..	..	..	0	0	0	0	0	0	0
Comptes nationaux : impôts et cotisations sociales effectives	..	..	..	638 985	820 763	844 642	1 005 015	1 104 486	1 052 506	1 130 302
Cotisations sociales imputées	..	..	..	25 875	33 510	38 028	42 655	43 965	44 458	44 710
Comptes nationaux : impôts et toutes les cotisations sociales	..	..	..	664 860	854 273	882 670	1 047 670	1 148 451	1 096 964	1 175 012

.. Non disponible

Note : Année civile se terminant le 31 décembre.
A partir de 1992, les données sont sur la base des droits constatés.
A partir de 1970 les chiffres ont été calculés selon le nouveau Système de Comptes Nationaux et ne sont pas, de ce fait, comparables à ceux des années précédentes.
La rubrique 2000 comprend certaines contributions volontaires.

Source : Institut de Comptes Nationaux, Service Public Fédéral des Finances.

StatLink https://stat.link/m3k6re

Tableau 5.13. Allemagne : recettes fiscales détaillées, 1965-2021

Million EUR

	1965	1980	1990	2000	2007	2010	2015	2019	2020	2021
Recettes fiscales totales	**74 359**	**287 373**	**454 764**	**767 045**	**884 216**	**911 161**	**1 128 773**	**1 341 674**	**1 291 069**	**1 422 226**
Recettes fiscales totales excluant les taxes collectés pour le compte de l'UE	..	..	**450 620**	**763 300**	**880 273**	**906 897**	**1 121 962**	**1 334 560**	**1 284 124**	**1 414 508**
1000 Impôts sur revenu, bénéfices et gains en capital	**25 059**	**100 821**	**147 257**	**231 249**	**273 596**	**257 817**	**351 386**	**437 058**	**404 582**	**464 199**
1100 Des personnes physiques	19 254	85 134	125 296	194 173	218 848	219 387	299 362	367 440	348 883	378 908
1110 Sur le revenu et les bénéfices	19 254	85 134	125 296	194 173	218 848	219 387	299 362	367 440	348 883	378 908
Taxes on wages and salaries	8 558	57 039	90 801	135 733	146 365	145 202	194 116	236 649	228 375	240 448
Assessed income tax	7 567	18 813	18 672	12 225	25 341	31 346	48 902	63 781	59 447	72 289
Withholding tax on dividends	691	2 135	5 538	13 515	13 572	12 982	17 944	23 486	21 498	27 394
Supplementary tax	0	0	0	10 347	10 907	10 706	14 555	17 829	17 105	7 886
Enterprise tax	2 438	7 147	10 285	16 486	14 630	13 709	18 553	22 121	18 053	24 413
Stabilisation tax	0	0	0	0	0	0	0	0	0	0
Withholding tax on interest	0	0	0	5 867	8 033	5 442	5 292	3 574	4 405	6 478
1120 Sur les gains en capital	0	0	0	0	0	0	0	0	0	0
1200 Des sociétés	5 806	15 686	21 961	37 076	54 748	38 430	52 024	69 618	55 699	85 291
1210 Sur les bénéfices	5 806	15 686	21 961	37 076	54 748	38 430	52 024	69 618	55 699	85 291
Corporation tax	4 177	10 902	15 385	23 575	23 386	12 516	20 178	32 284	24 514	42 304
Supplementary tax	0	20	1	1 494	1 550	982	1 409	1 896	1 460	2 513
Sacrifice for Berlin	3	0	0	0	0	0	0	0	0	0
Enterprise tax	1 625	4 765	6 576	10 540	25 486	22 002	27 589	33 514	27 353	36 986
Stabilisation tax	0	0	0	0	0	0	0	0	0	0
Withholding tax on interest	0	0	0	1 467	4 326	2 930	2 848	1 924	2 372	3 488
1220 Sur les gains en capital	0	0	0	0	0	0	0	0	0	0
1300 Non-ventilables entre 1100 et 1200	0	0	0	0	0	0	0	0	0	0
2000 Cotisations de sécurité sociale	**19 876**	**98 659**	**170 449**	**299 440**	**320 750**	**354 320**	**424 841**	**508 123**	**512 277**	**534 373**
2100 À la charge des salariés	8 723	43 833	73 580	131 610	139 927	152 843	186 305	220 204	217 248	229 122
Payments by employees total	8 723	43 833	73 580	131 610	139 927	152 843	186 305	220 204	217 248	229 122
2110 Sur la base du salaire	..	..	..	131 610	139 927	152 843	186 305	220 204	217 248	229 122
2120 Sur la base de l'impôt sur les revenus	..	..	..	0	0	0	0	0	0	0
2200 À la charge des employeurs	10 693	52 985	86 659	147 410	151 094	165 476	196 679	238 355	244 779	253 498
Payments by employers total	10 693	52 985	86 659	147 410	151 094	165 476	196 679	238 355	244 779	253 498
2210 Sur la base du salaire	..	..	..	147 410	151 094	165 476	196 679	238 355	244 779	253 498
2220 Sur la base de l'impôt sur les revenus	..	..	..	0	0	0	0	0	0	0
2300 A charge des travailleurs indép. ou sans emploi	460	1 841	10 210	20 420	29 729	36 001	41 857	49 564	50 250	51 753
Payments total	460	1 841	10 210	20 420	29 729	36 001	41 857	49 564	50 250	51 753
2310 Sur la base du salaire	..	..	..	20 420	29 729	36 001	41 857	49 564	50 250	51 753
2320 Sur la base de l'impôt sur les revenus	..	..	..	0	0	0	0	0	0	0
2400 Non-ventilables entre 2100, 2200 et 2300	0	0	0	0	0	0	0	0	0	0
2410 Sur la base du salaire	..	..	..	..	..	..	..	..	..	..
2420 Sur la base de l'impôt sur les revenus	..	..	..	..	..	..	..	..	..	..
3000 Sur salaires ou main d'oeuvre	**477**	**445**	**0**	**0**	**0**	**0**	**0**	**0**	**0**	**0**
Payroll tax	477	445	..	..	..	..	..	..	..	..
4000 Impôts sur le patrimoine	**4 313**	**9 414**	**15 321**	**17 505**	**21 873**	**21 012**	**32 440**	**38 680**	**42 427**	**44 831**
4100 Impôts périodiques sur la propriété immobilière	1 079	2 968	4 461	8 849	10 713	11 315	13 215	14 439	14 675	14 985
4110 Ménages	644	1 187	1 784	3 540	4 285	4 526	5 286	5 776	5 870	5 994
4120 Autres agents	435	1 780	2 676	5 309	6 428	6 789	7 929	8 663	8 805	8 991
4200 Impôts périodiques sur l'actif net	2 530	4 362	6 213	433	5	2	1 686	1 466	1 517	1 758
4210 Personnes physiques	973	977	1 425	191	2	1	-1	0	0	0
General wealth tax	471	954	1 425	191	2	1	-1	..	..	..
Equalization of war burden	502	23	0	0	0	0	0	..	..	..
4220 Sociétés	1 557	3 385	4 788	242	3	1	1 687	1 466	1 517	1 758
General wealth tax	490	1 431	1 813	242	3	1	-1	0	0	0
Equalization of war burden	350	15	0	0	0	0	0	0	0	0
Enterprise tax	717	1 939	2 975	0	0	0	0	0	0	0
Bank levy	0	0	0	0	0	0	0	14	21	30
Contribution to Deposit Protection Fund	0	0	0	0	0	0	1 688	1 452	1 496	1 728
4300 Impôts sur mut. par décès, succ. et donations	162	520	1 545	2 982	4 203	4 405	6 290	6 986	8 657	9 775
4310 Impôts sur mut. par décès et successions	134	416	1 359	2 624	3 699	3 876	5 535	6 148	7 618	8 602
4320 Impôts sur les donations	28	104	186	358	504	529	755	838	1 039	1 173
4400 Impôts sur transact. mobilières et immob.	542	1 564	3 103	5 241	6 952	5 290	11 249	15 789	17 578	18 313
Real property transfer tax	150	521	1 999	5 081	6 952	5 290	11 249	15 789	17 578	18 313
Additional real property transfer	198	680	148	160	0	0	0	0	0	0
Capital transfer tax	111	200	807	0	0	0	0	0	0	0
Bill of exchange tax	83	163	149	0	0	0	0	0	0	0
4500 Impôts non-périodiques	0	0	0	0	0	0	0	0	0	0
4510 Sur l'actif net	..	..	..	..	..	..	..	..	..	..
4520 Autres non-périodiques	..	..	..	..	..	..	..	..	..	..
4600 Autres impôts périodiques sur patrimoine	0	0	0	0	0	0	0	0	0	0

	1965	1980	1990	2000	2007	2010	2015	2019	2020	2021
5000 Impôts sur les biens et services	**24 462**	**77 863**	**121 577**	**218 686**	**267 901**	**277 912**	**319 890**	**357 494**	**331 575**	**378 567**
5100 Impôts sur production, vente, transfert, etc.	23 079	74 406	117 209	211 444	251 558	261 160	301 101	337 127	310 671	349 490
5110 Impôts généraux	12 235	47 779	75 459	140 871	170 387	180 533	211 936	244 433	221 882	259 754
5111 Taxes sur la valeur ajoutée	0	47 779	75 459	140 871	170 387	180 533	211 936	244 433	221 882	259 754
5112 Impôts sur les ventes	0	0	0	0	0	0	0	0	0	0
5113 Autres impôts	12 235	0	0	0	0	0	0	0	0	0
Turnover tax old	11 028	..	..	..	..	..	..	..	..	..
Old turnover tax on import	1 208	..	..	..	..	..	..	..	..	..
5120 Impôts sur biens et services déterminés	10 844	26 627	41 750	70 573	80 819	80 287	88 873	92 406	88 553	89 500
5121 Accises	8 213	20 566	31 158	57 224	63 780	63 438	65 332	66 187	63 192	62 823
Duty on mineral oils	3 798	10 917	17 701	37 826	38 877	39 601	39 605	40 837	37 703	37 191
Duty on power	0	0	0	3 356	6 439	6 167	6 560	6 696	6 569	6 730
Duty on tobacco	2 402	5 771	8 898	11 443	14 108	13 453	14 963	14 469	14 789	14 673
Duty on alcohol	771	1 986	2 162	2 151	2 169	2 049	2 075	2 116	2 098	2 208
Duty on beer	501	645	693	843	750	708	679	604	572	582
Duty on coffee	488	756	986	1 087	985	998	1 034	1 069	1 070	1 058
Duty on sugar	59	72	79	0	0	0	0	0	0	0
Duty on tea	16	32	31	0	0	0	0	0	0	0
Duty on salt	20	20	23	0	0	0	0	0	0	0
Duty on electric lamps	34	63	83	0	0	0	0	0	0	0
Duty on playing cards	2	4	0	0	0	0	0	0	0	0
Duty on beverages	46	22	8	6	1	0	0	0	0	0
Duty on acetic acid	3	2	0	0	0	0	0	0	0	0
Duty on champagne	69	274	494	512	451	462	416	396	391	381
Duty on matches	5	2	0	0	0	0	0	0	0	0
Duty on ice cream	1	0	0	0	0	0	0	0	0	0
5122 Bénéfices des monopoles fiscaux	8	2	0	0	0	0	0	0	0	0
5123 Droits de douane et droits à l'importation	1 658	3 125	3 847	3 394	3 972	4 234	5 195	5 117	4 715	5 227
Monetary compensation accounts	0	368	1	0	0	0	0	0	0	0
Customs (mainly EU)	1 294	2 353	3 662	3 394	3 972	4 234	5 195	5 117	4 715	5 227
Agricultural levies EU	364	404	184	0	0	0	0	0	0	0
5124 Taxes à l'exportation	0	0	0	0	0	0	0	0	0	0
5125 Impôts sur biens d'équipement	0	0	0	0	0	0	0	0	0	0
5126 Impôts sur services déterminés	942	2 689	6 443	9 599	13 095	12 583	18 306	21 100	20 645	21 447
Duty transport goods on residents	0	0	0	0	0	0	0	0	0	0
Transport tax	452	0	0	0	0	0	0	0	0	0
Insurance tax	198	910	2 266	7 243	10 410	10 261	12 445	14 179	14 551	14 955
Fire insurance tax	33	124	200	288	319	326	413	482	510	537
Entertainment tax	55	44	140	267	210	376	881	997	746	433
Taxes on betting and gambling	204	655	1 046	1 801	1 702	1 412	1 711	1 974	2 043	2 332
Tax on electricity bills	0	956	2 792	0	0	0	0	0	0	0
Aviation tax	0	0	0	0	0	0	1 027	1 168	349	539
Gaming casinos levy	0	0	0	0	454	208	251	303	216	161
SRF Contributions	..	..	0	0	0	0	1 578	1 997	2 230	2 490
5127 Autres impôts sur commerce et transact. internat.	0	0	4	5	1	2	2	2	1	2
5128 Autres impôts	24	244	298	351	-29	30	38	0	0	1
Levies CECA	24	56	36	0	0	0	0	..	..	0
Cotisation sugar EU	0	112	224	351	-29	30	38	..	..	1
Levy on milk	0	75	38	0	0	0	0	..	..	0
5130 Non-ventilables entre 5110 et 5120	0	0	0	0	352	340	292	288	236	236
Contributions to the German National Petroleum Stockpiling Agency	..	..	..	..	352	340	292	288	236	236
5200 Impôts sur utilisation des biens et exerc. activités	1 383	3 457	4 368	7 242	16 343	16 752	18 789	20 367	20 904	29 077
5210 Impôts périodiques	1 369	3 454	4 368	7 239	16 343	16 189	18 034	17 616	17 821	18 142
5211 À la charge des ménages : véhicules à moteur	614	1 892	2 950	5 177	6 823	6 447	6 992	7 338	7 439	7 389
5212 À la charge autres agents : véhicules à moteur	728	1 475	1 300	1 838	2 075	2 041	1 812	2 034	2 089	2 158
5213 Autres impôts périodiques	27	87	118	224	7 445	7 701	9 230	8 244	8 293	8 595
Dog taxes	24	75	101	198	240	258	322	370	380	401
Hunting and fishing taxes	4	13	17	26	23	19	10	8	8	7
Nuclear fuel tax	0	0	0	0	0	0	1 018	0	0	0
Licence fee (private households)	0	0	0	0	6 464	6 681	7 155	7 142	7 178	7 433
Licence fee (companies)	0	0	0	0	718	743	725	724	727	754
5220 Impôts non-périodiques	14	3	1	3	0	563	755	2 751	3 083	10 935
Non-recurrent taxes	..	..	0	0	..	0	0	0	0	0
CO2 emission certificates	..	..	0	0	..	563	755	2 751	3 083	10 935
5300 Non-ventilables entre 5100 et 5200	0	0	0	0	0	0	0	0	0	0
6000 Autres impôts	**172**	**172**	**160**	**165**	**96**	**100**	**216**	**319**	**208**	**256**
6100 À la charge exclusive des entreprises	0	0	0	0	0	0	0	0	0	0
6200 À la charge d'autres agents	172	172	160	165	96	100	216	319	208	256

	1965	1980	1990	2000	2007	2010	2015	2019	2020	2021
Pour mémoire										
Droits de douane perçus pour le compte de l'UE	..	..	3 662	3 394	3 972	4 234	5 195	5 117	4 715	5 227
Contributions au Fonds de résolution unique collectées pour le compte de l'UE	..	..	..	..	..	..	1 578	1 997	2 230	2 490
Taxes and compulsory social security contributions paid by EU civil servants	..	..	..	..	..	..	43	53	56	64
Taxes paid by EU civil servants: income taxes	..	..	..	..	..	..	22	27	29	33
Taxes paid by EU civil servants: compulsory social security contributions	..	..	..	..	..	..	21	26	27	31
Crédits d'impôts récupérables										
Crédits d'impôts récupérables contre 1110	..	..	..	38 356	43 602	45 475	41 951	45 153	51 861	52 038
Composante fiscale	..	..	..	..	29 499	28 268	26 817	28 979	31 530	31 944
Composante transfert	..	..	..	..	14 104	17 207	15 134	16 174	20 332	20 094
Crédits d'impôts récupérables contre 1210	..	..	..	962	804	802	200	44	-2	16
Composante fiscale	..	..	..	..	348	326	120	40	0	16
Composante transfert	..	..	..	..	456	474	80	6	-2	0
Recettes fiscales totales sur la base d'encaissements	**74 359**	**287 373**	**454 764**	**767 045**	**881 517**	**911 154**	**1 126 986**	**1 338 779**	**1 289 817**	**1 411 779**
Recettes fiscales totales sur la base des droits constatés	..	..	..	..	**884 216**	**911 161**	**1 128 773**	**1 341 674**	**1 291 069**	**1 422 226**
Conciliation avec les comptes nationaux										
Impôts additionnels inclus dans les comptes nationaux	..	..	..	..	2 406	2 067	2 856	2 458	2 291	2 479
Several duties, administrative fees and other revenues	..	..	..	..	2 406	2 067	2 856	2 458	2 291	2 479
Impôt exclus des comptes nationaux	..	..	..	..	0	0	0	..	..	..
Différence dans les traitements des crédits d'impôts	..	..	..	..	12 623	9 230	5 619	5 607	7 167	6 336
Transfert en capital des recettes non collectées	..	..	..	..	0	0	0	..	..	..
Cotisations de sécurité sociale volontaires	..	..	..	..	21 409	5 102	6 068	7 262	7 399	7 937
Différences diverses	..	..	..	..	33 134	34 234	35 455	42 920	47 415	47 416
Comptes nationaux : impôts et cotisations sociales effectives	..	..	..	..	953 788	961 794	1 178 771	1 399 921	1 355 341	1 486 394
Cotisations sociales imputées	..	..	..	..	29 509	32 687	34 542	40 061	41 379	42 265
Comptes nationaux : impôts et toutes les cotisations sociales	..	..	..	..	983 297	994 481	1 213 313	1 439 982	1 396 720	1 528 659

.. Non disponible

Note : Year ending 31st December.

From 2002 data are on accrual basis.

The tax revenues for Germany refer to the old Länder until 1990 and to all Germany beginning in 1991.

Heading 1000: In the years up to 2000, the revenues shown take into account the whole amount of non-wastable tax credits including that part paid out by the tax authorities which should, under the OECD criteria, be treated as expenditure. From 2001, the data necessary to make the adjustment have become available and the revenue figures comply with the OECD criteria from that year.

Heading for non-wastable tax credits against 1110 comprise child tax credits (paid out of wage tax revenue), tax credits for owner occupied housing (paid out of assessed income tax revenue), retirement allowance ("Riester allowance", paid out of wage tax revenue), investment tax credits for unincorporated businesses (for investment in former East Germany; paid out of assessed income tax revenue), research allowance for unincorporated businesses (paid out of assessed income tax revenue) and employee savings allowance.

Heading for non-wastable tax credits against 1210 are investment tax credits for incorporated businesses (for investment in former East Germany; paid out of corporate income tax revenue) and research allowance for incorporated businesses (paid out of corporate income tax revenue).

Source : Finanzbericht, Bonn; Tax Statistics. Unpublished estimates by the Ministry of Finance.

StatLink https://stat.link/lzni62

Tableau 5.14. Grèce : recettes fiscales détaillées, 1965-2021

Million EUR

	1965	1980	1990	2000	2007	2010	2015	2019	2020	2021
Recettes fiscales totales	**116**	**1 475**	**11 472**	**47 211**	**73 990**	**72 414**	**64 510**	**72 387**	**64 253**	**71 502**
Recettes fiscales totales excluant les taxes collectés pour le compte de l'UE	..	..	**11 361**	**46 990**	**73 683**	**72 134**	**64 235**	**72 004**	**63 911**	**71 127**
1000 Impôts sur revenu, bénéfices et gains en capital	**11**	**286**	**2 283**	**12 662**	**17 176**	**15 953**	**14 586**	**15 642**	**13 111**	**14 781**
1100 Des personnes physiques	8	220	1 619	6 127	10 554	9 015	10 155	11 001	10 447	10 833
1110 Sur le revenu et les bénéfices	8	220	1 619	6 102	10 500	8 948	10 047	10 855	10 359	10 705
Personal income tax	..	..	1 414	..	..	..	..	..	..	..
Receipts from previous years	..	..	62	..	..	..	..	..	..	..
Agricultural social security fund	..	..	143	..	..	..	..	..	..	..
1120 Sur les gains en capital	0	0	0	25	54	67	108	146	88	128
1200 Des sociétés	2	56	631	5 625	5 304	5 717	3 800	4 071	1 999	3 245
1210 Sur les bénéfices	2	56	631	5 625	5 304	5 717	3 800	4 071	1 999	3 245
Corporation income tax	2	39	553	..	..	..	..	..	..	..
Receipts from previous years	0	8	33	..	..	..	..	..	..	..
Agricultural social security fund	0	9	46	..	..	..	..	..	..	..
1220 Sur les gains en capital	0	0	0	0	0	0	0	0	0	0
1300 Non-ventilables entre 1100 et 1200	1	10	32	910	1 318	1 221	631	570	665	703
Extraordinary taxes	0	10	32	..	..	..	..	..	..	..
Other taxes on income and profits	1	0	0	..	..	..	..	..	..	..
2000 Cotisations de sécurité sociale	**37**	**485**	**3 466**	**14 284**	**24 940**	**24 748**	**18 807**	**22 260**	**21 352**	**23 417**
2100 À la charge des salariés	15	214	1 735	7 629	13 417	13 292	11 095	12 063	11 622	12 215
2110 Sur la base du salaire	..	..	..	..	..	..	..	..	..	..
2120 Sur la base de l'impôt sur les revenus	..	..	..	..	..	..	..	..	..	..
2200 À la charge des employeurs	14	213	1 728	6 655	11 523	11 456	7 712	10 197	9 730	11 202
2210 Sur la base du salaire	..	..	..	..	..	..	..	..	..	..
2220 Sur la base de l'impôt sur les revenus	..	..	..	..	..	..	..	..	..	..
2300 A charge des travailleurs indép. ou sans emploi	0	0	3	0	0	0	0	0	0	0
2310 Sur la base du salaire	..	..	..	..	..	..	..	..	..	..
2320 Sur la base de l'impôt sur les revenus	..	..	..	..	..	..	..	..	..	..
2400 Non-ventilables entre 2100, 2200 et 2300	7	58	0	0	0	0	0	0	0	0
2410 Sur la base du salaire	..	..	..	..	..	..	..	..	..	..
2420 Sur la base de l'impôt sur les revenus	..	..	..	..	..	..	..	..	..	..
3000 Sur salaires ou main d'oeuvre	**1**	**27**	**79**	**0**	**0**	**0**	**0**	**0**	**0**	**0**
4000 Impôts sur le patrimoine	**11**	**68**	**532**	**3 631**	**4 908**	**3 741**	**5 418**	**5 602**	**5 041**	**5 290**
4100 Impôts périodiques sur la propriété immobilière	0	4	22	372	709	553	3 592	3 268	3 067	3 195
4110 Ménages	0	3	22	..	..	..	..	..	..	..
4120 Autres agents	0	1	0	..	..	..	..	..	..	..
Taxes on immovable property	0	0	..	..	..	..	..	..	..	..
4200 Impôts périodiques sur l'actif net	0	0	0	714	1 208	1 272	1 083	1 193	1 161	1 157
4210 Personnes physiques	..	..	..	..	..	..	..	..	..	..
4220 Sociétés	..	..	..	..	..	..	..	..	..	..
4300 Impôts sur mut. par décès, succ. et donations	1	18	141	372	208	165	134	244	169	198
4310 Impôts sur mut. par décès et successions	1	13	85	..	..	..	..	..	..	..
4320 Impôts sur les donations	0	4	55	..	..	..	..	..	..	..
4400 Impôts sur transact. mobilières et immob.	10	44	368	2 035	2 556	1 146	547	869	630	722
Stamp and transaction taxes	10	41	368	2 035	2 556	1 146	547	869	630	722
Receipts from previous years	0	3	0	0	0	0	0	0	0	0
4500 Impôts non-périodiques	0	2	1	27	0	1	0	0	0	0
4510 Sur l'actif net	0	0	0	..	..	..	..	..	..	..
4520 Autres non-périodiques	0	2	1	..	..	..	..	..	..	..
4600 Autres impôts périodiques sur patrimoine	0	0	0	111	227	604	62	28	14	18
5000 Impôts sur les biens et services	**57**	**608**	**5 109**	**16 634**	**26 966**	**27 972**	**25 699**	**28 883**	**24 749**	**28 014**
5100 Impôts sur production, vente, transfert, etc.	51	564	4 881	14 797	24 541	25 505	21 480	24 892	21 141	23 731
5110 Impôts généraux	12	194	3 040	9 234	17 020	16 504	13 077	15 474	13 007	15 072
5111 Taxes sur la valeur ajoutée	0	0	2 821	8 927	16 511	15 958	12 885	15 390	12 925	14 942
5112 Impôts sur les ventes	9	185	123	0	0	0	0	0	0	0
5113 Autres impôts	2	9	96	307	509	546	192	84	82	130
Other taxes on goods and services	1	9	34	307	509	546	192	84	82	130
Receipts from previous years	1	0	62	0	0	0	0	0	0	0
5120 Impôts sur biens et services déterminés	39	370	1 789	5 526	7 407	8 922	8 302	9 373	8 099	8 615
5121 Accises	20	165	1 372	4 069	5 876	7 567	6 929	7 215	6 349	6 878
Duty on tobacco products	8	45	357	1 769	2 657	2 712	2 365	2 207	2 081	2 148
Duty on alcohol and spirits	1	7	50	262	334	501	393	504	375	467
Duty on mineral oil	7	75	637	2 016	2 878	4 242	3 971	4 182	3 607	3 852
Duty on sugar	3	6	0	0	0	0	0	0	0	0
Duty on coton and other products	0	30	328	22	7	112	200	322	286	411
5122 Bénéfices des monopoles fiscaux	2	6	0	0	0	0	0	0	0	0

	1965	1980	1990	2000	2007	2010	2015	2019	2020	2021
5123 Droits de douane et droits à l'importation	12	94	112	220	314	279	181	299	255	305
Import duties	11	90	111	220	314	279	181	299	255	305
Agricultural social security fund	1	5	1	0	0	0	0	0	0	0
5124 Taxes à l'exportation	0	1	1	0	0	0	0	0	0	27
5125 Impôts sur biens d'équipement	0	0	0	0	0	0	0	0	0	0
5126 Impôts sur services déterminés	2	47	293	1 237	1 217	1 076	1 192	1 859	1 495	1 405
5127 Autres impôts sur commerce et transact. internat.	0	0	0	0	0	0	0	0	0	0
5128 Autres impôts	4	58	10	0	0	0	0	0	0	0
Agricultural social security fund	2	..	0	..	..	..	..	..	..	..
Other taxes	2	..	0	..	..	..	..	..	..	..
5130 Non-ventilables entre 5110 et 5120	0	0	52	37	114	79	101	45	35	44
5200 Impôts sur utilisation des biens et exerc. activités	6	44	228	1 320	2 169	1 682	3 217	3 258	2 945	3 625
5210 Impôts périodiques	5	24	219	1 320	2 169	1 682	3 217	3 258	2 945	3 625
Motor vehicle tax	5	0	0	0	0	0	0	0	0	0
5211 À la charge des ménages : véhicules à moteur	..	23	210	281	598	825	780	819	789	801
5212 À la charge autres agents : véhicules à moteur	..	0	8	735	1 182	272	207	301	240	296
5213 Autres impôts périodiques	0	1	1	304	389	585	2 230	2 138	1 916	2 528
Taxes on boats/ships	0	0	1	..	..	..	..	..	..	..
5220 Impôts non-périodiques	1	20	9	0	0	0	0	0	0	0
Exceptional tax on construction of buildings	0	..	9	..	..	..	..	..	..	..
Building permits	0	..	0	..	..	..	..	..	..	..
5300 Non-ventilables entre 5100 et 5200	0	0	0	517	256	785	1 002	733	663	658
6000 Autres impôts	**0**	**1**	**3**	**0**	**0**	**0**	**0**	**0**	**0**	**0**
6100 À la charge exclusive des entreprises	..	0	0	..	..	..	..	..	..	..
6200 À la charge d'autres agents	..	1	3	..	..	..	..	..	..	..
Pour mémoire										
Droits de douane perçus pour le compte de l'UE	..	..	100	210	307	278	181	299	255	284
Contributions au Fonds de résolution unique collectées pour le compte de l'UE	..	..	..	..	..	..	92	84	87	91
Recettes fiscales totales sur la base d'encaissements	**116**	**1 475**	**11 472**	**45 979**	**72 429**	**73 083**	**63 210**	**71 533**	**62 172**	**69 344**
Recettes fiscales totales sur la base des droits constatés	**..**	**..**	**..**	**47 211**	**73 990**	**72 414**	**64 510**	**72 387**	**64 253**	**71 502**
Conciliation avec les comptes nationaux										
Impôts additionnels inclus dans les comptes nationaux	..	..	..	0	0	0	0	0	0	0
Impôt exclus des comptes nationaux	..	..	..	0	0	0	0	0	0	0
Différence dans les traitements des crédits d'impôts	..	..	..	0	0	0	0	0	0	0
Transfert en capital des recettes non collectées	..	..	..	0	0	0	0	0	0	0
Tax (Employer's actual social contributions)	..	..	..	..	..	..	..	..	..	..
Tax (Employee's actual social contributions)	..	..	..	..	..	..	..	..	..	..
Cotisations de sécurité sociale volontaires	..	..	..	0	0	0	0	0	0	0
Différences diverses	..	..	..	0	0	0	0	0	0	0
Comptes nationaux : impôts et cotisations sociales effectives	..	..	..	47 211	73 990	72 414	64 510	72 387	64 253	71 502
Cotisations sociales imputées	..	..	..	2 055	3 952	4 952	5 615	4 394	4 086	3 856
Comptes nationaux : impôts et toutes les cotisations sociales	..	..	..	49 266	77 942	77 366	70 125	76 781	68 339	75 358

.. Non disponible

Note : Year ending 31st December.

From 1998 data are on accrual basis.

Source : Ministry of Finance, General accounting Office, Directorate of General Government Budget in collaboration with the National Statistical Authority (ELSTAT).

StatLink https://stat.link/6l9nhk

Tableau 5.15. Hongrie : recettes fiscales détaillées, 1965-2021

Million HUF

	1965	1980	1990	2000	2007	2010	2015	2019	2020	2021
Recettes fiscales totales	..	..	..	**5 132 570**	**10 098 955**	**10 121 687**	**13 519 622**	**17 308 702**	**17 425 190**	**18 644 189**
Recettes fiscales totales excluant les taxes collectés pour le compte de l'UE	..	..	..	**5 132 570**	**10 055 315**	**10 096 033**	**13 479 897**	**17 244 422**	**17 361 695**	**18 571 374**
1000 Impôts sur revenu, bénéfices et gains en capital	..	..	..	**1 247 420**	**2 539 389**	**2 093 830**	**2 425 958**	**3 045 893**	**3 165 880**	**3 011 837**
1100 Des personnes physiques	..	..	..	954 698	1 838 563	1 764 082	1 824 671	2 457 567	2 543 593	2 254 979
1110 Sur le revenu et les bénéfices	..	..	..	954 698	1 838 563	1 764 082	1 824 671	2 457 567	2 543 593	2 254 979
1120 Sur les gains en capital	..	..	..	0	0	0	0	0	0	0
1200 Des sociétés	..	..	..	292 722	700 826	329 748	601 287	588 326	622 287	756 858
Corporate income tax	..	..	..	292 722	510 781	323 370	539 777	534 518	549 822	674 002
Research and development fund levy	..	..	..	0	0	0	0	0	0	0
Financial institutions' special tax	..	..	..	0	10 890	21 618	19 902	8 253	8 842	5 580
Separate tax for companies	..	..	..	0	178 598	-32 390	0	0	0	0
Medicine tax	..	..	..	0	558	163	0	0	0	0
Energy corporations' special tax	..	..	..	0	0	16 987	41 608	45 555	63 623	77 276
1210 Sur les bénéfices	..	..	..	..	..	..	..	..	..	..
1220 Sur les gains en capital	..	..	..	..	..	..	..	..	..	..
1300 Non-ventilables entre 1100 et 1200	..	..	..	0	0	0	0	0	0	0
Interest withholding	..	..	..	..	..	..	..	..	..	..
2000 Cotisations de sécurité sociale	..	..	..	**1 506 755**	**3 402 194**	**3 179 509**	**4 433 464**	**5 545 481**	**5 364 400**	**5 781 772**
2100 À la charge des salariés	..	..	..	275 323	941 682	1 112 583	1 770 923	2 771 550	2 813 766	3 165 758
Pensions	..	..	..	150 585	336 855	537 556	969 908	1 481 874	1 539 523	1 731 635
Health	..	..	..	81 874	513 633	467 208	656 147	1 003 683	1 046 999	1 181 988
Unemployment	..	..	..	42 864	91 194	107 819	144 868	285 993	227 244	252 135
2110 Sur la base du salaire	..	..	..	..	..	..	..	..	..	..
2120 Sur la base de l'impôt sur les revenus	..	..	..	..	..	..	..	..	..	..
2200 À la charge des employeurs	..	..	..	1 213 190	2 402 941	2 043 771	2 637 330	2 745 966	2 521 328	2 586 060
Pensions	..	..	..	734 456	1 508 490	1 800 864	2 235 536	1 961 423	1 781 571	1 825 221
Health	..	..	..	385 019	693 705	169 202	398 618	783 108	738 365	759 343
Unemployment	..	..	..	93 715	200 746	73 705	3 176	1 435	1 392	1 496
2210 Sur la base du salaire	..	..	..	..	..	..	..	..	..	..
2220 Sur la base de l'impôt sur les revenus	..	..	..	..	..	..	..	..	..	..
2300 A charge des travailleurs indép. ou sans emploi	..	..	..	873	2 534	0	0	0	0	0
Pensions: of which	..	..	..	0	0	..	..	..	..	..
Self-employed	..	..	..	0	0	..	..	..	..	..
Unemployed	..	..	..	0	0	..	..	..	..	..
Retired	..	..	..	0	0	..	..	..	..	..
Other	..	..	..	0	0	..	..	..	..	..
Health: of which	..	..	..	873	2 534	..	..	..	..	..
Self-employed	..	..	..	873	2 534	..	..	..	..	..
Unemployed	..	..	..	0	0	..	..	..	..	..
Retired	..	..	..	0	0	..	..	..	..	..
Other	..	..	..	0	0	..	..	..	..	..
2310 Sur la base du salaire	..	..	..	..	..	..	..	..	..	..
2320 Sur la base de l'impôt sur les revenus	..	..	..	..	..	..	..	..	..	..
2400 Non-ventilables entre 2100, 2200 et 2300	..	..	..	17 368	55 037	23 155	25 211	27 965	29 306	29 954
2410 Sur la base du salaire	..	..	..	..	..	..	..	..	..	..
2420 Sur la base de l'impôt sur les revenus	..	..	..	..	..	..	..	..	..	..
3000 Sur salaires ou main d'oeuvre	..	..	..	**183 430**	**82 068**	**113 689**	**241 750**	**494 906**	**501 292**	**598 599**
Rehabilitation contribution	..	..	..	2 184	13 559	56 004	67 460	102 990	107 943	113 893
Training levy	..	..	..	13 186	36 612	47 083	96 427	145 280	140 481	162 361
Wage guarantee contribution	..	..	..	0	0	0	0	0	0	0
Communal tax on enterprises	..	..	..	1 192	1 261	1 170	0	0	0	0
Health contribution	..	..	..	166 869	20 427	0	0	0	0	0
Medicine tax	..	..	..	0	10 209	9 431	10 283	10 179	9 543	8 574
Tax on home-workers	..	..	..	0	0	1	29	24	20	19
Lump sum tax for small taxpayers	..	..	..	0	0	0	55 409	161 207	158 736	197 020
Small business tax	..	..	..	0	0	0	12 142	75 226	84 569	116 732
4000 Impôts sur le patrimoine	..	..	..	**89 024**	**202 711**	**312 059**	**437 329**	**446 471**	**507 379**	**482 670**
4100 Impôts périodiques sur la propriété immobilière	..	..	..	30 810	72 071	92 525	200 906	221 441	224 590	235 959
Land tax	..	..	..	0	0	0	0	0	0	0
Building tax	..	..	..	22 262	54 556	71 025	111 963	127 594	130 529	137 766
Development land tax	..	..	..	3 099	6 900	9 861	19 102	24 095	26 168	28 324
Communal tax on recreational howes	..	..	..	893	1 412	1 515	26	0	0	0
Communal tax on households	..	..	..	4 557	9 069	10 124	13 451	14 566	14 770	15 047
Luxury tax	..	..	..	0	134	0	0	0	0	0
Public utility tax	..	..	..	0	0	0	55 906	54 509	52 502	54 127
Community tax	..	..	..	0	0	0	458	677	621	695
4110 Ménages	..	..	..	..	..	..	..	..	..	..

	1965	1980	1990	2000	2007	2010	2015	2019	2020	2021
4120 Autres agents	..	..	..	..	..	..	..	..	..	..
4200 Impôts périodiques sur l'actif net	..	..	..	0	0	135 652	135 661	44 894	108 104	52 308
Surtax payable by financial institutions	..	..	..	..	..	135 652	135 661	44 894	108 104	52 308
4210 Personnes physiques	..	..	..	..	..	..	..	..	..	..
4220 Sociétés	..	..	..	..	..	..	..	..	..	..
4300 Impôts sur mut. par décès, succ. et donations	..	..	..	5 460	13 175	6 264	7 373	11 428	9 493	9 132
4310 Impôts sur mut. par décès et successions	..	..	..	4 020	10 775	4 243	6 230	9 758	8 026	7 255
Inheritance tax-local	..	..	..	2 010	4 658	1 858	0	0	0	0
Inheritance tax-central	..	..	..	2 010	6 117	2 385	6 230	9 758	8 026	7 255
4320 Impôts sur les donations	..	..	..	1 440	2 400	2 021	1 143	1 670	1 467	1 877
Gift tax-local	..	..	..	720	1 038	885	0	0	0	0
Gift tax-central	..	..	..	720	1 363	1 136	1 143	1 670	1 467	1 877
4400 Impôts sur transact. mobilières et immob.	..	..	..	52 754	117 465	77 618	93 389	168 708	165 192	185 271
Property transfer tax-local	..	..	..	26 349	50 783	33 990	0	0	0	0
Property transfer tax-central	..	..	..	26 405	66 682	43 628	93 389	168 708	165 192	185 271
4500 Impôts non-périodiques	..	..	..	0	0	0	0	0	0	0
4510 Sur l'actif net	..	..	..	..	..	..	..	..	..	..
4520 Autres non-périodiques	..	..	..	..	..	..	..	..	..	..
4600 Autres impôts périodiques sur patrimoine	..	..	..	0	0	0	0	0	0	0
5000 Impôts sur les biens et services	**..**	**..**	**..**	**2 081 439**	**3 832 361**	**4 383 865**	**5 936 435**	**7 742 057**	**7 863 946**	**8 790 416**
5100 Impôts sur production, vente, transfert, etc.	..	..	..	2 052 712	3 751 218	4 272 312	5 798 298	7 524 731	7 645 017	8 550 634
5110 Impôts généraux	..	..	..	1 340 572	2 622 027	3 010 781	4 099 741	5 527 475	5 632 941	6 420 284
5111 Taxes sur la valeur ajoutée	..	..	..	1 153 750	2 013 271	2 325 608	3 309 540	4 526 757	4 717 048	5 460 243
5112 Impôts sur les ventes	..	..	..	0	0	37 795	50 635	90 743	96 406	110 311
Public health product tax	..	..	..	..	..	0	29 882	54 912	57 685	66 346
Hydrocarbons stockholding fee	..	..	..	..	..	37 795	20 753	35 831	38 721	43 965
5113 Autres impôts	..	..	..	186 823	608 756	647 378	739 566	909 975	819 487	849 730
Local tax on company sales	..	..	..	186 823	427 134	443 093	584 380	788 308	729 000	754 982
Simplified business tax	..	..	..	0	152 812	181 880	89 406	43 364	1 690	0
Research and development contribution	..	..	..	0	28 810	22 405	65 780	78 303	88 797	94 748
5120 Impôts sur biens et services déterminés	..	..	..	712 140	1 129 192	1 261 531	1 698 557	1 997 256	2 012 076	2 130 350
5121 Accises	..	..	..	533 502	969 730	929 881	1 119 189	1 303 858	1 318 427	1 352 067
Road fund petrol tax	..	..	..	0	0	0	0	0	0	0
Alcohol production duty	..	..	..	3 848	5 621	3 021	8 007	7 640	6 535	3 043
Water fund tax	..	..	..	6 017	13 171	14 444	12 305	12 513	12 632	12 425
Forestry fund tax	..	..	..	2 858	3 353	284	0	0	0	0
Environment petrol tax	..	..	..	14 837	19 447	17 274	65 534	80 511	74 825	83 568
Budget excises (central budget)	..	..	..	505 942	916 869	877 778	1 015 555	1 184 136	1 207 253	1 232 865
Coffee	..	..	..	3 200	0	0	0	0	0	0
Alcohol	..	..	..	53 500	88 600	83 078	87 369	90 126	90 640	97 549
Tobacco	..	..	..	107 000	252 400	251 778	321 922	369 155	409 123	399 787
Petrol	..	..	..	156 000	218 200	216 728	206 220	238 390	227 025	239 539
Diesel	..	..	..	157 000	256 600	293 588	375 026	459 013	459 231	477 138
Other oil	..	..	..	6 000	2 200	2 567	3 608	2 364	1 711	1 882
Other budget excises	..	..	..	30 343	93 442	30 039	21 410	25 088	19 523	16 970
Energy tax	..	..	..	0	11 269	17 080	17 788	19 058	17 182	20 166
5122 Bénéfices des monopoles fiscaux	..	..	..	0	0	0	0	0	0	0
5123 Droits de douane et droits à l'importation	..	..	..	137 730	37 174	33 446	52 395	80 315	79 357	96 177
Customs duties	..	..	..	137 730	37 174	33 446	52 395	80 315	79 357	96 177
5124 Taxes à l'exportation	..	..	..	0	0	0	0	0	0	0
5125 Impôts sur biens d'équipement	..	..	..	0	0	0	0	0	0	0
5126 Impôts sur services déterminés	..	..	..	40 908	106 629	297 554	465 479	587 967	590 136	649 330
Gambling tax	..	..	..	27 935	71 804	62 718	44 972	39 656	48 956	39 237
Tourism tax	..	..	..	4 379	0	0	0	0	0	0
Communal tourism tax	..	..	..	2 943	4 935	5 798	10 475	16 249	3 953	6 815
Cultural contribution	..	..	..	4 387	8 432	1 096	127	0	0	0
Pork slaughterhouse tax	..	..	..	32	0	0	0	0	0	0
Breeding contribution	..	..	..	899	919	0	0	0	0	0
Medicine tax	..	..	..	0	19 789	28 104	45 529	51 318	53 064	53 447
Surtax payable by financial institutions	..	..	..	0	0	39 611	4 155	3 428	3 513	3 833
Specific sectors' surtax	..	..	..	0	0	151 693	285	94	0	0
Telecommunication services tax	..	..	..	0	0	0	54 516	53 412	58 709	57 793
Accident tax	..	..	..	0	0	0	27 694	5 125	-10	0
Insurance tax	..	..	..	0	0	4 018	30 108	87 784	97 220	105 121
Financial transaction levy	..	..	..	0	0	0	205 616	245 548	213 979	235 246
Waste dumping contribution	..	..	..	0	0	0	11 123	16 177	15 473	16 078
Advertising tax	..	..	..	0	0	0	5 675	6 451	0	0
Protection Fund levies (BEVA)	..	..	..	0	0	1 036	2 600	7 328	7 624	7 714
Protection Fund levies (OBA)	..	..	..	0	0	2 435	14 391	10 041	10 027	13 536
Protection Fund levies (Resolution Fund)	..	..	..	0	0	0	7 290	12 114	16 576	23 634
Protection Fund levies (SZHTKA)	..	..	..	0	0	0	923	1 166	1 226	3 129
Protection Fund levies (KA)	..	..	..	0	0	0	0	4 765	4 744	4 814

	1965	1980	1990	2000	2007	2010	2015	2019	2020	2021
Tourism development contribution	..	..	..	0	0	0	0	27 311	7 445	339
Protection Fund Levies (PGA)	..	..	..	332	750	1 045	0	0	0	0
Retail tax	..	..	..	0	0	0	0	0	47 637	78 594
Departure tax	..	..	..	0	0	0	0	0	0	0
5127 Autres impôts sur commerce et transact. internat.	..	..	..	0	0	0	0	0	0	0
Previous differential producer's turnover tax	..	..	..	..	..	..	..	..	..	..
5128 Autres impôts	..	..	..	0	15 659	650	61 494	25 116	24 156	32 776
Sugar duty	..	..	..	..	15 659	650	765	0	0	0
Payments by companies in the energy sector (MAVIR)	..	..	..	..	0	0	60 729	25 116	24 156	32 776
5130 Non-ventilables entre 5110 et 5120	..	..	..	0	0	0	0	0	0	0
5200 Impôts sur utilisation des biens et exerc. activités	..	..	..	28 727	81 143	111 553	138 137	217 326	218 929	239 782
5210 Impôts périodiques	..	..	..	25 454	74 268	106 903	130 238	201 235	206 069	223 463
Tax on domestically registered vehicles-local	..	..	..	12 622	62 432	71 112	73 248	84 095	85 563	95 038
Tax on domestically registered vehicles-extra budget	..	..	..	0	0	0	0	0	0	0
Tax on domestically registered vehicles-central	..	..	..	8 250	0	79	0	0	0	0
Tax on foreign registered vehicles extra budget fund	..	..	..	0	0	0	0	0	0	0
Tax on foreign registered vehicles-central	..	..	..	3 078	1 655	1 397	0	0	0	0
Company car tax	..	..	..	0	0	25 867	31 570	36 928	37 511	39 689
5211 À la charge des ménages : véhicules à moteur	..	..	..	0	0	0	0	0	0	0
5212 À la charge autres agents : véhicules à moteur	..	..	..	0	0	0	0	0	0	0
5213 Autres impôts périodiques	..	..	..	1 504	10 181	8 448	25 420	80 212	82 995	88 736
Environmental protection charge	..	..	..	5	13	27	0	0	0	0
Fishing development contribution	..	..	..	40	104	0	0	0	0	0
Environmental pollution charge	..	..	..	0	8 785	7 653	6 680	6 413	6 357	6 181
Air pollution levy	..	..	..	751	610	53	0	0	0	0
Water pollution levy	..	..	..	225	186	0	0	0	0	0
Toxic waste levy	..	..	..	65	42	130	0	0	0	0
Noise abatement levy	..	..	..	13	8	19	0	0	0	0
Unidentified environmental protection levies paid to local governments	..	..	..	404	433	566	265	144	155	155
Sale of emission allowances	..	..	..	0	0	0	17 479	72 223	74 177	79 585
Concession fees (tobacco shops)	..	..	..	0	0	0	996	1 432	2 306	2 815
5220 Impôts non-périodiques	..	..	..	3 273	6 875	4 650	7 899	16 091	12 860	16 319
Land protection levy	..	..	..	1 640	3 777	2 488	3 610	8 331	5 776	7 368
Vehicle weight fee	..	..	..	805	1 288	820	0	2 948	2 059	3 305
Game protection contribution	..	..	..	178	176	1	0	0	0	0
Casino license fee	..	..	..	650	1 635	1 341	4 289	4 812	5 025	5 646
5300 Non-ventilables entre 5100 et 5200	..	..	..	0	0	0	0	0	0	0
6000 Autres impôts	**..**	**..**	**..**	**24 503**	**40 232**	**38 735**	**44 686**	**33 894**	**22 293**	**-21 105**
Unallocable tax penalties	..	..	..	23 546	33 321	36 250	35 530	25 751	22 293	-21 105
6100 À la charge exclusive des entreprises	..	..	..	957	6 911	2 485	9 156	8 143	0	0
Nuclear contribution	..	..	..	957	6 711	2 485	9 156	8 143	..	..
Medicine tax	..	..	..	0	200	0	0	0	..	..
6200 À la charge d'autres agents	..	..	..	0	0	0	0	0	0	0
Pour mémoire										
Droits de douane perçus pour le compte de l'UE	..	..	..	..	27 981	25 004	38 960	64 280	63 495	72 815
Recettes fiscales totales sur la base d'encaissements	**..**	**..**	**..**	**5 132 570**	**10 020 734**	**10 137 257**	**13 218 609**	**16 799 260**	**16 994 769**	**18 789 624**
Recettes fiscales totales sur la base des droits constatés	**..**	**..**	**..**	**..**	**10 098 955**	**10 121 687**	**13 519 622**	**17 308 702**	**17 425 190**	**18 644 189**
Conciliation avec les comptes nationaux										
Impôts additionnels inclus dans les comptes nationaux	..	..	..	..	45 120	49 057	76 364	38 847	32 597	29 688
Social security contributions	..	..	..	..	0	11 675	40 688	3 386	84	43
Duty for state procedures	..	..	..	..	45 084	37 331	35 653	35 443	32 498	29 633
Other taxes	..	..	..	..	36	51	23	18	15	12
Impôt exclus des comptes nationaux	..	..	..	..	-49 439	-53 707	-48 414	-38 432	-35 100	8 506
Water fund tax	..	..	..	..	-13 171	-14 444	-12 305	-12 513	-12 632	-12 425
Tax on foreign registered vehicles	..	..	..	..	-1 655	-1 397	0	0	0	0
Environmental protection fee	..	..	..	..	-446	-593	-265	-144	-155	-155
Air pollution levy	..	..	..	..	-610	-53	0	0	0	0
Water pollution levy	..	..	..	..	-186	0	0	0	0	0
Toxic waste levy	..	..	..	..	-42	-130	0	0	0	0
Noise abatement levy	..	..	..	..	-8	-19	0	0	0	0
Vehicle weight fee	..	..	..	..	0	-820	0	0	0	0
Unallocable tax penalties	..	..	..	..	-33 320	-36 250	-35 530	-25 751	-22 293	21 105
Tax on home-workers	..	..	..	..	0	-1	-29	-24	-20	-19
Specific sectors' surtax correction	..	..	..	..	0	0	-285	0	0	0
Différence dans les traitements des crédits d'impôts	..	..	..	..	0	0	0	0	0	0
Transfert en capital des recettes non collectées	..	..	..	..	0	0	0	0	0	0
Cotisations de sécurité sociale volontaires	..	..	..	..	1 762	1 693	1 229	983	953	963
Différences diverses	..	..	..	..	-2 687	-28	-43	190	1 433	2 736

	1965	1980	1990	2000	2007	2010	2015	2019	2020	2021
Inheritance tax	..	..	..	..	0	0	0	0	0	0
Gift tax	..	..	..	..	0	0	0	0	0	0
Property transfer tax	..	..	..	..	0	0	0	0	0	0
Rounding	..	..	..	..	4	-2	0	-1	-1	-2
Taxes on income and profits	..	..	..	..	-2 087	0	0	0	0	0
Corporate income tax	..	..	..	..	0	0	0	0	0	0
Customs duties	..	..	..	..	-603	-26	-43	191	1 434	2 738
Vehicle weight fee	..	..	..	..	0	0	0	0	0	0
Environment petrol tax	..	..	..	..	0	0	0	0	0	0
Social security contributions	..	..	..	..	0	0	0	0	0	0
Credit institutions' special tax	..	..	..	..	0	0	0	0	0	0
Comptes nationaux : impôts et cotisations sociales effectives	..	..	..	..	10 093 712	10 118 702	13 548 758	17 310 290	17 425 073	18 686 082
Cotisations sociales imputées	..	..	..	..	21 113	24 841	28 783	22 688	29 149	30 949
Comptes nationaux : impôts et toutes les cotisations sociales	..	..	..	..	10 114 825	10 143 543	13 577 541	17 332 978	17 454 222	18 717 031

.. Non disponible
Note : Year ending 31st December.
From 2002 onwards, data are on accrual basis, except for the preliminary year, which is on a cash basis.
Heading 5121: the aggregate figure for excise tax revenues is on a cash basis. Revenue from specific excises is in several cases reported on an accrual basis.
Tax base for "Environment petrol tax" is broader than petrol only.
Source : Ministry of Finance, Economic Department.

StatLink https://stat.link/le4at3

Tableau 5.16. Islande : recettes fiscales détaillées, 1965-2021

Million ISK

	1965	1980	1990	2000	2007	2010	2015	2019	2020	2021
Recettes fiscales totales	**60**	**4 731**	**114 932**	**254 570**	**532 769**	**541 578**	**812 002**	**1 061 978**	**1 061 089**	**1 139 776**
1000 Impôts sur revenu, bénéfices et gains en capital	**13**	**1 211**	**34 106**	**101 488**	**241 378**	**239 664**	**380 979**	**530 192**	**542 035**	**569 442**
1100 Des personnes physiques	12	1 092	30 908	88 492	180 070	197 318	297 979	435 351	457 255	471 661
1110 Sur le revenu et les bénéfices	..	..	30 908	88 492	180 070	197 318	297 979	435 351	457 255	471 661
1120 Sur les gains en capital	..	..	..	0	0	0	0	0	0	0
1200 Des sociétés	1	119	3 198	8 371	32 555	14 609	52 544	62 972	64 447	65 454
1210 Sur les bénéfices	..	..	3 198	8 371	32 555	14 609	52 544	62 972	64 447	65 454
1220 Sur les gains en capital	..	..	..	0	0	0	0	0	0	0
1300 Non-ventilables entre 1100 et 1200	0	0	0	4 625	28 754	27 737	30 457	31 868	20 333	32 327
2000 Cotisations de sécurité sociale	**5**	**102**	**3 607**	**19 680**	**39 594**	**63 599**	**79 707**	**97 423**	**88 364**	**97 414**
2100 À la charge des salariés	0	0	315	..	..	..	..	..	..	..
2110 Sur la base du salaire	..	..	..	..	..	..	..	..	..	..
2120 Sur la base de l'impôt sur les revenus	..	..	..	..	..	..	..	..	..	..
2200 À la charge des employeurs	5	102	3 292	..	..	..	..	..	..	..
2210 Sur la base du salaire	..	..	..	..	..	..	..	..	..	..
2220 Sur la base de l'impôt sur les revenus	..	..	..	..	..	..	..	..	..	..
2300 A charge des travailleurs indép. ou sans emploi	0	0	0	..	..	..	..	..	..	..
2310 Sur la base du salaire	..	..	..	..	..	..	..	..	..	..
2320 Sur la base de l'impôt sur les revenus	..	..	..	..	..	..	..	..	..	..
2400 Non-ventilables entre 2100, 2200 et 2300	0	0	0	19 680	39 594	63 599	79 707	97 423	88 364	97 414
2410 Sur la base du salaire	..	..	..	19 680	39 594	63 599	79 707	97 423	88 364	97 414
2420 Sur la base de l'impôt sur les revenus	..	..	..	0	0	0	0	0	0	0
3000 Sur salaires ou main d'oeuvre	**1**	**180**	**4 071**	**184**	**1 519**	**2 827**	**6 638**	**9 124**	**9 233**	**9 160**
4000 Impôts sur le patrimoine	**2**	**297**	**9 689**	**16 839**	**23 039**	**35 412**	**39 160**	**58 366**	**66 312**	**67 754**
4100 Impôts périodiques sur la propriété immobilière	1	138	4 131	10 107	20 567	28 542	34 879	52 522	56 040	58 209
4110 Ménages	0	50	1 862	..	..	..	..	..	..	..
4120 Autres agents	1	88	2 269	..	..	..	..	..	..	..
4200 Impôts périodiques sur l'actif net	0	69	2 402	5 173	-8	3 849	657	10	34	14
4210 Personnes physiques	..	29	1 476	..	..	..	..	..	..	..
4220 Sociétés	..	40	926	..	..	..	..	..	..	..
4300 Impôts sur mut. par décès, succ. et donations	0	6	235	765	1 663	2 613	2 919	4 668	9 059	8 393
4310 Impôts sur mut. par décès et successions	0	6	235	765	1 663	2 613	2 919	4 668	9 059	8 393
4320 Impôts sur les donations	0	0	0	0	0	0	0	0	0	0
4400 Impôts sur transact. mobilières et immob.	1	84	2 921	0	0	0	0	0	0	0
4500 Impôts non-périodiques	0	0	0	113	460	146	362	623	612	524
4510 Sur l'actif net	..	..	..	0	0	0	0	0	0	0
4520 Autres non-périodiques	..	..	..	113	460	146	362	623	612	524
4600 Autres impôts périodiques sur patrimoine	0	0	0	681	356	263	343	542	567	613
5000 Impôts sur les biens et services	**37**	**2 834**	**58 943**	**115 389**	**225 480**	**194 088**	**267 155**	**348 278**	**335 971**	**382 756**
5100 Impôts sur production, vente, transfert, etc.	37	2 778	56 564	103 813	202 449	182 953	254 422	325 802	312 821	361 377
5110 Impôts généraux	10	1 368	37 084	75 811	148 085	126 351	188 001	248 554	239 773	284 536
5111 Taxes sur la valeur ajoutée	0	0	32 698	72 668	138 601	123 695	183 674	243 285	233 732	277 808
5112 Impôts sur les ventes	10	1 368	4 386	0	0	0	0	0	0	0
5113 Autres impôts	0	0	0	3 143	9 484	2 656	4 327	5 269	6 040	6 728
5120 Impôts sur biens et services déterminés	27	1 410	19 480	28 002	54 364	56 603	66 421	77 248	73 049	76 841
5121 Accises	1	311	2 346	23 585	45 891	46 711	56 909	66 833	64 251	66 591
5122 Bénéfices des monopoles fiscaux	5	263	5 986	0	0	0	0	0	0	0
5123 Droits de douane et droits à l'importation	20	715	9 181	2 702	5 446	5 952	4 989	3 430	2 575	4 122
5124 Taxes à l'exportation	1	2	0	0	0	0	0	0	0	0
5125 Impôts sur biens d'équipement	0	0	0	0	0	0	0	0	0	0
5126 Impôts sur services déterminés	1	69	1 404	1 715	3 026	3 940	4 523	6 986	6 223	6 127
5127 Autres impôts sur commerce et transact. internat.	0	50	563	0	0	0	0	0	0	0
5128 Autres impôts	0	0	0	0	0	0	0	0	0	0
5130 Non-ventilables entre 5110 et 5120	0	0	0	0	0	0	0	0	0	0
5200 Impôts sur utilisation des biens et exerc. activités	1	56	2 379	11 576	23 032	11 135	12 733	22 476	23 150	21 379
5210 Impôts périodiques	1	56	2 379	..	..	..	..	..	..	..
5211 À la charge des ménages : véhicules à moteur	0	10	970	..	..	..	..	..	..	..
5212 À la charge autres agents : véhicules à moteur	0	41	1 331	..	..	..	..	..	..	..
5213 Autres impôts périodiques	0	5	78	..	..	..	..	..	..	..
5220 Impôts non-périodiques	0	0	0	..	..	..	..	..	..	..
5300 Non-ventilables entre 5100 et 5200	0	0	0	0	0	0	0	0	0	0
6000 Autres impôts	**2**	**107**	**4 516**	**991**	**1 758**	**5 988**	**38 364**	**18 594**	**19 174**	**13 251**
6100 À la charge exclusive des entreprises	2	107	4 145	418	628	763	32 477	11 629	12 046	5 927
6200 À la charge d'autres agents	0	0	371	573	1 130	5 225	5 887	6 966	7 127	7 324

	1965	1980	1990	2000	2007	2010	2015	2019	2020	2021
Crédits d'impôts récupérables										
Crédits d'impôts récupérables contre 1110	..	..	..	..	..	..	0	0	0	0
Composante fiscale	..	..	..	..	..	..	..	..	..	..
Composante transfert	..	..	..	..	..	..	..	..	..	..
Crédits d'impôts récupérables contre 1210	..	..	..	..	..	..	1 190	3 577	5 186	10 431
Composante fiscale	..	..	..	..	..	..	173	608	824	716
Composante transfert	..	..	..	..	..	..	1 017	2 969	4 362	9 715
Recettes fiscales totales sur la base d'encaissements	**60**	**4 731**	**114 932**	**..**	**..**	**..**	**..**	**..**	**..**	**..**
Recettes fiscales totales sur la base des droits constatés	**..**	**..**	**..**	**254 570**	**532 769**	**541 578**	**812 002**	**1 061 978**	**1 061 089**	**1 139 776**
Conciliation avec les comptes nationaux										
Impôts additionnels inclus dans les comptes nationaux	..	..	..	0	0	0	0	0	0	0
Impôt exclus des comptes nationaux	..	..	..	-765	-1 663	-2 613	-2 919	-4 668	-9 059	-8 393
Estate and inheritance taxes (4310)	..	..	..	-765	-1 663	-2 613	-2 919	-4 668	-9 059	-8 393
Différence dans les traitements des crédits d'impôts	..	..	..	0	0	0	0	0	0	0
Transfert en capital des recettes non collectées	..	..	..	0	0	0	0	0	0	0
Cotisations de sécurité sociale volontaires	..	..	..	0	0	0	0	0	0	0
Différences diverses	..	..	..	0	0	0	0	0	0	0
Comptes nationaux : impôts et cotisations sociales effectives	..	..	..	253 806	531 105	538 964	809 084	1 057 310	1 052 029	1 131 382
Cotisations sociales imputées	..	..	..	0	0	0	0	0	0	0
Comptes nationaux : impôts et toutes les cotisations sociales	..	..	..	253 806	531 105	538 964	809 084	1 057 310	1 052 029	1 131 382

.. Non disponible
Note : Year ending 31st December.
From 1998 data are on accrual basis.
Source : Statistics Iceland.

StatLink https://stat.link/z3whu4

Tableau 5.17. Irlande : recettes fiscales détaillées, 1965-2021

Million EUR

	1965	1980	1990	2000	2007	2010	2015	2019	2020	2021
Recettes fiscales totales	**317**	**4 046**	**12 260**	**33 363**	**60 790**	**46 399**	**60 898**	**77 962**	**74 034**	**89 826**
Recettes fiscales totales excluant les taxes collectés pour le compte de l'UE	..	..	**12 075**	**33 155**	**60 517**	**46 170**	**60 572**	**77 505**	**73 624**	**89 091**
1000 Impôts sur revenu, bénéfices et gains en capital	**82**	**1 478**	**4 662**	**14 551**	**25 364**	**18 617**	**26 599**	**35 560**	**36 333**	**44 737**
1100 Des personnes physiques	53	1 294	4 059	10 650	18 970	14 665	19 722	24 671	24 380	29 413
1110 Sur le revenu et les bénéfices	53	1 286	4 023	9 876	15 872	14 320	19 053	23 599	23 428	27 768
Income tax	66	1 286	4 023	9 876	15 872	14 320	19 053	23 599	23 428	27 768
Surtax	3	0	0	0	0	0	0	0	0	0
Income tax paid by corporations	-17	0	0	0	0	0	0	0	0	0
1120 Sur les gains en capital	0	8	36	774	3 097	345	669	1 072	952	1 645
1200 Des sociétés	29	184	603	3 900	6 395	3 945	6 873	10 889	11 954	15 324
1210 Sur les bénéfices	29	184	603	3 900	6 395	3 945	6 873	10 889	11 954	15 324
Corporation profits tax	12	2	0	0	0	0	0	0	0	0
Corporation tax	0	176	603	3 885	6 393	3 944	6 872	10 887	11 953	15 323
Income tax paid by corporation	17	0	0	0	0	0	0	0	0	0
Agricultural produce duty	0	6	0	14	1	1	1	1	1	1
1220 Sur les gains en capital	0	0	0	0	0	0	0	0	0	0
1300 Non-ventilables entre 1100 et 1200	0	0	0	2	0	7	4	0	0	0
2000 Cotisations de sécurité sociale	**21**	**578**	**1 729**	**3 966**	**8 143**	**8 458**	**9 999**	**13 110**	**12 285**	**13 618**
2100 À la charge des salariés	10	190	570	962	1 926	3 195	3 327	3 977	3 785	4 236
2110 Sur la base du salaire	..	..	570	962	1 926	3 195	3 327	3 977	3 785	4 236
2120 Sur la base de l'impôt sur les revenus	..	..	0	0	0	0	0	0	0	0
2200 À la charge des employeurs	10	380	1 092	2 814	5 796	4 932	6 211	8 501	7 868	8 692
2210 Sur la base du salaire	..	..	1 092	2 814	5 796	4 932	6 211	8 501	7 868	8 692
2220 Sur la base de l'impôt sur les revenus	..	..	0	0	0	0	0	0	0	0
2300 A charge des travailleurs indép. ou sans emploi	0	8	67	190	421	331	460	632	632	690
2310 Sur la base du salaire	..	..	67	190	421	331	460	632	632	690
2320 Sur la base de l'impôt sur les revenus	..	..	0	0	0	0	0	0	0	0
2400 Non-ventilables entre 2100, 2200 et 2300	0	0	0	0	0	0	0	0	0	0
2410 Sur la base du salaire	..	..	..	..	..	..	..	..	..	..
2420 Sur la base de l'impôt sur les revenus	..	..	..	..	..	..	..	..	..	..
3000 Sur salaires ou main d'oeuvre	**0**	**9**	**159**	**15**	**411**	**310**	**357**	**774**	**717**	**797**
4000 Impôts sur le patrimoine	**48**	**213**	**569**	**1 902**	**4 789**	**2 389**	**3 918**	**4 435**	**3 687**	**4 843**
4100 Impôts périodiques sur la propriété immobilière	39	139	312	587	1 233	1 322	1 864	1 933	1 215	1 668
4110 Ménages	..	..	..	..	..	..	..	..	..	..
4120 Autres agents	..	..	..	..	..	..	..	..	..	..
4200 Impôts périodiques sur l'actif net	0	1	0	0	0	0	169	0	0	0
4210 Personnes physiques	..	..	..	..	..	..	0	0	0	0
4220 Sociétés	..	..	..	..	..	..	169	0	0	0
4300 Impôts sur mut. par décès, succ. et donations	6	14	48	225	405	235	401	531	505	582
4310 Impôts sur mut. par décès et successions	6	14	45	210	337	192	365	467	499	576
Estate duty	5	..	0	0	0	0	0	0	0	0
Legacy duty	1	..	0	0	0	0	0	0	0	0
Succession duty	0	..	0	0	0	0	0	0	0	0
4320 Impôts sur les donations	0	0	3	15	68	43	36	64	6	6
4400 Impôts sur transact. mobilières et immob.	3	59	209	1 090	3 151	832	1 484	1 971	1 968	2 592
Stamp duty	3	59	209	1 090	3 151	832	1 484	1 971	1 968	2 592
4500 Impôts non-périodiques	0	0	0	0	0	0	0	0	0	0
4510 Sur l'actif net	..	..	..	..	..	..	..	..	..	..
4520 Autres non-périodiques	..	..	..	..	..	..	..	..	..	..
4600 Autres impôts périodiques sur patrimoine	0	0	0	0	0	0	0	0	0	0
5000 Impôts sur les biens et services	**167**	**1 769**	**5 140**	**12 929**	**22 082**	**16 619**	**20 013**	**24 078**	**21 002**	**25 821**
5100 Impôts sur production, vente, transfert, etc.	155	1 741	4 939	12 374	20 982	15 319	18 036	22 263	19 183	23 842
5110 Impôts généraux	18	597	2 500	7 643	14 355	10 067	11 831	15 271	12 753	16 642
5111 Taxes sur la valeur ajoutée	0	597	2 500	7 643	14 355	10 067	11 831	15 271	12 753	16 642
Value added tax	..	597	2 500	7 643	14 355	10 067	11 831	15 271	12 753	16 642
5112 Impôts sur les ventes	18	0	0	0	0	0	0	0	0	0
Turnover tax	18	..	..	..	..	..	..	..	..	..
Wholesale tax	0	..	..	..	..	..	..	..	..	..
5113 Autres impôts	0	0	0	0	0	0	0	0	0	0
5120 Impôts sur biens et services déterminés	137	1 143	2 439	4 731	6 627	5 252	6 205	6 992	6 430	7 200

	1965	1980	1990	2000	2007	2010	2015	2019	2020	2021
5121 Accises	124	1 045	2 084	4 402	6 125	4 859	5 474	5 974	5 470	5 867
Beer	19	192	356	475	459	316	418	421	348	346
Oils	31	330	745	1 491	2 204	2 099	2 120	2 165	1 805	1 927
Spirits	16	148	153	241	363	244	313	375	379	383
Table waters	0	11	23	0	0	0	0	0	0	0
Tobacco	50	187	419	1 035	1 192	1 160	1 055	1 137	1 202	1 317
Wine, cider, perry	1	18	46	154	297	266	414	433	478	428
Motor vehicle (incl. tyres)	7	148	331	985	1 554	395	702	950	717	763
Others	1	11	11	20	57	379	451	493	541	703
5122 Bénéfices des monopoles fiscaux	0	0	0	0	0	0	0	0	0	0
5123 Droits de douane et droits à l'importation	10	62	147	208	273	229	327	342	272	519
5124 Taxes à l'exportation	0	0	0	0	0	0	0	0	0	0
UE agriculture levies	..	..	0	..	..	..	..	..	..	..
5125 Impôts sur biens d'équipement	0	0	0	0	0	0	0	0	0	0
5126 Impôts sur services déterminés	3	21	171	122	229	164	404	676	688	814
Duty on betting	2	19	37	59	36	30	37	110	83	92
Sweepstakes duty	1	1	0	0	0	0	0	0	0	0
Bank levy	0	0	46	61	66	-70	190	398	427	528
Other	0	1	88	2	127	204	178	168	178	194
5127 Autres impôts sur commerce et transact. internat.	0	0	0	0	0	0	0	0	0	0
5128 Autres impôts	0	14	37	0	0	0	0	0	0	0
5130 Non-ventilables entre 5110 et 5120	0	0	0	0	0	0	0	0	0	0
5200 Impôts sur utilisation des biens et exerc. activités	11	28	201	555	1 100	1 300	1 977	1 815	1 819	1 979
5210 Impôts périodiques	11	28	201	555	1 100	1 300	1 977	1 815	1 819	1 979
5211 À la charge des ménages : véhicules à moteur	6	14	100	373	723	768	904	795	756	747
5212 À la charge autres agents : véhicules à moteur	5	11	82	124	239	256	281	241	235	227
5213 Autres impôts périodiques	0	3	20	58	138	276	792	779	828	1 005
5220 Impôts non-périodiques	0	0	0	0	0	0	0	0	0	0
5300 Non-ventilables entre 5100 et 5200	0	0	0	0	0	0	0	0	0	0
6000 Autres impôts	**0**	**0**	**0**	**0**	**0**	**6**	**12**	**5**	**9**	**10**
6100 À la charge exclusive des entreprises	..	..	..	..	..	0	0	0	0	0
6200 À la charge d'autres agents	..	..	..	..	..	6	12	5	9	10
Pour mémoire										
Droits de douane perçus pour le compte de l'UE	..	..	148	208	273	229	327	342	272	519
Contributions au Fonds de résolution unique collectées pour le compte de l'UE	..	..	..	..	..	..	..	114	138	216
Crédits d'impôts récupérables										
Crédits d'impôts récupérables contre 1110	..	..	..	..	843	1 073	555	413	400	400
Composante fiscale	..	..	..	..	843	1 073	555	413	400	400
Composante transfert	..	..	..	..	0	0	0	0	0	0
Recettes fiscales totales sur la base d'encaissements	**317**	**4 046**	**12 260**	**32 997**	**60 836**	**46 609**	**60 867**	**77 815**	**73 733**	**88 371**
Recettes fiscales totales sur la base des droits constatés	**..**	**..**	**..**	**33 363**	**60 790**	**46 399**	**60 898**	**77 962**	**74 034**	**89 826**
Conciliation avec les comptes nationaux										
Impôts additionnels inclus dans les comptes nationaux	..	..	..	0	0	178	177	185	185	184
Impôt exclus des comptes nationaux	..	..	..	0	0	0	0	0	0	0
Différence dans les traitements des crédits d'impôts	..	..	..	0	0	0	0	0	0	0
Transfert en capital des recettes non collectées	..	..	..	0	0	0	0	0	0	0
Cotisations de sécurité sociale volontaires	..	..	..	0	0	0	0	0	0	0
Différences diverses	..	..	..	0	0	0	0	0	0	0
Comptes nationaux : impôts et cotisations sociales effectives	..	..	..	33 363	60 790	46 577	61 075	78 147	74 219	90 009
Cotisations sociales imputées	..	..	..	1 366	2 579	1 053	2 223	2 917	3 144	3 697
Comptes nationaux : impôts et toutes les cotisations sociales	..	..	..	34 729	63 369	47 630	63 298	81 064	77 363	93 706

.. Non disponible

Note : The personal income tax data shown for the country table for Ireland is different to the ESA2010 presentation as the expenditure component of the payable tax credits are excluded in accordance with the OECD Interpretative Guide.

The data for years 1965 to 1973 are on fiscal year basis (commencing on 1st April) and are therefore not strictly comparable with the data for later years, which are on a calendar year basis.

From 1998, data are on accrual basis.

Heading 1200: Capital gains taxes paid by corporations are included in heading 1210.

Heading 2100: Includes contributions by self-employed and certain voluntary contributions.

Heading 2200: Since 1976 income tax paid by corporations and corporation profits tax have been replaced by corporation tax.

Heading 5111: Includes arrears of the wholesale and turnover taxes.

Tax receipts in 1988 were inflated by the success of the new arrangements for assessment and collection of tax.These arrangements included an amnesty for tax arrears paid by 30th September. This amnesty waived penalities and interest charge tax. It resulted in payments of 631 millons of euros spread across the main tax headings.

Source : Annual Report of he Revenue Commissioners, Financial Accounts and National Income and Expenditure Accounts.

StatLink https://stat.link/f3dhte

Tableau 5.18. Israël : recettes fiscales détaillées, 1965-2021

Million ILS

	1965	1980	1990	2000	2007	2010	2015	2019	2020	2021
Recettes fiscales totales	..	..	..	**189 316**	**252 037**	**269 674**	**366 064**	**430 542**	**420 750**	**514 035**
1000 Impôts sur revenu, bénéfices et gains en capital	..	..	..	**74 551**	**91 530**	**78 265**	**113 976**	**140 252**	**138 952**	**182 913**
1100 Des personnes physiques	..	..	..	54 753	56 434	48 214	70 895	88 833	91 204	113 200
1110 Sur le revenu et les bénéfices	..	..	..	53 698	55 213	47 550	68 455	85 923	87 934	107 480
On wages – deduction at source	..	..	..	45 278	45 515	40 159	54 097	67 797	70 318	83 836
On self employement income – deduction at source	..	..	..	687	0	853	0	83	96	148
On self employement income – other	..	..	..	7 733	9 698	6 538	14 358	18 043	17 520	23 496
1120 Sur les gains en capital	..	..	..	1 055	1 221	664	2 440	2 910	3 270	5 720
1200 Des sociétés	..	..	..	18 001	30 210	23 113	34 676	43 749	39 006	56 466
1210 Sur les bénéfices	..	..	..	16 109	27 582	22 291	33 436	42 179	37 246	53 396
Déduction à la source	..	..	..	375	0	520	0	41	49	79
In lieu of VAT on the profits of Financial Institutions	..	..	..	1 290	2 200	1 920	1 890	2 900	2 700	3 500
Other	..	..	..	14 444	25 382	19 850	31 546	39 238	34 497	49 817
1220 Sur les gains en capital	..	..	..	1 892	2 628	822	1 240	1 570	1 760	3 070
1300 Non-ventilables entre 1100 et 1200	..	..	..	1 797	4 886	6 938	8 405	7 670	8 742	13 247
Tax deducted at the source on the capital market	..	..	..	1 797	4 886	6 938	8 405	7 670	8 742	13 247
2000 Cotisations de sécurité sociale	..	..	..	**27 565**	**37 909**	**45 343**	**59 561**	**74 420**	**73 031**	**79 602**
2100 À la charge des salariés	..	..	..	15 771	23 093	27 788	34 692	41 852	40 797	44 414
2110 Sur la base du salaire	..	..	..	15 771	23 093	27 788	34 692	41 852	40 797	44 414
2120 Sur la base de l'impôt sur les revenus	..	..	..	0	0	0	0	0	0	0
2200 À la charge des employeurs	..	..	..	8 182	9 960	11 427	17 247	23 105	22 564	24 675
2210 Sur la base du salaire	..	..	..	8 182	9 960	11 427	17 247	23 105	22 564	24 675
2220 Sur la base de l'impôt sur les revenus	..	..	..	0	0	0	0	0	0	0
2300 A charge des travailleurs indép. ou sans emploi	..	..	..	3 612	4 856	6 128	7 622	9 464	9 670	10 513
2310 Sur la base du salaire	..	..	..	3 612	4 856	6 128	7 622	9 464	9 670	10 513
2320 Sur la base de l'impôt sur les revenus	..	..	..	0	0	0	0	0	0	0
2400 Non-ventilables entre 2100, 2200 et 2300	..	..	..	0	0	0	0	0	0	0
2410 Sur la base du salaire	..	..	..	..	..	..	..	..	..	..
2420 Sur la base de l'impôt sur les revenus	..	..	..	..	..	..	..	..	..	..
3000 Sur salaires ou main d'oeuvre	..	..	..	**6 850**	**9 920**	**10 280**	**13 760**	**16 370**	**16 570**	**16 147**
Employers tax on the the non-profit sector other than govt	..	..	..	1 250	1 500	320	420	580	500	532
In lieu of VAT on the wage-bill in the non-profit sector	..	..	..	4 260	6 580	7 650	10 320	12 540	12 700	13 233
In lieu VAT on the wage-bill in Financial Institutions	..	..	..	1 340	1 840	2 310	3 020	3 250	3 370	2 382
4000 Impôts sur le patrimoine	..	..	..	**18 002**	**25 049**	**30 028**	**40 609**	**45 793**	**43 542**	**62 019**
4100 Impôts périodiques sur la propriété immobilière	..	..	..	11 885	16 156	18 768	23 702	27 105	24 778	29 015
Land tax	..	..	..	442	52	48	44	25	10	23
4110 Ménages	..	..	..	0	0	0	0	0	0	0
4120 Autres agents	..	..	..	11 443	16 104	18 720	23 658	27 080	24 768	28 992
4200 Impôts périodiques sur l'actif net	..	..	..	0	0	0	0	0	0	0
4210 Personnes physiques	..	..	..	..	..	..	..	..	..	..
4220 Sociétés	..	..	..	..	..	..	..	..	..	..
4300 Impôts sur mut. par décès, succ. et donations	..	..	..	0	0	0	0	0	0	0
4310 Impôts sur mut. par décès et successions	..	..	..	..	..	..	..	..	..	..
4320 Impôts sur les donations	..	..	..	..	..	..	..	..	..	..
4400 Impôts sur transact. mobilières et immob.	..	..	..	3 181	3 555	4 071	6 732	6 920	6 915	12 645
Transaction tax on the buyer of real estate	..	..	..	1 972	3 084	4 024	6 731	6 914	6 914	12 642
Transaction tax on the seller of real estate	..	..	..	206	404	27	1	6	1	3
Stamp tax	..	..	..	1 003	67	20	0	0	0	0
4500 Impôts non-périodiques	..	..	..	2 936	5 338	7 190	10 175	11 768	11 849	20 359
4510 Sur l'actif net	..	..	..	0	0	0	0	0	0	0
4520 Autres non-périodiques	..	..	..	2 936	5 338	7 190	10 175	11 768	11 849	20 359
Capital gains tax on real estate	..	..	..	2 936	5 338	7 190	10 175	11 768	11 849	20 359
4600 Autres impôts périodiques sur patrimoine	..	..	..	0	0	0	0	0	0	0
5000 Impôts sur les biens et services	..	..	..	**62 347**	**87 629**	**105 758**	**138 157**	**153 707**	**148 655**	**173 354**
5100 Impôts sur production, vente, transfert, etc.	..	..	..	57 887	81 108	98 094	128 277	143 066	138 750	162 099
5110 Impôts généraux	..	..	..	49 876	67 570	79 947	107 765	120 541	118 854	139 650
5111 Taxes sur la valeur ajoutée	..	..	..	39 805	53 983	65 510	90 824	102 463	100 373	119 346
5112 Impôts sur les ventes	..	..	..	10 071	13 587	14 437	16 941	18 078	18 481	20 304
On domestic production	..	..	..	662	287	291	450	287	303	325
On imports	..	..	..	9 409	13 300	14 146	16 491	17 791	18 178	19 979
5113 Autres impôts	..	..	..	0	0	0	0	0	0	0
5120 Impôts sur biens et services déterminés	..	..	..	8 012	13 538	18 147	20 512	22 525	19 896	22 449
5121 Accises	..	..	..	6 595	11 323	15 458	17 642	19 509	17 021	18 772
On domestically refined fuel	..	..	..	5 666	10 590	14 637	17 008	18 966	16 526	18 276
On domestically processed tobacco products	..	..	..	929	733	821	634	543	495	496
5122 Bénéfices des monopoles fiscaux	..	..	..	0	0	0	0	0	0	0
5123 Droits de douane et droits à l'importation	..	..	..	1 417	2 215	2 689	2 870	3 016	2 875	3 677

	1965	1980	1990	2000	2007	2010	2015	2019	2020	2021
5124 Taxes à l'exportation	..	..	..	0	0	0	0	0	0	0
5125 Impôts sur biens d'équipement	..	..	..	0	0	0	0	0	0	0
5126 Impôts sur services déterminés	..	..	..	0	0	0	0	0	0	0
5127 Autres impôts sur commerce et transact. internat.	..	..	..	0	0	0	0	0	0	0
5128 Autres impôts	..	..	..	0	0	0	0	0	0	0
5130 Non-ventilables entre 5110 et 5120	..	..	..	0	0	0	0	0	0	0
5200 Impôts sur utilisation des biens et exerc. activités	..	..	..	4 460	6 521	7 664	9 880	10 641	9 905	11 255
5210 Impôts périodiques	..	..	..	4 460	6 521	7 664	9 880	10 641	9 905	11 255
5211 À la charge des ménages : véhicules à moteur	..	..	..	1 436	1 895	2 274	2 515	2 966	2 868	3 088
5212 À la charge autres agents : véhicules à moteur	..	..	..	479	632	758	1 723	1 985	1 898	2 029
5213 Autres impôts périodiques	..	..	..	2 546	3 995	4 632	5 642	5 690	5 139	6 138
Licences collected by the Ministry of Transportation	..	..	..	257	535	350	196	106	30	51
Licences collected by the Ministry of Communication	..	..	..	151	0	274	338	371	356	423
Licences collected by other ministries	..	..	..	1 587	2 605	2 990	3 800	3 705	3 366	4 064
Business and professional licences paid locally	..	..	..	500	769	917	1 181	1 353	1 238	1 449
Other local authority fees	..	..	..	51	86	101	128	155	150	150
5220 Impôts non-périodiques	..	..	..	0	0	0	0	0	0	0
5300 Non-ventilables entre 5100 et 5200	..	..	..	0	0	0	0	0	0	0
6000 Autres impôts	**..**	**..**	**..**	**0**	**0**	**0**	**0**	**0**	**0**	**0**
6100 À la charge exclusive des entreprises	..	..	..	..	..	..	..	..	..	..
6200 À la charge d'autres agents	..	..	..	..	..	..	..	..	..	..
Crédits d'impôts récupérables										
Crédits d'impôts récupérables contre 1110	..	..	..	..	..	87	1 415	1 327	1 283	713
Composante fiscale	..	..	..	..	..	3	67	0	0	0
Composante transfert	..	..	..	..	..	84	1 348	1 327	1 283	713
Crédits d'impôts récupérables contre 1210	..	..	..	..	..	0	0	0	0	0
Composante fiscale	..	..	..	..	..	..	..	..	..	..
Composante transfert	..	..	..	..	..	..	..	..	..	..
Recettes fiscales totales sur la base d'encaissements	**..**	**..**	**..**	**189 316**	**252 037**	**269 674**	**366 064**	**430 542**	**420 750**	**514 035**
Recettes fiscales totales sur la base des droits constatés	**..**	**..**	**..**	**..**	**..**	**..**	**..**	**..**	**..**	**..**
Conciliation avec les comptes nationaux										
Impôts additionnels inclus dans les comptes nationaux	..	..	..	0	0	0	0	0	0	0
Impôt exclus des comptes nationaux	..	..	..	..	..	..	..	..	..	..
Différence dans les traitements des crédits d'impôts	..	..	..	..	..	..	..	..	..	..
Transfert en capital des recettes non collectées	..	..	..	..	..	..	..	..	..	..
Cotisations de sécurité sociale volontaires	..	..	..	..	..	..	..	..	..	..
Différences diverses	..	..	..	..	..	..	..	..	..	..
Comptes nationaux : impôts et cotisations sociales effectives	..	..	..	189 316	252 037	269 674	366 064	430 542	420 750	514 035
Cotisations sociales imputées	..	..	..	6 172	7 131	8 203	9 186	9 051	8 804	8 594
Comptes nationaux : impôts et toutes les cotisations sociales	..	..	..	195 488	259 168	277 877	375 250	439 593	429 554	522 629

.. Non disponible

Note : Year ending 31st December.

Data are on a cash basis.

Source : Israel Central Bureau of Statistics and Israel Ministry of Finance.

StatLink https://stat.link/rp1lzo

Tableau 5.19. Italie : recettes fiscales détaillées, 1965-2021

Million EUR

	1965	1980	1990	2000	2007	2010	2015	2019	2020	2021
Recettes fiscales totales	**5 505**	**60 422**	**265 116**	**503 096**	**671 189**	**671 912**	**711 114**	**759 480**	**707 109**	**771 930**
Recettes fiscales totales excluant les taxes collectés pour le compte de l'UE	..	..	**263 829**	**501 560**	**668 928**	**669 687**	**706 522**	**756 320**	**704 157**	**768 425**
1000 Impôts sur revenu, bénéfices et gains en capital	**982**	**18 821**	**96 707**	**166 912**	**226 498**	**219 547**	**225 934**	**239 859**	**231 911**	**245 816**
1100 Des personnes physiques	603	13 940	69 654	124 918	172 136	180 512	184 622	196 283	189 242	200 030
1110 Sur le revenu et les bénéfices	603	13 796	68 786	124 233	172 122	180 505	184 619	196 283	189 242	200 030
Personal income tax	0	11 538	57 318	121 211	162 644	173 991	173 007	185 726	178 975	186 662
Local income tax paid by households	0	829	4 492	67	0	0	0	0	0	0
Tax on income from investiments (60%)	319	55	15	0	0	0	80	47	53	61
10% Surcharge on income	94	37	5	0	0	0	0	0	0	0
10% proportional surcharge	1	0	0	0	0	0	0	0	0	0
Withholding tax on company dividends paid by households	23	51	496	110	542	393	875	1 751	1 742	2 601
Law 1177 proportional surcharge (60%)	39	0	1	0	0	0	0	0	0	0
Direct taxes 5% proportional surcharge (60%)	0	8	72	0	0	0	0	0	0	0
Additional Treasury increase (60%)	23	6	1	0	0	0	0	0	0	0
Decree 1132 revenues (60%)	0	0	0	0	0	0	0	0	0	0
Tax on households	65	7	0	0	0	0	0	0	0	0
Rental value tax	2	0	0	0	0	0	0	0	0	0
Driving licence tax	1	0	0	0	0	0	0	0	0	0
Municipal surcharge on buildings (40%)	37	5	0	22	0	0	0	0	0	0
Withholding tax on income from deposits paid by households	0	1 206	6 223	2 823	8 402	5 440	10 076	7 798	7 583	9 511
Direct taxes refund (60%)	0	0	41	0	0	0	0	0	0	0
Other	0	53	123	0	534	681	581	962	890	1 196
1120 Sur les gains en capital	0	144	867	685	14	7	3	0	0	0
Tax on capital gains on land	..	0	0	0	0	0	0	..	..	..
Municipal capital gains tax on buildings paid by households (60%)	..	144	867	685	14	7	3	..	..	..
1200 Des sociétés	379	4 710	26 605	34 699	50 529	36 740	33 530	35 176	34 165	34 041
1210 Sur les bénéfices	379	4 494	26 027	34 242	50 520	36 736	33 528	35 172	34 163	34 040
Corporation tax	0	1 245	9 042	28 877	47 192	34 841	31 927	32 781	31 939	28 374
Municipal surcharge on buildings (60%)	37	8	0	32	0	0	0	0	0	0
Tax on income from investments (40%)	213	37	10	0	0	0	54	31	36	41
Company franchise and liabilities tax	88	12	2	0	0	0	0	0	0	0
Law 1177 proportional surcharge (40%)	26	0	0	0	0	0	0	0	0	0
Direct taxes 5% proportional surcharge (40%)	0	20	48	0	0	0	0	0	0	0
Decree 1132 revenues (40%)	0	0	0	0	0	0	0	0	0	0
Additional Treasury increase (40%)	15	4	0	0	0	0	0	0	0	0
Withholding tax on company dividends paid by firms	0	77	745	166	0	0	0	0	0	0
Withholding tax on income from deposits paid by firms	0	1 810	9 334	4 235	2 370	605	759	472	592	502
Local income tax paid by firms	0	1 245	6 738	100	15	13	12	6	4	4
Direct taxes refund (40%)	0	0	27	0	0	0	0	0	0	0
Temporary solidarity contribution	..	..	..	..	..	..	..	..	..	..
Other	0	36	82	832	943	1 277	776	1 882	1 592	5 119
1220 Sur les gains en capital	0	216	578	457	9	4	2	4	2	1
Municipal capital gains tax on buildings paid by firms (40%)	..	216	578	457	9	4	2	4	2	1
1300 Non-ventilables entre 1100 et 1200	0	171	448	7 295	3 833	2 295	7 782	8 399	8 503	11 744
Refunds tax on income	..	-240	-1 768	-5 175	0	0	0	0	0	0
Other	..	412	2 216	12 470	3 833	2 295	7 782	8 399	8 503	11 744
2000 Cotisations de sécurité sociale	**1 881**	**22 976**	**87 256**	**143 629**	**200 772**	**209 122**	**214 376**	**237 290**	**224 742**	**240 691**
2100 À la charge des salariés	..	4 171	16 753	27 333	35 715	37 598	39 805	44 486	41 313	45 571
2110 Sur la base du salaire	..	..	..	27 333	35 715	37 598	39 805	44 486	41 313	45 571
2120 Sur la base de l'impôt sur les revenus	..	..	..	0	0	0	0	0	0	0
2200 À la charge des employeurs	..	17 152	62 540	99 904	137 924	144 281	143 273	158 616	149 826	161 057
2210 Sur la base du salaire	..	..	..	99 904	137 924	144 281	143 273	158 616	149 826	161 057
2220 Sur la base de l'impôt sur les revenus	..	..	..	0	0	0	0	0	0	0
2300 A charge des travailleurs indép. ou sans emploi	..	1 654	7 962	16 392	27 133	27 243	31 298	34 188	33 603	34 063
2310 Sur la base du salaire	..	..	..	16 392	27 133	27 243	31 298	34 188	33 603	34 063
2320 Sur la base de l'impôt sur les revenus	..	..	..	0	0	0	0	0	0	0
2400 Non-ventilables entre 2100, 2200 et 2300	1 881	0	0	0	0	0	0	0	0	0
2410 Sur la base du salaire	..	..	..	..	..	..	..	..	..	..
2420 Sur la base de l'impôt sur les revenus	..	..	..	..	..	..	..	..	..	..
3000 Sur salaires ou main d'oeuvre	**0**	**387**	**890**	**0**	**0**	**0**	**0**	**0**	**0**	**0**
Contributions to GESCAL	..	387	890	..	..	..	..	..	..	..
4000 Impôts sur le patrimoine	**397**	**2 248**	**5 983**	**23 360**	**32 646**	**32 441**	**46 259**	**43 243**	**40 432**	**45 063**

	1965	1980	1990	2000	2007	2010	2015	2019	2020	2021
4100 Impôts périodiques sur la propriété immobilière	96	7	1	9 354	12 778	9 663	25 558	22 002	21 270	22 389
Income tax on landowners	2	0	0	0	0	0	0	0	0	0
Income tax on buildings	12	2	1	0	0	0	0	0	0	0
Income tax on luxury buildings	1	0	0	0	0	0	0	0	0	0
Surcharge on land (provincial)	16	0	0	0	0	0	0	0	0	0
Surcharge on land (municipal)	18	0	0	0	0	0	0	0	0	0
Surcharge on buildings (provincial)	26	2	0	0	0	0	0	0	0	0
Surcharge on buildings (municipal)	21	3	0	0	0	0	0	0	0	0
Municipal real estate tax	0	0	0	9 354	12 778	9 663	20 798	20 824	21 137	22 292
Tax on indivisible services (TASI)	0	0	0	0	0	0	4 760	1 178	133	97
4110 Ménages	..	..	..	..	..	..	..	..	..	..
4120 Autres agents	..	..	..	..	..	..	..	..	..	..
4200 Impôts périodiques sur l'actif net	0	0	0	14	1	2 118	231	226	427	579
4210 Personnes physiques	..	..	..	5	0	0	0	0	0	0
4220 Sociétés	..	..	..	9	1	2 118	231	226	427	579
4300 Impôts sur mut. par décès, succ. et donations	47	128	376	1 005	149	483	674	798	396	855
Inheritance and gift duty	33	119	376	1 005	149	483	674	798	396	855
Estate duty	11	9	0	0	0	0	0	0	0	0
Proportional surcharge and premium	3	0	0	0	0	0	0	0	0	0
4310 Impôts sur mut. par décès et successions	..	..	..	..	..	..	..	..	..	..
4320 Impôts sur les donations	..	..	..	..	..	..	..	..	..	..
4400 Impôts sur transact. mobilières et immob.	255	2 113	5 606	12 320	18 256	17 365	17 245	18 800	17 262	19 599
Registration tax	120	1 048	2 421	6 794	9 410	9 019	7 625	9 587	8 118	9 734
Mortgage taxes and land registry duties	22	190	469	1 067	2 525	2 071	1 529	1 625	1 464	1 825
5% proportional surcharge	6	0	0	0	0	0	0	0	0	0
Additional surcharge	4	0	0	0	0	0	0	0	0	0
Stamp duties and surcharges accruing on cadastral acts	104	751	2 185	4 459	6 321	6 275	7 600	7 190	7 261	7 574
Other	0	123	530	0	0	0	491	398	419	466
4500 Impôts non-périodiques	0	0	0	98	151	916	309	228	121	164
4510 Sur l'actif net	..	..	..	0	0	0	0	0	0	0
4520 Autres non-périodiques	..	..	..	98	151	916	309	228	121	164
4600 Autres impôts périodiques sur patrimoine	0	0	0	569	1 311	1 896	2 242	1 189	956	1 477
5000 Impôts sur les biens et services	**2 173**	**15 990**	**74 280**	**141 852**	**171 869**	**178 863**	**196 473**	**214 810**	**190 621**	**217 722**
5100 Impôts sur production, vente, transfert, etc.	2 037	15 251	67 083	127 281	155 191	160 775	174 443	187 651	164 841	189 555
Direct taxes refund	0	-73	-86	0	0	0	0	0	0	0
5110 Impôts généraux	710	9 438	38 940	77 473	95 623	97 586	100 692	111 464	99 902	121 283
5111 Taxes sur la valeur ajoutée	0	9 438	38 940	77 473	95 623	97 586	100 692	111 464	99 669	120 980
VAT	..	9 438	38 940	77 473	95 623	97 586	100 692	111 464	99 669	120 980
5112 Impôts sur les ventes	0	0	0	0	0	0	0	0	0	0
5113 Autres impôts	710	0	0	0	0	0	0	0	233	303
General tax on receipts	662	..	..	..	..	..	..	..	0	0
Compensation tax on imported products	48	..	..	..	..	..	..	..	0	0
Digital Services Tax	..	..	..	..	..	..	..	..	233	303
5120 Impôts sur biens et services déterminés	1 327	5 886	28 048	49 808	59 568	63 189	73 751	76 187	64 939	68 272
5121 Accises	816	4 088	20 304	31 479	32 904	36 414	46 238	47 108	40 181	42 395
Duty on mineral oils	465	3 462	15 928	22 172	23 252	22 884	25 759	25 907	21 454	24 421
Duty on spirits	27	87	206	486	595	570	600	652	593	701
Duty on beer	12	54	172	242	489	476	633	709	624	698
Duty on sugars	22	25	68	120	0	5	5	0	0	0
Duty on electricity	20	51	2 018	3 079	3 034	7 152	15 246	15 150	13 569	12 501
Duty on bananas	9	53	97	0	0	0	0	0	0	0
Duty on coffee	31	60	74	0	0	0	0	0	0	0
Duty on cocoa	3	4	7	0	0	0	0	0	0	0
Duty on olive oil	0	0	0	0	0	0	0	0	0	0
Other duty	44	190	1 037	5 201	5 385	5 268	3 898	4 666	3 922	4 048
Alcohol, spirits, liquor	5	0	0	0	0	0	0	0	0	0
On matches and flints	13	22	47	0	0	0	0	0	0	0
Meat	26	0	0	0	0	0	0	0	0	0
In-bond surcharge	0	81	650	174	143	54	90	17	12	19
Combustible materials	39	0	0	0	0	0	0	0	0	0
Construction materials	30	0	0	0	0	0	0	0	0	0
Excise duty on sound and video	3	0	0	0	0	0	0	0	0	0
Tax on phonograph records	1	0	0	0	0	0	0	0	0	0
Stamp duty on playing cards	1	0	0	0	0	0	0	0	0	0
Other	66	0	0	5	6	5	7	7	7	7
5122 Bénéfices des monopoles fiscaux	303	1 033	3 248	7 718	10 440	10 983	10 711	10 653	10 539	10 945
Duty on tobacco	292	1 033	3 248	7 712	10 436	10 978	10 710	10 652	10 538	10 943
On salt	10	0	0	0	0	0	0	0	0	0
Duty on products of Monopoli di Stato	1	0	0	6	4	5	1	1	1	2

	1965	1980	1990	2000	2007	2010	2015	2019	2020	2021
5123 Droits de douane et droits à l'importation	142	261	1 164	1 536	2 261	2 225	2 246	2 314	1 971	2 431
Common Customs tariff (CEE)	0	0	836	1 536	2 261	2 225	2 246	2 314	1 971	2 431
Customs and shipping duties	115	14	0	0	0	0	0	0	0	0
Administrative services duties	11	0	0	0	0	0	0	0	0	0
Tax on agriculture	15	228	207	0	0	0	0	0	0	0
Other duties	0	9	68	0	0	0	0	0	0	0
Compensatory amounts	0	9	53	0	0	0	0	0	0	0
5124 Taxes à l'exportation	0	0	0	0	0	0	0	0	0	0
5125 Impôts sur biens d'équipement	0	0	0	0	0	0	0	0	0	0
5126 Impôts sur services déterminés	67	483	3 141	9 029	13 932	13 567	14 556	16 112	12 248	12 501
Entertainment tax	20	59	167	118	68	58	40	32	15	15
Stamp duty	6	0	0	0	0	0	0	0	0	0
Tax on advertisements	6	56	168	389	392	384	405	455	382	383
Tax on lotto, lotteries, betting and Totocalcio game	3	123	617	4 164	7 144	7 983	7 488	10 514	6 930	6 603
Casino takings, special duties, etc.	0	0	0	158	152	192	112	106	45	61
Single tax on games of skill and betting-levied indirectly	9	74	476	487	405	242	116	181	214	274
Aerotaxi passengers tax	0	0	0	0	0	0	8	9	5	12
Local tax (including insurance)	23	171	1 714	3 713	5 771	4 708	3 835	3 969	3 676	4 079
Bank levy for the National Resolution Fund	..	..	0	0	0	0	2 552	846	981	1 074
5127 Autres impôts sur commerce et transact. internat.	0	0	0	0	0	0	0	0	0	0
Special Duty on foreign payments and currency selling	..	..	..	..	..	..	..	..	..	..
5128 Autres impôts	0	21	192	46	31	0	0	0	0	0
ECSC taxes and contributions on sugar and other levies	..	21	121	0	0	..	..	..	..	..
Other	..	0	70	46	31	..	..	..	..	..
Bank cont. to the unique European Resolution Fund	..	0	0	0	0	..	..	..	..	..
5130 Non-ventilables entre 5110 et 5120	0	0	180	0	0	0	0	0	0	0
5200 Impôts sur utilisation des biens et exerc. activités	136	456	4 474	8 479	10 550	10 531	11 130	14 021	12 808	15 070
5210 Impôts périodiques	136	456	4 474	8 479	10 550	1 155	1 653	1 904	1 571	1 769
Public motor vehicle register tax	64	152	967	1 034	1 326	1 155	1 653	1 904	1 571	1 769
Tax on vehicles 5% proportional surcharge	3	13	450	0	0	0	0	0	0	0
Surcharge on diesel cars	0	66	683	0	0	0	0	0	0	0
Surcharge on gas cars	0	0	171	0	0	0	0	0	0	0
5211 À la charge des ménages : véhicules à moteur	..	..	..	3 433	4 652	4 628	4 710	5 323	4 713	5 263
5212 À la charge autres agents : véhicules à moteur	..	..	..	1 006	1 332	1 300	1 446	1 394	1 235	1 411
Motor vehicle duty paid by firms	..	..	..	1 006	1 332	1 300	1 446	1 394	1 235	1 411
5213 Autres impôts périodiques	67	225	2 203	3 006	3 240	3 448	3 321	5 400	5 289	6 627
Law 1177 proportional surcharge	22	0	0	0	0	0	0	0	0	0
Taxes on signs	2	4	0	0	0	0	0	0	0	0
Tax on dog tags	0	7	12	0	0	0	0	0	0	0
Tax on hunting and fishing	0	0	0	0	0	0	0	0	0	0
Duty on official franchises	43	215	2 191	3 006	3 240	3 448	3 321	3 482	3 389	4 710
Television tax (households)	0	0	0	0	0	0	0	1 918	1 900	1 917
5220 Impôts non-périodiques	0	0	0	0	0	0	0	0	0	0
Motor vehicles, airplanes	..	..	..	..	..	..	..	..	..	..
Pro-Friuli tax on vehicles	..	..	..	..	..	..	..	..	..	..
5300 Non-ventilables entre 5100 et 5200	0	283	2 724	6 092	6 128	7 557	10 900	13 138	12 972	13 097
Indirect taxes refund	..	0	160	288	616	693	715	788	525	599
Other	..	283	2 564	5 804	5 512	6 864	10 185	12 350	12 447	12 498
6000 Autres impôts	**72**	**0**	**0**	**27 343**	**39 404**	**31 939**	**28 072**	**24 278**	**19 403**	**22 638**
6100 À la charge exclusive des entreprises	0	..	..	27 343	39 404	31 939	28 072	24 278	19 403	22 638
6200 À la charge d'autres agents	72	..	..	0	0	0	0	0	0	0
Capital levies	2	..	..	..	..	..	..	..	..	..
Other taxes	71	..	..	..	..	..	..	..	..	..
Pour mémoire										
Droits de douane perçus pour le compte de l'UE	..	..	836	1 536	2 261	2 225	2 246	2 314	1 971	2 431
Contributions au Fonds de résolution unique collectées pour le compte de l'UE	..	..	..	..	..	..	2 346	846	981	1 074
Taxes and compulsory social security contributions paid by EU civil servants	..	..	..	..	..	..	61	72	77	70
Taxes paid by EU civil servants: income taxes	..	..	..	..	..	..	31	37	39	35
Taxes paid by EU civil servants: compulsory social security contributions	..	..	..	..	..	..	30	35	38	34
Crédits d'impôts récupérables										
Crédits d'impôts récupérables contre 1110	..	..	..	..	0	0	9 793	10 085	11 667	13 915
Composante fiscale	..	..	..	..	..	-109	8 615	8 917	10 246	12 250
Composante transfert	..	..	..	..	..	109	1 178	1 167	1 420	1 665
Crédits d'impôts récupérables contre 1210	..	..	..	..	0	0	4 866	308	469	469
Composante fiscale	..	..	..	..	..	..	0	0	0	0
Composante transfert	..	..	..	..	..	..	4 866	308	469	469
Recettes fiscales totales sur la base d'encaissements	**5 505**	**60 422**	**265 116**	**488 738**	**653 836**	**659 704**	**711 837**	**754 038**	**704 437**	**767 218**

	1965	1980	1990	2000	2007	2010	2015	2019	2020	2021
Recettes fiscales totales sur la base des droits constatés	..	..	..	**503 096**	**671 189**	**671 912**	**711 114**	**759 480**	**707 109**	**771 930**
Conciliation avec les comptes nationaux										
Impôts additionnels inclus dans les comptes nationaux	..	..	..	0	0	0	0	0	0	0
Impôt exclus des comptes nationaux	..	..	..	-5 416	-5 470	-6 538	-9 801	-10 984	-10 911	-10 573
The tax for the urban solid waste disposal (TARSU)	..	..	..	-4 387	-4 443	-5 519	-8 519	-9 486	-9 667	-9 688
Other	..	..	..	-1 029	-1 027	-1 019	-1 282	-1 498	-1 244	-885
Différence dans les traitements des crédits d'impôts	..	..	..	0	0	-109	8 615	8 917	10 246	12 250
Transfert en capital des recettes non collectées	..	..	..	0	0	0	0	0	0	0
Cotisations de sécurité sociale volontaires	..	..	..	464	567	561	750	764	763	804
Différences diverses	..	..	..	0	0	0	0	0	0	0
Comptes nationaux : impôts et cotisations sociales effectives	..	..	..	498 144	666 286	665 826	710 678	758 177	707 207	774 411
Cotisations sociales imputées	..	..	..	3 884	3 980	3 984	3 938	4 151	4 144	4 536
Comptes nationaux : impôts et toutes les cotisations sociales	..	..	..	502 028	670 266	669 810	714 616	762 328	711 351	778 947

.. Non disponible

Note : The tax year ends in December 31th.

As from 2000, revenues data are computed on accrual basis.

As from 1997, revenues data are based on data provided to the European Union as for the Treaty of Maastricht excessive deficit procedure.

Section 6000: Regional Tax on Productive Activities (IRAP); it is a tax on the value of production therefore its taxable base is different from other groups tax bases.

Regarding the section "Taxes excluded National Accounts" the item "Others" includes: tax on the public areas utilization and tax on the collection and disposal of waste water.

Source : Ministero dell'economia e delle finanze; Istituto nazionale di statistica.

StatLink https://stat.link/7w5fcg

Tableau 5.20. Japon : recettes fiscales détaillées, 1965-2021

Billion JPY

	1965	1980	1990	2000	2007	2010	2015	2019	2020	2021
Recettes fiscales totales	**6 172**	**62 443**	**130 843**	**136 236**	**146 248**	**132 484**	**163 533**	**175 432**	**177 321**	**187 904**
1000 Impôts sur revenu, bénéfices et gains en capital	**2 708**	**28 800**	**65 682**	**47 398**	**53 174**	**40 034**	**50 969**	**53 994**	**53 934**	**60 006**
1100 Des personnes physiques	1 338	15 180	36 394	28 677	28 600	24 663	30 847	32 947	33 189	35 439
1110 Sur le revenu et les bénéfices	1 338	15 180	36 394	28 677	28 600	24 663	30 847	32 947	33 189	35 439
Income tax	970	10 800	25 996	18 789	16 080	12 984	18 178	19 571	19 591	21 829
Prefectural inhabitants tax	123	1 415	3 675	3 621	5 008	4 699	5 252	4 840	4 955	5 054
Municipal inhabitants tax	220	2 890	6 475	6 044	7 294	6 795	7 224	8 325	8 427	8 332
Enterprise tax	25	75	249	223	218	184	194	211	216	225
1120 Sur les gains en capital	0	0	0	0	0	0	0	0	0	0
1200 Des sociétés	1 370	13 620	29 288	18 721	24 573	15 372	20 122	21 046	20 745	24 567
1210 Sur les bénéfices	1 370	13 620	29 288	18 721	24 573	15 372	20 122	21 046	20 745	24 567
Corporation tax	927	8 923	18 384	11 747	14 744	8 968	10 832	10 797	11 235	13 643
Prefectural inhabitants tax	53	557	1 414	879	1 206	777	859	821	548	512
Municipal inhabitants tax	85	1 297	3 198	2 176	3 015	1 954	2 324	2 395	1 813	1 956
Enterprise tax	305	2 843	6 293	3 918	5 608	2 253	3 510	4 385	4 082	4 743
Local special corporate tax	0	0	0	0	0	1 420	2 081	2 044	978	0
Local corporate tax	0	0	0	0	0	0	516	604	1 418	1 881
Special corporate enterprise tax	..	..	0	0	0	0	0	0	672	1 832
1220 Sur les gains en capital	0	0	0	0	0	0	0	0	0	0
1300 Non-ventilables entre 1100 et 1200	0	0	0	0	0	0	0	0	0	0
2000 Cotisations de sécurité sociale	**1 344**	**18 178**	**34 613**	**47 968**	**53 325**	**54 461**	**64 465**	**72 046**	**71 562**	**73 613**
2100 À la charge des salariés	446	6 393	13 895	19 830	21 975	23 593	28 224	31 992	31 842	32 780
2110 Sur la base du salaire	..	..	13 895	19 830	21 975	23 593	28 224	31 992	31 842	32 780
2120 Sur la base de l'impôt sur les revenus	..	..	0	0	0	0	0	0	0	0
2200 À la charge des employeurs	588	9 267	16 649	22 456	24 243	24 674	29 479	33 479	33 245	34 312
2210 Sur la base du salaire	..	..	16 649	22 456	24 243	24 674	29 479	33 479	33 245	34 312
2220 Sur la base de l'impôt sur les revenus	..	..	0	0	0	0	0	0	0	0
2300 A charge des travailleurs indép. ou sans emploi	107	2 518	4 069	5 683	7 108	6 194	6 763	6 575	6 476	6 521
2310 Sur la base du salaire	..	..	4 069	5 683	7 108	6 194	6 763	6 575	6 476	6 521
2320 Sur la base de l'impôt sur les revenus	..	..	0	0	0	0	0	0	0	0
2400 Non-ventilables entre 2100, 2200 et 2300	203	0	0	0	0	0	0	0	0	0
2410 Sur la base du salaire	..	..	..	..	..	..	..	..	..	..
2420 Sur la base de l'impôt sur les revenus	..	..	..	..	..	..	..	..	..	..
3000 Sur salaires ou main d'oeuvre	**0**	**0**	**0**	**0**	**0**	**0**	**0**	**0**	**0**	**0**
4000 Impôts sur le patrimoine	**498**	**5 114**	**12 296**	**14 294**	**13 138**	**12 878**	**13 400**	**14 340**	**14 328**	**14 779**
4100 Impôts périodiques sur la propriété immobilière	319	3 326	7 099	10 414	9 949	10 225	10 005	10 612	10 719	10 655
Prefectural property tax	4	8	15	11	14	5	2	8	9	8
Municipal property tax	296	2 784	6 023	9 041	8 729	8 961	8 755	9 286	9 380	9 322
City planning tax	19	469	942	1 318	1 202	1 256	1 244	1 318	1 330	1 326
Special landholding tax	0	65	118	43	4	3	3	0	0	0
Water and land utilization tax	0	0	0	0	0	0	0	0	0	0
Land value tax	0	0	0	1	0	0	0	0	0	0
4110 Ménages	..	..	..	..	..	..	..	..	..	..
4120 Autres agents	..	..	..	..	..	..	..	..	..	..
4200 Impôts périodiques sur l'actif net	0	0	0	0	0	0	0	0	0	0
4210 Personnes physiques	..	..	..	..	..	..	..	..	..	..
4220 Sociétés	..	..	..	..	..	..	..	..	..	..
4300 Impôts sur mut. par décès, succ. et donations	44	441	1 918	1 782	1 503	1 250	1 968	2 301	2 315	2 770
4310 Impôts sur mut. par décès et successions	34	375	..	..	..	..	..	..	..	..
Inheritance tax	34	375	..	..	..	..	..	..	..	..
4320 Impôts sur les donations	10	65	..	..	..	..	..	..	..	..
Tax on gifts	10	65	..	..	..	..	..	..	..	..
4400 Impôts sur transact. mobilières et immob.	135	1 347	3 280	2 099	1 686	1 403	1 426	1 427	1 294	1 353
Bourse tax	3	15	41	0	0	0	0	0	0	0
Securities transaction	8	209	748	0	0	0	0	0	0	0
Bank of Japan note issue tax	0	0	0	0	0	0	0	0	0	0
Stamp revenues	83	841	1 894	1 532	1 202	1 024	1 050	1 023	920	961
Real property acquisition tax	41	282	596	567	485	379	377	404	374	392
4500 Impôts non-périodiques	0	0	0	0	0	0	0	0	0	0
4510 Sur l'actif net	..	..	..	..	..	..	..	..	..	..
4520 Autres non-périodiques	..	..	..	..	..	..	..	..	..	..
4600 Autres impôts périodiques sur patrimoine	0	0	0	0	0	0	0	0	0	0
5000 Impôts sur les biens et services	**1 620**	**10 200**	**17 917**	**26 227**	**26 256**	**24 730**	**34 286**	**34 599**	**37 053**	**39 010**
5100 Impôts sur production, vente, transfert, etc.	1 544	8 822	15 647	23 180	23 241	22 160	31 871	32 046	34 433	36 409
5110 Impôts généraux	0	0	5 778	12 350	12 841	12 675	22 400	23 148	26 395	28 059
5111 Taxes sur la valeur ajoutée	..	..	5 778	12 350	12 841	12 675	22 400	23 148	26 395	28 059
5112 Impôts sur les ventes	..	..	0	0	0	0	0	0	0	0
5113 Autres impôts	..	..	0	0	0	0	0	0	0	0

	1965	1980	1990	2000	2007	2010	2015	2019	2020	2021
5120 Impôts sur biens et services déterminés	1 544	8 822	9 868	10 830	10 400	9 485	9 470	8 898	8 038	8 350
5121 Accises	1 062	6 674	8 637	9 837	9 374	8 622	8 351	7 891	7 167	7 398
Liquor tax	353	1 424	1 935	1 816	1 524	1 389	1 338	1 247	1 134	1 132
Sugar excises	29	43	0	0	0	0	0	0	0	0
Local gasoline tax	46	278	361	296	302	294	264	244	220	222
Gasoline tax	254	1 547	2 007	2 769	2 820	2 750	2 465	2 281	2 058	2 076
Liquefied petroleum gas tax	0	30	31	28	27	24	18	14	9	10
Aviation fuel tax	0	58	76	104	104	89	66	65	11	45
Commodity tax	138	1 038	5	0	0	0	0	0	0	0
Playing-card tax	1	1	0	0	0	0	0	0	0	0
Prefectural tobacco tax	44	229	361	282	278	256	153	140	134	142
Municipal tobacco tax	73	402	636	865	853	788	936	854	817	871
Timber delivery tax	3	3	0	0	0	0	0	0	0	0
Mineral product tax	2	5	3	2	2	2	2	2	2	2
Electricity and gas tax	54	386	0	0	0	0	0	0	0	0
Diesel oil tax	65	447	834	1 208	1 034	918	925	945	910	927
Vehicle acquisition tax	0	270	613	464	425	192	137	104	0	0
Promotion of power resources development tax	0	109	295	375	352	349	316	316	311	316
Petroleum and coal tax	0	404	487	489	513	502	630	638	608	636
Tobacco tax	0	0	996	876	925	908	954	874	840	906
Special tobacco tax	0	0	0	264	214	163	148	124	112	112
International tourist tax	..	..	0	0	0	0	0	44	1	2
5122 Bénéfices des monopoles fiscaux	179	808	0	0	0	0	0	0	0	0
Monopoly profits	179	808	..	..	..	..	..	..	..	..
5123 Droits de douane et droits à l'importation	222	786	928	877	941	786	1 049	941	820	893
Customs duty	222	786	928	877	941	786	1 049	941	820	893
5124 Taxes à l'exportation	0	0	0	0	0	0	0	0	0	0
5125 Impôts sur biens d'équipement	0	0	0	0	0	0	0	0	0	0
5126 Impôts sur services déterminés	81	554	303	116	85	77	70	66	52	59
Travel tax	4	64	0	0	0	0	0	0	0	0
Admission tax	10	5	0	0	0	0	0	0	0	0
Local entertainment tax	10	74	0	0	0	0	0	0	0	0
Golf course utilization tax	0	0	90	81	60	55	48	43	39	44
Meal and lodging tax	56	398	0	0	0	0	0	0	0	0
Special local consumption tax	0	0	195	12	0	0	0	0	0	0
Bathing tax	1	13	18	23	25	22	23	23	12	14
5127 Autres impôts sur commerce et transact. internat.	0	0	0	0	0	0	0	0	0	0
5128 Autres impôts	0	0	0	0	0	0	0	0	0	0
5130 Non-ventilables entre 5110 et 5120	0	0	0	0	0	0	0	0	0	0
5200 Impôts sur utilisation des biens et exerc. activités	76	1 378	2 270	3 047	3 015	2 570	2 416	2 553	2 620	2 601
5210 Impôts périodiques	69	1 358	2 250	3 027	2 993	2 548	2 393	2 530	2 599	2 580
Automobile tax	55	781	1 276	1 765	1 717	1 616	1 543	1 588	1 623	1 614
Light vehicle tax	13	43	88	125	164	178	200	269	285	294
Motor vehicle tonnage tax	0	527	881	1 134	1 110	753	649	671	690	671
Hunter licence tax	0	3	2	2	0	0	0	0	0	0
Hunting tax	0	3	2	1	2	2	1	1	1	1
Mine lot tax	1	1	1	1	0	0	0	0	0	0
5211 À la charge des ménages : véhicules à moteur	..	..	..	..	..	..	..	..	..	..
5212 À la charge autres agents : véhicules à moteur	..	..	..	..	..	..	..	..	..	..
5213 Autres impôts périodiques	..	..	..	..	..	..	..	..	..	..
5220 Impôts non-périodiques	7	20	20	20	22	21	22	23	21	21
5300 Non-ventilables entre 5100 et 5200	0	0	0	0	0	0	0	0	0	0
6000 Autres impôts	**2**	**151**	**335**	**348**	**356**	**381**	**413**	**454**	**444**	**496**
6100 À la charge exclusive des entreprises	0	139	288	324	313	330	361	387	385	397
Business office tax	..	139	288	324	313	330	361	387	385	397
6200 À la charge d'autres agents	2	12	47	24	43	52	52	68	60	99
Taxes not in local tax law	2	12	47	24	43	52	52	67	60	63
Other	0	0	0	0	0	0	0	1	0	35
Recettes fiscales totales sur la base d'encaissements	**6 172**	**62 443**	..	..	..	..	..	..	..	..
Recettes fiscales totales sur la base des droits constatés	..	..	**130 843**	**136 236**	**146 248**	**132 484**	**163 533**	**175 432**	**177 321**	**187 904**

	1965	1980	1990	2000	2007	2010	2015	2019	2020	2021
Conciliation avec les comptes nationaux										
Impôts additionnels inclus dans les comptes nationaux	..	..	..	..	..	..	..	..	..	..
Impôt exclus des comptes nationaux	..	..	..	..	..	..	..	..	..	..
Différence dans les traitements des crédits d'impôts	..	..	..	..	..	..	..	..	..	..
Transfert en capital des recettes non collectées	..	..	..	..	..	..	..	..	..	..
Cotisations de sécurité sociale volontaires	..	..	..	..	..	..	..	..	..	..
Différences diverses	..	..	..	..	..	..	..	..	..	..
Comptes nationaux : impôts et cotisations sociales effectives	..	..	..	..	..	..	..	..	..	..
Cotisations sociales imputées	..	..	..	..	..	..	..	..	..	..
Comptes nationaux : impôts et toutes les cotisations sociales	..	..	..	..	..	..	..	..	..	..

.. Non disponible

Note : Data are on a fiscal year basis beginning 1st April.

From 1990, data are on accrual basis.

The figures for different groups of taxes are reported on different reporting bases, namely: Social security contributions (heading 2000) : in principle accrual basis, Central government taxes : accrual basis (revenues accrued during the fiscal year plus cash receipts collected before the end of May (the end of April until 1977), Local government taxes : accrual basis (due to be paid during the fiscal year and cash receipts collected before the end of May).

The Japanese authorities take the view that the Enterprise tax (classified in 1100 and 1200) and the Mineral product tax (classified in 5121) should be classified in heading 6000 since under articles 72 and 519 of the Local Tax Law these taxes are regarded as levies on the business or mining activity itself.

Heading 2000 includes some unidentifiable voluntary contributions.

Heading 2300: Includes contibutions to the National pension, National Health Insurance and the Farmer's pension fund. Contributions to the Farmer's pension fund are not available for the years before 1999.

Heading 4100: Municipal property tax, includes Prefectural property tax from 1990 to 1994 because data is not available to provide a breakdown.

Heading 5121: Municipal tobacco tax, includes Prefectural tobacco tax from 1990 to 1994 because data is not available to provide a breakdown.

Heading 5121: In sub-item Petroleum and coal tax, the data before 2003 refer to petroleum tax.

Source : Tax Bureau, Ministry of Finance.

StatLink https://stat.link/8m37gb

Tableau 5.21. Corée : recettes fiscales détaillées, 1965-2021

Billion KRW

	1965	1980	1990	2000	2007	2010	2015	2019	2020	2021
Recettes fiscales totales	**..**	**6 687**	**37 262**	**136 295**	**258 571**	**295 968**	**393 559**	**523 985**	**538 450**	**619 084**
1000 Impôts sur revenu, bénéfices et gains en capital	**..**	**1 704**	**12 203**	**39 254**	**82 239**	**82 905**	**119 151**	**174 040**	**166 564**	**205 574**
1100 Des personnes physiques	..	766	7 440	19 950	43 276	42 098	67 600	91 714	101 286	126 210
1110 Sur le revenu et les bénéfices	..	766	6 327	18 569	31 984	33 935	55 744	75 613	77 630	89 503
Income tax	..	0	0	0	0	0	0	0	0	0
Dividends and interest income tax	..	0	0	0	4 682	4 425	4 561	5 577	5 830	6 863
Wages and salaries income tax	..	0	0	0	14 124	15 517	27 055	38 466	40 905	47 231
Other income tax	..	0	0	0	2 607	2 986	4 467	6 640	6 645	7 321
Global income tax	..	661	4 723	16 128	6 151	6 369	12 784	16 778	16 073	15 990
Defence tax on income tax	..	105	938	0	0	0	0	0	0	0
Education tax on income tax	..	0	325	0	0	0	0	0	0	0
Rural dev. tax on interest, bus. Inc. & cap. gains relief	..	0	0	156	160	179	105	139	225	326
Inhabitant tax on income tax (local)	..	0	341	2 285	4 260	4 459	6 772	8 013	7 952	11 772
1120 Sur les gains en capital	..	0	1 113	1 381	11 292	8 163	11 856	16 101	23 656	36 707
Capital gains tax	..	..	1 113	1 381	11 292	8 163	11 856	16 101	23 656	36 707
1200 Des sociétés	..	738	4 757	19 271	38 963	40 807	51 551	82 326	65 278	79 364
1210 Sur les bénéfices	..	738	4 757	19 271	38 963	40 807	51 551	82 326	65 278	79 364
Corporation tax - withholding	..	..	677	8 577	8 360	9 095	12 317	14 168	13 179	14 928
Corporation tax - final returns	..	..	2 549	9 302	27 057	28 173	32 713	58 006	42 335	55 468
Defence tax on corporation tax	..	..	1 323	0	0	0	0	0	0	0
Inhabitant tax on corporation tax (local)	..	..	207	1 142	3 152	3 094	6 217	9 729	9 293	8 343
Rural development tax corporate income	..	..	0	251	394	445	304	423	471	625
Excess profit tax	..	0	0	0	0	0	0	0	0	0
1220 Sur les gains en capital	..	0	0	0	0	0	0	0	0	0
Capital gains tax	..	..	..	..	..	..	..	..	..	..
1300 Non-ventilables entre 1100 et 1200	..	199	6	33	0	0	0	0	0	0
Business income tax	..	0	0	0	..	..	..	..	..	..
Real estate income tax	..	0	0	0	..	..	..	..	..	..
Defence tax on real estate & business income	..	0	0	0	..	..	..	..	..	..
Rural dev. tax on bus. inc. & cap. gains relief	..	0	0	30	..	..	..	..	..	..
Inhabitant tax before 1990 (local)	..	117	0	0	..	..	..	..	..	..
Farm land tax (local)	..	83	6	3	..	..	..	..	..	..
Inhabitant tax on farm land tax (local)	..	0	0	0	..	..	..	..	..	..
2000 Cotisations de sécurité sociale	**..**	**73**	**3 760**	**22 759**	**53 588**	**69 090**	**104 693**	**140 071**	**150 854**	**162 209**
2100 À la charge des salariés	..	0	1 464	8 578	21 773	28 213	44 281	60 682	65 384	70 297
Veterans' relief fund	..	0	0	0	0	0	0	0	0	0
Soldiers' annuity fund	..	0	0	0	0	0	0	0	0	0
Unemployment assurance	..	0	0	598	1 164	1 358	3 076	4 027	4 895	5 159
National welfare pension fund	..	0	429	4 325	9 338	11 004	15 821	20 630	21 722	22 879
Social benefit fund	..	0	0	0	0	0	0	0	0	0
Health Insurance	..	0	483	2 066	8 180	11 783	19 868	27 911	30 184	33 453
Teachers' pensions	..	0	86	279	581	868	1 125	1 678	1 780	1 818
Government employees pensions	..	0	406	1 144	2 202	2 878	3 876	5 796	6 134	6 302
Military personal pensions	..	0	60	166	308	322	515	640	669	686
2110 Sur la base du salaire	..	..	..	8 578	21 773	28 213	44 281	60 682	65 384	70 297
2120 Sur la base de l'impôt sur les revenus	..	..	..	0	0	0	0	0	0	0
2200 À la charge des employeurs	..	73	1 694	9 409	23 557	30 856	47 846	63 780	67 676	72 773
Ind. works' insurance fund	..	73	550	1 876	4 431	4 632	6 062	7 539	7 088	7 498
Soldiers' annuity fund	..	0	0	0	0	0	0	0	0	0
Pneumoconiosis fund	..	0	0	0	0	0	0	0	0	0
Unemployment insurance	..	0	0	1 449	2 474	2 860	5 499	7 063	8 024	8 398
Veterans' relief fund	..	0	0	0	0	0	0	0	0	0
National welfare pension fund	..	0	430	4 340	9 383	11 052	15 895	20 631	21 722	22 879
Social benefit fund	..	0	0	0	0	0	0	0	0	0
Health Insurance	..	0	658	1 547	6 844	11 718	19 493	27 110	29 288	32 373
Teachers' pensions	..	0	56	197	425	594	897	1 437	1 554	1 625
Government employees pensions	..	0	0	0	0	0	0	0	0	0
2210 Sur la base du salaire	..	..	..	9 409	23 557	30 856	47 846	63 780	67 676	72 773
2220 Sur la base de l'impôt sur les revenus	..	..	..	0	0	0	0	0	0	0
2300 A charge des travailleurs indép. ou sans emploi	..	0	602	4 772	8 258	10 021	12 566	15 609	17 794	19 139
2310 Sur la base du salaire	..	..	0	0	0	0	0	0	0	0
2320 Sur la base de l'impôt sur les revenus	..	..	602	4 772	8 258	10 021	12 566	15 609	17 794	19 139
2400 Non-ventilables entre 2100, 2200 et 2300	..	0	0	0	0	0	0	0	0	0
2410 Sur la base du salaire	..	..	..	..	..	..	..	..	..	..
2420 Sur la base de l'impôt sur les revenus	..	..	..	..	..	..	..	..	..	..
3000 Sur salaires ou main d'oeuvre	**..**	**34**	**153**	**258**	**619**	**714**	**1 122**	**1 597**	**1 607**	**1 755**
Workshop tax on workforce (local)	..	31	124	258	619	714	1 122	1 597	1 607	1 755
Vocational training promotion fund	..	3	29	0	0	0	0	0	0	0

	1965	1980	1990	2000	2007	2010	2015	2019	2020	2021
4000 Impôts sur le patrimoine	**..**	**537**	**4 389**	**16 846**	**33 109**	**33 516**	**48 625**	**59 732**	**76 512**	**93 263**
4100 Impôts périodiques sur la propriété immobilière	..	183	980	3 385	9 196	9 270	12 486	17 750	20 044	24 486
Property tax (local)	..	119	227	728	3 755	4 817	9 294	12 677	13 773	14 974
City planning tax on urban real estate (local)	..	51	244	815	1 883	2 465	0	0	0	0
Community facilities tax (local)	..	13	86	341	543	650	1 351	1 681	1 777	1 841
Tax on excessive land holdings (local)	..	0	1	0	0	0	0	0	0	0
Tax on aggregate land holdings (local)	..	0	400	1 282	5	0	0	0	0	0
Rural dev. tax on local agg. land holdings tax	..	0	0	81	1	0	0	0	0	0
Tax on excessively increased land value	..	0	0	0	0	0	0	0	0	0
Comprehensive real estate tax	..	0	0	0	2 414	1 029	1 399	2 671	3 601	6 130
Rural dev. tax on comprehensive real estate tax	..	0	0	0	483	208	267	505	680	1 172
4110 Ménages	..	..	0	0	0	0	0	0	0	0
4120 Autres agents	..	..	22	138	112	101	175	216	213	369
Workshop tax on property (local)	..	..	22	138	112	101	175	216	213	369
4200 Impôts périodiques sur l'actif net	..	0	0	0	0	0	0	0	0	0
4210 Personnes physiques	..	..	..	..	..	..	..	..	..	..
4220 Sociétés	..	..	..	..	..	..	..	..	..	..
4300 Impôts sur mut. par décès, succ. et donations	..	12	354	989	2 842	3 076	5 044	8 329	10 375	15 006
4310 Impôts sur mut. par décès et successions	..	5	85	449	1 059	1 203	1 944	3 154	3 904	6 945
Inheritance tax	..	3	71	449	1 059	1 203	1 944	3 154	3 904	6 945
Defence tax on inheritance tax	..	2	14	0	0	0	0	0	0	0
4320 Impôts sur les donations	..	7	269	540	1 783	1 873	3 100	5 175	6 471	8 061
Gift tax	..	7	225	540	1 783	1 873	3 100	5 175	6 471	8 061
Defence tax on gift tax	..	0	44	0	0	0	0	0	0	0
4400 Impôts sur transact. mobilières et immob.	..	319	2 960	11 935	21 071	21 170	31 095	33 653	46 093	53 771
Registration tax (local)	..	122	1 378	4 528	7 254	7 370	1 831	1 837	2 053	2 155
Registration tax	..	0	0	0	0	0	0	0	0	0
Defence tax on registration tax	..	0	0	0	0	0	0	0	0	0
Rural dev. tax on local acquisition tax	..	0	0	246	627	632	969	947	1 164	1 343
Rural dev. tax on local registration tax	..	0	0	66	143	144	1	0	0	0
Securities transactions tax	..	0	224	2 736	3 469	3 667	4 670	4 473	8 759	10 256
Rural dev. tax on securities transaction tax	..	0	0	823	1 729	2 010	1 861	1 635	3 616	5 340
Acquisition tax (local)	..	163	1 165	3 148	7 261	6 825	20 810	23 915	29 536	33 717
Stamp tax	..	34	193	388	588	522	953	846	965	960
4500 Impôts non-périodiques	..	22	95	537	0	0	0	0	0	0
Asset revaluation tax	..	22	95	537	..	..	..	..	..	..
4510 Sur l'actif net	..	..	0	0	..	..	..	..	..	..
4520 Autres non-périodiques	..	..	0	0	..	..	..	..	..	..
4600 Autres impôts périodiques sur patrimoine	..	0	0	0	0	0	0	0	0	0
5000 Impôts sur les biens et services	**..**	**4 190**	**16 497**	**52 271**	**80 861**	**99 769**	**110 326**	**135 276**	**131 353**	**143 100**
5100 Impôts sur production, vente, transfert, etc.	..	4 114	16 024	50 023	78 414	96 573	103 254	127 551	123 219	134 745
5110 Impôts généraux	..	1 471	6 964	23 212	40 942	51 800	60 162	82 174	81 452	89 022
5111 Taxes sur la valeur ajoutée	..	1 471	6 964	23 212	40 942	51 800	60 162	82 174	81 452	89 022
Value added tax	..	1 471	6 964	23 212	40 942	51 800	60 162	82 174	81 452	89 022
5112 Impôts sur les ventes	..	0	0	0	0	0	0	0	0	0
Business tax	..	..	..	..	..	..	..	..	..	..
5113 Autres impôts	..	0	0	0	0	0	0	0	0	0
5120 Impôts sur biens et services déterminés	..	2 643	9 059	26 811	37 472	44 773	43 092	45 377	41 767	45 723
5121 Accises	..	1 029	4 924	18 155	27 880	31 340	31 857	34 691	33 013	35 792
Commodity tax	..	0	0	0	0	0	0	0	0	0
Defence tax on commodity tax	..	0	0	0	0	0	0	0	0	0
Liquor tax	..	298	1 022	1 963	2 268	2 878	3 228	3 504	3 008	2 673
Defence tax on liquor tax	..	78	0	0	0	0	0	0	0	0
Education tax on liquor tax	..	0	81	516	580	724	808	844	733	608
Textile tax	..	0	0	0	0	0	0	0	0	0
Petroleum tax	..	0	0	0	0	0	0	0	0	0
Transport tax on petrol products	..	0	0	8 404	11 464	13 970	14 055	14 563	13 938	16 598
Education tax on transport tax	..	0	0	1 247	1 715	2 133	2 154	2 190	2 041	2 497
Electricity and gas tax	..	0	0	0	0	0	0	0	0	0
Special excise tax	..	583	1 912	2 985	5 161	5 066	8 001	9 719	9 218	9 364
Defence tax on special excise tax	..	70	337	0	0	0	0	0	0	0
Education tax on special excise tax	..	0	0	498	607	501	515	455	440	435
Rural development on special excise tax	..	0	0	37	54	24	61	58	57	59
Tobacco sales tax (local)	..	0	0	0	0	0	0	0	0	0
Tobacco consumption tax (local)	..	0	1 572	2 251	2 761	2 875	3 035	3 358	3 578	3 558
Motor fuel tax (local)	..	0	0	254	3 270	3 169	0	0	0	0
5122 Bénéfices des monopoles fiscaux	..	510	0	0	0	0	0	0	0	0
Monopoly profit	..	510	..	..	..	..	..	..	..	..

	1965	1980	1990	2000	2007	2010	2015	2019	2020	2021
5123 Droits de douane et droits à l'importation	..	1 014	3 692	5 936	7 690	11 046	8 907	8 250	7 413	8 629
Customs duties	..	762	2 765	5 800	7 411	10 666	8 495	7 882	7 059	8 227
Defence tax on customs duties	..	248	919	0	0	0	0	0	0	0
Special customs duties	..	0	0	0	0	0	0	0	0	0
Tonnage tax	..	0	0	0	0	0	0	0	0	0
Education tax on imports	..	0	7	99	234	336	390	345	341	388
Rural dev. tax on customs exemptions	..	0	0	37	45	44	22	23	13	14
Previous year receipts	..	4	0	0	0	0	0	0	0	0
5124 Taxes à l'exportation	..	0	0	0	0	0	0	0	0	0
5125 Impôts sur biens d'équipement	..	0	0	0	0	0	0	0	0	0
5126 Impôts sur services déterminés	..	90	444	2 720	1 902	2 387	2 328	2 436	1 341	1 302
Telephone tax	..	50	262	1 457	0	0	0	0	0	0
Defence tax on telephone tax	..	33	0	0	0	0	0	0	0	0
Entertainment tax	..	0	0	0	0	0	0	0	0	0
Defence tax on entertainment tax	..	0	0	0	0	0	0	0	0	0
Entertainment tax (local)	..	0	0	0	0	0	0	0	0	0
Travel tax	..	0	0	0	0	0	0	0	0	0
Admission tax	..	0	0	0	0	0	0	0	0	0
Defence tax on admission tax	..	0	0	0	0	0	0	0	0	0
Education tax on banking & insurance	..	0	108	473	721	951	1 004	1 277	1 138	1 175
Horse race tax (local)	..	3	56	566	864	1 068	1 089	970	169	106
Rural dev. tax on horse race tax	..	0	0	84	165	215	235	189	34	21
Butchery tax (local)	..	5	18	51	52	58	0	0	0	0
Regional development tax (local)	..	0	0	89	100	95	0	0	0	0
5127 Autres impôts sur commerce et transact. internat.	..	0	0	0	0	0	0	0	0	0
5128 Autres impôts	..	0	0	0	0	0	0	0	0	0
5130 Non-ventilables entre 5110 et 5120	..	0	0	0	0	0	0	0	0	0
5200 Impôts sur utilisation des biens et exerc. activités	..	75	474	2 248	2 447	3 196	7 072	7 725	8 134	8 355
5210 Impôts périodiques	..	75	474	2 248	2 447	3 196	7 072	7 725	8 134	8 355
License tax (local)	..	18	48	241	77	76	0	0	0	0
Automobile tax (local)	..	57	426	2 007	2 370	3 120	7 072	7 725	8 134	8 355
5211 À la charge des ménages : véhicules à moteur	..	..	..	..	..	..	..	..	..	..
5212 À la charge autres agents : véhicules à moteur	..	..	..	..	..	..	..	..	..	..
5213 Autres impôts périodiques	..	..	..	..	..	..	..	..	..	..
5220 Impôts non-périodiques	..	0	0	0	0	0	0	0	0	0
5300 Non-ventilables entre 5100 et 5200	..	0	0	0	0	0	0	0	0	0
6000 Autres impôts	**..**	**150**	**259**	**4 907**	**8 155**	**9 974**	**9 642**	**13 269**	**11 560**	**13 183**
6100 À la charge exclusive des entreprises	..	0	0	0	0	0	0	0	0	0
6200 À la charge d'autres agents	..	150	259	4 907	8 155	9 974	9 642	13 269	11 560	13 183
Unallocable tax revenue	..	143	0	0	0	0	0	0	0	0
Previous year tax	..	0	213	1 474	2 965	4 449	3 435	5 873	4 165	5 147
Previous year tax (local)	..	6	47	474	672	654	392	719	259	437
Unallocable defence tax	..	0	0	-3	0	0	0	0	0	0
Education tax on local taxes	..	0	0	2 962	4 518	4 871	5 815	6 677	7 136	7 599
Recettes fiscales totales sur la base d'encaissements	**..**	**6 687**	**37 262**	**136 295**	**258 571**	**295 968**	**393 559**	**523 985**	**538 450**	**619 084**
Recettes fiscales totales sur la base des droits constatés	**..**	**..**	**..**	**..**	**..**	**..**	**..**	**..**	**..**	**..**
Conciliation avec les comptes nationaux										
Impôts additionnels inclus dans les comptes nationaux	..	..	..	..	..	..	..	..	..	..
Impôt exclus des comptes nationaux	..	..	..	..	..	..	..	..	..	..
Différence dans les traitements des crédits d'impôts	..	..	..	..	..	..	..	..	..	..
Transfert en capital des recettes non collectées	..	..	..	..	..	..	..	..	..	..
Cotisations de sécurité sociale volontaires	..	..	..	..	..	..	..	..	..	..
Différences diverses	..	..	..	..	..	..	..	..	..	..
Comptes nationaux : impôts et cotisations sociales effectives	..	..	..	..	..	..	..	..	..	..
Cotisations sociales imputées	..	..	..	..	..	..	..	..	..	..
Comptes nationaux : impôts et toutes les cotisations sociales	..	..	..	..	..	..	..	..	..	..

.. Non disponible

Note : Year ending 31st December.

Data are on cash basis.

Heading 2000: From 1997 the contributions to the three funds (civil servant pension fund, private school teachers pension fund and medical insurance fund) are classified as security social contributions. The reasons for the change are that the contributions either became mandatory or the fund started to be managed by public authorities in that year, thereby meeting the OECD definition of social security contributions.

Heading 2200: From 2007, this includes long-term care insurance.

Source : Ministry of Finance and Economy, Ministry of Home Affairs.

StatLink https://stat.link/muhcts

Tableau 5.22. Lettonie : recettes fiscales détaillées, 1965-2021

Million EUR

	1965	1980	1990	2000	2007	2010	2015	2019	2020	2021
Recettes fiscales totales	..	..	..	**1 995**	**6 401**	**5 162**	**7 320**	**9 482**	**9 374**	**10 252**
Recettes fiscales totales excluant les taxes collectés pour le compte de l'UE	..	..	..	**1 995**	**6 362**	**5 137**	**7 272**	**9 426**	**9 322**	**10 180**
1000 Impôts sur revenu, bénéfices et gains en capital	..	..	..	**480**	**1 857**	**1 292**	**1 833**	**2 026**	**2 019**	**2 295**
1100 Des personnes physiques	..	..	..	376	1 287	1 116	1 445	1 978	1 803	2 009
1110 Sur le revenu et les bénéfices	..	..	..	376	1 287	1 116	1 445	1 978	1 803	2 009
Personal income tax	..	..	..	376	1 287	1 116	1 445	1 978	1 803	2 009
Solidarity tax	..	..	..	0	0	0	0	1	0	0
1120 Sur les gains en capital	..	..	..	0	0	0	0	0	0	0
1200 Des sociétés	..	..	..	105	570	175	389	48	217	286
1210 Sur les bénéfices	..	..	..	105	570	175	389	48	217	286
1220 Sur les gains en capital	..	..	..	0	0	0	0	0	0	0
1300 Non-ventilables entre 1100 et 1200	..	..	..	0	0	0	0	0	0	0
2000 Cotisations de sécurité sociale	..	..	..	**669**	**1 774**	**1 554**	**2 030**	**2 911**	**2 985**	**3 191**
2100 À la charge des salariés	..	..	..	167	479	389	585	847	978	1 042
2110 Sur la base du salaire	..	..	..	167	479	389	585	847	978	1 042
2120 Sur la base de l'impôt sur les revenus	..	..	..	0	0	0	0	0	0	0
2200 À la charge des employeurs	..	..	..	501	1 283	1 155	1 432	2 037	1 979	2 107
2210 Sur la base du salaire	..	..	..	501	1 283	1 155	1 432	2 037	1 979	2 107
2220 Sur la base de l'impôt sur les revenus	..	..	..	0	0	0	0	0	0	0
2300 A charge des travailleurs indép. ou sans emploi	..	..	..	1	12	9	12	27	29	43
2310 Sur la base du salaire	..	..	..	1	12	9	12	27	29	43
2320 Sur la base de l'impôt sur les revenus	..	..	..	0	0	0	0	0	0	0
2400 Non-ventilables entre 2100, 2200 et 2300	..	..	..	0	0	0	0	0	0	0
2410 Sur la base du salaire	..	..	..	..	..	..	..	..	..	..
2420 Sur la base de l'impôt sur les revenus	..	..	..	..	..	..	..	..	..	..
3000 Sur salaires ou main d'oeuvre	..	..	..	**0**	**4**	**3**	**3**	**3**	**3**	**3**
Risk duty of business	..	..	..	..	4	3	3	3	3	3
4000 Impôts sur le patrimoine	..	..	..	**76**	**195**	**157**	**249**	**287**	**281**	**296**
4100 Impôts périodiques sur la propriété immobilière	..	..	..	63	106	128	197	226	222	226
4110 Ménages	..	..	..	0	0	0	24	40	39	39
4120 Autres agents	..	..	..	63	106	128	173	187	183	187
Tax on property	..	..	..	63	106	128	173	187	183	187
Tax on land	..	..	..	0	0	0	0	0	0	0
4200 Impôts périodiques sur l'actif net	..	..	..	0	0	0	0	0	0	0
4210 Personnes physiques	..	..	..	..	..	..	..	..	..	..
4220 Sociétés	..	..	..	..	..	..	..	..	..	..
4300 Impôts sur mut. par décès, succ. et donations	..	..	..	0	3	3	7	11	12	15
4310 Impôts sur mut. par décès et successions	..	..	..	..	3	3	7	11	12	15
Duty for legacies and donations	..	..	..	..	0	2	4	9	9	12
Stamp duty for transactions made in Land Register in relation to legacies and donations	..	..	..	..	1	0	1	1	1	1
Duty for consolidation of ownership and legal cliens in Land Register anent legacies and donations	..	..	..	..	2	2	2	2	2	3
4320 Impôts sur les donations	..	..	..	..	0	0	0	0	0	0
4400 Impôts sur transact. mobilières et immob.	..	..	..	13	86	26	42	45	44	50
Duties on transactions with privatization vouchers	..	..	..	0	0	0	0	0	0	0
Stamp duty for transactions made in Land Register, which have been collected from juridical persons, except legacies and donations	..	..	..	0	1	1	1	1	1	1
Duty for consolidation of ownership and legal liens in Land Register, which have been collected from juridical persons, except legacies and donations	..	..	..	4	27	13	18	19	18	21
Stamp duty for transactions made in Land Register, which have been collected from physical persons, except legacies and donations	..	..	..	1	8	1	2	2	2	2
Duty for consolidation of ownership and legal liens in Land Register, which have been collected from physical persons, except legacies and donations	..	..	..	7	51	11	20	23	23	26
4500 Impôts non-périodiques	..	..	..	0	0	0	3	4	3	5
4510 Sur l'actif net	..	..	..	..	..	..	0	0	0	0
4520 Autres non-périodiques	..	..	..	..	..	..	3	4	3	5
The payment made by a foreigner before receiving temporary residence permit	..	..	..	..	..	..	3	4	3	5
4600 Autres impôts périodiques sur patrimoine	..	..	..	0	0	0	0	0	0	0
5000 Impôts sur les biens et services	..	..	..	**770**	**2 572**	**2 157**	**3 205**	**4 254**	**4 086**	**4 467**
5100 Impôts sur production, vente, transfert, etc.	..	..	..	739	2 515	2 031	3 052	3 977	3 867	4 234
5110 Impôts généraux	..	..	..	476	1 753	1 301	2 130	2 783	2 690	2 997
5111 Taxes sur la valeur ajoutée	..	..	..	476	1 727	1 202	1 876	2 632	2 541	2 880

	1965	1980	1990	2000	2007	2010	2015	2019	2020	2021
5112 Impôts sur les ventes	..	..	..	0	0	0	31	0	0	0
Subsidised electricity tax	..	..	..	..	..	..	31	..	..	..
5113 Autres impôts	..	..	..	0	27	99	223	150	149	118
Mandatory procurement public service obligation fee	..	..	..	..	27	99	223	150	149	118
5120 Impôts sur biens et services déterminés	..	..	..	262	761	730	922	1 194	1 177	1 237
5121 Accises	..	..	..	232	626	645	807	1 068	1 066	1 112
Excise duty on alcoholic beverages	..	..	..	63	127	111	128	200	190	195
Excise duty on beer	..	..	..	4	15	25	27	54	52	52
Excise duty on oil products	..	..	..	124	359	360	428	542	560	579
Excise duty on tobacco	..	..	..	27	92	130	178	228	223	241
Excise duty on other products	..	..	..	14	32	18	25	17	19	22
Excise duty on coffee, non alcoholic beverages, refill liquids for electronic cigarettes and tobacco substitute products	..	..	..	6	8	13	14	17	19	22
Excise duty / Tax on cars and motorcycles	..	..	..	8	24	5	11	0	0	0
Excise duty on natural gas	..	..	..	0	0	1	20	22	17	19
Tax on electricity	..	..	..	0	1	1	2	5	5	5
5122 Bénéfices des monopoles fiscaux	..	..	..	0	0	0	0	0	0	0
5123 Droits de douane et droits à l'importation	..	..	..	21	70	38	43	52	48	72
Customs duties	..	..	..	21	40	25	40	50	48	71
Levies on imported agricultural products	..	..	..	0	2	0	0	0	0	0
Excise duty of imported goods for omission for free turnover	..	..	..	0	28	14	3	2	0	1
5124 Taxes à l'exportation	..	..	..	0	0	0	0	0	0	0
5125 Impôts sur biens d'équipement	..	..	..	0	0	0	0	0	0	0
5126 Impôts sur services déterminés	..	..	..	10	66	47	72	74	63	53
Taxes on lotteries and gambling	..	..	..	7	42	22	32	47	34	20
Financial stability fee	..	..	..	0	0	0	4	7	6	8
Passenger departure duty	..	..	..	3	0	0	0	0	0	0
Contributions to the EU Single Resolution Fund	..	..	..	0	0	0	8	6	4	5
Contributions to the fund for the protection of the insured	..	..	..	0	1	1	1	0	0	0
Contributions to the deposit guarantee fund	..	..	..	0	22	24	28	14	18	20
Other special target State duties	..	..	..	0	0	0	0	0	1	1
5127 Autres impôts sur commerce et transact. internat.	..	..	..	0	0	0	0	0	0	0
5128 Autres impôts	..	..	..	0	0	0	0	0	0	0
5130 Non-ventilables entre 5110 et 5120	..	..	..	0	0	0	0	0	0	0
5200 Impôts sur utilisation des biens et exerc. activités	..	..	..	32	57	126	153	277	219	233
5210 Impôts périodiques	..	..	..	32	57	73	142	171	178	189
5211 À la charge des ménages : véhicules à moteur	..	..	..	12	16	34	54	64	66	68
Vehicle tax for vehicles which have been registered on physical persons	..	..	..	0	0	0	54	64	66	68
Annual vehicle duty for vehicles which have been registered on physical persons	..	..	..	12	16	34	0	0	0	0
5212 À la charge autres agents : véhicules à moteur	..	..	..	0	20	22	46	52	53	54
Tax on cars belonging to enterprises	..	..	..	..	0	0	20	21	22	23
Vehicle tax for vehicles which have been registered on judical persons	..	..	..	..	0	0	26	31	31	32
Annual vehicle duty for vehicles which have been registered on judical persons	..	..	..	..	20	22	0	0	0	0
5213 Autres impôts périodiques	..	..	..	20	21	17	42	55	59	66
Duty for keeping animals	..	..	..	0	0	0	0	0	0	0
Income from lease of reservoirs and fishing rights and non-production use of fishing rights (fishing cards)	..	..	..	0	0	0	1	1	1	1
Business and professional licences	..	..	..	5	6	4	20	23	23	21
State duties and payments for issue of special permits (licences) and registration of documents that commensurate correspondence of professional qualification	..	..	..	1	0	0	0	0	0	0
Lottery and gambling state duty	..	..	..	1	4	2	2	4	4	4
Gambling equipment marking duty	..	..	..	0	1	1	0	0	0	0
Payment for rental of commercial fishing rights	..	..	..	0	0	0	1	1	0	0
Lottery of goods and services organization duty	..	..	..	2	0	0	0	0	0	0
State duty for using numerative rights	..	..	..	0	0	0	0	0	0	0
State duty for keeping oil products` security reserves	..	..	..	0	0	0	16	19	18	16
Tax on natural resources	..	..	..	15	15	12	22	30	35	44
State fee from weapon	..	..	..	0	0	0	0	0	0	0
5220 Impôts non-périodiques	..	..	..	0	0	53	11	105	42	44
Revenue from state-owned greenhouse gas emission unit trade	..	..	..	..	..	53	0	0	0	0
Payment for emission quota trading	..	..	..	..	..	0	11	105	42	44
The fee for the appeal of procurement	..	..	..	..	..	0	0	0	0	0
5300 Non-ventilables entre 5100 et 5200	..	..	..	0	0	0	0	0	0	0

	1965	1980	1990	2000	2007	2010	2015	2019	2020	2021
6000 Autres impôts	..	..	..	**0**	**0**	**0**	**0**	**0**	**0**	**0**
6100 À la charge exclusive des entreprises	..	..	..	..	..	..	..	..	..	..
6200 À la charge d'autres agents	..	..	..	..	..	..	..	..	..	..
Pour mémoire										
Droits de douane perçus pour le compte de l'UE	..	..	..	..	37	25	40	50	48	68
Contributions au Fonds de résolution unique collectées pour le compte de l'UE	..	..	..	..	..	..	8	6	4	5
Recettes fiscales totales sur la base d'encaissements	..	..	..	..	..	..	..	..	..	..
Recettes fiscales totales sur la base des droits constatés	..	..	..	**1 995**	**6 401**	**5 162**	**7 320**	**9 482**	**9 374**	**10 252**
Conciliation avec les comptes nationaux										
Impôts additionnels inclus dans les comptes nationaux	..	..	..	14	1	1	0	0	0	0
Impôt exclus des comptes nationaux	..	..	..	0	0	0	0	0	0	0
Différence dans les traitements des crédits d'impôts	..	..	..	0	0	0	0	0	0	0
Transfert en capital des recettes non collectées	..	..	..	0	0	0	0	0	0	0
Cotisations de sécurité sociale volontaires	..	..	..	0	0	0	0	0	0	0
Différences diverses	..	..	..	0	0	0	0	0	0	0
Comptes nationaux : impôts et cotisations sociales effectives	..	..	..	2 009	6 402	5 163	7 320	9 482	9 374	10 252
Cotisations sociales imputées	..	..	..	12	51	36	80	149	128	138
Comptes nationaux : impôts et toutes les cotisations sociales	..	..	..	2 022	6 453	5 199	7 401	9 630	9 502	10 390

.. Non disponible

Note : Year ending 31st December.

Data on accrual basis.

Source : Ministry of Finance.

StatLink https://stat.link/g8dlf1

Tableau 5.23. Lituanie : recettes fiscales détaillées, 1965-2021

Million EUR

	1965	1980	1990	2000	2007	2010	2015	2019	2020	2021
Recettes fiscales totales	..	..	..	**4 154**	**8 730**	**7 961**	**10 826**	**14 826**	**15 619**	**18 039**
Recettes fiscales totales excluant les taxes collectés pour le compte de l'UE	..	..	..	**4 154**	**8 656**	**7 908**	**10 716**	**14 696**	**15 486**	**17 865**
1000 Impôts sur revenu, bénéfices et gains en capital	..	..	..	**1 111**	**2 625**	**1 281**	**2 013**	**4 288**	**4 453**	**5 375**
1100 Des personnes physiques	..	..	..	1 020	1 891	1 005	1 440	3 529	3 628	4 215
1110 Sur le revenu et les bénéfices	..	..	..	1 020	1 810	972	1 390	3 529	3 628	4 215
Tax on payroll and workforce	..	..	..	950	1 628	793	1 148	2 990	3 628	4 215
Tax on income from individual activities	..	..	..	40	81	36	55	110	0	0
Tax on capital income	..	..	..	31	102	143	187	429	0	0
1120 Sur les gains en capital	..	..	..	0	81	33	50	0	0	0
1200 Des sociétés	..	..	..	90	734	276	574	759	825	1 161
1210 Sur les bénéfices	..	..	..	90	734	276	574	759	825	1 161
1220 Sur les gains en capital	..	..	..	0	0	0	0	0	0	0
1300 Non-ventilables entre 1100 et 1200	..	..	..	0	0	0	0	0	0	0
2000 Cotisations de sécurité sociale	..	..	..	**1 362**	**2 643**	**3 293**	**4 338**	**4 743**	**5 127**	**5 750**
2100 À la charge des salariés	..	..	..	107	233	641	873	3 605	3 872	4 367
2110 Sur la base du salaire	..	..	..	107	233	641	873	3 605	3 872	4 367
2120 Sur la base de l'impôt sur les revenus	..	..	..	0	0	0	0	0	0	0
2200 À la charge des employeurs	..	..	..	1 119	2 180	2 109	2 916	359	378	421
2210 Sur la base du salaire	..	..	..	1 119	2 180	2 109	2 916	359	378	421
2220 Sur la base de l'impôt sur les revenus	..	..	..	0	0	0	0	0	0	0
2300 A charge des travailleurs indép. ou sans emploi	..	..	..	135	230	544	549	779	877	962
2310 Sur la base du salaire	..	..	..	135	230	544	549	779	877	962
2320 Sur la base de l'impôt sur les revenus	..	..	..	0	0	0	0	0	0	0
2400 Non-ventilables entre 2100, 2200 et 2300	..	..	..	0	0	0	0	0	0	0
2410 Sur la base du salaire	..	..	..	..	..	..	..	..	..	..
2420 Sur la base de l'impôt sur les revenus	..	..	..	..	..	..	..	..	..	..
3000 Sur salaires ou main d'oeuvre	..	..	..	**0**	**0**	**0**	**0**	**0**	**0**	**0**
4000 Impôts sur le patrimoine	..	..	..	**62**	**83**	**103**	**126**	**149**	**150**	**166**
4100 Impôts périodiques sur la propriété immobilière	..	..	..	61	82	102	125	147	148	164
4110 Ménages	..	..	..	3	6	7	17	39	40	45
4120 Autres agents	..	..	..	58	76	95	108	108	108	119
Tax on land from corporations	..	..	..	3	8	9	10	6	6	7
Tax on immovable property	..	..	..	55	69	86	98	102	102	112
4200 Impôts périodiques sur l'actif net	..	..	..	0	0	0	0	0	0	0
4210 Personnes physiques	..	..	..	..	..	..	..	..	..	..
4220 Sociétés	..	..	..	..	..	..	..	..	..	..
4300 Impôts sur mut. par décès, succ. et donations	..	..	..	1	2	1	1	2	2	3
4310 Impôts sur mut. par décès et successions	..	..	..	1	2	1	1	2	2	3
4320 Impôts sur les donations	..	..	..	0	0	0	0	0	0	0
4400 Impôts sur transact. mobilières et immob.	..	..	..	0	0	0	0	0	0	0
4500 Impôts non-périodiques	..	..	..	0	0	0	0	0	0	0
4510 Sur l'actif net	..	..	..	..	..	..	..	..	..	..
4520 Autres non-périodiques	..	..	..	..	..	..	..	..	..	..
4600 Autres impôts périodiques sur patrimoine	..	..	..	0	0	0	0	0	0	0
5000 Impôts sur les biens et services	..	..	..	**1 619**	**3 378**	**3 284**	**4 348**	**5 646**	**5 890**	**6 748**
5100 Impôts sur production, vente, transfert, etc.	..	..	..	1 556	3 298	3 202	4 275	5 547	5 767	6 608
5110 Impôts généraux	..	..	..	1 086	2 339	2 183	2 913	3 882	4 033	4 719
5111 Taxes sur la valeur ajoutée	..	..	..	1 005	2 330	2 180	2 889	3 856	4 008	4 688
5112 Impôts sur les ventes	..	..	..	0	0	0	0	0	0	0
5113 Autres impôts	..	..	..	81	8	3	24	26	24	31
Deductions from revenue according to the RoL on the financing of road maintence and development	..	..	..	81	0	0	0	0	0	0
Deductions from revenue according to the RoL Forestry Law	..	..	..	0	0	0	24	26	24	31
Turnover tax on goods	..	..	..	0	0	0	0	0	0	0
Deductions from Ignalina nuclear power plant income generated by sales of electricity	..	..	..	0	8	3	0	0	0	0
Turnover tax on publications of erotic and violent nature	..	..	..	0	0	0	0	0	0	0
Turnover tax on motor cars	..	..	..	0	0	0	0	0	0	0
Turnover tax on goods containing ethyl	..	..	..	0	0	0	0	0	0	0
5120 Impôts sur biens et services déterminés	..	..	..	470	960	1 019	1 362	1 665	1 734	1 889

	1965	1980	1990	2000	2007	2010	2015	2019	2020	2021
5121 Accises	..	..	..	428	835	903	1 165	1 503	1 569	1 675
Alcoholic beverages	..	..	..	10	2	10	6	20	21	16
Manufactured tabacco	..	..	..	41	121	170	270	300	309	329
Oil and other oil products	..	..	..	230	451	487	619	835	861	915
Electricity	..	..	..	2	0	3	4	2	5	2
Luxury cars	..	..	..	1	0	0	0	0	0	0
Sugar	..	..	..	25	13	1	1	0	0	0
Other former minor excises	..	..	..	5	0	0	0	0	0	0
Wine and sparkling wine	..	..	..	6	23	30	36	48	53	56
Beer	..	..	..	24	38	44	50	84	87	85
Other alcoholic beverages	..	..	..	84	186	158	179	213	234	271
5122 Bénéfices des monopoles fiscaux	..	..	..	0	0	0	0	0	0	0
5123 Droits de douane et droits à l'importation	..	..	..	41	61	53	99	122	128	167
Taxes on international trades and transactions	..	..	..	41	0	0	0	0	0	0
Imported sugar tax	..	..	..	0	0	0	0	0	0	0
Custom duties collected for the EU	..	..	..	0	61	53	99	122	128	167
5124 Taxes à l'exportation	..	..	..	0	0	0	0	0	0	0
5125 Impôts sur biens d'équipement	..	..	..	0	0	0	0	0	0	0
5126 Impôts sur services déterminés	..	..	..	0	64	63	98	39	37	47
Tax on lotteries and gambling	..	..	..	..	9	8	15	19	17	24
Contributions to the Guarantee Fund	..	..	..	..	11	5	16	0	0	0
Deposit and investment insurance tax	..	..	..	..	43	48	56	11	13	15
Resolution Fund	..	..	..	..	0	0	10	8	6	6
Other taxes on specific services	..	..	..	..	0	1	1	2	2	1
5127 Autres impôts sur commerce et transact. internat.	..	..	..	0	0	0	0	0	0	0
5128 Autres impôts	..	..	..	0	0	0	0	0	0	0
5130 Non-ventilables entre 5110 et 5120	..	..	..	0	0	0	0	0	0	0
5200 Impôts sur utilisation des biens et exerc. activités	..	..	..	64	80	83	74	99	122	140
5210 Impôts périodiques	..	..	..	64	80	83	74	99	122	140
5211 À la charge des ménages : véhicules à moteur	..	..	..	0	0	0	0	0	0	0
5212 À la charge autres agents : véhicules à moteur	..	..	..	7	30	13	32	38	52	68
Car registration taxes	..	..	..	0	0	0	15	18	30	47
Conveyance taxes	..	..	..	7	30	13	17	20	22	21
5213 Autres impôts périodiques	..	..	..	57	50	70	42	61	70	72
Pollution taxes	..	..	..	6	18	7	13	20	25	20
Payments by households for licences (not for business purposes)	..	..	..	5	3	6	2	2	2	2
Tax on market place	..	..	..	2	0	0	0	0	0	0
State-imposed fees and charges	..	..	..	34	22	44	5	6	6	7
Other taxes on production	..	..	..	10	6	13	22	33	38	42
5220 Impôts non-périodiques	..	..	..	0	0	0	0	0	0	0
5300 Non-ventilables entre 5100 et 5200	..	..	..	0	0	0	0	0	0	0
6000 Autres impôts	**..**	**..**	**..**	**0**	**0**	**0**	**0**	**0**	**0**	**0**
6100 À la charge exclusive des entreprises	..	..	..	..	..	..	..	..	..	..
6200 À la charge d'autres agents	..	..	..	..	..	..	..	..	..	..
Pour mémoire										
Droits de douane perçus pour le compte de l'UE	..	..	..	..	61	53	99	122	128	167
Contributions au Fonds de résolution unique collectées pour le compte de l'UE	..	..	..	..	..	..	10	8	6	6
Recettes fiscales totales sur la base d'encaissements	**..**	**..**	**..**	**..**	**..**	**..**	**..**	**..**	**..**	**..**
Recettes fiscales totales sur la base des droits constatés	**..**	**..**	**..**	**4 154**	**8 730**	**7 961**	**10 826**	**14 826**	**15 619**	**18 039**
Conciliation avec les comptes nationaux										
Impôts additionnels inclus dans les comptes nationaux	..	..	..	0	0	0	0	0	0	0
Impôt exclus des comptes nationaux	..	..	..	0	0	0	0	0	0	0
Différence dans les traitements des crédits d'impôts	..	..	..	0	0	0	0	0	0	0
Transfert en capital des recettes non collectées	..	..	..	-39	-9	-32	-18	-25	-69	-19
Cotisations de sécurité sociale volontaires	..	..	..	0	2	2	2	2	0	0
Différences diverses	..	..	..	0	0	0	0	0	0	0
Comptes nationaux : impôts et cotisations sociales effectives	..	..	..	4 115	8 723	7 932	10 811	14 803	15 550	18 020
Cotisations sociales imputées	..	..	..	3	91	103	116	160	171	183
Comptes nationaux : impôts et toutes les cotisations sociales	..	..	..	4 118	8 814	8 035	10 927	14 963	15 721	18 204

.. Non disponible

Note : Year ending 31st December.
Data on an accrual basis.

Source : Ministry of Finance.

StatLink https://stat.link/sj9eth

Tableau 5.24. Luxembourg : recettes fiscales détaillées, 1965-2021

Million EUR

	1965	1980	1990	2000	2007	2010	2015	2019	2020	2021
Recettes fiscales totales	**266**	**1 543**	**3 671**	**8 510**	**13 456**	**15 117**	**18 830**	**24 671**	**24 697**	**27 790**
Recettes fiscales totales excluant les taxes collectés pour le compte de l'UE	..	..	**3 654**	**8 482**	**13 432**	**15 099**	**18 777**	**24 506**	**24 487**	**27 523**
1000 Impôts sur revenu, bénéfices et gains en capital	**95**	**667**	**1 476**	**3 106**	**4 654**	**5 467**	**7 011**	**9 678**	**9 370**	**10 596**
1100 Des personnes physiques	66	417	884	1 573	2 677	3 156	4 716	5 917	6 290	7 318
1110 Sur le revenu et les bénéfices	66	417	884	1 573	2 677	3 156	4 716	5 917	6 290	7 318
Impôt sur le revenu des personnes physiques	27	106	184	258	389	540	721	782	874	1 023
Impôt solidarité majoration personnes physiques	0	10	41	37	59	74	305	381	410	462
Impôt sur traitements et salaires	36	287	601	1 177	1 909	2 136	3 227	4 146	4 468	4 932
Impôt sur le revenu des capitaux	2	11	52	88	188	315	313	516	456	817
Impôt sur les tantièmes	1	2	5	11	20	26	44	57	53	59
Impôt sur le revenu de certains non-résidents	0	1	1	2	1	1	1	2	1	1
Impôt retenu sur revenus épargne (non résidents)	0	0	0	0	51	33	0	0	0	0
Retenu libératoire nationale sur les intérêts	0	0	0	0	60	31	20	30	21	18
Contribution à la crise	0	0	0	0	0	0	0	0	0	0
Impôt d'équilibrage budgétaire temporaire	0	0	0	0	0	0	85	2	1	1
Impôt retenu sur les contributions versées à un régime complémentaire de pension agréé pour indépendants	..	..	0	0	0	0	0	1	6	6
1120 Sur les gains en capital	0	0	0	0	0	0	0	0	0	0
Prélèvement sur gains des paris	..	..	..	..	..	..	..	..	..	..
1200 Des sociétés	29	250	592	1 533	1 977	2 311	2 295	3 761	3 080	3 277
1210 Sur les bénéfices	29	250	592	1 533	1 977	2 311	2 295	3 761	3 080	3 277
Impôt sur le revenu des collectivites	18	168	376	1 031	1 381	1 646	1 569	2 460	1 965	2 096
Prélèvement immobilier	..	..	0	0	0	0	0	0	0	4
Impôt de solidarité sur le revenu des collectivités	0	2	8	43	58	61	120	192	146	161
Impôt commercial communal	0	80	209	460	538	603	606	1 110	969	1 016
1220 Sur les gains en capital	0	0	0	0	0	0	0	0	0	0
1300 Non-ventilables entre 1100 et 1200	0	0	0	0	0	0	0	0	0	0
2000 Cotisations de sécurité sociale	**86**	**443**	**1 011**	**2 224**	**3 710**	**4 387**	**5 548**	**6 861**	**7 207**	**7 643**
2100 À la charge des salariés	32	175	388	993	1 691	2 017	2 498	3 162	3 340	3 530
2110 Sur la base du salaire	..	175	388	993	1 691	2 017	2 498	3 162	3 340	3 530
2120 Sur la base de l'impôt sur les revenus	..	0	0	0	0	0	0	0	0	0
2200 À la charge des employeurs	49	243	494	964	1 580	1 888	2 335	2 845	2 954	3 147
2210 Sur la base du salaire	..	243	494	964	1 580	1 888	2 335	2 845	2 954	3 147
2220 Sur la base de l'impôt sur les revenus	..	0	0	0	0	0	0	0	0	0
2300 A charge des travailleurs indép. ou sans emploi	5	25	129	266	438	482	715	854	913	967
2310 Sur la base du salaire	..	25	129	266	438	482	715	854	913	967
2320 Sur la base de l'impôt sur les revenus	..	0	0	0	0	0	0	0	0	0
2400 Non-ventilables entre 2100, 2200 et 2300	0	0	0	0	0	0	0	0	0	0
2410 Sur la base du salaire	..	..	..	..	..	..	..	..	..	..
2420 Sur la base de l'impôt sur les revenus	..	..	..	..	..	..	..	..	..	..
3000 Sur salaires ou main d'oeuvre	**2**	**10**	**0**	**0**	**0**	**0**	**0**	**0**	**0**	**0**
Impôt sur la somme des salaires	2	10	..	..	..	..	..	..	..	..
4000 Impôts sur le patrimoine	**16**	**87**	**309**	**910**	**1 294**	**1 062**	**1 715**	**2 416**	**2 463**	**2 912**
4100 Impôts périodiques sur la propriété immobilière	4	9	14	21	27	29	36	38	39	41
Impôt foncier	4	9	14	21	27	29	36	38	39	41
4110 Ménages	..	..	..	..	..	..	..	..	..	..
4120 Autres agents	..	..	..	..	..	..	..	..	..	..
4200 Impôts périodiques sur l'actif net	7	44	172	633	878	831	1 318	1 844	1 852	2 129
4210 Personnes physiques	0	0	0	0	0	0	0	0	0	0
Impôt sur la fortune	..	..	..	..	..	..	..	..	..	..
4220 Sociétés	7	44	172	633	878	831	1 318	1 844	1 852	2 129
Impôt sur la fortune	2	15	58	152	172	208	385	771	780	796
Taxe d'abonnement	3	29	114	481	706	622	933	1 073	1 072	1 333
4300 Impôts sur mut. par décès, succ. et donations	1	5	11	23	47	50	74	114	84	118
4310 Impôts sur mut. par décès et successions	1	5	11	23	47	50	74	114	84	118
4320 Impôts sur les donations	0	0	0	0	0	0	0	0	0	0
4400 Impôts sur transact. mobilières et immob.	4	30	112	232	343	152	287	420	487	623
Droits d'enregistrement	4	26	94	208	288	116	221	319	381	497
Droits d'hypothèque	1	3	9	12	29	21	39	64	72	79
Droits de timbre	0	2	2	5	7	5	8	9	9	9
Taxe pour construction dans secteurs centraux	0	0	0	0	1	1	2	3	3	4
Surtaxe sur les mutations immobilières	0	0	6	7	17	8	16	23	22	33
Hypothèques salaires	0	0	1	1	1	1	1	1	1	1
Autorisations à bâtir	0	0	0	0	0	0	0	0	0	0
Taxe d'infrastructure	0	0	0	0	0	0	0	0	0	0
Taxes d'autorisation sur les réservoirs de mazout	0	0	0	0	0	0	0	0	0	0
Taxe sur les résidences secondaires	0	0	0	0	0	1	0	0	0	0

	1965	1980	1990	2000	2007	2010	2015	2019	2020	2021
4500 Impôts non-périodiques	0	0	0	0	0	0	0	0	0	0
4510 Sur l'actif net	..	..	..	..	..	..	..	..	..	..
4520 Autres non-périodiques	..	..	..	..	..	..	..	..	..	..
4600 Autres impôts périodiques sur patrimoine	0	0	0	0	0	0	0	0	0	0
5000 Impôts sur les biens et services	**66**	**336**	**868**	**2 260**	**3 784**	**4 180**	**4 528**	**5 688**	**5 635**	**6 609**
5100 Impôts sur production, vente, transfert, etc.	62	327	848	2 229	3 709	4 105	4 442	5 598	5 541	6 512
5110 Impôts généraux	33	179	443	1 127	2 231	2 616	2 946	3 621	3 686	4 282
5111 Taxes sur la valeur ajoutée	0	179	443	1 127	2 231	2 616	2 946	3 621	3 686	4 282
TVA ressources propres UE	..	18	75	92	50	41	45	64	56	63
5112 Impôts sur les ventes	0	0	0	0	0	0	0	0	0	0
5113 Autres impôts	33	0	0	0	0	0	0	0	0	0
Impôt sur chiffre d'affaires	33	..	..	..	..	..	..	..	..	..
5120 Impôts sur biens et services déterminés	30	148	404	1 103	1 478	1 489	1 496	1 977	1 855	2 230
5121 Accises	26	134	365	1 036	1 394	1 401	1 374	1 674	1 516	1 787
Droits d'accises autonomes huiles minérales	1	1	10	100	135	145	184	221	180	183
Droits d'accises autonomes tabac	..	0	8	24	66	70	81	159	176	207
Droits d'accises sur les huiles minérales (R203)	..	76	173	414	559	536	495	551	436	449
Taxe sur la consommation d'alcool	1	5	19	20	21	20	28	46	47	50
Droits d'accises sur le tabac	..	40	141	407	418	422	394	462	481	562
Produit de la contrib.sociale prélevée sur les carburants	..	0	0	59	145	132	117	135	106	114
Redevance de contrôle sur le fuel domestique	..	0	0	2	3	3	2	2	2	2
Droits d'accises sur gaz liquéfiés (R203)	..	0	0	0	0	0	0	0	0	0
Droits d'accises sur benzols (R203)	..	0	0	1	1	1	1	1	1	1
Droits d'accises sur alcools étrangers (R203)	..	3	5	5	6	5	8	13	13	14
Droits d'accises sur bières indigènes	..	4	2	3	4	4	5	4	3	4
Droits d'accises sur boissons fermentées fruits (R203)	..	2	3	0	0	0	0	0	0	0
Droits d'accises boissons fermentées mousseuses (R203)	..	0	1	0	0	0	0	0	0	0
Droits d'accises sur sucres et sirops raffinés (R203)	..	0	1	0	0	0	0	0	0	0
Ajustement accises U.E.B.L.	..	0	0	0	0	0	0	0	0	201
Droits d'accises sur alcools indigènes	..	1	1	0	0	0	0	0	0	0
Accise "Kyoto"	..	0	0	0	37	62	58	80	70	1
Surtaxe sur les boissons confectionnées (alcopops)	..	0	0	0	0	0	0	0	0	0
Produit de la contribution taxe CO2	..	0	0	0	0	0	0	0	0	201
5122 Bénéfices des monopoles fiscaux	0	0	0	0	0	0	0	0	0	0
5123 Droits de douane et droits à l'importation	1	5	11	27	24	18	23	26	24	21
Prélèvements agricoles UE	1	0	0	0	1	0	0	0	0	0
Droits de douane	0	0	0	0	0	0	0	0	0	0
Droits de douane + mobiles + C.E.C.A. + anti-dumping	0	4	11	27	23	18	23	26	24	20
Montants compensatoires agricoles communautaires	0	0	0	0	0	0	0	0	0	0
5124 Taxes à l'exportation	0	0	0	0	0	0	0	0	0	0
5125 Impôts sur biens d'équipement	0	0	0	0	0	0	0	0	0	0
5126 Impôts sur services déterminés	2	6	22	39	60	69	98	277	316	422
Prélèv. sommes engagées dans les paris	0	0	0	0	0	0	0	0	0	0
Taxe sur les assurances	1	5	15	23	32	40	46	59	61	72
Taxe sur les transports	1	0	0	0	0	0	0	0	0	0
Taxe de séjour	0	0	1	1	2	2	3	3	1	1
Taxe sur le loto	0	0	3	4	3	3	0	0	0	0
Prélèvement sur les jeux du casino	0	0	3	9	21	23	19	22	12	21
Impôts sur les billets de banque	0	0	0	0	0	0	0	0	0	0
Taxe sur amusements publics (nuits blanches)	0	1	1	2	2	1	2	1	0	0
Contributions au FGDL	0	0	0	0	0	0	0	45	50	75
Contributions au FRL	..	..	0	0	0	0	29	139	185	246
Impôt spécial en charge des assureurs dans l'intérêt du service des secours	0	0	0	0	0	0	0	6	6	6
5127 Autres impôts sur commerce et transact. internat.	0	0	0	0	0	0	0	0	0	0
5128 Autres impôts	0	4	6	1	0	1	1	0	0	0
C.E.C.A.	..	3	4	0	0	0	0	..	..	..
Taxe de coresponsabilité sur le lait	..	1	2	1	0	1	1	..	..	..
Taxe de coresponsabilité sur les céréales	..	0	0	0	0	0	0	..	..	..
5130 Non-ventilables entre 5110 et 5120	0	0	0	0	0	0	0	0	0	0
5200 Impôts sur utilisation des biens et exerc. activités	3	9	20	30	75	75	86	90	94	98
5210 Impôts périodiques	3	8	18	28	68	68	71	70	71	71
5211 À la charge des ménages : véhicules à moteur	2	4	9	16	39	39	41	40	41	41
5212 À la charge autres agents : véhicules à moteur	1	4	7	11	26	26	28	27	28	28

	1965	1980	1990	2000	2007	2010	2015	2019	2020	2021
5213 Autres impôts périodiques	0	0	1	2	2	3	3	3	3	3
Taxe sur les cabarets	0	0	0	0	1	1	1	1	0	1
Taxes d'immatriculation (Com. aux affaires maritimes)	0	0	0	1	1	1	1	1	1	1
Taxe sur les chiens	0	0	1	1	1	1	1	1	1	1
Taxe de colportage	0	0	0	0	0	0	0	0	0	0
Taxe sur les navires	0	0	0	0	0	0	0	0	0	0
5220 Impôts non-périodiques	0	0	2	2	7	7	15	20	23	27
Crédits d'émission	..	..	0	0	0	0	7	10	14	17
Taxes d'immatriculation de voitures	..	..	2	2	7	7	8	10	9	9
5300 Non-ventilables entre 5100 et 5200	0	0	0	0	0	0	0	0	0	0
6000 Autres impôts	**0**	**0**	**7**	**11**	**14**	**22**	**28**	**29**	**23**	**29**
6100 À la charge exclusive des entreprises	..	0	6	11	13	16	28	29	23	29
Taxe supplémentaire sur l'électricité	..	0	0	2	2	2	2	2	2	2
Taxe sur la distribution d'électricité	..	0	3	4	1	1	1	1	1	1
Taxe sur la production d'électricité	..	0	2	2	1	1	0	2	0	4
Taxe sur la consommation de gaz naturel	..	0	0	0	3	4	4	5	4	4
Registre aux firmes: taxes	..	0	1	1	0	0	0	0	0	0
Recettes conc. les dép. des affaires étrangères	..	0	0	0	2	5	4	5	6	6
Timbres de chancellerie	..	0	1	2	4	3	1	2	1	1
TVA reclassée et autres impôts sur la production	..	0	0	1	1	1	1	2	2	2
Sous-compensation TVA	..	0	2	0	0	0	0	0	0	0
Taxe de prélèvement sur l'eau	..	0	2	0	0	0	0	0	0	0
6200 À la charge d'autres agents	..	0	0	0	0	0	0	0	0	0
Pour mémoire										
Droits de douane perçus pour le compte de l'UE	..	..	11	27	23	18	23	26	24	20
Contributions au Fonds de résolution unique collectées pour le compte de l'UE	..	..	..	..	..	..	29	139	185	246
Impôts sur le revenu et cotisations sociales obligatoires (UE)	..	..	56	82	243	207	228	297	317	318
Impôts sur le revenu (UE)	..	..	37	55	103	112	125	165	175	176
Cotisations sociales obligatoires (UE)	..	..	20	27	140	95	103	132	142	142
Crédits d'impôts récupérables										
Crédits d'impôts récupérables contre 1110	..	..	..	..	..	..	198	191	189	184
Composante fiscale	..	..	..	..	..	..	..	..	..	..
Composante transfert	..	..	..	..	..	..	..	..	..	..
Recettes fiscales totales sur la base d'encaissements	**266**	**1 543**	**3 722**	**8 612**	**13 385**	**14 746**	**19 087**	**25 177**	**24 705**	**27 878**
Recettes fiscales totales sur la base des droits constatés	**..**	**..**	**3 671**	**8 510**	**13 456**	**15 117**	**18 830**	**24 671**	**24 697**	**27 790**
Conciliation avec les comptes nationaux										
Impôts additionnels inclus dans les comptes nationaux	..	..	0	0	0	0	0	0	0	0
Impôt exclus des comptes nationaux	..	..	0	0	0	0	0	0	0	0
Différence dans les traitements des crédits d'impôts	..	..	0	0	0	0	0	0	0	0
Transfert en capital des recettes non collectées	..	..	0	0	0	0	-1	-10	-17	0
Cotisations de sécurité sociale volontaires	..	..	4	18	18	28	38	48	52	57
Différences diverses	..	..	0	0	0	0	0	0	0	0
Comptes nationaux : impôts et cotisations sociales effectives	..	..	3 675	8 528	13 474	15 146	18 867	24 709	24 732	27 846
Cotisations sociales imputées	..	..	267	288	429	505	669	814	855	891
Comptes nationaux : impôts et toutes les cotisations sociales	..	..	3 941	8 816	13 903	15 651	19 536	25 523	25 587	28 737

.. Non disponible

Note : Année civile se terminant le 31 décembre.

Les données sont sur la base des droits constatés.

A la rubrique 2000, la différence entre le total des cotisations de sécurité sociale et celles recueillies par les parastataux de la sécurité sociale correspond au prélèvement pour la péréquation des pensions opéré sur les rémunérations et les pensions des salariés et anciens agents de P&T de la Caisse d'épargne de l'État; ces établissements ressortissant l'un au secteur "sociétés et quasi-sociétés non financières" et l'autre à celui des institutions de crédit.

Les cotisations de sécurité sociale obligatoires versées par les fonctionnaires de l'UE incluent les cotisations de sécurité sociale imputées.

Source : Compte Général de l'État.

StatLink https://stat.link/jp4hve

Tableau 5.25. Mexique : recettes fiscales détaillées, 1965-2021

Million MXN

	1965	1980	1990	2000	2007	2010	2015	2019	2020	2021
Recettes fiscales totales	..	**771**	**102 005**	**767 216**	**1 382 103**	**1 716 243**	**2 953 480**	**3 995 654**	**4 148 699**	**4 452 355**
1000 Impôts sur revenu, bénéfices et gains en capital	..	**230**	**34 673**	**276 548**	**554 099**	**683 604**	**1 230 555**	**1 694 143**	**1 768 161**	**1 903 047**
1100 Des personnes physiques	..	..	..	..	238 938	313 473	609 384	829 501	872 598	938 623
Tax on income of individuals	..	..	..	..	238 938	313 473	609 384	829 501	872 598	938 623
1110 Sur le revenu et les bénéfices	..	..	..	..	..	..	..	..	..	..
1120 Sur les gains en capital	..	..	..	..	..	..	..	..	..	..
1200 Des sociétés	..	..	..	..	217 790	246 745	592 443	803 643	832 120	898 767
Tax on income of corporations	..	..	..	..	217 790	246 745	592 443	803 643	832 120	898 767
1210 Sur les bénéfices	..	..	..	..	..	..	..	..	..	..
1220 Sur les gains en capital	..	..	..	..	..	..	..	..	..	..
1300 Non-ventilables entre 1100 et 1200	..	230	34 673	276 548	97 370	123 386	28 728	60 999	63 443	65 657
Tax on income	..	..	..	244 841	54 785	66 937	36 268	54 686	58 196	58 306
Tax on asset	..	..	..	13 913	15 670	-624	-502	-585	-1 245	-380
Credit on salary	..	..	..	17 794	23 177	9 708	993	1 290	479	512
Oil yields tax	..	..	..	0	3 738	2 296	0	0	0	0
IETU	..	..	..	0	0	45 069	-11 777	-195	-888	200
Imposed by activity exploration and extraction of hydrocarbon	..	..	..	0	0	0	3 746	5 803	6 902	7 019
2000 Cotisations de sécurité sociale	..	**109**	**17 165**	**138 223**	**236 727**	**277 459**	**409 249**	**552 058**	**576 019**	**612 175**
2100 À la charge des salariés	..	..	..	..	..	..	..	..	..	..
2110 Sur la base du salaire	..	..	..	..	..	..	..	..	..	..
2120 Sur la base de l'impôt sur les revenus	..	..	..	..	..	..	..	..	..	..
2200 À la charge des employeurs	..	..	..	..	..	..	..	..	..	..
2210 Sur la base du salaire	..	..	..	..	..	..	..	..	..	..
2220 Sur la base de l'impôt sur les revenus	..	..	..	..	..	..	..	..	..	..
2300 A charge des travailleurs indép. ou sans emploi	..	..	..	..	..	..	..	..	..	..
2310 Sur la base du salaire	..	..	..	..	..	..	..	..	..	..
2320 Sur la base de l'impôt sur les revenus	..	..	..	..	..	..	..	..	..	..
2400 Non-ventilables entre 2100, 2200 et 2300	..	109	17 165	138 223	236 727	277 459	409 249	552 058	576 019	612 175
2410 Sur la base du salaire	..	..	..	138 223	236 727	277 459	409 249	552 058	576 019	612 175
2420 Sur la base de l'impôt sur les revenus	..	..	..	0	0	0	0	0	0	0
3000 Sur salaires ou main d'oeuvre	..	**8**	**1 797**	**11 217**	**28 071**	**36 911**	**70 221**	**101 284**	**105 456**	**116 910**
Substitute tax on salary	..	..	..	0	0	0	0	0	0	0
Payroll tax	..	..	..	11 101	20 277	27 813	69 866	100 798	104 825	115 974
Tax on remuneration to the personal work	..	..	..	65	7 578	8 841	152	298	407	579
Tax on professions and fees	..	..	..	36	68	71	106	121	177	235
Tax on operations by contract	..	..	..	15	148	186	96	67	47	121
4000 Impôts sur le patrimoine	..	**15**	**1 914**	**13 964**	**33 161**	**38 955**	**57 673**	**79 262**	**79 237**	**90 204**
4100 Impôts périodiques sur la propriété immobilière	..	10	1 036	9 948	19 425	25 724	37 961	50 540	52 728	56 146
4110 Ménages	..	0	0	0	0	0	0	0	0	0
4120 Autres agents	..	10	1 036	9 948	19 425	25 724	37 961	50 540	52 728	56 146
Property tax	..	..	..	9 948	19 425	25 724	37 961	50 540	52 728	56 146
4200 Impôts périodiques sur l'actif net	..	0	0	0	0	0	0	0	0	0
4210 Personnes physiques	..	..	..	..	..	..	..	..	..	..
4220 Sociétés	..	..	..	..	..	..	..	..	..	..
4300 Impôts sur mut. par décès, succ. et donations	..	0	8	0	0	0	0	0	0	0
4310 Impôts sur mut. par décès et successions	..	..	8	..	..	..	..	..	..	..
4320 Impôts sur les donations	..	..	0	..	..	..	..	..	..	..
4400 Impôts sur transact. mobilières et immob.	..	5	870	4 017	13 736	13 231	19 712	28 722	26 509	34 057
Alienation of immovable property	..	..	..	1 763	1 076	1 122	1 595	1 939	1 982	2 486
Transfer of ownership of real estate	..	..	..	2 236	8 147	5 027	6 671	8 385	12 072	11 394
Purchasing property	..	..	..	18	4 513	7 082	11 447	18 397	12 456	20 177
4500 Impôts non-périodiques	..	0	0	0	0	0	0	0	0	0
4510 Sur l'actif net	..	..	..	..	..	..	..	..	..	..
4520 Autres non-périodiques	..	..	..	..	..	..	..	..	..	..
4600 Autres impôts périodiques sur patrimoine	..	0	0	0	0	0	0	0	0	0
5000 Impôts sur les biens et services	..	**395**	**44 837**	**319 612**	**513 140**	**651 915**	**1 141 170**	**1 504 252**	**1 544 156**	**1 647 926**
5100 Impôts sur production, vente, transfert, etc.	..	388	44 171	310 325	491 928	630 123	1 120 610	1 486 758	1 527 674	1 630 615
5110 Impôts généraux	..	121	26 635	189 606	409 013	504 509	707 213	933 327	987 525	1 123 699
5111 Taxes sur la valeur ajoutée	..	120	26 635	189 606	409 013	504 509	707 213	933 327	987 525	1 123 699
5112 Impôts sur les ventes	..	0	0	0	0	0	0	0	0	0
5113 Autres impôts	..	1	0	0	0	0	0	0	0	0
5120 Impôts sur biens et services déterminés	..	265	17 519	120 720	82 915	125 614	413 397	553 432	540 149	506 917
5121 Accises	..	45	10 072	86 163	47 008	86 098	361 538	470 993	469 040	410 450
Special tax on production and services	..	..	..	81 544	41 532	81 427	354 294	460 496	460 674	399 154
Tax on new automobiles	..	..	..	4 619	5 476	4 671	7 244	10 497	8 366	11 296
Tax on luxury goods and services	..	..	..	0	0	0	0	0	0	0
5122 Bénéfices des monopoles fiscaux	..	0	0	0	0	0	0	0	0	0

	1965	1980	1990	2000	2007	2010	2015	2019	2020	2021
5123 Droits de douane et droits à l'importation	..	45	6 998	33 285	33 344	26 602	45 366	66 295	59 247	77 236
Step customs officer	..	..	..	423	1 156	2 071	1 270	1 554	1 309	1 697
Import taxes	..	..	..	32 861	32 188	24 531	44 096	64 741	57 938	75 539
5124 Taxes à l'exportation	..	2	75	4	3	0	1	0	0	0
Tax on exports	..	..	..	4	3	0	1	0	0	0
5125 Impôts sur biens d'équipement	..	0	0	0	0	0	0	0	0	0
5126 Impôts sur services déterminés	..	8	132	1 042	2 146	10 958	1 763	9 196	5 625	9 265
IDE	..	8	..	0	0	8 022	-3 323	-405	-252	-135
Tax on lodging	..	0	..	504	1 059	1 384	2 561	4 254	2 500	4 119
Public entertainment tax	..	0	..	240	365	462	689	924	467	393
Tax on lotteries, raffles and gambling	..	0	..	267	705	923	1 416	3 403	2 114	3 799
Tax on commercials	..	0	..	4	17	166	210	376	0	0
Various indirect taxes	..	0	..	28	0	1	209	644	795	1 089
5127 Autres impôts sur commerce et transact. internat.	..	0	0	0	0	0	0	0	0	0
5128 Autres impôts	..	165	242	226	414	1 956	4 730	6 947	6 238	9 966
Mining fees	..	..	..	226	414	1 956	4 730	6 947	6 238	9 966
5130 Non-ventilables entre 5110 et 5120	..	2	17	0	0	0	0	0	0	0
5200 Impôts sur utilisation des biens et exerc. activités	..	7	666	9 287	21 212	21 793	20 560	17 494	16 482	17 311
5210 Impôts périodiques	..	7	666	9 287	21 212	21 793	20 560	17 494	16 482	17 311
5211 À la charge des ménages : véhicules à moteur	..	3	567	8 878	20 692	21 319	19 880	16 624	15 699	16 422
Tax on motor vehicules	..	..	..	8 878	20 692	21 319	19 880	16 624	15 699	16 422
5212 À la charge autres agents : véhicules à moteur	..	0	0	301	275	281	439	645	437	605
Tax on federal auto transport	..	..	..	301	275	281	439	645	437	605
5213 Autres impôts périodiques	..	4	99	108	246	193	240	225	347	285
Sport fishing	..	..	..	40	98	59	62	73	55	69
Sport hunting	..	..	..	3	0	0	0	0	0	0
Tax on commercial activities	..	..	..	63	147	50	64	41	159	39
Trade in books and magazines	..	..	..	0	0	0	1	0	0	0
Tax on industrial activities	..	..	..	2	0	82	93	92	113	113
Mining	..	..	..	0	0	1	21	17	19	64
5220 Impôts non-périodiques	..	0	0	0	0	0	0	0	0	0
5300 Non-ventilables entre 5100 et 5200	..	0	0	0	0	0	0	0	0	0
6000 Autres impôts	**..**	**14**	**1 619**	**7 651**	**16 905**	**27 398**	**44 612**	**64 654**	**75 671**	**82 092**
6100 À la charge exclusive des entreprises	..	0	0	0	0	0	0	0	0	0
6200 À la charge d'autres agents	..	14	1 619	7 651	16 905	27 398	44 612	64 654	75 671	82 092
Accessories	..	..	..	5 504	12 403	22 206	23 211	41 063	56 793	54 231
Unallocable between 1000 and 5000 caused in exercices fiscal previous liquidation slopes or of payment	..	..	..	374	222	30	4 168	79	218	304
Additional state and local taxes	..	..	..	1 773	4 280	5 162	17 232	23 512	18 660	27 558
Crédits d'impôts récupérables										
Crédits d'impôts récupérables contre 1000	..	..	..	..	59 065	40 344	43 806	50 649	50 476	53 399
Composante fiscale	..	..	..	..	35 888	30 635	42 813	49 359	49 997	52 887
Composante transfert	..	..	..	..	23 177	9 708	993	1 290	479	512
Recettes fiscales totales sur la base d'encaissements	**..**	**771**	**102 005**	**767 216**	**1 382 103**	**1 716 243**	**2 953 480**	**3 995 654**	**4 148 699**	**4 452 355**
Recettes fiscales totales sur la base des droits constatés	**..**	**..**	**..**	**..**	**..**	**..**	**..**	**..**	**..**	**..**
Conciliation avec les comptes nationaux										
Impôts additionnels inclus dans les comptes nationaux	..	..	..	..	..	..	..	..	..	..
Impôt exclus des comptes nationaux	..	..	..	..	..	..	..	..	..	..
Différence dans les traitements des crédits d'impôts	..	..	..	..	..	..	..	..	..	..
Transfert en capital des recettes non collectées	..	..	..	..	..	..	..	..	..	..
Cotisations de sécurité sociale volontaires	..	..	..	..	..	..	..	..	..	..
Différences diverses	..	..	..	..	..	..	..	..	..	..
Comptes nationaux : impôts et cotisations sociales effectives	..	..	..	..	..	..	..	..	..	..
Cotisations sociales imputées	..	..	..	..	..	..	..	..	..	..
Comptes nationaux : impôts et toutes les cotisations sociales	..	..	..	..	..	..	..	..	..	..

.. Non disponible

Note : Year ending 31st December.

Data are on cash basis.

Source : Ministry of Finance, Economic Department.

StatLink https://stat.link/eojpwa

Tableau 5.26. Pays-Bas : recettes fiscales détaillées, 1965-2021

Million EUR

	1965	1980	1990	2000	2007	2010	2015	2019	2020	2021
Recettes fiscales totales	**10 860**	**69 982**	**104 419**	**166 824**	**220 950**	**227 911**	**255 348**	**319 236**	**318 601**	**340 683**
Recettes fiscales totales excluant les taxes collectés pour le compte de l'UE	..	..	**102 926**	**165 227**	**218 926**	**225 943**	**252 272**	**315 652**	**315 077**	**337 080**
1000 Impôts sur revenu, bénéfices et gains en capital	**3 884**	**22 998**	**33 689**	**43 256**	**62 463**	**63 581**	**70 849**	**99 003**	**97 810**	**107 846**
1100 Des personnes physiques	3 008	18 383	25 806	25 116	41 414	48 992	52 405	68 968	73 116	74 429
1110 Sur le revenu et les bénéfices	3 007	18 364	25 757	25 057	41 276	48 771	52 167	68 811	72 937	74 253
Income tax	1 359	2 895	2 455	-880	2 294	2 076	-2 566	4 858	8 109	6 893
Wage tax	1 466	14 984	22 258	24 433	37 729	46 102	53 953	61 757	62 077	65 314
Dividend tax	123	486	1 044	1 504	1 253	593	780	2 196	2 751	2 046
Directors tax	14	0	0	0	0	0	0	0	0	0
Inhabited house tax	45	0	0	0	0	0	0	0	0	0
1120 Sur les gains en capital	1	18	50	59	138	221	238	157	179	176
Tax on games of chance	1	18	50	59	138	221	238	157	179	176
1200 Des sociétés	876	4 615	7 882	18 140	21 049	14 589	18 444	30 035	24 694	33 417
1210 Sur les bénéfices	876	4 615	7 882	18 140	21 049	14 589	18 444	30 035	24 694	33 417
Corporate income and dividend taxes	876	4 615	7 882	18 140	21 049	14 589	18 444	30 035	24 694	33 417
1220 Sur les gains en capital	0	0	0	0	0	0	0	0	0	0
1300 Non-ventilables entre 1100 et 1200	0	0	0	0	0	0	0	0	0	0
2000 Cotisations de sécurité sociale	**3 342**	**26 641**	**39 075**	**64 522**	**77 072**	**82 732**	**96 426**	**109 298**	**108 685**	**112 666**
2100 À la charge des salariés	1 659	11 018	24 109	35 305	40 918	41 637	48 213	40 695	40 295	42 179
2110 Sur la base du salaire	..	..	..	35 305	40 918	41 637	48 213	40 695	40 295	42 179
2120 Sur la base de l'impôt sur les revenus	..	..	..	0	0	0	0	0	0	0
2200 À la charge des employeurs	1 371	12 465	7 837	18 671	25 925	29 351	34 614	43 693	44 135	45 071
2210 Sur la base du salaire	..	..	..	18 671	25 925	29 351	34 614	43 693	44 135	45 071
2220 Sur la base de l'impôt sur les revenus	..	..	..	0	0	0	0	0	0	0
2300 A charge des travailleurs indép. ou sans emploi	311	3 158	7 129	10 546	10 229	11 744	13 599	24 910	24 255	25 416
2310 Sur la base du salaire	..	..	..	0	0	0	0	0	0	0
2320 Sur la base de l'impôt sur les revenus	..	..	..	10 546	10 229	11 744	13 599	24 910	24 255	25 416
2400 Non-ventilables entre 2100, 2200 et 2300	0	0	0	0	0	0	0	0	0	0
2410 Sur la base du salaire	..	..	..	..	..	..	..	..	..	..
2420 Sur la base de l'impôt sur les revenus	..	..	..	..	..	..	..	..	..	..
3000 Sur salaires ou main d'oeuvre	**0**	**0**	**0**	**0**	**0**	**0**	**0**	**0**	**0**	**0**
4000 Impôts sur le patrimoine	**476**	**2 509**	**3 816**	**8 797**	**10 363**	**8 770**	**9 768**	**12 179**	**13 544**	**14 110**
4100 Impôts périodiques sur la propriété immobilière	111	1 021	1 711	3 094	3 488	4 241	6 382	7 385	7 910	7 795
Municipal immovable property tax	-59	821	1 398	..	..	..	..	..	..	..
Other municipal taxes	66	5	18	..	..	..	..	..	..	..
Contributions polder boards	44	195	295	..	..	..	..	..	..	..
Tax on land	59	0	0	..	..	..	..	..	..	..
4110 Ménages	..	..	..	1 806	1 642	2 058	3 741	4 417	4 769	4 501
Municipal immovable property tax	..	..	..	1 651	1 368	1 553	1 882	2 125	2 243	2 375
Contributions polder boards	..	..	..	155	274	429	514	606	638	667
Levies on social housing corporations	..	..	..	0	0	76	1 345	1 686	1 888	1 459
4120 Autres agents	..	..	..	1 288	1 846	2 183	2 641	2 968	3 141	3 294
Municipal immovable property tax	..	..	..	893	1 319	1 488	1 809	2 041	2 156	2 282
Contributions polder boards	..	..	..	395	527	695	832	927	985	1 012
4200 Impôts périodiques sur l'actif net	86	517	554	824	30	23	0	0	0	0
4210 Personnes physiques	86	517	554	824	30	23	..	..	..	..
Property tax of individuals	86	517	554	824	30	23	..	..	..	..
4220 Sociétés	0	0	0	0	0	0	..	..	..	..
4300 Impôts sur mut. par décès, succ. et donations	117	336	522	1 483	1 877	1 721	1 614	1 777	2 081	2 496
4310 Impôts sur mut. par décès et successions	..	304	472	1 303	1 877	1 721	1 614	1 777	2 081	2 496
Estate tax	..	0	0	0	0	0	0	0	0	0
Inheritance tax	..	304	472	1 303	1 877	1 721	1 614	1 777	2 081	2 496
4320 Impôts sur les donations	..	32	50	180	0	0	0	0	0	0
4400 Impôts sur transact. mobilières et immob.	162	635	1 030	3 396	4 968	2 785	1 772	3 017	3 553	3 819
Stamp duties	44	0	0	0	0	0	0	0	0	0
Registration duties	118	0	0	0	0	0	0	0	0	0
Tax on legal transactions	0	635	1 030	0	0	0	0	0	0	0
Real estate transfer tax	0	0	0	2 804	4 925	2 785	1 772	3 017	3 553	3 819
Tax on capital formation	0	0	0	592	43	0	0	0	0	0
4500 Impôts non-périodiques	0	0	0	0	0	0	0	0	0	0
4510 Sur l'actif net	..	..	..	..	..	..	..	..	..	..
4520 Autres non-périodiques	..	..	..	..	..	..	..	..	..	..
4600 Autres impôts périodiques sur patrimoine	0	0	0	0	0	0	0	0	0	0
5000 Impôts sur les biens et services	**3 110**	**17 675**	**27 585**	**49 472**	**70 084**	**71 866**	**77 889**	**97 978**	**97 033**	**105 051**
5100 Impôts sur production, vente, transfert, etc.	2 943	16 204	25 067	44 871	63 673	64 247	69 315	88 461	87 507	95 270
5110 Impôts généraux	1 344	11 081	17 216	28 857	42 884	42 674	44 922	58 186	59 038	65 472
5111 Taxes sur la valeur ajoutée	0	11 081	17 216	28 849	42 873	42 654	44 879	58 115	58 971	65 400

	1965	1980	1990	2000	2007	2010	2015	2019	2020	2021
5112 Impôts sur les ventes	0	0	0	0	0	0	0	0	0	0
5113 Autres impôts	1 344	0	0	8	11	20	43	71	67	72
Turnover tax	1 344	..	..	..	..	..	..	..	..	..
5120 Impôts sur biens et services déterminés	1 600	5 123	7 850	16 014	20 789	21 573	24 393	30 275	28 469	29 798
5121 Accises	880	3 789	5 985	13 755	17 724	18 392	18 020	22 039	20 410	21 058
Excise on spirits	129	463	422	397	335	331	314	331	321	372
Excise on beer	34	123	259	263	310	389	451	422	384	392
Excise on sugar	45	9	27	0	0	0	0	0	0	0
Excise on tobacco	307	839	948	1 590	2 136	2 437	2 222	2 547	3 178	2 909
Excise on wine	14	82	91	173	257	304	354	330	329	351
Registration tax on motor vehicles	0	613	1 189	2 875	3 647	2 096	1 462	2 347	1 501	1 489
Excise on soft drinks	0	59	186	216	155	156	207	269	269	268
Levies for nuclear reactor	0	0	0	0	0	0	0	0	0	0
Excise on petrol	310	1 280	1 684	3 151	4 010	4 086	4 109	4 574	3 888	4 044
Excise on other mineral oils	41	295	808	2 139	2 965	3 573	3 757	3 887	3 483	3 604
Levies on air pollution	0	27	304	0	0	0	0	0	0	0
Taxes on pollution/resources	0	0	68	462	456	655	345	502	532	561
Levies on energy	0	0	0	2 387	3 333	4 250	4 679	6 698	6 409	6 963
Other excise duties and consumption taxes	0	0	0	0	0	0	0	0	0	0
Other environmental taxes	0	0	0	34	35	15	14	22	21	16
Strategic stockpile tax on mineral oils	0	0	0	68	85	100	106	110	95	89
5122 Bénéfices des monopoles fiscaux	0	0	0	0	0	0	0	0	0	0
5123 Droits de douane et droits à l'importation	702	971	1 375	1 310	1 679	1 732	2 266	2 709	2 533	2 533
EU levies on food products	338	295	168	0	0	0	0	0	0	0
MCA levy	0	9	0	0	0	0	0	0	0	0
Remaining import duties	364	667	1 207	0	0	0	0	0	0	0
Custom duties collected for the EU	..	..	0	1 310	1 679	1 732	2 266	2 709	2 533	2 533
5124 Taxes à l'exportation	0	0	0	0	0	0	0	0	0	0
5125 Impôts sur biens d'équipement	0	77	0	0	0	0	0	0	0	0
Selective investment regulation levy	..	77	..	..	..	..	..	..	..	..
5126 Impôts sur services déterminés	16	222	372	662	1 041	1 213	3 751	5 284	5 283	5 964
Tax on fire insurance	2	0	0	0	0	0	0	0	0	0
Entertainment tax	14	0	0	0	0	0	0	0	0	0
Tax on insurances	0	209	340	512	807	861	2 375	2 880	3 048	3 204
Tourist tax	0	14	32	83	125	131	206	342	211	240
Tax on games of chance	0	0	0	67	109	221	238	415	181	167
Flight tax	0	0	0	0	0	0	0	0	0	69
Bank levies	0	0	0	0	0	0	478	1 015	1 095	1 457
Contribution to EU Single Resolution Fund	..	..	0	0	0	0	454	632	748	827
5127 Autres impôts sur commerce et transact. internat.	0	0	0	0	0	0	0	0	0	0
5128 Autres impôts	1	64	118	287	345	236	356	243	243	243
ESCC levy	1	5	0	0	0	0	0	0	0	0
Sugar contribution	0	23	36	0	0	0	0	0	0	0
Milk levy	0	36	82	0	0	0	0	0	0	0
EU levies on food products	0	0	0	273	345	236	356	243	243	243
Sugar storage duty	0	0	0	14	0	0	0	0	0	0
5130 Non-ventilables entre 5110 et 5120	0	0	0	0	0	0	0	0	0	0
5200 Impôts sur utilisation des biens et exerc. activités	167	1 470	2 518	4 601	6 411	7 619	8 574	9 517	9 526	9 781
5210 Impôts périodiques	165	1 470	2 518	4 601	6 411	7 619	8 410	8 993	9 083	9 293
5211 À la charge des ménages : véhicules à moteur	27	463	799	2 288	3 211	4 084	4 470	4 752	4 784	4 889
Motor vehicle tax	27	427	744	2 288	3 211	4 084	4 470	4 752	4 784	4 889
Motor vehicle licence	0	36	54	0	0	0	0	0	0	0
5212 À la charge autres agents : véhicules à moteur	132	604	1 044	554	760	976	1 069	1 137	1 144	1 169
Motor vehicle tax	132	590	1 026	554	760	976	1 069	1 137	1 144	1 169
Motor vehicle licence	0	14	18	0	0	0	0	0	0	0
Heavy motor vehicle tax	0	0	0	0	0	0	0	0	0	0
5213 Autres impôts périodiques	6	404	676	1 759	2 440	2 559	2 871	3 104	3 155	3 235
Dog licences	3	23	27	40	54	59	65	52	50	50
Commuter tax	0	5	5	12	21	25	29	35	39	41
Levies on water pollution	1	372	644	1 003	1 220	1 127	1 212	1 339	1 351	1 399
Permission to sell spirits	2	5	0	0	0	0	0	0	0	0
Sewerage charges	0	0	0	650	1 094	1 304	1 531	1 669	1 702	1 737
Levies on manure surplus	0	0	0	18	-4	2	3	7	12	7
Noise nuisance tax civil aviation	0	0	0	36	55	42	31	2	1	1
5220 Impôts non-périodiques	2	0	0	0	0	0	164	524	443	488
Emission permits	..	..	..	..	..	..	164	524	443	488
5300 Non-ventilables entre 5100 et 5200	0	0	0	0	0	0	0	0	0	0
6000 Autres impôts	**48**	**159**	**254**	**777**	**968**	**962**	**416**	**778**	**1 529**	**1 010**
6100 À la charge exclusive des entreprises	48	159	254	410	322	326	0	0	0	0
Administrative levies	48	159	254	410	322	326	..	..	..	..

	1965	1980	1990	2000	2007	2010	2015	2019	2020	2021
6200 À la charge d'autres agents	0	0	0	367	646	636	416	778	1 529	1 010
Employers tax	..	..	..	331	497	609	208	496	1 226	864
Tax revenue from Caribbean Netherlands	..	..	..	0	0	13	128	161	148	161
Other taxes on wealth	..	..	..	36	149	14	80	121	155	-15
Pour mémoire										
Droits de douane perçus pour le compte de l'UE	..	..	..	1 310	1 679	1 732	2 266	2 709	2 533	2 533
Contributions au Fonds de résolution unique collectées pour le compte de l'UE	..	..	..	..	..	..	454	632	748	827
Recettes fiscales totales sur la base d'encaissements	**10 860**	**69 982**	**104 419**	**165 503**	**..**	**..**	**..**	**..**	**..**	**..**
Recettes fiscales totales sur la base des droits constatés	**..**	**..**	**..**	**166 824**	**220 950**	**227 911**	**255 348**	**319 236**	**318 601**	**340 683**
Conciliation avec les comptes nationaux										
Impôts additionnels inclus dans les comptes nationaux	..	..	..	1 400	0	0	0	0	0	0
Wage Tax reductions	..	..	..	1 400	..	..	..	..	..	..
Impôt exclus des comptes nationaux	..	..	..	0	0	0	0	0	0	0
Différence dans les traitements des crédits d'impôts	..	..	..	0	0	0	0	0	0	0
Transfert en capital des recettes non collectées	..	..	..	0	0	0	0	0	0	0
Cotisations de sécurité sociale volontaires	..	..	..	0	0	0	0	0	0	0
Différences diverses	..	..	..	-70	0	0	0	0	0	0
Comptes nationaux : impôts et cotisations sociales effectives	..	..	..	168 154	220 950	227 911	255 348	319 236	318 601	340 683
Cotisations sociales imputées	..	..	..	3 808	3 509	3 545	3 160	3 852	3 801	4 073
Comptes nationaux : impôts et toutes les cotisations sociales	..	..	..	171 962	224 459	231 456	258 508	323 088	322 402	344 756

.. Non disponible

Note : Year ending 31st December.

From 1999 data are on accrual basis.

Heading 2000: From 1998 the figures include some violuntary contributions and the breakdown between premiums paid by employees (2100) and by self-employed / non-employed has been estimated. This is also the case for the breakdown between premiums paid on a payroll or on an income tax basis for those years where both apply.

Heading 4100: From 1992, there was a structural break in the data for the 'municipal immovable property tax'. The tax ceased to be collected by the central government at that time and the figures are presented on a different type of statistical registration (no longer cash basis).

Heading 5110: Includes 358 millions of euros (1969) and 186 millions of euros (1970) in respect of deduction of turnover tax on stocks existing at 1st January 1969.

Heading 5213: Small amounts (less than 2.3 millions euros) of hunting and fishing licence receipts which should be classified here have been omitted.

Source : Social security contributions and local taxes: Central Bureau of Statistics.

Other taxes: Ministry of Finance.

StatLink https://stat.link/3bnuio

Tableau 5.27. Nouvelle-Zélande : recettes fiscales détaillées, 1965-2021

Million NZD

	1965	1980	1990	2000	2007	2010	2015	2019	2020	2021
Recettes fiscales totales	**1 001**	**7 594**	**27 471**	**39 765**	**64 046**	**62 310**	**81 499**	**99 619**	**115 596**	**125 731**
1000 Impôts sur revenu, bénéfices et gains en capital	**606**	**5 299**	**16 370**	**23 861**	**40 308**	**33 494**	**44 723**	**54 913**	**65 298**	**73 629**
1100 Des personnes physiques	394	4 679	13 177	17 126	26 965	23 519	30 297	39 574	44 494	51 398
1110 Sur le revenu et les bénéfices	394	4 679	13 177	17 126	26 965	23 519	30 297	39 574	44 494	51 398
1120 Sur les gains en capital	0	0	0	0	0	0	0	0	0	0
1200 Des sociétés	207	589	1 780	4 914	9 069	7 609	11 407	12 415	17 819	19 771
1210 Sur les bénéfices	207	589	1 780	4 914	9 069	7 609	11 407	12 415	17 819	19 771
1220 Sur les gains en capital	0	0	0	0	0	0	0	0	0	0
1300 Non-ventilables entre 1100 et 1200	5	31	1 413	1 821	4 274	2 366	3 019	2 924	2 985	2 460
NRWT	5	24	277	760	1 506	467	733	570	470	514
Property speculation	0	0	0	0	0	0	0	0	0	0
Absentee income tax	0	7	0	0	0	0	0	0	0	0
Interest	0	0	1 028	990	2 699	1 704	1 660	1 528	999	841
Dividends	0	0	83	71	69	195	626	826	1 516	1 105
Other	0	0	25	0	0	0	0	0	0	0
2000 Cotisations de sécurité sociale	**0**	**0**	**0**	**0**	**0**	**0**	**0**	**0**	**0**	**0**
2100 À la charge des salariés	0	0	0	0	0	0	0	0	0	0
2110 Sur la base du salaire	..	..	..	..	..	..	..	..	..	..
2120 Sur la base de l'impôt sur les revenus	..	..	..	..	..	..	..	..	..	..
2200 À la charge des employeurs	0	0	0	0	0	0	0	0	0	0
2210 Sur la base du salaire	..	..	..	..	..	..	..	..	..	..
2220 Sur la base de l'impôt sur les revenus	..	..	..	..	..	..	..	..	..	..
2300 A charge des travailleurs indép. ou sans emploi	0	0	0	0	0	0	0	0	0	0
2310 Sur la base du salaire	..	..	..	..	..	..	..	..	..	..
2320 Sur la base de l'impôt sur les revenus	..	..	..	..	..	..	..	..	..	..
2400 Non-ventilables entre 2100, 2200 et 2300	0	0	0	0	0	0	0	0	0	0
2410 Sur la base du salaire	..	..	..	..	..	..	..	..	..	..
2420 Sur la base de l'impôt sur les revenus	..	..	..	..	..	..	..	..	..	..
3000 Sur salaires ou main d'oeuvre	**0**	**0**	**0**	**0**	**0**	**0**	**0**	**0**	**0**	**0**
4000 Impôts sur le patrimoine	**116**	**602**	**1 880**	**2 112**	**3 417**	**4 119**	**5 046**	**6 137**	**6 359**	**6 974**
4100 Impôts périodiques sur la propriété immobilière	84	515	1 722	2 049	3 322	4 031	4 962	6 036	6 271	6 877
Local govt rates and services	81	503	1 550	2 049	3 322	4 031	4 962	6 036	6 271	6 877
Land tax	3	12	172	0	0	0	0	0	0	0
4110 Ménages	..	..	0	..	..	..	..	..	..	..
4120 Autres agents	..	..	172	..	..	..	..	..	..	..
4200 Impôts périodiques sur l'actif net	0	0	0	0	0	0	0	0	0	0
4210 Personnes physiques	..	..	..	..	..	..	..	..	..	..
4220 Sociétés	..	..	..	..	..	..	..	..	..	..
4300 Impôts sur mut. par décès, succ. et donations	23	39	80	2	3	2	0	0	0	0
4310 Impôts sur mut. par décès et successions	21	37	74	0	0	0	..	..	..	..
4320 Impôts sur les donations	2	2	6	2	3	2	..	..	..	..
4400 Impôts sur transact. mobilières et immob.	9	48	78	61	92	86	84	101	88	97
Instrument duty	7	40	62	51	85	82	84	101	88	97
Cheque duty	2	8	16	10	7	4	0	0	0	0
4500 Impôts non-périodiques	0	0	0	0	0	0	0	0	0	0
4510 Sur l'actif net	..	..	..	..	..	..	..	..	..	..
4520 Autres non-périodiques	..	..	..	..	..	..	..	..	..	..
4600 Autres impôts périodiques sur patrimoine	0	0	0	0	0	0	0	0	0	0
5000 Impôts sur les biens et services	**280**	**1 693**	**9 220**	**13 792**	**20 290**	**24 692**	**31 728**	**38 567**	**43 938**	**45 127**
5100 Impôts sur production, vente, transfert, etc.	262	1 624	8 680	12 887	18 832	23 107	29 584	35 996	41 122	42 352
5110 Impôts généraux	77	776	6 163	9 885	15 046	19 143	24 587	30 259	35 397	36 858
5111 Taxes sur la valeur ajoutée	0	0	6 163	9 885	15 046	19 143	24 587	30 259	35 397	36 858
5112 Impôts sur les ventes	77	776	0	0	0	0	0	0	0	0
Motor vehicles	..	231	..	..	..	..	..	..	..	..
Other sales tax	..	544	..	..	..	..	..	..	..	..
5113 Autres impôts	0	0	0	0	0	0	0	0	0	0
5120 Impôts sur biens et services déterminés	186	849	2 517	3 002	3 786	3 964	4 997	5 737	5 725	5 494

	1965	1980	1990	2000	2007	2010	2015	2019	2020	2021
5121 Accises	124	548	1 929	2 148	1 627	1 782	2 280	2 460	2 111	1 729
On alcoholic beverages	37	84	411	436	573	622	672	710	780	738
Beer	33	64	0	201	290	207	262	268	308	374
Wine	0	0	0	100	163	181	216	221	229	186
Spirits	4	20	0	135	120	234	194	221	243	178
Tobacco	33	99	568	764	159	220	362	485	45	2
Motor vehicles	0	0	7	0	0	0	0	0	0	0
Refined sugar	2	0	0	0	0	0	0	0	0	0
CA petroleum fuels	0	140	835	810	819	872	1 185	1 075	1 084	802
NRF fuel excise	49	121	0	0	0	0	0	0	0	0
Local petroleum fuels	0	18	21	27	30	32	33	167	179	161
CA mileage tax	0	0	0	0	0	0	0	0	0	0
NRF mileage tax	3	0	0	0	0	0	0	0	0	0
Road user charges	0	68	0	0	0	0	0	0	0	0
Energy resources levy	0	20	87	111	46	36	28	23	23	26
5122 Bénéfices des monopoles fiscaux	0	0	0	0	0	0	0	0	0	0
5123 Droits de douane et droits à l'importation	49	231	505	648	1 857	1 916	2 442	3 001	3 292	3 493
5124 Taxes à l'exportation	0	0	0	0	0	0	0	0	0	0
5125 Impôts sur biens d'équipement	0	0	0	0	0	0	0	0	0	0
5126 Impôts sur services déterminés	13	57	83	206	302	266	275	276	322	272
Lottery (national)	1	6	26	167	290	253	260	266	314	269
Lottery (overseas)	0	0	0	0	0	0	0	0	0	0
Racing	12	46	57	39	12	13	15	10	8	3
Film hire tax	0	1	0	0	0	0	0	0	0	0
Domestic air travel tax	0	3	0	0	0	0	0	0	0	0
5127 Autres impôts sur commerce et transact. internat.	0	12	0	0	0	0	0	0	0	0
Foreign fishing vessels tax	..	0	..	..	..	..	..	..	..	..
Foreign travel tax	..	0	..	..	..	..	..	..	..	..
International departure tax	..	12	..	..	..	..	..	..	..	..
5128 Autres impôts	0	0	0	0	0	0	0	0	0	0
5130 Non-ventilables entre 5110 et 5120	0	0	0	0	0	0	0	0	0	0
5200 Impôts sur utilisation des biens et exerc. activités	18	69	539	905	1 458	1 585	2 144	2 571	2 816	2 775
5210 Impôts périodiques	18	69	539	905	1 458	1 585	2 144	2 571	2 816	2 775
Motor vehicle registration	7	47	154	181	226	172	214	226	231	234
Heavy traffic fees	8	0	285	532	851	1 016	1 381	1 716	1 930	1 840
Accident compensation levies	0	0	0	0	0	0	0	0	0	0
5211 À la charge des ménages : véhicules à moteur	0	0	0	0	0	0	0	0	0	0
5212 À la charge autres agents : véhicules à moteur	0	0	0	0	0	0	0	0	0	0
5213 Autres impôts périodiques	3	23	100	192	381	397	549	629	655	701
Local authority fees and charges	3	23	100	192	381	397	549	629	655	701
5220 Impôts non-périodiques	0	0	0	0	0	0	0	0	0	0
5300 Non-ventilables entre 5100 et 5200	0	0	0	0	0	0	0	0	0	0
6000 Autres impôts	**0**	**0**	**1**	**0**	**31**	**5**	**2**	**2**	**1**	**1**
6100 À la charge exclusive des entreprises	..	..	0	..	0	0	0	0	0	0
6200 À la charge d'autres agents	..	..	1	..	31	5	2	2	1	1
Crédits d'impôts récupérables										
Crédits d'impôts récupérables contre 1110	..	..	..	1 057	2 568	2 794	2 352	3 016	2 958	2 844
Composante fiscale	..	..	..	311	873	950	1 254	1 532	1 520	1 502
Composante transfert	..	..	..	746	1 695	1 844	1 098	1 484	1 438	1 342
Crédits d'impôts récupérables contre 1210	..	..	..	0	0	0	0	0	0	0
Composante fiscale	..	..	..	..	..	..	..	..	..	..
Composante transfert	..	..	..	..	..	..	..	..	..	..
Recettes fiscales totales sur la base d'encaissements	**1 001**	**7 594**	**27 471**	**39 276**	**64 273**	**62 053**	**82 481**	**100 103**	**114 305**	**124 883**
Recettes fiscales totales sur la base des droits constatés	**..**	**..**	**..**	**39 765**	**64 046**	**62 310**	**81 499**	**99 619**	**115 596**	**125 731**
Conciliation avec les comptes nationaux										
Impôts additionnels inclus dans les comptes nationaux	..	..	..	..	0	0	2 807	3 245	3 838	4 648
Impôt exclus des comptes nationaux	..	..	..	..	0	0	-5 852	-7 282	-9 726	-10 894
Différence dans les traitements des crédits d'impôts	..	..	..	..	873	950	1 254	1 532	1 520	1 502
Transfert en capital des recettes non collectées	..	..	..	..	0	0	0	0	0	0
Cotisations de sécurité sociale volontaires	..	..	..	..	0	0	0	0	0	0
Différences diverses	..	..	..	..	0	0	-1 602	6 760	-8 389	-823
Comptes nationaux : impôts et cotisations sociales effectives	..	..	..	..	64 919	63 260	78 106	103 874	102 839	120 164
Cotisations sociales imputées	..	..	..	..	0	0	2 063	2 199	2 221	2 416
Comptes nationaux : impôts et toutes les cotisations sociales	..	..	..	..	64 919	63 260	80 169	106 073	105 060	122 580

.. Non disponible

Note : For the years before 1989 data are on a fiscal year basis ending 31st March. The figures provided for 1989 and onwards relate to the financial year ending 30th June of the following year.

From 1993, data are on accrual basis.

Heading 1000: Tax credits to exporters under the export incentives schemes are non-wastable, but that part of the excess of taxliability paid out to taxpayers is not identifiable.

Heading 1100: The figures up to 1969 include revenues collected by a social security income tax. The base of this tax was the same as the ordinary income tax base and the two have now been incorporated into a single income tax.

Heading 5121: From October 1986 incorporates that portion of the selective impost on wine, spirits, tobacco and motor vehicles which was formerly collected and reported as sales tax. The revenue collected on those imported goods which are subject to the equivalent of the domestic excise has been classified as excise duty. In this respect, there is a discontinuity between the excises recorded before and after October 1986.

Heading 5210: The other local authority licence fees include some small items which could be regarded as non-tax revenues.

Heading for non-wastable tax credits 1110 comprises four Family assistance tax credits. The total in item 1100 is net of the tax expenditure component but not net of the transfer component.

Source : Statistics New Zealand.

StatLink https://stat.link/3gykw4

Tableau 5.28. Norvège : recettes fiscales détaillées, 1965-2021

Million NOK

	1965	1980	1990	2000	2007	2010	2015	2019	2020	2021
Recettes fiscales totales	**16 842**	**133 499**	**301 812**	**627 989**	**987 278**	**1 083 337**	**1 195 354**	**1 428 635**	**1 340 119**	**1 787 795**
1000 Impôts sur revenu, bénéfices et gains en capital	**7 316**	**55 837**	**106 290**	**284 189**	**474 460**	**512 244**	**475 374**	**584 428**	**486 926**	**876 122**
1100 Des personnes physiques	6 671	38 018	79 068	152 013	219 726	256 544	335 199	370 590	390 415	454 260
1110 Sur le revenu et les bénéfices	6 671	38 018	79 068	152 013	219 726	256 544	335 199	370 590	390 415	454 260
Employee social security contributions	1 305	0	0	0	0	0	0	0	0	0
Income taxes	5 366	38 018	79 068	152 013	219 726	256 544	335 199	370 590	390 415	454 260
1120 Sur les gains en capital	0	0	0	0	0	0	0	0	0	0
1200 Des sociétés	645	17 819	27 222	132 176	254 734	255 700	140 175	213 838	96 511	421 862
1210 Sur les bénéfices	..	..	..	132 176	254 734	255 700	140 175	213 838	96 511	421 862
1220 Sur les gains en capital	..	..	..	0	0	0	0	0	0	0
1300 Non-ventilables entre 1100 et 1200	0	0	0	0	0	0	0	0	0	0
2000 Cotisations de sécurité sociale	**2 009**	**28 205**	**79 362**	**132 170**	**204 473**	**243 002**	**325 130**	**377 057**	**381 231**	**402 152**
2100 À la charge des salariés	0	6 639	25 345	45 162	68 518	81 032	112 662	130 878	134 761	142 299
2110 Sur la base du salaire	..	..	..	45 162	68 518	81 032	112 662	130 878	134 761	142 299
2120 Sur la base de l'impôt sur les revenus	..	..	..	0	0	0	0	0	0	0
2200 À la charge des employeurs	1 716	20 454	50 116	79 242	124 178	148 047	190 923	220 966	221 257	232 603
2210 Sur la base du salaire	..	..	..	79 242	124 178	148 047	190 923	220 966	221 257	232 603
2220 Sur la base de l'impôt sur les revenus	..	..	..	0	0	0	0	0	0	0
2300 A charge des travailleurs indép. ou sans emploi	293	1 112	3 901	7 766	11 777	13 923	21 545	25 213	25 213	27 250
2310 Sur la base du salaire	..	..	..	7 766	11 777	13 923	21 545	25 213	25 213	27 250
2320 Sur la base de l'impôt sur les revenus	..	..	..	0	0	0	0	0	0	0
2400 Non-ventilables entre 2100, 2200 et 2300	0	0	0	0	0	0	0	0	0	0
2410 Sur la base du salaire	..	..	..	..	..	..	..	..	..	..
2420 Sur la base de l'impôt sur les revenus	..	..	..	..	..	..	..	..	..	..
3000 Sur salaires ou main d'oeuvre	**0**	**0**	**0**	**0**	**0**	**0**	**0**	**2 011**	**2 065**	**2 217**
4000 Impôts sur le patrimoine	**523**	**2 295**	**8 887**	**14 422**	**26 601**	**28 547**	**34 021**	**46 334**	**45 809**	**52 891**
4100 Impôts périodiques sur la propriété immobilière	100	431	2 216	2 724	5 571	7 109	11 177	14 748	14 818	15 566
4110 Ménages	..	431	2 216	2 724	2 149	3 024	5 437	7 680	7 224	7 639
4120 Autres agents	..	0	0	0	3 422	4 085	5 740	7 068	7 594	7 927
4200 Impôts périodiques sur l'actif net	341	1 450	5 118	7 703	12 900	13 193	14 123	21 232	19 575	24 159
4210 Personnes physiques	235	907	3 692	6 869	10 746	12 169	12 902	16 599	17 259	18 454
4220 Sociétés	106	543	1 426	834	2 154	1 024	1 221	4 633	2 316	5 705
4300 Impôts sur mut. par décès, succ. et donations	45	122	446	1 273	2 576	2 377	295	44	64	48
4310 Impôts sur mut. par décès et successions	..	122	446	1 273	2 576	2 377	295	44	64	48
4320 Impôts sur les donations	..	0	0	0	0	0	0	0	0	0
4400 Impôts sur transact. mobilières et immob.	37	292	1 107	2 722	5 554	5 868	8 426	10 310	11 352	13 118
4500 Impôts non-périodiques	0	0	0	0	0	0	0	0	0	0
4510 Sur l'actif net	..	..	..	..	..	..	..	..	..	..
4520 Autres non-périodiques	..	..	..	..	..	..	..	..	..	..
4600 Autres impôts périodiques sur patrimoine	0	0	0	0	0	0	0	0	0	0
5000 Impôts sur les biens et services	**6 928**	**47 154**	**107 262**	**197 208**	**281 744**	**299 544**	**360 829**	**418 805**	**424 088**	**454 413**
5100 Impôts sur production, vente, transfert, etc.	6 720	45 882	102 901	185 921	266 456	284 646	342 410	398 944	403 931	430 482
5110 Impôts généraux	3 622	24 350	56 656	124 985	189 424	201 802	256 029	308 280	312 936	340 400
5111 Taxes sur la valeur ajoutée	0	24 350	56 656	124 166	188 705	201 184	255 182	307 000	311 600	338 900
Value added tax	..	24 350	56 656	124 166	188 705	201 184	255 182	307 000	311 600	338 900
5112 Impôts sur les ventes	0	0	0	0	719	618	0	1 280	1 336	1 500
5113 Autres impôts	3 622	0	0	819	0	0	847	0	0	0
5120 Impôts sur biens et services déterminés	3 098	21 532	46 245	60 936	77 032	82 844	86 381	90 664	90 995	90 082
5121 Accises	2 338	14 914	37 453	54 871	71 047	76 328	78 845	79 654	81 662	79 584
Stamp duty on tobacco	392	1 076	3 750	6 806	6 815	7 768	7 219	6 313	9 127	9 308
Taxes on spirits and wines	449	2 013	3 454	5 217	0	0	0	0	0	0
Excise on beer	162	605	2 195	3 650	0	0	0	0	0	0
Excise on petrol	480	2 310	7 057	9 756	8 132	7 373	5 711	5 239	4 409	4 503
Vehicles transfer tax	395	2 761	4 554	10 956	22 898	21 835	19 355	14 418	10 793	9 456
Chocolate and sweets	123	247	551	789	1 078	1 173	1 324	1 458	1 516	0
Sugar	0	0	217	230	192	196	206	191	205	220
Non-alcoholic beverages	38	120	487	1 113	1 024	1 739	1 972	3 071	3 057	705
Electric energy	89	1 515	3 414	5 091	7 079	8 110	9 233	11 393	11 322	12 182
Oil and gas products	0	3 703	8 729	88	92	98	103	112	111	116
Sales of radio and tv sets	0	163	220	920	0	0	0	0	0	0
Mineral oil	0	113	1 098	490	685	1 419	1 986	1 912	1 770	1 796
Cosmetics	0	0	0	159	0	0	0	0	0	0
Recording equipment	0	0	92	35	0	0	0	0	0	0
Others	210	288	1 635	1 249	1 821	1 965	2 535	2 915	3 346	3 683
Taxes on alcoholic beverages	0	0	0	0	10 338	11 317	12 969	14 518	17 976	17 847
Excise on diesel	0	0	0	4 802	6 424	8 653	10 267	10 040	9 588	10 289
Tax on Co2 emissions, petroleum sector excepted	0	0	0	3 520	4 469	4 682	5 965	8 074	8 442	9 479

	1965	1980	1990	2000	2007	2010	2015	2019	2020	2021
5122 Bénéfices des monopoles fiscaux	31	395	751	2 534	2 902	3 433	3 869	5 168	5 311	5 883
Profits state wine monopoly	31	30	67	41	32	44	0	0	0	0
Norsk tipping	0	365	684	2 493	2 870	3 389	3 869	5 168	5 311	5 883
5123 Droits de douane et droits à l'importation	634	697	1 360	1 944	2 132	2 505	3 305	3 403	3 625	4 191
Customs revenue	615	689	1 305	1 944	2 132	2 505	3 305	3 403	3 625	4 191
Loading and lighthouse dues	11	0	0	0	0	0	0	0	0	0
Other import duties	8	8	55	0	0	0	0	0	0	0
5124 Taxes à l'exportation	7	105	227	0	112	151	178	322	316	363
5125 Impôts sur biens d'équipement	0	4 274	4 454	0	0	0	0	0	0	0
5126 Impôts sur services déterminés	88	195	1 233	1 386	131	114	138	2 058	21	0
Excise on race tracks	9	25	15	88	119	114	138	127	21	..
Taxes on specific services	34	49	150	1 298	0	0	0	1 931	0	..
Pengelotteriet (national lotteries)	45	121	462	0	0	0	0	0	0	..
Excise on lotto games	0	0	606	0	12	0	0	0	0	..
5127 Autres impôts sur commerce et transact. internat.	0	0	0	0	0	0	0	0	0	0
5128 Autres impôts	0	952	767	201	708	313	46	59	60	61
5130 Non-ventilables entre 5110 et 5120	0	0	0	0	0	0	0	0	0	0
5200 Impôts sur utilisation des biens et exerc. activités	208	1 272	4 361	11 287	15 288	14 898	18 419	19 861	20 157	23 931
5210 Impôts périodiques	208	1 272	4 361	11 287	15 288	13 423	17 635	17 521	17 751	17 626
5211 À la charge des ménages : véhicules à moteur	88	458	1 789	4 435	6 699	7 157	8 400	7 613	7 640	7 994
5212 À la charge autres agents : véhicules à moteur	108	696	2 072	1 346	712	539	352	335	330	329
5213 Autres impôts périodiques	12	118	500	5 506	7 877	5 727	8 883	9 573	9 781	9 303
CO2 tax	0	0	0	3 047	3 385	2 166	4 906	5 478	5 713	5 035
Excise on pharmacies	6	32	59	105	153	80	99	74	64	69
Others	6	86	441	2 354	3 132	3 394	3 809	3 956	3 949	4 149
Tax on emissions of NOX	0	0	0	0	1 207	87	69	65	55	50
5220 Impôts non-périodiques	0	0	0	0	0	1 475	784	2 340	2 406	6 305
5300 Non-ventilables entre 5100 et 5200	0	0	0	0	0	0	0	0	0	0
6000 Autres impôts	**66**	**8**	**11**	**0**	**0**	**0**	**0**	**0**	**0**	**0**
6100 À la charge exclusive des entreprises	0	3	2	..	..	..	..	..	..	..
6200 À la charge d'autres agents	66	5	9	..	..	..	..	..	..	..
Crédits d'impôts récupérables										
Crédits d'impôts récupérables contre 1210	..	..	..	..	994	1 229	2 959	4 016	3 654	3 713
Composante fiscale	..	..	..	..	350	75	484	830	821	754
Composante transfert	..	..	..	..	644	1 154	2 475	3 186	2 833	2 959
Recettes fiscales totales sur la base d'encaissements	**16 842**	**133 499**	**301 812**	**575 989**	**0**	**0**	**0**	**1 439 518**	**1 362 295**	**1 489 277**
Recettes fiscales totales sur la base des droits constatés	**..**	**..**	**..**	**627 989**	**987 278**	**1 083 337**	**1 195 354**	**1 428 635**	**1 340 119**	**1 787 795**
Conciliation avec les comptes nationaux										
Impôts additionnels inclus dans les comptes nationaux	..	..	1 485	2 773	3 288	4 022	4 674	4 904	0	0
Impôt exclus des comptes nationaux	..	..	..	0	0	0	0	0	0	0
Différence dans les traitements des crédits d'impôts	..	..	..	0	350	75	484	830	821	754
Transfert en capital des recettes non collectées	..	..	..	0	0	0	0	0	0	0
Cotisations de sécurité sociale volontaires	..	..	..	0	0	0	0	0	0	0
Différences diverses	..	..	..	0	0	0	0	0	0	0
Comptes nationaux : impôts et cotisations sociales effectives	..	..	..	630 762	990 916	1 087 434	1 200 512	1 434 369	1 340 940	1 788 549
Cotisations sociales imputées	..	..	..	2 076	2 931	3 164	3 870	5 803	5 530	5 767
Comptes nationaux : impôts et toutes les cotisations sociales	..	..	..	632 838	993 847	1 090 598	1 204 382	1 440 172	1 346 470	1 794 316

.. Non disponible

Note : Year ending 31st December.

From 2000, data are on accrual basis.

Heading 5211: Up to 1971 this item contains motor vehicle licences paid by both households and enterprises.

Heading 5121: From 2005, taxes on alcoholic beverages include both 'taxes on spirits and wines' and 'excise on beer'.

Heading 5125: From 1998, revenue from taxes on investments goods is included in item 5121 "Others".

Source : Statistics Norway; National Accounts.

StatLink https://stat.link/3pshok

Tableau 5.29. Pologne : recettes fiscales détaillées, 1965-2021

Million PLN

	1965	1980	1990	2000	2007	2010	2015	2019	2020	2021
Recettes fiscales totales	..	..	..	**247 064**	**412 656**	**454 660**	**586 263**	**808 079**	**834 475**	**969 137**
Recettes fiscales totales excluant les taxes collectés pour le compte de l'UE	..	..	..	**247 064**	**410 945**	**452 961**	**583 369**	**803 616**	**830 081**	**963 226**
1000 Impôts sur revenu, bénéfices et gains en capital	..	..	..	**50 268**	**93 795**	**91 026**	**117 078**	**172 539**	**175 845**	**209 268**
1100 Des personnes physiques	..	..	..	32 415	61 471	62 901	83 974	121 932	122 973	140 681
Individual income tax	..	..	..	32 415	61 403	62 818	83 861	121 755	122 817	140 465
Tax on winnings from lottery or gambling	..	..	..	0	68	83	113	177	156	216
1110 Sur le revenu et les bénéfices	..	..	..	..	..	..	..	..	..	..
1120 Sur les gains en capital	..	..	..	..	..	..	..	..	..	..
1200 Des sociétés	..	..	..	17 853	32 324	28 125	33 104	50 607	52 872	68 587
1210 Sur les bénéfices	..	..	..	..	..	..	..	..	..	..
1220 Sur les gains en capital	..	..	..	..	..	..	..	..	..	..
1300 Non-ventilables entre 1100 et 1200	..	..	..	0	0	0	0	0	0	0
2000 Cotisations de sécurité sociale	..	..	..	**97 411**	**141 457**	**157 432**	**225 711**	**305 353**	**318 636**	**344 720**
2100 À la charge des salariés	..	..	..	42 606	51 745	60 158	92 607	128 298	133 065	149 781
2110 Sur la base du salaire	..	..	..	..	..	..	..	..	..	..
2120 Sur la base de l'impôt sur les revenus	..	..	..	..	..	..	..	..	..	..
2200 À la charge des employeurs	..	..	..	41 834	56 016	66 893	88 749	117 437	120 856	123 654
2210 Sur la base du salaire	..	..	..	..	..	..	..	..	..	..
2220 Sur la base de l'impôt sur les revenus	..	..	..	..	..	..	..	..	..	..
2300 A charge des travailleurs indép. ou sans emploi	..	..	..	12 971	33 696	30 381	44 355	59 618	64 715	71 285
2310 Sur la base du salaire	..	..	..	..	..	..	..	..	..	..
2320 Sur la base de l'impôt sur les revenus	..	..	..	..	..	..	..	..	..	..
2400 Non-ventilables entre 2100, 2200 et 2300	..	..	..	0	0	0	0	0	0	0
2410 Sur la base du salaire	..	..	..	..	..	..	..	..	..	..
2420 Sur la base de l'impôt sur les revenus	..	..	..	..	..	..	..	..	..	..
3000 Sur salaires ou main d'oeuvre	..	..	..	**1 628**	**3 081**	**3 720**	**4 028**	**5 928**	**7 683**	**14 531**
Rehabilitation fund contribution	..	..	..	1 508	2 860	3 370	3 621	4 737	4 937	5 331
Wage guarantee fund contribution	..	..	..	120	221	350	407	424	416	488
Receipts from employers' obligatory payments to the Fundusz Solidarnościowy	..	..	..	0	0	0	0	767	2 330	8 712
4000 Impôts sur le patrimoine	..	..	..	**10 584**	**17 116**	**19 068**	**24 637**	**28 993**	**30 293**	**33 715**
4100 Impôts périodiques sur la propriété immobilière	..	..	..	8 404	13 515	16 399	22 206	25 201	26 454	28 064
Agricultural tax-local	..	..	..	720	906	969	1 579	1 527	1 628	1 635
Forest tax-local	..	..	..	96	157	165	230	298	301	306
Real estate tax-local	..	..	..	7 588	12 452	15 265	20 397	23 376	24 525	26 123
4110 Ménages	..	..	..	2 348	3 613	4 555	6 549	7 436	7 796	8 339
4120 Autres agents	..	..	..	6 056	9 902	11 844	15 657	17 765	18 658	19 725
4200 Impôts périodiques sur l'actif net	..	..	..	0	0	0	0	0	0	0
4210 Personnes physiques	..	..	..	..	..	..	..	..	..	..
4220 Sociétés	..	..	..	..	..	..	..	..	..	..
4300 Impôts sur mut. par décès, succ. et donations	..	..	..	172	328	290	246	325	313	425
Inheritance and gift tax-local	..	..	..	172	328	290	246	325	313	425
4310 Impôts sur mut. par décès et successions	..	..	..	..	..	..	..	..	..	..
4320 Impôts sur les donations	..	..	..	..	..	..	..	..	..	..
4400 Impôts sur transact. mobilières et immob.	..	..	..	2 008	3 273	2 379	2 185	3 467	3 526	5 226
Tax on civil law transactions and stamp tax	..	..	..	2 008	3 273	2 379	2 185	3 467	3 526	5 226
4500 Impôts non-périodiques	..	..	..	0	0	0	0	0	0	0
4510 Sur l'actif net	..	..	..	..	..	..	..	..	..	..
4520 Autres non-périodiques	..	..	..	..	..	..	..	..	..	..
4600 Autres impôts périodiques sur patrimoine	..	..	..	0	0	0	0	0	0	0
5000 Impôts sur les biens et services	..	..	..	**86 880**	**156 683**	**182 820**	**214 162**	**294 143**	**301 032**	**365 619**
5100 Impôts sur production, vente, transfert, etc.	..	..	..	84 885	151 804	176 044	206 197	281 787	283 819	344 546
5110 Impôts généraux	..	..	..	51 615	97 848	109 717	125 895	182 147	185 964	228 088
5111 Taxes sur la valeur ajoutée	..	..	..	51 615	97 848	109 717	125 895	182 147	185 964	225 140
5112 Impôts sur les ventes	..	..	..	0	0	0	0	0	0	2 948
5113 Autres impôts	..	..	..	0	0	0	0	0	0	0
Turnover tax, of which:	..	..	..	..	..	..	..	..	..	..
On spirits	..	..	..	..	..	..	..	..	..	..
On fuels	..	..	..	..	..	..	..	..	..	..
On tobacco	..	..	..	..	..	..	..	..	..	..
5120 Impôts sur biens et services déterminés	..	..	..	33 270	53 956	66 327	80 302	99 640	97 855	116 458

	1965	1980	1990	2000	2007	2010	2015	2019	2020	2021
5121 Accises	..	..	..	27 170	49 376	62 016	70 632	83 854	81 756	96 945
On domestic excise products, of which:	..	..	..	24 213	45 752	58 935	62 442	79 127	77 649	92 044
On spirits	..	..	..	4 309	5 000	6 154	6 655	8 202	8 202	8 953
On fuels	..	..	..	11 056	22 128	26 545	29 874	43 078	43 078	45 156
On tobacco	..	..	..	6 143	11 973	17 348	17 788	20 752	20 752	23 342
On beer	..	..	..	1 758	2 975	3 303	3 547	3 328	3 328	3 245
On wine	..	..	..	459	378	315	246	218	218	247
On other products	..	..	..	488	3 298	5 270	4 332	3 549	2 071	11 101
On imported excise products, of which:	..	..	..	2 957	3 624	3 081	8 190	4 727	4 107	4 901
On spirits	..	..	..	90	253	311	267	400	400	279
On fuels	..	..	..	2 031	2 045	1 051	5 650	966	966	1 100
On tobacco	..	..	..	18	214	114	86	45	45	48
On beer	..	..	..	26	12	14	53	64	64	76
On wine	..	..	..	71	106	133	139	181	181	231
On other products	..	..	..	721	994	1 458	1 995	3 071	2 451	3 167
5122 Bénéfices des monopoles fiscaux	..	..	..	0	0	0	0	0	0	0
5123 Droits de douane et droits à l'importation	..	..	..	5 038	1 711	1 627	2 823	4 463	4 394	5 911
5124 Taxes à l'exportation	..	..	..	0	0	0	0	0	0	0
5125 Impôts sur biens d'équipement	..	..	..	0	0	0	0	0	0	0
5126 Impôts sur services déterminés	..	..	..	1 062	1 297	1 974	5 795	10 211	10 582	10 907
Taxes and payments of financial institutions	..	..	..	443	189	375	4 472	3 076	3 485	2 525
Gambling tax	..	..	..	619	1 108	1 599	1 323	2 319	2 366	3 030
Tax from some financial institutions	..	..	..	0	0	0	0	4 816	4 731	5 352
5127 Autres impôts sur commerce et transact. internat.	..	..	..	0	0	0	0	0	0	0
5128 Autres impôts	..	..	..	0	1 572	710	1 052	1 112	1 123	2 695
5130 Non-ventilables entre 5110 et 5120	..	..	..	0	0	0	0	0	0	0
5200 Impôts sur utilisation des biens et exerc. activités	..	..	..	1 995	4 879	6 776	7 965	12 356	17 213	21 073
5210 Impôts périodiques	..	..	..	433	2 383	3 667	4 317	4 377	3 596	4 048
5211 À la charge des ménages : véhicules à moteur	..	..	..	0	0	0	0	0	0	0
5212 À la charge autres agents : véhicules à moteur	..	..	..	0	0	0	0	0	0	0
5213 Autres impôts périodiques	..	..	..	433	2 383	3 667	4 317	4 377	3 596	4 048
5220 Impôts non-périodiques	..	..	..	1 562	2 496	3 109	3 648	7 979	13 617	17 025
5300 Non-ventilables entre 5100 et 5200	..	..	..	0	0	0	0	0	0	0
6000 Autres impôts	**..**	**..**	**..**	**293**	**524**	**594**	**647**	**1 123**	**986**	**1 284**
Abolished taxes	..	..	..	0	0	0	0	0	0	0
6100 À la charge exclusive des entreprises	..	..	..	0	0	0	0	0	0	0
6200 À la charge d'autres agents	..	..	..	293	524	594	647	1 123	986	1 284
Pour mémoire										
Droits de douane perçus pour le compte de l'UE	..	..	..	..	1 711	1 627	2 823	4 463	4 394	5 911
Recettes fiscales totales sur la base d'encaissements	**..**	**..**	**..**	**..**	**..**	**..**	**..**	**..**	**..**	**..**
Recettes fiscales totales sur la base des droits constatés	**..**	**..**	**..**	**247 064**	**412 656**	**454 660**	**586 263**	**808 079**	**834 475**	**969 137**
Conciliation avec les comptes nationaux										
Impôts additionnels inclus dans les comptes nationaux	..	..	..	..	..	..	..	..	..	..
Impôt exclus des comptes nationaux	..	..	..	..	..	..	..	..	..	..
Différence dans les traitements des crédits d'impôts	..	..	..	..	..	..	..	..	..	..
Transfert en capital des recettes non collectées	..	..	..	1 025	1 371	1 406	2 229	3 035	3 201	3 495
Cotisations de sécurité sociale volontaires	..	..	..	..	..	..	49	46	48	48
Différences diverses	..	..	..	..	..	..	..	..	..	..
Comptes nationaux : impôts et cotisations sociales effectives	..	..	..	246 039	411 285	453 254	584 083	805 090	831 323	965 690
Cotisations sociales imputées	..	..	..	777	10 848	13 841	17 423	19 465	20 464	22 548
Comptes nationaux : impôts et toutes les cotisations sociales	..	..	..	252 943	422 133	467 095	601 506	824 555	851 787	988 238

.. Non disponible

Note : Year ending 31st December.

From 2002, data are on accrual basis.

Source : Ministry of Finance, Economic Department.

StatLink https://stat.link/spkv2t

Tableau 5.30. Portugal : recettes fiscales détaillées, 1965-2021

Million EUR

	1965	1980	1990	2000	2007	2010	2015	2019	2020	2021
Recettes fiscales totales	**99**	**1 798**	**14 825**	**39 705**	**55 885**	**54 541**	**61 788**	**73 955**	**70 510**	**75 829**
Recettes fiscales totales excluant les taxes collectés pour le compte de l'UE	..	..	**14 675**	**39 501**	**55 695**	**54 363**	**61 630**	**73 602**	**70 179**	**75 458**
1000 Impôts sur revenu, bénéfices et gains en capital	**24**	**355**	**3 805**	**11 691**	**15 546**	**14 585**	**18 762**	**20 262**	**19 534**	**20 140**
1100 Des personnes physiques	..	..	2 350	6 768	9 328	9 637	13 149	13 580	13 994	14 985
Individual income tax	..	..	2 350	6 768	9 328	9 637	13 149	13 580	13 994	14 985
1110 Sur le revenu et les bénéfices	..	..	..	..	..	..	..	..	..	..
1120 Sur les gains en capital	..	..	..	..	..	..	..	..	..	..
1200 Des sociétés	..	..	1 182	4 744	6 128	4 936	5 614	6 682	5 540	5 155
Corporate income tax	..	..	1 088	4 457	5 815	4 670	5 405	6 308	5 193	4 858
Local corporate income tax ("Derrama")	..	..	84	287	313	266	208	374	347	297
Other	..	..	11	0	0	0	0	0	0	0
1210 Sur les bénéfices	..	..	..	..	..	..	..	..	..	..
1220 Sur les gains en capital	..	..	..	..	..	..	..	..	..	..
1300 Non-ventilables entre 1100 et 1200	24	355	273	178	90	12	0	0	0	0
Tax on wages and professional income	2	93	9	0	0	0	0	..	..	..
Industrial tax	7	108	129	0	0	0	0	..	..	..
Tax on income from movable capital	2	71	1	0	0	0	0	..	..	..
Property income tax	3	23	17	0	0	0	0	..	..	..
Agricultural income tax	0	0	1	0	0	0	0	..	..	..
Complementary income ax	4	43	58	0	0	0	0	..	..	..
Tax on capital gains	0	3	1	0	0	0	0	..	..	..
Taxes abolished by DL 442-A/88 and DL 442-B/88	0	0	0	0	0	0	0	..	..	..
Other	6	15	58	178	90	12	0	..	..	..
2000 Cotisations de sécurité sociale	**22**	**531**	**4 026**	**10 168**	**14 305**	**15 462**	**16 182**	**20 602**	**20 943**	**22 403**
2100 À la charge des salariés	8	203	1 470	4 286	6 344	6 670	6 992	8 170	8 290	8 926
2110 Sur la base du salaire	8	203	1 470	4 286	6 344	6 670	6 992	8 170	8 290	8 926
Compulsory employee's social contributions	8	203	1 470	4 286	6 344	6 670	6 992	8 170	8 290	8 926
2120 Sur la base de l'impôt sur les revenus	0	0	0	0	0	0	0	0	0	0
2200 À la charge des employeurs	13	318	2 413	5 882	7 961	8 792	9 191	12 432	12 653	13 477
2210 Sur la base du salaire	13	318	2 413	5 882	7 961	8 792	9 191	12 432	12 653	13 477
Employers' social contributions	13	318	2 413	5 882	7 961	8 792	9 191	12 432	12 653	13 477
2220 Sur la base de l'impôt sur les revenus	0	0	0	0	0	0	0	0	0	0
2300 A charge des travailleurs indép. ou sans emploi	0	10	143	0	0	0	0	0	0	0
Compulsory social contributions by self-employed	0	10	143	..	..	..	..	..	..	..
2310 Sur la base du salaire	..	..	0	..	..	..	..	..	..	..
2320 Sur la base de l'impôt sur les revenus	..	..	0	..	..	..	..	..	..	..
2400 Non-ventilables entre 2100, 2200 et 2300	0	0	0	0	0	0	0	0	0	0
2410 Sur la base du salaire	..	..	..	..	..	..	..	..	..	..
2420 Sur la base de l'impôt sur les revenus	..	..	..	..	..	..	..	..	..	..
3000 Sur salaires ou main d'oeuvre	**1**	**47**	**0**	**0**	**0**	**0**	**0**	**0**	**0**	**0**
Contributions for Unemployment Fund	1	47	..	..	..	..	..	..	..	..
Stamp duty on wages and salaries	0	0	..	..	..	..	..	..	..	..
4000 Impôts sur le patrimoine	**5**	**26**	**402**	**1 468**	**2 330**	**2 028**	**2 307**	**3 078**	**2 888**	**3 270**
4100 Impôts périodiques sur la propriété immobilière	0	0	133	508	1 008	1 112	1 535	1 699	1 632	1 617
Real estate tax	..	..	133	508	1 008	1 112	1 535	1 699	1 632	1 617
4110 Ménages	..	..	..	..	..	..	..	..	..	..
4120 Autres agents	..	..	..	..	..	..	..	..	..	..
4200 Impôts périodiques sur l'actif net	0	0	0	0	0	0	0	0	0	0
4210 Personnes physiques	..	..	..	..	..	..	..	..	..	..
4220 Sociétés	..	..	..	..	..	..	..	..	..	..
4300 Impôts sur mut. par décès, succ. et donations	2	4	74	103	10	2	0	0	0	0
Inheritance and gift taxes	2	4	74	0	0	0	..	..	0	..
4310 Impôts sur mut. par décès et successions	..	..	0	103	10	2	..	..	0	..
4320 Impôts sur les donations	..	..	0	0	0	0	..	..	0	..
4400 Impôts sur transact. mobilières et immob.	2	21	195	857	1 312	914	772	1 379	1 256	1 653
Real estate transfer tax	2	21	195	674	973	595	569	1 020	949	1 313
Stamp duty on registrations and mortgages	0	0	0	34	45	35	49	20	7	8
Stamp duty on the raising of capital	0	0	0	0	9	1	0	0	0	0
Stamp duty on real estate transactions	0	0	0	150	285	201	154	339	300	332
Special Tax on capital transfers	..	..	..	0	0	83	0	0	0	0
4500 Impôts non-périodiques	0	0	0	0	0	0	0	0	0	0
4510 Sur l'actif net	..	..	..	..	..	..	..	..	..	..
4520 Autres non-périodiques	..	..	..	..	..	..	..	..	0	..
4600 Autres impôts périodiques sur patrimoine	0	0	0	0	0	0	0	0	0	0
5000 Impôts sur les biens et services	**47**	**837**	**6 555**	**16 283**	**23 494**	**22 238**	**24 194**	**29 695**	**26 702**	**29 591**
5100 Impôts sur production, vente, transfert, etc.	44	810	6 440	15 858	22 841	21 485	23 112	28 102	25 209	28 054
5110 Impôts généraux	0	290	2 906	9 733	14 333	13 527	15 368	18 786	16 803	19 108

	1965	1980	1990	2000	2007	2010	2015	2019	2020	2021
5111 Taxes sur la valeur ajoutée	0	0	2 899	9 733	14 333	13 527	15 368	18 786	16 803	19 108
VAT	..	..	2 899	9 733	14 333	13 527	15 368	18 786	16 803	19 108
5112 Impôts sur les ventes	0	290	7	0	0	0	0	0	0	0
General sales tax	..	290	7	..	..	..	..	..	..	..
5113 Autres impôts	0	0	0	0	0	0	0	0	0	0
5120 Impôts sur biens et services déterminés	44	519	3 534	6 125	8 508	7 958	7 744	9 316	8 406	8 946
5121 Accises	15	295	2 052	4 496	5 937	5 653	5 211	6 198	5 490	5 771
Excise duties on tobacco	3	62	362	1 077	1 165	1 496	1 357	1 484	1 474	1 473
Excise duties on beer	1	0	55	87	97	80	75	93	82	99
Tax on motor vehicle sales	1	59	304	1 239	1 221	832	585	743	447	432
Tax on oil products	6	166	1 251	1 969	3 320	3 126	3 069	3 642	3 298	3 551
Excise duties on alcoholic beverages	0	0	23	123	126	112	115	143	105	126
Excise duties on alcohol	0	0	0	1	1	1	0	1	1	1
Tax on sugary soft drinks	0	0	0	0	0	0	0	64	52	52
Other	4	7	59	0	6	6	11	28	30	37
5122 Bénéfices des monopoles fiscaux	0	0	0	261	521	425	582	779	628	654
5123 Droits de douane et droits à l'importation	21	96	511	204	190	177	158	229	203	238
Import levies	14	36	392	0	0	0	0	0	0	0
Import surtax	0	26	1	0	0	0	0	0	0	0
Agricultural Levies	..	..	0	0	0	0	0	0	0	0
Levy on sugar and isoglucse	..	..	0	0	0	0	0	0	0	0
Other	6	34	119	0	0	0	0	0	0	0
Custom duties collected for the EU	..	..	0	204	190	177	158	229	203	238
5124 Taxes à l'exportation	0	0	0	0	0	0	0	0	0	0
Taxes on Oporto wine exports	0	0	..	..	..	..	..	..	..	..
Other	0	0	..	..	..	..	..	..	..	..
5125 Impôts sur biens d'équipement	0	0	0	0	0	0	0	0	0	0
5126 Impôts sur services déterminés	1	38	547	1 116	1 679	1 539	1 523	1 879	1 879	2 056
Tax on insurance premiums	0	6	47	131	170	215	218	277	277	300
Stamp duty on bank transactions	1	24	405	330	694	619	464	608	595	657
Stamp duty on debt related operations, interest and leasing of buildings	0	0	22	258	386	293	144	145	136	150
Stamp duty on insurance premiums	0	0	0	248	335	325	313	401	419	462
Bank levies	0	0	0	100	48	46	353	378	412	433
Other	2	8	73	47	46	40	30	70	40	55
5127 Autres impôts sur commerce et transact. internat.	0	0	0	0	0	0	0	0	0	0
5128 Autres impôts	6	91	424	48	182	163	269	231	207	226
Stamp taxes (miscellaneous)	6	91	424	36	48	111	251	215	201	222
Other	0	0	0	0	0	0	0	0	0	0
5130 Non-ventilables entre 5110 et 5120	0	0	0	12	134	52	18	16	6	4
5200 Impôts sur utilisation des biens et exerc. activités	4	27	115	384	622	736	1 069	1 580	1 478	1 530
5210 Impôts périodiques	4	27	115	384	621	736	990	1 339	1 255	1 273
5211 À la charge des ménages : véhicules à moteur	0	4	15	55	94	139	209	252	230	206
Local tax on vehicles	..	4	15	55	94	139	209	252	230	206
5212 À la charge autres agents : véhicules à moteur	2	10	20	67	132	180	330	463	453	490
Local tax on vehicles	0	2	6	0	0	0	0	0	0	0
Road taxes	2	8	14	67	132	180	330	463	453	490
5213 Autres impôts périodiques	2	13	80	261	396	417	451	624	571	578
Gambling tax	0	3	72	110	140	143	108	222	223	218
Tax on the use, carrying and possession of weapons	0	0	1	3	6	4	5	8	4	4
Tax on motor vehicles - compensation	2	8	0	0	0	0	0	0	0	0
Hunting and fishery licenses	0	1	4	1	7	12	13	14	12	17
Fee for the use of water resources	0	0	0	0	2	19	19	22	19	21
Other	0	1	2	148	241	239	307	358	313	318
5220 Impôts non-périodiques	0	0	0	0	0	0	80	241	223	257
Special tax on motor vehicles	..	..	0	..	0	0	0	0	0	0
Emissions Permits	..	..	0	..	0	0	80	240	223	256
Tax on noise	..	..	0	..	0	0	0	0	1	1
5300 Non-ventilables entre 5100 et 5200	0	0	0	41	31	17	13	13	15	8
Miscellaneous taxes on production	..	..	..	41	31	17	13	13	15	8
6000 Autres impôts	**0**	**3**	**37**	**95**	**211**	**227**	**342**	**319**	**444**	**424**
6100 À la charge exclusive des entreprises	0	2	17	90	200	210	341	317	443	422
General services and licenses granted to corporations	0	2	17	90	200	210	341	317	443	422
6200 À la charge d'autres agents	0	0	20	5	11	16	1	2	1	2
Fees collected by courts of justice	0	0	0	0	0	0	0	0	0	0
Miscellaneous taxes	0	0	20	5	11	16	1	2	1	2
Pour mémoire										
Droits de douane perçus pour le compte de l'UE	..	..	..	204	190	177	158	229	203	238
Contributions au Fonds de résolution unique collectées pour le compte de l'UE	..	..	..	..	..	..	..	124	128	133
Recettes fiscales totales sur la base d'encaissements	**99**	**1 798**	**14 825**	**..**	**..**	**..**	**..**	**..**	**..**	**..**

	1965	1980	1990	2000	2007	2010	2015	2019	2020	2021
Recettes fiscales totales sur la base des droits constatés	..	..	..	**39 705**	**55 885**	**54 541**	**61 788**	**73 955**	**70 510**	**75 829**
Conciliation avec les comptes nationaux										
Impôts additionnels inclus dans les comptes nationaux	..	..	..	5	7	14	18	20	21	23
Impôt exclus des comptes nationaux	..	..	0	0	0	0	0	0	0	0
Différence dans les traitements des crédits d'impôts	..	..	0	0	0	0	0	0	0	0
Transfert en capital des recettes non collectées	..	..	0	0	0	0	0	0	0	0
Cotisations de sécurité sociale volontaires	..	..	0	0	0	0	0	0	0	0
Différences diverses	..	..	0	0	0	0	0	0	0	0
Comptes nationaux : impôts et cotisations sociales effectives	..	..	..	39 710	55 892	54 555	61 806	73 975	70 532	75 853
Cotisations sociales imputées	..	..	..	3 292	5 592	5 906	4 602	4 758	4 656	4 863
Comptes nationaux : impôts et toutes les cotisations sociales	..	..	..	43 002	61 484	60 461	66 408	78 733	75 188	80 716

.. Non disponible
Note : Fiscal year ending 31 December.
From 1995, data are on accrual basis.
Source : Instituto Nacional de Estatística.

StatLink https://stat.link/g03vth

Tableau 5.31. République slovaque : recettes fiscales détaillées, 1965-2021

Million EUR

	1965	1980	1990	2000	2007	2010	2015	2019	2020	2021
Recettes fiscales totales	..	..	..	**10 648**	**18 456**	**19 159**	**26 049**	**32 610**	**32 500**	**35 475**
Recettes fiscales totales excluant les taxes collectés pour le compte de l'UE	..	..	..	**10 648**	**18 321**	**19 016**	**25 930**	**32 465**	**32 362**	**35 335**
1000 Impôts sur revenu, bénéfices et gains en capital	..	..	..	**2 181**	**3 844**	**3 601**	**5 542**	**6 658**	**6 535**	**7 682**
1100 Des personnes physiques	..	..	..	1 055	1 820	1 790	2 464	3 534	3 500	3 760
1110 Sur le revenu et les bénéfices	..	..	..	1 055	1 820	1 790	2 464	3 534	3 500	3 760
Wages and salaries withholding	..	..	..	0	0	0	0	0	0	0
Of unicorporated individuals	..	..	..	0	0	0	0	0	0	0
1120 Sur les gains en capital	..	..	..	0	0	0	0	0	0	0
1200 Des sociétés	..	..	..	813	1 835	1 659	2 917	2 878	2 800	3 633
1210 Sur les bénéfices	..	..	..	0	0	0	0	0	0	0
1220 Sur les gains en capital	..	..	..	0	0	0	0	0	0	0
1300 Non-ventilables entre 1100 et 1200	..	..	..	314	189	152	162	246	235	290
2000 Cotisations de sécurité sociale	..	..	..	**4 409**	**7 244**	**8 154**	**10 897**	**14 085**	**14 229**	**15 262**
2100 À la charge des salariés	..	..	..	901	1 700	2 077	2 410	3 435	3 477	3 724
Retirement	..	..	..	0	0	0	0	0	0	0
State employment policy	..	..	..	0	0	0	0	0	0	0
Health insurance	..	..	..	0	0	0	0	0	0	0
Sick leave	..	..	..	0	0	0	0	0	0	0
2110 Sur la base du salaire	..	..	..	901	1 700	2 077	2 410	3 435	3 477	3 724
2120 Sur la base de l'impôt sur les revenus	..	..	..	0	0	0	0	0	0	0
2200 À la charge des employeurs	..	..	..	2 850	3 914	4 579	6 319	8 539	8 650	9 143
Retirement	..	..	..	0	0	0	0	0	0	0
State employment policy	..	..	..	0	0	0	0	0	0	0
Health insurance	..	..	..	0	0	0	0	0	0	0
Sick leave	..	..	..	0	0	0	0	0	0	0
2210 Sur la base du salaire	..	..	..	2 850	3 914	4 579	6 319	8 539	8 650	9 143
2220 Sur la base de l'impôt sur les revenus	..	..	..	0	0	0	0	0	0	0
2300 A charge des travailleurs indép. ou sans emploi	..	..	..	658	1 631	1 498	2 168	2 111	2 103	2 395
Retirement	..	..	..	0	0	0	0	0	0	0
State employment policy	..	..	..	0	0	0	0	0	0	0
Health insurance	..	..	..	0	0	0	0	0	0	0
Sick leave	..	..	..	0	0	0	0	0	0	0
2310 Sur la base du salaire	..	..	..	658	1 631	1 498	2 168	2 111	2 103	2 395
2320 Sur la base de l'impôt sur les revenus	..	..	..	0	0	0	0	0	0	0
2400 Non-ventilables entre 2100, 2200 et 2300	..	..	..	0	0	0	0	0	0	0
2410 Sur la base du salaire	..	..	..	..	..	..	..	..	..	..
2420 Sur la base de l'impôt sur les revenus	..	..	..	..	..	..	..	..	..	..
3000 Sur salaires ou main d'oeuvre	..	..	..	**0**	**0**	**0**	**0**	**0**	**0**	**0**
4000 Impôts sur le patrimoine	..	..	..	**194**	**245**	**277**	**335**	**378**	**438**	**466**
4100 Impôts périodiques sur la propriété immobilière	..	..	..	143	243	277	335	378	438	466
4110 Ménages	..	..	..	28	22	25	29	35	36	37
4120 Autres agents	..	..	..	114	222	252	306	343	402	428
4200 Impôts périodiques sur l'actif net	..	..	..	0	0	0	0	0	0	0
4210 Personnes physiques	..	..	..	..	..	..	..	..	..	..
4220 Sociétés	..	..	..	..	..	..	..	..	..	..
4300 Impôts sur mut. par décès, succ. et donations	..	..	..	8	0	0	0	0	0	0
4310 Impôts sur mut. par décès et successions	..	..	..	3	0	0	0	..	..	..
4320 Impôts sur les donations	..	..	..	5	0	0	0	..	..	..
4400 Impôts sur transact. mobilières et immob.	..	..	..	43	1	0	0	0	0	0
Real property transfer tax	..	..	..	30	1	0	0	0	0	0
4500 Impôts non-périodiques	..	..	..	0	0	0	0	0	0	0
4510 Sur l'actif net	..	..	..	..	..	..	..	..	..	..
4520 Autres non-périodiques	..	..	..	..	..	..	..	..	..	..
4600 Autres impôts périodiques sur patrimoine	..	..	..	0	0	0	0	0	0	0
5000 Impôts sur les biens et services	..	..	..	**3 864**	**7 123**	**7 127**	**9 275**	**11 490**	**11 298**	**12 065**
5100 Impôts sur production, vente, transfert, etc.	..	..	..	3 631	6 580	6 573	8 573	10 528	10 371	11 120
5110 Impôts généraux	..	..	..	2 168	4 147	4 182	5 423	6 830	6 820	7 494
5111 Taxes sur la valeur ajoutée	..	..	..	2 168	4 147	4 182	5 423	6 830	6 820	7 494
5112 Impôts sur les ventes	..	..	..	0	0	0	0	0	0	0
5113 Autres impôts	..	..	..	0	0	0	0	0	0	0
5120 Impôts sur biens et services déterminés	..	..	..	1 464	2 433	2 391	3 151	3 698	3 551	3 626

	1965	1980	1990	2000	2007	2010	2015	2019	2020	2021
5121 Accises	..	..	..	971	2 171	2 081	2 567	2 839	2 752	2 958
On hydrocarbon fuels and lubricants	..	..	..	617	1 118	1 032	1 139	1 289	1 196	1 237
On alcohol and liquers	..	..	..	143	201	197	205	218	208	216
On beer	..	..	..	43	66	56	57	59	57	55
On wine	..	..	..	12	4	4	4	5	5	5
On tobacco products	..	..	..	156	783	602	665	767	732	852
On electricity	..	..	..	0	0	16	13	12	12	10
On coal	..	..	..	0	0	1	0	0	0	0
On natural gas	..	..	..	0	0	24	23	23	24	25
5122 Bénéfices des monopoles fiscaux	..	..	..	0	0	0	0	0	0	0
5123 Droits de douane et droits à l'importation	..	..	..	437	136	143	119	127	121	117
Customs duties	..	..	..	122	136	143	119	127	121	117
Import surcharges	..	..	..	315	0	0	0	0	0	0
Other customs revenues	..	..	..	0	0	0	0	0	0	0
5124 Taxes à l'exportation	..	..	..	0	0	0	0	0	0	0
5125 Impôts sur biens d'équipement	..	..	..	0	0	0	2	3	3	3
5126 Impôts sur services déterminés	..	..	..	55	125	167	462	729	675	548
5127 Autres impôts sur commerce et transact. internat.	..	..	..	0	0	0	0	0	0	0
5128 Autres impôts	..	..	..	0	0	0	0	0	0	0
5130 Non-ventilables entre 5110 et 5120	..	..	..	0	0	0	0	0	0	0
5200 Impôts sur utilisation des biens et exerc. activités	..	..	..	231	438	421	549	781	723	723
5210 Impôts périodiques	..	..	..	219	372	384	470	523	453	455
5211 À la charge des ménages : véhicules à moteur	..	..	..	0	0	0	0	0	0	0
5212 À la charge autres agents : véhicules à moteur	..	..	..	93	153	153	204	233	200	203
5213 Autres impôts périodiques	..	..	..	127	219	231	266	290	253	252
5220 Impôts non-périodiques	..	..	..	12	66	37	79	258	270	267
5300 Non-ventilables entre 5100 et 5200	..	..	..	2	105	134	153	181	204	222
6000 Autres impôts	**..**	**..**	**..**	**0**	**0**	**0**	**0**	**0**	**0**	**0**
6100 À la charge exclusive des entreprises	..	..	..	..	..	..	..	..	..	..
6200 À la charge d'autres agents	..	..	..	..	..	..	..	..	..	..
Pour mémoire										
Droits de douane perçus pour le compte de l'UE	..	..	..	..	136	143	119	127	121	117
Contributions au Fonds de résolution unique collectées pour le compte de l'UE	..	..	..	..	..	..	..	19	17	24
Crédits d'impôts récupérables										
Crédits d'impôts récupérables contre 1110	..	..	..	..	252	276	261	338	368	359
Composante fiscale	..	..	..	..	..	..	..	..	..	..
Composante transfert	..	..	..	..	..	..	..	..	..	..
Crédits d'impôts récupérables contre 1210	..	..	..	..	0	0	0	0	0	0
Composante fiscale	..	..	..	..	..	..	..	..	..	..
Composante transfert	..	..	..	..	..	..	..	..	..	..
Recettes fiscales totales sur la base d'encaissements	**..**	**..**	**..**	**10 843**	**18 033**	**18 358**	**25 757**	**31 468**	**31 087**	**33 799**
Recettes fiscales totales sur la base des droits constatés	**..**	**..**	**..**	**10 648**	**18 456**	**19 159**	**26 049**	**32 610**	**32 500**	**35 475**
Conciliation avec les comptes nationaux										
Impôts additionnels inclus dans les comptes nationaux	..	..	..	53	33	47	43	3	4	30
Impôt exclus des comptes nationaux	..	..	..	0	-103	-131	-149	-178	-201	-219
Différence dans les traitements des crédits d'impôts	..	..	..	0	0	0	0	0	0	0
Transfert en capital des recettes non collectées	..	..	..	0	0	0	0	0	0	0
Cotisations de sécurité sociale volontaires	..	..	..	0	22	31	11	11	12	29
Différences diverses	..	..	..	0	0	0	0	0	0	0
Comptes nationaux : impôts et cotisations sociales effectives	..	..	..	10 702	18 409	19 106	25 953	32 447	32 315	35 315
Cotisations sociales imputées	..	..	..	19	80	143	171	222	257	344
Comptes nationaux : impôts et toutes les cotisations sociales	..	..	..	10 721	18 488	19 250	26 124	32 669	32 572	35 659

.. Non disponible

Note : Year ending 31st December.
Data are on accrual basis.

Source : Ministry of Finance.

StatLink https://stat.link/tyilj2

Tableau 5.32. Slovénie : recettes fiscales détaillées, 1965-2021

Million EUR

	1965	1980	1990	2000	2007	2010	2015	2019	2020	2021
Recettes fiscales totales	..	..	..	**7 114**	**13 377**	**13 758**	**14 498**	**18 059**	**17 542**	**19 841**
Recettes fiscales totales excluant les taxes collectés pour le compte de l'UE	..	..	..	**7 114**	**13 292**	**13 698**	**14 430**	**17 989**	**17 470**	**19 750**
1000 Impôts sur revenu, bénéfices et gains en capital	..	..	..	**1 280**	**3 041**	**2 692**	**2 547**	**3 505**	**3 409**	**4 137**
1100 Des personnes physiques	..	..	..	1 041	1 919	2 020	1 977	2 548	2 471	2 843
1110 Sur le revenu et les bénéfices	..	..	..	1 039	1 916	2 017	1 974	2 545	2 469	2 840
Personal income tax	..	..	..	1 039	1 916	2 017	1 974	2 545	2 469	2 840
Special contribution for the reconstruction of the Posocje region	..	..	..	0	0	0	0	0	0	0
1120 Sur les gains en capital	..	..	..	2	3	3	3	3	2	3
Taxes on winnings from lottery and gambling	..	..	..	2	3	3	3	3	2	3
1200 Des sociétés	..	..	..	216	1 116	668	568	954	935	1 291
1210 Sur les bénéfices	..	..	..	216	1 116	668	568	954	935	1 291
1220 Sur les gains en capital	..	..	..	0	0	0	0	0	0	0
1300 Non-ventilables entre 1100 et 1200	..	..	..	24	5	4	2	3	2	3
Tax on income - copy rights, patents and trademarks	..	..	..	24	5	4	2	2	2	3
Tax on profits due to changes in land use	..	..	..	0	0	0	0	0	0	0
2000 Cotisations de sécurité sociale	..	..	..	**2 820**	**5 046**	**5 761**	**5 983**	**7 587**	**7 908**	**8 566**
2100 À la charge des salariés	..	..	..	1 447	2 490	2 785	2 910	3 751	3 895	4 263
2110 Sur la base du salaire	..	..	..	1 447	2 490	2 785	2 910	3 751	3 895	4 263
2120 Sur la base de l'impôt sur les revenus	..	..	..	0	0	0	0	0	0	0
2200 À la charge des employeurs	..	..	..	1 012	1 852	2 070	2 135	2 781	2 865	3 139
2210 Sur la base du salaire	..	..	..	1 012	1 852	2 070	2 135	2 781	2 865	3 139
2220 Sur la base de l'impôt sur les revenus	..	..	..	0	0	0	0	0	0	0
2300 A charge des travailleurs indép. ou sans emploi	..	..	..	361	705	906	938	1 055	1 148	1 164
2310 Sur la base du salaire	..	..	..	361	705	906	938	1 055	1 148	1 164
2320 Sur la base de l'impôt sur les revenus	..	..	..	0	0	0	0	0	0	0
2400 Non-ventilables entre 2100, 2200 et 2300	..	..	..	0	0	0	0	0	0	0
2410 Sur la base du salaire	..	..	..	..	..	..	..	..	..	..
2420 Sur la base de l'impôt sur les revenus	..	..	..	..	..	..	..	..	..	..
3000 Sur salaires ou main d'oeuvre	..	..	..	**289**	**418**	**28**	**20**	**23**	**22**	**24**
Payroll tax	..	..	..	272	391	0	0	0	0	0
Tax on work contracts	..	..	..	18	27	28	20	23	22	24
4000 Impôts sur le patrimoine	..	..	..	**120**	**206**	**222**	**241**	**299**	**295**	**322**
4100 Impôts périodiques sur la propriété immobilière	..	..	..	81	140	173	199	235	237	251
4110 Ménages	..	..	..	17	38	46	56	70	72	74
Property tax on weekend cottages	..	..	..	1	1	1	1	1	1	1
Compensation on the use of building ground - paid by individuals	..	..	..	16	37	45	56	68	71	73
Tax on immovable property of higher value	..	..	..	0	0	0	0	0	0	0
4120 Autres agents	..	..	..	65	102	127	142	165	164	176
Property tax on buildings	..	..	..	2	3	3	4	9	7	7
Compensation on the use of building ground - paid by legal entities	..	..	..	63	100	124	139	156	157	169
4200 Impôts périodiques sur l'actif net	..	..	..	4	0	0	0	0	0	0
4210 Personnes physiques	..	..	..	0	..	..	..	..	..	..
4220 Sociétés	..	..	..	4	..	..	..	..	..	..
Tax on balance wealth paid by banks	..	..	..	4	..	..	..	..	..	..
4300 Impôts sur mut. par décès, succ. et donations	..	..	..	2	9	14	8	16	10	11
4310 Impôts sur mut. par décès et successions	..	..	..	..	..	..	..	..	..	..
4320 Impôts sur les donations	..	..	..	..	..	..	..	..	..	..
4400 Impôts sur transact. mobilières et immob.	..	..	..	23	57	32	29	44	40	54
Taxes on the sale of immovable property - from legal entities	..	..	..	11	19	7	7	9	7	9
Taxes on the sale of immovable property - from individuals	..	..	..	12	38	25	23	36	33	44
4500 Impôts non-périodiques	..	..	..	10	0	2	4	3	8	6
4510 Sur l'actif net	..	..	..	0	..	0	0	0	0	0
4520 Autres non-périodiques	..	..	..	10	..	2	4	3	8	6
Payments for the change of use of agricultural and forest land	..	..	..	10	..	0	2	2	2	4
Granting of easements and the creation of building rights	..	..	..	0	..	2	3	1	6	2
4600 Autres impôts périodiques sur patrimoine	..	..	..	0	0	0	0	0	0	0
Property tax on boats	..	..	..	0	0	0	0	0	0	0
5000 Impôts sur les biens et services	..	..	..	**2 604**	**4 666**	**5 055**	**5 707**	**6 646**	**5 909**	**6 793**
5100 Impôts sur production, vente, transfert, etc.	..	..	..	2 483	4 451	4 840	5 331	6 193	5 469	6 344
5110 Impôts généraux	..	..	..	1 642	2 941	2 929	3 224	3 966	3 554	4 305

	1965	1980	1990	2000	2007	2010	2015	2019	2020	2021
5111 Taxes sur la valeur ajoutée	..	..	..	1 611	2 941	2 929	3 224	3 966	3 554	4 305
Value added tax	..	..	..	1 599	2 923	2 926	3 220	3 962	3 553	4 299
Negative compensation of farmers in a VAT flat rate system	..	..	..	12	18	3	4	3	1	6
5112 Impôts sur les ventes	..	..	..	8	0	0	0	0	0	0
Customs duties paid by individuals	..	..	..	1	..	..	..	..	..	..
Special import duties and customs charges	..	..	..	7	..	..	..	..	..	..
5113 Autres impôts	..	..	..	23	0	0	0	0	0	0
Turnover tax on goods	..	..	..	11	..	..	..	..	..	..
Turnover tax on services	..	..	..	12	..	..	..	..	..	..
Special turnover tax on alcohol	..	..	..	0	..	..	..	..	..	..
5120 Impôts sur biens et services déterminés	..	..	..	841	1 510	1 911	2 107	2 227	1 915	2 039
5121 Accises	..	..	..	581	1 196	1 555	1 626	1 671	1 432	1 515
Alcohol and alcoholic drinks	..	..	..	39	71	89	108	122	112	118
Mineral oil and gas	..	..	..	405	758	1 016	1 033	1 053	852	928
Tobacco	..	..	..	97	301	391	419	419	404	422
Duty free shops - alcohol and alcoholic drinks	..	..	..	3	0	0	0	0	0	0
Duty free shops - tobacco	..	..	..	17	0	0	0	0	0	0
Electric power and coal	..	..	..	0	4	19	34	32	31	32
Tax on the sales of new motor vehicles	..	..	..	18	60	40	26	37	26	14
Tax on the sales of used motor vehicles	..	..	..	2	2	0	0	0	0	0
Additional tax on motor vehicles	..	..	..	0	0	0	6	8	7	0
Support for produced electricity from RES and CHP	..	..	..	0	0	0	0	0	0	0
5122 Bénéfices des monopoles fiscaux	..	..	..	0	0	0	0	0	0	0
5123 Droits de douane et droits à l'importation	..	..	..	158	85	60	53	61	62	82
Import duties	..	..	..	151	0	0	0	0	0	0
Levies on imported agricultural products	..	..	..	7	0	0	0	0	0	0
Custom duties collected for the EU	..	..	..	0	85	60	53	61	62	82
5124 Taxes à l'exportation	..	..	..	0	0	0	0	0	0	0
5125 Impôts sur biens d'équipement	..	..	..	0	0	0	0	0	0	0
5126 Impôts sur services déterminés	..	..	..	102	230	296	428	495	421	443
Tax on special gambling (gambling in casinos)	..	..	..	25	64	53	48	46	26	22
Tax on classical gambling (lottery...)	..	..	..	1	3	3	3	3	3	3
Special tax on slot machines	..	..	..	4	0	0	0	0	0	0
Tax on insurance services	..	..	..	37	65	69	82	101	102	108
Sojourn tax	..	..	..	3	7	7	11	25	15	16
Concessions	..	..	..	1	29	40	79	77	64	66
Concessions duties on special gambling (in casinos)	..	..	..	26	55	47	37	39	23	18
Fire protection tax	..	..	..	4	6	7	8	9	10	10
Tax on lottery tickets	..	..	..	0	0	0	17	20	18	19
Tax on financial services	..	..	..	0	0	0	57	71	67	76
FIHO, FSO	..	..	..	0	0	25	27	26	24	24
SOS	..	..	..	0	0	23	11	12	9	11
Tax on balance wealth paid by banks	..	..	..	0	0	0	2	0	0	0
Commodity reserve fund	..	..	..	0	0	21	32	31	26	29
Deposit guarantee Fund, Single Resolution Fund	..	..	..	0	0	0	16	30	31	35
Promotional tax of STO	..	..	..	0	0	0	0	5	3	4
5127 Autres impôts sur commerce et transact. internat.	..	..	..	0	0	0	0	0	0	0
5128 Autres impôts	..	..	..	0	0	0	0	0	0	0
Sugar levy	..	..	..	..	0	..	..	..	..	..
5130 Non-ventilables entre 5110 et 5120	..	..	..	0	0	0	0	0	0	0
5200 Impôts sur utilisation des biens et exerc. activités	..	..	..	121	215	215	377	453	440	449
5210 Impôts périodiques	..	..	..	121	215	215	353	387	375	384
5211 À la charge des ménages : véhicules à moteur	..	..	..	49	87	86	118	127	128	130
Registration fees on motor vehicles, boats and airplanes paid by individuals	..	..	..	49	87	86	118	127	128	130
5212 À la charge autres agents : véhicules à moteur	..	..	..	12	21	20	27	33	32	33
Registration fees on motor vehicles, boats and airplanes paid by legal entities	..	..	..	12	21	20	27	33	32	33
Registration fees on tractors	..	..	..	0	0	0	0	0	0	0
5213 Autres impôts périodiques	..	..	..	59	107	110	208	228	215	221
Charges on the use of water	..	..	..	4	22	23	32	32	32	31
Taxes on waste pollution	..	..	..	7	10	3	2	1	1	1
Taxes on air pollution - caused by gas and hard fuels	..	..	..	3	8	10	13	15	16	16
Cont. of nuclear power plant to finance its de-composition	..	..	..	16	8	8	8	6	6	6
Indemnity for the restricted use of area on the territory of nuclear power plant	..	..	..	0	7	10	12	6	6	6
Taxes on air pollution	..	..	..	29	21	23	114	127	112	118
Special water tax	..	..	..	0	30	33	27	22	24	23
Markup on toll	..	..	..	0	0	0	0	12	12	13
Transhipment fee in the port of Koper	..	..	..	0	0	0	0	6	6	6

	1965	1980	1990	2000	2007	2010	2015	2019	2020	2021
5220 Impôts non-périodiques	..	..	..	0	0	0	24	66	65	65
Emission permits	..	..	..	..	..	..	24	66	65	65
5300 Non-ventilables entre 5100 et 5200	..	..	..	0	0	0	0	0	0	0
6000 Autres impôts	**..**	**..**	**..**	**0**	**0**	**0**	**0**	**0**	**0**	**0**
6100 À la charge exclusive des entreprises	..	..	..	..	..	..	..	..	..	..
Pour mémoire										
Droits de douane perçus pour le compte de l'UE	..	..	..	..	85	60	53	61	62	82
Contributions au Fonds de résolution unique collectées pour le compte de l'UE	..	..	..	..	..	..	16	9	9	9
Recettes fiscales totales sur la base d'encaissements	**..**	**..**	**..**	**7 135**	**13 140**	**13 605**	**14 560**	**18 127**	**17 507**	**19 817**
Recettes fiscales totales sur la base des droits constatés	**..**	**..**	**..**	**7 114**	**13 377**	**13 758**	**14 498**	**18 059**	**17 542**	**19 841**
Conciliation avec les comptes nationaux										
Impôts additionnels inclus dans les comptes nationaux	..	..	..	..	..	87	94	96	96	97
Radio and television licence fee	..	..	..	..	..	87	94	96	96	97
Impôt exclus des comptes nationaux	..	..	..	..	..	..	..	..	..	..
Différence dans les traitements des crédits d'impôts	..	..	..	0	0	0	0	0	0	0
Transfert en capital des recettes non collectées	..	..	..	-7	-35	-17	-2	-2	-25	-6
Cotisations de sécurité sociale volontaires	..	..	..	0	0	0	0	0	0	0
Différences diverses	..	..	..	0	0	0	0	0	0	0
Comptes nationaux : impôts et cotisations sociales effectives	..	..	..	7 107	13 342	13 828	14 590	18 153	17 613	19 932
Cotisations sociales imputées	..	..	..	39	81	100	118	136	165	180
Comptes nationaux : impôts et toutes les cotisations sociales	..	..	..	7 146	13 423	13 928	14 708	18 290	17 778	20 113

.. Non disponible
Note : Year ending 31st December.
Data are on accrual basis.
Source : Statistical Office of the Republic of Slovenia.

StatLink https://stat.link/yl87be

Tableau 5.33. Espagne : recettes fiscales détaillées, 1965-2021

Million EUR

	1965	1980	1990	2000	2007	2010	2015	2019	2020	2021
Recettes fiscales totales	**1 238**	**22 002**	**103 662**	**214 114**	**391 648**	**335 563**	**364 683**	**431 736**	**412 288**	**461 980**
Recettes fiscales totales excluant les taxes collectés pour le compte de l'UE	..	..	..	**213 067**	**389 927**	**334 019**	**362 175**	**429 062**	**409 786**	**458 973**
1000 Impôts sur revenu, bénéfices et gains en capital	**304**	**5 714**	**31 763**	**60 145**	**130 081**	**93 798**	**102 645**	**123 638**	**119 782**	**137 791**
1100 Des personnes physiques	177	4 481	22 527	41 248	80 719	74 118	78 896	97 956	97 764	105 490
Personal income tax	..	..	22 527	40 366	79 973	73 534	78 586	97 494	97 470	105 113
Income tax of non-residents	..	..	0	882	746	584	310	462	294	377
1110 Sur le revenu et les bénéfices	..	..	..	..	..	..	..	..	..	..
1120 Sur les gains en capital	..	..	..	..	..	..	..	..	..	..
1200 Des sociétés	114	1 119	9 146	18 897	49 362	19 680	23 749	25 682	22 018	32 301
Corporate income tax	..	..	9 146	18 597	47 499	17 567	22 471	23 721	20 752	30 694
Income tax of non-residents (legal persons)	..	..	0	300	1 863	2 113	1 278	1 961	1 266	1 607
1210 Sur les bénéfices	..	..	..	..	..	..	..	..	..	..
Tax on commercial activity	..	..	..	..	..	..	..	..	..	..
Special tax 4 percent	..	..	..	..	..	..	..	..	..	..
Taxes on profits	..	..	..	..	..	..	..	..	..	..
1220 Sur les gains en capital	..	..	..	..	..	..	..	..	..	..
1300 Non-ventilables entre 1100 et 1200	13	114	91	0	0	0	0	0	0	0
Local taxes	13	114	0	..	..	..	..	..	..	..
Other taxes	..	..	..	..	..	..	..	..	..	..
2000 Cotisations de sécurité sociale	**350**	**10 682**	**36 722**	**74 683**	**127 088**	**127 235**	**122 835**	**152 527**	**154 315**	**163 888**
2100 À la charge des salariés	81	2 376	5 976	11 711	19 625	19 423	18 783	23 272	22 229	24 107
2110 Sur la base du salaire	..	..	5 976	11 711	19 625	19 423	18 783	23 272	22 229	24 107
2120 Sur la base de l'impôt sur les revenus	..	..	0	..	..	..	..	..	..	..
2200 À la charge des employeurs	269	8 306	26 385	54 226	93 234	89 666	87 988	112 274	112 444	119 020
2210 Sur la base du salaire	..	..	26 385	54 226	93 234	89 666	87 988	112 274	112 444	119 020
2220 Sur la base de l'impôt sur les revenus	..	..	0	..	..	..	..	..	..	..
2300 A charge des travailleurs indép. ou sans emploi	0	0	4 361	8 746	14 229	18 146	16 064	16 981	19 642	20 761
Self-employment	..	..	2 492	6 788	10 120	10 119	10 872	11 501	11 588	11 586
Unemployment	..	..	1 869	1 958	4 109	8 027	5 192	5 480	8 054	9 175
2310 Sur la base du salaire	..	..	..	..	..	..	..	..	..	..
2320 Sur la base de l'impôt sur les revenus	..	..	..	..	..	..	..	..	..	..
2400 Non-ventilables entre 2100, 2200 et 2300	0	0	0	0	0	0	0	0	0	0
2410 Sur la base du salaire	..	..	..	..	..	..	..	..	..	..
2420 Sur la base de l'impôt sur les revenus	..	..	..	..	..	..	..	..	..	..
3000 Sur salaires ou main d'oeuvre	**0**	**0**	**0**	**0**	**0**	**0**	**0**	**0**	**0**	**0**
4000 Impôts sur le patrimoine	**79**	**1 004**	**5 718**	**13 827**	**32 133**	**22 178**	**27 855**	**30 567**	**27 770**	**33 334**
4100 Impôts périodiques sur la propriété immobilière	6	41	1 478	3 988	7 281	9 666	12 623	13 488	13 267	13 708
Real State tax (IBI)/Real State tax surcharge	..	41	1 478	3 982	7 267	9 657	12 581	13 437	13 186	13 632
Special Real State tax for non-residents	..	0	0	6	6	8	4	2	3	3
Other taxes on property, land or building use	..	0	0	0	3	0	1	0	0	0
4110 Ménages	..	..	..	..	..	..	..	..	..	..
4120 Autres agents	..	..	..	0	5	1	37	49	78	73
Tax on large commercial establishments	..	..	..	..	5	1	37	49	78	73
4200 Impôts périodiques sur l'actif net	0	107	637	1 413	2 479	688	1 904	2 240	2 304	2 353
4210 Personnes physiques	..	107	637	1 413	2 479	688	1 904	2 240	2 304	2 353
Wealth tax	..	..	637	1 199	2 054	104	1 144	1 414	1 496	1 519
Real State tax (unoccupied dwellings) and others	..	..	0	214	425	584	760	826	808	834
4220 Sociétés	..	0	0	0	0	0	0	0	0	0
4300 Impôts sur mut. par décès, succ. et donations	13	90	440	1 379	2 901	2 412	2 790	2 513	2 493	3 537
Inheritance and gift tax	..	..	440	1 379	2 901	2 412	2 790	2 513	2 493	3 537
4310 Impôts sur mut. par décès et successions	..	..	..	..	..	..	..	..	..	..
4320 Impôts sur les donations	..	..	..	..	..	..	..	..	..	..
4400 Impôts sur transact. mobilières et immob.	60	767	2 478	5 939	17 025	7 603	6 984	9 329	7 535	11 108
Taxes on property transactions	60	767	2 478	5 939	17 025	7 603	6 984	9 329	7 535	10 812
Tax on financial transactions	..	..	..	0	0	0	0	0	0	296
4500 Impôts non-périodiques	0	0	646	1 108	2 447	1 809	3 554	2 997	2 171	2 628
4510 Sur l'actif net	..	..	467	0	495	192	1 006	338	316	337
Tax on land holding gains	..	..	467	..	..	..	0	..	..	..
Urban use tax	..	..	..	..	495	192	73	104	82	103
Extraordinary resource of FGD	..	..	..	..	0	0	933	234	234	234
4520 Autres non-périodiques	..	..	179	1 108	1 952	1 617	2 548	2 659	1 855	2 291
Special duties	..	..	179	180	168	129	70	74	59	82
Land development contributions	..	..	0	223	368	225	61	66	47	68
Tax on the increase in value of urban terrains	..	..	0	705	1 416	1 263	2 417	2 519	1 749	2 141
Others	..	..	0	0	0	0	0	0	0	0
Levy on "Revaluation of Reserve Account"	..	..	..	0	0	0	0	0	0	0
4600 Autres impôts périodiques sur patrimoine	0	0	38	0	0	0	0	0	0	0

	1965	1980	1990	2000	2007	2010	2015	2019	2020	2021
5000 Impôts sur les biens et services	**506**	**4 553**	**29 437**	**65 456**	**102 334**	**92 344**	**111 159**	**124 852**	**110 303**	**126 791**
5100 Impôts sur production, vente, transfert, etc.	503	4 552	26 732	59 383	93 814	84 985	102 912	115 125	100 986	116 498
5110 Impôts généraux	275	2 234	16 611	37 800	62 778	55 629	69 478	81 079	70 846	83 882
5111 Taxes sur la valeur ajoutée	0	0	16 304	37 785	62 743	55 318	69 294	80 889	70 669	83 548
Value added tax (VAT)	..	..	16 304	37 045	61 472	54 509	67 913	79 301	69 435	82 250
Canary Islands general indirect tax	..	..	0	740	1 271	809	1 381	1 588	1 234	1 298
5112 Impôts sur les ventes	0	0	0	15	35	311	184	190	177	168
Fees for RTVE (since 2010)	..	..	..	0	0	278	184	190	177	168
Fees from Nat. Commission of Telecomms. Market	..	..	..	15	35	33	0	0	0	0
5113 Autres impôts	275	2 234	307	0	0	0	0	0	0	166
Cascade tax	118	1 483	197	..	..	..	..	..	..	0
Excises on luxury expenditure	96	939	15	..	..	..	..	..	..	0
Other import duties	94	832	128	..	..	..	..	..	..	0
Refund of internal taxes	-33	-1 020	-33	..	..	..	..	..	..	0
Tax on certain digital services	..	..	..	..	..	..	..	..	..	166
5120 Impôts sur biens et services déterminés	228	2 317	10 120	21 583	31 036	29 356	33 434	34 046	30 140	32 616
5121 Accises	69	1 239	6 048	17 952	25 581	24 384	25 908	26 301	23 181	24 281
Special excises	69	1 239	10	0	0	0	0	0	0	0
On beer	0	0	87	202	307	302	316	352	330	337
On wine	0	0	0	0	0	0	0	0	0	0
On alcohol	0	0	481	785	1 008	876	843	874	673	730
On hydrocarbon	0	0	4 222	9 977	11 787	10 907	12 465	13 719	11 471	12 833
On tobacco	0	0	1 123	4 507	7 258	7 976	7 213	7 101	6 828	6 701
On electricity bills	0	0	0	703	1 153	1 483	1 458	1 460	1 309	1 141
On carbon	0	0	0	0	0	0	308	139	41	29
Tax on retail sales of specific hydrocarbons	0	0	0	0	1 356	1 238	7	1	0	0
Tax on oil derived fuels	0	0	120	237	253	220	314	332	254	289
Petrol tax	0	0	0	6	5	5	22	23	19	24
Production and storage of electricity	0	0	0	0	0	0	1 576	718	1 146	1 108
Tax Greenhouse Effect Flourinated	0	0	0	0	0	0	99	81	67	65
Other taxes	0	0	5	17	21	18	22	22	20	22
Canary Islands taxes on national products	0	0	0	51	86	71	85	84	86	116
Taxes on national products in Ceuta and Melilla	0	0	0	108	110	105	115	113	81	73
Fees from the National Energy Commission	0	0	0	13	27	35	0	0	0	0
Contribution to the National Energy Efficiency Fund	0	0	0	0	0	366	207	201	206	207
Special tax on certain means of transport	0	0	0	1 317	2 158	735	358	697	446	544
Fee for use of continental waters for electricity production	0	0	0	0	0	0	453	317	154	0
Special duties and other taxes on imported products	0	0	0	29	52	47	47	33	21	32
Other taxes on products	0	0	0	0	0	0	0	34	29	30
5122 Bénéfices des monopoles fiscaux	66	132	546	0	0	0	0	0	0	0
Tobacco	21	77	0	..	..	..	..	..	..	..
Petroleum	45	55	546	..	..	..	..	..	..	..
5123 Droits de douane et droits à l'importation	87	561	2 078	1 044	1 816	1 593	1 899	2 063	1 742	2 126
Import duties	87	561	1 394	0	0	0	0	0	0	0
Tax on Imports of Goods in the Canary Islands	0	0	137	33	51	44	53	54	55	73
Tax on Imports in Ceuta and Melilla	0	0	36	41	42	40	43	43	31	28
Customs duties collected for the EU	..	..	511	970	1 723	1 509	1 803	1 966	1 656	2 025
5124 Taxes à l'exportation	0	0	0	..	..	..	..	..	..	..
5125 Impôts sur biens d'équipement	0	0	0	0	0	0	0	0	0	0
5126 Impôts sur services déterminés	7	385	1 427	2 497	3 633	3 166	5 408	5 461	4 999	5 963
Taxes on betting and gambling	0	232	1 307	1 649	2 051	1 635	1 164	1 361	816	994
Taxes on other specific services	6	153	120	0	0	0	0	0	0	0
Taxes on insurance premiums	0	0	0	848	1 581	1 531	1 446	1 714	1 704	2 247
Tax on deposits of credit institution	0	0	0	0	1	0	421	381	406	438
Ordinary resource DGF	0	0	0	0	0	0	1 644	1 101	1 161	1 257
Tourist tax	0	0	0	0	0	0	43	196	66	45
EU SRF contribution	..	..	..	0	0	0	690	708	846	982
5127 Autres impôts sur commerce et transact. internat.	0	0	0	0	0	0	0	0	0	0
5128 Autres impôts	0	0	22	90	6	213	219	221	218	246
EU levies	..	..	22	77	-2	35	15	0	0	0
Others	..	..	0	13	8	9	37	69	66	99
Resource CORES	..	..	0	0	0	169	167	152	152	147
5130 Non-ventilables entre 5110 et 5120	0	0	0	0	0	0	0	0	0	0
5200 Impôts sur utilisation des biens et exerc. activités	3	1	2 633	6 073	8 520	7 359	8 247	9 727	9 317	10 293
5210 Impôts périodiques	3	1	1 616	4 306	5 311	5 782	6 420	6 861	6 503	6 766
Other taxes on luxury expenses	..	..	..	2	7	4	3	3	3	3
5211 À la charge des ménages : véhicules à moteur	..	0	461	1 117	1 626	1 770	1 725	1 775	1 712	1 755
Car registration tax	..	..	461	1 117	1 626	1 770	1 725	1 775	1 712	1 755
5212 À la charge autres agents : véhicules à moteur	..	0	117	298	502	498	470	491	473	485
Car registration tax	..	..	117	298	502	498	470	491	473	485

	1965	1980	1990	2000	2007	2010	2015	2019	2020	2021
5213 Autres impôts périodiques	..	1	1 038	2 889	3 176	3 510	4 222	4 592	4 315	4 523
Hunting and fishing taxes	..	..	0	28	28	34	30	27	27	28
Economic activity tax	..	..	925	1 934	1 633	1 785	1 794	1 890	1 855	1 962
Advertising	..	..	27	0	0	0	0	0	0	0
Taxes on environment and pollution	..	..	0	42	91	141	563	673	663	777
Tax on effluent, use of hydrocarbon and mines	..	..	0	51	83	67	184	194	193	174
Other fees paid by households for licences	..	..	0	179	264	228	245	328	280	322
Compensation for local taxes	..	..	86	140	176	165	118	130	126	121
Vehicle inspection duty	..	..	0	6	18	17	19	13	14	17
Municipal fees for private use of public space	..	..	0	509	883	1 073	1 269	1 337	1 157	1 122
5220 Impôts non-périodiques	0	0	1 017	1 767	3 209	1 577	1 827	2 866	2 814	3 527
Tax and building permits	..	..	327	1 117	2 227	859	575	1 108	892	1 120
Urban licenses	..	..	0	451	490	260	200	333	274	327
Greenhouse gas emission trading	..	..	0	0	0	0	412	1 015	1 264	1 656
Parafiscal taxes	..	..	690	199	492	458	640	410	384	424
5300 Non-ventilables entre 5100 et 5200	0	0	72	0	0	0	0	0	0	0
6000 Autres impôts	**0**	**49**	**22**	**3**	**12**	**8**	**189**	**152**	**118**	**176**
6100 À la charge exclusive des entreprises	..	49	0	0	0	0	0	0	0	0
6200 À la charge d'autres agents	..	0	22	3	12	8	189	152	118	176
Other taxes on production	..	..	..	3	12	8	189	152	118	176
Pour mémoire										
Droits de douane perçus pour le compte de l'UE	..	..	..	970	1 723	1 509	1 803	1 966	1 656	2 025
Contributions au Fonds de résolution unique collectées pour le compte de l'UE	..	..	..	..	..	..	690	708	846	982
Crédits d'impôts récupérables										
Crédits d'impôts récupérables contre 1110	..	..	..	..	1 323	1 897	1 093	2 338	2 822	2 704
Composante fiscale	..	..	..	..	522	729	546	1 077	1 196	1 146
Composante transfert	..	..	..	..	801	1 168	547	1 261	1 626	1 558
Crédits d'impôts récupérables contre 1210	..	..	..	..	0	0	46	177	296	1 417
Composante fiscale	..	..	..	..	..	..	12	39	47	38
Composante transfert	..	..	..	..	..	..	34	138	249	1 379
Recettes fiscales totales sur la base d'encaissements	**1 238**	**22 002**	**103 662**	**212 669**	**388 829**	**333 697**	**360 947**	**429 621**	**398 682**	**450 955**
Recettes fiscales totales sur la base des droits constatés	**..**	**..**	**..**	**214 114**	**391 648**	**335 563**	**364 683**	**431 736**	**412 288**	**461 980**
Conciliation avec les comptes nationaux										
Impôts additionnels inclus dans les comptes nationaux	..	..	..	0	0	0	0	0	0	0
Impôt exclus des comptes nationaux	..	..	..	0	0	0	0	0	0	0
Différence dans les traitements des crédits d'impôts	..	..	..	0	522	729	558	1 116	1 243	1 184
Transfert en capital des recettes non collectées	..	..	..	0	0	0	0	0	0	0
Cotisations de sécurité sociale volontaires	..	..	..	447	937	1 155	1 170	987	891	931
Différences diverses	..	..	..	0	0	0	0	0	0	0
Comptes nationaux : impôts et cotisations sociales effectives	..	..	..	214 561	393 107	337 447	366 411	433 839	414 422	464 095
Cotisations sociales imputées	..	..	..	5 379	7 618	8 585	7 503	7 142	6 985	6 842
Comptes nationaux : impôts et toutes les cotisations sociales	..	..	..	219 940	400 725	346 032	373 914	440 981	421 407	470 937

.. Non disponible

Note : Year ending 31st December.

From 1995, data are on accrual basis.

Since 1995, the data are consistent with those transmitted to Eurostat in the framework of Government Finance Statistics (ESA).

From 1981 the figures take into account the classification procedures set out in the OECD Interpretative Guide. Consequently, they are not completely comparable with the figures for earlier years though the amounts involved are quite small.

Heading 2300: Contributions paid by self-employed were shown under heading 2100 until 1982.

Source : Information from the Ministry of Finance for taxes and from Social Security System for social security contributions up to 1994. Since 1995 (accrual basis), national account data (IGAE-Ministry of Finance)

StatLink https://stat.link/mk54ei

Tableau 5.34. Suède : recettes fiscales détaillées, 1965-2021

Million SEK

	1965	1980	1990	2000	2007	2010	2015	2019	2020	2021
Recettes fiscales totales	**40 003**	**259 216**	**755 953**	**1 204 794**	**1 491 190**	**1 532 259**	**1 816 204**	**2 162 928**	**2 138 161**	**2 340 867**
Recettes fiscales totales excluant les taxes collectés pour le compte de l'UE	..	..	**755 953**	**1 200 999**	**1 485 306**	**1 526 585**	**1 809 928**	**2 156 063**	**2 131 950**	**2 333 529**
1000 Impôts sur revenu, bénéfices et gains en capital	**21 956**	**112 730**	**314 797**	**514 729**	**580 372**	**546 696**	**657 539**	**772 120**	**768 423**	**862 758**
1100 Des personnes physiques	19 500	106 376	291 146	426 956	464 435	430 896	533 660	620 161	619 939	680 488
1110 Sur le revenu et les bénéfices	19 390	105 866	289 598	392 532	414 728	396 353	464 596	550 584	553 964	571 572
Coupon tax	9	44	233	2 040	6 306	3 047	4 615	7 216	3 545	9 355
Duties on foreign artists	4	3	3	50	86	89	2	0	0	0
National income tax individual	8 676	31 682	70 755	66 850	44 326	42 595	52 480	57 083	52 716	51 534
Local income tax individual	9 294	78 134	220 072	336 304	479 068	522 850	635 719	748 197	766 082	806 447
Tax reduction individual	0	-3 997	-1 465	-18 872	-122 029	-179 890	-236 613	-271 871	-278 728	-305 764
Public service tax	..	..	0	5 061	6 674	6 981	7 759	9 028	9 369	9 149
Other	1 407	0	0	1 098	296	681	635	931	981	852
1120 Sur les gains en capital	110	510	1 548	34 425	49 707	34 543	69 064	69 577	65 975	108 916
Lottery prize tax	110	510	1 548	60	0	0	0	0	0	0
1200 Des sociétés	2 456	6 354	23 651	87 772	115 937	115 800	123 878	151 959	148 484	182 270
1210 Sur les bénéfices	2 456	6 354	23 651	87 772	115 937	115 800	123 878	151 959	148 484	182 270
Tax on profits not distributed	1	10	3	0	0	0	0	0	0	0
National income tax b.c. list	1 425	2 078	19 774	74 501	103 150	103 944	115 507	146 651	142 841	175 545
Local income tax b.c. list	1 030	4 266	0	0	0	0	0	0	0	0
Special tax on profits	0	0	3 874	0	0	0	0	0	0	0
Taxes on pension insurance savings	0	0	0	13 271	12 787	11 856	8 371	5 308	5 644	6 724
1220 Sur les gains en capital	0	0	0	0	0	0	0	0	0	0
1300 Non-ventilables entre 1100 et 1200	0	0	0	0	0	0	0	0	0	0
2000 Cotisations de sécurité sociale	**4 851**	**74 647**	**205 867**	**306 974**	**388 505**	**384 668**	**404 851**	**462 860**	**455 396**	**489 876**
2100 À la charge des salariés	743	254	823	63 074	81 088	89 175	108 356	128 161	131 044	137 337
Health insurance fees	743	9	5	0	0	0	0	0	0	0
Unemployment insurance fees	0	245	818	0	0	0	0	0	0	0
Pension fees	0	0	0	63 074	81 088	89 175	108 356	128 161	131 044	137 337
2110 Sur la base du salaire	..	..	..	63 074	81 088	89 175	108 356	128 161	131 044	137 337
2120 Sur la base de l'impôt sur les revenus	..	..	..	0	0	0	0	0	0	0
2200 À la charge des employeurs	3 568	71 602	196 905	237 576	300 010	288 310	291 646	331 065	321 621	348 647
Survivors pension fees	0	20 343	44 181	14 847	19 611	20 362	17 305	11 159	10 493	11 636
Health insurance fees	717	26 005	58 334	74 097	100 979	71 292	64 332	66 015	62 066	68 834
Unemployment insurance fees	0	0	0	0	0	0	0	0	0	0
Labour market fees	0	982	12 516	45 975	48 471	55 443	37 926	47 682	44 078	48 300
Industrial injury insurance fees	132	1 201	4 663	12 030	7 844	8 146	4 431	3 718	3 496	3 878
Seamen's pension fees	0	10	26	30	0	0	0	0	0	0
Part pension fees	0	1 119	2 897	0	0	0	0	0	0	0
Supplementary pension fees	2 719	21 458	73 129	71 384	97 748	106 712	129 204	154 165	156 039	165 587
Parent insurance fees	0	484	1 159	19 215	25 356	26 355	38 448	48 326	45 449	50 411
2210 Sur la base du salaire	..	..	..	237 576	300 010	288 310	291 646	331 065	321 621	348 647
2220 Sur la base de l'impôt sur les revenus	..	..	..	0	0	0	0	0	0	0
2300 A charge des travailleurs indép. ou sans emploi	540	2 791	8 139	5 569	8 391	7 584	5 058	4 297	4 100	4 560
Survivors pension fees	0	943	1 580	451	662	687	443	158	91	167
Health insurance fees	260	992	1 702	1 988	3 297	2 082	256	152	59	184
Industrial injury insurance fees	0	64	191	365	264	275	84	51	29	54
Parent insurance fees	0	58	106	573	856	888	603	518	279	568
Supplementary pension fees	280	734	4 560	2 192	3 312	3 652	3 672	3 420	3 641	3 587
Reduction	0	0	0	0	0	0	0	0	0	0
2310 Sur la base du salaire	..	..	..	5 569	8 391	7 584	5 058	4 297	4 100	4 560
2320 Sur la base de l'impôt sur les revenus	..	..	..	0	0	0	0	0	0	0
2400 Non-ventilables entre 2100, 2200 et 2300	0	0	0	756	-984	-401	-209	-662	-1 368	-670
2410 Sur la base du salaire	..	..	..	756	-984	-401	-209	-662	-1 368	-670
2420 Sur la base de l'impôt sur les revenus	..	..	..	0	0	0	0	0	0	0
3000 Sur salaires ou main d'oeuvre	**13**	**6 759**	**18 686**	**50 106**	**83 279**	**107 515**	**194 121**	**268 832**	**255 891**	**280 766**
Special wage tax	0	61	0	22 391	30 225	33 090	40 283	49 367	50 836	51 865
Child care fees	0	4 740	13 080	0	0	0	0	0	0	0
Adult education fees	0	614	1 555	0	0	0	0	0	0	0
Building research fees	13	105	0	0	0	0	0	0	0	0
Labour welfare fees	0	257	2 033	0	0	0	0	0	0	0
Labour education fees	0	982	0	0	0	0	0	0	0	0
Labour market fees	0	0	0	112	156	219	-1	1	0	1
General wage fees	0	0	2 018	27 603	52 898	74 207	153 839	219 464	205 054	228 899
4000 Impôts sur le patrimoine	**712**	**2 424**	**26 630**	**39 890**	**36 228**	**36 509**	**43 852**	**47 265**	**47 892**	**52 203**
4100 Impôts périodiques sur la propriété immobilière	10	16	8 946	23 286	25 899	26 402	32 444	34 391	34 569	36 098
4110 Ménages	0	0	3 877	13 321	13 474	11 666	13 320	15 387	15 966	17 117
Special tax on real estate	..	..	3 877	13 321	13 474	11 666	13 320	15 387	15 966	17 117

	1965	1980	1990	2000	2007	2010	2015	2019	2020	2021
4120 Autres agents	10	16	5 069	9 965	12 424	14 736	19 124	19 003	18 602	18 980
Forestry levy	10	16	423	22	34	18	19	9	11	14
Special tax on real estate	0	0	4 646	9 943	12 390	14 718	19 105	18 995	18 591	18 966
4200 Impôts périodiques sur l'actif net	366	717	3 200	8 223	0	0	0	0	0	0
4210 Personnes physiques	361	702	3 135	8 043	..	..	..	..	..	..
4220 Sociétés	5	15	65	180	..	..	..	..	..	..
4300 Impôts sur mut. par décès, succ. et donations	155	545	1 433	2 549	23	9	0	0	0	0
4310 Impôts sur mut. par décès et successions	143	495	1 118	2 088	15	9	0	..	..	..
4320 Impôts sur les donations	12	50	315	460	8	0	0	..	..	..
4400 Impôts sur transact. mobilières et immob.	181	1 146	13 051	5 833	10 305	10 097	11 408	12 874	13 323	16 106
Taxes on financial and capital transactions	181	1 146	6 946	4 878	9 414	8 968	10 895	12 276	12 721	15 525
Turnover tax on securities	0	0	6 105	0	0	0	0	0	0	0
Tax on life group insurances	0	0	0	955	891	1 129	513	598	602	581
4500 Impôts non-périodiques	0	0	0	0	0	0	0	0	0	0
4510 Sur l'actif net	..	..	..	..	..	..	..	..	..	..
4520 Autres non-périodiques	..	..	..	..	..	..	..	..	..	..
4600 Autres impôts périodiques sur patrimoine	0	0	0	0	0	0	0	0	0	0
5000 Impôts sur les biens et services	**12 471**	**62 234**	**188 709**	**291 615**	**401 038**	**455 450**	**514 485**	**610 185**	**608 185**	**652 648**
5100 Impôts sur production, vente, transfert, etc.	11 808	58 474	181 587	284 182	387 956	439 050	495 733	589 535	586 604	630 099
5110 Impôts généraux	4 147	34 643	112 399	199 606	286 211	326 685	383 002	459 825	461 267	499 497
5111 Taxes sur la valeur ajoutée	0	34 643	112 399	197 483	282 586	322 603	379 120	459 699	461 138	499 360
5112 Impôts sur les ventes	4 147	0	0	0	0	0	0	0	0	0
5113 Autres impôts	0	0	0	2 123	3 625	4 082	3 882	126	129	137
5120 Impôts sur biens et services déterminés	7 661	23 831	69 188	84 576	101 745	112 365	112 731	129 710	125 337	130 602
5121 Accises	5 953	19 941	55 332	70 313	84 873	91 470	91 572	104 451	105 144	108 483
Taxes on petrol and fuel	1 420	4 229	17 171	39 011	44 501	47 426	44 906	48 718	45 847	48 533
Special sales tax	390	585	1 098	0	0	0	0	0	0	0
Sales tax on motor vehicles	325	553	1 983	195	3	0	0	0	0	0
Tobacco tax	1 150	3 087	5 636	7 747	9 742	10 588	11 825	11 892	11 912	11 907
Tax on spirits	1 548	4 431	6 205	4 902	4 250	4 324	4 208	4 532	5 250	5 609
Tax on wine	149	930	2 922	3 567	4 001	4 589	5 654	6 143	6 552	6 635
Tax on beer and soft drinks	242	964	2 532	2 355	2 773	3 219	3 895	4 313	4 477	4 546
Tax on energy consumption	729	5 162	16 352	11 451	18 994	21 035	20 787	27 130	28 796	28 335
Taxes on electricity from certain sources	0	0	1 018	0	0	0	0	0	0	0
Tax on wastes	0	0	0	1 085	609	289	297	252	681	1 165
Tax on cassette tapes	0	0	194	0	0	0	0	0	0	0
Tax on video recorders	0	0	221	0	0	0	0	0	0	0
Tax on chemicals	0	0	0	0	0	0	0	1 469	1 629	1 753
5122 Bénéfices des monopoles fiscaux	72	204	332	3 641	3 952	5 068	5 001	1 817	2 094	3 276
Alcohol monopoly wholesale	23	116	98	0	0	0	0	0	0	0
Alcohol monopoly retailing	49	88	234	80	296	302	198	240	471	376
Gaming monopoly retailing	0	0	0	3 561	3 657	4 766	4 803	1 577	1 623	2 900
5123 Droits de douane et droits à l'importation	1 419	2 433	8 308	3 450	5 099	5 412	6 243	6 865	6 212	7 339
Customs	1 080	1 300	3 115	3 450	5 099	5 412	6 243	6 865	6 212	7 339
Agricultural levies	339	1 133	5 193	0	0	0	0	0	0	0
5124 Taxes à l'exportation	0	0	0	0	0	0	0	0	0	0
5125 Impôts sur biens d'équipement	0	0	40	0	0	0	0	0	0	0
Investment tax	..	..	40	..	..	..	..	..	..	..
5126 Impôts sur services déterminés	217	1 253	5 176	5 834	3 361	4 712	7 120	13 730	10 215	10 579
Betting tax	79	223	616	0	0	0	0	0	0	0
Advertisement tax	0	202	1 073	1 116	657	335	200	151	114	103
Tax on gambling	0	69	88	1 245	1 315	1 378	1 353	3 801	3 777	4 028
Other specific services	138	656	2 938	3 473	1 388	2 999	5 567	7 993	5 829	5 984
Tax on charter travelling	0	103	461	0	0	0	0	0	0	0
Tax on air travel	..	..	0	0	0	0	0	1 785	495	465
5127 Autres impôts sur commerce et transact. internat.	0	0	0	0	0	0	0	0	0	0
5128 Autres impôts	0	0	0	1 339	4 460	5 702	2 795	2 847	1 672	925
5130 Non-ventilables entre 5110 et 5120	0	0	0	0	0	0	0	0	0	0
5200 Impôts sur utilisation des biens et exerc. activités	663	3 760	7 122	7 433	13 083	16 400	18 752	20 650	21 581	22 549
5210 Impôts périodiques	663	3 760	7 122	7 433	13 083	16 400	18 752	20 650	21 581	22 549
5211 À la charge des ménages : véhicules à moteur	336	1 241	2 003	4 969	7 414	8 550	10 897	10 067	10 342	10 815
5212 À la charge autres agents : véhicules à moteur	313	2 476	5 055	2 464	5 669	7 850	7 855	10 584	11 239	11 735
5213 Autres impôts périodiques	14	43	64	0	0	0	0	0	0	0
5220 Impôts non-périodiques	0	0	0	0	0	0	0	0	0	0
5300 Non-ventilables entre 5100 et 5200	0	0	0	0	0	0	0	0	0	0
6000 Autres impôts	**0**	**422**	**1 264**	**1 479**	**1 768**	**1 421**	**1 356**	**1 665**	**2 374**	**2 617**
6100 À la charge exclusive des entreprises	..	0	0	0	0	0	0	0	0	0
6200 À la charge d'autres agents	..	422	1 264	1 479	1 768	1 421	1 356	1 665	2 374	2 617
Pour mémoire										
Droits de douane perçus pour le compte de l'UE	..	..	..	3 450	5 099	5 412	6 243	6 865	6 212	7 339
Recettes fiscales totales sur la base d'encaissements	**40 003**	**259 216**	**755 953**	**1 144 233**	**1 465 382**	**1 496 374**	**1 762 187**	**0**	**0**	**0**

	1965	1980	1990	2000	2007	2010	2015	2019	2020	2021
Recettes fiscales totales sur la base des droits constatés	..	..	..	**1 204 794**	**1 491 190**	**1 532 259**	**1 816 204**	**2 162 928**	**2 138 161**	**2 340 867**
Conciliation avec les comptes nationaux										
Impôts additionnels inclus dans les comptes nationaux	..	..	..	0	0	0	0	0	0	0
Impôt exclus des comptes nationaux	..	..	..	0	0	0	0	0	0	0
Différence dans les traitements des crédits d'impôts	..	..	..	0	0	0	0	0	0	0
Transfert en capital des recettes non collectées	..	..	..	0	0	0	0	0	0	0
Cotisations de sécurité sociale volontaires	..	..	..	7 951	12 376	13 167	16 726	24 966	24 731	25 886
Différences diverses	..	..	..	0	0	0	0	0	0	0
Comptes nationaux : impôts et cotisations sociales effectives	..	..	..	1 212 745	1 503 566	1 545 426	1 832 930	2 187 894	2 162 892	2 366 753
Cotisations sociales imputées	..	..	..	0	0	0	0	0	0	0
Comptes nationaux : impôts et toutes les cotisations sociales	..	..	..	1 212 745	1 503 566	1 545 426	1 832 930	2 187 894	2 162 892	2 366 753

.. Non disponible

Note : Year ending 31st December.

From 2000 data are on accrual basis.

Figures prior to 1970 are not strictly comparable with those of later years, though the amounts involved are insignificant.

Heading 1000: Receipts are on accrual and not on a cash basis for all years.

Source : National Financial Management Authority, Stockholm.

StatLink https://stat.link/s8zn97

Tableau 5.35. Suisse : recettes fiscales détaillées, 1965-2021

Million CHF

	1965	1980	1990	2000	2007	2010	2015	2019	2020	2021
Recettes fiscales totales	**11 237**	**46 385**	**85 774**	**128 205**	**151 404**	**162 356**	**181 128**	**199 354**	**195 260**	**209 311**
1000 Impôts sur revenu, bénéfices et gains en capital	**4 616**	**21 022**	**40 203**	**56 411**	**69 790**	**74 439**	**84 362**	**96 240**	**90 452**	**100 037**
1100 Des personnes physiques	3 748	18 056	27 824	37 948	47 994	51 835	56 375	61 355	62 876	63 762
1110 Sur le revenu et les bénéfices	3 547	17 622	27 824	37 948	47 994	51 835	56 375	61 355	62 876	63 762
Impôt fédéral direct	245	2 525	4 432	5 713	8 589	9 880	10 394	11 483	12 054	12 693
Taxe d'exemption service militaire	35	103	135	163	138	155	173	168	185	182
Impôt cantonal personnes physiques	1 473	7 510	12 856	17 592	23 094	24 957	27 156	29 677	30 284	30 251
Impôt communal personnes physiques	1 322	6 235	10 402	14 481	16 174	16 844	18 651	20 026	20 353	20 636
Impôt anticipé	358	1 249	0	0	0	0	0	0	0	0
Coupons	114	0	0	0	0	0	0	0	0	0
1120 Sur les gains en capital	201	434	0	0	0	0	0	0	0	0
Impôt cantonal personnes physiques	84	229	..	..	..	..	..	..	..	..
Impôt communal personnes physiques	112	190	..	..	..	..	..	..	..	..
Impôt fédéral direct	5	15	..	..	..	..	..	..	..	..
1200 Des sociétés	868	2 966	6 300	11 323	16 161	16 378	19 432	22 301	21 485	22 876
1210 Sur les bénéfices	801	2 818	6 300	11 323	16 161	16 378	19 432	22 301	21 485	22 876
Impôt fédéral direct	153	781	2 214	4 928	6 800	8 006	9 731	11 785	12 092	12 701
Impôt cantonal personnes morales	363	1 230	2 576	3 989	6 098	5 445	6 294	6 900	6 127	6 585
Impôt communal personnes morales	285	807	1 510	2 406	3 263	2 927	3 407	3 616	3 267	3 590
Impôt anticipé	0	0	0	0	0	0	0	0	0	0
1220 Sur les gains en capital	67	148	..	..	..	..	..	..	..	..
Impôt sur gains personnes morales	2	7	..	..	..	..	..	..	..	..
Impôt cantonal personnes morales	28	77	..	..	..	..	..	..	..	..
Impôt communal personnes morales	37	64	..	..	..	..	..	..	..	..
1300 Non-ventilables entre 1100 et 1200	0	0	6 079	7 140	5 635	6 226	8 556	12 585	6 091	13 399
Impôt anticipé	..	..	4 044	6 202	4 211	4 723	6 543	9 842	3 316	10 000
Impôt sur les gains immobiliers	..	..	2 035	938	1 424	1 502	2 013	2 743	2 775	3 399
Autre	..	..	0	0	0	0	0	0	0	0
2000 Cotisations de sécurité sociale	**1 670**	**10 844**	**19 952**	**30 961**	**34 974**	**38 385**	**44 285**	**47 233**	**49 056**	**50 655**
2100 À la charge des salariés	716	4 833	9 341	14 491	16 369	17 581	20 542	22 031	23 753	24 103
2110 Sur la base du salaire	716	4 833	9 341	14 491	16 369	17 581	20 542	22 031	23 753	24 103
2120 Sur la base de l'impôt sur les revenus	0	0	..	..	..	..	..	..	..	..
2200 À la charge des employeurs	747	4 897	9 350	14 504	16 383	17 608	20 574	22 072	22 044	23 253
2210 Sur la base du salaire	747	4 897	9 350	14 504	16 383	17 608	20 574	22 072	22 044	23 253
2220 Sur la base de l'impôt sur les revenus	0	0	..	..	..	..	..	..	..	..
2300 A charge des travailleurs indép. ou sans emploi	208	1 046	1 261	1 967	2 222	3 197	3 169	3 131	3 260	3 299
2310 Sur la base du salaire	209	1 046	1 261	1 967	2 222	3 197	3 169	3 131	3 260	3 299
2320 Sur la base de l'impôt sur les revenus	0	0	..	..	..	..	..	..	..	..
2400 Non-ventilables entre 2100, 2200 et 2300	0	68	0	0	0	0	0	0	0	0
2410 Sur la base du salaire	..	68	..	..	..	..	..	..	..	..
2420 Sur la base de l'impôt sur les revenus	..	0	..	..	..	..	..	..	..	..
3000 Sur salaires ou main d'oeuvre	**0**	**0**	**0**	**0**	**0**	**0**	**0**	**0**	**0**	**0**
4000 Impôts sur le patrimoine	**1 108**	**3 830**	**7 586**	**12 333**	**12 223**	**12 402**	**13 140**	**15 230**	**15 744**	**16 664**
4100 Impôts périodiques sur la propriété immobilière	78	304	447	735	895	968	1 138	1 290	1 341	1 414
4110 Ménages	78	304	447	735	895	968	1 138	1 290	1 341	1 414
Impôt sur immeubles canton	20	71	125	187	265	286	349	395	392	435
Impôt sur immeubles commune	58	233	322	548	630	682	789	895	949	979
4120 Autres agents	0	0	..	..	..	..	..	..	..	..
4200 Impôts périodiques sur l'actif net	692	2 201	3 382	5 254	7 002	7 105	8 096	9 938	9 950	10 299
4210 Personnes physiques	420	1 383	2 194	3 972	5 309	5 576	6 606	7 932	8 246	8 703
Impôt fortune canton	206	739	1 232	2 241	3 145	3 324	4 044	4 855	5 081	5 292
Impôt fortune commune	214	644	962	1 731	2 164	2 252	2 562	3 076	3 165	3 411
4220 Sociétés	272	818	1 188	1 282	1 693	1 529	1 490	2 006	1 704	1 596
Impôt capital fédéral direct	21	92	0	0	0	0	0	0	0	0
Impôt capital canton	142	436	760	821	1 107	969	947	1 325	1 090	985
Impôt capital commune	109	290	428	461	586	561	542	681	614	611
4300 Impôts sur mut. par décès, succ. et donations	142	393	896	1 215	869	974	1 088	1 234	1 272	1 366
4310 Impôts sur mut. par décès et successions	142	393	896	1 215	869	974	1 088	1 234	1 272	1 366
Impôt successions cantons	128	361	820	1 118	774	886	964	1 065	1 128	1 195
Impôt successions commune	14	32	76	97	96	88	124	169	144	171
4320 Impôts sur les donations	0	0	..	..	..	..	..	..	..	..
4400 Impôts sur transact. mobilières et immob.	196	932	2 245	4 342	2 562	2 428	1 902	1 701	1 992	2 209
Impôt mutations canton	48	245	115	144	182	182	177	207	233	265
Impôt mutations commune	21	103	39	52	42	50	52	60	64	79
Emissions de titres	99	175	0	0	405	779	360	173	179	272
Négociation de titres	19	409	0	0	1 933	1 417	1 314	1 262	1 516	1 594
Effets de change	9	0	0	0	0	0	0	0	0	0
Emissions et négociation de titres	0	0	2 091	4 146	0	0	0	0	0	0

	1965	1980	1990	2000	2007	2010	2015	2019	2020	2021
4500 Impôts non-périodiques	0	0	0	0	0	0	0	0	0	0
4510 Sur l'actif net	..	..	..	..	..	..	..	..	..	..
4520 Autres non-périodiques	..	..	..	..	..	..	..	..	..	..
4600 Autres impôts périodiques sur patrimoine	0	0	616	786	895	927	915	1 067	1 189	1 375
5000 Impôts sur les biens et services	**3 843**	**10 689**	**17 894**	**28 285**	**34 168**	**36 539**	**38 542**	**39 636**	**38 958**	**40 897**
5100 Impôts sur production, vente, transfert, etc.	3 582	9 863	15 975	25 302	30 669	32 264	33 771	34 327	33 544	35 527
5110 Impôts généraux	1 191	4 772	9 871	16 917	19 962	21 035	22 791	22 915	22 435	23 869
5111 Taxes sur la valeur ajoutée	0	0	9 871	16 594	19 604	20 662	22 397	22 508	22 104	23 553
5112 Impôts sur les ventes	1 191	4 772	0	323	358	373	393	407	331	316
Impôt sur les automobiles	..	..	..	323	358	373	393	407	331	316
Autres impôt sur les ventes	..	..	..	0	0	0	0	0	0	0
5113 Autres impôts	0	0	..	..	..	..	..	..	..	..
5120 Impôts sur biens et services déterminés	2 391	5 091	6 058	8 337	10 663	11 191	10 912	11 307	11 016	11 559
5121 Accises	1 016	3 427	4 604	6 810	7 805	8 295	8 056	8 353	8 049	8 462
Impôt sur bière	26	33	0	0	107	112	114	117	110	107
Impôt sur tabac	190	634	15	32	2 247	2 417	2 255	2 095	2 158	2 204
Supplément de prix autres	104	542	1 503	1 783	3	0	3	3	3	3
Droits carburants	467	955	1 334	2 975	3 076	3 110	2 864	2 746	2 543	2 727
Droits supplémentaires carburants	229	1 263	1 753	2 020	2 071	2 082	1 905	1 821	1 683	1 811
Taxes routières	0	0	0	0	0	0	0	0	0	0
Impôt sur les huiles minérales grèvant les combustibles	0	0	0	0	20	20	19	17	17	16
Impôt sur les automobiles	0	0	0	0	0	0	0	0	0	0
Impôt boissons distillées	0	0	0	1	281	296	279	275	290	305
Taxe sur la consommation d'électricité	0	0	0	0	0	259	617	1 281	1 245	1 288
5122 Bénéfices des monopoles fiscaux	158	472	..	..	..	..	..	..	..	..
Monopole d'alcool	111	354	..	..	..	..	..	..	..	..
Régale des sels	16	25	..	..	..	..	..	..	..	..
Régale des eaux	30	90	..	..	..	..	..	..	..	..
Autres	1	3	..	..	..	..	..	..	..	..
5123 Droits de douane et droits à l'importation	1 104	953	1 201	1 096	1 040	1 079	1 056	1 143	1 187	1 277
Droits d'entrée	972	923	1 201	1 096	1 040	1 079	1 056	1 143	1 187	1 277
Droits tabac	114	6	0	0	0	0	0	0	0	0
Autres droits supplémentaires	18	24	0	0	0	0	0	0	0	0
5124 Taxes à l'exportation	0	0	..	..	..	..	..	..	..	..
5125 Impôts sur biens d'équipement	0	0	..	..	..	..	..	..	..	..
5126 Impôts sur services déterminés	113	239	253	431	1 818	1 816	1 800	1 812	1 780	1 820
Jeux dans kursaals confédération	2	2	2	37	449	381	272	311	250	248
Impôt sur divertissement canton	17	37	23	27	39	101	67	73	53	46
Impôt sur divertissement commune	11	19	46	26	18	17	15	15	5	8
Autres impôts dépenses canton	24	63	0	0	0	0	0	0	0	0
Autres impôts dépenses commune	19	6	0	0	0	0	0	0	0	0
Quittances de primes	40	112	0	0	645	659	715	717	726	742
Impôts loteries	0	0	181	320	474	459	527	493	526	544
Autres	0	0	0	20	193	199	204	203	220	232
5127 Autres impôts sur commerce et transact. internat.	0	0	..	..	..	..	..	..	..	..
5128 Autres impôts	0	0	..	..	..	..	..	..	..	..
5130 Non-ventilables entre 5110 et 5120	0	0	46	47	44	38	68	106	92	99
5200 Impôts sur utilisation des biens et exerc. activités	261	826	1 918	2 983	3 499	4 276	4 771	5 308	5 415	5 370
5210 Impôts périodiques	261	826	1 918	2 983	3 499	4 276	4 767	5 300	5 406	5 353
5211 À la charge des ménages : véhicules à moteur	152	501	921	1 336	1 580	1 667	1 768	1 863	1 875	1 907
À la charge des ménages : véhicules à moteur	..	..	921	1 336	1 580	1 667	1 768	1 863	1 875	1 907
À la charge des ménages : vignette autoroutière	..	..	0	0	0	0	0	0	0	0
5212 À la charge autres agents : véhicules à moteur	76	251	230	334	395	417	442	466	469	477
À la charge des autres agents : véhicules à moteur	..	..	230	334	395	417	442	466	469	477
À la charge des autres agents : vignette autoroutière	..	..	0	0	0	0	0	0	0	0
À la charge autres agents : redevance trafic poids lourds	..	..	0	0	0	0	0	0	0	0
5213 Autres impôts périodiques	33	74	768	1 314	1 524	2 192	2 556	2 971	3 062	2 969
Chasse et pêche	9	20	0	0	0	0	0	0	0	0
Impôt sur chiens canton	3	9	6	9	8	8	9	11	12	11
Impôt sur chiens commune	2	8	14	21	25	30	35	43	44	52
Auberges canton	12	24	0	0	0	0	0	0	0	0
Patentes canton	5	12	0	0	0	0	0	0	0	0
Autres	2	1	703	1 157	1 261	1 315	1 375	1 340	1 387	1 409
Taxes d'incitation, protection de l'environnement	0	0	3	73	166	755	1 036	1 447	1 497	1 365
Patentes et concessions	0	0	42	53	64	84	101	131	121	131
Licences de radio et de télévision	..	..	703	1 124	1 228	1 285	1 351	1 328	1 377	1 400
5220 Impôts non-périodiques	0	0	0	0	0	0	5	9	8	17
5300 Non-ventilables entre 5100 et 5200	0	0	0	0	0	0	0	0	0	0
6000 Autres impôts	**0**	**0**	**140**	**215**	**249**	**590**	**799**	**1 014**	**1 050**	**1 057**
6100 À la charge exclusive des entreprises	..	..	42	65	75	274	342	352	388	372

	1965	1980	1990	2000	2007	2010	2015	2019	2020	2021
6200 À la charge d'autres agents	..	..	98	151	174	316	457	662	662	685
Taxe de compensation	..	..	98	151	174	187	190	197	201	203
Autres	..	..	0	0	0	130	267	465	461	482
Recettes fiscales totales sur la base d'encaissements	**11 237**	**46 385**	..	..	..	..	..	..	..	..
Recettes fiscales totales sur la base des droits constatés	..	..	**85 774**	**128 205**	**151 404**	**162 356**	**181 128**	**199 354**	**195 260**	**209 311**
Conciliation avec les comptes nationaux										
Impôts additionnels inclus dans les comptes nationaux	..	..	0	0	0	0	0	0	0	0
Impôt exclus des comptes nationaux	..	..	0	0	0	0	0	0	0	0
Différence dans les traitements des crédits d'impôts	..	..	0	0	0	0	0	0	0	0
Transfert en capital des recettes non collectées	..	..	-242	-733	-936	-1 121	-1 058	-1 062	-818	-921
Cotisations de sécurité sociale volontaires	..	..	0	0	0	0	0	0	0	0
Différences diverses	..	..	0	0	0	0	0	0	0	0
Comptes nationaux : impôts et cotisations sociales effectives	..	..	85 533	127 472	150 468	161 235	180 070	198 291	194 442	208 390
Cotisations sociales imputées	..	..	362	502	467	454	337	393	806	565
Comptes nationaux : impôts et toutes les cotisations sociales	..	..	85 895	127 974	150 935	161 689	180 407	198 684	195 248	208 954

.. Non disponible

Note : Année civile se terminant le 31 décembre.

Les données sont sur la base des droits constatés.

Les chiffres antérieurs à 1970 ne sont pas strictement comparables avec ceux des années suivantes qui ont été révisés.

A compter de 1985 les "Impôts paroissiaux" ne sont plus reportés dans ces statistiques.

A la rubrique 1100: les paiements effectués en contrepartie de l'exemption du service militaire pourraient être classés dans les recettes non fiscales.

La rubrique 2000 (Cotisations de sécurité sociale) a été révisée depuis 1985 pour tenir compte de la sectorisation des administrations publiques retenue dans le cadre du passage aux Comptes nationaux SEC95. De ce fait, les cotisations à l'assurance maladie et à la Caisse nationale suisse contre les accidents sont maintenant exclues de la rubrique 2000.

Source : Statistique financière, Administration fédérale des finances.

StatLink https://stat.link/nq2a63

Tableau 5.36. Türkiye : recettes fiscales détaillées, 1965-2021

Million TRY

	1965	1980	1990	2000	2007	2010	2015	2019	2020	2021
Recettes fiscales totales	**0**	**1**	**79**	**40 263**	**203 053**	**287 873**	**586 722**	**997 551**	**1 204 629**	**1 654 956**
1000 Impôts sur revenu, bénéfices et gains en capital	**0**	**0**	**26**	**11 890**	**48 197**	**61 317**	**119 144**	**241 533**	**263 898**	**397 629**
1100 Des personnes physiques	0	0	21	8 954	34 447	40 392	85 756	162 704	158 842	219 656
1110 Sur le revenu et les bénéfices	0	0	21	8 954	34 447	40 392	85 756	162 704	158 842	219 656
Income tax	0	0	21	8 954	34 447	40 392	85 756	162 704	158 842	219 656
1120 Sur les gains en capital	0	0	0	0	0	0	0	0	0	0
1200 Des sociétés	0	0	5	2 935	13 751	20 925	33 388	78 829	105 057	177 973
1210 Sur les bénéfices	0	0	5	2 935	13 751	20 925	33 388	78 829	105 057	177 973
Corporation tax	0	0	5	2 935	13 751	20 925	33 388	78 829	105 057	177 973
1220 Sur les gains en capital	0	0	0	0	0	0	0	0	0	0
1300 Non-ventilables entre 1100 et 1200	0	0	0	0	0	0	0	0	0	0
Fiscal balance tax	..	0	..	..	..	..	..	..	..	..
Capital gains tax on real estate sales	..	0	..	..	..	..	..	..	..	..
2000 Cotisations de sécurité sociale	**0**	**0**	**15**	**7 543**	**44 052**	**71 696**	**170 282**	**312 808**	**357 677**	**473 450**
2100 À la charge des salariés	0	0	6	2 712	17 867	26 934	64 214	120 108	137 742	180 162
2110 Sur la base du salaire	..	..	..	2 712	17 867	26 934	64 214	120 108	137 742	180 162
2120 Sur la base de l'impôt sur les revenus	..	..	..	0	0	0	0	0	0	0
2200 À la charge des employeurs	0	0	9	3 619	20 442	39 363	95 067	178 345	204 045	267 228
2210 Sur la base du salaire	..	..	..	3 619	20 442	39 363	95 067	178 345	204 045	267 228
2220 Sur la base de l'impôt sur les revenus	..	..	..	0	0	0	0	0	0	0
2300 A charge des travailleurs indép. ou sans emploi	0	0	1	1 211	5 743	5 399	11 001	14 356	15 890	26 060
2310 Sur la base du salaire	..	..	..	1 211	5 743	5 399	11 001	14 356	15 890	26 060
2320 Sur la base de l'impôt sur les revenus	..	..	..	0	0	0	0	0	0	0
2400 Non-ventilables entre 2100, 2200 et 2300	0	0	0	0	0	0	0	0	0	0
2410 Sur la base du salaire	..	..	..	..	..	..	..	..	..	..
2420 Sur la base de l'impôt sur les revenus	..	..	..	..	..	..	..	..	..	..
3000 Sur salaires ou main d'oeuvre	**0**	**0**	**0**	**0**	**0**	**0**	**0**	**0**	**0**	**0**
4000 Impôts sur le patrimoine	**0**	**0**	**2**	**1 272**	**7 621**	**11 684**	**28 582**	**41 721**	**53 548**	**70 179**
4100 Impôts périodiques sur la propriété immobilière	0	0	0	191	1 464	2 669	5 882	9 681	11 204	13 647
Real estate tax	0	0	..	191	1 464	2 669	5 882	9 681	11 204	13 647
4110 Ménages	..	..	..	..	..	..	..	..	..	..
4120 Autres agents	..	..	..	..	..	..	..	..	..	..
4200 Impôts périodiques sur l'actif net	0	0	0	0	0	0	0	0	0	23
4210 Personnes physiques	..	..	..	..	..	..	..	..	..	23
4220 Sociétés	..	..	..	..	..	..	..	..	..	0
4300 Impôts sur mut. par décès, succ. et donations	0	0	0	15	125	215	435	1 104	1 298	2 255
Gift and inheritance tax	0	0	0	15	125	215	435	1 104	1 298	2 255
4310 Impôts sur mut. par décès et successions	..	..	..	..	..	..	..	..	..	..
4320 Impôts sur les donations	..	..	..	..	..	..	..	..	..	..
4400 Impôts sur transact. mobilières et immob.	0	0	2	1 065	6 032	8 800	22 265	30 937	41 045	54 254
Stamp tax	0	0	2	818	3 642	5 083	12 045	18 853	20 964	28 203
Real estate purchase tax	0	0	0	0	0	0	0	0	0	0
Title deed fees	0	0	0	207	2 000	3 329	9 530	11 213	19 001	24 739
Notary fees	0	0	0	40	389	388	690	872	1 081	1 312
4500 Impôts non-périodiques	0	0	0	0	0	0	0	0	0	0
4510 Sur l'actif net	..	..	..	..	..	..	..	..	..	..
4520 Autres non-périodiques	..	..	..	..	..	..	..	..	..	..
4600 Autres impôts périodiques sur patrimoine	0	0	0	0	0	0	0	0	0	0
5000 Impôts sur les biens et services	**0**	**0**	**22**	**16 901**	**96 766**	**137 252**	**259 964**	**389 092**	**517 288**	**696 341**
5100 Impôts sur production, vente, transfert, etc.	0	0	22	16 328	92 605	131 878	250 261	373 692	500 367	675 957
5110 Impôts généraux	0	0	16	9 735	43 285	62 533	121 070	180 729	230 761	385 343
5111 Taxes sur la valeur ajoutée	..	..	14	9 735	43 285	62 533	121 070	180 729	230 761	385 343
5112 Impôts sur les ventes	..	..	0	0	0	0	0	0	0	0
5113 Autres impôts	..	..	1	0	0	0	0	0	0	0
5120 Impôts sur biens et services déterminés	0	0	6	6 593	49 320	69 345	129 191	192 963	269 606	290 614
5121 Accises	0	0	1	4 718	39 111	57 285	105 922	147 131	207 273	205 351
Sales taxes	0	0	0	0	0	0	0	0	0	0
Domestic production tax	0	0	0	0	0	0	0	0	0	0
Domestic production tax on petrol	0	0	0	0	0	0	0	0	0	0
Production tax on monopoly goods	0	0	0	0	0	0	0	0	0	0
Sugar consumption taxes	0	0	0	0	0	0	0	0	0	0
Motor vehicles purchase tax (Total)	0	0	1	916	4 293	6 193	17 027	13 807	46 596	66 372
Motor vehicles purchase tax	0	0	0	498	4 293	6 193	17 027	13 807	46 596	66 372
Additional motor vehicle purchase tax	0	0	0	418	0	0	0	0	0	0
Revenue from other excises	0	0	0	533	12 765	19 395	38 066	72 328	91 667	107 687
Petroleum consumption tax	0	0	0	3 269	22 052	31 697	50 830	60 997	69 009	31 292
5122 Bénéfices des monopoles fiscaux	0	0	0	0	0	0	0	0	0	0

	1965	1980	1990	2000	2007	2010	2015	2019	2020	2021
5123 Droits de douane et droits à l'importation	0	0	4	462	2 478	3 319	8 521	17 460	26 246	35 592
Customs duty	0	0	1	449	2 441	3 240	8 280	16 832	25 637	34 444
Customs duty on petrol	0	0	0	0	0	0	0	0	0	0
Production tax on imports	0	0	0	0	0	0	0	0	0	0
Production tax on petrol imports	0	0	0	0	0	0	0	0	0	0
Stamp duty on imports	0	0	2	0	0	0	0	0	0	0
Wharf duty	0	0	1	0	0	0	0	0	0	0
Other	0	0	0	13	37	80	240	628	609	1 148
5124 Taxes à l'exportation	0	0	0	0	0	0	0	0	0	0
5125 Impôts sur biens d'équipement	0	0	0	0	0	0	0	0	0	0
5126 Impôts sur services déterminés	0	0	1	997	7 686	4 005	10 014	24 352	30 533	39 120
Bank, insurance transaction tax	0	0	1	997	3 149	3 571	9 172	22 670	27 069	33 029
Transportation tax	0	0	0	0	0	0	0	0	0	0
PTT service tax	0	0	0	0	4 211	0	0	0	0	0
Tax on football pool	0	0	0	0	0	0	0	0	0	0
Lottery tax	0	0	0	0	327	434	842	1 681	3 464	6 092
5127 Autres impôts sur commerce et transact. internat.	0	0	0	0	0	0	0	0	0	0
Foreign travel expenditures tax	0	0	..	..	..	..	..	..	..	..
5128 Autres impôts	0	0	0	416	46	4 736	4 734	4 019	5 553	10 550
5130 Non-ventilables entre 5110 et 5120	0	0	0	0	0	0	0	0	0	0
5200 Impôts sur utilisation des biens et exerc. activités	0	0	0	572	4 161	5 374	9 703	15 400	16 921	20 384
5210 Impôts périodiques	0	0	0	359	4 161	5 374	9 703	15 400	16 921	20 384
Motor vehicles tax	0	0	0	359	0	5 374	9 703	15 400	16 921	20 384
5211 À la charge des ménages : véhicules à moteur	..	..	..	0	0	0	0	0	0	0
5212 À la charge autres agents : véhicules à moteur	..	..	..	359	4 161	5 374	9 703	15 400	16 921	20 384
Motor vehicles tax	..	..	..	302	3 521	5 033	8 949	14 503	15 983	18 836
Traffic fees	..	..	..	58	640	341	754	897	938	1 548
5213 Autres impôts périodiques	..	..	..	0	0	0	0	0	0	0
5220 Impôts non-périodiques	0	0	0	213	0	0	0	0	0	0
Building construction tax	..	0	..	0	..	..	..	..	..	..
5300 Non-ventilables entre 5100 et 5200	0	0	0	0	0	0	0	0	0	0
6000 Autres impôts	**0**	**0**	**13**	**2 658**	**6 417**	**5 924**	**8 750**	**12 397**	**12 218**	**17 357**
6100 À la charge exclusive des entreprises	..	0	0	0	0	0	0	0	0	0
6200 À la charge d'autres agents	..	0	13	2 658	6 417	5 924	8 750	12 397	12 218	17 357
Funds	..	..	..	1 938	0	0	0	0	0	0
Vocatial Train Pro.F.	..	..	..	67	0	0	0	0	0	0
Tax penalties and fines	..	..	..	548	4 191	2 689	3 779	6 361	5 123	7 580
Municipalities revenue	..	..	..	106	2 227	3 235	4 971	6 035	7 095	9 777
Recettes fiscales totales sur la base d'encaissements	**0**	**1**	**79**	**40 263**	**203 053**	**287 873**	**586 722**	**997 551**	**1 204 629**	**1 654 956**
Recettes fiscales totales sur la base des droits constatés	..	..	..	..	..	..	..	..	..	..
Conciliation avec les comptes nationaux										
Impôts additionnels inclus dans les comptes nationaux	..	..	..	..	..	..	..	..	..	..
Impôt exclus des comptes nationaux	..	..	..	..	..	..	..	..	..	..
Différence dans les traitements des crédits d'impôts	..	..	..	..	..	..	..	..	..	..
Transfert en capital des recettes non collectées	..	..	..	..	..	..	..	..	..	..
Cotisations de sécurité sociale volontaires	..	..	..	..	..	..	..	..	..	..
Différences diverses	..	..	..	..	..	..	..	..	..	..
Comptes nationaux : impôts et cotisations sociales effectives	..	..	..	..	..	..	..	..	..	..
Cotisations sociales imputées	..	..	..	..	..	..	..	..	..	..
Comptes nationaux : impôts et toutes les cotisations sociales	..	..	..	..	..	..	..	..	..	..

.. Non disponible

Note : From 1982 the data are based on the fiscal year ending 31st December. Before that the data are on a fiscal year basis beginning 1st March.

Revenue is reported on a cash basis except for social security contributions which are reported on an assessment basis.

The figures under the local tax collections include taxes under 'Municipalities Revenues Law' and Property tax. They also include transfers to the local authorities from central budget tax revenues under the revenue sharing system.

Heading 2000: Before 2003, contributions to some private social security schemes are included in this heading.

Source : Bulletin of national accounts and the Budget revenue Bulletin.

StatLink https://stat.link/4c8xi1

Tableau 5.37. Royaume-Uni : recettes fiscales détaillées, 1965-2021

Million GBP

	1965	1980	1990	2000	2007	2010	2015	2019	2020	2021
Recettes fiscales totales	**10 945**	**81 153**	**202 368**	**359 378**	**509 610**	**516 244**	**612 318**	**727 324**	**691 389**	**780 727**
Recettes fiscales totales excluant les taxes collectés pour le compte de l'UE	..	..	**200 520**	**357 248**	**507 195**	**513 299**	**609 231**	**723 981**	**688 493**	**780 727**
1000 Impôts sur revenu, bénéfices et gains en capital	**4 050**	**30 651**	**79 576**	**142 197**	**201 316**	**192 771**	**212 726**	**250 053**	**248 639**	**293 871**
1100 Des personnes physiques	3 618	23 868	59 506	104 136	151 157	147 019	168 901	198 451	198 165	227 676
1110 Sur le revenu et les bénéfices	3 615	23 376	57 614	101 925	147 309	144 502	163 291	189 265	187 912	215 513
Income tax	..	23 370	57 614	101 925	147 309	144 502	163 291	189 265	187 912	215 513
Surtax	..	6	0	0	0	0	0	0	0	0
1120 Sur les gains en capital	3	492	1 892	2 211	3 848	2 517	5 582	9 187	10 253	12 112
1200 Des sociétés	484	6 783	20 070	38 061	50 159	45 752	43 825	51 602	50 474	66 196
1210 Sur les bénéfices	484	6 510	18 994	35 730	46 841	44 857	42 408	50 300	49 440	64 973
Petroleum revenue tax	..	1 799	941	1 540	1 387	1 349	-552	-319	-431	-360
Supplementary petroleum duty	..	0	0	0	0	0	0	0	0	0
Corporation tax	..	4 712	18 053	34 190	44 740	42 865	42 340	49 805	49 136	64 583
Corporation tax overspill relief	..	-1	0	0	0	0	0	0	0	0
Profits tax	..	0	0	0	0	0	0	0	0	0
Windfall tax	..	0	0	0	0	0	0	0	0	0
Betting tax	..	0	0	0	590	568	595	814	735	750
Non fossil fuel obligation levy	..	0	0	0	124	75	25	0	0	0
1220 Sur les gains en capital	0	273	1 076	2 331	3 318	895	1 417	1 302	1 034	1 223
1300 Non-ventilables entre 1100 et 1200	-52	0	0	0	0	0	0	0	0	0
2000 Cotisations de sécurité sociale	**1 685**	**13 531**	**34 457**	**60 252**	**93 210**	**97 346**	**114 173**	**143 952**	**143 608**	**155 267**
2100 À la charge des salariés	770	5 228	13 296	24 175	36 585	38 703	44 488	56 914	56 159	59 894
2110 Sur la base du salaire	..	..	13 296	24 175	36 585	38 703	44 488	56 914	56 159	59 894
2120 Sur la base de l'impôt sur les revenus	..	..	0	0	0	0	0	0	0	0
2200 À la charge des employeurs	831	8 210	19 984	34 028	53 765	55 887	66 491	82 682	82 976	90 751
2210 Sur la base du salaire	..	..	19 984	34 028	53 765	55 887	66 491	82 682	82 976	90 751
2220 Sur la base de l'impôt sur les revenus	..	..	0	0	0	0	0	0	0	0
2300 A charge des travailleurs indép. ou sans emploi	75	317	1 177	2 049	2 860	2 756	3 194	4 356	4 473	4 622
2310 Sur la base du salaire	..	..	1 177	2 049	2 860	2 756	3 194	4 356	4 473	4 622
2320 Sur la base de l'impôt sur les revenus	..	..	0	0	0	0	0	0	0	0
2400 Non-ventilables entre 2100, 2200 et 2300	9	-224	0	0	0	0	0	0	0	0
2410 Sur la base du salaire	..	..	..	..	..	..	..	..	..	..
2420 Sur la base de l'impôt sur les revenus	..	..	..	..	..	..	..	..	..	..
3000 Sur salaires ou main d'oeuvre	**0**	**3 498**	**0**	**0**	**0**	**0**	**0**	**2 764**	**2 898**	**3 148**
Selective employment tax	..	0	..	..	..	..	..	0	0	0
National insurance surcharge	..	3 498	..	..	..	..	..	0	0	0
Apprenticeship Levy	..	0	..	..	..	..	..	2 764	2 898	3 148
4000 Impôts sur le patrimoine	**1 591**	**9 774**	**16 538**	**41 134**	**63 392**	**61 768**	**76 399**	**90 329**	**79 760**	**89 599**
4100 Impôts périodiques sur la propriété immobilière	1 228	8 665	13 462	30 552	44 891	50 028	58 019	68 750	61 088	64 609
4110 Ménages	539	3 687	2 373	14 205	23 609	25 919	29 373	36 720	38 055	40 171
Northern Ireland rates paid to CG	..	37	113	141	265	335	323	416	432	436
Council tax	..	0	0	13 991	23 217	25 438	28 777	35 963	37 269	39 371
Rates paid to LA	..	3 650	2 260	73	127	146	273	341	354	364
4120 Autres agents	689	4 978	11 089	16 347	21 282	24 109	28 646	32 030	23 033	24 438
National non-domestic rates	..	0	7 542	14 966	19 358	21 602	25 834	28 928	20 075	21 301
Rates paid to LA	..	4 925	2 869	149	267	497	480	564	509	607
Northern Ireland rates paid to CG	..	53	115	207	353	361	335	392	359	346
London Regional Transport levy	..	0	47	0	0	0	0	0	0	0
LA payments of NNDR	..	0	469	889	1 111	1 236	1 389	1 389	1 389	1 389
NPISH payments of NNDR	..	0	47	136	193	245	384	489	504	508
Crossrail Business rates supplement	..	0	0	0	0	168	224	268	197	287
4200 Impôts périodiques sur l'actif net	0	0	0	0	0	0	0	0	0	0
4210 Personnes physiques	..	..	..	..	..	..	..	..	..	..
4220 Sociétés	..	..	..	..	..	..	..	..	..	..
4300 Impôts sur mut. par décès, succ. et donations	287	479	1 321	2 215	3 867	2 642	4 442	5 165	5 252	5 972
4310 Impôts sur mut. par décès et successions	287	479	1 321	2 215	3 867	2 642	4 442	5 165	5 252	5 972
Death duties	..	423	1 278	2 156	3 764	2 592	4 359	5 097	5 202	5 922
Development land tax	..	42	6	0	0	0	0	0	0	0
Taxes on other capital transfers	..	14	37	59	50	50	50	50	50	50
Special tax on bank deposits	..	0	0	0	0	0	0	0	0	0
Betterment duty	..	0	0	0	0	0	0	0	0	0
Special charges	..	0	0	0	0	0	0	0	0	0
Special contribution	..	0	0	0	0	0	0	0	0	0
Equal pay on capital transfers	..	0	0	0	53	0	33	18	0	0
4320 Impôts sur les donations	0	0	0	0	0	0	0	0	0	0
4400 Impôts sur transact. mobilières et immob.	76	630	1 755	8 367	14 634	9 098	13 791	15 962	13 187	18 654
Stamp duties	..	630	1 755	8 367	14 634	9 098	13 791	15 962	13 187	18 654

	1965	1980	1990	2000	2007	2010	2015	2019	2020	2021
4500 Impôts non-périodiques	0	0	0	0	0	0	147	452	233	364
4510 Sur l'actif net	..	..	..	..	..	..	0	0	0	0
4520 Autres non-périodiques	..	..	..	..	..	..	147	452	233	364
4600 Autres impôts périodiques sur patrimoine	0	0	0	0	0	0	0	0	0	0
5000 Impôts sur les biens et services	**3 619**	**23 699**	**62 780**	**115 795**	**151 692**	**164 359**	**209 020**	**240 226**	**216 484**	**238 842**
5100 Impôts sur production, vente, transfert, etc.	3 406	22 677	59 379	110 804	145 250	156 136	200 750	230 188	206 945	228 959
5110 Impôts généraux	647	11 897	34 136	65 018	93 374	97 646	132 906	155 149	140 205	158 624
5111 Taxes sur la valeur ajoutée	0	11 897	34 136	65 018	93 374	97 646	132 906	155 121	139 949	158 121
Value added tax	..	11 893	33 620	64 918	93 348	97 565	132 790	155 148	139 872	158 121
Adj. to VAT contribution	..	4	516	100	26	81	116	-27	77	0
Purchase tax	..	0	0	0	0	0	0	0	0	0
5112 Impôts sur les ventes	647	0	0	0	0	0	0	0	0	0
5113 Autres impôts	0	0	0	0	0	0	0	28	256	503
5120 Impôts sur biens et services déterminés	2 759	10 780	25 243	45 786	51 876	58 490	67 844	75 039	66 740	70 335
5121 Accises	2 383	8 616	19 707	37 315	40 427	45 454	47 294	49 285	44 880	48 304
Beer	..	1 029	2 220	2 813	3 042	3 278	3 294	3 659	3 062	3 552
Wines, spirits, cider and perry	..	1 513	2 627	3 751	5 008	6 075	7 385	8 457	9 084	9 334
Tobacco	..	2 735	5 541	7 666	7 862	9 076	9 190	9 038	9 790	10 254
Hydrocarbon oil	..	3 327	9 302	23 041	24 512	27 013	27 415	27 795	22 647	24 828
Other excise duties	..	12	17	0	0	0	0	0	0	0
Sugar levy	..	12	0	44	3	12	10	0	0	0
Soft Drinks Levy	..	..	0	0	0	0	0	336	297	336
5122 Bénéfices des monopoles fiscaux	0	0	0	0	0	0	0	0	0	0
5123 Droits de douane et droits à l'importation	343	1 109	1 837	2 086	2 522	3 058	3 219	3 488	3 041	4 678
Custom duties	..	..	..	1 800	2 074	2 933	3 077	3 343	2 896	0
Import duties	..	855	1 722	0	0	0	0	0	0	0
Agricultural levies	..	254	115	286	338	0	0	0	0	0
Temporary charges of import	..	0	0	0	0	0	0	0	0	0
British Transport Police	..	0	0	0	110	125	142	145	145	145
Customs Duties - UK Receipts	..	..	..	0	0	0	0	0	0	4 533
5124 Taxes à l'exportation	0	-1	36	0	0	0	0	0	0	0
Levies on exports	..	-1	36	..	..	..	..	..	..	..
5125 Impôts sur biens d'équipement	0	0	0	0	0	0	0	0	0	0
5126 Impôts sur services déterminés	33	456	1 022	5 826	6 523	7 292	13 626	17 039	13 318	12 895
Betting and gaming	..	456	1 022	1 522	959	1 092	2 053	2 502	2 088	2 427
National Lottery contributions to fund	..	0	0	1 590	1 310	1 625	1 713	1 713	1 713	1 713
Air passenger duty	..	0	0	940	1 883	2 094	3 119	3 806	927	790
Insurance premium tax	..	0	0	1 707	2 306	2 401	3 294	6 417	6 306	6 627
Bank Levy - Stability Fee Scheme	..	0	0	0	0	0	3 369	2 523	2 214	1 266
Light Dues	..	0	0	67	65	80	78	78	70	72
5127 Autres impôts sur commerce et transact. internat.	0	0	0	0	0	0	0	0	0	0
5128 Autres impôts	0	600	2 641	559	2 404	2 686	3 705	5 227	5 501	4 458
Fossil fuel levy	..	0	875	56	0	0	0	0	0	0
European coal and steel levy	..	21	11	0	0	0	0	0	0	0
Gas levy	..	12	291	0	0	0	0	0	0	0
Car tax	..	83	1 464	0	0	0	0	0	0	0
Landfill tax	..	484	0	461	877	1 065	1 028	784	701	845
Climate change levy	..	0	0	0	690	666	1 761	2 004	1 779	1 929
Aggregates levy	..	0	0	0	339	290	354	396	360	411
Hydro benefit	..	0	0	42	0	0	0	0	0	0
Renewable energy obligations	..	0	0	0	0	0	0	0	0	0
Channel 4 advertising formula	..	0	0	0	0	0	0	0	0	0
Milk super levy	..	0	0	0	0	0	0	0	0	0
Contracts for Difference	..	0	0	0	0	0	0	1 471	2 042	744
Pension Protection Fund Levy	..	..	..	0	498	665	562	572	619	529
Plastic Packaging Tax	..	..	..	0	0	0	0	0	0	0
5130 Non-ventilables entre 5110 et 5120	0	0	0	0	0	0	0	0	0	0
5200 Impôts sur utilisation des biens et exerc. activités	212	1 378	3 401	4 991	6 442	8 223	8 270	10 038	9 539	9 883
5210 Impôts périodiques	212	1 378	3 401	4 991	6 442	8 223	8 270	9 883	9 385	9 744
5211 À la charge des ménages : véhicules à moteur	118	729	1 841	2 996	4 468	5 335	4 782	6 350	5 888	6 341
Motor vehicle duty	..	726	1 837	2 992	4 096	4 561	3 970	4 896	4 974	5 130
Boat licences	..	3	4	4	0	0	0	0	0	0
Visa and Citizenship Fees	..	..	..	0	372	774	812	1 454	914	1 211
5212 À la charge autres agents : véhicules à moteur	74	588	1 134	1 614	1 288	1 279	1 929	2 109	1 987	1 916
Motor vehicle levy	..	588	1 134	1 614	1 288	1 279	1 929	2 109	1 987	1 916

	1965	1980	1990	2000	2007	2010	2015	2019	2020	2021
5213 Autres impôts périodiques	20	61	426	381	686	1 609	1 559	1 424	1 510	1 487
IBA levy	..	..	134	0	0	0	0	0	0	0
Telecommunications regulator fees	..	..	7	12	17	12	0	0	0	0
Gas regulator fees	..	..	2	0	0	0	0	0	0	0
Electricity regulator fees	..	..	5	0	0	0	0	0	0	0
Water regulator fees	..	..	6	11	11	12	27	36	27	24
Rail regulator fees	..	..	0	14	12	12	12	12	12	12
Company registration surplus fees	..	..	12	0	0	0	0	0	0	0
Consumer and credit act fees	..	..	163	119	281	480	480	480	480	480
Levy funded bodies	..	..	97	217	349	1 040	970	814	947	925
1936 Tithe Act payments	..	..	0	0	0	0	0	0	0	0
Recurrent taxes paid in respect of other goods	..	..	0	0	0	45	55	66	28	29
Economic Crime Levy	..	..	..	0	0	0	0	0	0	0
Registers of Scotland	..	..	..	8	16	8	15	16	16	17
UK Emisions Trading Scheme (ETS)	..	..	..	0	0	0	0	0	0	0
5220 Impôts non-périodiques	0	0	0	0	0	0	0	155	154	139
Immigration Skills Charge	..	..	..	..	..	..	..	155	154	139
5300 Non-ventilables entre 5100 et 5200	1	-356	0	0	0	0	0	0	0	0
6000 Autres impôts	**0**	**0**	**9 017**	**0**	**0**	**0**	**0**	**0**	**0**	**0**
6100 À la charge exclusive des entreprises	..	..	0	..	..	..	..	..	..	..
6200 À la charge d'autres agents	..	..	9 017	..	..	..	..	..	..	..
Community charge	..	..	9 017	..	..	..	..	..	..	..
Pour mémoire										
Droits de douane perçus pour le compte de l'UE	..	..	..	1 800	2 074	2 933	3 077	3 343	2 896	..
Crédits d'impôts récupérables										
Crédits d'impôts récupérables contre 1110	..	..	7 454	4 651	20 030	28 879	28 539	18 003	15 296	10 929
Composante fiscale	..	..	6 973	1 233	4 414	5 542	2 571	1 622	1 378	984
Composante transfert	..	..	481	3 418	15 617	23 338	25 968	16 381	13 918	9 945
Crédits d'impôts récupérables contre 1210	..	..	0	0	918	1 313	3 273	7 195	8 091	7 858
Composante fiscale	..	..	0	..	654	915	1 136	2 275	2 432	2 746
Composante transfert	..	..	0	..	264	398	2 137	4 920	5 659	5 112
Recettes fiscales totales sur la base d'encaissements	**10 945**	**81 153**	**202 400**	**356 071**	**509 032**	**509 500**	**601 185**	**709 343**	**639 418**	**779 079**
Recettes fiscales totales sur la base des droits constatés	**..**	**..**	**202 368**	**359 378**	**509 610**	**516 244**	**612 318**	**727 324**	**691 389**	**780 727**
Conciliation avec les comptes nationaux										
Impôts additionnels inclus dans les comptes nationaux	..	..	1 323	2 062	4 072	4 731	7 261	9 895	10 147	10 476
Impôt exclus des comptes nationaux	..	..	0	0	0	0	0	0	0	0
Différence dans les traitements des crédits d'impôts	..	..	6 973	1 233	5 068	6 457	3 707	3 897	3 810	3 731
Transfert en capital des recettes non collectées	..	..	0	0	0	0	0	0	0	0
Cotisations de sécurité sociale volontaires	..	..	3 288	8 103	18 629	21 217	25 025	33 474	38 013	40 449
Différences diverses	..	..	0	0	0	0	0	0	0	0
Comptes nationaux : impôts et cotisations sociales effectives	..	..	213 952	370 776	537 379	548 649	648 311	774 590	743 359	835 383
Cotisations sociales imputées	..	..	3 966	4 244	1 435	1 628	1 598	1 849	1 639	1 318
Comptes nationaux : impôts et toutes les cotisations sociales	..	..	217 918	375 020	538 814	550 277	649 909	776 439	744 998	836 701

.. Non disponible

Note : Year ending 31st December.

From 1990 data are on accrual basis.

Supranational taxes reported by the United Kingdom continue to be reported for 2020 in Revenue Statistics as in previous years. From 2021, at the end of the Brexit transition period, this will come to an end and taxes subsequently introduced by the United Kingdom will be reflected in the appropriate tax category at the national or subnational levels of government, as appropriate.

Heading 1210: The corporate tax figures include company income tax from 1990 onwards.

Heading 2000: Includes some voluntary contributions which cannot be separately identified.

Heading 5113: Following the SNA 2008 classification, the digital services tax is classified by the ONS as a Tax on imports excluding VAT and import duties (D.2122). However, it is classified in Revenue Statistics in the category Taxes on turnover and other general taxes on goods and services (5113) for consistency across OECD countries reporting the same type of tax.

Heading 6200: The community charge replaced domestic rates in Scotland in April 1989 and was extended to England and Wales in April 1990. This tax has been classified in heading 6200 as it is a lump-sum tax levied on each adult in a household (domestic rates are classified in heading 4100). Headings for non-wastable tax credits 1110 and 1210 are consistent with the guidelines, and the figures in the data are treated accordingly. The following method is adopted separately for Working Families 'Tax Credit and Disabled Persons Tax Credit' paid from 1999 to 2003. For each calendar year, a random sample of awards over-lapping the quarter is taken. Each recipient family's income tax liability for the fiscal year within which the quarter falls is calculated , based on the earned income reported for the award (uprated to the middle of the overlap period). And the result multiplied by the number of days in the overlap period divided by 365. The tax expenditure component is defined as the minimum of this amount and the total amount of award paid in the overlap period. The total amount of award paid and the tax expenditure component are each summed over the sample cases, and the ratio is taken as the tax expenditure ration for the quarter. From 2003, the equivalent breakdown for Child and Working tax credits is based on household survey data. Survey data is used to estimate the breakdown into the tax expenditure and the transfer components for the other smaller tax credits.

The United Kingdom Personal Tax Credit information presented in Revenue Statistics is on a cash basis (rather than an accrual basis as for the rest of the data). PTC information on a financial year basis has been used as a proxy for calendar year. Please note that since 2015-16 tax credits is no longer split into tax expenditure and transfer component. The split for years after 2014-15 is estimated by applying the 2014-15 split to total personal tax credits expenditure. The sum of tax expenditure and transfer components may not match the total due to rounding. Total values are consistent with published figures available here: https://www.gov.uk/government/statistics/hmrc-tax-and-nics-receipts-for-the-uk.

Please note that the sum of the corporate tax credit (CTC) components in the United Kingdom may not match total CTC's due to rounding. The CTC information presented in Revenue Statistics is on a cash basis (rather than an accrual basis as for the rest of the data). CTC information on a financial year basis has been used as a proxy for calendar year. Please note that the breakdown of total CTCs from 2002/03 to 2010/11 have been estimated using historic proportional splits applied to total published CTC information. Total values are consistent with published figures available here: https://www.gov.uk/government/statistics/hmrc-tax-and-nics-receipts-for-the-uk.

Source : National Income and Expenditure; Central Statistical Office; Annual reports of His Majesty's Revenue and Customs.

StatLink https://stat.link/6cruvh

Tableau 5.38. État-Unis : recettes fiscales détaillées, 1965-2021

Million USD

	1965	1980	1990	2000	2007	2010	2015	2019	2020	2021
Recettes fiscales totales	**167 022**	**730 672**	**1 552 413**	**2 900 519**	**3 868 612**	**3 517 144**	**4 773 680**	**5 372 512**	**5 419 799**	**6 178 036**
1000 Impôts sur revenu, bénéfices et gains en capital	**80 284**	**364 137**	**701 731**	**1 453 865**	**1 865 205**	**1 488 699**	**2 314 542**	**2 469 842**	**2 500 453**	**3 025 041**
1100 Des personnes physiques	52 894	285 513	584 733	1 224 538	1 479 085	1 223 218	1 929 215	2 185 977	2 224 398	2 650 647
1110 Sur le revenu et les bénéfices	50 401	272 879	552 859	1 088 967	1 326 736	1 163 737	1 753 783	1 997 206	1 995 255	2 263 562
Individual income tax federal	46 492	233 269	449 239	895 677	1 062 755	910 874	1 413 376	1 579 052	1 577 030	1 826 201
Individual income tax state and local govt.	3 909	39 610	103 620	193 290	263 981	252 863	340 407	418 154	418 225	437 361
1120 Sur les gains en capital	2 493	12 634	31 874	135 571	152 349	59 481	175 432	188 771	229 144	387 085
Capital gains federal	2 300	10 800	25 900	111 507	122 036	46 557	141 381	149 248	181 113	312 293
Capital gains tax state and local govt.	193	1 834	5 974	24 064	30 313	12 924	34 051	39 523	48 031	74 792
1200 Des sociétés	27 390	78 624	116 998	229 327	386 119	265 481	385 327	283 864	276 055	374 394
1210 Sur les bénéfices	26 745	73 586	106 134	170 835	330 597	240 445	337 786	236 487	239 948	328 034
Corporate income tax federal	24 861	60 525	85 736	144 590	281 040	198 698	288 486	175 327	175 085	244 071
Corporate income tax state and local govt.	1 884	13 061	20 398	26 245	49 556	41 747	49 300	61 159	64 863	83 963
1220 Sur les gains en capital	645	5 038	10 864	58 492	55 523	25 036	47 541	47 378	36 106	46 360
Capital gains tax corp. federal	600	4 143	8 776	49 506	47 200	20 689	40 602	35 125	26 346	34 494
Capital gains tax corp. state and local govt.	45	895	2 088	8 986	8 323	4 347	6 939	12 253	9 760	11 866
1300 Non-ventilables entre 1100 et 1200	0	0	0	0	0	0	0	0	0	0
2000 Cotisations de sécurité sociale	**22 192**	**159 763**	**396 972**	**683 104**	**907 357**	**917 409**	**1 125 493**	**1 312 267**	**1 328 070**	**1 413 183**
2100 À la charge des salariés	8 459	67 022	173 860	305 555	400 941	406 404	502 103	598 931	605 026	648 901
Federal insurance contribution Act tax	8 084	66 221	..	..	..	..	..	..	..	..
Less refund federal	-192	-507	..	..	..	..	..	..	..	..
Railroad retirement taxes federal	322	590	..	..	..	..	..	..	..	..
Fed. hosp. insur. recpts from railroad retir.	0	111	..	..	..	..	..	..	..	..
Unemployment state tax federal	20	127	..	..	..	..	..	..	..	..
Temp. disability insurance state and local	225	480	..	..	..	..	..	..	..	..
2110 Sur la base du salaire	..	..	..	..	..	..	..	..	..	..
2120 Sur la base de l'impôt sur les revenus	..	..	..	..	..	..	..	..	..	..
2200 À la charge des employeurs	12 703	87 019	204 102	343 184	456 602	461 702	561 936	644 228	652 383	691 423
Federal insurance contributions act tax	7 802	64 768	..	..	..	..	..	..	..	..
Railroad retirement taxes federal	314	1 722	..	..	..	..	..	..	..	..
Fed. hosp. insur. recpts from railroad retir.	0	111	..	..	..	..	..	..	..	..
Military service credit federal	14	652	..	..	..	..	..	..	..	..
Old-age dis. hosp. insur. fed. employer contr.	282	1 453	..	..	..	..	..	..	..	..
Unemployment state tax federal	3 032	11 788	..	..	..	..	..	..	..	..
Federal unemployment tax Act	615	3 246	..	..	..	..	..	..	..	..
Railroad unempl. insurance Act tax federal	152	175	..	..	..	..	..	..	..	..
Workmen's compensation state and local	484	3 039	..	..	..	..	..	..	..	..
Temp. disability insurance state and local	8	65	..	..	..	..	..	..	..	..
2210 Sur la base du salaire	..	..	..	..	..	..	..	..	..	..
2220 Sur la base de l'impôt sur les revenus	..	..	..	..	..	..	..	..	..	..
2300 A charge des travailleurs indép. ou sans emploi	1 030	5 722	19 010	34 365	49 814	49 303	61 454	69 108	70 661	72 859
Federal old-age survivors trust	0	4 250	..	..	..	..	..	..	..	..
Federal disability insurance trust	1 030	733	..	..	..	..	..	..	..	..
Federal hospital insurance trust	0	739	..	..	..	..	..	..	..	..
2310 Sur la base du salaire	..	..	..	..	..	..	..	..	..	..
2320 Sur la base de l'impôt sur les revenus	..	..	..	..	..	..	..	..	..	..
2400 Non-ventilables entre 2100, 2200 et 2300	0	0	0	0	0	0	0	0	0	0
2410 Sur la base du salaire	..	..	..	..	..	..	..	..	..	..
2420 Sur la base de l'impôt sur les revenus	..	..	..	..	..	..	..	..	..	..
3000 Sur salaires ou main d'oeuvre	**0**	**0**	**0**	**0**	**285**	**2 285**	**1 751**	**2 267**	**3 354**	**3 219**
4000 Impôts sur le patrimoine	**26 529**	**77 913**	**182 408**	**299 546**	**463 052**	**473 422**	**539 732**	**635 736**	**662 165**	**713 800**
4100 Impôts périodiques sur la propriété immobilière	22 918	68 499	161 533	254 669	403 688	438 588	490 410	586 951	608 444	645 467
4110 Ménages	8 548	28 975	..	..	..	..	..	..	..	..
Property tax state and local	8 548	28 975	..	..	..	..	..	..	..	..
Other	0	0	..	..	..	..	..	..	..	..
4120 Autres agents	14 370	39 524	..	..	..	..	..	..	..	..
Property tax state and local	14 370	39 524	..	..	..	..	..	..	..	..
Other	0	0	..	..	..	..	..	..	..	..
4200 Impôts périodiques sur l'actif net	0	0	0	0	0	0	0	0	0	0
4210 Personnes physiques	..	..	..	..	..	..	..	..	..	..
4220 Sociétés	..	..	..	..	..	..	..	..	..	..
4300 Impôts sur mut. par décès, succ. et donations	3 447	8 425	15 755	35 640	31 927	19 699	25 582	21 472	25 277	34 719
4310 Impôts sur mut. par décès et successions	3 080	8 149	..	..	..	..	..	..	..	..
Estate tax less refund federal	2 427	6 181	..	..	..	..	..	..	..	..
Estate tax state and local govt.	653	1 968	..	..	..	..	..	..	..	..

	1965	1980	1990	2000	2007	2010	2015	2019	2020	2021
4320 Impôts sur les donations	367	276	..	..	..	..	..	..	..	..
Gift tax less refund federal	289	209	..	..	..	..	..	..	..	..
Gift tax calculate state and local govt.	78	67	..	..	..	..	..	..	..	..
4400 Impôts sur transact. mobilières et immob.	164	989	2 148	4 389	20 503	7 460	14 896	16 830	17 539	22 150
Interest equalisation tax federal	15	0	..	..	..	..	..	..	..	..
Document and stock transfer state and local	149	989	2 148	4 389	20 503	7 460	14 896	16 830	17 539	22 150
4500 Impôts non-périodiques	0	0	0	0	0	0	0	0	0	0
4510 Sur l'actif net	..	..	..	..	..	..	..	0	0	0
4520 Autres non-périodiques	..	..	..	..	..	..	..	..	..	..
4600 Autres impôts périodiques sur patrimoine	0	0	2 972	4 848	6 934	7 675	8 844	10 482	10 905	11 464
5000 Impôts sur les biens et services	**38 017**	**128 844**	**271 301**	**464 004**	**632 713**	**635 329**	**792 162**	**952 401**	**925 756**	**1 022 794**
5100 Impôts sur production, vente, transfert, etc.	33 300	111 810	235 233	404 093	540 291	546 710	695 784	834 914	809 967	898 038
5110 Impôts généraux	8 016	51 328	125 575	221 358	301 403	295 123	374 173	446 213	446 701	499 540
5111 Taxes sur la valeur ajoutée	0	0	0	0	0	0	0	0	0	0
5112 Impôts sur les ventes	8 016	51 328	125 575	221 358	301 403	295 123	374 173	446 213	446 701	499 540
General sales - general receipts state and local	7 981	51 328	125 575	221 358	301 403	295 123	374 173	446 213	446 701	499 540
Other state and local	35	0	0	0	0	0	0	0	0	0
5113 Autres impôts	0	0	0	0	0	0	0	0	0	0
5120 Impôts sur biens et services déterminés	25 284	60 482	109 658	182 735	238 888	251 587	321 611	388 701	363 266	398 499
5121 Accises	21 209	45 471	64 953	108 600	137 373	146 582	156 902	166 284	157 703	171 530
Alcohol taxes federal govt.	3 689	5 601	5 228	7 281	8 571	8 848	9 514	9 710	9 474	10 216
Tobacco taxes federal govt.	2 142	2 443	4 217	6 741	8 377	17 487	14 265	11 738	11 240	11 716
Airport, airway, highway federal	3 559	6 411	0	0	0	0	0	0	0	0
Manufacturer's excise taxes federal govt.	2 867	6 122	0	0	0	0	0	0	0	0
Sugar tax federal govt.	97	0	0	0	0	0	0	0	0	0
Other taxes excise federal govt.	889	2	0	0	0	0	0	0	0	0
Undistributed tax deposits federal government	-11	152	0	0	0	0	0	0	0	0
Other taxes excise and undist. fed.govt. -	0	0	13 316	32 005	31 747	26 913	35 287	36 009	31 511	40 176
Less special tax liquor occupations federal	-22	-21	0	0	0	0	0	0	0	0
Other federal (refunds)	-7	-32	0	0	0	0	0	0	0	0
Alcohol taxes state and local govt.	949	2 642	3 577	4 485	5 684	6 197	7 260	7 910	7 881	8 571
Tobacco taxes state and local govt.	1 386	3 874	6 009	8 726	16 433	18 611	18 002	18 801	19 016	19 312
Public utilities state and local govt.	871	5 888	11 814	17 989	27 879	28 892	27 834	27 883	27 181	28 014
Motor fuel taxes state and local govt.	4 331	9 822	20 792	31 373	38 682	39 634	44 740	54 232	51 400	53 525
Other state and local taxes	469	2 295	0	0	0	0	0	0	0	0
Coal tonnage tax federal govt.	0	272	0	0	0	0	0	0	0	0
Hazardous substances tax federal	0	0	0	0	0	0	0	0	0	0
Transportation fuels tax federal	0	0	0	0	0	0	0	0	0	0
Boat fuels and equipment tax federal	0	0	0	0	0	0	0	0	0	0
Waste site deposits tax federal	0	0	0	0	0	0	0	0	0	0
Leaking underground storage federal	0	0	0	0	0	0	0	0	0	0
Vaccine injury compens. federal	0	0	0	0	0	0	0	0	0	0
Ozone depletion tax federal	0	0	0	0	0	0	0	0	0	0
Oil spill liability federal	0	0	0	0	0	0	0	0	0	0
Luxury tax federal govt.	0	0	0	0	0	0	0	0	0	0
5122 Bénéfices des monopoles fiscaux	275	608	..	..	..	..	..	..	..	..
Liquor store revenue state and local govt.	1 447	3 200	..	..	..	..	..	..	..	..
Liquor store expend. state and local govt.	-1 172	-2 592	..	..	..	..	..	..	..	..
5123 Droits de douane et droits à l'importation	1 442	7 436	17 490	21 123	28 793	28 603	38 123	77 752	68 627	89 101
Custom duties federal	1 442	7 436	17 490	21 123	28 793	28 603	38 123	77 752	68 627	89 101
Petroleum import fees federal govt.	0	0	0	0	0	0	0	0	0	0
5124 Taxes à l'exportation	0	0	0	0	0	0	0	0	0	0
5125 Impôts sur biens d'équipement	0	0	0	0	0	0	0	0	0	0
5126 Impôts sur services déterminés	2 358	6 967	8 895	13 857	23 639	23 642	30 153	36 388	35 491	39 487
Amusements state and local govt.	23	234	671	3 668	7 105	7 082	8 202	9 235	7 341	9 762
Parimutuels state and local govt.	386	731	659	326	328	206	182	193	207	229
Transportation of persons federal	126	1 601	0	0	0	0	0	0	0	0
Transport of property	0	92	0	0	0	0	0	0	0	0
General and toll telephone federal	1 079	1 118	0	0	0	0	0	0	0	0
Foreign insurance policies federal	0	75	0	0	0	0	0	0	0	0
Insurance state and local govt.	744	3 113	7 565	9 863	16 206	16 354	21 769	26 960	27 943	29 496
Employee pension plans federal	0	3	0	0	0	0	0	0	0	0
Inland waterway tax federal	0	0	0	0	0	0	0	0	0	0
Ship departure tax federal	0	0	0	0	0	0	0	0	0	0
5127 Autres impôts sur commerce et transact. internat.	0	0	0	0	0	0	0	0	0	0
5128 Autres impôts	0	0	18 320	39 155	49 083	52 760	96 433	108 278	101 445	98 380
5130 Non-ventilables entre 5110 et 5120	0	0	0	0	0	0	0	0	0	0
5200 Impôts sur utilisation des biens et exerc. activités	4 717	17 034	36 068	59 910	92 422	88 619	96 377	117 486	115 789	124 755
5210 Impôts périodiques	3 490	9 501	21 262	37 114	68 547	66 440	74 447	87 797	90 097	94 915

	1965	1980	1990	2000	2007	2010	2015	2019	2020	2021
5211 À la charge des ménages : véhicules à moteur	1 211	3 370	8 104	11 409	14 996	16 294	18 809	21 315	21 449	22 481
Motor vehicle regis. license st. and loc.	1 056	2 981	..	..	..	..	..	..	..	..
Motor vehicle oper. license st. and loc.	152	389	..	..	..	..	..	..	..	..
Other motor vehicle	3	0	..	..	..	..	..	..	..	..
5212 À la charge autres agents : véhicules à moteur	937	2 343	3 564	6 688	8 484	9 108	10 702	12 185	12 222	12 722
Motor vehicle regis. license st. and loc.	937	2 343	..	..	..	..	..	..	..	..
Motor vehicle oper. license st. and loc.	0	0	..	..	..	..	..	..	..	..
5213 Autres impôts périodiques	1 342	3 788	9 594	19 017	45 067	41 038	44 936	54 297	56 427	59 712
Misc. fees permit license federal	19	0	0	0	0	0	0	0	0	0
Special tax liquor occupations federal	22	21	0	0	0	0	0	0	0	0
Use tax of certain vehicles federal	99	277	0	0	0	0	0	0	0	0
Use of internat. travel facilities federal	0	92	0	0	0	0	0	0	0	0
Use tax of aircraft federal	0	21	0	0	0	0	0	0	0	0
Corporation in general license st. and loc.	528	1 388	3 147	6 736	10 658	9 473	6 678	7 808	9 215	11 297
Alcoholic beverage license tax st. and loc.	133	179	264	308	608	596	824	950	961	989
Public utilities license tax st. and loc.	30	130	270	395	1 903	1 468	1 665	1 835	1 703	1 672
Amusements license taxes st. and loc.	7	69	202	196	966	638	740	714	622	712
Occupation and business license st. and loc.	349	1 113	3 512	7 651	16 484	17 812	20 423	23 360	23 812	24 076
Wagering occupation tax federal	7	12	0	0	0	0	0	0	0	0
Other license taxes st. and loc.	10	69	2 118	3 619	14 302	10 900	14 445	19 460	19 920	20 768
Hunting and fishing license taxes st. and loc.	138	417	82	112	146	151	162	170	193	197
Other	0	0	0	0	0	0	0	0	0	0
5220 Impôts non-périodiques	1 227	7 533	14 806	22 796	23 875	22 179	21 930	29 689	25 692	29 840
Severance state and local govt.	503	4 167	5 224	5 285	12 895	11 751	9 755	13 514	9 703	13 487
Poll taxes state and local govt.	9	0	0	0	0	0	0	0	0	0
Other taxes state and local govt.	715	3 366	9 582	17 511	10 980	10 428	12 175	16 175	15 988	16 353
5300 Non-ventilables entre 5100 et 5200	0	0	0	0	0	0	0	0	0	0
6000 Autres impôts	**0**	**15**	**0**	**0**	**0**	**0**	**0**	**0**	**0**	**0**
6100 À la charge exclusive des entreprises	..	0	..	..	..	..	..	..	..	..
6200 À la charge d'autres agents	..	15	..	..	..	..	..	..	..	..
Crédits d'impôts récupérables										
Crédits d'impôts récupérables contre 1110	..	..	6 155	36 511	90 439	171 630	156 656	255 580	525 970	562 230
Composante fiscale	..	..	1 800	9 602	35 910	69 870	42 826	102 660	92 340	111 520
Composante transfert	..	..	4 355	26 909	54 529	101 760	113 830	152 920	433 630	450 710
Crédits d'impôts récupérables contre 1210	..	..	..	..	..	250	577	440	660	300
Composante fiscale	..	..	..	..	..	240	527	380	630	300
Composante transfert	..	..	..	..	..	10	50	60	30	0
Non-ventilables composante transfert	..	..	..	..	..	2 420	4 890	4 230	2 600	3 980
Recettes fiscales totales sur la base d'encaissements	**167 022**	**730 672**	..	..	..	..	..	..	..	..
Recettes fiscales totales sur la base des droits constatés	..	..	..	..	..	..	..	..	..	..
Conciliation avec les comptes nationaux										
Impôts additionnels inclus dans les comptes nationaux	..	..	..	..	..	..	..	..	..	..
Impôt exclus des comptes nationaux	..	..	..	..	..	..	..	..	..	..
Différence dans les traitements des crédits d'impôts	..	..	..	..	..	..	..	..	..	..
Transfert en capital des recettes non collectées	..	..	..	..	..	..	..	..	..	..
Cotisations de sécurité sociale volontaires	..	..	11 719	22 562	51 635	61 833	74 886	108 999	118 059	124 053
Différences diverses	..	..	..	..	..	..	..	..	..	..
Comptes nationaux : impôts et cotisations sociales effectives	..	..	1 564 132	2 923 081	3 920 247	3 578 977	4 848 566	5 481 511	5 537 858	6 302 089
Cotisations sociales imputées	..	..	3 384	3 727	7 134	9 428	9 636	8 688	8 838	8 972
Comptes nationaux : impôts et toutes les cotisations sociales	..	..	1 567 516	2 926 808	3 927 381	3 588 405	4 858 202	5 490 199	5 546 696	6 311 061

.. Non disponible

Note : From 1990, data are on a year ending 31st December basis. For years up to and including 1976 the dated covered fiscal years ending 30th June. Between 1977 and 1989, Federal government data covered fiscal years ending 30th September and State & Local government data covered fiscal years ending 30th June.

From 1990, data are on accrual basis. There are no separate estimates for the State and Local capital gains tax revenues.

Heading 5121: In 1994 through 1996, some Federal excise taxes formerly shown separately were included in 'Other taxes,excises and undistributed, Federal government'.

Source : Federal estimates are derived from the US Budget, the Final Monthly Treasury Statement and the Annual Report of the US Treasury Department. The State and Local estimates are derived from Government Finances, published by the Bureau of the Census.

StatLink https://stat.link/dhc6r8

5.1. Tableaux pour mémoire

Le Tableau 5.39 présente les différentes sources de financement des prestations sociales, au-delà des cotisations obligatoires de sécurité sociale reportées dans la section 5.1. Cette table montre également les données concernant les autres impôts, les cotisations volontaires aux administrations et les cotisations obligatoires au secteur privé.

Le Tableau 5.40 contient les cotisations de sécurité sociale et les impôts sur les salaires acquittés par les administrations. Lors de la révision du Guide d'interprétation en 1984, la question s'est posée de savoir comment il convenait de traiter les impôts acquittés par les administrations. Les deux exemples les plus marquants d'impôts de ce type sont les cotisations de sécurité sociale et les impôts sur les salaires acquittés par les administrations au titre de leurs agents. Après un échange de vues approfondi, il a été décidé que les données présentées dans cette publication continueraient d'inclure les impôts acquittés par les administrations (voir le §7 du Guide d'interprétation dans l'Annexe A).

Alors qu'il a été admis qu'à certaines fins (par exemple, pour mesurer le flux de paiements allant du secteur privé au secteur des administrations), il conviendrait d'exclure les impôts payés par un secteur de l'administration à un autre ou les impôts acquittés entre les différentes unités d'un même secteur de l'administration, il a été décidé que les impôts acquittés par les administrations devaient être inclus dans les données lorsque l'on comptabilise tous les flux d'impôts de l'ensemble de l'économie. Cette prise en compte permet d'être sûr que les différents flux de ressources d'une économie, y compris la valeur de la production des administrations, sont bien mesurés de façon cohérente nette d'impôt.

Il a été toutefois décidé que les données sur les impôts acquittés par les administrations et que l'on pouvait identifier isolément seraient présentées séparément dans un poste pour mémoire et c'est l'objet des tableaux par pays qui suivent.

Les données reproduites dans les tableaux suivants ont trait aux montants effectifs versés par les administrations publiques au titre de leurs agents. Les cotisations fictives, volontaires et imputées sont exclues de ces données. Les définitions des cotisations de sécurité sociale, des impôts sur les salaires et des administrations publiques correspondent aux définitions données aux §40 á § 46, §47 et §3 á § 4 du Guide d'interprétation. Les informations sur les autres impôts payés par les administrations (à savoir impôts sur la propriété et impôts sur la consommation) ne sont pas disponibles pour la plupart des pays, même s'il semble bien que, dans tous les pays, les impôts assis sur les salaires sont les impôts les plus importants qu'acquittent les administrations. Dans beaucoup de cas, les données sont estimées et ne sont pas toujours établies sur une base compatible avec celle utilisée dans les tableaux principaux.

Tableau 5.39. Le financement des prestations sociales, en monnaie nationale

	1965	1980	1990	2000	2007	2010	2015	2019	2020	2021
Australie, millions AUD										
Impôts de la série 2000	..	..	..	..	..	..	..	..	..	..
Autres impôts	..	..	..	..	..	..	..	..	..	..
Contributions volontaires au gouvernement	..	..	..	..	..	..	..	..	..	..
Contributions obligatoires au secteur privé	..	..	..	..	..	..	..	..	..	..
Total	**0**	**0**	**0**	**0**	**0**	**0**	**0**	**0**	**0**	**0**
Autriche, millions EUR										
Impôts de la série 2000	1 548	9 200	17 763	30 510	38 453	41 423	49 867	59 083	59 094	62 312
Autres impôts	0	0	0	0	0	0	0	0	0	0
Contributions volontaires au gouvernement	32	135	141	206	256	339	321	336	344	358
Contributions obligatoires au secteur privé	0	0	0	0	0	0	0	0	0	0
Total	**1 580**	**9 335**	**17 904**	**30 716**	**38 709**	**41 762**	**50 188**	**59 418**	**59 438**	**62 670**
Belgique, millions EUR										
Impôts de la série 2000	2 018	10 798	23 386	34 865	45 929	50 674	58 812	63 203	62 291	65 572
Autres impôts	0	171	644	5 375	13 659	16 772	12 292	19 153	20 009	23 415
Contributions volontaires au gouvernement	0	41	52	58	57	59	70	84	82	83
Contributions obligatoires au secteur privé	0	0	0	0	0	0	0	0	0	0
Total	**2 018**	**11 009**	**24 082**	**40 298**	**59 644**	**67 505**	**71 174**	**82 440**	**82 382**	**89 070**
Canada, millions CAD										
Impôts de la série 2000	854	10 649	29 653	53 109	73 722	76 787	96 371	108 379	107 655	118 880
Autres impôts	1 199	0	0	0	0	0	0	0	0	0
Contributions volontaires au gouvernement	0	0	0	0	0	0	0	0	0	0
Contributions obligatoires au secteur privé	0	0	0	0	0	0	0	0	0	0
Total	**2 053**	**10 649**	**29 653**	**53 109**	**73 722**	**76 787**	**96 371**	**108 379**	**107 655**	**118 880**
Chili, millions CLP										
Impôts de la série 2000	..	..	159 559	576 758	1 148 647	1 493 987	2 252 490	2 994 906	3 104 866	2 815 090
Autres impôts	..	..	0	0	0	0	0	0	0	0
Contributions volontaires au gouvernement	..	..	0	0	0	0	0	0	0	0
Contributions obligatoires au secteur privé	..	..	328 102	2 021 631	3 808 658	5 408 703	8 914 415	11 975 273	12 194 451	13 597 362
Total	**..**	**..**	**487 661**	**2 598 389**	**4 957 305**	**6 902 690**	**11 166 905**	**14 970 179**	**15 299 318**	**16 412 451**
Colombie, millions COP										
Impôts de la série 2000	..	..	203 596	4 989 000	9 694 000	11 478 085	13 585 138	19 875 398	18 615 408	22 844 403
Autres impôts	..	..	0	0	0	0	0	0	0	0
Contributions volontaires au gouvernement	..	..	0	0	0	0	0	0	0	0
Contributions obligatoires au secteur privé	..	..	0	0	18 667 073	27 354 493	31 112 566	43 732 211	40 888 910	46 914 226
Total	**..**	**..**	**203 596**	**4 989 000**	**28 361 073**	**38 832 579**	**44 697 703**	**63 607 609**	**59 504 318**	**69 758 630**
Costa Rica, millions CRC										
Impôts de la série 2000	..	..	33 990	297 069	885 053	1 450 531	2 305 133	3 026 691	2 971 589	3 605 731
Autres impôts	..	..	..	..	..	..	..	..	..	..
Contributions volontaires au gouvernement	..	..	..	..	..	..	..	..	..	..
Contributions obligatoires au secteur privé	..	..	..	..	..	..	..	..	..	..
Total	**..**	**..**	**33 990**	**297 069**	**885 053**	**1 450 531**	**2 305 133**	**3 026 691**	**2 971 589**	**3 605 731**
République tchèque, million CZK										
Impôts de la série 2000	..	..	..	341 544	573 417	576 029	659 743	889 237	901 670	1 004 804
Autres impôts	..	..	..	0	0	0	0	0	0	0
Contributions volontaires au gouvernement	..	..	..	1 099	974	661	386	578	537	573
Contributions obligatoires au secteur privé	..	..	..	2 837	5 757	6 094	6 741	8 921	9 048	9 539
Total	**..**	**..**	**..**	**345 480**	**580 148**	**582 784**	**666 871**	**898 736**	**911 255**	**1 014 916**
Danemark, millions DKK										
Impôts de la série 2000	690	710	101	8 453	1 286	1 815	1 378	991	1 359	1 541
Autres impôts	0	0	0	0	0	0	0	0	0	0
Contributions volontaires au gouvernement	0	1 673	8 087	16 633	17 061	17 192	14 721	14 792	14 873	15 277
Contributions obligatoires au secteur privé	145	554	1 278	1 445	4 526	3 847	2 964	2 828	2 875	2 834
Total	**835**	**2 937**	**9 466**	**26 531**	**22 874**	**22 854**	**19 063**	**18 611**	**19 107**	**19 652**

	1965	1980	1990	2000	2007	2010	2015	2019	2020	2021
Estonie, millions EUR										
Impôts de la série 2000	..	..	..	674	1 683	1 879	2 300	3 256	3 331	3 652
Autres impôts	..	..	..	0	0	0	0	0	0	0
Contributions volontaires au gouvernement	..	..	..	0	0	0	0	0	0	0
Contributions obligatoires au secteur privé	..	..	..	1	341	38	389	378	342	311
Total	**..**	**..**	**..**	**674**	**2 024**	**1 918**	**2 689**	**3 556**	**3 673**	**3 962**
Finlande, millions EUR										
Impôts de la série 2000	93	2 776	10 012	15 756	21 384	22 648	26 639	28 295	27 326	30 186
Autres impôts	47	22	0	404	0	0	0	0	0	0
Contributions volontaires au gouvernement	0	262	632	236	228	254	303	246	235	261
Contributions obligatoires au secteur privé	0	123	431	532	653	619	673	655	619	637
Total	**140**	**3 183**	**11 075**	**16 928**	**22 265**	**23 521**	**27 615**	**29 196**	**28 180**	**31 084**
France, millions EUR										
Impôts de la série 2000	8 804	76 235	191 141	231 875	307 663	323 816	370 375	363 817	348 335	374 574
Autres impôts	0	895	2 950	81 001	127 511	137 383	170 210	232 687	234 036	253 653
Contributions volontaires au gouvernement	0	0	0	0	0	0	0	0	0	0
Contributions obligatoires au secteur privé	0	0	0	0	0	0	0	0	0	0
Total	**8 804**	**77 130**	**194 091**	**312 876**	**435 174**	**461 199**	**540 585**	**596 504**	**582 371**	**628 227**
Allemagne, millions EUR										
Impôts de la série 2000	19 876	98 659	170 449	299 440	320 750	354 320	424 841	508 123	512 277	534 373
Autres impôts	0	0	0	0	0	0	0	0	0	0
Contributions volontaires au gouvernement	1 946	8 441	13 002	23 329	21 409	5 102	6 068	7 262	7 399	7 937
Contributions obligatoires au secteur privé	107	690	1 462	6 120	8 243	9 386	11 202	14 112	15 465	16 224
Total	**21 929**	**107 791**	**184 914**	**328 889**	**350 402**	**368 808**	**442 111**	**529 497**	**535 141**	**558 534**
Grèce, millions EUR										
Impôts de la série 2000	37	485	3 466	14 284	24 940	24 748	18 807	22 260	21 352	23 417
Autres impôts	8	0	0	0	0	0	0	0	0	0
Contributions volontaires au gouvernement	0	0	0	0	0	0	0	0	0	0
Contributions obligatoires au secteur privé	0	0	0	0	0	0	0	0	0	0
Total	**44**	**485**	**3 466**	**14 284**	**24 940**	**24 748**	**18 807**	**22 260**	**21 352**	**23 417**
Hongrie, millions HUF										
Impôts de la série 2000	..	..	..	1 506 755	3 402 194	3 179 509	4 433 464	5 545 481	5 364 400	5 781 772
Autres impôts	..	..	..	188 413	85 058	78 629	294 313	145 025	128 079	132 629
Contributions volontaires au gouvernement	..	..	..	1 273	1 762	1 693	1 229	983	953	963
Contributions obligatoires au secteur privé	..	..	..	62 836	190 331	279 814	0	0	0	0
Total	**..**	**..**	**..**	**1 759 277**	**3 679 344**	**3 539 645**	**4 729 006**	**5 691 489**	**5 493 432**	**5 915 364**
Islande, millions ISK										
Impôts de la série 2000	5	102	3 607	19 680	39 594	63 599	79 707	97 423	88 364	97 414
Autres impôts	0	1 047	20 571	26 732	52 444	77 472	97 987	187 636	259 588	277 008
Contributions volontaires au gouvernement	0	0	0	0	0	0	0	0	0	0
Contributions obligatoires au secteur privé	0	459	13 454	48 847	118 117	95 438	139 792	187 003	191 784	207 998
Total	**5**	**1 608**	**37 632**	**95 260**	**210 155**	**236 509**	**317 486**	**472 062**	**539 736**	**582 420**
Irlande, millions EUR										
Impôts de la série 2000	21	578	1 729	3 966	8 143	8 458	9 999	13 110	12 285	13 618
Autres impôts	0	0	0	0	0	0	0	0	0	0
Contributions volontaires au gouvernement	0	0	0	0	0	0	0	0	0	0
Contributions obligatoires au secteur privé	0	0	0	0	0	0	0	0	0	0
Total	**21**	**578**	**1 729**	**3 966**	**8 143**	**8 458**	**9 999**	**13 110**	**12 285**	**13 618**
Israël, millions ILS										
Impôts de la série 2000	..	..	..	27 565	37 909	45 343	59 561	74 420	73 031	79 602
Autres impôts	..	..	..	0	0	0	0	0	0	0
Contributions volontaires au gouvernement	..	..	..	0	0	0	0	0	0	0
Contributions obligatoires au secteur privé	..	..	..	0	0	9 100	28 700	37 700	39 200	43 500
Total	**..**	**..**	**..**	**27 565**	**37 909**	**54 443**	**88 261**	**112 120**	**112 231**	**123 102**
Italie, millions EUR										
Impôts de la série 2000	1 881	22 976	87 256	143 629	200 772	209 122	214 376	237 290	224 742	240 691
Autres impôts	0	0	0	0	0	0	0	0	0	0
Contributions volontaires au gouvernement	0	0	0	464	567	561	750	764	763	804
Contributions obligatoires au secteur privé	0	0	0	0	0	0	0	0	0	0
Total	**1 881**	**22 976**	**87 256**	**144 093**	**201 339**	**209 683**	**215 126**	**238 054**	**225 505**	**241 495**

	1965	1980	1990	2000	2007	2010	2015	2019	2020	2021
Japon, billions JPY										
Impôts de la série 2000	1 344	18 178	34 613	47 968	53 325	54 461	64 465	72 046	71 562	73 614
Autres impôts	0	0	0	0	0	0	0	0	0	0
Contributions volontaires au gouvernement	0	0	0	0	0	0	0	0	0	0
Contributions obligatoires au secteur privé	0	0	0	0	0	0	0	0	0	0
Total	**1 344**	**18 178**	**34 613**	**47 968**	**53 325**	**54 461**	**64 465**	**72 046**	**71 562**	**73 614**
Corée, billions KRW										
Impôts de la série 2000	..	73	3 760	22 759	53 588	69 090	104 693	140 071	150 854	162 209
Autres impôts	..	0	0	0	0	0	0	0	0	0
Contributions volontaires au gouvernement	..	0	0	0	0	0	0	0	0	0
Contributions obligatoires au secteur privé	..	0	0	0	0	0	0	0	0	0
Total	**..**	**73**	**3 760**	**22 759**	**53 588**	**69 090**	**104 693**	**140 071**	**150 854**	**162 209**
Lettonie, millions EUR										
Impôts de la série 2000	..	..	..	669	1 774	1 554	2 030	2 911	2 985	3 191
Autres impôts	..	..	..	12	51	36	80	149	128	138
Contributions volontaires au gouvernement	..	..	..	0	0	0	0	0	0	0
Contributions obligatoires au secteur privé	..	..	..	0	0	0	0	0	0	0
Total	**..**	**..**	**..**	**682**	**1 825**	**1 590**	**2 111**	**3 060**	**3 113**	**3 329**
Lituanie, millions EUR										
Impôts de la série 2000	..	..	..	1 362	2 643	3 293	4 338	4 743	5 127	5 750
Autres impôts	..	..	..	0	0	0	0	0	0	0
Contributions volontaires au gouvernement	..	..	..	0	2	2	2	2	0	0
Contributions obligatoires au secteur privé	..	..	..	0	247	95	140	3	0	0
Total	**..**	**..**	**..**	**1 362**	**2 892**	**3 391**	**4 480**	**4 748**	**5 127**	**5 750**
Luxembourg, millions EUR										
Impôts de la série 2000	86	443	1 011	2 224	3 710	4 387	5 548	6 851	7 190	7 643
Autres impôts	0	0	0	0	0	0	0	0	0	0
Contributions volontaires au gouvernement	0	0	4	18	18	28	38	48	52	57
Contributions obligatoires au secteur privé	0	0	0	0	0	0	0	0	0	0
Total	**86**	**443**	**1 015**	**2 241**	**3 728**	**4 415**	**5 586**	**6 898**	**7 242**	**7 700**
Mexique, millions MXN										
Impôts de la série 2000	..	109	17 165	138 223	236 727	277 459	409 249	552 058	576 019	612 175
Autres impôts	..	0	0	0	0	0	0	0	0	0
Contributions volontaires au gouvernement	..	0	0	0	0	0	0	0	0	0
Contributions obligatoires au secteur privé	..	25	3 840	67 352	144 331	146 110	206 824	303 426	332 725	363 552
Total	**..**	**134**	**21 005**	**205 575**	**381 057**	**423 569**	**616 073**	**855 484**	**908 743**	**975 727**
Pays-Bas, millions EUR										
Impôts de la série 2000	3 342	26 641	39 075	64 522	77 072	82 732	96 426	109 298	108 685	112 666
Autres impôts	0	0	0	0	0	0	0	0	0	0
Contributions volontaires au gouvernement	168	1 139	163	0	0	0	0	0	0	0
Contributions obligatoires au secteur privé	1 266	7 642	5 727	37 088	..	..	..	..	..	..
Total	**4 776**	**35 422**	**44 965**	**101 610**	**77 072**	**82 732**	**96 426**	**109 298**	**108 685**	**112 666**
Nouvelle-Zélande, millions NZD										
Impôts de la série 2000	..	..	..	..	..	..	..	..	..	..
Autres impôts	..	..	..	..	..	..	..	..	..	..
Contributions volontaires au gouvernement	..	..	..	..	..	..	..	..	..	..
Contributions obligatoires au secteur privé	..	..	..	..	..	..	..	..	..	..
Total	**0**	**0**	**0**	**0**	**0**	**0**	**0**	**0**	**0**	**0**
Norvège, millions NOK										
Impôts de la série 2000	2 009	28 205	79 362	132 170	204 473	243 002	325 130	377 057	381 231	402 152
Autres impôts	1 305	4 256	0	0	0	0	0	0	0	0
Contributions volontaires au gouvernement	0	0	0	0	0	0	0	0	0	0
Contributions obligatoires au secteur privé	0	242	339	0	0	0	0	0	0	0
Total	**3 314**	**32 703**	**79 701**	**132 170**	**204 473**	**243 002**	**325 130**	**377 057**	**381 231**	**402 152**
Pologne, millions PLN										
Impôts de la série 2000	..	..	..	97 411	141 457	157 432	225 711	305 353	318 636	344 720
Autres impôts	..	..	..	0	0	0	0	0	0	1 421
Contributions volontaires au gouvernement	..	..	..	0	0	0	49	46	48	48
Contributions obligatoires au secteur privé	..	..	..	0	0	0	0	0	0	0
Total	**..**	**..**	**..**	**97 411**	**141 457**	**157 432**	**225 760**	**305 399**	**318 684**	**346 189**

	1965	1980	1990	2000	2007	2010	2015	2019	2020	2021
Portugal, millions EUR										
Impôts de la série 2000	22	531	4 026	10 168	14 305	15 462	16 182	20 602	20 943	22 403
Autres impôts	0	1	29	434	658	698	994	854	883	915
Contributions volontaires au gouvernement	0	0	0	0	0	0	0	0	0	0
Contributions obligatoires au secteur privé	0	0	0	0	0	0	0	0	0	0
Total	**22**	**532**	**4 055**	**10 602**	**14 932**	**16 154**	**17 176**	**21 456**	**21 826**	**23 319**
République slovaque, millions EUR										
Impôts de la série 2000	..	..	..	4 409	7 244	8 154	10 897	14 085	14 229	15 262
Autres impôts	..	..	..	0	0	0	0	0	0	0
Contributions volontaires au gouvernement	..	..	..	0	22	31	11	11	12	29
Contributions obligatoires au secteur privé	..	..	..	0	701	719	413	713	718	940
Total	**..**	**..**	**..**	**4 409**	**7 968**	**8 904**	**11 321**	**14 809**	**14 959**	**16 230**
Slovénie, millions EUR										
Impôts de la série 2000	..	..	..	2 820	5 046	5 761	5 983	7 587	7 908	8 566
Autres impôts	..	..	..	0	0	0	0	0	0	0
Contributions volontaires au gouvernement	..	..	..	0	0	0	0	0	0	0
Contributions obligatoires au secteur privé	..	..	..	0	0	0	0	0	0	0
Total	**..**	**..**	**..**	**2 820**	**5 046**	**5 761**	**5 983**	**7 587**	**7 908**	**8 566**
Espagne, millions EUR										
Impôts de la série 2000	350	10 682	36 722	74 683	127 088	127 235	122 835	152 527	154 315	163 888
Autres impôts	0	49	0	0	0	0	0	0	0	0
Contributions volontaires au gouvernement	0	0	0	447	937	1 155	1 170	987	891	931
Contributions obligatoires au secteur privé	0	0	0	0	0	0	0	0	0	0
Total	**350**	**10 731**	**36 722**	**75 130**	**128 025**	**128 390**	**124 005**	**153 514**	**155 206**	**164 819**
Suède, millions SEK										
Impôts de la série 2000	4 851	74 647	205 867	306 974	388 505	384 668	404 851	462 860	455 396	489 876
Autres impôts	1 407	0	0	0	0	0	0	0	0	0
Contributions volontaires au gouvernement	0	0	0	7 951	12 376	13 167	16 726	24 966	24 731	30 070
Contributions obligatoires au secteur privé	0	0	0	0	0	0	0	0	0	0
Total	**6 258**	**74 647**	**205 867**	**314 925**	**400 881**	**397 835**	**421 577**	**487 826**	**480 127**	**519 946**
Suisse, millions CHF										
Impôts de la série 2000	1 670	10 844	19 952	30 961	34 974	38 385	44 285	47 233	49 056	50 655
Autres impôts	336	778	1 176	4 509	6 342	6 644	7 590	6 260	3 357	3 428
Contributions volontaires au gouvernement	95	431	0	0	0	0	0	0	0	0
Contributions obligatoires au secteur privé	2 505	9 674	20 797	29 532	42 219	45 974	52 663	59 136	60 122	61 308
Total	**4 606**	**21 727**	**41 924**	**65 002**	**83 535**	**91 004**	**104 537**	**112 629**	**112 535**	**115 391**
Türkiye, millions TRY										
Impôts de la série 2000	0	0	15	7 543	44 052	71 696	170 282	312 808	357 677	473 450
Autres impôts	0	0	0	0	0	0	0	0	0	0
Contributions volontaires au gouvernement	0	0	0	0	0	0	0	0	0	0
Contributions obligatoires au secteur privé	0	0	0	0	0	0	0	0	0	0
Total	**0**	**0**	**15**	**7 543**	**44 052**	**71 696**	**170 282**	**312 808**	**357 677**	**473 450**
Royaume-Uni, millions GBP										
Impôts de la série 2000	1 685	13 531	34 457	60 252	93 210	97 346	114 173	143 952	143 608	155 267
Autres impôts	0	0	0	0	0	0	0	0	0	0
Contributions volontaires au gouvernement	0	11	3 288	8 103	18 629	21 217	25 025	33 474	38 013	40 449
Contributions obligatoires au secteur privé	1 148	13 350	7 945	8 308	9 969	9 656	5 495	0	0	0
Total	**2 833**	**26 892**	**45 690**	**76 663**	**121 808**	**128 219**	**144 693**	**177 426**	**181 621**	**195 716**
État-Unis, millions USD										
Impôts de la série 2000	22 192	159 763	396 972	683 104	907 357	917 409	1 125 493	1 312 267	1 328 070	1 413 183
Autres impôts	0	0	0	0	0	0	0	0	0	0
Contributions volontaires au gouvernement	488	3 407	11 719	22 562	51 635	61 833	74 886	108 999	118 059	124 053
Contributions obligatoires au secteur privé	0	0	0	0	0	0	0	0	0	0
Total	**22 680**	**163 170**	**408 691**	**705 666**	**958 992**	**979 242**	**1 200 379**	**1 421 266**	**1 446 129**	**1 537 236**

.. Non disponible

StatLink https://stat.link/tiekn0

Tableau 5.40. Les cotisations de sécurité sociale et impôts sur les salaires payés par les administrations publiques, en monnaie nationale

	1965	1980	1990	2000	2007	2010	2015	2019	2020	2021
Australie, millions AUD										
2000 Cotisations de sécurité sociale										
Administration fédérale ou centrale	..	..	..	..	..	..	..	..	..	..
Administration d'un Etat/Länder	..	..	..	..	..	..	..	..	..	..
Administrations locales	..	..	..	..	..	..	..	..	..	..
Administrations de sécurite sociale	..	..	..	..	..	..	..	..	..	..
Total	**0**	**0**	**0**	**0**	**0**	**0**	**0**	**0**	**0**	**0**
3000 Impôts sur les salaires										
Administration fédérale ou centrale	0	4	0	0	0	0	0	0	0	0
Administration d'un Etat/Länder	15	302	0	0	0	0	0	0	0	0
Administrations locales	0	0	2	19	41	31	38	42	45	42
Administrations de sécurite sociale	0	0	0	0	0	0	0	0	0	0
Secteur multijuridictionnel (université)[1]	..	..	..	..	..	..	..	..	..	..
Total	**15**	**306**	**92**	**301**	**496**	**579**	**765**	**922**	**959**	**889**
2000+3000 Total	**15**	**306**	**92**	**301**	**496**	**579**	**765**	**922**	**959**	**889**
Autriche, millions EUR[2]										
2000 Cotisations de sécurité sociale										
Administration fédérale ou centrale	48	230	337	620	1 244	1 532	1 825	2 209	2 261	2 388
Administration d'un Etat/Länder	13	166	337	692	988	1 179	1 376	1 702	1 800	2 035
Administrations locales	17	145	292	699	1 036	1 277	1 515	1 815	1 908	2 033
Administrations de sécurite sociale	11	79	48	176	203	226	264	293	303	309
Total	**88**	**619**	**1 015**	**2 186**	**3 471**	**4 213**	**4 980**	**6 018**	**6 272**	**6 764**
3000 Impôts sur les salaires										
Administration fédérale ou centrale	0	49	134	186	337	533	624	649	658	676
Administration d'un Etat/Länder	0	48	74	232	351	458	492	507	507	539
Administrations locales	1	29	79	301	262	359	428	455	456	487
Administrations de sécurite sociale	0	0	39	44	51	55	65	71	73	74
Total	**1**	**125**	**326**	**763**	**1 000**	**1 405**	**1 609**	**1 682**	**1 693**	**1 776**
2000+3000 Total	**89**	**745**	**1 341**	**2 949**	**4 471**	**5 618**	**6 589**	**7 700**	**7 965**	**8 540**
Belgique, millions EUR										
2000 Cotisations de sécurité sociale										
Administration fédérale ou centrale	..	536	211	259	434	493	859	881	921	958
Administration d'un Etat/Länder	..	0	614	1 218	1 600	1 873	2 440	2 750	2 809	2 961
Administrations locales	..	434	768	1 376	2 151	2 655	3 973	4 515	4 667	4 808
Administrations de sécurite sociale	..	89	176	252	308	360	415	411	427	455
Total	**..**	**1 059**	**1 769**	**3 105**	**4 493**	**5 381**	**7 686**	**8 557**	**8 823**	**9 181**
3000 Impôts sur les salaires										
Administration fédérale ou centrale	..	..	..	..	..	..	..	..	..	..
Administration d'un Etat/Länder	..	..	..	..	..	..	..	..	..	..
Administrations locales	..	..	..	..	..	..	..	..	..	..
Administrations de sécurite sociale	..	..	..	..	..	..	..	..	..	..
Total	**..**	**0**	**0**	**0**	**0**	**0**	**0**	**0**	**0**	**0**
2000+3000 Total	**..**	**1 059**	**1 769**	**3 105**	**4 493**	**5 381**	**7 686**	**8 557**	**8 823**	**9 181**
Canada, millions CAD										
2000 Cotisations de sécurité sociale										
Administration fédérale ou centrale	..	..	..	944	1 198	1 397	1 515	1 790	2 150	2 070
Administration d'un Etat/Länder	..	..	..	3 023	4 269	5 071	6 349	7 122	7 487	7 554
Administrations locales	..	..	..	2 225	2 806	3 390	4 205	4 715	4 793	4 836
Administrations de sécurite sociale	..	..	..	0	0	0	0	0	0	0
Total	**..**	**..**	**..**	**6 192**	**8 273**	**9 857**	**12 070**	**13 626**	**14 430**	**14 460**
3000 Impôts sur les salaires										
Administration fédérale ou centrale	..	..	..	0	0	0	0	0	0	0
Administration d'un Etat/Länder	..	..	..	173	234	328	362	405	413	439
Administrations locales	..	..	..	0	0	0	0	0	0	0
Administrations de sécurite sociale	..	..	..	0	0	0	0	0	0	0
Total	**..**	**..**	**..**	**173**	**234**	**328**	**362**	**405**	**413**	**439**
2000+3000 Total	**..**	**..**	**..**	**6 365**	**8 507**	**10 185**	**12 432**	**14 031**	**14 843**	**14 899**

	1965	1980	1990	2000	2007	2010	2015	2019	2020	2021
Chili, millions CLP										
2000 Cotisations de sécurité sociale										
Administration fédérale ou centrale	..	..	..	43 210	107 911	148 006	205 125	270 571	269 335	251 721
Administration d'un Etat/Länder	..	..	..	..	..	..	..	..	..	..
Administrations locales	..	..	..	11 317	30 218	41 518	63 603	104 484	110 058	103 689
Administrations de sécurite sociale	..	..	..	106	263	449	600	825	872	798
Total	**..**	**..**	**..**	**54 633**	**138 392**	**189 974**	**269 328**	**375 881**	**380 265**	**356 208**
3000 Impôts sur les salaires										
Administration fédérale ou centrale	..	..	..	..	..	..	..	..	..	..
Administration d'un Etat/Länder	..	..	..	..	..	..	..	..	..	..
Administrations locales	..	..	..	..	..	..	..	..	..	..
Administrations de sécurite sociale	..	..	..	..	..	..	..	..	..	..
Total	**..**	**..**	**..**	**..**	**..**	**..**	**..**	**..**	**..**	**..**
2000+3000 Total	**..**	**..**	**..**	**54 633**	**138 392**	**189 974**	**269 328**	**375 881**	**380 265**	**356 208**
Colombie, millions COP										
2000 Cotisations de sécurité sociale										
Administration fédérale ou centrale	..	..	..	..	..	..	0	0	0	0
Administration d'un Etat/Länder	..	..	..	..	..	..	0	0	0	0
Administrations locales	..	..	..	..	..	..	0	0	0	0
Administrations de sécurite sociale	..	..	..	..	..	..	1 255 666	1 889 685	1 937 898	2 114 229
Total	**..**	**..**	**..**	**..**	**..**	**..**	**1 255 666**	**1 889 685**	**1 937 898**	**2 114 229**
3000 Impôts sur les salaires										
Administration fédérale ou centrale	..	..	..	..	..	..	436 646	589 456	614 683	654 006
Administration d'un Etat/Länder	..	..	..	..	..	..	0	0	0	0
Administrations locales	..	..	..	..	..	..	0	0	0	0
Administrations de sécurite sociale	..	..	..	..	..	..	0	0	0	0
Total	**..**	**..**	**..**	**..**	**..**	**..**	**436 646**	**589 456**	**614 683**	**654 006**
2000+3000 Total	**..**	**..**	**..**	**..**	**..**	**..**	**1 692 312**	**2 479 141**	**2 552 581**	**2 768 235**
Costa Rica, millions CRC										
2000 Cotisations de sécurité sociale										
Administration fédérale ou centrale	..	..	3 219	35 099	102 041	197 340	301 475	358 848	364 628	365 341
Administration d'un Etat/Länder	..	..	0	0	0	0	0	0	0	0
Administrations locales	..	..	228	2 214	5 357	9 866	17 177	23 092	23 212	23 842
Administrations de sécurite sociale	..	..	0	0	0	0	0	0	0	0
Total	**..**	**..**	**3 447**	**37 313**	**107 398**	**207 206**	**318 652**	**381 940**	**387 840**	**389 183**
3000 Impôts sur les salaires										
Administration fédérale ou centrale	..	..	91	2 666	5 320	12 405	17 321	20 795	22 030	23 077
Administration d'un Etat/Länder	..	..	0	0	0	0	0	0	0	0
Administrations locales	..	..	0	0	0	0	0	0	0	0
Administrations de sécurite sociale	..	..	0	0	0	0	0	0	0	0
Total	**..**	**..**	**91**	**2 666**	**5 320**	**12 405**	**17 321**	**20 795**	**22 030**	**23 077**
2000+3000 Total	**..**	**..**	**3 538**	**39 979**	**112 718**	**219 611**	**335 973**	**402 736**	**409 870**	**412 260**
République tchèque, millions CZK										
2000 Cotisations de sécurité sociale										
Administration fédérale ou centrale	..	..	..	28 050	44 437	45 439	37 553	52 185	56 141	58 645
Administration d'un Etat/Länder	..	..	..	..	..	..	..	..	..	..
Administrations locales	..	..	..	5 660	8 253	9 394	41 954	61 791	68 981	74 834
Administrations de sécurite sociale	..	..	..	510	791	938	975	1 275	1 310	1 360
Total	**..**	**..**	**..**	**34 220**	**53 481**	**55 771**	**80 482**	**115 252**	**126 432**	**134 839**
3000 Impôts sur les salaires										
Administration fédérale ou centrale	..	..	..	..	..	..	..	..	..	..
Administration d'un Etat/Länder	..	..	..	..	..	..	..	..	..	..
Administrations locales	..	..	..	..	..	..	..	..	..	..
Administrations de sécurite sociale	..	..	..	..	..	..	..	..	..	..
Total	**..**	**..**	**..**	**0**	**0**	**0**	**0**	**0**	**0**	**0**
2000+3000 Total	**..**	**..**	**..**	**34 220**	**53 481**	**55 771**	**80 482**	**115 252**	**126 432**	**134 839**

	1965	1980	1990	2000	2007	2010	2015	2019	2020	2021
Danemark, millions DKK										
2000 Cotisations de sécurité sociale										
Administration fédérale ou centrale	..	179	..	..	..	..	..	..	..	..
Administration d'un Etat/Länder	..	..	..	..	..	..	..	..	..	..
Administrations locales	..	0	..	..	..	..	..	..	..	..
Administrations de sécurite sociale	..	0	..	..	..	..	..	..	..	..
Total	**..**	**179**	**0**	**0**	**0**	**0**	**0**	**0**	**0**	**0**
3000 Impôts sur les salaires										
Administration fédérale ou centrale	..	..	..	..	..	..	..	..	..	..
Administration d'un Etat/Länder	..	..	..	..	..	..	..	..	..	..
Administrations locales	..	..	..	..	..	..	..	..	..	..
Administrations de sécurite sociale	..	..	..	..	..	..	..	..	..	..
Total	**..**	**0**	**0**	**0**	**0**	**0**	**0**	**0**	**0**	**0**
2000+3000 Total	**..**	**179**	**0**	**0**	**0**	**0**	**0**	**0**	**0**	**0**
Estonie, millions EUR										
2000 Cotisations de sécurité sociale										
Administration fédérale ou centrale	..	..	..	115	230	258	359	474	514	553
Administration d'un Etat/Länder	..	..	..	..	..	..	..	..	..	..
Administrations locales	..	..	..	48	155	173	232	335	354	372
Administrations de sécurite sociale	..	..	..	0	1	3	4	8	9	10
Total	**..**	**..**	**..**	**163**	**386**	**434**	**596**	**817**	**876**	**935**
3000 Impôts sur les salaires										
Administration fédérale ou centrale	..	..	..	..	..	..	..	..	..	..
Administration d'un Etat/Länder	..	..	..	..	..	..	..	..	..	..
Administrations locales	..	..	..	..	..	..	..	..	..	..
Administrations de sécurite sociale	..	..	..	..	..	..	..	..	..	..
Total	**..**	**..**	**..**	**0**	**0**	**0**	**0**	**0**	**0**	**0**
2000+3000 Total	**..**	**..**	**..**	**163**	**386**	**434**	**596**	**817**	**876**	**935**
Finlande, millions EUR										
2000 Cotisations de sécurité sociale										
Administration fédérale ou centrale	..	61	196	908	1 057	1 138	1 229	1 104	1 138	1 213
Administration d'un Etat/Länder	..	..	..	..	..	..	..	..	..	..
Administrations locales	..	170	1 709	2 786	4 061	4 352	4 868	4 270	4 315	4 575
Administrations de sécurite sociale	..	9	34	75	88	89	109	112	109	126
Total	**..**	**239**	**1 939**	**3 769**	**5 206**	**5 579**	**6 206**	**5 486**	**5 562**	**5 914**
3000 Impôts sur les salaires										
Administration fédérale ou centrale	..	1	..	..	..	..	..	..	..	..
Administration d'un Etat/Länder	..	..	..	..	..	..	..	..	..	..
Administrations locales	..	4	..	..	..	..	..	..	..	..
Administrations de sécurite sociale	..	0	..	..	..	..	..	..	..	..
Total	**..**	**5**	**0**	**0**	**0**	**0**	**0**	**0**	**0**	**0**
2000+3000 Total	**..**	**245**	**1 939**	**3 769**	**5 206**	**5 579**	**6 206**	**5 486**	**5 562**	**5 914**
France, millions EUR										
2000 Cotisations de sécurité sociale										
Administration fédérale ou centrale	..	3 816	8 063	10 466	12 426	12 841	12 999	14 275	14 424	14 757
Administration d'un Etat/Länder	..	..	..	..	..	..	..	..	..	..
Administrations locales	..	2 369	5 542	10 372	15 925	18 065	21 553	22 157	22 505	23 209
Administrations de sécurite sociale	..	2 594	6 940	10 827	14 035	15 427	17 399	17 548	18 178	19 707
Total	**..**	**8 779**	**20 545**	**31 665**	**42 386**	**46 333**	**51 951**	**53 980**	**55 107**	**57 673**
3000 Impôts sur les salaires										
Administration fédérale ou centrale	..	836	494	854	1 558	1 611	1 768	1 968	2 014	2 069
Administration d'un Etat/Länder	..	..	..	..	..	..	..	..	..	..
Administrations locales	..	27	107	324	549	698	852	962	992	1 046
Administrations de sécurite sociale	..	629	2 234	3 413	4 531	5 028	5 522	5 782	6 047	6 651
Total	**..**	**1 492**	**2 835**	**4 591**	**6 638**	**7 337**	**8 142**	**8 712**	**9 053**	**9 766**
2000+3000 Total	**..**	**10 271**	**23 380**	**36 256**	**49 024**	**53 670**	**60 093**	**62 692**	**64 160**	**67 439**

	1965	1980	1990	2000	2007	2010	2015	2019	2020	2021
Allemagne>, millions EUR										
2000 Cotisations de sécurité sociale										
Administration fédérale ou centrale	775	1 324	2 376	1 554	1 377	1 649	1 766	2 296	2 497	2 780
Administration d'un Etat/Länder	293	2 611	4 647	5 664	6 045	6 781	7 749	9 373	9 910	10 242
Administrations locales	325	3 140	5 791	6 920	8 296	9 499	10 767	13 798	14 503	15 078
Administrations de sécurite sociale	1 495	456	767	1 806	2 131	2 446	2 840	3 336	3 571	3 697
Total	**2 887**	**7 531**	**13 581**	**15 945**	**17 849**	**20 374**	**23 123**	**28 803**	**30 481**	**31 797**
3000 Impôts sur les salaires										
Administration fédérale ou centrale	..	..	..	..	..	..	..	..	..	..
Administration d'un Etat/Länder	..	..	..	..	..	..	..	..	..	..
Administrations locales	..	..	..	..	..	..	..	..	..	..
Administrations de sécurite sociale	..	..	..	..	..	..	..	..	..	..
Total	**0**	**0**	**0**	**0**	**0**	**0**	**0**	**0**	**0**	**0**
2000+3000 Total	**2 887**	**7 531**	**13 581**	**15 945**	**17 849**	**20 374**	**23 123**	**28 803**	**30 481**	**31 797**
Grèce, millions EUR										
2000 Cotisations de sécurité sociale										
Administration fédérale ou centrale	..	..	124	510	1 045	1 176	1 160	2 017	2 324	2 374
Administration d'un Etat/Länder	..	..	..	..	..	..	..	..	..	..
Administrations locales	..	..	0	124	286	341	339	329	401	442
Administrations de sécurite sociale	..	..	0	99	268	200	74	66	61	60
Total	**..**	**..**	**124**	**733**	**1 599**	**1 717**	**1 573**	**2 412**	**2 786**	**2 876**
3000 Impôts sur les salaires										
Administration fédérale ou centrale	..	..	..	..	..	..	..	..	..	..
Administration d'un Etat/Länder	..	..	..	..	..	..	..	..	..	..
Administrations locales	..	..	..	..	..	..	..	..	..	..
Administrations de sécurite sociale	..	..	..	..	..	..	..	..	..	..
Total	**..**	**..**	**0**	**0**	**0**	**0**	**0**	**0**	**0**	**0**
2000+3000 Total	**..**	**..**	**124**	**733**	**1 599**	**1 717**	**1 573**	**2 412**	**2 786**	**2 876**
Hongrie, millions HUF										
2000 Cotisations de sécurité sociale										
Administration fédérale ou centrale	..	..	..	148 251	293 684	352 354	539 106	530 607	511 362	491 643
Administration d'un Etat/Länder	..	..	..	..	..	..	..	..	..	..
Administrations locales	..	..	..	173 475	343 306	291 375	152 189	147 213	136 697	129 333
Administrations de sécurite sociale	..	..	..	4 936	8 052	6 763	2 977	876	709	755
Total	**..**	**..**	**..**	**326 661**	**645 042**	**650 492**	**694 272**	**678 696**	**648 768**	**621 731**
3000 Impôts sur les salaires										
Administration fédérale ou centrale	..	..	..	13 901	7 287	5 419	12 876	19 481	20 850	21 296
Administration d'un Etat/Länder	..	..	..	..	..	..	..	..	..	..
Administrations locales	..	..	..	25 990	11 928	9 275	3 357	4 617	4 978	5 346
Administrations de sécurite sociale	..	..	..	406	162	194	110	37	45	0
Total	**..**	**..**	**..**	**40 297**	**19 377**	**14 888**	**16 342**	**24 135**	**25 873**	**26 642**
2000+3000 Total	**..**	**..**	**..**	**366 958**	**664 420**	**665 380**	**710 614**	**702 831**	**674 641**	**648 373**
Islande, millions ISK										
2000 Cotisations de sécurité sociale										
Administration fédérale ou centrale	..	..	..	..	..	..	..	..	..	..
Administration d'un Etat/Länder	..	..	..	..	..	..	..	..	..	..
Administrations locales	..	..	..	..	..	..	..	..	..	..
Administrations de sécurite sociale	..	..	..	..	..	..	..	..	..	..
Total	**..**	**..**	**..**	**..**	**..**	**..**	**..**	**..**	**..**	**..**
3000 Impôts sur les salaires										
Administration fédérale ou centrale	..	..	..	..	..	..	..	..	..	..
Administration d'un Etat/Länder	..	..	..	..	..	..	..	..	..	..
Administrations locales	..	..	..	..	..	..	..	..	..	..
Administrations de sécurite sociale	..	..	..	..	..	..	..	..	..	..
Total	**..**	**..**	**..**	**..**	**..**	**..**	**..**	**..**	**..**	**..**
2000+3000 Total	**..**	**..**	**..**	**..**	**..**	**..**	**..**	**..**	**..**	**..**

	1965	1980	1990	2000	2007	2010	2015	2019	2020	2021
Irlande, millions EUR										
2000 Cotisations de sécurité sociale										
Administration fédérale ou centrale	..	21	65	166	460	395	497	680	629	695
Administration d'un Etat/Länder	..	..	..	..	..	..	..	..	..	..
Administrations locales	..	25	83	277	862	740	932	1 275	1 180	1 304
Administrations de sécurite sociale	..	0	1	4	6	6	6	6	6	6
Total	**..**	**46**	**149**	**447**	**1 328**	**1 140**	**1 435**	**1 961**	**1 816**	**2 005**
3000 Impôts sur les salaires										
Administration fédérale ou centrale	..	..	..	..	..	..	..	..	..	..
Administration d'un Etat/Länder	..	..	..	..	..	..	..	..	..	..
Administrations locales	..	..	..	..	..	..	..	..	..	..
Administrations de sécurite sociale	..	..	..	..	..	..	..	..	..	..
Total	**..**	**0**	**0**	**0**	**0**	**0**	**0**	**0**	**0**	**0**
2000+3000 Total	**..**	**46**	**149**	**447**	**1 328**	**1 140**	**1 435**	**1 961**	**1 816**	**2 005**
Israël, millions ILS										
2000 Cotisations de sécurité sociale										
Administration fédérale ou centrale	..	..	..	840	1 030	1 180	1 780	2 380	2 320	2 540
Administration d'un Etat/Länder	..	..	..	..	..	..	..	..	..	..
Administrations locales	..	..	..	280	340	390	590	790	770	840
Administrations de sécurite sociale	..	..	..	5	12	15	0	0	0	0
Total	**..**	**..**	**..**	**1 120**	**1 370**	**1 570**	**2 370**	**3 170**	**3 090**	**3 380**
3000 Impôts sur les salaires										
Administration fédérale ou centrale	..	..	..	2 330	3 600	4 180	5 650	6 860	6 950	7 240
Administration d'un Etat/Länder	..	..	..	..	..	..	..	..	..	..
Administrations locales	..	..	..	780	1 120	960	1 290	1 570	1 590	1 650
Administrations de sécurite sociale	..	..	..	5	12	15	0	0	0	0
Total	**..**	**..**	**..**	**3 110**	**4 720**	**5 140**	**6 940**	**8 430**	**8 540**	**8 890**
2000+3000 Total	**..**	**..**	**..**	**4 230**	**6 090**	**6 710**	**9 310**	**11 600**	**11 630**	**12 270**
Italie, millions EUR										
2000 Cotisations de sécurité sociale										
Administration fédérale ou centrale	..	..	..	0	0	0	0	0	0	0
Administration d'un Etat/Länder	..	..	..	..	..	..	..	..	..	..
Administrations locales	..	..	..	0	0	0	0	0	0	0
Administrations de sécurite sociale	..	..	..	36 679	47 394	50 627	49 251	52 345	52 489	53 909
Total	**..**	**..**	**..**	**36 679**	**47 394**	**50 627**	**49 251**	**52 345**	**52 489**	**53 909**
3000 Impôts sur les salaires										
Administration fédérale ou centrale	..	..	..	..	..	..	..	..	..	..
Administration d'un Etat/Länder	..	..	..	..	..	..	..	..	..	..
Administrations locales	..	..	..	..	..	..	..	..	..	..
Administrations de sécurite sociale	..	..	..	..	..	..	..	..	..	..
Total	**..**	**..**	**..**	**0**	**0**	**0**	**0**	**0**	**0**	**0**
2000+3000 Total	**..**	**..**	**..**	**36 679**	**47 394**	**50 627**	**49 251**	**52 345**	**52 489**	**53 909**
Japon, billions JPY										
2000 Cotisations de sécurité sociale										
Administration fédérale ou centrale	..	..	507	732	766	758	881	932	928	927
Administration d'un Etat/Länder	..	..	..	..	..	..	..	0	0	0
Administrations locales	..	..	1 510	2 168	2 216	2 223	2 524	2 600	2 606	2 654
Administrations de sécurite sociale	..	..	0	0	0	0	0	0	0	0
Total	**..**	**..**	**2 017**	**2 900**	**2 982**	**2 981**	**3 405**	**3 532**	**3 533**	**3 580**
3000 Impôts sur les salaires										
Administration fédérale ou centrale	..	..	..	..	..	..	..	..	..	..
Administration d'un Etat/Länder	..	..	..	..	..	..	..	..	..	..
Administrations locales	..	..	..	..	..	..	..	..	..	..
Administrations de sécurite sociale	..	..	..	..	..	..	..	..	..	..
Total	**..**	**..**	**0**	**0**	**0**	**0**	**0**	**0**	**0**	**0**
2000+3000 Total	**..**	**..**	**2 017**	**2 900**	**2 982**	**2 981**	**3 405**	**3 532**	**3 533**	**3 580**

	1965	1980	1990	2000	2007	2010	2015	2019	2020	2021
Corée, billions KRW										
2000 Cotisations de sécurité sociale										
Administration fédérale ou centrale	..	..	..	..	..	..	..	..	..	..
Administration d'un Etat/Länder	..	..	..	..	..	..	..	..	..	..
Administrations locales	..	..	..	..	..	..	..	..	..	..
Administrations de sécurite sociale	..	..	..	..	..	..	..	..	..	..
Total	**..**	**..**	**..**	**..**	**..**	**..**	**..**	**..**	**..**	**..**
3000 Impôts sur les salaires										
Administration fédérale ou centrale	..	..	..	..	..	..	..	..	..	..
Administration d'un Etat/Länder	..	..	..	..	..	..	..	..	..	..
Administrations locales	..	..	..	..	..	..	..	..	..	..
Administrations de sécurite sociale	..	..	..	..	..	..	..	..	..	..
Total	**..**	**..**	**..**	**..**	**..**	**..**	**..**	**..**	**..**	**..**
2000+3000 Total	**..**	**..**	**..**	**..**	**..**	**..**	**..**	**..**	**..**	**..**
Lettonie, millions EUR										
2000 Cotisations de sécurité sociale										
Administration fédérale ou centrale	..	..	..	..	..	..	..	..	..	..
Administration d'un Etat/Länder	..	..	..	..	..	..	..	..	..	..
Administrations locales	..	..	..	..	..	..	..	..	..	..
Administrations de sécurite sociale	..	..	..	..	..	..	..	..	..	..
Total	**..**	**..**	**..**	**40**	**156**	**174**	**262**	**358**	**326**	**361**
3000 Impôts sur les salaires										
Administration fédérale ou centrale	..	..	..	..	..	..	..	..	..	..
Administration d'un Etat/Länder	..	..	..	..	..	..	..	..	..	..
Administrations locales	..	..	..	..	..	..	..	..	..	..
Administrations de sécurite sociale	..	..	..	..	..	..	..	..	..	..
Total	**..**	**..**	**..**	**0**	**0**	**0**	**0**	**0**	**0**	**0**
2000+3000 Total	**..**	**..**	**..**	**40**	**156**	**174**	**262**	**358**	**326**	**361**
Lituanie, millions EUR										
2000 Cotisations de sécurité sociale										
Administration fédérale ou centrale	..	..	..	179	327	335	426	50	50	54
Administration d'un Etat/Länder	..	..	..	..	..	..	..	..	..	..
Administrations locales	..	..	..	174	294	351	375	40	46	51
Administrations de sécurite sociale	..	..	..	5	14	16	16	1	1	1
Total	**..**	**..**	**..**	**358**	**635**	**701**	**818**	**91**	**98**	**106**
3000 Impôts sur les salaires										
Administration fédérale ou centrale	..	..	..	..	..	..	..	..	..	..
Administration d'un Etat/Länder	..	..	..	..	..	..	..	..	..	..
Administrations locales	..	..	..	..	..	..	..	..	..	..
Administrations de sécurite sociale	..	..	..	..	..	..	..	..	..	..
Total	**..**	**..**	**..**	**0**	**0**	**0**	**0**	**0**	**0**	**0**
2000+3000 Total	**..**	**..**	**..**	**358**	**635**	**701**	**818**	**91**	**98**	**106**
Luxembourg, millions EUR										
2000 Cotisations de sécurité sociale										
Administration fédérale ou centrale	..	..	257	273	413	488	648	789	828	864
Administration d'un Etat/Länder	..	..	..	..	..	..	..	..	..	..
Administrations locales	..	..	2	4	4	4	4	4	4	4
Administrations de sécurite sociale	..	..	7	11	12	13	17	22	23	24
Total	**..**	**..**	**267**	**288**	**429**	**505**	**669**	**814**	**855**	**891**
3000 Impôts sur les salaires										
Administration fédérale ou centrale	..	..	..	..	..	..	..	..	..	..
Administration d'un Etat/Länder	..	..	..	..	..	..	..	..	..	..
Administrations locales	..	..	..	..	..	..	..	..	..	..
Administrations de sécurite sociale	..	..	..	..	..	..	..	..	..	..
Total	**..**	**..**	**0**	**0**	**0**	**0**	**0**	**0**	**0**	**0**
2000+3000 Total	**..**	**..**	**267**	**288**	**429**	**505**	**669**	**814**	**855**	**891**

	1965	1980	1990	2000	2007	2010	2015	2019	2020	2021
Mexique, millions MXN										
2000 Cotisations de sécurité sociale										
Administration fédérale ou centrale	..	25	2 952	44 879	94 251	103 440	145 329	183 462	196 039	197 668
Administration d'un Etat/Länder	..	0	0	0	0	0	0	0	0	0
Administrations locales	..	0	0	0	0	0	0	0	0	0
Administrations de sécurite sociale	..	0	0	0	0	0	0	0	0	0
Total	**..**	**25**	**2 952**	**44 879**	**94 251**	**103 440**	**145 329**	**183 462**	**196 039**	**197 668**
3000 Impôts sur les salaires										
Administration fédérale ou centrale	..	..	..	..	..	..	..	..	..	..
Administration d'un Etat/Länder	..	..	..	..	..	..	..	..	..	..
Administrations locales	..	..	..	..	..	..	..	..	..	..
Administrations de sécurite sociale	..	..	..	..	..	..	..	..	..	..
Total	**..**	**0**	**0**	**0**	**0**	**0**	**0**	**0**	**0**	**0**
2000+3000 Total	**..**	**25**	**2 952**	**44 879**	**94 251**	**103 440**	**145 329**	**183 462**	**196 039**	**197 668**
Pays-Bas, millions EUR										
2000 Cotisations de sécurité sociale										
Administration fédérale ou centrale	63	1 366	286	..	..	..	..	..	..	..
Administration d'un Etat/Länder	..	..	..	..	..	..	..	..	..	..
Administrations locales	0	0	0	..	..	..	..	..	..	..
Administrations de sécurite sociale	7	91	59	..	..	..	..	..	..	..
Total	**70**	**1 457**	**345**	**2 006**	**4 310**	**..**	**..**	**..**	**..**	**..**
3000 Impôts sur les salaires										
Administration fédérale ou centrale	..	..	..	..	..	..	..	..	..	..
Administration d'un Etat/Länder	..	..	..	..	..	..	..	..	..	..
Administrations locales	..	..	..	..	..	..	..	..	..	..
Administrations de sécurite sociale	..	..	..	..	..	..	..	..	..	..
Total	**0**	**0**	**0**	**0**	**0**	**0**	**0**	**0**	**0**	**0**
2000+3000 Total	**70**	**1 457**	**345**	**2 006**	**4 310**	**0**	**0**	**0**	**0**	**0**
Nouvelle-Zélande, millions NZD										
2000 Cotisations de sécurité sociale										
Administration fédérale ou centrale	..	..	..	..	..	..	..	..	..	..
Administration d'un Etat/Länder	..	..	..	..	..	..	..	..	..	..
Administrations locales	..	..	..	..	..	..	..	..	..	..
Administrations de sécurite sociale	..	..	..	..	..	..	..	..	..	..
Total	**0**	**0**	**0**	**0**	**0**	**0**	**0**	**0**	**0**	**0**
3000 Impôts sur les salaires										
Administration fédérale ou centrale	..	..	..	..	..	..	..	..	..	..
Administration d'un Etat/Länder	..	..	..	..	..	..	..	..	..	..
Administrations locales	..	..	..	..	..	..	..	..	..	..
Administrations de sécurite sociale	..	..	..	..	..	..	..	..	..	..
Total	**0**	**0**	**0**	**0**	**0**	**0**	**0**	**0**	**0**	**0**
2000+3000 Total	**0**	**0**	**0**	**0**	**0**	**0**	**0**	**0**	**0**	**0**
Norvège, millions NOK										
2000 Cotisations de sécurité sociale										
Administration fédérale ou centrale	..	1 242	2 859	11 895	28 233	33 746	46 487	52 458	53 465	57 123
Administration d'un Etat/Länder	..	..	..	..	..	..	..	..	..	..
Administrations locales	..	4 538	11 964	24 831	32 110	41 024	59 556	71 600	68 072	70 982
Administrations de sécurite sociale	..	1 222	3 064	0	0	0	0	0	0	0
Total	**..**	**7 002**	**17 887**	**36 726**	**60 343**	**74 770**	**106 043**	**124 058**	**121 537**	**128 105**
3000 Impôts sur les salaires										
Administration fédérale ou centrale	..	..	..	..	..	..	..	..	..	..
Administration d'un Etat/Länder	..	..	..	..	..	..	..	..	..	..
Administrations locales	..	..	..	..	..	..	..	..	..	..
Administrations de sécurite sociale	..	..	..	..	..	..	..	..	..	..
Total	**..**	**0**	**0**	**0**	**0**	**0**	**0**	**0**	**0**	**0**
2000+3000 Total	**..**	**7 002**	**17 887**	**36 726**	**60 343**	**74 770**	**106 043**	**124 058**	**121 537**	**128 105**

	1965	1980	1990	2000	2007	2010	2015	2019	2020	2021
Pologne, millions PLN										
2000 Cotisations de sécurité sociale										
Administration fédérale ou centrale	..	..	..	4 566	6 023	6 643	9 840	12 801	13 908	14 979
Administration d'un Etat/Länder	..	..	..	..	..	..	..	..	..	..
Administrations locales	..	..	..	6 756	9 856	11 411	14 796	18 859	20 175	21 707
Administrations de sécurite sociale	..	..	..	279	426	499	518	682	736	795
Total	**..**	**..**	**..**	**11 601**	**16 305**	**18 553**	**25 154**	**32 342**	**34 819**	**37 482**
3000 Impôts sur les salaires										
Administration fédérale ou centrale	..	..	..	..	..	..	..	..	..	..
Administration d'un Etat/Länder	..	..	..	..	..	..	..	..	..	..
Administrations locales	..	..	..	..	..	..	..	..	..	..
Administrations de sécurite sociale	..	..	..	..	..	..	..	..	..	..
Total	**..**	**..**	**..**	**0**	**0**	**0**	**0**	**0**	**0**	**0**
2000+3000 Total	**..**	**..**	**..**	**11 601**	**16 305**	**18 553**	**25 154**	**32 342**	**34 819**	**37 482**
Portugal, millions EUR										
2000 Cotisations de sécurité sociale										
Administration fédérale ou centrale	..	0	0	0	..	..	..	..	..	..
Administration d'un Etat/Länder	..	..	..	..	..	..	..	..	..	..
Administrations locales	..	0	33	197	..	..	..	..	..	..
Administrations de sécurite sociale	..	4	0	0	..	..	..	..	..	..
Total	**..**	**4**	**33**	**197**	**0**	**0**	**0**	**0**	**0**	**0**
3000 Impôts sur les salaires										
Administration fédérale ou centrale	..	..	..	..	..	..	..	..	..	..
Administration d'un Etat/Länder	..	..	..	..	..	..	..	..	..	..
Administrations locales	..	..	..	..	..	..	..	..	..	..
Administrations de sécurite sociale	..	..	..	..	..	..	..	..	..	..
Total	**..**	**0**	**0**	**0**	**0**	**0**	**0**	**0**	**0**	**0**
2000+3000 Total	**..**	**4**	**33**	**197**	**0**	**0**	**0**	**0**	**0**	**0**
République slovaque, millions EUR										
2000 Cotisations de sécurité sociale										
Administration fédérale ou centrale	..	..	..	489	602	791	1 069	1 358	1 438	1 644
Administration d'un Etat/Länder	..	..	..	..	..	..	..	..	..	..
Administrations locales	..	..	..	130	427	515	658	921	1 002	1 070
Administrations de sécurite sociale	..	..	..	22	26	43	36	49	49	52
Total	**..**	**..**	**..**	**642**	**1 056**	**1 348**	**1 763**	**2 327**	**2 489**	**2 766**
3000 Impôts sur les salaires										
Administration fédérale ou centrale	..	..	..	..	..	..	..	..	..	..
Administration d'un Etat/Länder	..	..	..	..	..	..	..	..	..	..
Administrations locales	..	..	..	..	..	..	..	..	..	..
Administrations de sécurite sociale	..	..	..	..	..	..	..	..	..	..
Total	**..**	**..**	**..**	**0**	**0**	**0**	**0**	**0**	**0**	**0**
2000+3000 Total	**..**	**..**	**..**	**642**	**1 056**	**1 348**	**1 763**	**2 327**	**2 489**	**2 766**
Slovénie, millions EUR										
2000 Cotisations de sécurité sociale										
Administration fédérale ou centrale	..	..	..	178	339	409	375	488	539	577
Administration d'un Etat/Länder	..	..	..	..	..	..	..	..	..	..
Administrations locales	..	..	..	94	175	195	189	243	268	303
Administrations de sécurite sociale	..	..	..	3	7	8	6	8	8	9
Total	**..**	**..**	**..**	**275**	**521**	**612**	**571**	**739**	**815**	**889**
3000 Impôts sur les salaires										
Administration fédérale ou centrale	..	..	..	56	77	6	7	8	9	14
Administration d'un Etat/Länder	..	..	..	..	..	..	..	..	..	..
Administrations locales	..	..	..	29	36	3	4	4	4	5
Administrations de sécurite sociale	..	..	..	1	2	0	0	0	0	0
Total	**..**	**..**	**..**	**86**	**114**	**9**	**11**	**12**	**14**	**20**
2000+3000 Total	**..**	**..**	**..**	**361**	**636**	**621**	**582**	**751**	**829**	**909**

	1965	1980	1990	2000	2007	2010	2015	2019	2020	2021
Espagne, millions EUR										
2000 Cotisations de sécurité sociale										
Administration fédérale ou centrale	..	387	989	1 408	1 966	2 201	2 239	2 707	2 830	2 998
Administration d'un Etat/Länder	..	2	0	4 411	9 426	10 996	11 245	14 013	14 951	16 635
Administrations locales	..	252	1 819	2 524	4 098	4 781	4 797	5 625	5 688	5 956
Administrations de sécurite sociale	..	396	1 202	1 284	484	527	496	517	535	549
Total	**..**	**1 037**	**4 010**	**9 627**	**15 974**	**18 505**	**18 777**	**22 862**	**24 004**	**26 138**
3000 Impôts sur les salaires										
Administration fédérale ou centrale	..	..	..	..	..	..	..	..	..	..
Administration d'un Etat/Länder	..	..	..	..	..	..	..	..	..	..
Administrations locales	..	..	..	..	..	..	..	..	..	..
Administrations de sécurite sociale	..	..	..	..	..	..	..	..	..	..
Total	**..**	**0**	**0**	**0**	**0**	**0**	**0**	**0**	**0**	**0**
2000+3000 Total	**..**	**1 037**	**4 010**	**9 627**	**15 974**	**18 505**	**18 777**	**22 862**	**24 004**	**26 138**
Suède, millions SEK										
2000 Cotisations de sécurité sociale										
Administration fédérale ou centrale	..	7 543	12 430	21 153	25 164	24 729	25 707	28 554	29 222	31 046
Administration d'un Etat/Länder	..	..	..	..	..	..	..	..	..	..
Administrations locales	..	18 149	49 298	66 215	83 877	82 141	85 373	98 072	96 956	103 308
Administrations de sécurite sociale	..	0	0	0	0	0	0	0	0	0
Total	**..**	**25 692**	**61 728**	**87 367**	**109 040**	**106 870**	**111 079**	**126 625**	**126 178**	**134 354**
3000 Impôts sur les salaires										
Administration fédérale ou centrale	..	..	1 527	3 453	5 394	6 912	12 326	16 584	16 420	17 845
Administration d'un Etat/Länder	..	..	..	..	..	..	..	..	..	..
Administrations locales	..	..	6 060	10 808	17 980	22 958	40 935	56 961	54 480	59 380
Administrations de sécurite sociale	..	..	0	0	0	0	0	0	0	0
Total	**..**	**0**	**7 587**	**14 261**	**23 374**	**29 870**	**53 261**	**73 545**	**70 900**	**77 224**
2000+3000 Total	**..**	**25 692**	**69 315**	**101 628**	**132 414**	**136 740**	**164 340**	**200 170**	**197 078**	**211 578**
Suisse, millions CHF										
2000 Cotisations de sécurité sociale										
Administration fédérale ou centrale	13	91	224	293	381	448	530	584	606	616
Administration d'un Etat/Länder	34	380	770	971	1 269	1 520	1 766	1 943	2 013	2 079
Administrations locales	22	270	460	595	745	823	911	964	1 020	1 042
Administrations de sécurite sociale	2	21	4	14	18	23	26	28	28	29
Total	**71**	**762**	**1 458**	**1 873**	**2 413**	**2 813**	**3 234**	**3 519**	**3 667**	**3 766**
3000 Impôts sur les salaires										
Administration fédérale ou centrale	..	..	..	..	..	..	..	..	..	..
Administration d'un Etat/Länder	..	..	..	..	..	..	..	..	..	..
Administrations locales	..	..	..	..	..	..	..	..	..	..
Administrations de sécurite sociale	..	..	..	..	..	..	..	..	..	..
Total	**0**	**0**	**0**	**0**	**0**	**0**	**0**	**0**	**0**	**0**
2000+3000 Total	**71**	**762**	**1 458**	**1 873**	**2 413**	**2 813**	**3 234**	**3 519**	**3 667**	**3 766**
Türkiye, millions TRY										
2000 Cotisations de sécurité sociale										
Administration fédérale ou centrale	..	..	9	3 619	20 442	39 363	95 067	178 345	204 045	267 228
Administration d'un Etat/Länder	..	..	..	..	..	..	..	..	..	..
Administrations locales	..	..	0	0	0	0	0	0	0	0
Administrations de sécurite sociale	..	..	0	0	0	0	0	0	0	0
Total	**..**	**..**	**9**	**3 619**	**20 442**	**39 363**	**95 067**	**178 345**	**204 045**	**267 228**
3000 Impôts sur les salaires										
Administration fédérale ou centrale	..	..	..	..	..	..	..	..	..	..
Administration d'un Etat/Länder	..	..	..	..	..	..	..	..	..	..
Administrations locales	..	..	..	..	..	..	..	..	..	..
Administrations de sécurite sociale	..	..	..	..	..	..	..	..	..	..
Total	**..**	**..**	**0**	**0**	**0**	**0**	**0**	**0**	**0**	**0**
2000+3000 Total	**..**	**..**	**9**	**3 619**	**20 442**	**39 363**	**95 067**	**178 345**	**204 045**	**267 228**

	1965	1980	1990	2000	2007	2010	2015	2019	2020	2021
Royaume-Uni, millions GBP										
2000 Cotisations de sécurité sociale										
Administration fédérale ou centrale	87	920	2 134	3 178	5 921	6 528	7 867	10 401	11 300	12 782
Administration d'un Etat/Länder	..	..	..	..	..	..	..	..	..	..
Administrations locales	83	926	1 957	2 958	4 903	5 383	4 571	4 959	5 160	5 438
Administrations de sécurite sociale	0	0	0	0	0	0	0	0	0	0
Total	**170**	**1 846**	**4 091**	**6 136**	**10 824**	**11 911**	**12 438**	**15 360**	**16 460**	**18 220**
3000 Impôts sur les salaires										
Administration fédérale ou centrale	..	360	..	..	..	..	..	..	..	..
Administration d'un Etat/Länder	..	..	..	..	..	..	..	..	..	..
Administrations locales	..	410	..	..	..	..	..	..	..	..
Administrations de sécurite sociale	..	0	..	..	..	..	..	..	..	..
Total	**0**	**770**	**0**	**0**	**0**	**0**	**0**	**0**	**0**	**0**
2000+3000 Total	**170**	**2 616**	**4 091**	**6 136**	**10 824**	**11 911**	**12 438**	**15 360**	**16 460**	**18 220**
État-Unis, millions USD										
2000 Cotisations de sécurité sociale										
Administration fédérale ou centrale	301	2 053	9 059	11 323	19 628	25 434	26 803	28 387	29 461	30 147
Administration d'un Etat/Länder	699	7 585	19 802	32 814	44 061	45 936	49 105	56 722	61 960	61 319
Administrations locales	0	0	0	0	0	0	0	0	0	0
Administrations de sécurite sociale	0	0	0	0	0	0	0	0	0	0
Total	**1 000**	**9 638**	**28 861**	**44 137**	**63 689**	**71 370**	**75 908**	**85 109**	**91 421**	**91 466**
3000 Impôts sur les salaires										
Administration fédérale ou centrale	..	..	..	..	..	..	..	..	..	..
Administration d'un Etat/Länder	..	..	..	..	..	..	..	..	..	..
Administrations locales	..	..	..	..	..	..	..	..	..	..
Administrations de sécurite sociale	..	..	..	..	..	..	..	..	..	..
Total	**0**	**0**	**0**	**0**	**0**	**0**	**0**	**0**	**0**	**0**
2000+3000 Total	**1 000**	**9 638**	**28 861**	**44 137**	**63 689**	**71 370**	**75 908**	**85 109**	**91 421**	**91 466**

.. Non disponible

1. Le secteur multi-juridictionnel contient des unités où la juridiction est partagée entre deux administrations publiques au moins, ou contient des unités dont le classement dans une juridiction n'est pas clair. Les universités publiques sont le principal type d'unités appartenant actuellement à cette catégorie.
2. Il y a une rupture dans les séries en 1990. À partir de cette année, les données se fondent sur le SEC 2010.

StatLink https://stat.link/gq63hj

6 Recettes fiscales par sous-secteur d'administration

Le Chapitre 6 fournit des aperçus sur les recettes fiscales par sous-secteur d'administration pour chaque pays membre de l'OCDE.

6.1 Tableaux par pays 1975, 1995, 2005, 2015 et 2021

Ce chapitre présente pour chaque pays des informations détaillées sur les recettes fiscales par niveau d'administration. Les données ont été réparties entre les sous-secteurs d'administration identifiés dans la section A.12 du Guide d'interprétation (voir Annexe A) et les critères d'attribution utilisés sont ceux indiqués dans cette annexe.

Tableau 6.1. Australie, recettes fiscales par sous-secteurs d'administration

Million AUD

	Administration fédérale					Administration d'État/Régions				
	1975	1995	2005	2015	2021	1975	1995	2005	2015	2021
1000 Impôts sur revenu, bénéfices et gains en capital	**11 831**	**82 615**	**175 695**	**261 345**	**418 554**	**0**	**0**	**0**	**0**	**0**
1100 Des personnes physiques	9 213	60 602	118 239	191 720	265 397	..	..	..	..	..
1200 Des sociétés	2 618	22 013	57 456	69 625	153 157	..	..	..	..	..
1300 Non-ventilables entre 1100 et 1200	0	0	0	0	0	0	..	..	..	..
2000 Cotisations de sécurité sociale	**0**	**0**	**0**	**0**	**0**	**0**	**0**	**0**	**0**	**0**
2100 A la charge des salariés	0	0	0	0	0	0	0	0	0	0
2200 A la charge des employeurs	0	0	0	0	0	0	0	0	0	0
2300 A charge des travailleurs indép. ou sans emploi	0	0	0	0	0	0	0	0	0	0
2400 Non-ventilables entre 2100, 2200 et 2300	0	0	0	0	0	0	0	0	0	0
3000 Sur salaires ou main d'oeuvre	**54**	**3 065**	**369**	**670**	**1 060**	**1 171**	**7 120**	**13 095**	**22 684**	**28 339**
4000 Impôts sur le patrimoine	**103**	**8**	**14**	**15**	**15**	**883**	**7 988**	**16 940**	**32 533**	**53 249**
4100 Impôts périodiques sur la propriété immobilière	12	0	0	0	0	217	1 840	4 559	10 029	15 633
4200 Impôts périodiques sur l'actif net	0	0	0	0	0	0	0	0	0	0
4300 Impôts sur mut. par décès, succ. et donations	87	0	0	0	0	227	0	0	0	0
4400 Impôts sur transact. mobilières et immob.	4	8	14	15	15	439	6 148	12 381	22 504	37 616
4500 Impôts non-périodiques	0	0	0	0	0	0	0	0	0	0
4600 Autres impôts périodiques sur patrimoine	0	0	0	0	0	0	0	0	0	0
5000 Impôts sur les biens et services	**4 932**	**30 004**	**68 710**	**103 455**	**127 534**	**1 262**	**13 295**	**14 479**	**23 407**	**30 857**
5100 Impôts sur production, vente, transfert, etc.	4 919	29 613	67 172	97 166	119 607	532	4 923	8 188	11 884	15 173
5110 Impôts généraux	1 408	12 970	39 436	60 680	77 661	0	0	0	0	0
5120 Impôts sur biens et services déterminés	3 511	16 643	27 736	36 486	41 946	532	4 923	8 188	11 884	15 173
5130 Non-ventilables entre 5110 et 5120	0	0	0	0	0	0	0	0	0	0
5200 Impôts sur utilisation des biens et exerc. activites	13	391	1 538	6 289	7 927	730	8 372	6 291	11 523	15 684
5300 Non-ventilables entre 5100 et 5200	0	0	0	0	0	0	0	0	0	0
6000 Autres impôts	**0**	**0**	**0**	**0**	**0**	**0**	**0**	**0**	**0**	**0**
6100 A la charge exclusive des entreprises	..	..	..	..	..	..	..	..	..	..
6200 A la charge d'autres agents	..	..	..	..	..	..	..	..	..	..
Recettes fiscales totales	**16 920**	**115 692**	**244 788**	**365 485**	**547 163**	**3 316**	**28 403**	**44 514**	**78 624**	**112 445**

	Administrations locales					Administrations de sécurite sociale				
	1975	1995	2005	2015	2021	1975	1995	2005	2015	2021
1000 Impôts sur revenu, bénéfices et gains en capital	**0**	**0**	**0**	**0**	**0**	**0**	**0**	**0**	**0**	**0**
1100 Des personnes physiques	..	..	..	..	..	..	..	..	..	..
1200 Des sociétés	..	..	..	..	..	..	..	..	..	..
1300 Non-ventilables entre 1100 et 1200	0	..	..	..	..	0	..	..	..	..
2000 Cotisations de sécurité sociale	**0**	**0**	**0**	**0**	**0**	**0**	**0**	**0**	**0**	**0**
2100 A la charge des salariés	0	0	0	0	0	0	0	0	0	0
2200 A la charge des employeurs	0	0	0	0	0	0	0	0	0	0
2300 A charge des travailleurs indép. ou sans emploi	0	0	0	0	0	0	0	0	0	0
2400 Non-ventilables entre 2100, 2200 et 2300	0	0	0	0	0	0	0	0	0	0
3000 Sur salaires ou main d'oeuvre	**0**	**0**	**0**	**0**	**0**	**0**	**0**	**0**	**0**	**0**
4000 Impôts sur le patrimoine	**883**	**5 134**	**8 726**	**16 620**	**20 840**	**0**	**0**	**0**	**0**	**0**
4100 Impôts périodiques sur la propriété immobilière	883	5 134	8 726	16 620	20 840	..	..	..	..	..
4200 Impôts périodiques sur l'actif net	0	0	0	0	0	..	..	..	..	..
4300 Impôts sur mut. par décès, succ. et donations	0	0	0	0	0	..	..	..	..	..
4400 Impôts sur transact. mobilières et immob.	0	0	0	0	0	..	..	..	..	..
4500 Impôts non-périodiques	0	0	0	0	0	..	..	..	..	..
4600 Autres impôts périodiques sur patrimoine	0	0	0	0	0	..	..	..	..	..
5000 Impôts sur les biens et services	**0**	**0**	**0**	**0**	**0**	**0**	**0**	**0**	**0**	**0**
5100 Impôts sur production, vente, transfert, etc.	0	0	0	0	0	0	0	0	0	0
5110 Impôts généraux	0	0	0	0	0	0	0	0	0	0
5120 Impôts sur biens et services déterminés	0	0	0	0	0	0	0	0	0	0
5130 Non-ventilables entre 5110 et 5120	0	0	0	0	0	0	0	0	0	0
5200 Impôts sur utilisation des biens et exerc. activites	0	0	0	0	0	0	0	0	0	0
5300 Non-ventilables entre 5100 et 5200	0	0	0	0	0	0	0	0	0	0
6000 Autres impôts	**0**	**0**	**0**	**0**	**0**	**0**	**0**	**0**	**0**	**0**
6100 A la charge exclusive des entreprises	..	..	..	..	..	..	..	..	..	..
6200 A la charge d'autres agents	..	..	..	..	..	..	..	..	..	..
Recettes fiscales totales	**883**	**5 134**	**8 726**	**16 620**	**20 840**	**0**	**0**	**0**	**0**	**0**

.. Non disponible

StatLink https://stat.link/gu9o0b

Tableau 6.2. Autriche, recettes fiscales par sous-secteurs d'administration

Million EUR

	Administration fédérale					Administration d'État/Régions				
	1975	1995	2005	2015	2021	1975	1995	2005	2015	2021
1000 Impôts sur revenu, bénéfices et gains en capital	**3 064**	**18 452**	**28 781**	**43 714**	**50 561**	**865**	**547**	**742**	**1 081**	**1 361**
1100 Des personnes physiques	2 381	14 649	22 126	34 901	38 239	834	459	637	941	1 203
1200 Des sociétés	655	2 267	5 341	7 519	11 009	31	88	104	141	158
1300 Non-ventilables entre 1100 et 1200	27	1 536	1 313	1 295	1 312	0	0	0	0	0
2000 Cotisations de sécurité sociale	**352**	**4 243**	**5 720**	**7 547**	**8 894**	**34**	**311**	**409**	**496**	**426**
2100 A la charge des salariés	225	2 379	2 978	3 911	4 573	34	310	395	465	393
2200 A la charge des employeurs	127	1 830	2 498	3 350	4 047	0	0	0	0	0
2300 A charge des travailleurs indép. ou sans emploi	0	34	243	286	274	0	1	14	31	33
2400 Non-ventilables entre 2100, 2200 et 2300	0	0	0	0	0	0	0	0	0	0
3000 Sur salaires ou main d'oeuvre	**1 217**	**3 394**	**4 384**	**6 861**	**6 292**	**0**	**132**	**156**	**203**	**1 147**
4000 Impôts sur le patrimoine	**282**	**655**	**801**	**1 247**	**1 719**	**35**	**31**	**36**	**44**	**47**
4100 Impôts périodiques sur la propriété immobilière	18	32	32	43	49	15	31	36	44	47
4200 Impôts périodiques sur l'actif net	226	58	0	0	0	10	0	0	0	0
4300 Impôts sur mut. par décès, succ. et donations	24	82	140	12	0	10	0	0	0	0
4400 Impôts sur transact. mobilières et immob.	14	483	629	1 116	1 657	0	0	0	0	0
4500 Impôts non-périodiques	0	0	0	76	13	0	0	0	0	0
4600 Autres impôts périodiques sur patrimoine	0	0	0	0	0	0	0	0	0	0
5000 Impôts sur les biens et services	**4 554**	**19 894**	**29 646**	**39 720**	**45 691**	**1 013**	**222**	**234**	**362**	**444**
5100 Impôts sur production, vente, transfert, etc.	4 549	18 639	27 613	36 693	41 979	926	158	139	216	282
5110 Impôts généraux	2 545	13 436	19 421	26 282	31 060	662	0	0	0	0
5120 Impôts sur biens et services déterminés	1 991	5 159	8 148	10 408	10 915	264	158	139	216	282
5130 Non-ventilables entre 5110 et 5120	14	44	45	4	4	0	0	0	0	0
5200 Impôts sur utilisation des biens et exerc. activites	5	1 255	2 033	3 027	3 712	87	64	95	146	162
5300 Non-ventilables entre 5100 et 5200	0	0	0	0	0	0	0	0	0	0
6000 Autres impôts	**52**	**486**	**699**	**517**	**567**	**8**	**50**	**61**	**91**	**94**
6100 A la charge exclusive des entreprises	..	..	..	..	..	..	..	..	..	..
6200 A la charge d'autres agents	..	..	..	..	..	..	..	..	..	..
Recettes fiscales totales	**9 521**	**47 124**	**70 031**	**99 606**	**113 723**	**1 955**	**1 294**	**1 638**	**2 277**	**3 519**

	Administrations locales					Administrations de sécurite sociale				
	1975	1995	2005	2015	2021	1975	1995	2005	2015	2021
1000 Impôts sur revenu, bénéfices et gains en capital	**887**	**46**	**0**	**0**	**0**	**0**	**0**	**0**	**0**	**0**
1100 Des personnes physiques	771	19	0	0	..	..	..	..	..	..
1200 Des sociétés	115	26	0	0	..	..	..	..	..	..
1300 Non-ventilables entre 1100 et 1200	0	0	0	0	..	..	..	..	..	..
2000 Cotisations de sécurité sociale	**29**	**258**	**267**	**266**	**230**	**4 667**	**21 173**	**28 912**	**41 557**	**52 762**
2100 A la charge des salariés	29	207	240	241	214	1 840	8 110	10 751	15 499	19 850
2200 A la charge des employeurs	0	50	27	26	16	2 375	10 912	14 037	19 906	25 126
2300 A charge des travailleurs indép. ou sans emploi	0	0	0	0	0	453	2 151	4 125	6 153	7 786
2400 Non-ventilables entre 2100, 2200 et 2300	0	0	0	0	0	0	0	0	0	0
3000 Sur salaires ou main d'oeuvre	**262**	**1 492**	**2 035**	**2 977**	**3 909**	**0**	**0**	**0**	**0**	**0**
4000 Impôts sur le patrimoine	**254**	**395**	**539**	**675**	**793**	**0**	**0**	**0**	**0**	**0**
4100 Impôts périodiques sur la propriété immobilière	139	395	539	675	793	..	..	..	..	..
4200 Impôts périodiques sur l'actif net	35	0	0	0	0	..	..	..	..	..
4300 Impôts sur mut. par décès, succ. et donations	0	0	0	0	0	..	..	..	..	..
4400 Impôts sur transact. mobilières et immob.	81	0	0	0	0	..	..	..	..	..
4500 Impôts non-périodiques	0	0	0	0	0	..	..	..	..	..
4600 Autres impôts périodiques sur patrimoine	0	0	0	0	0	..	..	..	..	..
5000 Impôts sur les biens et services	**792**	**738**	**302**	**353**	**327**	**0**	**0**	**0**	**0**	**0**
5100 Impôts sur production, vente, transfert, etc.	769	582	134	96	69	..	..	..	..	..
5110 Impôts généraux	448	0	0	0	0	..	..	..	..	..
5120 Impôts sur biens et services déterminés	321	582	134	96	69	..	..	..	..	..
5130 Non-ventilables entre 5110 et 5120	0	0	0	0	0	..	..	..	..	..
5200 Impôts sur utilisation des biens et exerc. activites	24	155	168	258	258	..	..	..	..	..
5300 Non-ventilables entre 5100 et 5200	0	0	0	0	0	..	..	..	..	..
6000 Autres impôts	**55**	**60**	**103**	**129**	**81**	**0**	**0**	**0**	**0**	**0**
6100 A la charge exclusive des entreprises	..	..	..	..	..	..	..	..	..	..
6200 A la charge d'autres agents	..	..	..	..	..	..	..	..	..	..
Recettes fiscales totales	**2 279**	**2 987**	**3 246**	**4 400**	**5 340**	**4 667**	**21 173**	**28 912**	**41 557**	**52 762**

.. Non disponible

Note : Y compris les droits de douane perçus pour le compte de l'Union européenne.

StatLink https://stat.link/m76zse

Tableau 6.3. Belgique, recettes fiscales par sous-secteurs d'administration

Million EUR

	Administration fédérale					Administration d'État/Régions				
	1975	1995	2005	2015	2021	1975	1995	2005	2015	2021
1000 Impôts sur revenu, bénéfices et gains en capital	**8 534**	**30 905**	**45 859**	**57 131**	**62 830**	**..**	**79**	**0**	**4 283**	**9 094**
1100 Des personnes physiques	6 929	25 997	36 007	43 436	43 562	..	79	..	4 283	9 094
1200 Des sociétés	1 596	4 867	9 811	13 644	19 193	..	0	..	0	0
1300 Non-ventilables entre 1100 et 1200	10	41	42	51	75	..	0	..	0	0
2000 Cotisations de sécurité sociale	**299**	**1 181**	**1 904**	**2 336**	**60**	**..**	**0**	**34**	**11**	**260**
2100 A la charge des salariés	264	854	1 125	1 372	0	..	..	7	2	250
2200 A la charge des employeurs	36	228	608	715	60	..	..	27	9	9
2300 A charge des travailleurs indép. ou sans emploi	0	99	171	249	0	..	..	0	0	0
2400 Non-ventilables entre 2100, 2200 et 2300	0	0	0	0	0	..	..	0	0	0
3000 Sur salaires ou main d'oeuvre	**0**	**0**	**0**	**0**	**0**	**..**	**0**	**0**	**0**	**0**
4000 Impôts sur le patrimoine	**583**	**1 340**	**873**	**1 861**	**2 599**	**..**	**1 168**	**4 669**	**7 087**	**9 313**
4100 Impôts périodiques sur la propriété immobilière	12	25	41	41	51	..	83	192	249	429
4200 Impôts périodiques sur l'actif net	0	8	189	661	1 031	..	0	0	0	0
4300 Impôts sur mut. par décès, succ. et donations	178	42	0	0	0	..	647	1 749	2 996	3 663
4400 Impôts sur transact. mobilières et immob.	393	1 193	521	596	749	..	438	2 728	3 763	5 194
4500 Impôts non-périodiques	0	73	123	563	389	..	0	0	79	27
4600 Autres impôts périodiques sur patrimoine	0	0	0	0	379	..	0	0	0	0
5000 Impôts sur les biens et services	**5 813**	**20 951**	**29 984**	**39 004**	**46 941**	**..**	**412**	**2 044**	**2 678**	**3 107**
5100 Impôts sur production, vente, transfert, etc.	5 562	19 767	29 742	38 985	46 907	..	58	76	227	342
5110 Impôts généraux	3 776	13 894	21 533	27 952	34 783	..	0	0	0	0
5120 Impôts sur biens et services déterminés	1 785	5 872	8 208	11 034	12 124	..	58	76	227	342
5130 Non-ventilables entre 5110 et 5120	0	0	0	0	0	..	0	0	0	0
5200 Impôts sur utilisation des biens et exerc. activites	249	1 178	234	10	22	..	355	1 968	2 451	2 765
5300 Non-ventilables entre 5100 et 5200	3	6	8	9	13	..	0	0	0	0
6000 Autres impôts	**0**	**0**	**0**	**0**	**0**	**..**	**0**	**68**	**40**	**0**
6100 A la charge exclusive des entreprises	..	..	..	..	..	..	..	0	0	0
6200 A la charge d'autres agents	..	..	..	..	..	..	..	68	40	0
Recettes fiscales totales	**15 230**	**54 377**	**78 621**	**100 332**	**112 430**	**..**	**1 659**	**6 816**	**14 099**	**21 773**

	Administrations locales					Administrations de sécurite sociale				
	1975	1995	2005	2015	2021	1975	1995	2005	2015	2021
1000 Impôts sur revenu, bénéfices et gains en capital	**683**	**3 058**	**2 249**	**3 052**	**3 085**	**0**	**335**	**825**	**1 106**	**1 327**
1100 Des personnes physiques	675	3 058	2 249	3 052	3 085	..	335	825	1 106	1 327
1200 Des sociétés	8	0	0	0	0	..	0	0	0	0
1300 Non-ventilables entre 1100 et 1200	0	0	0	0	0	..	0	0	0	0
2000 Cotisations de sécurité sociale	**27**	**80**	**20**	**27**	**18**	**6 709**	**28 479**	**39 537**	**56 438**	**65 235**
2100 A la charge des salariés	27	80	18	21	18	1 749	8 268	11 558	15 640	19 573
2200 A la charge des employeurs	0	0	3	6	0	4 347	17 746	24 613	35 510	39 335
2300 A charge des travailleurs indép. ou sans emploi	0	0	0	0	0	612	2 465	3 366	5 289	6 328
2400 Non-ventilables entre 2100, 2200 et 2300	0	0	0	0	0	0	0	0	0	0
3000 Sur salaires ou main d'oeuvre	**0**	**0**	**0**	**0**	**0**	**0**	**0**	**5**	**8**	**5**
4000 Impôts sur le patrimoine	**154**	**815**	**3 599**	**5 142**	**5 768**	**0**	**121**	**229**	**318**	**321**
4100 Impôts périodiques sur la propriété immobilière	154	815	3 599	5 142	5 768	..	0	0	0	0
4200 Impôts périodiques sur l'actif net	0	0	0	0	0	..	0	0	0	0
4300 Impôts sur mut. par décès, succ. et donations	0	0	0	0	0	..	0	0	0	0
4400 Impôts sur transact. mobilières et immob.	0	0	0	0	0	..	0	0	0	0
4500 Impôts non-périodiques	0	0	0	0	0	..	0	0	0	0
4600 Autres impôts périodiques sur patrimoine	0	0	0	0	0	..	121	229	318	321
5000 Impôts sur les biens et services	**166**	**332**	**523**	**715**	**662**	**14**	**330**	**1 237**	**1 520**	**1 757**
5100 Impôts sur production, vente, transfert, etc.	150	295	437	694	638	14	330	1 237	1 520	1 757
5110 Impôts généraux	0	0	0	0	0	0	29	373	219	363
5120 Impôts sur biens et services déterminés	150	295	437	694	638	14	301	865	1 302	1 394
5130 Non-ventilables entre 5110 et 5120	0	0	0	0	0	0	0	0	0	0
5200 Impôts sur utilisation des biens et exerc. activites	16	37	87	22	24	0	0	0	0	0
5300 Non-ventilables entre 5100 et 5200	0	0	0	0	0	0	0	0	0	0
6000 Autres impôts	**0**	**0**	**0**	**0**	**0**	**0**	**0**	**0**	**0**	**0**
6100 A la charge exclusive des entreprises	..	..	..	..	..	..	..	..	..	..
6200 A la charge d'autres agents	..	..	..	..	..	..	..	..	..	..
Recettes fiscales totales	**1 029**	**4 284**	**6 392**	**8 937**	**9 532**	**6 723**	**29 265**	**41 833**	**59 391**	**68 645**

.. Non disponible

Note : Y compris les droits de douane perçus pour le compte de l'Union européenne.

StatLink https://stat.link/wv4yoc

Tableau 6.4. Canada, recettes fiscales par sous-secteurs d'administration

Million CAD

	Administration fédérale					Administration d'État/Régions				
	1975	1995	2005	2015	2021	1975	1995	2005	2015	2021
1000 Impôts sur revenu, bénéfices et gains en capital	**19 047**	**82 237**	**140 013**	**191 684**	**261 493**	**8 165**	**52 373**	**78 331**	**123 157**	**172 387**
1100 Des personnes physiques	12 822	65 384	102 366	143 315	181 899	6 074	43 428	62 435	96 989	127 258
1200 Des sociétés	5 741	14 739	32 197	41 726	69 630	2 091	8 944	15 896	26 168	45 129
1300 Non-ventilables entre 1100 et 1200	484	2 114	5 450	6 643	9 964	0	0	0	0	0
2000 Cotisations de sécurité sociale	**0**	**0**	**17 936**	**23 603**	**23 953**	**0**	**0**	**11 759**	**13 892**	**14 153**
2100 A la charge des salariés	..	..	7 429	9 772	9 900	..	..	1 858	1 128	1 345
2200 A la charge des employeurs	..	..	10 507	13 831	14 052	..	..	9 901	12 764	12 808
2300 A charge des travailleurs indép. ou sans emploi	..	..	0	0	0	..	..	0	0	0
2400 Non-ventilables entre 2100, 2200 et 2300	..	..	0	0	0	..	..	0	0	0
3000 Sur salaires ou main d'oeuvre	**0**	**0**	**0**	**0**	**0**	**0**	**6 498**	**9 230**	**13 256**	**18 821**
4000 Impôts sur le patrimoine	**13**	**0**	**0**	**0**	**0**	**428**	**6 492**	**9 298**	**11 809**	**19 530**
4100 Impôts périodiques sur la propriété immobilière	0	..	..	..	..	85	2 960	2 934	5 410	7 108
4200 Impôts périodiques sur l'actif net	0	..	..	..	..	200	2 914	3 456	372	463
4300 Impôts sur mut. par décès, succ. et donations	13	..	..	..	..	143	3	0	268	443
4400 Impôts sur transact. mobilières et immob.	0	..	..	..	..	0	0	1 965	3 912	9 744
4500 Impôts non-périodiques	0	..	..	..	..	0	615	943	1 847	1 772
4600 Autres impôts périodiques sur patrimoine	0	..	..	..	..	0	0	0	0	0
5000 Impôts sur les biens et services	**8 180**	**31 160**	**48 551**	**53 837**	**69 321**	**10 128**	**42 076**	**67 537**	**95 289**	**111 832**
5100 Impôts sur production, vente, transfert, etc.	8 180	31 136	48 506	53 797	69 289	6 800	37 961	61 316	86 827	100 263
5110 Impôts généraux	3 504	19 167	35 069	36 958	46 622	3 664	21 328	33 353	53 577	67 590
5120 Impôts sur biens et services déterminés	4 676	11 969	13 437	16 839	22 667	3 136	16 633	27 963	33 250	32 672
5130 Non-ventilables entre 5110 et 5120	0	0	0	0	0	0	0	0	0	0
5200 Impôts sur utilisation des biens et exerc. activites	0	24	45	40	32	3 328	4 115	6 221	8 462	11 569
5300 Non-ventilables entre 5100 et 5200	0	0	0	0	0	0	0	0	0	0
6000 Autres impôts	**198**	**0**	**0**	**0**	**0**	**0**	**0**	**0**	**0**	**0**
6100 A la charge exclusive des entreprises	0	..	..	..	..	..	..	..	..	..
6200 A la charge d'autres agents	198	..	..	..	..	..	..	..	..	..
Recettes fiscales totales	**27 438**	**113 397**	**206 500**	**269 124**	**354 767**	**18 721**	**107 439**	**176 156**	**257 403**	**336 722**

	Administrations locales					Administrations de sécurite sociale				
	1975	1995	2005	2015	2021	1975	1995	2005	2015	2021
1000 Impôts sur revenu, bénéfices et gains en capital	**0**	**0**	**0**	**0**	**0**	**0**	**0**	**0**	**0**	**0**
1100 Des personnes physiques	..	..	..	..	..	..	..	..	..	..
1200 Des sociétés	..	..	..	..	..	..	..	..	..	..
1300 Non-ventilables entre 1100 et 1200	..	..	..	..	..	..	..	..	..	..
2000 Cotisations de sécurité sociale	**0**	**0**	**0**	**0**	**0**	**5 787**	**40 559**	**38 834**	**58 876**	**80 774**
2100 A la charge des salariés	..	..	..	..	..	2 142	15 028	18 328	27 785	38 132
2200 A la charge des employeurs	..	..	..	..	..	3 527	24 765	18 328	27 785	38 132
2300 A charge des travailleurs indép. ou sans emploi	..	..	..	..	..	118	766	2 177	3 307	4 509
2400 Non-ventilables entre 2100, 2200 et 2300	..	..	..	..	..	0	0	0	0	0
3000 Sur salaires ou main d'oeuvre	**0**	**0**	**0**	**0**	**0**	**0**	**0**	**0**	**0**	**0**
4000 Impôts sur le patrimoine	**5 018**	**24 415**	**40 495**	**65 969**	**76 668**	**0**	**0**	**0**	**0**	**0**
4100 Impôts périodiques sur la propriété immobilière	4 770	23 150	37 409	57 241	66 995	..	..	..	..	..
4200 Impôts périodiques sur l'actif net	0	0	0	0	0	..	..	..	..	..
4300 Impôts sur mut. par décès, succ. et donations	0	0	0	0	0	..	..	..	..	..
4400 Impôts sur transact. mobilières et immob.	0	0	375	1 063	1 666	..	..	..	..	..
4500 Impôts non-périodiques	248	1 265	2 711	7 665	8 007	..	..	..	..	..
4600 Autres impôts périodiques sur patrimoine	0	0	0	0	0	..	..	..	..	..
5000 Impôts sur les biens et services	**142**	**406**	**833**	**1 149**	**1 364**	**0**	**0**	**0**	**0**	**0**
5100 Impôts sur production, vente, transfert, etc.	22	51	104	126	181	..	..	..	..	..
5110 Impôts généraux	10	40	88	63	51	..	..	..	..	..
5120 Impôts sur biens et services déterminés	12	11	16	63	130	..	..	..	..	..
5130 Non-ventilables entre 5110 et 5120	0	0	0	0	0	..	..	..	..	..
5200 Impôts sur utilisation des biens et exerc. activites	120	355	729	1 023	1 183	..	..	..	..	..
5300 Non-ventilables entre 5100 et 5200	0	0	0	0	0	..	..	..	..	..
6000 Autres impôts	**525**	**3 662**	**1 483**	**748**	**932**	**0**	**0**	**0**	**0**	**0**
6100 A la charge exclusive des entreprises	437	2 946	541	0	0	..	..	..	..	..
6200 A la charge d'autres agents	88	716	942	748	932	..	..	..	..	..
Recettes fiscales totales	**5 685**	**28 483**	**42 811**	**67 866**	**78 964**	**5 787**	**40 559**	**38 834**	**58 876**	**80 774**

.. Non disponible

StatLink https://stat.link/i30nm6

Tableau 6.5. Chili, recettes fiscales par sous-secteurs d'administration

Million CLP

	Administration centrale					Administration d'État/Régions				
	1975	1995	2005	2015	2021	1975	1995	2005	2015	2021
1000 Impôts sur revenu, bénéfices et gains en capital	**..**	**1 359 694**	**5 171 293**	**11 840 521**	**20 456 920**	**..**	**..**	**..**	**..**	**..**
1100 Des personnes physiques	..	281 293	738 620	3 199 876	5 780 432	..	..	..	..	..
1200 Des sociétés	..	836 725	3 155 480	6 839 133	9 145 873	..	..	..	..	..
1300 Non-ventilables entre 1100 et 1200	..	241 676	1 277 193	1 801 512	5 530 616	..	..	..	..	..
2000 Cotisations de sécurité sociale	**..**	**155 855**	**287 422**	**434 659**	**511 529**	**..**	**..**	**..**	**..**	**..**
2100 A la charge des salariés	..	142 001	249 526	370 745	382 461	..	..	..	..	..
2200 A la charge des employeurs	..	13 854	37 896	63 914	129 068	..	..	..	..	..
2300 A charge des travailleurs indép. ou sans emploi	..	0	0	0	0	..	..	..	..	..
2400 Non-ventilables entre 2100, 2200 et 2300	..	0	0	0	0	..	..	..	..	..
3000 Sur salaires ou main d'oeuvre	**..**	**0**	**0**	**0**	**0**	**..**	**..**	**..**	**..**	**..**
4000 Impôts sur le patrimoine	**..**	**181 432**	**490 120**	**379 603**	**909 034**	**..**	**..**	**..**	**..**	**..**
4100 Impôts périodiques sur la propriété immobilière	..	13 044	4 909	15 249	26 388	..	..	..	..	..
4200 Impôts périodiques sur l'actif net	..	0	0	0	0	..	..	..	..	..
4300 Impôts sur mut. par décès, succ. et donations	..	13 245	23 184	92 236	291 830	..	..	..	..	..
4400 Impôts sur transact. mobilières et immob.	..	155 143	462 027	272 118	590 816	..	..	..	..	..
4500 Impôts non-périodiques	..	0	0	0	0	..	..	..	..	..
4600 Autres impôts périodiques sur patrimoine	..	0	0	0	0	..	..	..	..	..
5000 Impôts sur les biens et services	**..**	**3 179 304**	**6 831 482**	**16 182 903**	**26 318 567**	**..**	**..**	**..**	**..**	**..**
5100 Impôts sur production, vente, transfert, etc.	..	3 169 645	6 811 389	16 131 136	26 135 885	..	..	..	..	..
5110 Impôts généraux	..	2 187 602	5 391 285	13 273 958	22 785 935	..	..	..	..	..
5120 Impôts sur biens et services déterminés	..	982 043	1 420 104	2 857 178	3 349 951	..	..	..	..	..
5130 Non-ventilables entre 5110 et 5120	..	0	0	0	0	..	..	..	..	..
5200 Impôts sur utilisation des biens et exerc. activites	..	9 659	20 094	51 767	182 681	..	..	..	..	..
5300 Non-ventilables entre 5100 et 5200	..	0	0	0	0	..	..	..	..	..
6000 Autres impôts	**..**	**-29 554**	**-85 954**	**-579 303**	**-785 585**	**..**	**..**	**..**	**..**	**..**
6100 A la charge exclusive des entreprises	..	0	0	0	0	..	..	..	..	..
6200 A la charge d'autres agents	..	-29 554	-85 954	-579 303	-785 585	..	..	..	..	..
Recettes fiscales totales	**..**	**4 846 730**	**12 694 362**	**28 258 382**	**47 410 465**	**..**	**..**	**..**	**..**	**..**

	Administrations locales					Administrations de sécurite sociale				
	1975	1995	2005	2015	2021	1975	1995	2005	2015	2021
1000 Impôts sur revenu, bénéfices et gains en capital	**..**	**0**	**0**	**0**	**0**	**..**	**0**	**0**	**0**	**0**
1100 Des personnes physiques	..	..	..	..	..	..	..	..	..	..
1200 Des sociétés	..	..	..	..	..	..	..	..	..	..
1300 Non-ventilables entre 1100 et 1200	..	..	..	..	..	..	..	..	..	..
2000 Cotisations de sécurité sociale	**..**	**0**	**0**	**0**	**0**	**..**	**193 269**	**644 295**	**1 817 831**	**2 303 561**
2100 A la charge des salariés	..	..	..	..	..	..	193 269	644 295	1 817 831	2 303 561
2200 A la charge des employeurs	..	..	..	..	..	..	0	0	0	0
2300 A charge des travailleurs indép. ou sans emploi	..	..	..	..	..	..	0	0	0	0
2400 Non-ventilables entre 2100, 2200 et 2300	..	..	..	..	..	..	0	0	0	0
3000 Sur salaires ou main d'oeuvre	**..**	**0**	**0**	**0**	**0**	**..**	**0**	**0**	**0**	**0**
4000 Impôts sur le patrimoine	**..**	**157 193**	**411 656**	**1 041 671**	**1 697 887**	**..**	**0**	**0**	**0**	**0**
4100 Impôts périodiques sur la propriété immobilière	..	157 193	411 656	1 041 671	1 697 887	..	..	..	..	..
4200 Impôts périodiques sur l'actif net	..	0	0	0	0	..	..	..	..	..
4300 Impôts sur mut. par décès, succ. et donations	..	0	0	0	0	..	..	..	..	..
4400 Impôts sur transact. mobilières et immob.	..	0	0	0	0	..	..	..	..	..
4500 Impôts non-périodiques	..	0	0	0	0	..	..	..	..	..
4600 Autres impôts périodiques sur patrimoine	..	0	0	0	0	..	..	..	..	..
5000 Impôts sur les biens et services	**..**	**192 325**	**514 952**	**1 415 658**	**2 051 419**	**..**	**0**	**0**	**0**	**0**
5100 Impôts sur production, vente, transfert, etc.	..	52 690	140 703	385 532	493 510	..	..	..	..	..
5110 Impôts généraux	..	0	0	0	0	..	..	..	..	..
5120 Impôts sur biens et services déterminés	..	52 690	140 703	385 532	493 510	..	..	..	..	..
5130 Non-ventilables entre 5110 et 5120	..	0	0	0	0	..	..	..	..	..
5200 Impôts sur utilisation des biens et exerc. activites	..	139 635	374 249	1 030 126	1 557 909	..	..	..	..	..
5300 Non-ventilables entre 5100 et 5200	..	0	0	0	0	..	..	..	..	..
6000 Autres impôts	**..**	**0**	**0**	**0**	**0**	**..**	**0**	**0**	**0**	**0**
6100 A la charge exclusive des entreprises	..	..	..	..	..	..	..	..	..	..
6200 A la charge d'autres agents	..	..	..	..	..	..	..	..	..	..
Recettes fiscales totales	**..**	**349 518**	**926 608**	**2 457 329**	**3 749 307**	**..**	**193 269**	**644 295**	**1 817 831**	**2 303 561**

.. Non disponible

StatLink https://stat.link/6qz4wg

Tableau 6.6. Colombie, recettes fiscales par sous-secteurs d'administration

Million COP

	Administration fédérale					Administration d'État/Régions				
	1975	1995	2005	2015	2021	1975	1995	2005	2015	2021
1000 Impôts sur revenu, bénéfices et gains en capital	..	**3 393 700**	**17 348 618**	**52 656 876**	**73 222 876**	..	**0**	**0**	**0**	**0**
1100 Des personnes physiques	..	131 405	3 594 441	9 219 972	15 758 043	..	..	..	..	..
1200 Des sociétés	..	988 082	13 044 361	41 403 504	54 418 742	..	..	..	..	..
1300 Non-ventilables entre 1100 et 1200	..	2 274 213	709 816	2 033 400	3 046 091	..	..	..	..	..
2000 Cotisations de sécurité sociale	..	**0**	**0**	**0**	**0**	..	**0**	**0**	**0**	**0**
2100 A la charge des salariés	..	..	..	..	..	..	..	..	..	..
2200 A la charge des employeurs	..	..	..	..	..	..	..	..	..	..
2300 A charge des travailleurs indép. ou sans emploi	..	..	..	..	..	..	..	..	..	..
2400 Non-ventilables entre 2100, 2200 et 2300	..	..	..	..	..	..	..	..	..	..
3000 Sur salaires ou main d'oeuvre	..	**599 198**	**2 179 842**	**2 797 308**	**3 927 070**	..	**0**	**0**	**0**	**0**
4000 Impôts sur le patrimoine	..	**0**	**2 863 946**	**12 094 140**	**11 008 836**	..	**0**	**0**	**0**	**0**
4100 Impôts périodiques sur la propriété immobilière	..	..	0	0	0	..	..	..	..	..
4200 Impôts périodiques sur l'actif net	..	..	462 720	5 352 940	1 032 058	..	..	..	..	..
4300 Impôts sur mut. par décès, succ. et donations	..	..	0	0	0	..	..	..	..	..
4400 Impôts sur transact. mobilières et immob.	..	..	2 401 226	6 741 200	9 831 204	..	..	..	..	..
4500 Impôts non-périodiques	..	..	0	0	145 573	..	..	..	..	..
4600 Autres impôts périodiques sur patrimoine	..	..	0	0	0	..	..	..	..	..
5000 Impôts sur les biens et services	..	**4 773 500**	**21 645 318**	**51 831 190**	**78 060 059**	..	**771 560**	**2 507 423**	**4 986 314**	**8 435 850**
5100 Impôts sur production, vente, transfert, etc.	..	4 773 500	21 645 318	51 831 190	78 060 059	..	771 560	2 228 909	4 456 650	7 173 147
5110 Impôts généraux	..	3 427 600	17 427 948	41 659 696	69 883 378	..	0	0	0	0
5120 Impôts sur biens et services déterminés	..	1 345 900	4 217 370	10 171 494	8 176 681	..	771 560	2 228 909	4 456 650	7 173 147
5130 Non-ventilables entre 5110 et 5120	..	0	0	0	0	..	0	0	0	0
5200 Impôts sur utilisation des biens et exerc. activites	..	0	0	0	0	..	0	278 514	529 665	1 262 703
5300 Non-ventilables entre 5100 et 5200	..	0	0	0	0	..	0	0	0	0
6000 Autres impôts	..	**17 900**	**682 084**	**419 939**	**506 938**	..	**0**	**575 919**	**2 624 769**	**3 263 710**
6100 A la charge exclusive des entreprises	..	0	0	0	0	..	..	0	0	0
6200 A la charge d'autres agents	..	17 900	682 084	419 939	506 938	..	..	575 919	2 624 769	3 263 710
Recettes fiscales totales	..	**8 784 297**	**44 719 808**	**119 799 453**	**166 725 777**	..	**771 560**	**3 083 342**	**7 611 084**	**11 699 560**

	Administrations locales					Administrations de sécurite sociale				
	1975	1995	2005	2015	2021	1975	1995	2005	2015	2021
1000 Impôts sur revenu, bénéfices et gains en capital	..	**0**	**0**	**0**	**0**	..	**0**	**0**	**0**	**0**
1100 Des personnes physiques	..	..	..	..	..	..	..	..	..	..
1200 Des sociétés	..	..	..	..	..	..	..	..	..	..
1300 Non-ventilables entre 1100 et 1200	..	..	..	..	..	..	..	..	..	..
2000 Cotisations de sécurité sociale	..	**0**	**0**	**0**	**0**	..	**3 159 328**	**7 845 000**	**13 585 138**	**22 844 403**
2100 A la charge des salariés	..	..	..	..	..	..	..	..	..	..
2200 A la charge des employeurs	..	..	..	..	..	..	..	..	..	..
2300 A charge des travailleurs indép. ou sans emploi	..	..	..	..	..	..	..	..	..	..
2400 Non-ventilables entre 2100, 2200 et 2300	..	..	..	..	..	..	3 159 328	7 845 000	13 585 138	22 844 403
3000 Sur salaires ou main d'oeuvre	..	**0**	**0**	**0**	**0**	..	**0**	**0**	**0**	**0**
4000 Impôts sur le patrimoine	..	**365 051**	**1 974 213**	**6 061 965**	**9 039 961**	..	**0**	**0**	**0**	**0**
4100 Impôts périodiques sur la propriété immobilière	..	365 051	1 974 213	6 061 965	9 039 961	..	..	..	..	..
4200 Impôts périodiques sur l'actif net	..	0	0	0	0	..	..	..	..	..
4300 Impôts sur mut. par décès, succ. et donations	..	0	0	0	0	..	..	..	..	..
4400 Impôts sur transact. mobilières et immob.	..	0	0	0	0	..	..	..	..	..
4500 Impôts non-périodiques	..	0	0	0	0	..	..	..	..	..
4600 Autres impôts périodiques sur patrimoine	..	0	0	0	0	..	..	..	..	..
5000 Impôts sur les biens et services	..	**471 710**	**3 496 411**	**8 899 062**	**12 769 452**	..	**0**	**0**	**0**	**0**
5100 Impôts sur production, vente, transfert, etc.	..	471 710	3 496 411	8 400 241	11 989 065	..	..	..	..	..
5110 Impôts généraux	..	471 710	2 506 452	7 025 204	10 217 878	..	..	..	..	..
5120 Impôts sur biens et services déterminés	..	0	989 959	1 375 037	1 771 188	..	..	..	..	..
5130 Non-ventilables entre 5110 et 5120	..	0	0	0	0	..	..	..	..	..
5200 Impôts sur utilisation des biens et exerc. activites	..	0	0	498 821	780 387	..	..	..	..	..
5300 Non-ventilables entre 5100 et 5200	..	0	0	0	0	..	..	..	..	..
6000 Autres impôts	..	**355 943**	**588 614**	**4 200 992**	**6 401 692**	..	**0**	**0**	**0**	**0**
6100 A la charge exclusive des entreprises	..	0	0	0	0	..	..	..	..	..
6200 A la charge d'autres agents	..	355 943	588 614	4 200 992	6 401 692	..	..	..	..	..
Recettes fiscales totales	..	**1 192 705**	**6 059 238**	**19 162 019**	**28 211 104**	..	**3 159 328**	**7 845 000**	**13 585 138**	**22 844 403**

.. Non disponible

StatLink https://stat.link/xpatgo

Tableau 6.7. Costa Rica, recettes fiscales par sous-secteurs d'administration

Million CRC

	Administration centrale					Administration d'État/Régions				
	1975	1995	2005	2015	2021	1975	1995	2005	2015	2021
1000 Impôts sur revenu, bénéfices et gains en capital	..	**47 678**	**324 224**	**1 247 308**	**2 063 810**	..	..	..	..	..
1100 Des personnes physiques	..	..	16 438	386 241	622 772	..	..	..	..	..
1200 Des sociétés	..	..	288 355	659 951	970 546	..	..	..	..	..
1300 Non-ventilables entre 1100 et 1200	..	47 678	19 430	201 116	470 492	..	..	..	..	..
2000 Cotisations de sécurité sociale	..	**11 096**	**30 854**	**63 458**	**469 195**	..	..	..	..	..
2100 A la charge des salariés	..	..	..	..	..	..	..	..	..	..
2200 A la charge des employeurs	..	0	0	0	0	..	..	..	..	..
2300 A charge des travailleurs indép. ou sans emploi	..	..	..	..	..	..	..	..	..	..
2400 Non-ventilables entre 2100, 2200 et 2300	..	11 096	30 854	63 458	469 195	..	..	..	..	..
3000 Sur salaires ou main d'oeuvre	..	**0**	**0**	**0**	**0**	..	..	..	..	..
4000 Impôts sur le patrimoine	..	**2 023**	**10 846**	**37 334**	**63 314**	..	..	..	..	..
4100 Impôts périodiques sur la propriété immobilière	..	440	0	4 076	5 108	..	..	..	..	..
4200 Impôts périodiques sur l'actif net	..	0	0	0	0	..	..	..	..	..
4300 Impôts sur mut. par décès, succ. et donations	..	0	0	0	0	..	..	..	..	..
4400 Impôts sur transact. mobilières et immob.	..	1 583	10 846	33 258	58 206	..	..	..	..	..
4500 Impôts non-périodiques	..	0	0	0	0	..	..	..	..	..
4600 Autres impôts périodiques sur patrimoine	..	0	0	0	0	..	..	..	..	..
5000 Impôts sur les biens et services	..	**185 943**	**917 118**	**2 536 562**	**3 337 270**	..	..	..	..	..
5100 Impôts sur production, vente, transfert, etc.	..	177 808	884 359	2 385 807	3 146 482	..	..	..	..	..
5110 Impôts généraux	..	84 034	485 168	1 368 601	2 065 623	..	..	..	..	..
5120 Impôts sur biens et services déterminés	..	93 774	399 192	1 017 206	1 080 859	..	..	..	..	..
5130 Non-ventilables entre 5110 et 5120	..	0	0	0	0	..	..	..	..	..
5200 Impôts sur utilisation des biens et exerc. activites	..	8 135	32 758	150 755	190 789	..	..	..	..	..
5300 Non-ventilables entre 5100 et 5200	..	0	0	0	0	..	..	..	..	..
6000 Autres impôts	..	**11 010**	**54 338**	**162 200**	**83 185**	..	..	..	..	..
6100 A la charge exclusive des entreprises	..	0	0	0	0	..	..	..	..	..
6200 A la charge d'autres agents	..	11 010	54 338	162 200	83 185	..	..	..	..	..
Recettes fiscales totales	..	**257 751**	**1 337 380**	**4 046 862**	**6 016 775**	..	..	..	..	..

	Administrations locales					Administrations de sécurite sociale				
	1975	1995	2005	2015	2021	1975	1995	2005	2015	2021
1000 Impôts sur revenu, bénéfices et gains en capital	..	**0**	**0**	**0**	**0**	..	**0**	**0**	**0**	**0**
1100 Des personnes physiques	..	..	..	..	..	..	..	..	..	..
1200 Des sociétés	..	..	..	..	..	..	..	..	..	..
1300 Non-ventilables entre 1100 et 1200	..	..	..	..	..	..	..	..	..	..
2000 Cotisations de sécurité sociale	..	**0**	**0**	**0**	**0**	..	**106 727**	**586 829**	**2 241 674**	**3 136 535**
2100 A la charge des salariés	..	..	..	..	..	..	..	..	..	..
2200 A la charge des employeurs	..	..	..	..	..	..	14 654	84 988	318 652	389 183
2300 A charge des travailleurs indép. ou sans emploi	..	..	..	..	..	..	..	..	..	..
2400 Non-ventilables entre 2100, 2200 et 2300	..	..	..	..	..	..	92 073	501 841	1 923 022	2 747 353
3000 Sur salaires ou main d'oeuvre	..	**0**	**0**	**0**	**0**	..	**22 992**	**115 730**	**423 616**	**569 339**
4000 Impôts sur le patrimoine	..	**2 037**	**14 264**	**85 927**	**145 217**	..	**0**	**0**	**0**	**0**
4100 Impôts périodiques sur la propriété immobilière	..	2 037	14 264	85 927	145 171	..	..	..	..	..
4200 Impôts périodiques sur l'actif net	..	0	0	0	0	..	..	..	..	..
4300 Impôts sur mut. par décès, succ. et donations	..	0	0	0	0	..	..	..	..	..
4400 Impôts sur transact. mobilières et immob.	..	0	0	0	0	..	..	..	..	..
4500 Impôts non-périodiques	..	0	0	0	46	..	..	..	..	..
4600 Autres impôts périodiques sur patrimoine	..	0	0	0	0	..	..	..	..	..
5000 Impôts sur les biens et services	..	**1 214**	**27 506**	**125 341**	**151 265**	..	**0**	**0**	**0**	**0**
5100 Impôts sur production, vente, transfert, etc.	..	0	94	3 093	3 916	..	..	..	..	..
5110 Impôts généraux	..	..	0	0	0	..	..	..	..	..
5120 Impôts sur biens et services déterminés	..	..	94	3 093	3 916	..	..	..	..	..
5130 Non-ventilables entre 5110 et 5120	..	..	0	0	0	..	..	..	..	..
5200 Impôts sur utilisation des biens et exerc. activites	..	1 214	27 411	122 248	147 349	..	..	..	..	..
5300 Non-ventilables entre 5100 et 5200	..	0	0	0	0	..	..	..	..	..
6000 Autres impôts	..	**2 935**	**3 207**	**155**	**133**	..	**0**	**0**	**0**	**0**
6100 A la charge exclusive des entreprises	..	0	0	0	0	..	..	..	..	..
6200 A la charge d'autres agents	..	2 935	3 207	155	133	..	..	..	..	..
Recettes fiscales totales	..	**6 185**	**44 976**	**211 422**	**296 615**	..	**129 718**	**702 559**	**2 665 291**	**3 705 874**

.. Non disponible

StatLink https://stat.link/4nxrck

Tableau 6.8. Tchéquie, recettes fiscales par sous-secteurs d'administration

Million CZK

	Administration centrale[1]					Administration d'État/Régions				
	1975	1995	2005	2015	2021	1975	1995	2005	2015	2021
1000 Impôts sur revenu, bénéfices et gains en capital	**..**	**137 616**	**273 549**	**329 768**	**440 618**	**..**	**..**	**..**	**..**	**..**
1100 Des personnes physiques	..	70 361	137 937	164 678	198 237	..	..	..	..	..
1200 Des sociétés	..	67 255	135 611	165 090	242 381	..	..	..	..	..
1300 Non-ventilables entre 1100 et 1200	..	0	0	0	0	..	..	..	..	..
2000 Cotisations de sécurité sociale	**..**	**0**	**0**	**0**	**0**	**..**	**..**	**..**	**..**	**..**
2100 A la charge des salariés	..	..	..	..	..	..	..	..	..	..
2200 A la charge des employeurs	..	..	..	..	..	..	..	..	..	..
2300 A charge des travailleurs indép. ou sans emploi	..	..	..	..	..	..	..	..	..	..
2400 Non-ventilables entre 2100, 2200 et 2300	..	..	..	..	..	..	..	..	..	..
3000 Sur salaires ou main d'oeuvre	**..**	**0**	**0**	**0**	**0**	**..**	**..**	**..**	**..**	**..**
4000 Impôts sur le patrimoine	**..**	**3 857**	**8 050**	**11 607**	**103**	**..**	**..**	**..**	**..**	**..**
4100 Impôts périodiques sur la propriété immobilière	..	0	5	20	28	..	..	..	..	..
4200 Impôts périodiques sur l'actif net	..	0	0	0	0	..	..	..	..	..
4300 Impôts sur mut. par décès, succ. et donations	..	393	728	20	1	..	..	..	..	..
4400 Impôts sur transact. mobilières et immob.	..	3 464	7 317	11 566	74	..	..	..	..	..
4500 Impôts non-périodiques	..	0	0	0	0	..	..	..	..	..
4600 Autres impôts périodiques sur patrimoine	..	0	0	0	0	..	..	..	..	..
5000 Impôts sur les biens et services	**..**	**175 869**	**343 554**	**505 085**	**645 774**	**..**	**..**	**..**	**..**	**..**
5100 Impôts sur production, vente, transfert, etc.	..	162 913	325 662	487 086	625 301	..	..	..	..	..
5110 Impôts généraux	..	91 673	215 118	333 274	463 521	..	..	..	..	..
5120 Impôts sur biens et services déterminés	..	71 240	110 544	153 812	161 780	..	..	..	..	..
5130 Non-ventilables entre 5110 et 5120	..	0	0	0	0	..	..	..	..	..
5200 Impôts sur utilisation des biens et exerc. activites	..	12 956	17 892	17 999	20 472	..	..	..	..	..
5300 Non-ventilables entre 5100 et 5200	..	0	0	0	0	..	..	..	..	..
6000 Autres impôts	**..**	**545**	**55**	**387**	**219**	**..**	**..**	**..**	**..**	**..**
6100 A la charge exclusive des entreprises	..	0	0	0	0	..	..	..	..	..
6200 A la charge d'autres agents	..	545	55	387	219	..	..	..	..	..
Recettes fiscales totales	**..**	**317 887**	**625 207**	**846 847**	**1 086 714**	**..**	**..**	**..**	**..**	**..**

	Administrations locales					Administrations de sécurite sociale				
	1975	1995	2005	2015	2021	1975	1995	2005	2015	2021
1000 Impôts sur revenu, bénéfices et gains en capital	**..**	**0**	**0**	**0**	**0**	**..**	**0**	**0**	**0**	**0**
1100 Des personnes physiques	..	..	..	..	..	..	..	..	..	..
1200 Des sociétés	..	..	..	..	..	..	..	..	..	..
1300 Non-ventilables entre 1100 et 1200	..	..	..	..	..	..	..	..	..	..
2000 Cotisations de sécurité sociale	**..**	**0**	**0**	**0**	**0**	**..**	**227 871**	**481 626**	**659 743**	**1 004 804**
2100 A la charge des salariés	..	..	..	..	..	..	54 536	108 316	133 878	200 968
2200 A la charge des employeurs	..	..	..	..	..	..	148 342	307 618	417 778	618 255
2300 A charge des travailleurs indép. ou sans emploi	..	..	..	..	..	..	24 993	65 692	108 088	185 581
2400 Non-ventilables entre 2100, 2200 et 2300	..	..	..	..	..	..	0	0	0	0
3000 Sur salaires ou main d'oeuvre	**..**	**0**	**0**	**0**	**0**	**..**	**0**	**0**	**0**	**0**
4000 Impôts sur le patrimoine	**..**	**3 778**	**4 987**	**10 313**	**11 836**	**..**	**0**	**0**	**0**	**0**
4100 Impôts périodiques sur la propriété immobilière	..	3 778	4 987	10 313	11 836	..	..	..	..	..
4200 Impôts périodiques sur l'actif net	..	0	0	0	0	..	..	..	..	..
4300 Impôts sur mut. par décès, succ. et donations	..	0	0	0	0	..	..	..	..	..
4400 Impôts sur transact. mobilières et immob.	..	0	0	0	0	..	..	..	..	..
4500 Impôts non-périodiques	..	0	0	0	0	..	..	..	..	..
4600 Autres impôts périodiques sur patrimoine	..	0	0	0	0	..	..	..	..	..
5000 Impôts sur les biens et services	**..**	**1 150**	**7 395**	**7 749**	**8 291**	**..**	**0**	**0**	**0**	**0**
5100 Impôts sur production, vente, transfert, etc.	..	124	199	292	21	..	..	..	..	..
5110 Impôts généraux	..	0	0	0	0	..	..	..	..	..
5120 Impôts sur biens et services déterminés	..	124	199	292	21	..	..	..	..	..
5130 Non-ventilables entre 5110 et 5120	..	0	0	0	0	..	..	..	..	..
5200 Impôts sur utilisation des biens et exerc. activites	..	1 026	7 196	7 457	8 271	..	..	..	..	..
5300 Non-ventilables entre 5100 et 5200	..	0	0	0	0	..	..	..	..	..
6000 Autres impôts	**..**	**0**	**0**	**0**	**0**	**..**	**0**	**0**	**0**	**0**
6100 A la charge exclusive des entreprises	..	..	..	..	..	..	..	..	..	..
6200 A la charge d'autres agents	..	..	..	..	..	..	..	..	..	..
Recettes fiscales totales	**..**	**4 928**	**12 382**	**18 063**	**20 127**	**..**	**227 871**	**481 626**	**659 743**	**1 004 804**

.. Non disponible

Note : Y compris les droits de douane perçus pour le compte de l'Union européenne.

1. Tax revenues of the regions are reported under the heading of central government up to and including 1995 and under local government thereafter.

StatLink https://stat.link/5en4f6

Tableau 6.9. Danemark, recettes fiscales par sous-secteurs d'administration

Million DKK

	Administration centrale					Administration d'État/Régions				
	1975	1995	2005	2015	2021	1975	1995	2005	2015	2021
1000 Impôts sur revenu, bénéfices et gains en capital	**28 694**	**164 962**	**258 922**	**384 883**	**525 956**	**..**	**..**	**..**	**..**	**..**
1100 Des personnes physiques	25 904	124 613	167 082	304 329	361 397	..	..	..	..	..
1200 Des sociétés	2 790	23 803	54 597	57 723	100 781	..	..	..	..	..
1300 Non-ventilables entre 1100 et 1200	0	16 546	37 244	22 832	63 778	..	..	..	..	..
2000 Cotisations de sécurité sociale	**143**	**562**	**1 180**	**836**	**739**	**..**	**..**	**..**	**..**	**..**
2100 A la charge des salariés	0	559	1 177	826	736	..	..	..	..	..
2200 A la charge des employeurs	142	3	3	10	4	..	..	..	..	..
2300 A charge des travailleurs indép. ou sans emploi	0	0	0	0	0	..	..	..	..	..
2400 Non-ventilables entre 2100, 2200 et 2300	0	0	0	0	0	..	..	..	..	..
3000 Sur salaires ou main d'oeuvre	**0**	**2 262**	**2 907**	**5 894**	**6 615**	**..**	**..**	**..**	**..**	**..**
4000 Impôts sur le patrimoine	**1 779**	**7 094**	**11 801**	**11 084**	**15 173**	**..**	**..**	**..**	**..**	**..**
4100 Impôts périodiques sur la propriété immobilière	16	170	0	0	0	..	..	..	..	..
4200 Impôts périodiques sur l'actif net	414	930	0	0	0	..	..	..	..	..
4300 Impôts sur mut. par décès, succ. et donations	336	2 372	3 154	5 177	6 616	..	..	..	..	..
4400 Impôts sur transact. mobilières et immob.	936	3 584	8 613	5 907	8 557	..	..	..	..	..
4500 Impôts non-périodiques	77	38	34	0	0	..	..	..	..	..
4600 Autres impôts périodiques sur patrimoine	0	0	0	0	0	..	..	..	..	..
5000 Impôts sur les biens et services	**29 014**	**156 578**	**253 352**	**301 504**	**354 485**	**..**	**..**	**..**	**..**	**..**
5100 Impôts sur production, vente, transfert, etc.	27 338	149 393	239 951	277 791	330 645	..	..	..	..	..
5110 Impôts généraux	15 117	94 368	154 654	191 479	251 166	..	..	..	..	..
5120 Impôts sur biens et services déterminés	12 221	55 026	85 298	86 312	79 479	..	..	..	..	..
5130 Non-ventilables entre 5110 et 5120	0	0	0	0	0	..	..	..	..	..
5200 Impôts sur utilisation des biens et exerc. activites	1 676	4 739	9 379	16 537	13 864	..	..	..	..	..
5300 Non-ventilables entre 5100 et 5200	0	2 446	4 021	7 177	9 976	..	..	..	..	..
6000 Autres impôts	**0**	**0**	**203**	**320**	**278**	**..**	**..**	**..**	**..**	**..**
6100 A la charge exclusive des entreprises	..	..	203	320	278	..	..	..	..	..
6200 A la charge d'autres agents	..	..	0	0	0	..	..	..	..	..
Recettes fiscales totales	**59 630**	**331 457**	**528 366**	**704 520**	**903 246**	**..**	**..**	**..**	**..**	**..**

	Administrations locales					Administrations de sécurite sociale				
	1975	1995	2005	2015	2021	1975	1995	2005	2015	2021
1000 Impôts sur revenu, bénéfices et gains en capital	**22 171**	**140 762**	**214 581**	**220 815**	**278 357**	**0**	**0**	**0**	**0**	**0**
1100 Des personnes physiques	22 170	140 758	214 581	220 815	278 357	..	..	..	..	..
1200 Des sociétés	1	5	0	0	0	..	..	..	..	..
1300 Non-ventilables entre 1100 et 1200	0	0	0	0	0	..	..	..	..	..
2000 Cotisations de sécurité sociale	**0**	**0**	**0**	**0**	**0**	**58**	**0**	**529**	**542**	**802**
2100 A la charge des salariés	..	..	..	..	..	0	..	0	0	0
2200 A la charge des employeurs	..	..	..	..	..	58	..	529	542	802
2300 A charge des travailleurs indép. ou sans emploi	..	..	..	..	..	0	..	0	0	0
2400 Non-ventilables entre 2100, 2200 et 2300	..	..	..	..	..	0	..	0	0	0
3000 Sur salaires ou main d'oeuvre	**0**	**0**	**0**	**0**	**0**	**0**	**0**	**0**	**0**	**0**
4000 Impôts sur le patrimoine	**3 518**	**10 155**	**17 466**	**28 085**	**32 432**	**0**	**0**	**0**	**0**	**0**
4100 Impôts périodiques sur la propriété immobilière	3 518	10 155	17 466	28 085	32 432	..	..	..	..	..
4200 Impôts périodiques sur l'actif net	0	0	0	0	0	..	..	..	..	..
4300 Impôts sur mut. par décès, succ. et donations	0	0	0	0	0	..	..	..	..	..
4400 Impôts sur transact. mobilières et immob.	0	0	0	0	0	..	..	..	..	..
4500 Impôts non-périodiques	0	0	0	0	0	..	..	..	..	..
4600 Autres impôts périodiques sur patrimoine	0	0	0	0	0	..	..	..	..	..
5000 Impôts sur les biens et services	**0**	**0**	**0**	**0**	**0**	**0**	**0**	**0**	**0**	**0**
5100 Impôts sur production, vente, transfert, etc.	0	..	..	..	..	..	..	..	..	..
5110 Impôts généraux	0	..	..	..	..	..	..	..	..	..
5120 Impôts sur biens et services déterminés	0	..	..	..	..	..	..	..	..	..
5130 Non-ventilables entre 5110 et 5120	0	..	..	..	..	..	..	..	..	..
5200 Impôts sur utilisation des biens et exerc. activites	..	..	..	..	..	..	..	..	..	..
5300 Non-ventilables entre 5100 et 5200	0	..	..	..	..	..	..	..	..	..
6000 Autres impôts	**0**	**0**	**0**	**0**	**0**	**0**	**0**	**0**	**0**	**0**
6100 A la charge exclusive des entreprises	..	..	..	..	..	..	..	..	..	..
6200 A la charge d'autres agents	..	..	..	..	..	..	..	..	..	..
Recettes fiscales totales	**25 689**	**150 918**	**232 047**	**248 900**	**310 790**	**58**	**0**	**529**	**542**	**802**

.. Non disponible

Note : Y compris les droits de douane perçus pour le compte de l'Union européenne.

StatLink https://stat.link/pclf06

Tableau 6.10. Estonie, recettes fiscales par sous-secteurs d'administration

Million EUR

	Administration centrale					Administration d'État/Régions				
	1975	1995	2005	2015	2021	1975	1995	2005	2015	2021
1000 Impôts sur revenu, bénéfices et gains en capital	..	**301**	**782**	**1 607**	**2 627**	..	..	..	..	..
1100 Des personnes physiques	..	234	622	1 182	2 146	..	..	..	..	..
1200 Des sociétés	..	67	160	424	481	..	..	..	..	..
1300 Non-ventilables entre 1100 et 1200	..	0	0	0	0	..	..	..	..	..
2000 Cotisations de sécurité sociale	..	**191**	**636**	**1 191**	**1 925**	..	..	..	..	..
2100 A la charge des salariés	..	0	0	0	0	..	..	..	..	..
2200 A la charge des employeurs	..	191	636	1 179	1 816	..	..	..	..	..
2300 A charge des travailleurs indép. ou sans emploi	..	0	0	12	109	..	..	..	..	..
2400 Non-ventilables entre 2100, 2200 et 2300	..	0	0	0	0	..	..	..	..	..
3000 Sur salaires ou main d'oeuvre	..	**0**	**0**	**0**	**0**	..	..	..	..	..
4000 Impôts sur le patrimoine	..	**3**	**0**	**0**	**0**	..	..	..	..	..
4100 Impôts périodiques sur la propriété immobilière	..	3	..	..	..	..	..	..	..	..
4200 Impôts périodiques sur l'actif net	..	0	..	..	..	..	..	..	..	..
4300 Impôts sur mut. par décès, succ. et donations	..	0	..	..	..	..	..	..	..	..
4400 Impôts sur transact. mobilières et immob.	..	0	..	..	..	..	..	..	..	..
4500 Impôts non-périodiques	..	0	..	..	..	..	..	..	..	..
4600 Autres impôts périodiques sur patrimoine	..	0	..	..	..	..	..	..	..	..
5000 Impôts sur les biens et services	..	**350**	**1 385**	**2 864**	**4 110**	..	..	..	..	..
5100 Impôts sur production, vente, transfert, etc.	..	345	1 348	2 790	3 913	..	..	..	..	..
5110 Impôts généraux	..	266	908	1 873	2 877	..	..	..	..	..
5120 Impôts sur biens et services déterminés	..	79	440	917	1 036	..	..	..	..	..
5130 Non-ventilables entre 5110 et 5120	..	0	0	0	0	..	..	..	..	..
5200 Impôts sur utilisation des biens et exerc. activites	..	5	37	74	197	..	..	..	..	..
5300 Non-ventilables entre 5100 et 5200	..	0	0	0	0	..	..	..	..	..
6000 Autres impôts	..	**0**	**0**	**0**	**0**	..	..	..	..	..
6100 A la charge exclusive des entreprises	..	..	..	..	..	..	..	..	..	..
6200 A la charge d'autres agents	..	..	..	..	..	..	..	..	..	..
Recettes fiscales totales	..	**845**	**2 803**	**5 662**	**8 662**	..	..	..	..	..

	Administrations locales					Administrations de sécurite sociale				
	1975	1995	2005	2015	2021	1975	1995	2005	2015	2021
1000 Impôts sur revenu, bénéfices et gains en capital	..	**0**	**0**	**0**	**0**	..	**0**	**0**	**0**	**0**
1100 Des personnes physiques	..	0	0	0	0	..	0	0	0	0
1200 Des sociétés	..	0	0	0	0	..	0	0	0	0
1300 Non-ventilables entre 1100 et 1200	..	0	0	0	0	..	0	0	0	0
2000 Cotisations de sécurité sociale	..	**0**	**0**	**0**	**0**	..	**149**	**511**	**1 110**	**1 727**
2100 A la charge des salariés	..	..	..	..	..	..	0	31	99	150
2200 A la charge des employeurs	..	..	..	..	..	..	143	466	1 002	1 464
2300 A charge des travailleurs indép. ou sans emploi	..	..	..	..	..	..	6	14	8	112
2400 Non-ventilables entre 2100, 2200 et 2300	..	..	..	..	..	..	0	0	0	0
3000 Sur salaires ou main d'oeuvre	..	**0**	**0**	**0**	**0**	..	**0**	**0**	**0**	**0**
4000 Impôts sur le patrimoine	..	**7**	**32**	**58**	**59**	..	**0**	**0**	**0**	**0**
4100 Impôts périodiques sur la propriété immobilière	..	7	32	58	59	..	..	..	..	..
4200 Impôts périodiques sur l'actif net	..	0	0	0	0	..	..	..	..	..
4300 Impôts sur mut. par décès, succ. et donations	..	0	0	0	0	..	..	..	..	..
4400 Impôts sur transact. mobilières et immob.	..	0	0	0	0	..	..	..	..	..
4500 Impôts non-périodiques	..	0	0	0	0	..	..	..	..	..
4600 Autres impôts périodiques sur patrimoine	..	0	0	0	0	..	..	..	..	..
5000 Impôts sur les biens et services	..	**1**	**7**	**11**	**14**	..	**0**	**0**	**0**	**0**
5100 Impôts sur production, vente, transfert, etc.	..	0	2	4	7	..	..	..	..	..
5110 Impôts généraux	..	0	0	0	0	..	..	..	..	..
5120 Impôts sur biens et services déterminés	..	0	2	4	7	..	..	..	..	..
5130 Non-ventilables entre 5110 et 5120	..	0	0	0	0	..	..	..	..	..
5200 Impôts sur utilisation des biens et exerc. activites	..	1	5	7	7	..	..	..	..	..
5300 Non-ventilables entre 5100 et 5200	..	0	0	0	0	..	..	..	..	..
6000 Autres impôts	..	**0**	**0**	**0**	**0**	..	**0**	**0**	**0**	**0**
6100 A la charge exclusive des entreprises	..	..	..	..	..	..	..	..	..	..
6200 A la charge d'autres agents	..	..	..	..	..	..	..	..	..	..
Recettes fiscales totales	..	**8**	**40**	**69**	**73**	..	**149**	**511**	**1 110**	**1 727**

.. Non disponible

Note : Y compris les droits de douane perçus pour le compte de l'Union européenne.

StatLink https://stat.link/3rcwju

Tableau 6.11. Finlande, recettes fiscales par sous-secteurs d'administration

Million EUR

	Administration centrale					Administration d'État/Régions				
	1975	1995	2005	2015	2021	1975	1995	2005	2015	2021
1000 Impôts sur revenu, bénéfices et gains en capital	**1 304**	**6 538**	**12 885**	**12 127**	**15 240**	..	..	..	..	..
1100 Des personnes physiques	1 146	5 320	8 791	9 248	11 443	..	..	..	..	..
1200 Des sociétés	157	1 218	4 094	2 879	3 797	..	..	..	..	..
1300 Non-ventilables entre 1100 et 1200	0	0	0	0	0	..	..	..	..	..
2000 Cotisations de sécurité sociale	**0**	**25**	**0**	**0**	**0**	..	..	..	..	..
2100 A la charge des salariés	..	0	..	..	..	..	..	..	..	..
2200 A la charge des employeurs	..	25	..	..	..	..	..	..	..	..
2300 A charge des travailleurs indép. ou sans emploi	..	0	..	..	..	..	..	..	..	..
2400 Non-ventilables entre 2100, 2200 et 2300	..	0	..	..	..	..	..	..	..	..
3000 Sur salaires ou main d'oeuvre	**153**	**0**	**0**	**0**	**0**	..	..	..	..	..
4000 Impôts sur le patrimoine	**127**	**533**	**1 169**	**1 414**	**1 828**	..	..	..	..	..
4100 Impôts périodiques sur la propriété immobilière	0	0	0	0	0	..	..	..	..	..
4200 Impôts périodiques sur l'actif net	33	35	129	0	0	..	..	..	..	..
4300 Impôts sur mut. par décès, succ. et donations	14	167	486	631	826	..	..	..	..	..
4400 Impôts sur transact. mobilières et immob.	80	331	554	783	1 002	..	..	..	..	..
4500 Impôts non-périodiques	0	0	0	0	0	..	..	..	..	..
4600 Autres impôts périodiques sur patrimoine	0	0	0	0	0	..	..	..	..	..
5000 Impôts sur les biens et services	**2 099**	**13 241**	**21 768**	**29 650**	**34 641**	..	..	..	..	..
5100 Impôts sur production, vente, transfert, etc.	2 082	12 937	21 178	28 592	33 204	..	..	..	..	..
5110 Impôts généraux	1 030	7 621	13 748	18 974	23 551	..	..	..	..	..
5120 Impôts sur biens et services déterminés	1 052	5 316	7 430	9 618	9 653	..	..	..	..	..
5130 Non-ventilables entre 5110 et 5120	0	0	0	0	0	..	..	..	..	..
5200 Impôts sur utilisation des biens et exerc. activites	16	304	590	1 058	1 437	..	..	..	..	..
5300 Non-ventilables entre 5100 et 5200	0	0	0	0	0	..	..	..	..	..
6000 Autres impôts	**10**	**90**	**68**	**81**	**108**	..	..	..	..	..
6100 A la charge exclusive des entreprises	0	0	0	0	0	..	..	..	..	..
6200 A la charge d'autres agents	10	90	68	81	108	..	..	..	..	..
Recettes fiscales totales	**3 693**	**20 427**	**35 890**	**43 272**	**51 817**	..	..	..	..	..
	Administrations locales					**Administrations de sécurite sociale**				
	1975	1995	2005	2015	2021	1975	1995	2005	2015	2021
1000 Impôts sur revenu, bénéfices et gains en capital	**1 547**	**9 313**	**13 574**	**20 244**	**23 875**	**0**	**0**	**0**	**0**	**0**
1100 Des personnes physiques	1 393	8 319	12 420	18 576	20 827	..	..	..	..	..
1200 Des sociétés	154	994	1 154	1 668	3 048	..	..	..	..	..
1300 Non-ventilables entre 1100 et 1200	0	0	0	0	0	..	..	..	..	..
2000 Cotisations de sécurité sociale	**0**	**0**	**0**	**0**	**0**	**1 347**	**13 493**	**18 879**	**26 639**	**30 186**
2100 A la charge des salariés	..	..	..	..	..	278	2 537	3 464	6 364	9 133
2200 A la charge des employeurs	..	..	..	..	..	990	9 447	14 127	18 232	18 890
2300 A charge des travailleurs indép. ou sans emploi	..	..	..	..	..	79	1 509	1 288	2 043	2 163
2400 Non-ventilables entre 2100, 2200 et 2300	..	..	..	..	..	0	0	0	0	0
3000 Sur salaires ou main d'oeuvre	**0**	**0**	**0**	**0**	**0**	**0**	**0**	**0**	**0**	**0**
4000 Impôts sur le patrimoine	**0**	**441**	**725**	**1 603**	**1 960**	**0**	**0**	**0**	**0**	**0**
4100 Impôts périodiques sur la propriété immobilière	0	441	725	1 603	1 960	..	..	..	..	..
4200 Impôts périodiques sur l'actif net	0	0	0	0	0	..	..	..	..	..
4300 Impôts sur mut. par décès, succ. et donations	0	0	0	0	0	..	..	..	..	..
4400 Impôts sur transact. mobilières et immob.	0	0	0	0	0	..	..	..	..	..
4500 Impôts non-périodiques	0	0	0	0	0	..	..	..	..	..
4600 Autres impôts périodiques sur patrimoine	0	0	0	0	0	..	..	..	..	..
5000 Impôts sur les biens et services	**3**	**7**	**8**	**2**	**1**	**0**	**0**	**0**	**0**	**0**
5100 Impôts sur production, vente, transfert, etc.	1	1	4	1	1	..	..	..	..	..
5110 Impôts généraux	0	0	0	0	0	..	..	..	..	..
5120 Impôts sur biens et services déterminés	1	1	4	1	1	..	..	..	..	..
5130 Non-ventilables entre 5110 et 5120	0	0	0	0	0	..	..	..	..	..
5200 Impôts sur utilisation des biens et exerc. activites	2	6	4	1	0	..	..	..	..	..
5300 Non-ventilables entre 5100 et 5200	0	0	0	0	0	..	..	..	..	..
6000 Autres impôts	**0**	**0**	**0**	**0**	**0**	**0**	**0**	**0**	**0**	**0**
6100 A la charge exclusive des entreprises	..	..	..	..	..	..	..	..	..	..
6200 A la charge d'autres agents	..	..	..	..	..	..	..	..	..	..
Recettes fiscales totales	**1 550**	**9 761**	**14 307**	**21 849**	**25 836**	**1 347**	**13 493**	**18 879**	**26 639**	**30 186**

.. Non disponible

Note : Y compris les droits de douane perçus pour le compte de l'Union européenne.

StatLink https://stat.link/q6d27r

Tableau 6.12. France, recettes fiscales par sous-secteurs d'administration

Million EUR

	Administration centrale					Administration d'État/Régions				
	1975	1995	2005	2015	2021	1975	1995	2005	2015	2021
1000 Impôts sur revenu, bénéfices et gains en capital	**13 106**	**69 134**	**98 623**	**121 529**	**157 573**	..	..	..	..	..
1100 Des personnes physiques	8 743	43 963	56 862	75 366	94 675	..	..	..	..	..
1200 Des sociétés	4 282	25 172	41 761	46 163	62 898	..	..	..	..	..
1300 Non-ventilables entre 1100 et 1200	80	0	0	0	0	..	..	..	..	..
2000 Cotisations de sécurité sociale	**419**	**3 733**	**5 796**	**7 941**	**7 997**	..	..	..	..	..
2100 A la charge des salariés	419	3 733	4 812	6 048	7 148	..	..	..	..	..
2200 A la charge des employeurs	0	0	984	1 893	849	..	..	..	..	..
2300 A charge des travailleurs indép. ou sans emploi	0	0	0	0	0	..	..	..	..	..
2400 Non-ventilables entre 2100, 2200 et 2300	0	0	0	0	0	..	..	..	..	..
3000 Sur salaires ou main d'oeuvre	**1 194**	**10 299**	**13 117**	**4 796**	**13 624**	..	..	..	..	..
4000 Impôts sur le patrimoine	**1 372**	**7 356**	**13 945**	**20 362**	**29 226**	..	..	..	..	..
4100 Impôts périodiques sur la propriété immobilière	26	9	30	100	4 974	..	..	..	..	..
4200 Impôts périodiques sur l'actif net	0	1 309	3 053	5 224	2 084	..	..	..	..	..
4300 Impôts sur mut. par décès, succ. et donations	616	4 261	9 006	12 317	18 624	..	..	..	..	..
4400 Impôts sur transact. mobilières et immob.	731	1 777	1 856	2 721	3 544	..	..	..	..	..
4500 Impôts non-périodiques	0	0	0	0	0	..	..	..	..	..
4600 Autres impôts périodiques sur patrimoine	0	0	0	0	0	..	..	..	..	..
5000 Impôts sur les biens et services	**26 154**	**129 457**	**167 750**	**178 755**	**139 013**	..	..	..	..	..
5100 Impôts sur production, vente, transfert, etc.	25 618	126 699	163 729	173 782	133 277	..	..	..	..	..
5110 Impôts généraux	19 077	89 768	127 096	141 371	95 023	..	..	..	..	..
5120 Impôts sur biens et services déterminés	6 540	36 931	36 633	32 411	38 254	..	..	..	..	..
5130 Non-ventilables entre 5110 et 5120	0	0	0	0	0	..	..	..	..	..
5200 Impôts sur utilisation des biens et exerc. activites	536	2 758	4 021	4 973	5 736	..	..	..	..	..
5300 Non-ventilables entre 5100 et 5200	..	0	0	0	0	..	..	..	..	..
6000 Autres impôts	**49**	**924**	**3 522**	**1 683**	**734**	..	..	..	..	..
6100 A la charge exclusive des entreprises	32	871	3 502	1 677	716	..	..	..	..	..
6200 A la charge d'autres agents	17	53	21	6	18	..	..	..	..	..
Recettes fiscales totales	**42 294**	**220 903**	**302 753**	**335 066**	**348 167**	..	..	..	..	..

	Administrations locales					Administrations de sécurite sociale				
	1975	1995	2005	2015	2021	1975	1995	2005	2015	2021
1000 Impôts sur revenu, bénéfices et gains en capital	**0**	**0**	**0**	**20**	**33**	**0**	**14 997**	**80 173**	**112 983**	**144 428**
1100 Des personnes physiques	0	0	0	13	14	0	14 997	80 173	112 978	143 920
1200 Des sociétés	0	0	0	7	19	0	0	0	5	508
1300 Non-ventilables entre 1100 et 1200	0	0	0	0	0	0	0	0	0	0
2000 Cotisations de sécurité sociale	**0**	**0**	**0**	**0**	**0**	**33 089**	**217 995**	**275 433**	**362 434**	**366 577**
2100 A la charge des salariés	..	..	..	..	..	6 683	65 964	65 369	87 719	83 687
2200 A la charge des employeurs	..	..	..	..	..	24 236	135 892	190 090	246 280	254 243
2300 A charge des travailleurs indép. ou sans emploi	..	..	..	..	..	2 170	16 139	19 975	28 435	28 647
2400 Non-ventilables entre 2100, 2200 et 2300	..	..	..	..	..	0	0	0	0	0
3000 Sur salaires ou main d'oeuvre	**299**	**2 529**	**5 437**	**9 278**	**9 795**	**107**	**36**	**1 767**	**20 500**	**22 943**
4000 Impôts sur le patrimoine	**2 876**	**27 105**	**44 534**	**68 949**	**66 517**	**0**	**0**	**0**	**0**	**0**
4100 Impôts périodiques sur la propriété immobilière	2 626	23 117	35 989	57 331	46 111	..	..	..	..	..
4200 Impôts périodiques sur l'actif net	..	0	0	0	0	..	..	..	..	..
4300 Impôts sur mut. par décès, succ. et donations	0	0	0	0	0	..	..	..	..	..
4400 Impôts sur transact. mobilières et immob.	250	3 988	8 545	11 618	20 406	..	..	..	..	..
4500 Impôts non-périodiques	0	0	0	0	0	..	..	..	..	..
4600 Autres impôts périodiques sur patrimoine	..	0	0	0	0	..	..	..	..	..
5000 Impôts sur les biens et services	**496**	**8 056**	**14 708**	**43 987**	**77 437**	**301**	**5 708**	**12 776**	**36 159**	**85 330**
5100 Impôts sur production, vente, transfert, etc.	297	4 168	12 233	39 742	72 776	301	5 429	12 393	35 202	84 321
5110 Impôts généraux	0	0	0	12 973	44 663	248	1 810	4 271	15 569	57 749
5120 Impôts sur biens et services déterminés	297	4 168	12 233	26 769	28 113	53	3 620	8 122	19 633	26 572
5130 Non-ventilables entre 5110 et 5120	..	0	0	0	0	..	0	0	0	0
5200 Impôts sur utilisation des biens et exerc. activites	198	3 888	2 475	4 245	4 661	0	279	383	957	1 009
5300 Non-ventilables entre 5100 et 5200	..	0	0	0	0	..	0	0	0	0
6000 Autres impôts	**2 577**	**18 971**	**22 334**	**9 120**	**9 157**	**0**	**0**	**0**	**568**	**952**
6100 A la charge exclusive des entreprises	2 577	18 970	22 334	9 120	9 157	..	..	..	568	952
6200 A la charge d'autres agents	0	1	0	0	0	..	..	..	0	0
Recettes fiscales totales	**6 248**	**56 661**	**87 013**	**131 354**	**162 939**	**33 497**	**238 737**	**370 149**	**532 644**	**620 230**

.. Non disponible

Note : Y compris les droits de douane perçus pour le compte de l'Union européenne.

StatLink https://stat.link/bv3p2s

Tableau 6.13. Allemagne, recettes fiscales par sous-secteurs d'administration

Million EUR

	Administration fédérale					Administration d'État/Régions				
	1975	1995	2005	2015	2021	1975	1995	2005	2015	2021
1000 Impôts sur revenu, bénéfices et gains en capital	**26 782**	**90 688**	**89 383**	**143 652**	**184 720**	**26 428**	**77 258**	**83 503**	**133 852**	**177 943**
1100 Des personnes physiques	23 469	83 710	77 468	129 730	158 069	23 267	71 598	70 916	118 871	153 292
1200 Des sociétés	3 314	6 978	11 915	13 922	26 651	3 160	5 659	12 587	14 981	24 651
1300 Non-ventilables entre 1100 et 1200	0	0	0	0	0	0	0	0	0	0
2000 Cotisations de sécurité sociale	**0**	**0**	**0**	**0**	**0**	**0**	**0**	**0**	**0**	**0**
2100 A la charge des salariés	..	..	..	..	..	..	..	..	..	..
2200 A la charge des employeurs	..	..	..	..	..	..	..	..	..	..
2300 A charge des travailleurs indép. ou sans emploi	..	..	..	..	..	..	..	..	..	..
2400 Non-ventilables entre 2100, 2200 et 2300	..	..	..	..	..	..	..	..	..	..
3000 Sur salaires ou main d'oeuvre	**0**	**0**	**0**	**0**	**0**	**0**	**0**	**0**	**0**	**0**
4000 Impôts sur le patrimoine	**1 225**	**175**	**0**	**1 688**	**1 758**	**2 606**	**9 080**	**8 985**	**17 537**	**29 628**
4100 Impôts périodiques sur la propriété immobilière	0	0	..	0	0	0	0	0	0	1 540
4200 Impôts périodiques sur l'actif net	920	147	..	1 688	1 758	1 993	4 163	97	-2	0
4300 Impôts sur mut. par décès, succ. et donations	0	0	..	0	0	271	1 815	4 097	6 290	9 775
4400 Impôts sur transact. mobilières et immob.	305	28	..	0	0	342	3 102	4 791	11 249	18 313
4500 Impôts non-périodiques	0	0	..	0	0	0	0	0	0	0
4600 Autres impôts périodiques sur patrimoine	0	0	..	0	0	0	0	0	0	0
5000 Impôts sur les biens et services	**35 370**	**125 377**	**147 967**	**199 447**	**216 484**	**13 082**	**62 564**	**82 093**	**107 685**	**144 304**
5100 Impôts sur production, vente, transfert, etc.	35 370	125 377	147 967	188 870	196 002	10 371	55 506	66 406	99 805	136 117
5110 Impôts généraux	18 458	67 178	74 361	110 451	118 029	9 194	52 783	62 851	96 751	132 505
5120 Impôts sur biens et services déterminés	16 913	58 200	73 170	78 127	77 737	1 177	2 723	3 555	3 054	3 612
5130 Non-ventilables entre 5110 et 5120	0	0	436	292	236	0	0	0	0	0
5200 Impôts sur utilisation des biens et exerc. activites	0	0	0	10 577	20 482	2 711	7 058	15 687	7 880	8 187
5300 Non-ventilables entre 5100 et 5200	0	0	0	0	0	0	0	0	0	0
6000 Autres impôts	**0**	**0**	**-1**	**0**	**0**	**0**	**0**	**0**	**0**	**0**
6100 A la charge exclusive des entreprises	..	..	0	..	..	..	..	..	..	..
6200 A la charge d'autres agents	..	..	-1	..	..	..	..	..	..	..
Recettes fiscales totales	**63 378**	**216 240**	**237 349**	**344 787**	**402 962**	**42 116**	**148 902**	**174 581**	**259 074**	**351 875**

	Administrations locales					Administrations de sécurite sociale				
	1975	1995	2005	2015	2021	1975	1995	2005	2015	2021
1000 Impôts sur revenu, bénéfices et gains en capital	**11 819**	**40 295**	**46 725**	**73 882**	**101 536**	**0**	**0**	**0**	**0**	**0**
1100 Des personnes physiques	9 931	33 761	31 261	50 761	67 547	..	..	..	..	..
1200 Des sociétés	1 888	6 534	15 464	23 121	33 989	..	..	..	..	..
1300 Non-ventilables entre 1100 et 1200	0	0	0	0	0	..	..	..	..	..
2000 Cotisations de sécurité sociale	**0**	**0**	**0**	**0**	**0**	**64 290**	**268 052**	**311 530**	**424 841**	**534 373**
2100 A la charge des salariés	..	..	..	..	..	28 106	117 916	134 939	186 305	229 122
2200 A la charge des employeurs	..	..	..	..	..	34 609	133 120	148 507	196 679	253 498
2300 A charge des travailleurs indép. ou sans emploi	..	..	..	..	..	1 575	17 016	28 084	41 857	51 753
2400 Non-ventilables entre 2100, 2200 et 2300	..	..	..	..	..	0	0	0	0	0
3000 Sur salaires ou main d'oeuvre	**1 533**	**0**	**0**	**0**	**0**	**0**	**0**	**0**	**0**	**0**
4000 Impôts sur le patrimoine	**3 461**	**9 794**	**10 247**	**13 215**	**13 445**	**0**	**0**	**0**	**0**	**0**
4100 Impôts périodiques sur la propriété immobilière	2 122	7 027	10 247	13 215	13 445	..	..	..	..	..
4200 Impôts périodiques sur l'actif net	911	2 615	0	0	0	..	..	..	..	..
4300 Impôts sur mut. par décès, succ. et donations	0	0	0	0	0	..	..	..	..	..
4400 Impôts sur transact. mobilières et immob.	428	151	0	0	0	..	..	..	..	..
4500 Impôts non-périodiques	0	0	0	0	0	..	..	..	..	..
4600 Autres impôts périodiques sur patrimoine	0	0	0	0	0	..	..	..	..	..
5000 Impôts sur les biens et services	**162**	**448**	**3 395**	**5 947**	**10 061**	**0**	**0**	**0**	**0**	**0**
5100 Impôts sur production, vente, transfert, etc.	94	271	3 136	5 615	9 653	..	..	..	..	..
5110 Impôts généraux	0	0	2 909	4 734	9 220	..	..	..	..	..
5120 Impôts sur biens et services déterminés	94	271	227	881	433	..	..	..	..	..
5130 Non-ventilables entre 5110 et 5120	0	0	0	0	0	..	..	..	..	..
5200 Impôts sur utilisation des biens et exerc. activites	68	176	259	332	408	..	..	..	..	..
5300 Non-ventilables entre 5100 et 5200	0	0	0	0	0	..	..	..	..	..
6000 Autres impôts	**67**	**130**	**79**	**216**	**256**	**0**	**0**	**0**	**0**	**0**
6100 A la charge exclusive des entreprises	0	0	0	0	0	..	..	..	..	..
6200 A la charge d'autres agents	67	130	79	216	256	..	..	..	..	..
Recettes fiscales totales	**17 042**	**50 666**	**60 446**	**93 260**	**125 298**	**64 290**	**268 052**	**311 530**	**424 841**	**534 373**

.. Non disponible

Note : Y compris les droits de douane perçus pour le compte de l'Union européenne.

StatLink https://stat.link/6jfkq2

Tableau 6.14. Grèce, recettes fiscales par sous-secteurs d'administration

Million EUR

	Administration centrale					Administration d'État/Régions				
	1975	1995	2005	2015	2021	1975	1995	2005	2015	2021
1000 Impôts sur revenu, bénéfices et gains en capital	**64**	**5 456**	**16 101**	**14 577**	**14 773**	..	..	..	..	..
1100 Des personnes physiques	43	3 011	8 719	10 146	10 825	..	..	..	..	..
1200 Des sociétés	17	2 067	6 487	3 800	3 245	..	..	..	..	..
1300 Non-ventilables entre 1100 et 1200	4	378	895	631	703	..	..	..	..	..
2000 Cotisations de sécurité sociale	**0**	**380**	**1 048**	**745**	**60**	..	..	..	..	..
2100 A la charge des salariés	..	380	1 031	744	60	..	..	..	..	..
2200 A la charge des employeurs	..	0	17	1	0	..	..	..	..	..
2300 A charge des travailleurs indép. ou sans emploi	..	0	0	0	0	..	..	..	..	..
2400 Non-ventilables entre 2100, 2200 et 2300	..	0	0	0	0	..	..	..	..	..
3000 Sur salaires ou main d'oeuvre	**1**	**0**	**0**	**0**	**0**	..	..	..	..	..
4000 Impôts sur le patrimoine	**47**	**1 060**	**2 263**	**3 931**	**3 716**	..	..	..	..	..
4100 Impôts périodiques sur la propriété immobilière	1	0	0	3 046	2 590	..	..	..	..	..
4200 Impôts périodiques sur l'actif net	0	138	284	180	188	..	..	..	..	..
4300 Impôts sur mut. par décès, succ. et donations	5	274	258	134	198	..	..	..	..	..
4400 Impôts sur transact. mobilières et immob.	41	641	1 469	509	722	..	..	..	..	..
4500 Impôts non-périodiques	0	0	73	0	0	..	..	..	..	..
4600 Autres impôts périodiques sur patrimoine	0	7	179	62	18	..	..	..	..	..
5000 Impôts sur les biens et services	**224**	**10 586**	**21 526**	**25 088**	**27 376**	..	..	..	..	..
5100 Impôts sur production, vente, transfert, etc.	205	9 953	19 454	20 899	23 118	..	..	..	..	..
5110 Impôts généraux	90	5 504	13 605	12 904	14 947	..	..	..	..	..
5120 Impôts sur biens et services déterminés	114	4 413	5 772	7 901	8 136	..	..	..	..	..
5130 Non-ventilables entre 5110 et 5120	0	36	77	94	35	..	..	..	..	..
5200 Impôts sur utilisation des biens et exerc. activites	20	385	1 780	3 187	3 600	..	..	..	..	..
5300 Non-ventilables entre 5100 et 5200	0	248	292	1 002	658	..	..	..	..	..
6000 Autres impôts	**0**	**0**	**0**	**0**	**0**	..	..	..	..	..
6100 A la charge exclusive des entreprises	..	..	..	..	..	..	..	..	..	..
6200 A la charge d'autres agents	..	..	..	..	..	..	..	..	..	..
Recettes fiscales totales	**337**	**17 482**	**40 938**	**44 341**	**45 925**	..	..	..	..	..

	Administrations locales					Administrations de sécurite sociale				
	1975	1995	2005	2015	2021	1975	1995	2005	2015	2021
1000 Impôts sur revenu, bénéfices et gains en capital	**3**	**0**	**0**	**0**	**0**	**0**	**0**	**0**	**9**	**8**
1100 Des personnes physiques	2	..	..	..	..	0	..	..	9	8
1200 Des sociétés	0	..	..	..	..	0	..	..	0	0
1300 Non-ventilables entre 1100 et 1200	1	..	..	..	..	0	..	..	0	0
2000 Cotisations de sécurité sociale	**0**	**0**	**0**	**0**	**0**	**148**	**7 991**	**20 288**	**18 062**	**23 357**
2100 A la charge des salariés	..	..	..	..	..	62	4 181	10 206	10 351	12 155
2200 A la charge des employeurs	..	..	..	..	..	62	3 810	10 082	7 711	11 202
2300 A charge des travailleurs indép. ou sans emploi	..	..	..	..	..	0	0	0	0	0
2400 Non-ventilables entre 2100, 2200 et 2300	..	..	..	..	..	24	0	0	0	0
3000 Sur salaires ou main d'oeuvre	**0**	**0**	**0**	**0**	**0**	**0**	**0**	**0**	**0**	**0**
4000 Impôts sur le patrimoine	**1**	**447**	**1 208**	**1 449**	**1 574**	**0**	**66**	**361**	**38**	**0**
4100 Impôts périodiques sur la propriété immobilière	0	180	420	546	605	..	32	83	0	..
4200 Impôts périodiques sur l'actif net	0	267	788	903	969	..	0	0	0	..
4300 Impôts sur mut. par décès, succ. et donations	0	0	0	0	0	..	0	0	0	..
4400 Impôts sur transact. mobilières et immob.	0	0	0	0	0	..	34	278	38	..
4500 Impôts non-périodiques	0	0	0	0	0	..	0	0	0	..
4600 Autres impôts périodiques sur patrimoine	0	0	0	0	0	..	0	0	0	..
5000 Impôts sur les biens et services	**10**	**89**	**197**	**96**	**98**	**0**	**124**	**248**	**240**	**165**
5100 Impôts sur production, vente, transfert, etc.	7	87	185	82	78	..	102	195	224	160
5110 Impôts généraux	2	32	26	3	1	..	86	85	170	124
5120 Impôts sur biens et services déterminés	6	55	159	79	77	..	16	110	47	27
5130 Non-ventilables entre 5110 et 5120	0	0	0	0	0	..	0	0	7	9
5200 Impôts sur utilisation des biens et exerc. activites	3	2	12	14	20	..	22	53	16	5
5300 Non-ventilables entre 5100 et 5200	0	0	0	0	0	..	0	0	0	0
6000 Autres impôts	**0**	**0**	**0**	**0**	**0**	**0**	**0**	**0**	**0**	**0**
6100 A la charge exclusive des entreprises	..	..	..	..	..	..	..	..	..	..
6200 A la charge d'autres agents	..	..	..	..	..	..	..	..	..	..
Recettes fiscales totales	**17**	**536**	**1 405**	**1 545**	**1 672**	**148**	**8 181**	**20 897**	**18 349**	**23 530**

.. Non disponible

Note : Y compris les droits de douane perçus pour le compte de l'Union européenne.

StatLink https://stat.link/n8m2ow

Tableau 6.15. Hongrie, recettes fiscales par sous-secteurs d'administration

Million HUF

	Administration centrale					Administration d'État/Régions				
	1975	1995	2005	2015	2021	1975	1995	2005	2015	2021
1000 Impôts sur revenu, bénéfices et gains en capital	**..**	**498 608**	**1 915 178**	**2 299 697**	**3 011 651**	**..**	**..**	**..**	**..**	**..**
1100 Des personnes physiques	..	383 744	1 449 552	1 698 410	2 254 793	..	..	..	..	..
1200 Des sociétés	..	106 259	465 626	601 287	756 858	..	..	..	..	..
1300 Non-ventilables entre 1100 et 1200	..	8 605	0	0	0	..	..	..	..	..
2000 Cotisations de sécurité sociale	**..**	**69 554**	**235 148**	**148 044**	**253 631**	**..**	**..**	**..**	**..**	**..**
2100 A la charge des salariés	..	18 468	53 611	144 868	252 135	..	..	..	..	..
2200 A la charge des employeurs	..	51 086	175 013	3 176	1 496	..	..	..	..	..
2300 A charge des travailleurs indép. ou sans emploi	..	0	0	0	0	..	..	..	..	..
2400 Non-ventilables entre 2100, 2200 et 2300	..	0	6 524	0	0	..	..	..	..	..
3000 Sur salaires ou main d'oeuvre	**..**	**5 474**	**39 459**	**231 467**	**590 025**	**..**	**..**	**..**	**..**	**..**
4000 Impôts sur le patrimoine	**..**	**11 463**	**63 007**	**292 329**	**300 838**	**..**	**..**	**..**	**..**	**..**
4100 Impôts périodiques sur la propriété immobilière	..	0	0	55 906	54 127	..	..	..	..	..
4200 Impôts périodiques sur l'actif net	..	0	0	135 661	52 308	..	..	..	..	..
4300 Impôts sur mut. par décès, succ. et donations	..	1 364	7 678	7 373	9 132	..	..	..	..	..
4400 Impôts sur transact. mobilières et immob.	..	10 099	55 329	93 389	185 271	..	..	..	..	..
4500 Impôts non-périodiques	..	0	0	0	0	..	..	..	..	..
4600 Autres impôts périodiques sur patrimoine	..	0	0	0	0	..	..	..	..	..
5000 Impôts sur les biens et services	**..**	**924 906**	**2 870 189**	**5 168 034**	**7 834 850**	**..**	**..**	**..**	**..**	**..**
5100 Impôts sur production, vente, transfert, etc.	..	919 500	2 854 738	5 060 613	7 596 229	..	..	..	..	..
5110 Impôts généraux	..	423 954	1 972 998	3 485 479	5 598 956	..	..	..	..	..
5120 Impôts sur biens et services déterminés	..	495 546	881 740	1 575 134	1 997 273	..	..	..	..	..
5130 Non-ventilables entre 5110 et 5120	..	0	0	0	0	..	..	..	..	..
5200 Impôts sur utilisation des biens et exerc. activites	..	5 406	15 451	107 421	238 621	..	..	..	..	..
5300 Non-ventilables entre 5100 et 5200	..	0	0	0	0	..	..	..	..	..
6000 Autres impôts	**..**	**8 901**	**25 403**	**30 665**	**-25 174**	**..**	**..**	**..**	**..**	**..**
6100 A la charge exclusive des entreprises	..	0	4 240	9 156	0	..	..	..	..	..
6200 A la charge d'autres agents	..	0	0	0	0	..	..	..	..	..
Recettes fiscales totales	**..**	**1 518 905**	**5 148 383**	**8 170 236**	**11 965 821**	**..**	**..**	**..**	**..**	**..**

	Administrations locales					Administrations de sécurite sociale				
	1975	1995	2005	2015	2021	1975	1995	2005	2015	2021
1000 Impôts sur revenu, bénéfices et gains en capital	**..**	**0**	**173**	**45**	**36**	**..**	**0**	**26 307**	**126 216**	**150**
1100 Des personnes physiques	..	0	173	45	36	..	0	26 307	126 216	150
1200 Des sociétés	..	0	0	0	0	..	0	0	0	0
1300 Non-ventilables entre 1100 et 1200	..	0	0	0	0	..	0	0	0	0
2000 Cotisations de sécurité sociale	**..**	**0**	**0**	**0**	**0**	**..**	**778 467**	**2 452 562**	**4 285 420**	**5 528 141**
2100 A la charge des salariés	..	..	..	..	..	..	116 824	530 098	1 626 055	2 913 623
2200 A la charge des employeurs	..	..	..	..	..	..	632 478	1 894 306	2 634 154	2 584 564
2300 A charge des travailleurs indép. ou sans emploi	..	..	..	..	..	..	27 466	2 080	0	0
2400 Non-ventilables entre 2100, 2200 et 2300	..	..	..	..	..	..	1 699	26 078	25 211	29 954
3000 Sur salaires ou main d'oeuvre	**..**	**1 075**	**1 153**	**0**	**0**	**..**	**0**	**44 397**	**10 283**	**8 574**
4000 Impôts sur le patrimoine	**..**	**17 531**	**123 929**	**145 000**	**181 832**	**..**	**0**	**0**	**0**	**0**
4100 Impôts périodiques sur la propriété immobilière	..	6 068	58 836	145 000	181 832	..	..	..	..	..
4200 Impôts périodiques sur l'actif net	..	0	0	0	0	..	..	..	..	..
4300 Impôts sur mut. par décès, succ. et donations	..	1 364	7 932	0	0	..	..	..	..	..
4400 Impôts sur transact. mobilières et immob.	..	10 099	57 162	0	0	..	..	..	..	..
4500 Impôts non-périodiques	..	0	0	0	0	..	..	..	..	..
4600 Autres impôts périodiques sur patrimoine	..	0	0	0	0	..	..	..	..	..
5000 Impôts sur les biens et services	**..**	**41 970**	**388 385**	**625 571**	**762 958**	**..**	**0**	**0**	**103 105**	**119 793**
5100 Impôts sur production, vente, transfert, etc.	..	39 240	337 935	594 855	761 797	..	..	..	103 105	119 793
5110 Impôts généraux	..	38 472	334 077	584 380	754 982	..	..	..	29 882	66 346
5120 Impôts sur biens et services déterminés	..	768	3 858	10 475	6 815	..	..	..	73 223	53 447
5130 Non-ventilables entre 5110 et 5120	..	0	0	0	0	..	..	..	0	0
5200 Impôts sur utilisation des biens et exerc. activites	..	2 730	50 450	30 716	1 161	..	..	..	0	0
5300 Non-ventilables entre 5100 et 5200	..	0	0	0	0	..	..	..	0	0
6000 Autres impôts	**..**	**0**	**0**	**0**	**0**	**..**	**21 605**	**9 616**	**14 021**	**4 069**
6100 A la charge exclusive des entreprises	..	..	..	..	..	..	0	0	0	0
6200 A la charge d'autres agents	..	..	..	..	..	..	0	0	0	0
Recettes fiscales totales	**..**	**60 576**	**513 641**	**770 616**	**944 826**	**..**	**800 072**	**2 532 882**	**4 539 045**	**5 660 727**

.. Non disponible

Note : Y compris les droits de douane perçus pour le compte de l'Union européenne.

StatLink https://stat.link/v5msyi

Tableau 6.16. Islande, recettes fiscales par sous-secteurs d'administration

Million ISK

	Administration centrale					Administration d'État/Régions				
	1975	1995	2005	2015	2021	1975	1995	2005	2015	2021
1000 Impôts sur revenu, bénéfices et gains en capital	**68**	**27 156**	**105 705**	**210 536**	**295 626**	**..**	**..**	**..**	**..**	**..**
1100 Des personnes physiques	55	22 914	70 944	127 535	197 845	..	..	..	..	..
1200 Des sociétés	13	4 242	20 297	52 544	65 454	..	..	..	..	..
1300 Non-ventilables entre 1100 et 1200	0	0	14 464	30 457	32 327	..	..	..	..	..
2000 Cotisations de sécurité sociale	**17**	**11 452**	**32 777**	**79 707**	**97 414**	**..**	**..**	**..**	**..**	**..**
2100 A la charge des salariés	0	460	..	..	..	..	..	..	..	..
2200 A la charge des employeurs	17	10 992	..	..	..	..	..	..	..	..
2300 A charge des travailleurs indép. ou sans emploi	0	0	..	..	..	..	..	..	..	..
2400 Non-ventilables entre 2100, 2200 et 2300	0	0	32 777	79 707	97 414	..	..	..	..	..
3000 Sur salaires ou main d'oeuvre	**27**	**0**	**324**	**6 638**	**9 160**	**..**	**..**	**..**	**..**	**..**
4000 Impôts sur le patrimoine	**15**	**7 198**	**4 267**	**4 459**	**9 825**	**..**	**..**	**..**	**..**	**..**
4100 Impôts périodiques sur la propriété immobilière	0	47	0	178	280	..	..	..	..	..
4200 Impôts périodiques sur l'actif net	5	3 191	2 887	657	14	..	..	..	..	..
4300 Impôts sur mut. par décès, succ. et donations	0	389	866	2 919	8 393	..	..	..	..	..
4400 Impôts sur transact. mobilières et immob.	9	3 571	0	0	0	..	..	..	..	..
4500 Impôts non-périodiques	0	0	248	362	524	..	..	..	..	..
4600 Autres impôts périodiques sur patrimoine	0	0	266	343	613	..	..	..	..	..
5000 Impôts sur les biens et services	**392**	**66 356**	**177 366**	**264 323**	**373 634**	**..**	**..**	**..**	**..**	**..**
5100 Impôts sur production, vente, transfert, etc.	387	62 140	167 012	254 422	361 377	..	..	..	..	..
5110 Impôts généraux	182	42 358	122 968	188 001	284 536	..	..	..	..	..
5120 Impôts sur biens et services déterminés	205	19 782	44 044	66 421	76 841	..	..	..	..	..
5130 Non-ventilables entre 5110 et 5120	0	0	0	0	0	..	..	..	..	..
5200 Impôts sur utilisation des biens et exerc. activites	5	4 216	10 354	9 901	12 257	..	..	..	..	..
5300 Non-ventilables entre 5100 et 5200	0	0	0	0	0	..	..	..	..	..
6000 Autres impôts	**0**	**0**	**1 504**	**38 364**	**13 251**	**..**	**..**	**..**	**..**	**..**
6100 A la charge exclusive des entreprises	..	..	565	32 477	5 927	..	..	..	..	..
6200 A la charge d'autres agents	..	..	939	5 887	7 324	..	..	..	..	..
Recettes fiscales totales	**519**	**112 162**	**321 941**	**604 026**	**798 908**	**..**	**..**	**..**	**..**	**..**

	Administrations locales					Administrations de sécurite sociale				
	1975	1995	2005	2015	2021	1975	1995	2005	2015	2021
1000 Impôts sur revenu, bénéfices et gains en capital	**78**	**21 170**	**74 465**	**170 443**	**273 816**	**0**	**0**	**0**	**0**	**0**
1100 Des personnes physiques	74	21 170	74 455	170 443	273 816	..	..	..	..	..
1200 Des sociétés	4	0	10	0	0	..	..	..	..	..
1300 Non-ventilables entre 1100 et 1200	0	0	0	0	0	..	..	..	..	..
2000 Cotisations de sécurité sociale	**0**	**0**	**0**	**0**	**0**	**0**	**0**	**0**	**0**	**0**
2100 A la charge des salariés	..	..	..	..	..	..	..	..	..	..
2200 A la charge des employeurs	..	..	..	..	..	..	..	..	..	..
2300 A charge des travailleurs indép. ou sans emploi	..	..	..	..	..	..	..	..	..	..
2400 Non-ventilables entre 2100, 2200 et 2300	..	..	..	..	..	..	..	..	..	..
3000 Sur salaires ou main d'oeuvre	**0**	**0**	**0**	**0**	**0**	**0**	**0**	**0**	**0**	**0**
4000 Impôts sur le patrimoine	**18**	**5 674**	**13 931**	**34 701**	**57 929**	**0**	**0**	**0**	**0**	**0**
4100 Impôts périodiques sur la propriété immobilière	18	5 674	13 931	34 701	57 929	..	..	..	..	..
4200 Impôts périodiques sur l'actif net	0	0	0	0	0	..	..	..	..	..
4300 Impôts sur mut. par décès, succ. et donations	0	0	0	0	0	..	..	..	..	..
4400 Impôts sur transact. mobilières et immob.	0	0	0	0	0	..	..	..	..	..
4500 Impôts non-périodiques	0	0	0	0	0	..	..	..	..	..
4600 Autres impôts périodiques sur patrimoine	0	0	0	0	0	..	..	..	..	..
5000 Impôts sur les biens et services	**9**	**2 585**	**6 904**	**2 832**	**9 122**	**0**	**0**	**0**	**0**	**0**
5100 Impôts sur production, vente, transfert, etc.	9	2 585	0	0	0	..	..	..	..	..
5110 Impôts généraux	0	2 585	..	..	..	..	..	..	..	..
5120 Impôts sur biens et services déterminés	9	0	..	..	..	..	..	..	..	..
5130 Non-ventilables entre 5110 et 5120	0	0	..	..	..	..	..	..	..	..
5200 Impôts sur utilisation des biens et exerc. activites	0	0	6 904	2 832	9 122	..	..	..	..	..
5300 Non-ventilables entre 5100 et 5200	0	0	0	0	0	..	..	..	..	..
6000 Autres impôts	**14**	**0**	**93**	**0**	**0**	**0**	**0**	**0**	**0**	**0**
6100 A la charge exclusive des entreprises	14	..	93	..	..	..	..	..	..	..
6200 A la charge d'autres agents	0	..	0	..	..	..	..	..	..	..
Recettes fiscales totales	**119**	**29 429**	**95 393**	**207 976**	**340 867**	**0**	**0**	**0**	**0**	**0**

.. Non disponible

StatLink https://stat.link/vtkcip

Tableau 6.17. Irlande, recettes fiscales par sous-secteurs d'administration

Million EUR

	Administration centrale					Administration d'État/Régions				
	1975	1995	2005	2015	2021	1975	1995	2005	2015	2021
1000 Impôts sur revenu, bénéfices et gains en capital	**456**	**7 022**	**21 186**	**26 599**	**44 737**	**..**	**..**	**..**	**..**	**..**
1100 Des personnes physiques	382	5 563	15 674	19 722	29 413	..	..	..	..	..
1200 Des sociétés	73	1 458	5 511	6 873	15 324	..	..	..	..	..
1300 Non-ventilables entre 1100 et 1200	0	0	0	4	0	..	..	..	..	..
2000 Cotisations de sécurité sociale	**11**	**87**	**217**	**1 351**	**1 580**	**..**	**..**	**..**	**..**	**..**
2100 A la charge des salariés	10	87	217	1 351	1 580	..	..	..	..	..
2200 A la charge des employeurs	0	0	0	0	0	..	..	..	..	..
2300 A charge des travailleurs indép. ou sans emploi	1	0	0	0	0	..	..	..	..	..
2400 Non-ventilables entre 2100, 2200 et 2300	0	0	0	0	0	..	..	..	..	..
3000 Sur salaires ou main d'oeuvre	**0**	**209**	**332**	**357**	**797**	**..**	**..**	**..**	**..**	**..**
4000 Impôts sur le patrimoine	**37**	**370**	**2 741**	**2 530**	**3 725**	**..**	**..**	**..**	**..**	**..**
4100 Impôts périodiques sur la propriété immobilière	0	15	0	475	551	..	..	..	..	..
4200 Impôts périodiques sur l'actif net	5	0	0	169	0	..	..	..	..	..
4300 Impôts sur mut. par décès, succ. et donations	17	76	255	401	582	..	..	..	..	..
4400 Impôts sur transact. mobilières et immob.	15	279	2 486	1 484	2 592	..	..	..	..	..
4500 Impôts non-périodiques	0	0	0	0	0	..	..	..	..	..
4600 Autres impôts périodiques sur patrimoine	0	0	0	0	0	..	..	..	..	..
5000 Impôts sur les biens et services	**671**	**6 763**	**19 122**	**19 686**	**25 086**	**..**	**..**	**..**	**..**	**..**
5100 Impôts sur production, vente, transfert, etc.	639	6 419	18 106	17 709	23 107	..	..	..	..	..
5110 Impôts généraux	223	3 666	12 373	11 831	16 642	..	..	..	..	..
5120 Impôts sur biens et services déterminés	416	2 753	5 733	5 878	6 465	..	..	..	..	..
5130 Non-ventilables entre 5110 et 5120	0	0	0	0	0	..	..	..	..	..
5200 Impôts sur utilisation des biens et exerc. activites	33	344	1 015	1 977	1 979	..	..	..	..	..
5300 Non-ventilables entre 5100 et 5200	0	0	0	0	0	..	..	..	..	..
6000 Autres impôts	**0**	**0**	**0**	**12**	**10**	**..**	**..**	**..**	**..**	**..**
6100 A la charge exclusive des entreprises	..	..	..	0	0	..	..	..	..	..
6200 A la charge d'autres agents	..	..	..	12	10	..	..	..	..	..
Recettes fiscales totales	**1 175**	**14 451**	**43 598**	**50 535**	**75 935**	**..**	**..**	**..**	**..**	**..**

	Administrations locales					Administrations de sécurite sociale				
	1975	1995	2005	2015	2021	1975	1995	2005	2015	2021
1000 Impôts sur revenu, bénéfices et gains en capital	**0**	**0**	**0**	**0**	**0**	**0**	**0**	**0**	**0**	**0**
1100 Des personnes physiques	..	..	..	..	..	..	..	..	..	..
1200 Des sociétés	..	..	..	..	..	..	..	..	..	..
1300 Non-ventilables entre 1100 et 1200	0	..	..	..	..	0	..	..	..	..
2000 Cotisations de sécurité sociale	**0**	**56**	**90**	**121**	**0**	**198**	**2 215**	**6 230**	**8 527**	**12 038**
2100 A la charge des salariés	..	56	90	121	..	73	576	1 415	1 856	2 656
2200 A la charge des employeurs	..	0	0	0	..	125	1 528	4 427	6 211	8 692
2300 A charge des travailleurs indép. ou sans emploi	..	0	0	0	..	0	111	388	460	690
2400 Non-ventilables entre 2100, 2200 et 2300	..	0	0	0	..	0	0	0	0	0
3000 Sur salaires ou main d'oeuvre	**0**	**0**	**0**	**0**	**0**	**0**	**0**	**0**	**0**	**0**
4000 Impôts sur le patrimoine	**110**	**408**	**1 020**	**1 389**	**1 118**	**..**	**0**	**0**	**0**	**0**
4100 Impôts périodiques sur la propriété immobilière	110	408	1 020	1 389	1 118	..	..	..	..	..
4200 Impôts périodiques sur l'actif net	0	0	0	0	0	..	..	..	..	..
4300 Impôts sur mut. par décès, succ. et donations	0	0	0	0	0	..	..	..	..	..
4400 Impôts sur transact. mobilières et immob.	0	0	0	0	0	..	..	..	..	..
4500 Impôts non-périodiques	0	0	0	0	0	..	..	..	..	..
4600 Autres impôts périodiques sur patrimoine	0	0	0	0	0	..	..	..	..	..
5000 Impôts sur les biens et services	**0**	**0**	**0**	**0**	**0**	**0**	**0**	**0**	**0**	**0**
5100 Impôts sur production, vente, transfert, etc.	..	..	..	..	..	..	..	..	..	..
5110 Impôts généraux	..	..	..	..	..	..	..	..	..	..
5120 Impôts sur biens et services déterminés	..	..	..	..	..	..	..	..	..	..
5130 Non-ventilables entre 5110 et 5120	0	..	..	..	..	0	..	..	..	..
5200 Impôts sur utilisation des biens et exerc. activites	..	..	..	..	..	0	..	..	..	..
5300 Non-ventilables entre 5100 et 5200	0	..	..	..	..	0	..	..	..	..
6000 Autres impôts	**0**	**0**	**0**	**0**	**0**	**0**	**0**	**0**	**0**	**0**
6100 A la charge exclusive des entreprises	..	..	..	..	..	..	..	..	..	..
6200 A la charge d'autres agents	..	..	..	..	..	..	..	..	..	..
Recettes fiscales totales	**110**	**464**	**1 110**	**1 510**	**1 118**	**198**	**2 215**	**6 230**	**8 527**	**12 038**

.. Non disponible

Note : Y compris les droits de douane perçus pour le compte de l'Union européenne. The personal income tax data shown for the country table for Ireland is different to the ESA2010 presentation as the expenditure component of the payable tax credits are excluded in accordance with the OECD Interpretative Guide.

StatLink https://stat.link/goucei

Tableau 6.18. Israël, recettes fiscales par sous-secteurs d'administration

Million ILS

	Administration centrale					Administration d'État/Régions				
	1975	1995	2005	2015	2021	1975	1995	2005	2015	2021
1000 Impôts sur revenu, bénéfices et gains en capital	..	**37 422**	**73 082**	**113 976**	**182 913**	..	..	..	..	..
1100 Des personnes physiques	..	28 399	47 062	70 895	113 200	..	..	..	..	..
1200 Des sociétés	..	8 514	21 909	34 676	56 466	..	..	..	..	..
1300 Non-ventilables entre 1100 et 1200	..	509	4 111	8 405	13 247	..	..	..	..	..
2000 Cotisations de sécurité sociale	..	**0**	**0**	**0**	**0**	..	..	..	..	..
2100 A la charge des salariés	..	..	..	..	..	..	..	..	..	..
2200 A la charge des employeurs	..	..	..	..	..	..	..	..	..	..
2300 A charge des travailleurs indép. ou sans emploi	..	..	..	..	..	..	..	..	..	..
2400 Non-ventilables entre 2100, 2200 et 2300	..	..	..	..	..	..	..	..	..	..
3000 Sur salaires ou main d'oeuvre	..	**5 007**	**9 920**	**13 760**	**16 147**	..	..	..	..	..
4000 Impôts sur le patrimoine	..	**4 122**	**5 547**	**10 593**	**20 813**	..	..	..	..	..
4100 Impôts périodiques sur la propriété immobilière	..	786	322	44	23	..	..	..	..	..
4200 Impôts périodiques sur l'actif net	..	0	0	0	0	..	..	..	..	..
4300 Impôts sur mut. par décès, succ. et donations	..	0	0	0	0	..	..	..	..	..
4400 Impôts sur transact. mobilières et immob.	..	2 049	3 591	6 732	12 645	..	..	..	..	..
4500 Impôts non-périodiques	..	1 287	1 634	3 817	8 145	..	..	..	..	..
4600 Autres impôts périodiques sur patrimoine	..	0	0	0	0	..	..	..	..	..
5000 Impôts sur les biens et services	..	**38 673**	**75 932**	**136 848**	**171 756**	..	..	..	..	..
5100 Impôts sur production, vente, transfert, etc.	..	36 637	70 741	128 277	162 099	..	..	..	..	..
5110 Impôts généraux	..	31 975	59 374	107 765	139 650	..	..	..	..	..
5120 Impôts sur biens et services déterminés	..	4 662	11 367	20 512	22 449	..	..	..	..	..
5130 Non-ventilables entre 5110 et 5120	..	0	0	0	0	..	..	..	..	..
5200 Impôts sur utilisation des biens et exerc. activites	..	2 036	5 191	8 571	9 656	..	..	..	..	..
5300 Non-ventilables entre 5100 et 5200	..	0	0	0	0	..	..	..	..	..
6000 Autres impôts	..	**0**	**0**	**0**	**0**	..	..	..	..	..
6100 A la charge exclusive des entreprises	..	..	..	..	..	..	..	..	..	..
6200 A la charge d'autres agents	..	..	..	..	..	..	..	..	..	..
Recettes fiscales totales	..	**85 224**	**164 481**	**275 177**	**391 628**	..	..	..	..	..

	Administrations locales					Administrations de sécurite sociale				
	1975	1995	2005	2015	2021	1975	1995	2005	2015	2021
1000 Impôts sur revenu, bénéfices et gains en capital	..	**0**	**0**	**0**	**0**	..	**0**	**0**	**0**	**0**
1100 Des personnes physiques	..	0	0	0	0	..	0	0	0	0
1200 Des sociétés	..	..	..	..	..	..	..	..	..	..
1300 Non-ventilables entre 1100 et 1200	..	0	0	0	0	..	0	0	0	0
2000 Cotisations de sécurité sociale	..	**0**	**0**	**0**	**0**	..	**14 958**	**34 597**	**59 561**	**79 602**
2100 A la charge des salariés	..	..	..	..	..	..	7 953	19 720	34 692	44 414
2200 A la charge des employeurs	..	..	..	..	..	..	4 672	10 679	17 247	24 675
2300 A charge des travailleurs indép. ou sans emploi	..	..	..	..	..	..	2 334	4 198	7 622	10 513
2400 Non-ventilables entre 2100, 2200 et 2300	..	..	..	..	..	..	0	0	0	0
3000 Sur salaires ou main d'oeuvre	..	**0**	**0**	**0**	**0**	..	**0**	**0**	**0**	**0**
4000 Impôts sur le patrimoine	..	**7 363**	**16 435**	**30 016**	**41 206**	..	**0**	**0**	**0**	**0**
4100 Impôts périodiques sur la propriété immobilière	..	5 592	13 962	23 658	28 992	..	..	..	..	..
4200 Impôts périodiques sur l'actif net	..	0	0	0	0	..	..	..	..	..
4300 Impôts sur mut. par décès, succ. et donations	..	0	0	0	0	..	..	..	..	..
4400 Impôts sur transact. mobilières et immob.	..	0	0	0	0	..	..	..	..	..
4500 Impôts non-périodiques	..	1 771	2 473	6 358	12 214	..	..	..	..	..
4600 Autres impôts périodiques sur patrimoine	..	0	0	0	0	..	..	..	..	..
5000 Impôts sur les biens et services	..	**298**	**748**	**1 309**	**1 599**	..	**0**	**0**	**0**	**0**
5100 Impôts sur production, vente, transfert, etc.	..	0	0	0	0	..	..	..	..	..
5110 Impôts généraux	..	0	0	0	0	..	..	..	..	..
5120 Impôts sur biens et services déterminés	..	0	0	0	0	..	..	..	..	..
5130 Non-ventilables entre 5110 et 5120	..	0	0	0	0	..	..	..	..	..
5200 Impôts sur utilisation des biens et exerc. activites	..	298	748	1 309	1 599	..	..	..	..	..
5300 Non-ventilables entre 5100 et 5200	..	0	0	0	0	..	..	..	..	..
6000 Autres impôts	..	**0**	**0**	**0**	**0**	..	**0**	**0**	**0**	**0**
6100 A la charge exclusive des entreprises	..	..	..	..	..	..	..	..	..	..
6200 A la charge d'autres agents	..	..	..	..	..	..	..	..	..	..
Recettes fiscales totales	..	**7 661**	**17 182**	**31 325**	**42 805**	..	**14 958**	**34 597**	**59 561**	**79 602**

.. Non disponible

StatLink https://stat.link/1l2wpv

Tableau 6.19. Italie, recettes fiscales par sous-secteurs d'administration

Million EUR

	Administration centrale					Administration d'État/Régions				
	1975	1995	2005	2015	2021	1975	1995	2005	2015	2021
1000 Impôts sur revenu, bénéfices et gains en capital	**3 897**	**128 458**	**165 580**	**195 451**	**229 039**	..	..	..	..	..
1100 Des personnes physiques	2 767	98 695	131 047	156 320	183 253	..	..	..	..	..
1200 Des sociétés	1 131	32 890	31 969	31 421	34 041	..	..	..	..	..
1300 Non-ventilables entre 1100 et 1200	0	-3 127	2 564	7 710	11 744	..	..	..	..	..
2000 Cotisations de sécurité sociale	**0**	**0**	**0**	**0**	**0**	..	..	..	..	..
2100 A la charge des salariés	..	..	..	..	..	..	..	..	..	..
2200 A la charge des employeurs	..	..	..	..	..	..	..	..	..	..
2300 A charge des travailleurs indép. ou sans emploi	..	..	..	..	..	..	..	..	..	..
2400 Non-ventilables entre 2100, 2200 et 2300	..	..	..	..	..	..	..	..	..	..
3000 Sur salaires ou main d'oeuvre	**0**	**1 136**	**0**	**0**	**0**	..	..	..	..	..
4000 Impôts sur le patrimoine	**587**	**13 546**	**15 717**	**22 226**	**26 244**	..	..	..	..	..
4100 Impôts périodiques sur la propriété immobilière	4	0	0	3 892	3 982	..	..	..	..	..
4200 Impôts périodiques sur l'actif net	0	4 494	0	231	579	..	..	..	..	..
4300 Impôts sur mut. par décès, succ. et donations	39	587	56	638	855	..	..	..	..	..
4400 Impôts sur transact. mobilières et immob.	544	8 464	13 794	16 310	19 599	..	..	..	..	..
4500 Impôts non-périodiques	0	0	1 322	303	86	..	..	..	..	..
4600 Autres impôts périodiques sur patrimoine	0	0	545	852	1 143	..	..	..	..	..
5000 Impôts sur les biens et services	**5 506**	**95 323**	**123 870**	**157 330**	**188 809**	..	..	..	..	..
5100 Impôts sur production, vente, transfert, etc.	5 306	92 042	121 824	154 713	181 075	..	..	..	..	..
5110 Impôts généraux	2 685	52 531	80 619	93 282	121 283	..	..	..	..	..
5120 Impôts sur biens et services déterminés	2 621	39 245	41 205	61 431	59 792	..	..	..	..	..
5130 Non-ventilables entre 5110 et 5120	0	323	0	0	0	..	..	..	..	..
5200 Impôts sur utilisation des biens et exerc. activites	200	2 802	1 535	2 191	5 911	..	..	..	..	..
5300 Non-ventilables entre 5100 et 5200	0	479	511	426	1 823	..	..	..	..	..
6000 Autres impôts	**1**	**0**	**0**	**0**	**0**	..	..	..	..	..
6100 A la charge exclusive des entreprises	0	..	..	..	..	..	..	..	..	..
6200 A la charge d'autres agents	1	..	..	..	..	..	..	..	..	..
Recettes fiscales totales	**9 991**	**238 462**	**305 167**	**375 007**	**444 092**	..	..	..	..	..

	Administrations locales					Administrations de sécurite sociale				
	1975	1995	2005	2015	2021	1975	1995	2005	2015	2021
1000 Impôts sur revenu, bénéfices et gains en capital	**134**	**5 658**	**18 494**	**30 483**	**16 777**	**0**	**0**	**0**	**0**	**0**
1100 Des personnes physiques	81	145	16 995	28 302	16 777	..	..	..	..	..
1200 Des sociétés	54	97	1 491	2 109	0	..	..	..	..	..
1300 Non-ventilables entre 1100 et 1200	0	5 416	8	72	0	..	..	..	..	..
2000 Cotisations de sécurité sociale	**0**	**0**	**0**	**0**	**0**	**8 607**	**119 612**	**179 362**	**214 376**	**240 691**
2100 A la charge des salariés	..	..	..	..	..	1 692	23 036	31 998	39 805	45 571
2200 A la charge des employeurs	..	..	..	..	..	6 915	79 716	125 099	143 273	161 057
2300 A charge des travailleurs indép. ou sans emploi	..	..	..	..	..	0	16 860	22 265	31 298	34 063
2400 Non-ventilables entre 2100, 2200 et 2300	..	..	..	..	..	0	0	0	0	0
3000 Sur salaires ou main d'oeuvre	**0**	**0**	**0**	**0**	**0**	**0**	**0**	**0**	**0**	**0**
4000 Impôts sur le patrimoine	**29**	**7 915**	**13 484**	**24 033**	**18 819**	**0**	**0**	**0**	**0**	**0**
4100 Impôts périodiques sur la propriété immobilière	29	7 449	11 736	21 666	18 407	..	..	..	..	..
4200 Impôts périodiques sur l'actif net	0	0	0	0	0	..	..	..	..	..
4300 Impôts sur mut. par décès, succ. et donations	0	0	5	36	0	..	..	..	..	..
4400 Impôts sur transact. mobilières et immob.	0	466	904	935	0	..	..	..	..	..
4500 Impôts non-périodiques	0	0	481	6	78	..	..	..	..	..
4600 Autres impôts périodiques sur patrimoine	0	0	358	1 390	334	..	..	..	..	..
5000 Impôts sur les biens et services	**4**	**6 941**	**30 231**	**34 551**	**25 408**	**0**	**0**	**0**	**0**	**0**
5100 Impôts sur production, vente, transfert, etc.	0	1 505	17 114	15 138	4 975	..	..	..	..	..
5110 Impôts généraux	..	0	4 698	7 410	0	..	..	..	..	..
5120 Impôts sur biens et services déterminés	..	1 505	12 416	7 728	4 975	..	..	..	..	..
5130 Non-ventilables entre 5110 et 5120	..	0	0	0	0	..	..	..	..	..
5200 Impôts sur utilisation des biens et exerc. activites	4	2 838	7 512	8 939	9 159	..	..	..	..	..
5300 Non-ventilables entre 5100 et 5200	0	2 597	5 605	10 474	11 274	..	..	..	..	..
6000 Autres impôts	**0**	**0**	**34 690**	**28 072**	**22 638**	**0**	**0**	**0**	**0**	**0**
6100 A la charge exclusive des entreprises	..	..	34 690	28 072	22 638	..	..	..	..	..
6200 A la charge d'autres agents	..	..	0	0	0	..	..	..	..	..
Recettes fiscales totales	**168**	**20 514**	**96 899**	**117 139**	**83 642**	**8 607**	**119 612**	**179 362**	**214 376**	**240 691**

.. Non disponible

Note : Y compris les droits de douane perçus pour le compte de l'Union européenne.

StatLink https://stat.link/fu2meg

Tableau 6.20. Japon, recettes fiscales par sous-secteurs d'administration

Billion JPY

	Administration centrale					Administration d'État/Régions				
	1975	1995	2005	2015	2021	1975	1995	2005	2015	2021
1000 Impôts sur revenu, bénéfices et gains en capital	**9 747**	**33 255**	**29 975**	**31 607**	**39 185**	..	..	..	..	..
1100 Des personnes physiques	5 482	19 515	16 702	18 178	21 829	..	..	..	..	..
1200 Des sociétés	4 265	13 740	13 274	13 429	17 356	..	..	..	..	..
1300 Non-ventilables entre 1100 et 1200	0	0	0	0	0	..	..	..	..	..
2000 Cotisations de sécurité sociale	**0**	**0**	**0**	**0**	**0**	..	..	..	..	..
2100 A la charge des salariés	..	..	..	..	..	..	..	..	..	..
2200 A la charge des employeurs	..	..	..	..	..	..	..	..	..	..
2300 A charge des travailleurs indép. ou sans emploi	..	..	..	..	..	..	..	..	..	..
2400 Non-ventilables entre 2100, 2200 et 2300	..	..	..	..	..	..	..	..	..	..
3000 Sur salaires ou main d'oeuvre	**0**	**0**	**0**	**0**	**0**	..	..	..	..	..
4000 Impôts sur le patrimoine	**871**	**5 561**	**2 735**	**3 018**	**3 731**	..	..	..	..	..
4100 Impôts périodiques sur la propriété immobilière	0	406	0	0	0	..	..	..	..	..
4200 Impôts périodiques sur l'actif net	0	0	0	0	0	..	..	..	..	..
4300 Impôts sur mut. par décès, succ. et donations	310	2 690	1 566	1 968	2 770	..	..	..	..	..
4400 Impôts sur transact. mobilières et immob.	561	2 464	1 169	1 050	961	..	..	..	..	..
4500 Impôts non-périodiques	0	0	0	0	0	..	..	..	..	..
4600 Autres impôts périodiques sur patrimoine	0	0	0	0	0	..	..	..	..	..
5000 Impôts sur les biens et services	**3 888**	**16 147**	**19 580**	**25 345**	**28 930**	..	..	..	..	..
5100 Impôts sur production, vente, transfert, etc.	3 579	15 083	18 424	24 673	28 238	..	..	..	..	..
5110 Impôts généraux	0	7 238	10 583	17 426	21 889	..	..	..	..	..
5120 Impôts sur biens et services déterminés	3 579	7 845	7 840	7 247	6 350	..	..	..	..	..
5130 Non-ventilables entre 5110 et 5120	0	0	0	0	0	..	..	..	..	..
5200 Impôts sur utilisation des biens et exerc. activites	309	1 065	1 157	671	692	..	..	..	..	..
5300 Non-ventilables entre 5100 et 5200	0	0	0	0	0	..	..	..	..	..
6000 Autres impôts	**0**	**0**	**0**	**0**	**35**	..	..	..	..	..
6100 A la charge exclusive des entreprises	..	..	..	..	0	..	..	..	..	..
6200 A la charge d'autres agents	..	..	..	..	35	..	..	..	..	..
Recettes fiscales totales	**14 506**	**54 963**	**52 290**	**59 969**	**71 881**	..	..	..	..	..

	Administrations locales					Administrations de sécurite sociale				
	1975	1995	2005	2015	2021	1975	1995	2005	2015	2021
1000 Impôts sur revenu, bénéfices et gains en capital	**4 472**	**17 752**	**16 655**	**19 362**	**20 821**	**0**	**0**	**0**	**0**	**0**
1100 Des personnes physiques	2 147	10 283	8 520	12 669	13 610	..	..	..	..	..
1200 Des sociétés	2 325	7 470	8 135	6 693	7 211	..	..	..	..	..
1300 Non-ventilables entre 1100 et 1200	0	0	0	0	0	..	..	..	..	..
2000 Cotisations de sécurité sociale	**0**	**0**	**0**	**0**	**0**	**9 253**	**44 794**	**50 848**	**64 465**	**73 613**
2100 A la charge des salariés	..	..	..	..	..	3 436	18 404	20 982	28 224	32 780
2200 A la charge des employeurs	..	..	..	..	..	4 825	21 432	23 154	29 479	34 312
2300 A charge des travailleurs indép. ou sans emploi	..	..	..	..	..	992	4 958	6 712	6 763	6 521
2400 Non-ventilables entre 2100, 2200 et 2300	..	..	..	..	..	0	0	0	0	0
3000 Sur salaires ou main d'oeuvre	**0**	**0**	**0**	**0**	**0**	**0**	**0**	**0**	**0**	**0**
4000 Impôts sur le patrimoine	**2 029**	**10 653**	**10 593**	**10 382**	**11 048**	**0**	**0**	**0**	**0**	**0**
4100 Impôts périodiques sur la propriété immobilière	1 848	9 865	10 116	10 005	10 655	..	..	..	..	..
4200 Impôts périodiques sur l'actif net	0	0	0	0	0	..	..	..	..	..
4300 Impôts sur mut. par décès, succ. et donations	0	0	0	0	0	..	..	..	..	..
4400 Impôts sur transact. mobilières et immob.	181	788	477	377	392	..	..	..	..	..
4500 Impôts non-périodiques	0	0	0	0	0	..	..	..	..	..
4600 Autres impôts périodiques sur patrimoine	0	0	0	0	0	..	..	..	..	..
5000 Impôts sur les biens et services	**1 636**	**4 941**	**7 206**	**8 942**	**10 080**	**0**	**0**	**0**	**0**	**0**
5100 Impôts sur production, vente, transfert, etc.	1 234	3 245	5 299	7 198	8 170	..	..	..	..	..
5110 Impôts généraux	0	0	2 551	4 974	6 170	..	..	..	..	..
5120 Impôts sur biens et services déterminés	1 234	3 245	2 747	2 223	2 000	..	..	..	..	..
5130 Non-ventilables entre 5110 et 5120	0	0	0	0	0	..	..	..	..	..
5200 Impôts sur utilisation des biens et exerc. activites	402	1 697	1 907	1 744	1 909	..	..	..	..	..
5300 Non-ventilables entre 5100 et 5200	0	0	0	0	0	..	..	..	..	..
6000 Autres impôts	**20**	**329**	**351**	**413**	**461**	**0**	**0**	**0**	**0**	**0**
6100 A la charge exclusive des entreprises	15	307	297	361	397	..	..	..	..	..
6200 A la charge d'autres agents	5	22	54	52	63	..	..	..	..	..
Recettes fiscales totales	**8 157**	**33 675**	**34 805**	**39 099**	**42 409**	**9 253**	**44 794**	**50 848**	**64 465**	**73 613**

.. Non disponible

StatLink https://stat.link/c8im1a

Tableau 6.21. Corée, recettes fiscales par sous-secteurs d'administration

Billion KRW

	Administration centrale					Administration d'État/Régions				
	1975	1995	2005	2015	2021	1975	1995	2005	2015	2021
1000 Impôts sur revenu, bénéfices et gains en capital	**344**	**23 000**	**55 109**	**106 162**	**185 459**	..	..	..	..	..
1100 Des personnes physiques	134	13 713	24 766	60 828	114 438	..	..	..	..	..
1200 Des sociétés	139	8 988	30 343	45 334	71 021	..	..	..	..	..
1300 Non-ventilables entre 1100 et 1200	71	300	0	0	0	..	..	..	..	..
2000 Cotisations de sécurité sociale	**0**	**0**	**0**	**0**	**0**	..	..	..	..	..
2100 A la charge des salariés	..	..	..	..	..	..	..	..	..	..
2200 A la charge des employeurs	..	..	..	..	..	..	..	..	..	..
2300 A charge des travailleurs indép. ou sans emploi	..	..	..	..	..	..	..	..	..	..
2400 Non-ventilables entre 2100, 2200 et 2300	..	..	..	..	..	..	..	..	..	..
3000 Sur salaires ou main d'oeuvre	**0**	**0**	**0**	**0**	**0**	..	..	..	..	..
4000 Impôts sur le patrimoine	**65**	**2 482**	**6 769**	**15 164**	**40 207**	..	..	..	..	..
4100 Impôts périodiques sur la propriété immobilière	0	106	535	1 666	7 302	..	..	..	..	..
4200 Impôts périodiques sur l'actif net	0	0	0	0	0	..	..	..	..	..
4300 Impôts sur mut. par décès, succ. et donations	11	1 029	1 873	5 044	15 006	..	..	..	..	..
4400 Impôts sur transact. mobilières et immob.	49	1 258	4 363	8 454	17 899	..	..	..	..	..
4500 Impôts non-périodiques	5	89	-2	0	0	..	..	..	..	..
4600 Autres impôts périodiques sur patrimoine	0	0	0	0	0	..	..	..	..	..
5000 Impôts sur les biens et services	**920**	**29 170**	**63 480**	**93 127**	**113 264**	..	..	..	..	..
5100 Impôts sur production, vente, transfert, etc.	920	29 170	63 480	93 127	113 264	..	..	..	..	..
5110 Impôts généraux	198	14 637	36 118	54 159	71 205	..	..	..	..	..
5120 Impôts sur biens et services déterminés	722	14 533	27 362	38 968	42 059	..	..	..	..	..
5130 Non-ventilables entre 5110 et 5120	0	0	0	0	0	..	..	..	..	..
5200 Impôts sur utilisation des biens et exerc. activites	0	0	0	0	0	..	..	..	..	..
5300 Non-ventilables entre 5100 et 5200	0	0	0	0	0	..	..	..	..	..
6000 Autres impôts	**64**	**2 121**	**2 108**	**3 435**	**5 147**	..	..	..	..	..
6100 A la charge exclusive des entreprises	0	0	0	0	0	..	..	..	..	..
6200 A la charge d'autres agents	64	2 121	2 108	3 435	5 147	..	..	..	..	..
Recettes fiscales totales	**1 393**	**56 774**	**127 466**	**217 888**	**344 077**	..	..	..	..	..

	Administrations locales					Administrations de sécurite sociale				
	1975	1995	2005	2015	2021	1975	1995	2005	2015	2021
1000 Impôts sur revenu, bénéfices et gains en capital	**36**	**1 704**	**5 500**	**12 989**	**20 115**	**0**	**0**	**0**	**0**	**0**
1100 Des personnes physiques	0	1 137	2 804	6 772	11 772	..	..	..	..	..
1200 Des sociétés	0	565	2 696	6 217	8 343	..	..	..	..	..
1300 Non-ventilables entre 1100 et 1200	36	3	0	0	0	..	..	..	..	..
2000 Cotisations de sécurité sociale	**0**	**0**	**0**	**0**	**0**	**13**	**9 913**	**43 902**	**104 693**	**162 209**
2100 A la charge des salariés	..	..	..	..	..	0	4 539	17 632	44 281	70 297
2200 A la charge des employeurs	..	..	..	..	..	13	3 918	18 486	47 846	72 773
2300 A charge des travailleurs indép. ou sans emploi	..	..	..	..	..	0	1 456	7 784	12 566	19 139
2400 Non-ventilables entre 2100, 2200 et 2300	..	..	..	..	..	0	0	0	0	0
3000 Sur salaires ou main d'oeuvre	**0**	**237**	**514**	**1 122**	**1 755**	**0**	**0**	**0**	**0**	**0**
4000 Impôts sur le patrimoine	**87**	**8 960**	**17 928**	**33 461**	**53 056**	**0**	**0**	**0**	**0**	**0**
4100 Impôts périodiques sur la propriété immobilière	45	2 636	4 495	10 820	17 184	..	..	..	..	..
4200 Impôts périodiques sur l'actif net	0	0	0	0	0	..	..	..	..	..
4300 Impôts sur mut. par décès, succ. et donations	0	0	0	0	0	..	..	..	..	..
4400 Impôts sur transact. mobilières et immob.	42	6 324	13 433	22 641	35 872	..	..	..	..	..
4500 Impôts non-périodiques	0	0	0	0	0	..	..	..	..	..
4600 Autres impôts périodiques sur patrimoine	0	0	0	0	0	..	..	..	..	..
5000 Impôts sur les biens et services	**36**	**4 218**	**7 561**	**17 199**	**29 836**	**0**	**0**	**0**	**0**	**0**
5100 Impôts sur production, vente, transfert, etc.	19	2 464	5 589	10 127	21 481	..	..	..	..	..
5110 Impôts généraux	0	0	0	6 003	17 817	..	..	..	..	..
5120 Impôts sur biens et services déterminés	19	2 464	5 589	4 124	3 664	..	..	..	..	..
5130 Non-ventilables entre 5110 et 5120	0	0	0	0	0	..	..	..	..	..
5200 Impôts sur utilisation des biens et exerc. activites	17	1 754	1 972	7 072	8 355	..	..	..	..	..
5300 Non-ventilables entre 5100 et 5200	0	0	0	0	0	..	..	..	..	..
6000 Autres impôts	**0**	**198**	**4 474**	**6 207**	**8 036**	**0**	**0**	**0**	**0**	**0**
6100 A la charge exclusive des entreprises	..	0	0	0	0	..	..	..	..	..
6200 A la charge d'autres agents	..	198	4 474	6 207	8 036	..	..	..	..	..
Recettes fiscales totales	**159**	**15 316**	**35 977**	**70 978**	**112 798**	**13**	**9 913**	**43 902**	**104 693**	**162 209**

.. Non disponible

StatLink https://stat.link/xfmakn

Tableau 6.22. Lettonie, recettes fiscales par sous-secteurs d'administration

Million EUR

	Administration centrale					Administration d'État/Régions				
	1975	1995	2005	2015	2021	1975	1995	2005	2015	2021
1000 Impôts sur revenu, bénéfices et gains en capital	..	**68**	**453**	**677**	**764**	..	..	..	..	..
1100 Des personnes physiques	..	0	195	289	477	..	..	..	..	..
1200 Des sociétés	..	68	258	389	286	..	..	..	..	..
1300 Non-ventilables entre 1100 et 1200	..	0	0	0	0	..	..	..	..	..
2000 Cotisations de sécurité sociale	..	**0**	**0**	**0**	**104**	..	..	..	..	..
2100 A la charge des salariés	..	..	..	..	104	..	..	..	..	..
2200 A la charge des employeurs	..	..	..	..	0	..	..	..	..	..
2300 A charge des travailleurs indép. ou sans emploi	..	..	..	..	0	..	..	..	..	..
2400 Non-ventilables entre 2100, 2200 et 2300	..	..	..	..	0	..	..	..	..	..
3000 Sur salaires ou main d'oeuvre	..	**0**	**4**	**3**	**3**	..	..	..	..	..
4000 Impôts sur le patrimoine	..	**4**	**48**	**47**	**58**	..	..	..	..	..
4100 Impôts périodiques sur la propriété immobilière	..	0	0	0	0	..	..	..	..	..
4200 Impôts périodiques sur l'actif net	..	0	0	0	0	..	..	..	..	..
4300 Impôts sur mut. par décès, succ. et donations	..	0	0	3	3	..	..	..	..	..
4400 Impôts sur transact. mobilières et immob.	..	4	48	42	50	..	..	..	..	..
4500 Impôts non-périodiques	..	0	0	3	5	..	..	..	..	..
4600 Autres impôts périodiques sur patrimoine	..	0	0	0	0	..	..	..	..	..
5000 Impôts sur les biens et services	..	**453**	**1 553**	**3 139**	**4 386**	..	..	..	..	..
5100 Impôts sur production, vente, transfert, etc.	..	453	1 510	2 997	4 161	..	..	..	..	..
5110 Impôts généraux	..	343	1 002	2 130	2 997	..	..	..	..	..
5120 Impôts sur biens et services déterminés	..	110	508	867	1 164	..	..	..	..	..
5130 Non-ventilables entre 5110 et 5120	..	0	0	0	0	..	..	..	..	..
5200 Impôts sur utilisation des biens et exerc. activites	..	1	43	142	225	..	..	..	..	..
5300 Non-ventilables entre 5100 et 5200	..	0	0	0	0	..	..	..	..	..
6000 Autres impôts	..	**0**	**0**	**0**	**0**	..	..	..	..	..
6100 A la charge exclusive des entreprises	..	..	..	..	..	..	..	..	..	..
6200 A la charge d'autres agents	..	..	..	..	..	..	..	..	..	..
Recettes fiscales totales	..	**525**	**2 058**	**3 867**	**5 315**	..	..	..	..	..

	Administrations locales					Administrations de sécurite sociale				
	1975	1995	2005	2015	2021	1975	1995	2005	2015	2021
1000 Impôts sur revenu, bénéfices et gains en capital	..	**197**	**538**	**1 156**	**1 531**	..	**0**	**0**	**0**	**0**
1100 Des personnes physiques	..	197	538	1 156	1 531	..	..	..	..	..
1200 Des sociétés	..	0	0	0	0	..	..	..	..	..
1300 Non-ventilables entre 1100 et 1200	..	0	0	0	0	..	..	..	..	..
2000 Cotisations de sécurité sociale	..	**0**	**0**	**0**	**0**	..	**445**	**1 079**	**2 030**	**3 087**
2100 A la charge des salariés	..	..	..	..	..	..	12	292	585	938
2200 A la charge des employeurs	..	..	..	..	..	..	433	781	1 432	2 107
2300 A charge des travailleurs indép. ou sans emploi	..	..	..	..	..	..	1	7	12	43
2400 Non-ventilables entre 2100, 2200 et 2300	..	..	..	..	..	..	0	0	0	0
3000 Sur salaires ou main d'oeuvre	..	**0**	**0**	**0**	**0**	..	**0**	**0**	**0**	**0**
4000 Impôts sur le patrimoine	..	**37**	**88**	**197**	**226**	..	**0**	**0**	**4**	**12**
4100 Impôts périodiques sur la propriété immobilière	..	37	88	197	226	..	..	..	..	..
4200 Impôts périodiques sur l'actif net	..	0	0	0	0	..	..	..	..	..
4300 Impôts sur mut. par décès, succ. et donations	..	0	0	0	0	..	..	0	4	12
4400 Impôts sur transact. mobilières et immob.	..	0	0	0	0	..	..	..	..	..
4500 Impôts non-périodiques	..	0	0	0	0	..	..	..	..	..
4600 Autres impôts périodiques sur patrimoine	..	0	0	0	0	..	..	..	..	..
5000 Impôts sur les biens et services	..	**2**	**8**	**18**	**8**	..	**0**	**0**	**0**	**0**
5100 Impôts sur production, vente, transfert, etc.	..	0	5	7	0	..	..	..	..	..
5110 Impôts généraux	..	0	0	0	0	..	..	..	..	..
5120 Impôts sur biens et services déterminés	..	0	5	7	0	..	..	..	..	..
5130 Non-ventilables entre 5110 et 5120	..	0	0	0	0	..	..	..	..	..
5200 Impôts sur utilisation des biens et exerc. activites	..	2	3	11	8	..	..	..	..	..
5300 Non-ventilables entre 5100 et 5200	..	0	0	0	0	..	..	..	..	..
6000 Autres impôts	..	**0**	**0**	**0**	**0**	..	**0**	**0**	**0**	**0**
6100 A la charge exclusive des entreprises	..	..	..	..	..	..	..	..	..	..
6200 A la charge d'autres agents	..	..	..	..	..	..	..	..	..	..
Recettes fiscales totales	..	**236**	**634**	**1 371**	**1 766**	..	**445**	**1 079**	**2 034**	**3 099**

.. Non disponible

Note : Y compris les droits de douane perçus pour le compte de l'Union européenne.

StatLink https://stat.link/5q6fxg

Tableau 6.23. Lituanie, recettes fiscales par sous-secteurs d'administration

Million EUR

	Administration centrale					Administration d'État/Régions				
	1975	1995	2005	2015	2021	1975	1995	2005	2015	2021
1000 Impôts sur revenu, bénéfices et gains en capital	**..**	**646**	**1 871**	**2 013**	**5 375**	**..**	**..**	**..**	**..**	**..**
1100 Des personnes physiques	..	487	1 435	1 440	4 215	..	..	..	..	..
1200 Des sociétés	..	160	437	574	1 161	..	..	..	..	..
1300 Non-ventilables entre 1100 et 1200	..	0	0	0	0	..	..	..	..	..
2000 Cotisations de sécurité sociale	**..**	**0**	**0**	**0**	**0**	**..**	**..**	**..**	**..**	**..**
2100 A la charge des salariés	..	..	..	..	..	..	..	..	..	..
2200 A la charge des employeurs	..	..	..	..	..	..	..	..	..	..
2300 A charge des travailleurs indép. ou sans emploi	..	..	..	..	..	..	..	..	..	..
2400 Non-ventilables entre 2100, 2200 et 2300	..	..	..	..	..	..	..	..	..	..
3000 Sur salaires ou main d'oeuvre	**..**	**0**	**0**	**0**	**0**	**..**	**..**	**..**	**..**	**..**
4000 Impôts sur le patrimoine	**..**	**0**	**0**	**1**	**10**	**..**	**..**	**..**	**..**	**..**
4100 Impôts périodiques sur la propriété immobilière	..	..	..	1	10	..	..	..	..	..
4200 Impôts périodiques sur l'actif net	..	..	..	0	0	..	..	..	..	..
4300 Impôts sur mut. par décès, succ. et donations	..	..	..	0	0	..	..	..	..	..
4400 Impôts sur transact. mobilières et immob.	..	..	..	0	0	..	..	..	..	..
4500 Impôts non-périodiques	..	..	..	0	0	..	..	..	..	..
4600 Autres impôts périodiques sur patrimoine	..	..	..	0	0	..	..	..	..	..
5000 Impôts sur les biens et services	**..**	**892**	**2 273**	**4 220**	**6 543**	**..**	**..**	**..**	**..**	**..**
5100 Impôts sur production, vente, transfert, etc.	..	869	2 235	4 164	6 434	..	..	..	..	..
5110 Impôts généraux	..	635	1 584	2 913	4 719	..	..	..	..	..
5120 Impôts sur biens et services déterminés	..	234	651	1 252	1 715	..	..	..	..	..
5130 Non-ventilables entre 5110 et 5120	..	0	0	0	0	..	..	..	..	..
5200 Impôts sur utilisation des biens et exerc. activites	..	24	38	56	109	..	..	..	..	..
5300 Non-ventilables entre 5100 et 5200	..	0	0	0	0	..	..	..	..	..
6000 Autres impôts	**..**	**0**	**0**	**0**	**0**	**..**	**..**	**..**	**..**	**..**
6100 A la charge exclusive des entreprises	..	..	..	..	..	..	..	..	..	..
6200 A la charge d'autres agents	..	..	..	..	..	..	..	..	..	..
Recettes fiscales totales	**..**	**1 539**	**4 145**	**6 235**	**11 928**	**..**	**..**	**..**	**..**	**..**

	Administrations locales					Administrations de sécurite sociale				
	1975	1995	2005	2015	2021	1975	1995	2005	2015	2021
1000 Impôts sur revenu, bénéfices et gains en capital	**..**	**0**	**0**	**0**	**0**	**..**	**0**	**0**	**0**	**0**
1100 Des personnes physiques	..	..	..	..	..	..	..	..	..	..
1200 Des sociétés	..	..	..	..	..	..	..	..	..	..
1300 Non-ventilables entre 1100 et 1200	..	..	..	..	..	..	..	..	..	..
2000 Cotisations de sécurité sociale	**..**	**0**	**0**	**0**	**0**	**..**	**559**	**1 864**	**4 338**	**5 750**
2100 A la charge des salariés	..	..	..	..	..	..	17	154	873	4 367
2200 A la charge des employeurs	..	..	..	..	..	..	537	1 522	2 916	421
2300 A charge des travailleurs indép. ou sans emploi	..	..	..	..	..	..	4	188	549	962
2400 Non-ventilables entre 2100, 2200 et 2300	..	..	..	..	..	..	0	0	0	0
3000 Sur salaires ou main d'oeuvre	**..**	**0**	**0**	**0**	**0**	**..**	**0**	**0**	**0**	**0**
4000 Impôts sur le patrimoine	**..**	**25**	**72**	**125**	**157**	**..**	**0**	**0**	**0**	**0**
4100 Impôts périodiques sur la propriété immobilière	..	25	71	124	154	..	..	..	..	..
4200 Impôts périodiques sur l'actif net	..	0	0	0	0	..	..	..	..	..
4300 Impôts sur mut. par décès, succ. et donations	..	0	1	1	3	..	..	..	..	..
4400 Impôts sur transact. mobilières et immob.	..	0	0	0	0	..	..	..	..	..
4500 Impôts non-périodiques	..	0	0	0	0	..	..	..	..	..
4600 Autres impôts périodiques sur patrimoine	..	0	0	0	0	..	..	..	..	..
5000 Impôts sur les biens et services	**..**	**23**	**17**	**18**	**31**	**..**	**0**	**0**	**0**	**0**
5100 Impôts sur production, vente, transfert, etc.	..	0	0	0	0	..	..	..	..	..
5110 Impôts généraux	..	..	..	..	..	..	..	..	..	..
5120 Impôts sur biens et services déterminés	..	..	..	..	..	..	..	..	..	..
5130 Non-ventilables entre 5110 et 5120	..	..	..	..	..	..	..	..	..	..
5200 Impôts sur utilisation des biens et exerc. activites	..	23	17	18	31	..	..	..	..	..
5300 Non-ventilables entre 5100 et 5200	..	0	0	0	0	..	..	..	..	..
6000 Autres impôts	**..**	**0**	**0**	**0**	**0**	**..**	**0**	**0**	**0**	**0**
6100 A la charge exclusive des entreprises	..	..	..	..	..	..	..	..	..	..
6200 A la charge d'autres agents	..	..	..	..	..	..	..	..	..	..
Recettes fiscales totales	**..**	**48**	**89**	**143**	**188**	**..**	**559**	**1 864**	**4 338**	**5 750**

.. Non disponible

Note : Y compris les droits de douane perçus pour le compte de l'Union européenne.

StatLink https://stat.link/l2e7zh

Tableau 6.24. Luxembourg, recettes fiscales par sous-secteurs d'administration

Million EUR

	Administration centrale					Administration d'État/Régions				
	1975	1995	2005	2015	2021	1975	1995	2005	2015	2021
1000 Impôts sur revenu, bénéfices et gains en capital	**353**	**1 873**	**3 454**	**6 405**	**9 580**	**..**	**..**	**..**	**..**	**..**
1100 Des personnes physiques	254	1 214	2 161	4 716	7 318	..	..	..	..	..
1200 Des sociétés	99	659	1 293	1 689	2 261	..	..	..	..	..
1300 Non-ventilables entre 1100 et 1200	0	0	0	0	0	..	..	..	..	..
2000 Cotisations de sécurité sociale	**4**	**20**	**89**	**150**	**207**	**..**	**..**	**..**	**..**	**..**
2100 A la charge des salariés	3	15	89	150	207	..	..	..	..	..
2200 A la charge des employeurs	0	0	0	0	0	..	..	..	..	..
2300 A charge des travailleurs indép. ou sans emploi	1	5	0	0	0	..	..	..	..	..
2400 Non-ventilables entre 2100, 2200 et 2300	0	0	0	0	0	..	..	..	..	..
3000 Sur salaires ou main d'oeuvre	**0**	**0**	**0**	**0**	**0**	**..**	**..**	**..**	**..**	**..**
4000 Impôts sur le patrimoine	**42**	**371**	**928**	**1 661**	**2 833**	**..**	**..**	**..**	**..**	**..**
4100 Impôts périodiques sur la propriété immobilière	0	0	0	0	0	..	..	..	..	..
4200 Impôts périodiques sur l'actif net	21	268	698	1 318	2 129	..	..	..	..	..
4300 Impôts sur mut. par décès, succ. et donations	3	15	44	74	118	..	..	..	..	..
4400 Impôts sur transact. mobilières et immob.	18	88	186	269	586	..	..	..	..	..
4500 Impôts non-périodiques	0	0	0	0	0	..	..	..	..	..
4600 Autres impôts périodiques sur patrimoine	0	0	0	0	0	..	..	..	..	..
5000 Impôts sur les biens et services	**189**	**1 374**	**3 241**	**4 466**	**6 335**	**..**	**..**	**..**	**..**	**..**
5100 Impôts sur production, vente, transfert, etc.	182	1 350	3 202	4 381	6 239	..	..	..	..	..
5110 Impôts généraux	112	670	1 812	2 946	4 282	..	..	..	..	..
5120 Impôts sur biens et services déterminés	70	680	1 390	1 435	1 958	..	..	..	..	..
5130 Non-ventilables entre 5110 et 5120	0	0	0	0	0	..	..	..	..	..
5200 Impôts sur utilisation des biens et exerc. activites	7	23	39	85	96	..	..	..	..	..
5300 Non-ventilables entre 5100 et 5200	0	0	0	0	0	..	..	..	..	..
6000 Autres impôts	**0**	**6**	**11**	**27**	**28**	**..**	**..**	**..**	**..**	**..**
6100 A la charge exclusive des entreprises	..	6	10	27	28	..	..	..	..	..
6200 A la charge d'autres agents	..	0	0	0	0	..	..	..	..	..
Recettes fiscales totales	**588**	**3 644**	**7 722**	**12 708**	**18 983**	**..**	**..**	**..**	**..**	**..**

	Administrations locales					Administrations de sécurite sociale				
	1975	1995	2005	2015	2021	1975	1995	2005	2015	2021
1000 Impôts sur revenu, bénéfices et gains en capital	**46**	**331**	**460**	**606**	**1 016**	**0**	**0**	**0**	**0**	**0**
1100 Des personnes physiques	0	0	0	0	0	..	..	..	..	..
1200 Des sociétés	46	331	460	606	1 016	..	..	..	..	..
1300 Non-ventilables entre 1100 et 1200	0	0	0	0	0	..	..	..	..	..
2000 Cotisations de sécurité sociale	**0**	**0**	**0**	**0**	**0**	**268**	**1 460**	**3 086**	**5 399**	**7 437**
2100 A la charge des salariés	..	..	..	..	..	102	577	1 321	2 348	3 323
2200 A la charge des employeurs	..	..	..	..	..	150	684	1 378	2 335	3 147
2300 A charge des travailleurs indép. ou sans emploi	..	..	..	..	..	16	200	387	715	967
2400 Non-ventilables entre 2100, 2200 et 2300	..	..	..	..	..	0	0	0	0	0
3000 Sur salaires ou main d'oeuvre	**9**	**0**	**0**	**0**	**0**	**0**	**0**	**0**	**0**	**0**
4000 Impôts sur le patrimoine	**6**	**21**	**35**	**54**	**79**	**0**	**0**	**0**	**0**	**0**
4100 Impôts périodiques sur la propriété immobilière	6	17	26	36	41	..	..	..	..	..
4200 Impôts périodiques sur l'actif net	0	0	0	0	0	..	..	..	..	..
4300 Impôts sur mut. par décès, succ. et donations	0	0	0	0	0	..	..	..	..	..
4400 Impôts sur transact. mobilières et immob.	0	4	10	18	38	..	..	..	..	..
4500 Impôts non-périodiques	0	0	0	0	0	..	..	..	..	..
4600 Autres impôts périodiques sur patrimoine	0	0	0	0	0	..	..	..	..	..
5000 Impôts sur les biens et services	**1**	**4**	**8**	**10**	**8**	**0**	**0**	**0**	**0**	**0**
5100 Impôts sur production, vente, transfert, etc.	1	3	7	8	6	..	..	..	..	..
5110 Impôts généraux	0	0	0	0	0	..	..	..	..	..
5120 Impôts sur biens et services déterminés	1	3	7	8	6	..	..	..	..	..
5130 Non-ventilables entre 5110 et 5120	0	0	0	0	0	..	..	..	..	..
5200 Impôts sur utilisation des biens et exerc. activites	0	1	1	1	1	..	..	..	..	..
5300 Non-ventilables entre 5100 et 5200	0	0	0	0	0	..	..	..	..	..
6000 Autres impôts	**0**	**1**	**2**	**1**	**1**	**0**	**0**	**0**	**0**	**0**
6100 A la charge exclusive des entreprises	..	1	2	1	1	..	..	..	..	..
6200 A la charge d'autres agents	..	0	0	0	0	..	..	..	..	..
Recettes fiscales totales	**62**	**357**	**505**	**671**	**1 104**	**268**	**1 460**	**3 086**	**5 399**	**7 437**

.. Non disponible

Note : Y compris les droits de douane perçus pour le compte de l'Union européenne.

StatLink https://stat.link/4kahrb

Tableau 6.25. Mexique, recettes fiscales par sous-secteurs d'administration

Million MXN

	Administration fédérale					Administration d'État/Régions				
	1975	1995	2005	2015	2021	1975	1995	2005	2015	2021
1000 Impôts sur revenu, bénéfices et gains en capital	..	76 148	402 036	1 230 555	1 903 047	..	1	0	0	0
1100 Des personnes physiques	..	..	195 869	609 384	938 623	..	..	..	..	..
1200 Des sociétés	..	..	135 840	592 443	898 767	..	..	..	..	..
1300 Non-ventilables entre 1100 et 1200	..	76 148	70 327	28 728	65 657	..	1	..	..	..
2000 Cotisations de sécurité sociale	..	0	0	0	0	..	0	0	0	0
2100 A la charge des salariés	..	..	..	..	..	..	..	..	..	..
2200 A la charge des employeurs	..	..	..	..	..	..	..	..	..	..
2300 A charge des travailleurs indép. ou sans emploi	..	..	..	..	..	..	..	..	..	..
2400 Non-ventilables entre 2100, 2200 et 2300	..	..	..	..	..	..	..	..	..	..
3000 Sur salaires ou main d'oeuvre	..	0	0	0	0	..	2 976	20 429	70 221	116 910
4000 Impôts sur le patrimoine	..	0	0	0	0	..	2 927	10 905	22 481	30 097
4100 Impôts périodiques sur la propriété immobilière	..	..	..	..	..	..	2 198	6 544	14 245	19 407
4200 Impôts périodiques sur l'actif net	..	..	..	..	..	..	0	0	0	0
4300 Impôts sur mut. par décès, succ. et donations	..	..	..	..	..	..	2	0	0	0
4400 Impôts sur transact. mobilières et immob.	..	..	..	..	..	..	727	4 361	8 235	10 690
4500 Impôts non-périodiques	..	..	..	..	..	..	0	0	0	0
4600 Autres impôts périodiques sur patrimoine	..	..	..	..	..	..	0	0	0	0
5000 Impôts sur les biens et services	..	91 452	416 533	1 116 026	1 621 889	..	441	2 124	24 355	25 401
5100 Impôts sur production, vente, transfert, etc.	..	88 372	401 580	1 115 525	1 621 215	..	22	1 364	4 357	8 779
5110 Impôts généraux	..	51 785	318 432	707 213	1 123 699	..	0	0	0	0
5120 Impôts sur biens et services déterminés	..	36 587	83 148	408 312	497 517	..	22	1 364	4 357	8 779
5130 Non-ventilables entre 5110 et 5120	..	0	0	0	0	..	0	0	0	0
5200 Impôts sur utilisation des biens et exerc. activites	..	3 080	14 954	501	673	..	419	760	19 998	16 622
5300 Non-ventilables entre 5100 et 5200	..	0	0	0	0	..	0	0	0	0
6000 Autres impôts	..	5 149	8 616	27 379	54 534	..	228	1 537	6 489	10 209
6100 A la charge exclusive des entreprises	..	0	0	0	0	..	0	0	0	0
6200 A la charge d'autres agents	..	5 149	8 616	27 379	54 534	..	228	1 537	6 489	10 209
Recettes fiscales totales (collecting government)	..	172 749	827 186	2 373 960	3 579 470	..	6 573	34 995	123 545	182 616
Adjustment[1]	..	-49 115	-278 892	-629 130	0	..	39 225	218 291	494 239	710 597
Recettes fiscales totales (beneficiary government)	..	123 634	548 294	1 744 830	3 579 470	..	45 798	253 286	617 784	893 213

	Administrations locales					Administrations de sécurite sociale				
	1975	1995	2005	2015	2021	1975	1995	2005	2015	2021
1000 Impôts sur revenu, bénéfices et gains en capital	..	16	0	0	0	..	0	0	0	0
1100 Des personnes physiques	..	..	..	..	..	..	..	..	..	..
1200 Des sociétés	..	..	..	..	..	..	..	..	..	..
1300 Non-ventilables entre 1100 et 1200	..	16	..	..	..	..	..	..	..	..
2000 Cotisations de sécurité sociale	..	0	0	0	0	..	50 871	206 551	409 249	612 175
2100 A la charge des salariés	..	..	..	..	..	..	..	..	..	..
2200 A la charge des employeurs	..	..	..	..	..	..	..	..	..	..
2300 A charge des travailleurs indép. ou sans emploi	..	..	..	..	..	..	..	..	..	..
2400 Non-ventilables entre 2100, 2200 et 2300	..	..	..	..	..	..	50 871	206 551	409 249	612 175
3000 Sur salaires ou main d'oeuvre	..	6	32	1	0	..	0	0	0	0
4000 Impôts sur le patrimoine	..	2 702	15 891	35 193	60 107	..	0	0	0	0
4100 Impôts périodiques sur la propriété immobilière	..	1 854	10 098	23 715	36 739	..	..	..	..	..
4200 Impôts périodiques sur l'actif net	..	0	0	0	0	..	..	..	..	..
4300 Impôts sur mut. par décès, succ. et donations	..	0	0	0	0	..	..	..	..	..
4400 Impôts sur transact. mobilières et immob.	..	848	5 793	11 477	23 368	..	..	..	..	..
4500 Impôts non-périodiques	..	0	0	0	0	..	..	..	..	..
4600 Autres impôts périodiques sur patrimoine	..	0	0	0	0	..	..	..	..	..
5000 Impôts sur les biens et services	..	582	288	789	637	..	0	0	0	0
5100 Impôts sur production, vente, transfert, etc.	..	575	214	728	622	..	..	..	..	..
5110 Impôts généraux	..	0	0	0	0	..	..	..	..	..
5120 Impôts sur biens et services déterminés	..	572	214	728	622	..	..	..	..	..
5130 Non-ventilables entre 5110 et 5120	..	3	0	0	0	..	..	..	..	..
5200 Impôts sur utilisation des biens et exerc. activites	..	7	74	61	15	..	..	..	..	..
5300 Non-ventilables entre 5100 et 5200	..	0	0	0	0	..	..	..	..	..
6000 Autres impôts	..	179	1 539	10 743	17 349	..	0	0	0	0
6100 A la charge exclusive des entreprises	..	0	0	0	0	..	..	..	..	..
6200 A la charge d'autres agents	..	179	1 539	10 743	17 349	..	..	..	..	..
Recettes fiscales totales (collecting government)	..	3 485	17 750	46 726	78 094	..	50 871	206 551	409 249	612 175
Adjustment[1]	..	9 890	60 601	134 892	206 635	..	0	0	0	0
Recettes fiscales totales (beneficiary government)	..	13 375	78 351	181 617	284 729	..	50 871	206 551	409 249	612 175

.. Non disponible

1. This adjustment is for taxes collected by Federal government in which States and Local governments have a share. Sub-central government's shares cannot be identified by type of tax.

StatLink https://stat.link/oadxlj

Tableau 6.26. Pays-Bas, recettes fiscales par sous-secteurs d'administration

Million EUR

	Administration centrale					Administration d'État/Régions				
	1975	1995	2005	2015	2021	1975	1995	2005	2015	2021
1000 Impôts sur revenu, bénéfices et gains en capital	**15 075**	**33 520**	**52 640**	**70 849**	**107 846**	**..**	**..**	**..**	**..**	**..**
1100 Des personnes physiques	11 713	23 557	33 905	52 405	74 429	..	..	..	..	..
1200 Des sociétés	3 361	9 963	18 735	18 444	33 417	..	..	..	..	..
1300 Non-ventilables entre 1100 et 1200	0	0	0	0	0	..	..	..	..	..
2000 Cotisations de sécurité sociale	**0**	**0**	**0**	**0**	**0**	**..**	**..**	**..**	**..**	**..**
2100 A la charge des salariés	..	..	..	..	..	..	..	..	..	..
2200 A la charge des employeurs	..	..	..	..	..	..	..	..	..	..
2300 A charge des travailleurs indép. ou sans emploi	..	..	..	..	..	..	..	..	..	..
2400 Non-ventilables entre 2100, 2200 et 2300	..	..	..	..	..	..	..	..	..	..
3000 Sur salaires ou main d'oeuvre	**0**	**0**	**0**	**0**	**0**	**..**	**..**	**..**	**..**	**..**
4000 Impôts sur le patrimoine	**767**	**2 880**	**6 235**	**4 731**	**7 774**	**..**	**..**	**..**	**..**	**..**
4100 Impôts périodiques sur la propriété immobilière	50	0	0	1 345	1 459	..	..	..	..	..
4200 Impôts périodiques sur l'actif net	231	671	60	0	0	..	..	..	..	..
4300 Impôts sur mut. par décès, succ. et donations	163	773	1 709	1 614	2 496	..	..	..	..	..
4400 Impôts sur transact. mobilières et immob.	323	1 436	4 466	1 772	3 819	..	..	..	..	..
4500 Impôts non-périodiques	0	0	0	0	0	..	..	..	..	..
4600 Autres impôts périodiques sur patrimoine	0	0	0	0	0	..	..	..	..	..
5000 Impôts sur les biens et services	**9 716**	**31 892**	**57 116**	**70 161**	**96 189**	**..**	**..**	**..**	**..**	**..**
5100 Impôts sur production, vente, transfert, etc.	9 113	29 728	54 658	65 990	91 355	..	..	..	..	..
5110 Impôts généraux	6 257	19 832	36 950	44 879	65 400	..	..	..	..	..
5120 Impôts sur biens et services déterminés	2 856	9 896	17 708	21 111	25 955	..	..	..	..	..
5130 Non-ventilables entre 5110 et 5120	0	0	0	0	0	..	..	..	..	..
5200 Impôts sur utilisation des biens et exerc. activites	604	2 164	2 458	4 171	4 834	..	..	..	..	..
5300 Non-ventilables entre 5100 et 5200	0	0	0	0	0	..	..	..	..	..
6000 Autres impôts	**109**	**491**	**989**	**416**	**1 010**	**..**	**..**	**..**	**..**	**..**
6100 A la charge exclusive des entreprises	109	448	372	0	0	..	..	..	..	..
6200 A la charge d'autres agents	0	43	617	416	1 010	..	..	..	..	..
Recettes fiscales totales	**25 667**	**68 783**	**116 980**	**146 157**	**212 819**	**..**	**..**	**..**	**..**	**..**

	Administrations locales					Administrations de sécurite sociale				
	1975	1995	2005	2015	2021	1975	1995	2005	2015	2021
1000 Impôts sur revenu, bénéfices et gains en capital	**77**	**0**	**0**	**0**	**0**	**0**	**0**	**0**	**0**	**0**
1100 Des personnes physiques	77	0	0	0	0	0	0	0	0	0
1200 Des sociétés	0	0	0	0	0	0	0	0	0	0
1300 Non-ventilables entre 1100 et 1200	0	0	0	0	0	0	0	0	0	0
2000 Cotisations de sécurité sociale	**0**	**0**	**0**	**0**	**0**	**16 732**	**48 532**	**66 547**	**96 426**	**112 666**
2100 A la charge des salariés	..	..	..	..	..	7 139	32 795	35 383	48 213	42 179
2200 A la charge des employeurs	..	..	..	..	..	7 687	5 941	20 595	34 614	45 071
2300 A charge des travailleurs indép. ou sans emploi	..	..	..	..	..	1 905	9 796	10 569	13 599	25 416
2400 Non-ventilables entre 2100, 2200 et 2300	..	..	..	..	..	0	0	0	0	0
3000 Sur salaires ou main d'oeuvre	**0**	**0**	**0**	**0**	**0**	**0**	**0**	**0**	**0**	**0**
4000 Impôts sur le patrimoine	**272**	**2 287**	**4 341**	**5 037**	**6 336**	**0**	**0**	**0**	**0**	**0**
4100 Impôts périodiques sur la propriété immobilière	272	2 287	4 341	5 037	6 336	..	..	..	..	..
4200 Impôts périodiques sur l'actif net	0	0	0	0	0	..	..	..	..	..
4300 Impôts sur mut. par décès, succ. et donations	0	0	0	0	0	..	..	..	..	..
4400 Impôts sur transact. mobilières et immob.	0	0	0	0	0	..	..	..	..	..
4500 Impôts non-périodiques	0	0	0	0	0	..	..	..	..	..
4600 Autres impôts périodiques sur patrimoine	0	0	0	0	0	..	..	..	..	..
5000 Impôts sur les biens et services	**153**	**1 533**	**3 330**	**4 652**	**5 259**	**0**	**0**	**0**	**0**	**0**
5100 Impôts sur production, vente, transfert, etc.	14	59	118	249	312	..	..	..	..	..
5110 Impôts généraux	0	6	10	43	72	..	..	..	..	..
5120 Impôts sur biens et services déterminés	14	53	108	206	240	..	..	..	..	..
5130 Non-ventilables entre 5110 et 5120	0	0	0	0	0	..	..	..	..	..
5200 Impôts sur utilisation des biens et exerc. activites	139	1 474	3 212	4 403	4 947	..	..	..	..	..
5300 Non-ventilables entre 5100 et 5200	0	0	0	0	0	..	..	..	..	..
6000 Autres impôts	**0**	**0**	**0**	**0**	**0**	**0**	**0**	**0**	**0**	**0**
6100 A la charge exclusive des entreprises	..	..	..	..	..	..	..	..	..	..
6200 A la charge d'autres agents	..	..	..	..	..	..	..	..	..	..
Recettes fiscales totales	**502**	**3 820**	**7 671**	**9 689**	**11 595**	**16 732**	**48 532**	**66 547**	**96 426**	**112 666**

.. Non disponible

Note : Y compris les droits de douane perçus pour le compte de l'Union européenne.

StatLink https://stat.link/h78fz5

Tableau 6.27. Nouvelle-Zélande, recettes fiscales par sous-secteurs d'administration

Million NZD

	Administration centrale					Administration d'État/Régions				
	1975	1995	2005	2015	2021	1975	1995	2005	2015	2021
1000 Impôts sur revenu, bénéfices et gains en capital	**2 296**	**21 253**	**37 379**	**44 723**	**73 629**	**..**	**..**	**..**	**..**	**..**
1100 Des personnes physiques	1 874	15 626	24 373	30 297	51 398	..	..	..	..	..
1200 Des sociétés	407	4 122	9 957	11 407	19 771	..	..	..	..	..
1300 Non-ventilables entre 1100 et 1200	16	1 505	3 049	3 019	2 460	..	..	..	..	..
2000 Cotisations de sécurité sociale	**0**	**0**	**0**	**0**	**0**	**..**	**..**	**..**	**..**	**..**
2100 A la charge des salariés	..	0	0	0	0	..	..	..	..	..
2200 A la charge des employeurs	..	0	0	0	0	..	..	..	..	..
2300 A charge des travailleurs indép. ou sans emploi	..	0	0	0	0	..	..	..	..	..
2400 Non-ventilables entre 2100, 2200 et 2300	..	0	0	0	0	..	..	..	..	..
3000 Sur salaires ou main d'oeuvre	**0**	**0**	**0**	**0**	**0**	**..**	**..**	**..**	**..**	**..**
4000 Impôts sur le patrimoine	**83**	**218**	**86**	**84**	**97**	**..**	**..**	**..**	**..**	**..**
4100 Impôts périodiques sur la propriété immobilière	3	-1	0	0	0	..	..	..	..	..
4200 Impôts périodiques sur l'actif net	0	0	0	0	0	..	..	..	..	..
4300 Impôts sur mut. par décès, succ. et donations	54	3	3	0	0	..	..	..	..	..
4400 Impôts sur transact. mobilières et immob.	25	216	83	84	97	..	..	..	..	..
4500 Impôts non-périodiques	0	0	0	0	0	..	..	..	..	..
4600 Autres impôts périodiques sur patrimoine	0	0	0	0	0	..	..	..	..	..
5000 Impôts sur les biens et services	**807**	**11 395**	**18 744**	**31 146**	**44 265**	**..**	**..**	**..**	**..**	**..**
5100 Impôts sur production, vente, transfert, etc.	770	10 833	17 792	29 551	42 191	..	..	..	..	..
5110 Impôts généraux	311	7 895	14 133	24 587	36 858	..	..	..	..	..
5120 Impôts sur biens et services déterminés	459	2 938	3 659	4 964	5 333	..	..	..	..	..
5130 Non-ventilables entre 5110 et 5120	0	0	0	0	0	..	..	..	..	..
5200 Impôts sur utilisation des biens et exerc. activites	37	562	952	1 595	2 074	..	..	..	..	..
5300 Non-ventilables entre 5100 et 5200	0	0	0	0	0	..	..	..	..	..
6000 Autres impôts	**0**	**0**	**14**	**2**	**1**	**..**	**..**	**..**	**..**	**..**
6100 A la charge exclusive des entreprises	..	..	0	0	0	..	..	..	..	..
6200 A la charge d'autres agents	..	..	14	2	1	..	..	..	..	..
Recettes fiscales totales	**3 186**	**32 866**	**56 223**	**75 955**	**117 992**	**..**	**..**	**..**	**..**	**..**

	Administrations locales					Administrations de sécurite sociale				
	1975	1995	2005	2015	2021	1975	1995	2005	2015	2021
1000 Impôts sur revenu, bénéfices et gains en capital	**0**	**0**	**0**	**0**	**0**	**0**	**0**	**0**	**0**	**0**
1100 Des personnes physiques	0	0	0	0	0	0	0	0	0	0
1200 Des sociétés	0	0	0	0	0	0	0	0	0	0
1300 Non-ventilables entre 1100 et 1200	0	0	0	0	0	0	0	0	0	0
2000 Cotisations de sécurité sociale	**0**	**0**	**0**	**0**	**0**	**0**	**0**	**0**	**0**	**0**
2100 A la charge des salariés	..	0	0	0	0	..	0	0	0	0
2200 A la charge des employeurs	..	0	0	0	0	..	0	0	0	0
2300 A charge des travailleurs indép. ou sans emploi	..	0	0	0	0	..	0	0	0	0
2400 Non-ventilables entre 2100, 2200 et 2300	..	0	0	0	0	..	0	0	0	0
3000 Sur salaires ou main d'oeuvre	**0**	**0**	**0**	**0**	**0**	**0**	**0**	**0**	**0**	**0**
4000 Impôts sur le patrimoine	**237**	**1 646**	**2 825**	**4 962**	**6 877**	**0**	**0**	**0**	**0**	**0**
4100 Impôts périodiques sur la propriété immobilière	237	1 646	2 825	4 962	6 877	..	..	..	..	..
4200 Impôts périodiques sur l'actif net	0	0	0	0	0	..	..	..	..	..
4300 Impôts sur mut. par décès, succ. et donations	0	0	0	0	0	..	..	..	..	..
4400 Impôts sur transact. mobilières et immob.	0	0	0	0	0	..	..	..	..	..
4500 Impôts non-périodiques	0	0	0	0	0	..	..	..	..	..
4600 Autres impôts périodiques sur patrimoine	0	0	0	0	0	..	..	..	..	..
5000 Impôts sur les biens et services	**29**	**184**	**310**	**582**	**862**	**0**	**0**	**0**	**0**	**0**
5100 Impôts sur production, vente, transfert, etc.	18	33	30	33	161	..	..	..	..	..
5110 Impôts généraux	0	0	0	0	0	..	..	..	..	..
5120 Impôts sur biens et services déterminés	18	33	30	33	161	..	..	..	..	..
5130 Non-ventilables entre 5110 et 5120	0	0	0	0	0	..	..	..	..	..
5200 Impôts sur utilisation des biens et exerc. activites	11	151	280	549	701	..	..	..	..	..
5300 Non-ventilables entre 5100 et 5200	0	0	0	0	0	..	..	..	..	..
6000 Autres impôts	**0**	**0**	**0**	**0**	**0**	**0**	**0**	**0**	**0**	**0**
6100 A la charge exclusive des entreprises	..	..	..	..	..	..	..	..	..	..
6200 A la charge d'autres agents	..	..	..	..	..	..	..	..	..	..
Recettes fiscales totales	**266**	**1 830**	**3 135**	**5 544**	**7 739**	**0**	**0**	**0**	**0**	**0**

.. Non disponible

StatLink https://stat.link/i21b8h

Tableau 6.28. Norvège, recettes fiscales par sous-secteurs d'administration

Million NOK

	Administration centrale[1]					Administration d'État/Régions				
	1975	1995	2005	2015	2021	1975	1995	2005	2015	2021
1000 Impôts sur revenu, bénéfices et gains en capital	**6 495**	**67 402**	**316 851**	**314 792**	**624 748**	**..**	**..**	**..**	**..**	**..**
1100 Des personnes physiques	5 424	38 059	87 503	174 617	202 886	..	..	..	..	..
1200 Des sociétés	1 071	29 343	229 348	140 175	421 862	..	..	..	..	..
1300 Non-ventilables entre 1100 et 1200	0	0	0	0	0	..	..	..	..	..
2000 Cotisations de sécurité sociale	**1 341**	**6 013**	**173 151**	**325 130**	**402 152**	**..**	**..**	**..**	**..**	**..**
2100 A la charge des salariés	331	1 233	58 320	112 662	142 299	..	..	..	..	..
2200 A la charge des employeurs	1 010	4 780	104 794	190 923	232 603	..	..	..	..	..
2300 A charge des travailleurs indép. ou sans emploi	0	0	10 037	21 545	27 250	..	..	..	..	..
2400 Non-ventilables entre 2100, 2200 et 2300	0	0	0	0	0	..	..	..	..	..
3000 Sur salaires ou main d'oeuvre	**0**	**0**	**0**	**0**	**2 217**	**..**	**..**	**..**	**..**	**..**
4000 Impôts sur le patrimoine	**771**	**3 497**	**11 178**	**12 209**	**22 121**	**..**	**..**	**..**	**..**	**..**
4100 Impôts périodiques sur la propriété immobilière	0	0	0	0	0	..	..	..	..	..
4200 Impôts périodiques sur l'actif net	490	1 172	4 741	3 488	8 955	..	..	..	..	..
4300 Impôts sur mut. par décès, succ. et donations	146	975	1 768	295	48	..	..	..	..	..
4400 Impôts sur transact. mobilières et immob.	135	1 350	4 669	8 426	13 118	..	..	..	..	..
4500 Impôts non-périodiques	0	0	0	0	0	..	..	..	..	..
4600 Autres impôts périodiques sur patrimoine	0	0	0	0	0	..	..	..	..	..
5000 Impôts sur les biens et services	**25 056**	**141 645**	**232 462**	**359 255**	**452 741**	**..**	**..**	**..**	**..**	**..**
5100 Impôts sur production, vente, transfert, etc.	24 367	134 965	220 898	342 410	430 482	..	..	..	..	..
5110 Impôts généraux	13 670	81 772	153 820	256 029	340 400	..	..	..	..	..
5120 Impôts sur biens et services déterminés	10 697	53 193	67 078	86 381	90 082	..	..	..	..	..
5130 Non-ventilables entre 5110 et 5120	0	0	0	0	0	..	..	..	..	..
5200 Impôts sur utilisation des biens et exerc. activites	689	6 680	11 564	16 845	22 259	..	..	..	..	..
5300 Non-ventilables entre 5100 et 5200	0	0	0	0	0	..	..	..	..	..
6000 Autres impôts	**130**	**15**	**0**	**0**	**0**	**..**	**..**	**..**	**..**	**..**
6100 A la charge exclusive des entreprises	124	1	..	..	..	..	..	..	..	..
6200 A la charge d'autres agents	6	14	..	..	..	..	..	..	..	..
Recettes fiscales totales	**33 793**	**218 572**	**733 642**	**1 011 386**	**1 503 979**	**..**	**..**	**..**	**..**	**..**
	Administrations locales					Administrations de sécurite sociale				
	1975	1995	2005	2015	2021	1975	1995	2005	2015	2021
1000 Impôts sur revenu, bénéfices et gains en capital	**13 725**	**67 978**	**100 512**	**160 582**	**251 374**	**2 728**	**0**	**0**	**0**	**0**
1100 Des personnes physiques	12 877	61 784	100 512	160 582	251 374	2 728	..	..	..	..
1200 Des sociétés	848	6 194	0	0	0	0	..	..	..	..
1300 Non-ventilables entre 1100 et 1200	0	0	0	0	0	0	..	..	..	..
2000 Cotisations de sécurité sociale	**0**	**0**	**0**	**0**	**0**	**15 224**	**84 563**	**0**	**0**	**0**
2100 A la charge des salariés	..	..	..	..	..	2 949	30 417	..	..	..
2200 A la charge des employeurs	..	..	..	..	..	11 315	48 396	..	..	..
2300 A charge des travailleurs indép. ou sans emploi	..	..	..	..	..	960	5 750	..	..	..
2400 Non-ventilables entre 2100, 2200 et 2300	..	..	..	..	..	0	0	..	..	..
3000 Sur salaires ou main d'oeuvre	**0**	**0**	**0**	**0**	**0**	**0**	**0**	**0**	**0**	**0**
4000 Impôts sur le patrimoine	**772**	**7 352**	**10 283**	**21 812**	**30 770**	**0**	**0**	**0**	**0**	**0**
4100 Impôts périodiques sur la propriété immobilière	278	2 792	4 324	11 177	15 566	..	..	..	..	..
4200 Impôts périodiques sur l'actif net	494	4 560	5 959	10 635	15 204	..	..	..	..	..
4300 Impôts sur mut. par décès, succ. et donations	0	0	0	0	0	..	..	..	..	..
4400 Impôts sur transact. mobilières et immob.	0	0	0	0	0	..	..	..	..	..
4500 Impôts non-périodiques	0	0	0	0	0	..	..	..	..	..
4600 Autres impôts périodiques sur patrimoine	0	0	0	0	0	..	..	..	..	..
5000 Impôts sur les biens et services	**0**	**431**	**2 281**	**1 574**	**1 672**	**51**	**267**	**0**	**0**	**0**
5100 Impôts sur production, vente, transfert, etc.	0	0	0	0	0	51	267	..	..	..
5110 Impôts généraux	0	0	0	0	0	0	0	..	..	..
5120 Impôts sur biens et services déterminés	0	0	0	0	0	51	267	..	..	..
5130 Non-ventilables entre 5110 et 5120	0	0	0	0	0	0	0	..	..	..
5200 Impôts sur utilisation des biens et exerc. activites	0	431	2 281	1 574	1 672	0	0	..	..	..
5300 Non-ventilables entre 5100 et 5200	0	0	0	0	0	0	0	..	..	..
6000 Autres impôts	**432**	**0**	**0**	**0**	**0**	**0**	**0**	**0**	**0**	**0**
6100 A la charge exclusive des entreprises	0	..	..	..	..	..	..	..	..	..
6200 A la charge d'autres agents	432	..	..	..	..	..	..	..	..	..
Recettes fiscales totales	**14 929**	**75 761**	**113 076**	**183 968**	**283 816**	**18 003**	**84 830**	**0**	**0**	**0**

.. Non disponible

1. The Norwegian National Insurance has been integrated into the Central government sector from the year 2000 onwards.

StatLink https://stat.link/ozy6rk

Tableau 6.29. Pologne, recettes fiscales par sous-secteurs d'administration

Million PLN

	Administration centrale					Administration d'État/Régions				
	1975	1995	2005	2015	2021	1975	1995	2005	2015	2021
1000 Impôts sur revenu, bénéfices et gains en capital	**..**	**32 774**	**40 398**	**71 381**	**133 916**	**..**	**..**	**..**	**..**	**..**
1100 Des personnes physiques	..	23 937	24 518	45 462	79 955	..	..	..	..	..
1200 Des sociétés	..	8 837	15 880	25 919	53 961	..	..	..	..	..
1300 Non-ventilables entre 1100 et 1200	..	0	0	0	0	..	..	..	..	..
2000 Cotisations de sécurité sociale	**..**	**0**	**0**	**0**	**0**	**..**	**..**	**..**	**..**	**..**
2100 A la charge des salariés	..	..	..	..	..	..	..	..	..	..
2200 A la charge des employeurs	..	..	..	..	..	..	..	..	..	..
2300 A charge des travailleurs indép. ou sans emploi	..	..	..	..	..	..	..	..	..	..
2400 Non-ventilables entre 2100, 2200 et 2300	..	..	..	..	..	..	..	..	..	..
3000 Sur salaires ou main d'oeuvre	**..**	**831**	**2 555**	**4 028**	**14 531**	**..**	**..**	**..**	**..**	**..**
4000 Impôts sur le patrimoine	**..**	**0**	**0**	**0**	**0**	**..**	**..**	**..**	**..**	**..**
4100 Impôts périodiques sur la propriété immobilière	..	..	..	..	..	..	..	..	..	..
4200 Impôts périodiques sur l'actif net	..	..	..	..	..	..	..	..	..	..
4300 Impôts sur mut. par décès, succ. et donations	..	..	..	..	..	..	..	..	..	..
4400 Impôts sur transact. mobilières et immob.	..	..	..	..	..	..	..	..	..	..
4500 Impôts non-périodiques	..	..	..	..	..	..	..	..	..	..
4600 Autres impôts périodiques sur patrimoine	..	..	..	..	..	..	..	..	..	..
5000 Impôts sur les biens et services	**..**	**43 483**	**120 207**	**207 129**	**353 961**	**..**	**..**	**..**	**..**	**..**
5100 Impôts sur production, vente, transfert, etc.	..	42 863	119 805	203 303	337 214	..	..	..	..	..
5110 Impôts généraux	..	21 051	75 783	125 895	228 088	..	..	..	..	..
5120 Impôts sur biens et services déterminés	..	21 812	44 022	77 408	109 126	..	..	..	..	..
5130 Non-ventilables entre 5110 et 5120	..	0	0	0	0	..	..	..	..	..
5200 Impôts sur utilisation des biens et exerc. activites	..	620	402	3 826	16 747	..	..	..	..	..
5300 Non-ventilables entre 5100 et 5200	..	0	0	0	0	..	..	..	..	..
6000 Autres impôts	**..**	**99**	**18**	**0**	**0**	**..**	**..**	**..**	**..**	**..**
6100 A la charge exclusive des entreprises	..	0	0	..	..	..	..	..	..	..
6200 A la charge d'autres agents	..	99	18	..	..	..	..	..	..	..
Recettes fiscales totales	**..**	**77 187**	**163 178**	**282 538**	**502 408**	**..**	**..**	**..**	**..**	**..**

	Administrations locales					Administrations de sécurite sociale				
	1975	1995	2005	2015	2021	1975	1995	2005	2015	2021
1000 Impôts sur revenu, bénéfices et gains en capital	**..**	**4 896**	**23 093**	**45 697**	**75 352**	**..**	**0**	**0**	**0**	**0**
1100 Des personnes physiques	..	4 427	17 916	38 512	60 726	..	..	..	..	..
1200 Des sociétés	..	469	5 177	7 185	14 626	..	..	..	..	..
1300 Non-ventilables entre 1100 et 1200	..	0	0	0	0	..	..	..	..	..
2000 Cotisations de sécurité sociale	**..**	**0**	**0**	**0**	**0**	**..**	**38 808**	**121 522**	**225 711**	**344 720**
2100 A la charge des salariés	..	..	..	..	..	..	16 727	49 469	92 607	149 781
2200 A la charge des employeurs	..	..	..	..	..	..	19 364	47 753	88 749	123 654
2300 A charge des travailleurs indép. ou sans emploi	..	..	..	..	..	..	2 717	24 300	44 355	71 285
2400 Non-ventilables entre 2100, 2200 et 2300	..	..	..	..	..	..	0	0	0	0
3000 Sur salaires ou main d'oeuvre	**..**	**0**	**0**	**0**	**0**	**..**	**0**	**0**	**0**	**0**
4000 Impôts sur le patrimoine	**..**	**4 370**	**14 723**	**24 637**	**33 715**	**..**	**0**	**0**	**0**	**0**
4100 Impôts périodiques sur la propriété immobilière	..	3 579	12 718	22 206	28 064	..	..	..	..	..
4200 Impôts périodiques sur l'actif net	..	0	0	0	0	..	..	..	..	..
4300 Impôts sur mut. par décès, succ. et donations	..	44	242	246	425	..	..	..	..	..
4400 Impôts sur transact. mobilières et immob.	..	747	1 763	2 185	5 226	..	..	..	..	..
4500 Impôts non-périodiques	..	0	0	0	0	..	..	..	..	..
4600 Autres impôts périodiques sur patrimoine	..	0	0	0	0	..	..	..	..	..
5000 Impôts sur les biens et services	**..**	**1 340**	**3 492**	**4 139**	**4 326**	**..**	**0**	**0**	**0**	**1 421**
5100 Impôts sur production, vente, transfert, etc.	..	0	0	0	0	..	..	..	..	1 421
5110 Impôts généraux	..	..	..	..	..	..	..	..	..	0
5120 Impôts sur biens et services déterminés	..	..	..	..	..	..	..	..	..	1 421
5130 Non-ventilables entre 5110 et 5120	..	..	..	..	..	..	..	..	..	0
5200 Impôts sur utilisation des biens et exerc. activites	..	1 340	3 492	4 139	4 326	..	..	..	..	0
5300 Non-ventilables entre 5100 et 5200	..	0	0	0	0	..	..	..	..	0
6000 Autres impôts	**..**	**158**	**278**	**647**	**1 284**	**..**	**0**	**0**	**0**	**0**
6100 A la charge exclusive des entreprises	..	0	0	0	0	..	..	..	..	..
6200 A la charge d'autres agents	..	158	278	647	1 284	..	..	..	..	..
Recettes fiscales totales	**..**	**10 764**	**41 586**	**75 120**	**114 677**	**..**	**38 808**	**121 522**	**225 711**	**346 141**

.. Non disponible

Note : Y compris les droits de douane perçus pour le compte de l'Union européenne.

StatLink https://stat.link/a9e8ps

Tableau 6.30. Portugal, recettes fiscales par sous-secteurs d'administration

Million EUR

	Administration centrale					Administration d'État/Régions				
	1975	1995	2005	2015	2021	1975	1995	2005	2015	2021
1000 Impôts sur revenu, bénéfices et gains en capital	**81**	**6 557**	**11 576**	**17 516**	**18 818**	**..**	**..**	**..**	**..**	**..**
1100 Des personnes physiques	..	4 547	7 694	12 316	14 059	..	..	..	..	..
1200 Des sociétés	..	1 866	3 761	5 199	4 759	..	..	..	..	..
1300 Non-ventilables entre 1100 et 1200	81	144	121	0	0	..	..	..	..	..
2000 Cotisations de sécurité sociale	**0**	**621**	**265**	**217**	**2 164**	**..**	**..**	**..**	**..**	**..**
2100 A la charge des salariés	..	2	7	19	2 005	..	..	..	..	..
2200 A la charge des employeurs	..	619	259	198	159	..	..	..	..	..
2300 A charge des travailleurs indép. ou sans emploi	..	0	0	0	0	..	..	..	..	..
2400 Non-ventilables entre 2100, 2200 et 2300	..	0	0	0	0	..	..	..	..	..
3000 Sur salaires ou main d'oeuvre	**12**	**0**	**0**	**0**	**0**	**..**	**..**	**..**	**..**	**..**
4000 Impôts sur le patrimoine	**12**	**226**	**308**	**202**	**468**	**..**	**..**	**..**	**..**	**..**
4100 Impôts périodiques sur la propriété immobilière	0	0	0	6	146	..	..	..	..	..
4200 Impôts périodiques sur l'actif net	0	0	0	0	0	..	..	..	..	..
4300 Impôts sur mut. par décès, succ. et donations	4	57	25	0	0	..	..	..	..	..
4400 Impôts sur transact. mobilières et immob.	7	169	283	196	323	..	..	..	..	..
4500 Impôts non-périodiques	0	0	0	0	0	..	..	..	..	..
4600 Autres impôts périodiques sur patrimoine	0	0	0	0	0	..	..	..	..	..
5000 Impôts sur les biens et services	**198**	**10 407**	**19 782**	**21 725**	**26 717**	**..**	**..**	**..**	**..**	**..**
5100 Impôts sur production, vente, transfert, etc.	187	10 198	19 374	20 899	25 500	..	..	..	..	..
5110 Impôts généraux	52	5 481	11 846	13 745	17 446	..	..	..	..	..
5120 Impôts sur biens et services déterminés	135	4 717	7 529	7 154	8 053	..	..	..	..	..
5130 Non-ventilables entre 5110 et 5120	0	0	141	18	4	..	..	..	..	..
5200 Impôts sur utilisation des biens et exerc. activites	12	179	381	814	1 210	..	..	..	..	..
5300 Non-ventilables entre 5100 et 5200	0	30	27	13	8	..	..	..	..	..
6000 Autres impôts	**2**	**9**	**143**	**333**	**414**	**..**	**..**	**..**	**..**	**..**
6100 A la charge exclusive des entreprises	1	9	143	333	414	..	..	..	..	..
6200 A la charge d'autres agents	0	0	0	0	0	..	..	..	..	..
Recettes fiscales totales	**304**	**17 820**	**32 075**	**39 992**	**48 581**	**..**	**..**	**..**	**..**	**..**
	Administrations locales					**Administrations de sécurite sociale**				
	1975	1995	2005	2015	2021	1975	1995	2005	2015	2021
1000 Impôts sur revenu, bénéfices et gains en capital	**0**	**307**	**725**	**1 246**	**1 322**	**0**	**0**	**0**	**0**	**0**
1100 Des personnes physiques	..	156	298	832	926	..	..	..	..	..
1200 Des sociétés	..	151	427	414	396	..	..	..	..	..
1300 Non-ventilables entre 1100 et 1200	0	0	0	0	0	..	..	..	..	..
2000 Cotisations de sécurité sociale	**0**	**941**	**1 629**	**1 867**	**0**	**161**	**5 267**	**11 133**	**14 099**	**20 240**
2100 A la charge des salariés	..	941	1 629	1 867	..	62	2 100	4 053	5 106	6 921
2200 A la charge des employeurs	..	0	0	0	..	97	3 167	7 080	8 993	13 319
2300 A charge des travailleurs indép. ou sans emploi	..	0	0	0	..	2	0	0	0	0
2400 Non-ventilables entre 2100, 2200 et 2300	..	0	0	0	..	0	0	0	0	0
3000 Sur salaires ou main d'oeuvre	**0**	**0**	**0**	**0**	**0**	**0**	**0**	**0**	**0**	**0**
4000 Impôts sur le patrimoine	**0**	**599**	**1 541**	**2 105**	**2 802**	**0**	**0**	**0**	**0**	**0**
4100 Impôts périodiques sur la propriété immobilière	..	310	827	1 529	1 471	..	..	..	..	..
4200 Impôts périodiques sur l'actif net	..	0	0	0	0	..	..	..	..	..
4300 Impôts sur mut. par décès, succ. et donations	..	0	1	0	0	..	..	..	..	..
4400 Impôts sur transact. mobilières et immob.	..	289	713	576	1 331	..	..	..	..	..
4500 Impôts non-périodiques	..	0	0	0	0	..	..	..	..	..
4600 Autres impôts périodiques sur patrimoine	..	0	0	0	0	..	..	..	..	..
5000 Impôts sur les biens et services	**0**	**499**	**962**	**1 132**	**1 376**	**0**	**335**	**823**	**1 179**	**1 127**
5100 Impôts sur production, vente, transfert, etc.	0	442	827	876	1 074	..	335	823	1 179	1 109
5110 Impôts généraux	0	318	563	629	746	..	276	592	994	915
5120 Impôts sur biens et services déterminés	0	124	264	247	327	..	59	231	184	194
5130 Non-ventilables entre 5110 et 5120	0	0	0	0	0	..	0	0	0	0
5200 Impôts sur utilisation des biens et exerc. activites	0	57	133	256	302	..	0	0	0	18
5300 Non-ventilables entre 5100 et 5200	0	0	1	0	0	..	0	0	0	0
6000 Autres impôts	**0**	**3**	**28**	**10**	**10**	**0**	**0**	**0**	**0**	**0**
6100 A la charge exclusive des entreprises	..	0	25	8	8	..	..	..	..	..
6200 A la charge d'autres agents	..	3	3	1	2	..	..	..	..	..
Recettes fiscales totales	**0**	**2 349**	**4 884**	**6 360**	**5 510**	**161**	**5 602**	**11 956**	**15 278**	**21 367**

.. Non disponible

Note : Y compris les droits de douane perçus pour le compte de l'Union européenne.

StatLink https://stat.link/erpbqx

Tableau 6.31. République slovaque, recettes fiscales par sous-secteurs d'administration

Million EUR

	Administration centrale					Administration d'État/Régions				
	1975	1995	2005	2015	2021	1975	1995	2005	2015	2021
1000 Impôts sur revenu, bénéfices et gains en capital	..	**1 993**	**2 968**	**5 542**	**7 682**	..	..	..	..	..
1100 Des personnes physiques	..	695	1 496	2 464	3 760	..	..	..	..	..
1200 Des sociétés	..	1 166	1 345	2 917	3 633	..	..	..	..	..
1300 Non-ventilables entre 1100 et 1200	..	132	128	162	290	..	..	..	..	..
2000 Cotisations de sécurité sociale	..	**85**	**240**	**253**	**425**	..	..	..	..	..
2100 A la charge des salariés	..	10	104	58	132	..	..	..	..	..
2200 A la charge des employeurs	..	75	136	195	292	..	..	..	..	..
2300 A charge des travailleurs indép. ou sans emploi	..	0	0	0	1	..	..	..	..	..
2400 Non-ventilables entre 2100, 2200 et 2300	..	0	0	0	0	..	..	..	..	..
3000 Sur salaires ou main d'oeuvre	..	**0**	**0**	**0**	**0**	..	..	..	..	..
4000 Impôts sur le patrimoine	..	**27**	**28**	**0**	**0**	..	..	..	..	..
4100 Impôts périodiques sur la propriété immobilière	..	8	9	0	0	..	..	..	..	..
4200 Impôts périodiques sur l'actif net	..	0	0	0	0	..	..	..	..	..
4300 Impôts sur mut. par décès, succ. et donations	..	2	1	0	0	..	..	..	..	..
4400 Impôts sur transact. mobilières et immob.	..	16	18	0	0	..	..	..	..	..
4500 Impôts non-périodiques	..	0	0	0	0	..	..	..	..	..
4600 Autres impôts périodiques sur patrimoine	..	0	0	0	0	..	..	..	..	..
5000 Impôts sur les biens et services	..	**2 782**	**6 031**	**8 974**	**11 693**	..	..	..	..	..
5100 Impôts sur production, vente, transfert, etc.	..	2 594	5 773	8 442	10 970	..	..	..	..	..
5110 Impôts généraux	..	1 616	3 880	5 423	7 494	..	..	..	..	..
5120 Impôts sur biens et services déterminés	..	978	1 893	3 020	3 476	..	..	..	..	..
5130 Non-ventilables entre 5110 et 5120	..	0	0	0	0	..	..	..	..	..
5200 Impôts sur utilisation des biens et exerc. activites	..	189	256	532	691	..	..	..	..	..
5300 Non-ventilables entre 5100 et 5200	..	0	2	0	32	..	..	..	..	..
6000 Autres impôts	..	**0**	**0**	**0**	**0**	..	..	..	..	..
6100 A la charge exclusive des entreprises	..	..	..	..	..	..	..	..	..	..
6200 A la charge d'autres agents	..	..	..	..	..	..	..	..	..	..
Recettes fiscales totales	..	**4 887**	**9 267**	**14 770**	**19 799**	..	..	..	..	..

	Administrations locales					Administrations de sécurite sociale				
	1975	1995	2005	2015	2021	1975	1995	2005	2015	2021
1000 Impôts sur revenu, bénéfices et gains en capital	..	**0**	**0**	**0**	**0**	..	**0**	**0**	**0**	**0**
1100 Des personnes physiques	..	..	..	..	..	..	..	..	..	..
1200 Des sociétés	..	..	..	..	..	..	..	..	..	..
1300 Non-ventilables entre 1100 et 1200	..	..	..	..	..	..	..	..	..	..
2000 Cotisations de sécurité sociale	..	**0**	**0**	**0**	**0**	..	**2 817**	**6 037**	**10 643**	**14 837**
2100 A la charge des salariés	..	..	..	0	..	..	540	1 377	2 352	3 593
2200 A la charge des employeurs	..	..	..	0	..	..	1 774	3 356	6 124	8 851
2300 A charge des travailleurs indép. ou sans emploi	..	..	..	0	..	..	503	1 304	2 168	2 393
2400 Non-ventilables entre 2100, 2200 et 2300	..	..	..	0	..	..	0	0	0	0
3000 Sur salaires ou main d'oeuvre	..	**0**	**0**	**0**	**0**	..	**0**	**0**	**0**	**0**
4000 Impôts sur le patrimoine	..	**84**	**220**	**335**	**466**	..	**0**	**0**	**0**	**0**
4100 Impôts périodiques sur la propriété immobilière	..	72	220	335	466	..	..	..	..	..
4200 Impôts périodiques sur l'actif net	..	0	0	0	0	..	..	..	..	..
4300 Impôts sur mut. par décès, succ. et donations	..	0	0	0	0	..	..	..	..	..
4400 Impôts sur transact. mobilières et immob.	..	12	0	0	0	..	..	..	..	..
4500 Impôts non-périodiques	..	0	0	0	0	..	..	..	..	..
4600 Autres impôts périodiques sur patrimoine	..	0	0	0	0	..	..	..	..	..
5000 Impôts sur les biens et services	..	**17**	**198**	**182**	**233**	..	**0**	**0**	**0**	**0**
5100 Impôts sur production, vente, transfert, etc.	..	10	9	12	10	..	..	..	..	..
5110 Impôts généraux	..	0	0	0	0	..	..	..	..	..
5120 Impôts sur biens et services déterminés	..	10	9	12	10	..	..	..	..	..
5130 Non-ventilables entre 5110 et 5120	..	0	0	0	0	..	..	..	..	..
5200 Impôts sur utilisation des biens et exerc. activites	..	1	94	17	32	..	..	..	..	..
5300 Non-ventilables entre 5100 et 5200	..	6	95	153	191	..	..	..	..	..
6000 Autres impôts	..	**0**	**0**	**0**	**0**	..	**0**	**0**	**0**	**0**
6100 A la charge exclusive des entreprises	..	..	..	..	..	..	..	..	..	..
6200 A la charge d'autres agents	..	..	..	..	..	..	..	..	..	..
Recettes fiscales totales	..	**101**	**418**	**517**	**698**	..	**2 817**	**6 037**	**10 643**	**14 837**

.. Non disponible

Note : Y compris les droits de douane perçus pour le compte de l'Union européenne.

StatLink https://stat.link/lbps95

Tableau 6.32. Slovenie, recettes fiscales par sous-secteurs d'administration

Million EUR

	Administration centrale					Administration d'État/Régions				
	1975	1995	2005	2015	2021	1975	1995	2005	2015	2021
1000 Impôts sur revenu, bénéfices et gains en capital	**..**	**479**	**1 828**	**1 528**	**2 802**	**..**	**..**	**..**	**..**	**..**
1100 Des personnes physiques	..	413	1 029	958	1 509	..	..	..	..	..
1200 Des sociétés	..	54	795	568	1 291	..	..	..	..	..
1300 Non-ventilables entre 1100 et 1200	..	12	5	2	3	..	..	..	..	..
2000 Cotisations de sécurité sociale	**..**	**38**	**42**	**59**	**87**	**..**	**..**	**..**	**..**	**..**
2100 A la charge des salariés	..	20	24	31	46	..	..	..	..	..
2200 A la charge des employeurs	..	17	15	23	34	..	..	..	..	..
2300 A charge des travailleurs indép. ou sans emploi	..	1	3	5	7	..	..	..	..	..
2400 Non-ventilables entre 2100, 2200 et 2300	..	0	0	0	0	..	..	..	..	..
3000 Sur salaires ou main d'oeuvre	**..**	**14**	**521**	**20**	**24**	**..**	**..**	**..**	**..**	**..**
4000 Impôts sur le patrimoine	**..**	**5**	**3**	**2**	**4**	**..**	**..**	**..**	**..**	**..**
4100 Impôts périodiques sur la propriété immobilière	..	0	0	0	0	..	..	..	..	..
4200 Impôts périodiques sur l'actif net	..	0	3	0	0	..	..	..	..	..
4300 Impôts sur mut. par décès, succ. et donations	..	0	0	0	0	..	..	..	..	..
4400 Impôts sur transact. mobilières et immob.	..	0	0	0	0	..	..	..	..	..
4500 Impôts non-périodiques	..	5	0	2	4	..	..	..	..	..
4600 Autres impôts périodiques sur patrimoine	..	0	0	0	0	..	..	..	..	..
5000 Impôts sur les biens et services	**..**	**1 554**	**3 826**	**5 543**	**6 628**	**..**	**..**	**..**	**..**	**..**
5100 Impôts sur production, vente, transfert, etc.	..	1 524	3 645	5 205	6 208	..	..	..	..	..
5110 Impôts généraux	..	1 192	2 489	3 224	4 305	..	..	..	..	..
5120 Impôts sur biens et services déterminés	..	332	1 156	1 981	1 903	..	..	..	..	..
5130 Non-ventilables entre 5110 et 5120	..	0	0	0	0	..	..	..	..	..
5200 Impôts sur utilisation des biens et exerc. activites	..	31	181	338	420	..	..	..	..	..
5300 Non-ventilables entre 5100 et 5200	..	0	0	0	0	..	..	..	..	..
6000 Autres impôts	**..**	**0**	**0**	**0**	**0**	**..**	**..**	**..**	**..**	**..**
6100 A la charge exclusive des entreprises	..	..	..	..	..	..	..	..	..	..
6200 A la charge d'autres agents	..	..	..	..	..	..	..	..	..	..
Recettes fiscales totales	**..**	**2 090**	**6 221**	**7 152**	**9 546**	**..**	**..**	**..**	**..**	**..**

	Administrations locales					Administrations de sécurite sociale				
	1975	1995	2005	2015	2021	1975	1995	2005	2015	2021
1000 Impôts sur revenu, bénéfices et gains en capital	**..**	**194**	**559**	**1 019**	**1 335**	**..**	**0**	**0**	**0**	**0**
1100 Des personnes physiques	..	192	556	1 019	1 335	..	..	..	..	..
1200 Des sociétés	..	0	0	0	0	..	..	..	..	..
1300 Non-ventilables entre 1100 et 1200	..	2	2	0	0	..	..	..	..	..
2000 Cotisations de sécurité sociale	**..**	**0**	**0**	**0**	**0**	**..**	**1 793**	**4 354**	**5 924**	**8 479**
2100 A la charge des salariés	..	..	..	..	..	..	812	2 124	2 879	4 217
2200 A la charge des employeurs	..	..	..	..	..	..	806	1 579	2 112	3 105
2300 A charge des travailleurs indép. ou sans emploi	..	..	..	..	..	..	175	652	933	1 157
2400 Non-ventilables entre 2100, 2200 et 2300	..	..	..	..	..	..	0	0	0	0
3000 Sur salaires ou main d'oeuvre	**..**	**2**	**0**	**0**	**0**	**..**	**0**	**0**	**0**	**0**
4000 Impôts sur le patrimoine	**..**	**53**	**167**	**239**	**317**	**..**	**0**	**0**	**0**	**0**
4100 Impôts périodiques sur la propriété immobilière	..	37	122	199	250	..	..	..	..	..
4200 Impôts périodiques sur l'actif net	..	0	0	0	0	..	..	..	..	..
4300 Impôts sur mut. par décès, succ. et donations	..	1	5	8	11	..	..	..	..	..
4400 Impôts sur transact. mobilières et immob.	..	12	40	29	54	..	..	..	..	..
4500 Impôts non-périodiques	..	3	0	3	2	..	..	..	..	..
4600 Autres impôts périodiques sur patrimoine	..	0	0	0	0	..	..	..	..	..
5000 Impôts sur les biens et services	**..**	**7**	**91**	**96**	**75**	**..**	**0**	**0**	**0**	**0**
5100 Impôts sur production, vente, transfert, etc.	..	7	43	57	46	..	..	..	..	..
5110 Impôts généraux	..	0	0	0	0	..	..	..	..	..
5120 Impôts sur biens et services déterminés	..	7	43	57	46	..	..	..	..	..
5130 Non-ventilables entre 5110 et 5120	..	0	0	0	0	..	..	..	..	..
5200 Impôts sur utilisation des biens et exerc. activites	..	0	48	39	29	..	..	..	..	..
5300 Non-ventilables entre 5100 et 5200	..	0	0	0	0	..	..	..	..	..
6000 Autres impôts	**..**	**0**	**0**	**0**	**0**	**..**	**0**	**0**	**0**	**0**
6100 A la charge exclusive des entreprises	..	..	..	..	..	..	..	..	..	..
6200 A la charge d'autres agents	..	..	..	..	..	..	..	..	..	..
Recettes fiscales totales	**..**	**256**	**817**	**1 354**	**1 726**	**..**	**1 793**	**4 354**	**5 924**	**8 479**

.. Non disponible

Note : Y compris les droits de douane perçus pour le compte de l'Union européenne.

StatLink https://stat.link/ynt31z

Tableau 6.33. Espagne, recettes fiscales par sous-secteurs d'administration

Million EUR

	Administration fédérale					Administration d'État/Régions				
	1975	1995	2005	2015	2021	1975	1995	2005	2015	2021
1000 Impôts sur revenu, bénéfices et gains en capital	**1 388**	**38 846**	**71 598**	**62 198**	**79 031**	..	**588**	**19 503**	**34 814**	**51 442**
1100 Des personnes physiques	897	31 789	38 219	39 659	48 248	..	457	19 104	34 600	51 128
1200 Des sociétés	490	7 057	33 379	22 539	30 783	..	131	399	214	314
1300 Non-ventilables entre 1100 et 1200	1	0	0	0	0	..	0	0	0	0
2000 Cotisations de sécurité sociale	**0**	**2 027**	**3 027**	**3 505**	**3 474**	..	**0**	**0**	**0**	**0**
2100 A la charge des salariés	..	1 017	1 369	1 541	1 332	..	..	..	..	..
2200 A la charge des employeurs	..	1 010	1 658	1 964	2 142	..	..	..	..	..
2300 A charge des travailleurs indép. ou sans emploi	..	0	0	0	0	..	..	..	..	..
2400 Non-ventilables entre 2100, 2200 et 2300	..	0	0	0	0	..	..	..	..	..
3000 Sur salaires ou main d'oeuvre	**0**	**0**	**0**	**0**	**0**	..	**0**	**0**	**0**	**0**
4000 Impôts sur le patrimoine	**421**	**405**	**77**	**1 197**	**723**	..	**4 050**	**19 031**	**10 286**	**15 187**
4100 Impôts périodiques sur la propriété immobilière	1	3	5	4	3	..	0	2	38	73
4200 Impôts périodiques sur l'actif net	0	166	38	32	65	..	419	1 246	961	1 293
4300 Impôts sur mut. par décès, succ. et donations	56	1	24	222	117	..	835	2 315	2 454	3 240
4400 Impôts sur transact. mobilières et immob.	364	235	10	6	304	..	2 796	15 468	6 833	10 581
4500 Impôts non-périodiques	0	0	0	933	234	..	0	0	0	0
4600 Autres impôts périodiques sur patrimoine	0	0	0	0	0	..	0	0	0	0
5000 Impôts sur les biens et services	**1 609**	**32 388**	**71 536**	**89 031**	**102 663**	..	**2 556**	**7 956**	**6 553**	**6 088**
5100 Impôts sur production, vente, transfert, etc.	1 599	32 206	70 895	87 536	99 937	..	2 387	7 637	6 022	5 377
5110 Impôts généraux	990	20 331	51 583	61 839	74 883	..	786	1 980	2 571	2 764
5120 Impôts sur biens et services déterminés	608	11 875	19 312	25 697	25 054	..	1 601	5 657	3 451	2 613
5130 Non-ventilables entre 5110 et 5120	0	0	0	0	0	..	0	0	0	0
5200 Impôts sur utilisation des biens et exerc. activites	10	182	641	1 495	2 726	..	169	319	531	711
5300 Non-ventilables entre 5100 et 5200	0	0	0	0	0	..	0	0	0	0
6000 Autres impôts	**0**	**0**	**0**	**101**	**141**	..	**0**	**1**	**19**	**9**
6100 A la charge exclusive des entreprises	0	..	..	0	0	..	..	0	0	0
6200 A la charge d'autres agents	0	..	..	101	141	..	..	1	19	9
Recettes fiscales totales	**3 418**	**73 666**	**146 238**	**156 032**	**186 032**	..	**7 194**	**46 491**	**51 672**	**72 726**

	Administrations locales					Administrations de sécurite sociale				
	1975	1995	2005	2015	2021	1975	1995	2005	2015	2021
1000 Impôts sur revenu, bénéfices et gains en capital	**175**	**2 514**	**4 892**	**5 633**	**7 318**	**0**	**0**	**0**	**0**	**0**
1100 Des personnes physiques	131	2 137	3 426	4 637	6 114	..	..	..	..	..
1200 Des sociétés	0	377	1 466	996	1 204	..	..	..	..	..
1300 Non-ventilables entre 1100 et 1200	44	0	0	0	0	..	..	..	..	..
2000 Cotisations de sécurité sociale	**0**	**0**	**0**	**0**	**0**	**3 367**	**49 851**	**106 040**	**119 330**	**160 414**
2100 A la charge des salariés	..	..	..	..	..	645	7 372	15 332	17 242	22 775
2200 A la charge des employeurs	..	..	..	..	..	2 722	35 137	77 989	86 024	116 878
2300 A charge des travailleurs indép. ou sans emploi	..	..	..	..	..	0	7 342	12 719	16 064	20 761
2400 Non-ventilables entre 2100, 2200 et 2300	..	..	..	..	..	0	0	0	0	0
3000 Sur salaires ou main d'oeuvre	**0**	**0**	**0**	**0**	**0**	**0**	**0**	**0**	**0**	**0**
4000 Impôts sur le patrimoine	**26**	**3 759**	**8 869**	**16 372**	**17 424**	**0**	**0**	**0**	**0**	**0**
4100 Impôts périodiques sur la propriété immobilière	26	2 754	6 038	12 581	13 632	..	..	..	..	..
4200 Impôts périodiques sur l'actif net	0	177	431	911	995	..	..	..	..	..
4300 Impôts sur mut. par décès, succ. et donations	0	19	79	114	180	..	..	..	..	..
4400 Impôts sur transact. mobilières et immob.	0	166	423	145	223	..	..	..	..	..
4500 Impôts non-périodiques	0	643	1 898	2 621	2 394	..	..	..	..	..
4600 Autres impôts périodiques sur patrimoine	0	0	0	0	0	..	..	..	..	..
5000 Impôts sur les biens et services	**104**	**6 072**	**12 810**	**13 067**	**15 033**	**0**	**0**	**0**	**0**	**0**
5100 Impôts sur production, vente, transfert, etc.	104	1 976	5 946	6 846	8 177	..	..	..	..	..
5110 Impôts généraux	95	1 805	4 186	5 068	6 235	..	..	..	..	..
5120 Impôts sur biens et services déterminés	10	171	1 760	1 778	1 942	..	..	..	..	..
5130 Non-ventilables entre 5110 et 5120	0	0	0	0	0	..	..	..	..	..
5200 Impôts sur utilisation des biens et exerc. activites	0	4 096	6 864	6 221	6 856	..	..	..	..	..
5300 Non-ventilables entre 5100 et 5200	0	0	0	0	0	..	..	..	..	..
6000 Autres impôts	**0**	**8**	**6**	**69**	**26**	**0**	**0**	**0**	**0**	**0**
6100 A la charge exclusive des entreprises	..	0	0	0	0	..	..	..	..	..
6200 A la charge d'autres agents	..	8	6	69	26	..	..	..	..	..
Recettes fiscales totales	**305**	**12 353**	**26 577**	**35 141**	**39 801**	**3 367**	**49 851**	**106 040**	**119 330**	**160 414**

.. Non disponible

Note : Y compris les droits de douane perçus pour le compte de l'Union européenne.

StatLink https://stat.link/4hzcya

Tableau 6.34. Suède, recettes fiscales par sous-secteurs d'administration

Million SEK

	Administration centrale					Administration d'État/Régions				
	1975	1995	2005	2015	2021	1975	1995	2005	2015	2021
1000 Impôts sur revenu, bénéfices et gains en capital	**28 216**	**72 342**	**123 698**	**21 820**	**56 311**	..	..	..	..	..
1100 Des personnes physiques	25 626	22 541	21 708	-102 059	-125 959	..	..	..	..	..
1200 Des sociétés	2 590	49 801	101 989	123 878	182 270	..	..	..	..	..
1300 Non-ventilables entre 1100 et 1200	0	0	0	0	0	..	..	..	..	..
2000 Cotisations de sécurité sociale[1]	**0**	**50 560**	**212 964**	**180 723**	**206 404**	..	..	..	..	..
2100 A la charge des salariés	..	0	0	0	0	..	..	..	..	..
2200 A la charge des employeurs	..	49 222	209 370	179 056	205 618	..	..	..	..	..
2300 A charge des travailleurs indép. ou sans emploi	..	1 338	4 639	1 875	1 456	..	..	..	..	..
2400 Non-ventilables entre 2100, 2200 et 2300	..	0	-1 044	-209	-670	..	..	..	..	..
3000 Sur salaires ou main d'oeuvre	**5 723**	**17 800**	**62 432**	**194 121**	**280 766**	..	..	..	..	..
4000 Impôts sur le patrimoine	**1 469**	**23 260**	**40 116**	**27 917**	**31 576**	..	..	..	..	..
4100 Impôts périodiques sur la propriété immobilière	11	15 263	25 139	16 509	15 471	..	..	..	..	..
4200 Impôts périodiques sur l'actif net	647	3 583	4 998	0	0	..	..	..	..	..
4300 Impôts sur mut. par décès, succ. et donations	335	1 388	1 092	0	0	..	..	..	..	..
4400 Impôts sur transact. mobilières et immob.	476	3 026	8 887	11 408	16 106	..	..	..	..	..
4500 Impôts non-périodiques	0	0	0	0	0	..	..	..	..	..
4600 Autres impôts périodiques sur patrimoine	0	0	0	0	0	..	..	..	..	..
5000 Impôts sur les biens et services	**31 985**	**237 720**	**354 724**	**508 210**	**645 309**	..	..	..	..	..
5100 Impôts sur production, vente, transfert, etc.	29 820	233 671	343 704	489 458	622 760	..	..	..	..	..
5110 Impôts généraux	15 806	166 557	250 470	383 002	499 497	..	..	..	..	..
5120 Impôts sur biens et services déterminés	14 014	67 114	93 234	106 456	123 263	..	..	..	..	..
5130 Non-ventilables entre 5110 et 5120	0	0	0	0	0	..	..	..	..	..
5200 Impôts sur utilisation des biens et exerc. activites	2 165	4 049	11 019	18 752	22 549	..	..	..	..	..
5300 Non-ventilables entre 5100 et 5200	0	0	0	0	0	..	..	..	..	..
6000 Autres impôts	**260**	**1 438**	**1 347**	**1 356**	**2 617**	..	..	..	..	..
6100 A la charge exclusive des entreprises	0	0	0	0	0	..	..	..	..	..
6200 A la charge d'autres agents	260	1 438	1 347	1 356	2 617	..	..	..	..	..
Recettes fiscales totales	**67 653**	**403 120**	**795 281**	**934 146**	**1 222 984**	..	..	..	..	..

	Administrations locales					Administrations de sécurite sociale				
	1975	1995	2005	2015	2021	1975	1995	2005	2015	2021
1000 Impôts sur revenu, bénéfices et gains en capital	**38 415**	**265 068**	**435 577**	**635 719**	**806 447**	**0**	**0**	**0**	**0**	**0**
1100 Des personnes physiques	35 269	265 068	435 577	635 719	806 447	..	..	..	..	..
1200 Des sociétés	3 146	0	0	0	0	..	..	..	..	..
1300 Non-ventilables entre 1100 et 1200	0	0	0	0	0	..	..	..	..	..
2000 Cotisations de sécurité sociale[1]	**0**	**0**	**0**	**0**	**0**	**25 756**	**186 992**	**151 019**	**224 129**	**283 471**
2100 A la charge des salariés	..	..	..	..	..	0	28 989	74 178	108 356	137 337
2200 A la charge des employeurs	..	..	..	..	..	24 203	154 154	74 438	112 589	143 029
2300 A charge des travailleurs indép. ou sans emploi	..	..	..	..	..	1 553	3 849	2 403	3 183	3 105
2400 Non-ventilables entre 2100, 2200 et 2300	..	..	..	..	..	0	0	0	0	0
3000 Sur salaires ou main d'oeuvre	**0**	**0**	**0**	**0**	**0**	**0**	**0**	**0**	**0**	**0**
4000 Impôts sur le patrimoine	**0**	**0**	**0**	**15 935**	**20 627**	**0**	**0**	**0**	**0**	**0**
4100 Impôts périodiques sur la propriété immobilière	..	..	..	15 935	20 627	..	..	..	..	..
4200 Impôts périodiques sur l'actif net	..	..	..	0	0	..	..	..	..	..
4300 Impôts sur mut. par décès, succ. et donations	..	..	..	0	0	..	..	..	..	..
4400 Impôts sur transact. mobilières et immob.	..	..	..	0	0	..	..	..	..	..
4500 Impôts non-périodiques	..	..	..	0	0	..	..	..	..	..
4600 Autres impôts périodiques sur patrimoine	..	..	..	0	0	..	..	..	..	..
5000 Impôts sur les biens et services	**149**	**786**	**0**	**0**	**0**	**0**	**0**	**0**	**0**	**0**
5100 Impôts sur production, vente, transfert, etc.	119	732	0	0	0	..	..	..	..	..
5110 Impôts généraux	0	0	0	0	0	..	..	..	..	..
5120 Impôts sur biens et services déterminés	119	732	0	0	0	..	..	..	..	..
5130 Non-ventilables entre 5110 et 5120	0	0	0	0	0	..	..	..	..	..
5200 Impôts sur utilisation des biens et exerc. activites	30	54	0	0	0	..	..	..	..	..
5300 Non-ventilables entre 5100 et 5200	0	0	0	0	0	..	..	..	..	..
6000 Autres impôts	**0**	**0**	**0**	**0**	**0**	**0**	**0**	**0**	**0**	**0**
6100 A la charge exclusive des entreprises	..	..	..	..	..	..	..	..	..	..
6200 A la charge d'autres agents	..	..	..	..	..	..	..	..	..	..
Recettes fiscales totales	**38 564**	**265 854**	**435 577**	**651 654**	**827 074**	**25 756**	**186 992**	**151 019**	**224 129**	**283 471**

.. Non disponible

Note : Y compris les droits de douane perçus pour le compte de l'Union européenne.

1. From 1985, social security contributions are classified using the SNA definition of Social security Funds which means that a proportion of these payments are shown under the heading of Central Government. Prior to that year, all such payments were classified under the heading of Social Security.

StatLink https://stat.link/1we6d2

Tableau 6.35. Suisse, recettes fiscales par sous-secteurs d'administration

Million CHF

	Administration fédérale					Administration d'État/Régions				
	1975	1995	2005	2015	2021	1975	1995	2005	2015	2021
1000 Impôts sur revenu, bénéfices et gains en capital	**3 422**	**10 468**	**16 341**	**26 841**	**35 576**	**7 756**	**19 408**	**26 544**	**34 657**	**38 799**
1100 Des personnes physiques	2 712	5 699	7 823	10 567	12 875	6 342	16 182	21 289	27 156	30 251
1200 Des sociétés	710	2 678	4 519	9 731	12 701	1 414	2 628	4 627	6 294	6 585
1300 Non-ventilables entre 1100 et 1200	0	2 092	4 000	6 543	10 000	0	598	628	1 207	1 962
2000 Cotisations de sécurité sociale	**0**	**0**	**0**	**0**	**0**	**0**	**0**	**0**	**0**	**0**
2100 A la charge des salariés	..	..	..	..	..	..	..	..	..	..
2200 A la charge des employeurs	..	..	..	..	..	..	..	..	..	..
2300 A charge des travailleurs indép. ou sans emploi	..	..	..	..	..	..	..	..	..	..
2400 Non-ventilables entre 2100, 2200 et 2300	..	..	..	..	..	..	..	..	..	..
3000 Sur salaires ou main d'oeuvre	**0**	**0**	**0**	**0**	**0**	**0**	**0**	**0**	**0**	**0**
4000 Impôts sur le patrimoine	**463**	**1 703**	**2 703**	**1 674**	**1 866**	**1 428**	**4 116**	**5 523**	**7 191**	**9 232**
4100 Impôts périodiques sur la propriété immobilière	0	0	0	0	0	60	162	230	349	435
4200 Impôts périodiques sur l'actif net	89	0	0	0	0	988	2 467	3 683	4 992	6 277
4300 Impôts sur mut. par décès, succ. et donations	0	0	0	0	0	270	974	824	964	1 195
4400 Impôts sur transact. mobilières et immob.	374	1 703	2 703	1 674	1 866	110	103	157	177	265
4500 Impôts non-périodiques	0	0	0	0	0	0	0	0	0	0
4600 Autres impôts périodiques sur patrimoine	0	0	0	0	0	0	411	629	709	1 060
5000 Impôts sur les biens et services	**7 431**	**20 854**	**28 489**	**35 508**	**37 622**	**795**	**1 706**	**2 373**	**2 901**	**3 070**
5100 Impôts sur production, vente, transfert, etc.	7 431	19 763	27 114	33 093	34 830	154	266	447	615	604
5110 Impôts généraux	3 205	12 428	18 429	22 791	23 869	0	0	0	0	0
5120 Impôts sur biens et services déterminés	4 226	7 335	8 685	10 302	10 961	154	236	410	594	590
5130 Non-ventilables entre 5110 et 5120	0	0	0	0	0	0	29	37	20	14
5200 Impôts sur utilisation des biens et exerc. activites	0	1 092	1 375	2 415	2 792	641	1 440	1 927	2 286	2 467
5300 Non-ventilables entre 5100 et 5200	0	0	0	0	0	0	0	0	0	0
6000 Autres impôts	**0**	**0**	**0**	**0**	**69**	**0**	**19**	**23**	**230**	**381**
6100 A la charge exclusive des entreprises	..	..	..	..	0	..	6	7	64	86
6200 A la charge d'autres agents	..	..	..	..	69	..	13	16	165	295
Recettes fiscales totales	**11 316**	**33 026**	**47 533**	**64 023**	**75 132**	**9 979**	**25 249**	**34 462**	**44 979**	**51 483**

	Administrations locales					Administrations de sécurite sociale				
	1975	1995	2005	2015	2021	1975	1995	2005	2015	2021
1000 Impôts sur revenu, bénéfices et gains en capital	**6 403**	**15 575**	**18 091**	**22 865**	**25 663**	**0**	**0**	**0**	**0**	**0**
1100 Des personnes physiques	5 398	13 340	15 326	18 651	20 636	..	..	..	..	..
1200 Des sociétés	1 005	1 624	2 316	3 407	3 590	..	..	..	..	..
1300 Non-ventilables entre 1100 et 1200	0	611	450	806	1 437	..	..	..	..	..
2000 Cotisations de sécurité sociale	**0**	**0**	**0**	**0**	**0**	**8 111**	**28 019**	**32 332**	**44 285**	**50 655**
2100 A la charge des salariés	..	..	..	..	..	3 589	13 115	15 133	20 542	24 103
2200 A la charge des employeurs	..	..	..	..	..	3 618	13 126	15 146	20 574	23 253
2300 A charge des travailleurs indép. ou sans emploi	..	..	..	..	..	840	1 778	2 053	3 169	3 299
2400 Non-ventilables entre 2100, 2200 et 2300	..	..	..	..	..	64	0	0	0	0
3000 Sur salaires ou main d'oeuvre	**0**	**0**	**0**	**0**	**0**	**0**	**0**	**0**	**0**	**0**
4000 Impôts sur le patrimoine	**1 068**	**2 614**	**3 251**	**4 275**	**5 566**	**0**	**0**	**0**	**0**	**0**
4100 Impôts périodiques sur la propriété immobilière	182	443	588	789	979	..	..	..	..	..
4200 Impôts périodiques sur l'actif net	809	1 873	2 393	3 104	4 022	..	..	..	..	..
4300 Impôts sur mut. par décès, succ. et donations	27	89	79	124	171	..	..	..	..	..
4400 Impôts sur transact. mobilières et immob.	50	42	38	52	79	..	..	..	..	..
4500 Impôts non-périodiques	0	0	0	0	0	..	..	..	..	..
4600 Autres impôts périodiques sur patrimoine	0	168	153	206	315	..	..	..	..	..
5000 Impôts sur les biens et services	**22**	**97**	**78**	**132**	**205**	**0**	**0**	**0**	**0**	**0**
5100 Impôts sur production, vente, transfert, etc.	17	55	26	63	93	..	..	..	..	..
5110 Impôts généraux	0	0	0	0	0	..	..	..	..	..
5120 Impôts sur biens et services déterminés	17	29	20	15	8	..	..	..	..	..
5130 Non-ventilables entre 5110 et 5120	0	25	6	48	85	..	..	..	..	..
5200 Impôts sur utilisation des biens et exerc. activites	5	42	52	70	112	..	..	..	..	..
5300 Non-ventilables entre 5100 et 5200	0	0	0	0	0	..	..	..	..	..
6000 Autres impôts	**0**	**164**	**223**	**569**	**607**	**0**	**0**	**0**	**0**	**0**
6100 A la charge exclusive des entreprises	..	49	67	277	286	..	..	..	..	..
6200 A la charge d'autres agents	..	115	156	292	321	..	..	..	..	..
Recettes fiscales totales	**7 493**	**18 451**	**21 643**	**27 841**	**32 041**	**8 111**	**28 019**	**32 332**	**44 285**	**50 655**

.. Non disponible

StatLink https://stat.link/lw4ci5

Tableau 6.36. Türkiye, recettes fiscales par sous-secteurs d'administration

Million TRY

	Administration centrale					Administration d'État/Régions				
	1975	1995	2005	2015	2021	1975	1995	2005	2015	2021
1000 Impôts sur revenu, bénéfices et gains en capital	**..**	**433**	**30 324**	**104 699**	**350 208**	**..**	**..**	**..**	**..**	**..**
1100 Des personnes physiques	..	330	20 458	75 426	193 735	..	..	..	..	..
1200 Des sociétés	..	103	9 866	29 272	156 473	..	..	..	..	..
1300 Non-ventilables entre 1100 et 1200	..	0	0	0	0	..	..	..	..	..
2000 Cotisations de sécurité sociale	**..**	**0**	**0**	**0**	**0**	**..**	**..**	**..**	**..**	**..**
2100 A la charge des salariés	..	..	..	..	..	..	..	..	..	..
2200 A la charge des employeurs	..	..	..	..	..	..	..	..	..	..
2300 A charge des travailleurs indép. ou sans emploi	..	..	..	..	..	..	..	..	..	..
2400 Non-ventilables entre 2100, 2200 et 2300	..	..	..	..	..	..	..	..	..	..
3000 Sur salaires ou main d'oeuvre	**..**	**0**	**0**	**0**	**0**	**..**	**..**	**..**	**..**	**..**
4000 Impôts sur le patrimoine	**..**	**49**	**3 626**	**20 211**	**50 012**	**..**	**..**	**..**	**..**	**..**
4100 Impôts périodiques sur la propriété immobilière	..	0	0	0	0	..	..	..	..	..
4200 Impôts périodiques sur l'actif net	..	0	0	0	20	..	..	..	..	..
4300 Impôts sur mut. par décès, succ. et donations	..	1	78	379	1 981	..	..	..	..	..
4400 Impôts sur transact. mobilières et immob.	..	29	3 548	19 832	48 010	..	..	..	..	..
4500 Impôts non-périodiques	..	19	0	0	0	..	..	..	..	..
4600 Autres impôts périodiques sur patrimoine	..	0	0	0	0	..	..	..	..	..
5000 Impôts sur les biens et services	**..**	**574**	**71 956**	**231 227**	**616 198**	**..**	**..**	**..**	**..**	**..**
5100 Impôts sur production, vente, transfert, etc.	..	567	69 266	222 702	598 272	..	..	..	..	..
5110 Impôts généraux	..	475	30 343	107 451	340 497	..	..	..	..	..
5120 Impôts sur biens et services déterminés	..	92	38 923	115 251	257 775	..	..	..	..	..
5130 Non-ventilables entre 5110 et 5120	..	0	0	0	0	..	..	..	..	..
5200 Impôts sur utilisation des biens et exerc. activites	..	8	2 691	8 526	17 926	..	..	..	..	..
5300 Non-ventilables entre 5100 et 5200	..	0	0	0	0	..	..	..	..	..
6000 Autres impôts	**..**	**259**	**4 181**	**3 779**	**7 580**	**..**	**..**	**..**	**..**	**..**
6100 A la charge exclusive des entreprises	..	0	0	0	0	..	..	..	..	..
6200 A la charge d'autres agents	..	259	4 181	3 779	7 580	..	..	..	..	..
Recettes fiscales totales	**..**	**1 316**	**110 088**	**359 915**	**1 023 998**	**..**	**..**	**..**	**..**	**..**

	Administrations locales					Administrations de sécurite sociale				
	1975	1995	2005	2015	2021	1975	1995	2005	2015	2021
1000 Impôts sur revenu, bénéfices et gains en capital	**..**	**63**	**4 011**	**14 445**	**47 421**	**..**	**0**	**0**	**0**	**0**
1100 Des personnes physiques	..	48	2 706	10 330	25 921	..	..	..	..	..
1200 Des sociétés	..	15	1 305	4 116	21 500	..	..	..	..	..
1300 Non-ventilables entre 1100 et 1200	..	0	0	0	0	..	..	..	..	..
2000 Cotisations de sécurité sociale	**..**	**0**	**0**	**0**	**0**	**..**	**212**	**35 321**	**170 282**	**473 450**
2100 A la charge des salariés	..	..	..	..	..	..	82	12 128	64 214	180 162
2200 A la charge des employeurs	..	..	..	..	..	..	110	16 132	95 067	267 228
2300 A charge des travailleurs indép. ou sans emploi	..	..	..	..	..	..	19	7 061	11 001	26 060
2400 Non-ventilables entre 2100, 2200 et 2300	..	..	..	..	..	..	0	0	0	0
3000 Sur salaires ou main d'oeuvre	**..**	**0**	**0**	**0**	**0**	**..**	**0**	**0**	**0**	**0**
4000 Impôts sur le patrimoine	**..**	**4**	**1 627**	**8 371**	**20 168**	**..**	**0**	**0**	**0**	**0**
4100 Impôts périodiques sur la propriété immobilière	..	0	1 148	5 882	13 647	..	..	..	..	..
4200 Impôts périodiques sur l'actif net	..	0	0	0	3	..	..	..	..	..
4300 Impôts sur mut. par décès, succ. et donations	..	0	10	56	274	..	..	..	..	..
4400 Impôts sur transact. mobilières et immob.	..	4	469	2 433	6 243	..	..	..	..	..
4500 Impôts non-périodiques	..	0	0	0	0	..	..	..	..	..
4600 Autres impôts périodiques sur patrimoine	..	0	0	0	0	..	..	..	..	..
5000 Impôts sur les biens et services	**..**	**84**	**5 649**	**28 737**	**80 143**	**..**	**0**	**0**	**0**	**0**
5100 Impôts sur production, vente, transfert, etc.	..	82	5 295	27 560	77 685	..	..	..	..	..
5110 Impôts généraux	..	69	4 014	13 619	44 846	..	..	..	..	..
5120 Impôts sur biens et services déterminés	..	13	1 281	13 940	32 839	..	..	..	..	..
5130 Non-ventilables entre 5110 et 5120	..	0	0	0	0	..	..	..	..	..
5200 Impôts sur utilisation des biens et exerc. activites	..	1	354	1 177	2 458	..	..	..	..	..
5300 Non-ventilables entre 5100 et 5200	..	0	0	0	0	..	..	..	..	..
6000 Autres impôts	**..**	**73**	**721**	**4 971**	**9 777**	**..**	**0**	**0**	**0**	**0**
6100 A la charge exclusive des entreprises	..	0	0	0	0	..	..	..	..	..
6200 A la charge d'autres agents	..	73	721	4 971	9 777	..	..	..	..	..
Recettes fiscales totales	**..**	**224**	**12 008**	**56 525**	**157 508**	**..**	**212**	**35 321**	**170 282**	**473 450**

.. Non disponible

StatLink https://stat.link/en0dvm

Tableau 6.37. Royaume-Uni, recettes fiscales par sous-secteurs d'administration

Million GBP

	Administration centrale					Administration d'État/Régions				
	1975	1995	2005	2015	2021	1975	1995	2005	2015	2021
1000 Impôts sur revenu, bénéfices et gains en capital	**16 716**	**92 147**	**177 149**	**212 726**	**293 871**	**..**	**..**	**..**	**..**	**..**
1100 Des personnes physiques	14 936	71 973	130 135	168 901	227 676	..	..	..	..	..
1200 Des sociétés	2 310	20 174	47 014	43 825	66 196	..	..	..	..	..
1300 Non-ventilables entre 1100 et 1200	-530	0	0	0	0	..	..	..	..	..
2000 Cotisations de sécurité sociale	**0**	**0**	**0**	**0**	**0**	**..**	**..**	**..**	**..**	**..**
2100 A la charge des salariés	..	..	..	..	..	..	..	..	..	..
2200 A la charge des employeurs	..	..	..	..	..	..	..	..	..	..
2300 A charge des travailleurs indép. ou sans emploi	..	..	..	..	..	..	..	..	..	..
2400 Non-ventilables entre 2100, 2200 et 2300	..	..	..	..	..	..	..	..	..	..
3000 Sur salaires ou main d'oeuvre	**-1**	**0**	**0**	**0**	**3 148**	**..**	**..**	**..**	**..**	**..**
4000 Impôts sur le patrimoine	**619**	**15 730**	**32 583**	**46 498**	**48 606**	**..**	**..**	**..**	**..**	**..**
4100 Impôts périodiques sur la propriété immobilière	44	12 369	19 523	28 265	23 980	..	..	..	..	..
4200 Impôts périodiques sur l'actif net	0	0	0	0	0	..	..	..	..	..
4300 Impôts sur mut. par décès, succ. et donations	307	1 441	3 150	4 442	5 972	..	..	..	..	..
4400 Impôts sur transact. mobilières et immob.	266	1 920	9 910	13 791	18 654	..	..	..	..	..
4500 Impôts non-périodiques	2	0	0	0	0	..	..	..	..	..
4600 Autres impôts périodiques sur patrimoine	0	0	0	0	0	..	..	..	..	..
5000 Impôts sur les biens et services	**8 982**	**85 507**	**136 879**	**205 933**	**238 842**	**..**	**..**	**..**	**..**	**..**
5100 Impôts sur production, vente, transfert, etc.	8 502	81 175	131 467	197 663	228 959	..	..	..	..	..
5110 Impôts généraux	3 515	47 539	84 649	132 906	158 624	..	..	..	..	..
5120 Impôts sur biens et services déterminés	4 987	33 636	46 818	64 757	70 335	..	..	..	..	..
5130 Non-ventilables entre 5110 et 5120	0	0	0	0	0	..	..	..	..	..
5200 Impôts sur utilisation des biens et exerc. activites	698	4 332	5 412	8 270	9 883	..	..	..	..	..
5300 Non-ventilables entre 5100 et 5200	-218	0	0	0	0	..	..	..	..	..
6000 Autres impôts	**0**	**0**	**0**	**0**	**0**	**..**	**..**	**..**	**..**	**..**
6100 A la charge exclusive des entreprises	..	..	..	..	..	..	..	..	..	..
6200 A la charge d'autres agents	..	..	..	..	..	..	..	..	..	..
Recettes fiscales totales	**26 316**	**193 384**	**346 611**	**465 157**	**584 467**	**..**	**..**	**..**	**..**	**..**

	Administrations locales					Administrations de sécurite sociale				
	1975	1995	2005	2015	2021	1975	1995	2005	2015	2021
1000 Impôts sur revenu, bénéfices et gains en capital	**0**	**0**	**0**	**0**	**0**	**0**	**0**	**0**	**0**	**0**
1100 Des personnes physiques	0	..	0	0	0	0	..	0	0	0
1200 Des sociétés	0	..	0	0	0	0	..	0	0	0
1300 Non-ventilables entre 1100 et 1200	0	..	0	0	0	0	..	0	0	0
2000 Cotisations de sécurité sociale	**0**	**0**	**0**	**0**	**0**	**6 540**	**44 397**	**84 459**	**114 173**	**155 267**
2100 A la charge des salariés	..	..	..	..	..	2 562	18 646	35 159	44 488	59 894
2200 A la charge des employeurs	..	..	..	..	..	4 068	24 210	46 475	66 491	90 751
2300 A charge des travailleurs indép. ou sans emploi	..	..	..	..	..	195	1 541	2 825	3 194	4 622
2400 Non-ventilables entre 2100, 2200 et 2300	..	..	..	..	..	-285	0	0	0	0
3000 Sur salaires ou main d'oeuvre	**0**	**0**	**0**	**0**	**0**	**0**	**0**	**0**	**0**	**0**
4000 Impôts sur le patrimoine	**4 127**	**9 303**	**21 255**	**29 901**	**40 993**	**0**	**0**	**0**	**0**	**0**
4100 Impôts périodiques sur la propriété immobilière	3 978	9 303	21 255	29 754	40 629	..	..	..	..	..
4200 Impôts périodiques sur l'actif net	0	0	0	0	0	..	..	..	..	..
4300 Impôts sur mut. par décès, succ. et donations	0	0	0	0	0	..	..	..	..	..
4400 Impôts sur transact. mobilières et immob.	0	0	0	0	0	..	..	..	..	..
4500 Impôts non-périodiques	0	0	0	147	364	..	..	..	..	..
4600 Autres impôts périodiques sur patrimoine	149	0	0	0	0	..	..	..	..	..
5000 Impôts sur les biens et services	**0**	**0**	**0**	**0**	**0**	**0**	**0**	**0**	**0**	**0**
5100 Impôts sur production, vente, transfert, etc.	..	..	..	..	..	..	..	..	..	..
5110 Impôts généraux	..	..	..	..	..	..	..	..	..	..
5120 Impôts sur biens et services déterminés	..	..	..	..	..	..	..	..	..	..
5130 Non-ventilables entre 5110 et 5120	..	..	..	..	..	..	..	..	..	..
5200 Impôts sur utilisation des biens et exerc. activites	..	..	..	..	..	..	..	..	..	..
5300 Non-ventilables entre 5100 et 5200	..	..	..	..	..	..	..	..	..	..
6000 Autres impôts	**0**	**0**	**0**	**0**	**0**	**0**	**0**	**0**	**0**	**0**
6100 A la charge exclusive des entreprises	..	..	..	..	..	..	..	..	..	..
6200 A la charge d'autres agents	..	..	..	..	..	..	..	..	..	..
Recettes fiscales totales	**4 127**	**9 303**	**21 255**	**29 901**	**40 993**	**6 540**	**44 397**	**84 459**	**114 173**	**155 267**

.. Non disponible

Note : Y compris les droits de douane perçus pour le compte de l'Union européenne.

StatLink https://stat.link/t5c2uw

Tableau 6.38. États-Unis, recettes fiscales par sous-secteurs d'administration

Million USD

	Administration fédérale					Administration d'État/Régions				
	1975	1995	2005	2015	2021	1975	1995	2005	2015	2021
1000 Impôts sur revenu, bénéfices et gains en capital	**163 072**	**750 144**	**1 268 412**	**1 883 845**	**2 417 059**	**25 509**	**157 598**	**275 728**	**391 166**	**555 511**
1100 Des personnes physiques	122 386	594 213	948 921	1 554 757	2 138 494	..	128 429	226 576	343 101	470 752
1200 Des sociétés	40 686	155 931	319 490	329 088	278 565	..	29 169	49 152	48 065	84 759
1300 Non-ventilables entre 1100 et 1200	0	0	0	0	0	..	0	0	0	0
2000 Cotisations de sécurité sociale	**0**	**0**	**0**	**0**	**0**	**0**	**0**	**0**	**0**	**0**
2100 A la charge des salariés	..	..	..	..	..	..	..	..	..	..
2200 A la charge des employeurs	..	..	..	..	..	..	..	..	..	..
2300 A charge des travailleurs indép. ou sans emploi	..	..	..	..	..	..	..	..	..	..
2400 Non-ventilables entre 2100, 2200 et 2300	..	..	..	..	..	..	..	..	..	..
3000 Sur salaires ou main d'oeuvre	**0**	**0**	**0**	**0**	**0**	**0**	**0**	**0**	**1 751**	**3 219**
4000 Impôts sur le patrimoine	**4 613**	**14 948**	**24 989**	**20 191**	**27 486**	**3 284**	**16 880**	**28 808**	**31 133**	**44 260**
4100 Impôts périodiques sur la propriété immobilière	0	0	0	0	0	1 451	7 240	9 037	13 286	16 882
4200 Impôts périodiques sur l'actif net	0	0	0	0	0	0	0	0	0	0
4300 Impôts sur mut. par décès, succ. et donations	4 611	14 948	24 989	20 191	27 486	1 418	5 061	5 322	5 143	6 986
4400 Impôts sur transact. mobilières et immob.	2	0	0	0	0	415	2 386	11 711	8 679	15 277
4500 Impôts non-périodiques	0	0	0	0	0	0	0	0	0	0
4600 Autres impôts périodiques sur patrimoine	0	0	0	0	0	0	2 193	2 738	4 025	5 114
5000 Impôts sur les biens et services	**20 773**	**75 553**	**99 411**	**140 319**	**174 583**	**52 032**	**232 033**	**377 795**	**502 682**	**646 506**
5100 Impôts sur production, vente, transfert, etc.	20 442	75 553	99 411	140 319	174 583	43 960	200 495	323 137	438 463	565 070
5110 Impôts généraux	0	0	0	0	0	24 916	135 132	218 917	289 600	380 908
5120 Impôts sur biens et services déterminés	20 442	75 553	99 411	140 319	174 583	19 044	65 363	104 220	148 863	184 162
5130 Non-ventilables entre 5110 et 5120	0	0	0	0	0	0	0	0	0	0
5200 Impôts sur utilisation des biens et exerc. activites	331	0	0	0	0	8 072	31 538	54 658	64 219	81 436
5300 Non-ventilables entre 5100 et 5200	0	0	0	0	0	0	0	0	0	0
6000 Autres impôts	**0**	**0**	**0**	**0**	**0**	**0**	**0**	**0**	**0**	**0**
6100 A la charge exclusive des entreprises	..	..	..	..	..	..	..	..	..	..
6200 A la charge d'autres agents	..	..	..	..	..	..	..	..	..	..
Recettes fiscales totales	**188 458**	**840 645**	**1 392 812**	**2 044 356**	**2 619 128**	**80 825**	**406 511**	**682 331**	**926 733**	**1 249 495**

	Administrations locales					Administrations de sécurite sociale				
	1975	1995	2005	2015	2021	1975	1995	2005	2015	2021
1000 Impôts sur revenu, bénéfices et gains en capital	**2 635**	**15 795**	**28 272**	**39 531**	**52 471**	**0**	**0**	**0**	**0**	**0**
1100 Des personnes physiques	..	13 308	22 481	31 357	41 401	..	..	..	..	..
1200 Des sociétés	..	2 487	5 791	8 174	11 070	..	..	..	..	..
1300 Non-ventilables entre 1100 et 1200	..	0	0	0	0	..	..	..	..	..
2000 Cotisations de sécurité sociale	**0**	**0**	**0**	**0**	**0**	**85 039**	**510 476**	**831 410**	**1 125 493**	**1 413 183**
2100 A la charge des salariés	..	..	..	..	..	36 382	221 800	362 829	502 103	648 901
2200 A la charge des employeurs	..	..	..	..	..	45 241	261 805	423 936	561 936	691 423
2300 A charge des travailleurs indép. ou sans emploi	..	..	..	..	..	3 416	26 871	44 645	61 454	72 859
2400 Non-ventilables entre 2100, 2200 et 2300	..	..	..	..	..	0	0	0	0	0
3000 Sur salaires ou main d'oeuvre	**0**	**0**	**0**	**0**	**0**	**0**	**0**	**0**	**0**	**0**
4000 Impôts sur le patrimoine	**50 040**	**197 392**	**359 344**	**488 409**	**642 054**	**0**	**0**	**0**	**0**	**0**
4100 Impôts périodiques sur la propriété immobilière	50 040	195 339	342 203	477 124	628 585	..	..	..	..	..
4200 Impôts périodiques sur l'actif net	0	0	0	0	0	..	..	..	..	..
4300 Impôts sur mut. par décès, succ. et donations	0	30	114	249	248	..	..	..	..	..
4400 Impôts sur transact. mobilières et immob.	0	50	13 570	6 217	6 873	..	..	..	..	..
4500 Impôts non-périodiques	0	0	0	0	0	..	..	..	..	..
4600 Autres impôts périodiques sur patrimoine	0	1 973	3 457	4 819	6 349	..	..	..	..	..
5000 Impôts sur les biens et services	**8 389**	**57 507**	**108 696**	**149 160**	**201 705**	**0**	**0**	**0**	**0**	**0**
5100 Impôts sur production, vente, transfert, etc.	6 518	42 269	76 976	117 002	158 385	..	..	..	..	..
5110 Impôts généraux	4 322	29 316	53 842	84 573	118 632	..	..	..	..	..
5120 Impôts sur biens et services déterminés	2 196	12 953	23 134	32 429	39 754	..	..	..	..	..
5130 Non-ventilables entre 5110 et 5120	0	0	0	0	0	..	..	..	..	..
5200 Impôts sur utilisation des biens et exerc. activites	1 871	15 238	31 720	32 158	43 320	..	..	..	..	..
5300 Non-ventilables entre 5100 et 5200	0	0	0	0	0	..	..	..	..	..
6000 Autres impôts	**0**	**0**	**0**	**0**	**0**	**0**	**0**	**0**	**0**	**0**
6100 A la charge exclusive des entreprises	..	..	..	..	..	..	..	..	..	..
6200 A la charge d'autres agents	..	..	..	..	..	..	..	..	..	..
Recettes fiscales totales	**61 064**	**270 695**	**496 313**	**677 099**	**896 230**	**85 039**	**510 476**	**831 410**	**1 125 493**	**1 413 183**

.. Non disponible

StatLink https://stat.link/y381w2

Annexe A. Classification des impôts de l'OCDE et guide d'interprétation

Table des matières

A1. Classification des impôts de l'OCDE

1. 1000 Impôts sur le revenu, les bénéfices et les gains en capital

 1100 Impôts sur le revenu, les bénéfices et les gains en capital des personnes physiques

 1110 Sur le revenu et les bénéfices

 1120 Sur les gains en capital

 1200 Impôts sur le revenu, les bénéfices et les gains en capital des sociétés

 1210 Sur le revenu et les bénéfices

 1220 Sur les gains en capital

 1300 Non ventilables entres les rubriques 1100 et 1200

2. 2000 Cotisations de sécurité sociale

 2100 A la charge des salariés

 2110 Sur la base du salaire

 2120 Sur la base de l'impôt sur le revenu

 2200 A la charge des employeurs

 2210 Sur la base du salaire

 2220 Sur la base de l'impôt sur le revenu

 2300 A la charge des travailleurs indépendants ou des personnes n'occupant pas d'emploi

 2310 Sur la base du salaire

 2320 Sur la base de l'impôt sur le revenu

 2400 Non ventilables entre les rubriques 2100, 2200 et 2300

 2410 Sur la base du salaire

 2420 Sur la base de l'impôt sur le revenu

3. 3000 Impôts sur les salaires et la main-d'œuvre

4. 4000 Impôts sur le patrimoine

 4100 Impôts périodiques sur la propriété immobilière

 4110 Ménages

 4120 Autres agents

 4200 Impôts périodiques sur l'actif net

 4210 Personnes physiques

 4220 Sociétés

 4300 Impôts sur les mutations par décès, les successions et les donations

 4310 Impôts sur les mutations par décès et les successions

 4320 Impôts sur les donations

4400 Impôts sur les transactions mobilières et immobilières

4500 Autres impôts non périodiques sur le patrimoine

4510 Impôts sur l'actif net

4520 Autres impôts non périodiques

4600 Autres impôts périodiques sur le patrimoine

5. 5000 Impôts sur les biens et services

5100 Impôts sur la production, la vente, le transfert, la location et la livraison des biens et la prestation de services

5110 Impôts généraux

5111 Taxes sur la valeur ajoutée

5112 Impôts sur les ventes

5113 Impôts sur le chiffre d'affaires et autres impôts généraux sur les biens et services

5120 Impôts sur des biens et des services déterminés

5121 Accises

5122 Bénéfices des monopoles fiscaux

5123 Droits de douane et autres droits à l'importation

5124 Taxes à l'exportation

5125 Impôts sur les biens d'équipement

5126 Impôts sur des services déterminés

5127 Autres impôts sur les transactions et les échanges internationaux

5128 Autres impôts sur des biens et services déterminés

5130 Non ventilables entre les rubriques 5110 et 5120

5200 Impôts sur l'utilisation des biens ou l'autorisation d'utiliser des biens ou d'exercer des activités

5210 Impôts périodiques

5211 A la charge des ménages au titre de véhicules à moteur

5212 A la charge d'autres agents au titre de véhicules à moteur

5213 Autres impôts périodiques

5220 Impôts non périodiques

5300 Non ventilables entre les rubriques 5100 et 5200

6. 6000 Autres impôts

6100 A la charge exclusive des entreprises

6200 A la charge d'autre agents que les entreprises ou non identifiables

A2. Champ couvert

Principes généraux

1. Dans la classification de l'OCDE, le terme « impôts » désigne uniquement les versements obligatoires effectués sans contrepartie au profit des administrations publiques ou à une autorité supranationale. Les impôts n'ont pas de contrepartie en ce sens que, normalement, les prestations fournies par les administrations au contribuable ne sont pas proportionnelles à ses versements.

2. Le terme « impôts » ne couvre pas les amendes, les pénalités, ni les prêts obligatoires aux administrations. Les cas dans lesquels la délimitation entre recettes fiscales et non fiscales est délicate à tracer, pour certains droits et taxes d'utilisation, sont examinés dans les § 12 à 15.

3. Les administrations publiques comprennent l'administration centrale et les organismes dont les opérations sont sous son contrôle effectif, les administrations régionales et locales et leurs services, les organismes de sécurité sociale et les entités publiques autonomes, à l'exception des entreprises publiques. Cette définition des administrations est calquée sur celle du Système de comptabilité nationale 2008 (SCN)[1]. Dans cette publication, les administrations publiques et leurs sous-secteurs sont décrits dans le chapitre 4, paragraphes 4.117 à 4.165.

4. Les unités extrabudgétaires sont des composantes du système des administrations publiques. Il s'agit d'entités d'administration publique dotées de budgets distincts, qui ne sont pas intégralement financés par le budget central ou général. Ces organismes fonctionnent sous l'autorité ou le contrôle d'une administration centrale, d'un État fédéré ou d'une collectivité locale. Les entités extrabudgétaires peuvent disposer de leurs propres sources de recettes, qui peuvent être complétées par des dotations (transferts) provenant du budget général ou d'autres sources. Même si leurs budgets peuvent être soumis à l'approbation du corps législatif, comme les comptes budgétaires, elles disposent d'une certaine latitude quant au volume et à la composition de leurs dépenses. Ces entités peuvent être mises en place pour exercer des fonctions spécifiques des administrations publiques, telles que la construction de routes ou la production non marchande de services de santé ou d'éducation. Les dispositions budgétaires peuvent varier grandement suivant les pays, et différents termes sont utilisés pour décrire ces entités, mais elles sont souvent qualifiées de « fonds extrabudgétaires » ou d'« organismes autonomes ».

5. Les paiements obligatoires, sans contrepartie, perçus par les gouvernements nationaux et versés aux autorités supranationales sont également traitées comme des impôts au titre de la définition du paragraphe § 1. Les recettes fiscales qui sont perçues par les gouvernements nationaux et payées à une autorité supranationale sont attribuées en tant que recettes fiscales à l'autorité supranationale dans le SCN 2008 (voir paragraphes 22.60-61, 22.88 et 22.99) et le SEC 2010 (voir paragraphe 20.165). Dans les Statistiques des recettes publiques, ces recettes fiscales comprennent les droits de douane, les contributions au Fonds de résolution unique de l'UE et toute autre taxe perçue par les États membres de l'UE au nom de l'Union européenne. Elles sont incluses dans les montants des recettes fiscales dans les tableaux par pays (chapitre 5) du pays dans lequel elles sont perçues et sont attribuées à l'autorité supranationale (voir § 102).

6. Dans les pays où les églises font partie des administrations publiques, les impôts sur les cultes sont inclus dans ces paiements, à condition qu'ils répondent aux critères énoncés au § 1 ci-dessus. Comme les données se réfèrent aux montants encaissés par les administrations publiques et les autorités supranationales, les contributions versées à des organismes privés, aux organismes sociaux ou régimes

de sécurité sociale extérieurs aux administrations publiques, aux syndicats ou aux associations professionnelles sont exclues, même si elles sont obligatoires. Sont toutefois inclus les versements obligatoires aux administrations publiques dont le montant est affecté à ces organismes, à condition que l'administration ne fasse pas simplement office d'agent collecteur[2]. On a distingué les bénéfices des monopoles fiscaux de ceux d'autres entreprises publiques et on les a considérés comme des impôts parce qu'ils reflètent l'exercice du pouvoir d'imposition de l'État par l'intermédiaire du monopole (voir § 66 à 68), comme le sont les bénéfices de l'État provenant de l'achat et de la vente de monnaies étrangères à des taux différents (voir § 76).

7. Les impôts payés par les administrations elles-mêmes (tels que les cotisations de sécurité sociale et les impôts sur les salaires payés par les administrations en tant qu'employeurs (2200 et 3000), les impôts sur la consommation qu'elles acquittent à l'occasion de leurs achats ou les impôts sur leur patrimoine) sont inclus dans les données présentées. Toutefois, lorsqu'il est possible de les isoler, les montants provenant de ces impôts[3] sont indiqués dans le Tableau 5.40 de ce Rapport.

8. Les rapports entre cette classification et celle du Système de comptabilité nationale (SCN) sont indiqués dans les sections A.9 et A.11. À cause des différences qui existent entre les deux classifications, les statistiques de la comptabilité nationale ne sont pas toujours établies ou classées suivant la pratique adoptée dans le présent guide. Ces différences et d'autres encore sont mentionnées dans les cas appropriés (voir par exemple § 31), mais il est impossible de toutes les signaler. Il peut y avoir aussi certaines différences entre cette classification et celle utilisée par certaines administrations nationales (voir par exemple § 13), aussi les statistiques nationales et celles de l'OCDE ne peuvent pas toujours être compatibles ; ces différences, cependant, sont vraisemblablement très insignifiantes dans les montants des recettes en cause.

Cotisations de sécurité sociale

9. Les cotisations obligatoires de sécurité sociale, définies au § 40, qui sont versées aux administrations publiques, font partie des recettes fiscales. Mais elles peuvent différer toutefois des autres impôts du fait que le paiement des prestations de sécurité sociale dépend dans la plupart des pays du versement des cotisations appropriées, encore qu'il n'y ait pas forcément un lien entre l'importance des prestations et le montant des cotisations. La comparabilité entre les pays sera meilleure si on considère les cotisations de sécurité sociale comme des impôts ; elles figurent cependant sous une rubrique distincte de façon à permettre un traitement séparé pour n'importe quelle analyse.

10. La distinction stricte entre les recettes fiscales (qui sont des paiements obligatoires sans contrepartie aux administrations publiques ou à une autorité supranationale) et les prélèvements obligatoires non fiscaux (PONF) (qui sont soit des paiements avec contrepartie aux administrations publiques, soit des paiements destinés à d'autres organismes) est clairement définie. Néanmoins, dans la palette des divers prélèvements obligatoires destinés aux administrations publiques qui existent dans les différents pays, il n'est pas toujours évident de déterminer en pratique si tel ou tel prélèvement est un impôt ou un PONF. Ainsi, l'épargne-retraite obligatoire qui est placée sous le contrôle des administrations publiques et qui s'accumule sur un compte individuel rémunéré à un taux correspondant au rendement du marché ou destiné à compenser l'inflation semble, à première vue, constituer une forme de PONF, et non d'impôt. Toutefois, ces paiements peuvent encore être considérés comme « sans contrepartie » et, par conséquent, être classés dans les impôts et non dans les PONF (par exemple si cette épargne-retraite n'est pas remboursée au cas où le contribuable décède avant d'atteindre l'âge de la retraite, et si les fonds en question sont utilisés ensuite pour verser une pension minimale à tous les contribuables qui sont assurés). En conséquence, les chiffres relatifs aux recettes de sécurité sociale indiqués pour la plupart des pays reposent sur l'hypothèse que l'on considère que tous les types de prélèvements obligatoires destinés aux administrations publiques comportent, dans une certaine mesure, un élément redistributif. Il

convient de noter que cette conclusion découle d'une interprétation généralement large du terme « sans contrepartie » dans la définition de l'impôt.

11. Les cotisations de sécurité sociale qui sont facultatives ou qui ne sont pas versées à des administrations publiques (voir § 1) ne sont pas considérées comme des impôts, bien que dans certains pays (comme il est indiqué dans les notes correspondantes), il soit difficile d'éliminer complètement les cotisations facultatives et certains versements obligatoires au secteur privé des statistiques relatives aux recettes publiques. Les cotisations de sécurité sociale imputées ne sont pas considérées comme des impôts.

Droits, taxes d'utilisation et droits de licence

12. Si l'on excepte les droits perçus sur les permis de circulation des véhicules à moteur, qui sont universellement considérés comme des impôts, il n'est pas facile de distinguer les droits et taxes d'utilisation qui doivent être traitées comme des impôts de celles qui ne doivent pas l'être. Si, en effet, un droit ou une taxe est perçu au titre d'un service ou d'une activité déterminée, le lien entre ce prélèvement et la prestation fournie peut être plus ou moins important, de même que la relation entre le montant du prélèvement et le coût de la prestation. Lorsque le bénéficiaire d'une prestation acquitte un droit dont le montant est clairement lié au coût de la prestation fournie, on peut considérer que le prélèvement comporte une contrepartie, et d'après la définition donnée au § 1, il ne sera pas traité comme un impôt. Toutefois, dans les cas suivants, les prélèvements seraient 'sans contrepartie':

a) lorsque le prélèvement est très supérieur au coût de la prestation fournie ;

b) lorsque le redevable de la contribution n'est pas le bénéficiaire de la prestation correspondante (par exemple, un droit perçu sur l'abattage du bétail pour financer un service qui est fourni aux agriculteurs) ;

c) lorsque l'État ne fournit pas un service déterminé en contrepartie du droit qu'il perçoit, même si un permis est délivré à celui qui acquitte le droit (par exemple, lorsque l'État délivre des permis de chasse, de pêche ou de port d'armes qui ne sont pas assortis du droit d'utiliser une parcelle déterminée de terres appartenant à l'État) ;

d) lorsque les bénéficiaires de la prestation sont les personnes qui ont acquitté le droit, mais que la prestation dont chacun bénéficie n'est pas nécessairement en rapport avec le montant de ses propres versements (par exemple, le droit de commercialisation du lait acquitté par les fermiers qui sert à promouvoir la consommation de lait).

e) lorsque le payeur de l'impôt ne peut pas s'abstenir de payer lorsqu'il n'utilise pas le service (par exemple, les redevances de radiodiffusion publique où le payeur est obligé de payer la redevance même s'il n'utilise pas les services de radiodiffusion publique).

13. Dans des cas limites, cependant, l'application des critères énoncés au § 1 peut être particulièrement difficile. La solution adoptée, dans un souci d'uniformité entre les pays et eu égard aux montants relativement faibles des recettes en cause, consiste à s'en tenir à la pratique prépondérante des administrations fiscales plutôt que de laisser chaque pays décider si ces prélèvements sont des impôts ou des recettes non fiscales[4].

14. On trouvera ci-après la liste des principaux droits et taxes en question et leur traitement normal[5] dans la présente publication :

Recettes non fiscales :	frais de justice ; droits de délivrance de permis de conduire ; droits portuaires ; redevances de passeport.
Impôts du sous-groupe 5200:	autorisation d'exercer certaines activités telles que : distribution de films ; chasse, pêche et utilisation d'armes à feu ; organisation de spectacles ou de jeux et paris ; vente de boissons alcoolisées ou de tabacs ; autorisation de posséder des chiens et d'utiliser ou posséder des véhicules à moteur ou des armes à feu ; taxes d'extraction.

15. Dans la pratique, il se peut qu'il ne soit pas toujours possible d'isoler les recettes fiscales des recettes non fiscales quand elles sont enregistrées ensemble. Si l'on estime qu'il s'agit surtout de recettes non fiscales, l'ensemble sera traité comme tel ; dans le cas contraire, les recettes seront comptabilisées et classées conformément aux règles énoncées au § 33.

Redevances

16. La propriété des gisements prenant la forme de minéraux ou de combustibles fossiles (charbon, pétrole ou gaz naturel) dépend de la façon dont les droits de propriété sont définis par la loi, et aussi par les conventions internationales quand les gisements sont situés sous les eaux internationales. Dans certains cas, soit le terrain sous lequel les gisements sont situés, soit les gisements eux-mêmes, soit les deux peuvent appartenir à une administration publique centrale ou locale.

17. Ces unités des administrations publiques peuvent alors consentir un bail à d'autres unités institutionnelles en les autorisant à exploiter ces gisements pendant une période déterminée, en contrepartie d'un paiement ou d'une série de paiements. Ces paiements sont souvent qualifiés de redevances (« royalties »), mais ils n'en constituent pas moins essentiellement des loyers, qui reviennent aux propriétaires des ressources naturelles considérées parce qu'ils mettent ces actifs à la disposition d'autres unités institutionnelles pour des durées déterminées. Ces loyers peuvent prendre la forme de versements périodiques d'un montant fixe, indépendant du rythme d'extraction ; plus vraisemblablement, ils peuvent être fonction de la quantité, du volume ou de la valeur des actifs extraits. Les entreprises engagées dans des activités de prospection sur des terrains publics peuvent effectuer des paiements aux unités de l'administration publique concernées, en contrepartie de l'autorisation de procéder à des forages d'essai ou de réaliser par d'autres moyens des recherches concernant l'existence et la localisation de gisements. Ces paiements sont également considérés comme des loyers, même en l'absence d'extraction. Ils sont donc classés dans les recettes non fiscales.

18. Les mêmes principes s'appliquent lorsque d'autres unités institutionnelles se voient consentir un bail leur permettant de couper du bois dans des forêts naturelles sur des terrains appartenant à des unités des administrations publiques. Ces paiements sont également classés dans les recettes non fiscales.

19. Ces loyers ou redevances versés aux administrations publiques ne doivent pas être confondus avec les impôts sur le revenu et les bénéfices, les taxes d'extraction, les taxes professionnelles ou d'autres impôts. Si ces paiements sont prélevés sur les bénéfices tirés des activités d'extraction, ils doivent être classés dans les impôts sur le revenu, les bénéfices et les gains en capital (1000). En outre, toute taxe d'extraction relative à des minéraux ou des combustibles fossiles extraits de réserves privées ou appartenant à d'autres administrations publiques doit être classée dans les impôts. Les paiements liés à la valeur brute de la production doivent être classés dans les autres impôts sur des biens et services déterminés (5128). Les paiements effectués en contrepartie d'une autorisation ou d'un permis d'extraction doivent être classés dans les impôts sur l'utilisation des biens ou l'autorisation d'utiliser des biens ou d'exercer des activités (5200).

Amendes et pénalités

20. En principe, les amendes et pénalités portant sur les impôts impayés ou les pénalités appliquées en cas de tentative d'évasion fiscale ne doivent pas être enregistrées comme des recettes fiscales. Cependant, il se peut qu'il ne soit pas possible de séparer le versement des amendes et pénalités des recettes correspondant aux impôts auxquels ces amendes et pénalités se rattachent. Dans ce cas, les amendes et pénalités associés à un impôt particulier sont enregistrées avec les recettes correspondant à cet impôt alors que les amendes et pénalités liées à des recettes correspondant à des impôts non-identifiés sont classées comme autres impôts dans la catégorie 6000. Les amendes qui ne concernent pas des

infractions fiscales (comme les infractions au stationnement), ou qui ne sont pas identifiables en tant que telles, ne sont pas non plus considérées comme des recettes fiscales.

A3. Bases de comptabilisation

Droits constatés ou encaissements

21. Les données enregistrées dans les publications des *Statistiques des recettes publiques* pour les années récentes sont essentiellement indiquées en droits constatés pour les pays de l'OCDE, c'est-à-dire qu'elles sont enregistrées au moment du fait générateur de l'impôt. D'autres informations sont fournies dans les notes des tableaux par pays au chapitre 5 de ce Rapport.

22. Toutefois, les données des années antérieures et qui concernent les pays non OCDE sont encore principalement comptabilisées sur la base des encaissements, c'est-à-dire au moment où l'administration reçoit le versement. Ainsi, les impôts retenus à la source par les employeurs au cours d'un exercice, mais versés à l'administration au cours de l'exercice suivant, et les impôts dus au titre d'une année mais effectivement versés l'année suivante, figurent les uns et les autres dans les recettes du second exercice. Les restitutions, remboursements et retraits résultant d'opérations rectificatives sont déduits des recettes brutes de la période au cours de laquelle ces opérations sont effectuées.

23. Les données relatives aux recettes fiscales sont comptabilisées, sans déduction compensatoire des dépenses administratives liées au recouvrement de l'impôt. De même, lorsque le produit d'un impôt sert à subventionner certains membres de la collectivité, la subvention n'est pas déduite du rendement de l'impôt, encore que certains pays fassent figurer dans leurs données l'impôt après déduction des subventions.

24. Pour les monopoles fiscaux (sous-groupe 5122), seul le montant effectivement transféré à l'État est inclus dans les recettes publiques. Toutefois, les dépenses des monopoles fiscaux qui sont considérées comme des dépenses publiques (par exemple, des dépenses de caractère social engagées par les monopoles fiscaux à l'instigation de l'État) sont ajoutées après coup pour calculer le montant des recettes fiscales (voir § 66).

La distinction entre dispositions fiscales et dépenses directes[6]

25. Étant donné que la présente publication ne vise que les recettes publiques en faisant abstraction des dépenses, il convient de distinguer entre les dispositions fiscales et les dépenses directes. Normalement, cette distinction ne soulève aucune difficulté, car les dépenses directes sont effectuées en dehors du système fiscal et des comptes fiscaux et en vertu de dispositions législatives distinctes. Dans les cas limites, on recourt, pour établir la distinction, au principe de la comptabilisation sur la base des paiements. Dans la mesure où une disposition affecte le montant des paiements du contribuable à l'État, elle est considérée comme une disposition fiscale dont il est tenu compte dans les données figurant dans cette publication. Une disposition qui n'affecte pas ce montant est considérée comme une dépense directe dont il n'est pas tenu compte dans les données reproduites dans cette publication.

26. Il est clair que les abattements fiscaux, exonérations et déductions de l'assiette de l'impôt modifient le montant de l'impôt acquitté à l'État ; il s'agit donc de dispositions fiscales. Inversement, les formes d'aides qui ne sont pas imputables sur l'impôt et n'ont donc aucun lien avec le processus d'imposition, ne réduisent pas les recettes publiques qui sont consignées dans ce volume. Les crédits d'impôt sont des montants déductibles de l'impôt à acquitter (par opposition aux déductions, qui sont opérées sur l'assiette de l'impôt). On distingue deux catégories de crédits d'impôt : ceux (que l'on qualifiera ici de 'non récupérables') qui sont limités au montant de l'impôt à acquitter et ne peuvent donc donner lieu à un versement de l'administration au contribuable, et ceux (qualifiés ici de 'récupérables') qui n'ont pas cette

limite, de sorte que l'excédent du crédit sur l'impôt peut être versé au contribuable[7]. Le crédit d'impôt non récupérable, comme un abattement fiscal, affecte évidemment le montant de l'impôt acquitté à l'État ; aussi est-il considéré comme une disposition fiscale. La solution adoptée pour les crédits d'impôts récupérables[8] consiste à distinguer l'élément de « dépense fiscale »[9], qui est la part du crédit utilisée pour réduire ou supprimer l'impôt dû par le contribuable, et l'« élément de transfert », qui correspond à la part excédant l'impôt dû par le contribuable et qui lui est reversée. Les recettes fiscales rapportées doivent être diminuées du montant de l'élément de dépense, mais non de l'élément de transfert. En outre, les montants de l'élément de dépense fiscale et de l'élément de transfert doivent être indiqués pour mémoire dans les tableaux par pays. Les pays qui ne sont pas en mesure de faire la distinction entre l'élément de dépense fiscale et l'élément de transfert doivent indiquer si leurs recettes fiscales ont été ou non diminuées du montant total de ces éléments, et fournir toutes les estimations dont ils disposent concernant les montants de ces deux éléments. Des informations complémentaires figurent dans le chapitre 1 de ce Rapport, qui fait apparaître les effets des différents traitements possibles des crédits d'impôts récupérables sur les ratios impôt rapportant les impôts au PIB.

Année civile et année fiscale (exercice budgétaire)

27. Les autorités nationales dont l'exercice budgétaire ne correspond pas à l'année civile fournissent, autant que possible, leurs données sur la base de l'année civile afin de faciliter au maximum la comparaison avec les données des autres pays. Les données d'un petit nombre de pays se réfèrent à l'exercice budgétaire. Pour ceux-ci, les statistiques de PIB utilisées dans les tableaux comparatifs portent aussi sur les exercices budgétaires.

A4. Principes généraux de classification

Les fondements essentiels de la classification

28. Les recettes sont classées par groupes principaux (1000, 2000, 3000, 4000, 5000, 6000) suivant l'assiette de l'impôt : 1000 revenus, bénéfices et gains en capital ; 2000 et 3000 salaires et nombre d'employés ; 4000 patrimoine ; 5000 biens et services ; 6000 assiettes diverses, autres ou non identifiables. Lorsqu'un impôt est calculé en fonction de plusieurs assiettes, les recettes sont, chaque fois que c'est possible, réparties entre les divers groupes (voir § 33 et § 84). Les groupes 4000 et 5000 ne comprennent pas seulement les impôts ayant pour assiette le patrimoine, les biens ou les services eux-mêmes, mais aussi certains impôts connexes. Ainsi, les impôts sur les mutations du patrimoine sont classés dans le groupe 4400[10] et les impôts sur l'utilisation des biens, ou l'autorisation d'exercer une activité, dans le groupe 5200. Dans les groupes 4000 et 5000, une distinction est faite dans certains sous-groupes entre impôts périodiques et impôts non périodiques : on entend par impôts périodiques ceux qui sont perçus à intervalles réguliers (ordinairement tous les ans) et par impôts non périodiques ceux qui ne sont perçus qu'une seule fois (voir aussi les § 48 à 51, § 54, § 55, et § 81 pour une application particulière de cette distinction).

29. L'affectation spéciale de certaines recettes fiscales n'influe pas sur leur classification. Toutefois comme explicité au § 40 sur la classification des cotisations de sécurité sociale, l'octroi d'un droit aux prestations sociales est crucial dans la définition de la rubrique principale 2000.

30. La manière selon laquelle un impôt est perçu ou recouvré (par exemple, au moyen de timbres) n'affecte pas sa classification.

Classification des contribuables

31. Dans certains sous-groupes, des distinctions sont faites entre les différentes catégories de contribuables. Ces distinctions varient d'un impôt à l'autre :

a) Ventilation des impôts sur le revenu et sur l'actif net entre personnes physiques et sociétés

La distinction fondamentale entre les impôts sur le revenu des sociétés et les impôts sur le revenu des personnes physiques est que les premiers sont perçus sur la société en tant qu'entité et non sur les personnes physiques qui en sont propriétaires, donc sans tenir compte de la situation personnelle de celles-ci. La même distinction est applicable aux impôts sur l'actif net des sociétés et des personnes physiques. Les impôts perçus sur les bénéfices des sociétés de personnes et sur le revenu de certaines institutions comme les caisses d'assurance-vie ou de retraite, sont classés selon le même principe. Ils sont compris dans les impôts sur les sociétés (1200) lorsqu'ils sont perçus sur la société de personnes ou l'institution en tant qu'entité sans que la situation personnelle des propriétaires entre en ligne de compte ; dans les autres cas, ils sont considérés comme des impôts sur les personnes physiques (1100). Ordinairement, les impôts sur les sociétés et les impôts sur les personnes physiques sont régis par des dispositions législatives différentes[11]. La distinction qui est faite ici entre personnes physiques et sociétés ne reprend pas la classification par secteur (ménages, entreprises, etc.) adoptée dans les comptes de revenus et de dépenses du SCN. Cette dernière classification exclut du secteur des ménages certaines entreprises non constituées en sociétés[12] et les fait figurer parmi les entreprises non financières et les institutions financières. Toutefois, l'impôt sur les bénéfices de ces entreprises ne peut pas toujours être isolé de l'impôt sur les autres revenus des propriétaires de ces entreprises, ou ne peut l'être que d'une façon arbitraire. On n'a pas cherché ici à faire la distinction et l'impôt sur le revenu des personnes physiques figure globalement, quelle que soit la nature du revenu imposable.

b) Ventilation des impôts sur les biens immobiliers entre ménages et autres agents

En l'occurrence, la distinction est celle qui a été adoptée par le SCN dans les comptes de production et de consommation. On distingue, en effet, les ménages en tant que consommateurs d'une part (c'est-à-dire à l'exclusion des entreprises individuelles), et les producteurs d'autre part. Cependant, les impôts sur les logements occupés par les ménages, qu'ils soient à la charge des propriétaires qui les occupent, du locataire ou du propriétaire, sont classés comme étant à la charge des ménages. C'est la distinction faite habituellement entre les impôts sur les biens des personnes et les impôts sur les biens des entreprises. Toutefois, certains pays ne sont pas en mesure d'établir cette distinction.

c) Ventilation des permis de circuler des véhicules à moteur entre taxes à la charge des ménages et à la charge d'autres agents

On distingue ici les ménages en tant que consommateurs d'une part, et producteurs d'autre part, comme dans les comptes de production et de consommation du SCN.

d) Ventilation des autres impôts (6000) entre les entreprises et les autres agents

Il est fait la même distinction qu'au point (*c*) ci-dessus entre les producteurs, d'une part, et les ménages consommateurs d'autre part. Les impôts qui figurent dans le groupe 6000 parce qu'ils ne comportent pas une assiette unique ou parce que leur assiette ne relève d'aucune des catégories précédentes, mais qui ne sont manifestement perçus que sur les producteurs et non sur les ménages, sont classés comme étant 'à la charge des entreprises'. Les autres impôts du groupe 6000 figurent sous la rubrique 'à la charge d'autres agents' ou 'non identifiés'.

Surtaxes

32. Les recettes des surtaxes relatives à des impôts particuliers sont classées ordinairement avec les recettes de l'impôt correspondant, que la surtaxe ait ou non un caractère temporaire. Toutefois, si l'une des caractéristiques de la surtaxe permet de la classer sous une rubrique différente de la classification de l'OCDE, les recettes de cette surtaxe sont classées sous cette rubrique et non pas avec les recettes de l'impôt correspondant

Recettes fiscales non identifiables et sous-groupes résiduels

33. Il arrive parfois qu'on ne puisse déterminer si des impôts relèvent entièrement d'un groupe ou d'un sous-groupe de la classification de l'OCDE ; dans ces cas on applique les méthodes suivantes :

- *a)* le groupe est connu, mais on ne sait pas comment répartir les recettes entre les sous-groupes ; les recettes sont alors classées dans le sous-groupe résiduel approprié (1300, 2400, 4520, 4600, 5128, 5130, 5300 ou 6200) ;
- *b)* on sait que l'ensemble des recettes d'un groupe d'impôts (ordinairement des impôts locaux) provient d'impôts relevant d'un groupe ou sous-groupe particulier, mais certains impôts du groupe, dont le montant ne peut être déterminé avec précision, peuvent être classés dans d'autres groupes ou sous-groupes ; dans ce cas les recettes sont comptabilisées dans le groupe ou sous-groupe dont relève l'essentiel des recettes ;
- *c)* il est impossible d'identifier le groupe ou le sous-groupe d'un impôt (ordinairement un impôt local) ; l'impôt est alors classé dans le groupe 6200, à moins qu'il ne s'agisse d'un impôt manifestement à la charge des entreprises, auquel cas il est classé dans le sous-groupe 6100.

A5. Commentaires sur les postes de la liste

1000 — Impôts sur le revenu, les bénéfices et les gains en capital

34. Ce groupe couvre les impôts prélevés sur le revenu ou le bénéfice net (c'est-à-dire le revenu brut déduction faite des abattements autorisés) des personnes physiques et des entreprises. Sont aussi couverts les impôts prélevés sur les gains en capital des personnes physiques et des entreprises et sur les gains provenant de jeux.

35. Ce groupe comprend :

- *a)* les impôts perçus principalement sur les revenus ou les bénéfices, bien qu'ils puissent l'être partiellement sur d'autres bases. Les impôts qui ont une autre assiette principale que le revenu ou les bénéfices sont classés selon les principes énoncés aux § 33 et § 84 ;
- *b)* les impôts sur la propriété immobilière, qui sont perçus sur la base d'un revenu présumé ou estimé faisant partie de l'assiette de l'impôt sur le revenu (voir aussi § 48 (a), (c) et (d)) ;
- *c)* les versements obligatoires aux caisses de sécurité sociale qui sont prélevés sur les revenus mais ne donnent pas droit à des prestations sociales. Lorsque ces contributions donnent droit à des prestations sociales, elles figurent à la rubrique 2000 (voir § 40) ;
- *d)* les recettes provenant d'impôts cédulaires sur le revenu intégrés dans le régime général qui sont globalement classés dans ce groupe, bien que certains de ces impôts soient sur le revenu brut et ne tiennent pas toujours compte de la situation personnelle du contribuable.

36. Les impôts figurant dans ce groupe sont subdivisés en deux grands sous-groupes, les impôts sur le revenu des personnes physiques (1100) et les impôts sur le revenu des sociétés (1200), une ventilation étant faite dans chacun d'eux entre les impôts sur le revenu et les bénéfices (1110 et 1210) et les impôts sur les gains en capital (1120 et 1220). Si certaines recettes ne peuvent être identifiées comme relevant soit du sous-groupe 1100, soit du sous-groupe 1200, ou si cette distinction ne peut être faite dans la pratique (parce qu'il n'y a pas de données fiables sur les bénéficiaires des paiements sur lesquels la retenue à la source est faite), elles sont classées dans le sous-groupe 1300 (non ventilables).

Traitement des crédits d'impôt dans les systèmes d'imputation

37. Dans les régimes d'imputation de l'impôt sur les bénéfices des sociétés, les actionnaires bénéficient d'une compensation totale ou partielle d'imposition sur les dividendes que la société leur a versés et pour lesquels elle a acquitté l'impôt sur le revenu des sociétés. Dans les pays qui appliquent un tel régime,[13] une fraction de l'impôt sur les bénéfices des sociétés sert à alléger l'impôt dû par l'actionnaire. Cet allégement prend la forme d'un crédit d'impôt, dont le montant peut être inférieur, égal ou supérieur au montant total de l'impôt dont il est redevable. Si le crédit d'impôt dépasse ce montant, l'excédent peut être versé à l'actionnaire. Comme ce type de crédit d'impôt fait partie intégrante des systèmes d'imputation de l'impôt sur le revenu des sociétés, tout paiement à l'actionnaire est considéré comme un remboursement d'impôt et non comme une dépense (se référer au traitement des autres crédits d'impôt exposé au § 26).

38. Puisque, dans les systèmes d'imputation, le crédit d'impôt (même lorsqu'il dépasse l'impôt dû) est censé être une disposition fiscale, on peut se demander s'il doit être déduit des recettes de l'impôt sur le revenu des personnes physiques (1110) ou de celles de l'impôt sur les bénéfices de sociétés (1210). Dans ce Rapport le montant intégral de l'impôt acquitté sur les bénéfices des sociétés figure sous le poste 1210 et aucun impôt imputé n'est inclus dans le poste 1110. Le montant total du crédit d'impôt réduit donc le montant des recettes du poste 1110, que ce crédit se traduise par une réduction de l'impôt dû sur le revenu des personnes physiques ou par un remboursement réel du fait que le crédit dépasse le montant de l'impôt. (Cependant, lorsque ces crédits sont déduits de l'impôt sur les sociétés au titre de dividendes versés à des sociétés, le montant est déduit des recettes du poste 1210).

1120 et 1220 — Impôts sur les gains en capital

39. Ces postes comprennent les impôts perçus sur les gains en capital, le sous-groupe 1120 comptabilisant les impôts prélevés sur les gains des personnes physiques et le sous-groupe 1220 ceux qui sont perçus sur les gains des entreprises constituées sous forme de sociétés, lorsque ces recettes peuvent être ventilées. Ce n'est pas le cas dans de nombreux pays et les recettes de ces impôts sont alors classées avec celles de l'impôt sur le revenu. Les impôts sur les gains provenant de jeux sont aussi classés sous le poste 1120.

2000 — Cotisations de sécurité sociale

40. Figurent dans ce groupe tous les versements obligatoires aux administrations publiques qui donnent le droit de bénéficier d'une prestation sociale future (éventuelle). Ces versements sont généralement affectés au financement de prestations sociales et souvent effectués au profit d'institutions ou d'administrations publiques qui fournissent de telles prestations. Cependant, cette affectation n'entre pas dans la définition des cotisations de sécurité sociale et n'est pas nécessaire pour qu'un impôt soit classé dans cette rubrique. Cependant, il faut qu'un impôt confère un droit pour être classé dans cette rubrique. Par conséquent, les prélèvements sur les revenus ou la masse salariale qui sont affectés aux caisses de sécurité sociale mais ne donnent aucun droit à des prestations sont exclus de cette rubrique et figurent à celle des impôts sur le revenu des personnes physiques (1100) ou des impôts sur les salaires et la main-d'œuvre (3000). Les impôts assis sur d'autres bases, telles que les biens et services, qui sont

affectés à des prestations de sécurité sociale, ne sont pas indiqués ici, mais sont classés en fonction de leurs bases respectives parce qu'en général ils ne donnent pas droit à des prestations de sécurité sociale.

41. Seraient entre autres incluses les cotisations au titre des catégories suivantes de prestations de sécurité sociale : les allocations d'assurance-chômage et les compléments, les allocations pour accidents, blessures et maladie, les pensions de retraite, d'invalidité et de survivant, les allocations familiales, les remboursements de dépenses médicales et d'hospitalisation ou la fourniture de services médicaux ou hospitaliers. Les cotisations peuvent être collectées à la fois auprès des employés et des employeurs.

42. Les cotisations peuvent être assises sur les gains ou la masse salariale (« sur la base du salaire ») ou sur le revenu net après déductions et exemptions en fonction de la situation personnelle (« sur la base de l'impôt sur le revenu ») et les recettes correspondant à ces deux bases doivent être identifiées séparément si possible. Cependant, lorsque les cotisations à un régime général de sécurité sociale sont assises sur la masse salariale, mais que les cotisations de groupes particuliers (tels que les travailleurs indépendants) ne peuvent être évaluées sur cette base et que le revenu net est utilisé comme valeur rapprochée des gains bruts, les recettes peuvent encore être considérées comme assises sur la masse salariale. En principe, cette rubrique exclut les cotisations facultatives à des régimes de sécurité sociale. Lorsqu'elles peuvent être identifiées séparément, elles figurent pour mémoire dans le tableau indiquant le financement des prestations de sécurité sociale. Toutefois, en pratique, elles ne peuvent pas toujours être distinguées des cotisations facultatives, et dans ce cas elles figurent à cette rubrique.

43. Les cotisations à des régimes d'assurance sociale qui ne relèvent pas des pouvoirs publics et à d'autres régimes d'assurance ou de prévoyance, aux caisses de retraite, sociétés de secours mutuel ou autres systèmes d'épargne, ne sont pas considérées comme des cotisations de sécurité sociale. Les caisses de prévoyance résultant d'arrangements aux termes desquels les cotisations de chaque salarié et celles que l'employeur verse en son nom sont comptabilisées séparément dans un compte productif d'intérêts d'où elles peuvent être retirées dans des conditions biens déterminées. Les caisses de retraite sont des régimes autonomes organisés par négociations entre salariés et employeurs, qui comportent diverses contributions et prestations, parfois liées plus directement au salaire et à la durée d'activité que dans les régimes de sécurité sociale. Lorsque les cotisations à ces régimes sont obligatoires ou quasi obligatoires (par exemple en vertu d'un accord entre organisations professionnelles et syndicales), elles sont comptabilisées dans le poste pour mémoire (voir le Tableau 5.39 du Rapport).

44. Les cotisations versées par les agents des administrations et par les administrations au titre de leurs agents à des régimes de sécurité sociale relevant des pouvoirs publics sont incluses dans ce groupe. Sont aussi assimilées à des impôts les cotisations à des régimes particuliers réservés aux agents des administrations qui sont censés remplacer un régime général de la sécurité sociale[14]. Par contre, lorsqu'un régime distinct n'est pas censé remplacer un régime général et résulte de négociations entre l'administration, agissant en qualité d'employeur, et ses agents, il n'est pas considéré comme un régime de sécurité sociale et les cotisations à ce titre ne sont pas assimilées à des impôts, même si le régime a été institué par des dispositions législatives.

45. Cette rubrique ne comprend pas les cotisations 'imputées', qui correspondent aux prestations sociales versées directement par les employeurs à leurs salariés, ou anciens salariés, ou à leurs représentants (par exemple, lorsque des employeurs sont légalement tenus de verser des prestations maladies pendant une certaine période).

46. Le groupe comprend les cotisations à la charge des salariés (2100), à la charge des employeurs (2200), et à la charge des travailleurs indépendants ou des personnes n'occupant pas d'emploi (2300). À cet effet, on entend par salariés toutes les personnes qui exercent une activité dans des entreprises, des administrations, des institutions privées sans but lucratif, ou qui occupent d'autres emplois rémunérés, à l'exception des propriétaires et des membres de leur famille non rémunérés dans le cas d'entreprises individuelles. Sont également compris les membres des forces armées, quelle que soit la durée et la nature de leurs services, s'ils cotisent à un régime de sécurité sociale. Par cotisations à la charge des employeurs,

on entend les versements qu'ils effectuent au régime de sécurité sociale pour le compte de leurs salariés. Si, en cas de chômage, les salariés ou employeurs sont tenus de continuer à effectuer ces versements, ces derniers doivent figurer respectivement dans les sous-groupes 2100 et 2200. En conséquence, le sous-groupe 2300 est réservé aux cotisations versées par les travailleurs indépendants et par ceux qui n'appartiennent pas à la population active (comme les handicapés ou les retraités).

3000 — Impôts sur les salaires et la main-d'œuvre

47. Il s'agit d'impôts que doivent acquitter les entreprises, déterminés en proportion des salaires et des traitements payés, ou d'après un montant fixe par personne employée. Ils ne comprennent pas les cotisations obligatoires de sécurité sociale payées par les employeurs, ni les impôts payés par les salariés sur leurs traitements et leurs salaires.

4000 — Impôts sur le patrimoine

48. Ce groupe couvre les impôts périodiques et non périodiques sur l'utilisation, la propriété ou la mutation des biens. Sont comptabilisés ici les impôts sur la propriété immobilière et sur l'actif net, les impôts sur les mutations par décès, les successions et les donations, et les impôts sur les transactions mobilières et immobilières. Sont exclus de ce groupe :

a) les impôts sur les gains en capital provenant de la vente d'un bien (1120 ou 1220) ;

b) les impôts sur l'utilisation des biens ou l'autorisation d'utiliser des biens ou d'exercer des activités (5200) [voir § 78] ;

c) les impôts immobiliers perçus sur la base d'un revenu net présumé qui tiennent compte de la situation personnelle du contribuable. Ces impôts sont classés dans le groupe 1100 en tant qu'impôts sur le revenu, avec les impôts sur le revenu et les gains en capital provenant des biens immobiliers ;

d) les impôts sur l'utilisation de biens immobiliers aux fins d'habitation qui sont à la charge du propriétaire ou du locataire et dont le montant est fonction de la situation personnelle de l'utilisateur (salaire, personnes à charge, etc.). Ils sont classés dans le groupe 1100 en tant qu'impôts sur le revenu ;

e) les impôts sur les constructions dépassant la densité autorisée, les impôts sur l'extension, la construction ou la modification de certains immeubles au-delà d'une valeur autorisée et les impôts sur la construction d'immeubles. Ces impôts sont classés dans le poste 5200 en tant qu'impôts sur l'autorisation d'exercer certaines activités ;

f) les impôts sur l'utilisation de biens immobiliers par le propriétaire à des fins commerciales particulières, comme la vente de boissons alcoolisées, de tabac, de viande, ou pour l'exploitation de sols ou terrains (par exemple aux États-Unis, les taxes d'extraction). Ils sont classés dans le poste 5200 en tant qu'impôts sur l'autorisation d'exercer certaines activités.

4100 — Impôts périodiques sur la propriété immobilière

49. Ce sous-groupe comprend les impôts prélevés régulièrement au titre de l'utilisation ou de la propriété de biens immobiliers.

- ces impôts sont prélevés sur les terrains et les bâtiments ;
- ces impôts sont calculés en pourcentage de la valeur du bien évalué d'après un revenu locatif fictif, le prix de vente ou le rendement capitalisé, ou en fonction d'autres caractéristiques du bien, comme sa dimension ou son emplacement, d'où l'on peut déduire une valeur locative présumée ou la valeur du capital.

- ces impôts sont à la charge du propriétaire, du locataire ou des deux. Ils peuvent également être payés par une administration à une autre administration au titre d'un bien relevant de la compétence de cette dernière.
- il n'est pas tenu compte des dettes pour la détermination de l'assiette de ces impôts, contrairement aux impôts sur l'actif net.

50. Les impôts sur la propriété immobilière sont en outre subdivisés en impôts acquittés par les ménages (4110) et impôts acquittés par d'autres agents (4120), suivant les critères exposés au § 31(*b*) ci-dessus.

4200 — Impôts périodiques sur l'actif net

51. Ce sous-groupe comprend les impôts prélevés régulièrement (dans la plupart des cas annuellement) sur l'actif net, c'est-à-dire les impôts perçus sur un large éventail de biens mobiliers et immobiliers, endettement déduit. Il est subdivisé en impôts acquittés par des personnes physiques (4210), et en impôts acquittés par des sociétés (4220) selon les critères exposés plus haut au § 31(a). Si les recettes provenant des institutions sont comptabilisées à part, les paiements concernés doivent être ajoutées aux impôts des entreprises.

4300 — Impôts sur les mutations par décès, les successions et les donations

52. Ce sous-groupe comprend les impôts sur les mutations par décès et les successions (4310) et les impôts sur les donations (4320).[15] Les impôts sur les mutations par décès sont calculés soit sur l'ensemble de la masse successorale, soit en fonction de la part de chacun des bénéficiaires (« part héréditaire ») ; en outre, ces derniers impôts peuvent tenir compte du degré de parenté entre chacun des bénéficiaires et le défunt.

4400 — Impôts sur les transactions mobilières et immobilières

53. Sont compris, entre autres, dans ce sous-groupe les impôts sur l'émission, le transfert, l'achat et la vente d'actifs financiers et non financiers (y compris de devises étrangères ou de valeurs mobilières), les impôts sur les chèques et d'autres formes de paiement, ainsi que les droits perçus à l'occasion d'actes juridiques déterminés, comme la validation de contrats et la vente de biens immobiliers. Sont exclus :

a) les impôts sur l'utilisation de biens, mobiliers ou immobiliers, ou l'autorisation d'exercer certaines activités (5200) ;

b) les droits acquittés au titre de frais de justice, ou pour la délivrance de certificats de naissance, de mariage ou de décès, car ces droits sont considérés comme des recettes non fiscales (voir § 12) ;

c) les impôts sur les gains en capital (1000) ;

d) les impôts périodiques sur la propriété immobilière (4100) ;

e) les impôts périodiques sur l'actif net (4200) ;

f) les prélèvements sur le patrimoine ou sur l'actif net effectués une fois pour toutes (4500) ;

g) les droits de timbre non liés à des transactions financières et immobilières

  i. Droits de timbre sur la vente de produits spécifiques, comme les boissons alcoolisées ou le tabac (5121) ;

  ii. Droits de timbre limités par la loi aux produits importés (5123) ou aux produits exportés (5124) ; ou

iii. Droits de timbre qui ne grèvent pas exclusivement une seule catégorie de transaction (6000).

4500 — Autres impôts non périodiques sur le patrimoine

54. Ce sous-groupe comprend les prélèvements sur le patrimoine effectués une fois pour toutes (par opposition aux prélèvements périodiques). Il est subdivisé en impôts sur l'actif net (4510) et en autres impôts non périodiques sur le patrimoine (4520). Le poste 4510 inclurait les impôts perçus pour couvrir des dépenses exceptionnelles ou à des fins de redistribution. Le poste 4520 comprendrait les impôts prélevés pour tenir compte d'une plus-value prise par les terrains du fait que les administrations publiques ont autorisé l'extension ou l'aménagement d'installations locales, ainsi que les impôts sur la réévaluation du capital ou les impôts perçus une seule fois sur certains biens déterminés.

4600 — Autres impôts périodiques sur le patrimoine

55. Ils sont rares dans des pays Membres de l'OCDE ; ce sous-groupe comprendrait les impôts sur des biens tels que le cheptel, les bijoux, les fenêtres et les signes extérieurs de richesse.

5000 — Impôts sur les biens et services

56. Ce poste couvre tous les impôts et droits perçus sur la production, l'extraction, la vente, le transfert, la location ou la livraison de biens et la prestation de services (5100), ou sur l'utilisation ou l'autorisation d'utiliser des biens ou d'exercer des activités (5200). Ce groupe comprend donc :

- *a)* les taxes cumulatives en cascade ;
- *b)* les taxes générales sur les ventes — perçues au stade de la production ou de la fabrication, du gros ou du détail ;
- *c)* les taxes sur la valeur ajoutée ;
- *d)* les accises ;
- *e)* les taxes perçues à l'importation et à l'exportation de biens ;
- *f)* les impôts perçus sur l'utilisation de biens et sur l'autorisation d'utiliser des biens ou d'exercer certaines activités ;
- *g)* les impôts sur l'extraction, le traitement ou la production de minéraux et autres produits.

57. Les cas douteux de délimitation entre ce groupe et le groupe 4000 (impôts sur le patrimoine) et le sous-groupe 6100 (autres impôts à la charge des entreprises) sont examinés aux § 48, § 53 et § 80. Des postes résiduels (5300 et 5130) ont été prévus pour comptabiliser les recettes fiscales qui ne peuvent être ventilées respectivement entre les postes 5100 et 5200 et entre les postes 5110 et 5120 (voir § 33).

5100 — Impôts sur la production, la vente, le transfert, la location et la livraison de biens et la prestation de services

58. Ce sous-groupe comprend tous les impôts perçus sur les transactions afférentes à des biens ou services, en fonction de leurs caractéristiques propres (comme la valeur, le poids du tabac, le degré d'alcool, etc.), à la différence des impôts perçus au titre de l'utilisation ou de l'autorisation d'utiliser des biens ou d'exercer des activités, qui entrent dans le sous-groupe 5200.

5110 — Impôts généraux sur les biens et services

59. Ce sous-groupe comprend tous les impôts, autres que les droits à l'importation et à l'exportation (5123 et 5124), perçus sur la production, la location, le transfert, la livraison ou la vente d'une gamme de

biens ou la prestation d'une gamme de services, qu'ils soient produits dans le pays ou importés, et quel que soit le stade de la production ou de la distribution aux quel ils sont perçus. Il couvre ainsi les taxes sur la valeur ajoutée, les taxes sur les ventes et les taxes de caractère cumulatif en cascade. On a ajouté aux recettes brutes de cette catégorie les recettes provenant de la compensation à la frontière de ces impôts lorsque les biens sont importés, et déduit les remboursements d'impôts effectués lorsque les marchandises sont exportées. Ces impôts sont ventilés en : taxes sur la valeur ajoutée (5111), impôts sur les ventes (5112), impôts sur le chiffre d'affaires et autres impôts généraux sur les biens et services (5113).

60. Certains cas se trouvent à la limite entre ce sous-groupe et celui des impôts sur des biens et services déterminés (5120) lorsque ces impôts sont perçus sur un grand nombre de biens, comme dans le cas de la « *purchase tax* » au Royaume-Uni (abrogée en 1973) et l'impôt japonais sur les biens marchands (abrogé en 1988). Conformément aux options nationales, la « *purchase tax* » britannique est classée impôt général (5112) et l'impôt japonais dans les accises (5121).

5111 — Taxes sur la valeur ajoutée

61. Sont classés dans ce sous-groupe tous les impôts généraux sur la consommation prélevée sur la valeur ajoutée, quels que soient le mode de déduction et les stades auxquels ils sont perçus. En pratique, tous les pays de l'OCDE où existe une taxe sur la valeur ajoutée autorisent normalement la déduction immédiate des taxes sur les achats par tous les redevables, à l'exception du consommateur final, et imposent la taxe à tous les stades. Dans certains pays, le poste peut inclure aussi certains impôts, comme les taxes sur les activités financières et les assurances, soit parce que les recettes correspondantes ne peuvent être dissociées de celles de la taxe sur la valeur ajoutée, soit parce qu'elles sont considérées comme faisant partie intégrante de la taxe sur la valeur ajoutée, même si les taxes similaires qui existent dans d'autres pays peuvent être classées autrement (par exemple, sous le poste 5126 comme impôts sur les services ou sous le poste 4400 comme impôts sur les transactions mobilières et immobilières).

5112 — Impôts sur les ventes

62. Sont classés ici tous les impôts perçus à un stade unique, que ce soit celui de la fabrication, de la production, du gros ou du détail.

5113 — Impôts sur le chiffre d'affaires et autres impôts généraux sur les biens et services

63. Il s'agit des taxes cumulatives en cascade et des taxes qui combinent des éléments de taxe sur la consommation et des taxes en cascade. Ces impôts sont prélevés sur chaque transaction sans déduction des taxes acquittées en amont. Les taxes en cascade peuvent être combinées avec des éléments de taxe sur la valeur ajoutée ou d'impôts sur les ventes.

5120 — Impôts sur des biens et des services déterminés

64. Ce sous-groupe couvre les accises, les bénéfices engendrés et transférés par les monopoles fiscaux, et les droits de douane et à l'importation, ainsi que les taxes à l'exportation, les opérations de change, les biens d'équipement et les paris, et aussi les impôts spéciaux sur les services qui ne font pas partie d'un impôt général du sous-groupe 5110.

5121 — Accises

65. Les accises sont des impôts spécifiques perçus par unité produite sur une gamme limitée de biens prédéfinie. Les accises sont généralement prélevées à des taux différenciés sur des biens non essentiels ou de luxe, les boissons alcoolisées, les produits à base de tabac et l'énergie. Les accises peuvent être

perçues à un stade quelconque de la production ou de la distribution et sont calculées généralement sur la base d'un prélèvement spécifique par unité correspondant aux caractéristiques du produit considéré, par référence à sa valeur, son poids, son degré ou son volume. Cette subdivision couvre ainsi les impôts spéciaux sur certains produits tels que le sucre, la betterave, les allumettes et le chocolat ; les impôts prélevés à des taux variables sur une gamme déterminée de produits ; ainsi que les impôts perçus sur les produits à base de tabac, les boissons alcoolisées, les combustibles et les hydrocarbures. Si un impôt frappant principalement des produits importés doit ou devrait également être perçu sur des produits nationaux comparables, suivant la même législation, les recettes de cet impôt doivent alors être classées dans la catégorie des accises et non dans celle des droits à l'importation. Ce principe vaut également même s'il n'existe pas, ou ne peut exister, de production nationale comparable. Les impôts prélevés sur la consommation de services d'utilité publique (eau, électricité, gaz et autres formes d'énergie) sont considérés comme des accises, et non comme des impôts sur des services déterminés (5126). Ne sont pas inclus dans les accises les prélèvements entrant dans les catégories des impôts généraux sur les biens et services (5110), des bénéfices des monopoles fiscaux (5122), des droits de douane et autres droits à l'importation (5123) ou des taxes à l'exportation (5124).

5122 — Bénéfices des monopoles fiscaux

66. Ce sous-groupe couvre la fraction des bénéfices des monopoles fiscaux qui est transférée aux administrations publiques ou qui sert à financer des dépenses considérées comme dépenses publiques (voir § 24). Les montants sont comptabilisés lorsqu'ils sont transférés aux administrations publiques ou utilisés pour effectuer des dépenses considérées comme des dépenses publiques.

67. Les monopoles fiscaux reflètent l'exercice du pouvoir d'imposition de l'État par l'intermédiaire du monopole. Les monopoles fiscaux sont des entreprises publiques non financières, qui exercent dans la plupart des cas un monopole sur la production ou la distribution du tabac, des boissons alcoolisées, du sel, des allumettes, des cartes à jouer et des produits pétroliers ou agricoles (c'est-à-dire, sur le genre de produits qui peuvent être soumis, principalement ou accessoirement, aux accises du poste 5121), pour procurer des recettes publiques qui, dans d'autres pays, sont obtenues par le biais d'impôts frappant les transactions sur ces produits d'entreprises privées. Le monopole d'État peut être exercé au stade de la production, ou au stade de la distribution comme dans le cas des magasins de vente de boissons alcoolisées qui appartiennent à l'État et sont contrôlés par lui.

68. Les monopoles fiscaux sont différents des services publics, comme les chemins de fer, l'électricité, les postes et autres moyens de communication, qui peuvent avoir une position de monopole ou de quasi-monopole, mais dont l'objet principal est, normalement, de fournir des services essentiels et non pas de procurer des recettes à l'État. Les transferts à l'administration de ces autres entreprises publiques sont considérés comme des recettes non fiscales. La notion traditionnelle de monopole fiscal n'a généralement pas été élargie pour inclure les loteries nationales, dont les bénéfices sont habituellement considérés comme des recettes non fiscales. Cependant, ces bénéfices peuvent être considérés comme des recettes fiscales quand la raison principale de la mise en œuvre de ces loteries est l'augmentation des recettes pour financer les dépenses publiques. On distingue les bénéfices des monopoles fiscaux des bénéfices des monopoles d'exportation et d'importation (5127), qui sont transférés des offices de commercialisation ou d'autres entreprises s'occupant du commerce international.

5123 — Droits de douane et autres droits à l'importation

69. Figurent ici les taxes, droits de timbre et surtaxes qui, selon la loi sont perçus exclusivement sur des produits importés. Sont aussi inclus dans ce poste les droits perçus sur l'importation de denrées agricoles dans les pays Membres de l'Union Européenne et les montants acquittés par certains de ces pays en vertu du Système de Montants Compensatoires[16]. Les droits de douane collectés par les États membres de l'Union européenne pour le compte de l'Union européenne sont reportés sous cette rubrique

au niveau de l'autorité supranationale dans les tableaux par pays (chapitre 5 de ce Rapport). Sont exclues ici les taxes perçues sur les importations au titre d'un impôt général sur les biens et les services ou d'une accise applicable aussi bien aux produits importés qu'aux produits fabriqués dans le pays.

5124 — Taxes à l'exportation

70. Pendant les années 70, les droits à l'exportation étaient perçus normalement en Australie, au Canada et au Portugal, et ils étaient utilisés en Finlande à des fins conjoncturelles. Certains pays Membres de l'Union Européenne acquittent, dans le cadre du système des montants compensatoires, une taxe sur les exportations (voir la note 16 du § 69). Lorsque ces montants sont identifiables, ils sont inclus dans ce poste. Ce dernier ne comprend pas les remboursements effectués au titre d'impôts généraux sur la consommation d'accises ou de droits de douane sur des biens exportés, qui doivent être déduits des recettes brutes comptabilisées, selon le cas, sous le poste 5110, 5121 ou 5123.

5125 — Impôts sur les biens d'équipement

71. Ce sous-groupe comprend les impôts perçus sur les biens d'équipement, comme les machines. Ils peuvent exister depuis un certain nombre d'années ou avoir un caractère temporaire et être prélevés à des fins conjoncturelles. Ne sont pas inclus les impôts sur les 'inputs' industriels qui frappent aussi les consommateurs (comme l'impôt suédois sur l'énergie qui est classé sous le poste 5121).

5126 — Impôts sur des services déterminés

72. Sous ce poste figurent tous les impôts calculés sur la rémunération de services spécifiques, comme les taxes sur les primes d'assurance, les taxes sur les services bancaires, sur les jeux et paris (par exemple : courses de chevaux, pronostics de football, billets de loterie nationale), les transports, les spectacles, les restaurants et la publicité. Les impôts prélevés à l'entrée dans un casino, sur un champ de courses ou lors d'événements ou dans des lieux similaires, ainsi que les droits de timbre sur des services déterminés sont également classés sous ce poste. Les impôts prélevés sur le revenu brut des sociétés prestataires d'un service déterminé (exemple : transports [y compris les taxes d'aéroport et autres taxes d'embarquement], assurance, banque, spectacles, restaurants et publicité) sont eux aussi classés sous ce poste.

73. Les recettes fiscales provenant des prélèvements sur les banques et des contributions aux mécanismes de garantie des dépôts et de stabilité financière sont également classés ici :

- Les redevances de stabilité, les prélèvements sur les banques et les contributions à la garantie des dépôts, qu'il est obligatoire d'acquitter, doivent généralement être traitées comme des recettes fiscales lorsque les versements sont effectués au profit de l'administration publique ou d'une autorité supranationale et affectés au budget consolidé ou général des administrations de sorte que les pouvoirs publics soient libres d'utiliser les fonds sans délai aux fins qu'ils jugent opportunes. Ce principe s'appliquerait indépendamment du fait que l'administration promette ou non d'effectuer des versements pour garantir les dépôts des clients des établissements bancaires si la situation l'exigeait à l'avenir.
- Si les paiements obligatoires sont effectués au profit de l'administration publique et imputés à des budgets dont les ressources doivent être entièrement réaffectées au secteur de l'économie qui englobe les entreprises assujetties à ces paiements, ceux-ci seront toujours traités, en règle générale, comme des recettes fiscales étant donné que les fonds seraient disponibles pour l'administration et réduiraient son déficit budgétaire, que la redevance est sans contrepartie pour les entités individuelles et que les montants collectés pourraient être dissociés de tout versement en faveur des déposants ou de toute dépense visant à soutenir plus largement le secteur financier.

- Les contributions aux mécanismes traditionnels de moindre envergure destinés à garantir les dépôts de détail, contributions dont le montant est aligné sur le coût de la garantie, doivent être classées en tant que redevances pour services rendus.
- Tout versement au titre de la réalisation par une administration des actifs d'un établissement en faillite ou du recouvrement par cette administration d'une créance prioritaire sur les actifs de l'établissement en cours de liquidation, effectué en vue de financer l'indemnisation des clients ayant perdu leurs dépôts, serait traité comme une redevance par opposition aux recettes fiscales.
- Les versements obligatoires effectués à des fonds gérés en dehors du secteur public et à des institutions non étatiques soutenues par les déposants, ainsi que tous les versements à des régimes volontaires, ne doivent pas être traités comme des recettes fiscales.
- Les contributions au Fonds de résolution unique de l'UE sont également incluses ici et attribuées à l'autorité supranationale dans les tableaux par pays.

74. Ne figurent pas sous ce poste :

a) les impôts sur les services qui font partie d'un impôt général sur les biens et services et sont classés sous le poste 5110 ;

b) les taxes sur l'électricité, le gaz et l'énergie (classées sous le poste 5121 en tant qu'accises) ;

c) les taxes sur les gains personnels tirés de jeux et paris (qui sont classées sous le poste 1120, en tant qu'impôts sur les gains en capital des personnes physiques et entreprises individuelles) et les montants forfaitaires perçus sur le transfert de loteries privées ou sur l'autorisation de créer des loteries (5200)[17] ;

d) les impôts sur les chèques et sur l'émission, le transfert ou le remboursement de valeurs mobilières, (qui sont classés sous le poste 4400, en tant qu'impôts sur les transactions mobilières et immobilières) ;

e) les impôts généraux sur le chiffre d'affaires (5113).

5127 — Autres impôts sur les transactions et les échanges internationaux

75. Ce sous-groupe couvre les recettes perçues par l'État sur l'achat et la vente de monnaies étrangères à des taux différents. Lorsque l'État exerce le privilège exclusif dont il dispose pour s'assurer une marge entre le prix d'achat et le prix de vente de devises qui ne se réduit pas à la simple couverture des frais administratifs, ce bénéfice représente un prélèvement obligatoire imposé dans des proportions indéterminées à l'acheteur et au vendeur des monnaies étrangères. Il équivaut normalement au droit à l'importation et au droit à l'exportation perçus dans un système de taux de change unique, ou à une taxe sur la vente ou l'achat de monnaies étrangères. Comme les bénéfices des monopoles fiscaux et des monopoles d'importation ou d'exportation transférés à l'État, il représente l'exercice d'un monopole aux fins d'imposition et est inclus dans les recettes fiscales.

76. Ce sous-groupe comprend aussi les bénéfices des monopoles d'exportation ou d'importation, bien qu'il n'en existe pas dans les pays de l'OCDE, les impôts sur l'achat ou la vente de devises et tous les autres impôts perçus spécifiquement sur les opérations ou les échanges internationaux.

5128 — Autres impôts sur des biens et services déterminés

77. Cette rubrique comprend les impôts sur l'extraction de minéraux, combustibles fossiles et autres ressources non renouvelables provenant de gisements privés ou détenus par une autre administration, ainsi que toute autre recette non ventilable provenant des impôts sur des biens et services déterminés. Les impôts sur l'extraction de ressources non renouvelables correspondent généralement à un montant forfaitaire par unité de qualité ou de poids, mais peuvent être calculés ad valorem. Les impôts sont

comptabilisés à la date d'extraction des ressources. Les versements tirés de l'extraction de ressources non renouvelables issues de gisements appartenant à l'administration publique qui perçoit ces versements sont classés en tant que loyers.

5200 — Impôts sur l'utilisation des biens ou l'autorisation d'utiliser des biens ou d'exercer des activités

78. Ce sous-groupe comprend les taxes prélevées en raison de l'utilisation de biens, indépendamment des impôts frappant les biens eux-mêmes. Contrairement à ceux-ci (5100), les impôts du sous-groupe 5200 ne sont pas calculés d'après la valeur des biens, mais ordinairement d'après un montant forfaitaire. Sont aussi couverts les impôts perçus au titre du droit d'utiliser des biens ou d'exercer des activités, comme les taxes sur la pollution qui ne reposent pas sur la valeur de biens déterminés. Il est parfois difficile de distinguer les taxes d'utilisation et droits de licence obligatoires, qui sont considérés comme des impôts, de ceux qui ne le sont pas parce qu'ils sont assimilés à des recettes non fiscales ; les critères appliqués sont ceux indiqués aux § 12 et 13.

79. Bien que le sous-groupe se réfère à l'utilisation des biens, le fait générateur de l'impôt peut être aussi bien l'enregistrement de la propriété, de sorte que les impôts relevant de ce sous-groupe peuvent viser la possession d'animaux ou de biens plutôt que leur utilisation (par exemple, les chevaux de course, les chiens, les véhicules à moteur) et même s'appliquer à des biens inutilisables (comme les véhicules à moteur ou les fusils inutilisables).

80. Les cas limites concernent :

a) les impôts sur l'autorisation d'exercer des activités commerciales, qui sont classés selon les règles exposées au § 84 lorsqu'ils ont une assiette mixte associant le revenu, les salaires versés ou le chiffre d'affaires ;

b) les impôts sur la propriété ou l'utilisation de la propriété de biens visés par les postes 4100, 4200 et 4600. Le poste 4100 ne vise que les impôts sur la propriété ou la location de biens immobiliers et, contrairement aux impôts du sous-groupe 5200, ils sont fonction de la valeur du bien. Les impôts sur l'actif net et les impôts sur les biens meubles des sous-groupes 4200 et 4600 visent la propriété et non pas l'utilisation des biens, couvrent un groupe d'actifs et non pas de biens particuliers et sont aussi fonction de la valeur du bien.

5210 — Impôts périodiques sur l'utilisation de biens ou sur l'autorisation d'utiliser des biens ou d'exercer certaines activités

81. Ces impôts ont pour principale caractéristique d'être perçus à intervalles réguliers et de représenter ordinairement des montants forfaitaires. Le poste le plus important, du point de vue du volume des recettes, est constitué par les permis de circulation des véhicules. Ce sous-groupe inclut aussi les taxes perçues lors de la délivrance de permis de chasse, de tir ou de pêche, ou l'autorisation de vendre certains produits, ainsi que les taxes sur la possession de chiens, les redevances de radiodiffusion et les impôts sur la prestation de certains services à condition qu'elles répondent aux critères définis aux § 12 et 13. Les subdivisions du poste 5210 comprennent :

- les taxes d'utilisation de véhicules à moteur à la charge des ménages (5211) ;
- les taxes d'utilisation de véhicules à moteur à la charge d'autres agents (5212) ; et
- les autres impôts périodiques (5213). Ce poste couvre les licences commerciales et professionnelles achetées par des entreprises pour obtenir le droit d'exercer un type déterminé d'activité ou de profession lorsque ces droits sont perçus sur une base périodique. Il englobe aussi les licences de taxi et de casino. Enfin, ce poste inclut les plaques de chiens et permis généraux de chasse, de port d'armes et de pêche, lorsque

le droit d'exercer ces activités n'est pas accordé au titre d'une opération commerciale normale. Les redevances de radiodiffusion sont incluses lorsque le payeur de la redevance ne peut pas s'abstenir de payer pour les services de radiodiffusion publique s'il ne souhaite pas les regarder ou les (par exemple, en déclarant qu'il n'utilise pas de services de radiodiffusion publique). Les exonérations spécifiques (par exemple, pour les personnes âgées) ne changent pas le caractère obligatoire du paiement.

82. Le poste 5213 exclut :

a) les permis lorsque le droit d'exercer ces activités est accordé au titre d'une opération commerciale normale (par exemple, la délivrance du permis s'accompagne du droit d'utiliser une parcelle déterminée de terrain appartenant à l'État) ;

b) les paiements liés aux contrôles effectués par l'État pour vérifier l'adéquation et/ou la sécurité des locaux ou des équipements professionnels, ou la qualité ou la norme de biens ou de services produits en contrepartie de l'octroi de ce permis. Ces paiements ne sont pas sans contrepartie et doivent être considérés comme des paiements au titre de services rendus, sauf si les montants facturés pour les permis sont disproportionnés par rapport aux coûts des contrôles effectués par l'État.

c) les redevances de radiodiffusion publique si les utilisateurs peuvent choisir de ne pas payer ces redevances lorsqu'ils ne souhaitent pas utiliser ces services, sans que cela n'affecte leur capacité à consommer des services de radiodiffusion privés.

5220 — Impôts non périodiques sur l'utilisation de biens ou sur l'autorisation d'utiliser des biens ou d'exercer certaines activités

83. Cette rubrique recouvre les taxes non périodiques perçues sur l'utilisation de biens ou sur l'autorisation d'utiliser des biens ou d'exercer certaines activités et celles qui sont prélevées chaque fois que des biens sont utilisés. Les impôts prélevés sur l'émission ou le rejet dans l'environnement de gaz toxiques, liquides nocifs ou autres substances dangereuses figurent ici.

- Les paiements au titre des permis d'émission négociables délivrés par les administrations publiques dans le cadre des dispositifs de plafonnement et d'échange doivent également être comptabilisés sous cette rubrique au moment où les émissions sont produites. Les permis délivrés gratuitement par les administrations ne donnent lieu à aucun enregistrement comptable de recettes. La comptabilisation en droits constatés implique un éventuel délai entre la date à laquelle l'administration perçoit le règlement des permis et la date à laquelle les émissions sont produites. Dans les comptes nationaux, ce délai se traduit pour l'administration par un engagement financier sur la période.
- Il convient d'exclure les paiements effectués au titre de la collecte et de l'élimination de déchets ou de substances nocives par les autorités publiques, étant donné qu'il s'agit là de vente de services aux entreprises.

84. D'autres impôts non périodiques qui relèvent du poste 5200 sont aussi classés dans cette rubrique. Ainsi figurent les paiements uniques effectués au titre de l'autorisation de vendre des boissons alcoolisées ou des tabacs ou d'ouvrir des guichets de « paris mutuels », à condition qu'ils répondent aux critères définis aux § 12 et 13.

6000 — Autres impôts

85. Ce groupe couvre les impôts prélevés sur une ou plusieurs assiettes différentes de celles qui sont indiquées pour les groupes 1000, 3000, 4000 et 5000, ou sur des assiettes qui ne peuvent être considérées comme liées à l'une de celles afférentes à ces groupes. Lorsque des impôts sont perçus sur plusieurs

assiettes différentes, et qu'il est possible d'évaluer les recettes liées à chaque assiette, les montants correspondants sont inclus dans le groupe approprié. S'il est impossible d'évaluer le montant correspondant à chaque assiette, et si l'on sait que l'essentiel des recettes provient des impôts perçus sur une assiette donnée, la totalité des recettes est classée en fonction de cette assiette. Sinon, les impôts sont classés dans le présent groupe. Sont également inclus dans ce groupe les impôts forfaitaires non inclus ailleurs dans le système de classification, les impôts prélevés sur les personnes physiques sous la forme de taxe civique ou d'impôt de capitation, les droits de timbre qui ne sont pas liés à des transactions mobilières ou immobilières et qui n'entrent pas exclusivement dans une catégorie de transactions, les impôts sur les dépenses dès lors qu'ils s'accompagnent d'abattements et d'exonérations individuels, ainsi que les recettes fiscales non identifiables. Ce poste est divisé en impôts exclusivement ou principalement à la charge des entreprises (6100) et en impôts à la charge d'autres contribuables (6200).

A6. Conciliation avec les comptes nationaux

86. Cette section des tableaux permet de concilier les calculs des recettes fiscales totales de l'OCDE et l'ensemble des impôts et cotisations sociales versés aux administrations publiques qui sont enregistrés dans les comptes nationaux par pays. Lorsque le pays en question est membre de l'Union européenne (UE), la comparaison est effectuée entre les calculs des recettes fiscales totales des pays de l'OCDE et la somme des recettes fiscales et cotisations de sécurité sociale perçues par les administrations publiques et les institutions des secteurs de l'Union européenne des comptes nationaux.

A7. Poste pour mémoire relatif au financement des prestations de sécurité sociale

87. Le rapport entre les impôts et les cotisations de sécurité sociale étant variable, et en raison des problèmes évoqués aux § 40 à 46, on a réuni dans un poste pour mémoire l'ensemble des versements affectés à des prestations du type sécurité sociale, en dehors des versements facultatifs au secteur privé. Les données sont présentées de la façon suivante (voir le Tableau 5.39 du Rapport) :

- *a)* impôts du groupe 2000 ;
- *b)* impôts affectés aux prestations de sécurité sociale ;
- *c)* cotisations facultatives à l'administration ;
- *d)* cotisations obligatoires au secteur privé.

Les § 40 à 46 ci-dessus contiennent des directives pour la ventilation entre ces quatre catégories.

A8. Poste pour mémoire relatif aux impôts identifiables payés par les administrations

88. Les impôts effectivement payés par les administrations elles-mêmes et que l'on peut identifier sont indiqués dans un poste pour mémoire et classés suivant les grandes rubriques de la classification des impôts de l'OCDE. Dans la très grande majorité des pays, seuls peuvent être identifiées en l'occurrence les cotisations de sécurité sociale et les impôts sur les salaires, mais il s'agit là en général des impôts les plus importants acquittés par les administrations (voir le Tableau 5.40 du Rapport).

A9. Rapport de la classification des impôts de l'OCDE avec les systèmes nationaux de comptabilité nationale

89. Un système de comptabilité nationale (SCN) tend à fournir un cadre cohérent pour enregistrer et présenter les principaux flux relatifs à la production, à la consommation, à l'accumulation et aux transactions extérieures d'une zone économique donnée, d'ordinaire un pays ou une grande région d'un pays. Les recettes publiques sont une partie importante des transactions enregistrées dans le SCN. La version finale du SCN 2008 a été diffusée conjointement par cinq organisations internationales : les Nations Unies, le Fonds Monétaire International, l'Union européenne, l'Organisation de Coopération et de Développement Économiques et la Banque Mondiale, en août 2009. Le *Système* est un ensemble complet, cohérent et souple de comptes macro-économiques. Il est élaboré pour être utilisé dans les pays à économie de marché quel que soit leur niveau de développement économique ainsi que dans les pays en transition vers l'économie de marché. De larges extraits du cadre théorique ainsi que les définitions des divers secteurs de l'économie du SCN figurent dans la classification des impôts de l'OCDE.

90. Il existe cependant un certain nombre de différences entre la classification des impôts de l'OCDE et les concepts du SCN qui sont indiqués ci-dessous. Ils proviennent du fait que l'objectif de cette classification est de permettre une ventilation aussi large que possible des données statistiques pour ce que les administrations fiscales conviennent de considérer de manière générale comme des impôts.

a) l'OCDE inclut les cotisations obligatoires de sécurité sociale payées aux administrations publiques dans les recettes fiscales totales. Les cotisations sociales facultatives et imputées ainsi que celles versées aux caisses privées ne sont pas considérées comme des impôts (§ 9 et 11 ci-dessus) ;

b) les avis diffèrent sur la question de savoir s'il y a lieu de classer certains prélèvements et redevances dans les impôts (§ 12 et 13 ci-dessus) ;

c) l'OCDE exclut les impôts imputés ou les subventions résultant d'opérations de taux de change officiels multiples et ceux résultant du fait que la banque centrale paye un taux d'intérêt sur les réserves obligatoires différent des autres taux du marché ;

d) il existe des différences dans le traitement des crédits d'impôt récupérables.

91. Comme on l'a noté aux § 1 et 2, les groupes 1000 à 6000 de la classification de l'OCDE comprennent tous les versements sans contrepartie aux administrations publiques ou à une autorité supranationale, à l'exclusion des prêts obligatoires et des amendes. On peut obtenir le total de ces versements sans contrepartie, amendes incluses, mais prêts obligatoires exclus, en additionnant les postes suivants du SCN 2008 :

- impôts du type valeur ajoutée (D.211) ;
- droits et taxes sur les importations à l'exclusion de la TVA (D.212) ;
- droits sur les exportations (D.213) ;
- taxes sur les produits, à l'exclusion de la TVA, des droits sur les importations et les exportations (D.214) ;
- autres impôts sur la production (D.29) ;
- impôts sur le revenu (D.51) ;
- autres impôts périodiques (D.59) ;
- cotisations de sécurité sociale effectives (D.611 et D613), à l'exclusion des cotisations volontaires et des versements à des régimes d'assurance sociale liés à l'emploi qui ne sont pas des régimes de sécurité sociale ;
- impôts sur le capital (D.91).

A10. La classification des impôts de l'OCDE et le système du Fonds monétaire international (SFP)

92. Le périmètre et l'évaluation des recettes fiscales dans le système de statistiques de finances publiques (SFP) et dans le système de comptabilité nationale de 2008 (SCN 2008) sont très proches. Par conséquent, les différences entre la classification de l'OCDE et celle du SCN 2008 (voir § 90 ci-dessus) sont également valables pour les SFP. En outre, le Fonds monétaire international subdivise le groupe 5000 de la classification de l'OCDE en une section iv (Taxes intérieures sur les biens et services) et une section v (Taxes sur les transactions et les échanges internationaux). Cela tient à ce que le rendement de ces dernières taxes représente généralement des sommes infimes dans les pays de l'OCDE ce qui n'est pas le cas dans beaucoup de pays non membres.

A11. Comparaison de la classification des impôts de l'OCDE et des autres classifications internationales des recettes publiques

93. Le tableau ci-dessous décrit point par point la comparaison entre la classification des impôts de l'OCDE et les classifications suivantes :

- *a)* Système des comptes nationaux (SCN 2008) ;
- *b)* Système européen des comptes (SEC 2010) ;
- *c)* Manuel de statistiques des finances publiques du Fonds monétaire international (MSFP 2014).

94. Ces comparaisons correspondent à celles qui devraient s'appliquer dans la majorité des cas. Toutefois, en pratique il faut faire preuve d'une certaine souplesse dans leur application. En effet, dans certains cas, les pays peuvent adopter des méthodes diverses de classification des recettes dans les comptes nationaux.

			Classification de l'OCDE	SCN 2008	SEC 2010	MSFP 2014
1000			Impôts sur le revenu, les bénéfices et les gains en capital			
	1100		Personnes physiques			
		1110	Sur le revenu et les bénéfices	D51-8.61a	D51A	1111
		1120	Sur les gains en capital	D51-8.61c, d	D51C, D	1111
	1200		Sociétés			
		1210	Sur le revenu et les bénéfices	D51-8.61b	D51B	1112
		1220	Sur les gains en capital	D51-8.61c	D51C	1112
	1300		Non ventilables entre les rubriques 1100 et 1200			1113
2000			Cotisations de sécurité sociale			
	2100		Salariés	D613-8.85	D613	1211
	2200		Employeurs	D611-8.83	D611	1212
	2300		A la charge des travailleurs indépendants ou des personnes sans occupation	D613-8.85	D613	1213
	2400		Non ventilables entre les rubriques 2100, 2200 et 2300			1214
3000			Impôts sur les salaires et la main-d'œuvre	D29-7.97a	D29C	112
4000			Impôts sur le patrimoine			
	4100		Impôts périodiques sur la propriété immobilière			
		4110	Ménages	D59-8.63a	D59A	1131
		4120	Autres agents	D29-7.97b	D29A	1131
	4200		Impôts périodiques sur l'actif net			
		4210	Personnes physiques	D59-8.63b	D59A	1132
		4220	Sociétés	D59-8.63b	D59A	1132
	4300		Impôts sur les mutations par décès, les successions et les donations			
		4310	Impôts sur les mutations par décès et les successions	D91-10.207b	D91A	1133

		4320		Impôts sur les donations	D91-10.207b	D91A	1133
	4400			Impôts sur les transactions mobilières et immobilières	D59-7.96d; D29-7.97e	D214B, C	11414; 1161
	4500			Autres impôts non périodiques sur le patrimoine	D91-10.207a	D91B	1135
	4600			Autres impôts périodiques sur le patrimoine	D59-8.63c	D59A	1136
5000				Impôts sur les biens et services			
	5100			Impôts sur les biens et services			
		5110		Impôts généraux sur les biens et services			
			5111	Taxes sur la valeur ajoutée	D211-7.89	D211; D29G	11411
			5112	Impôts sur les ventes	D2122-7.94a; D214-7.96a	D21224; D214I	11412
			5113	Impôts sur le chiffre d'affaires et autres impôts généraux sur les biens et services	D214-7.96a	D214I	11413
		5120		Impôts sur des biens et services déterminés			
			5121	Accises	D2122-7.94b; D214-7.96b	D21223; D214A, B, D	1142
			5122	Bénéfices des monopoles fiscaux	D214-7.96e	D214J	1143
			5123	Droits de douane et autres droits à l'importation	D2121-7.93	D2121; D21221, 2	1151
			5124	Taxes à l'exportation	D213-7.95a	D214K	1152-4
			5125	Impôts sur les biens d'équipements			
			5126	Impôts sur les services déterminés	D2122-7.94c; D214-7.96c	D21225; D214E, F, G, H; D29F	1144; 1156
			5127	Autres impôts sur les transactions et les échanges internationaux	D2122-7.94d D29-7.95b D29-7.97g D59-8.64d	D21226; D29D; D59E	1153; 1155-6
			5128	Autres impôts sur des et services déterminés			1146
		5130		Non ventilable entre les rubriques 5110 et 5120			
	5200			Impôts sur l'utilisation des biens ou l'autorisation d'utiliser des biens ou d'exercer des activités			
		5210		Impôts périodiques sur l'utilisation des biens ou l'autorisation d'utiliser des biens ou d'exercer des activités			
			5211	A la charge des ménages au titre de véhicules à moteurs	D59-8.64c	D59D	11451
			5212	A la charge d'autres agents au titre de véhicules à moteurs	D29-7.97d	D214D; D29B	11451
			5213	Autres impôts périodiques sur l'utilisation des biens u l'autorisation d'utiliser des biens ou d'exercer des activités	D29-7.97c, d, f D59-8.64c	D29B, E, F; D59D	11452
		5220		Impôts non périodiques			11452
	5300			Non ventilable entre les rubriques 5100 et 5200			
6000				Autres impôts			
	6100			A la charge exclusive des entreprises			1161
	6200			A la charge d'autres agents que les entreprises ou non identifiables	D59-8.64a, b	D59B, C	1162

A12. Répartition des recettes fiscales par sous-secteurs d'administration publique

95. La classification de l'OCDE appelle une ventilation des recettes fiscales par sous-secteurs d'administration. On trouvera ci-après la définition de chaque sous-secteur et les critères à utiliser pour répartir entre eux les recettes fiscales. Ces définitions et critères suivent les orientations qui figurent dans le SCN 2008 et le MSFP 2014.

Sous-secteurs des administrations publiques à identifier

Administration centrale

96. Le sous-secteur des administrations centrales groupe tous les ministères, bureaux, établissements et autres organismes qui sont des services ou des moyens d'action du pouvoir central et dont la compétence s'étend à la totalité du territoire, à l'exception de l'administration des caisses de sécurité sociale. L'administration centrale a donc le pouvoir de prélever des impôts sur toutes les unités résidentes et non résidentes exerçant des activités économiques à l'intérieur du pays.

Administration d'un État fédéré, d'une province ou d'une région

97. Ce sous-secteur comprend les unités administratives intermédiaires et inclut toutes les unités administratives dont la compétence s'exerce indépendamment de l'Administration centrale sur une partie du territoire englobant un certain nombre de petites localités, à l'exception des caisses de sécurité sociale. Dans les pays unitaires, les administrations régionales peuvent être considérées comme dotées d'une existence distincte lorsqu'elles disposent d'une autonomie substantielle pour percevoir une part importante de leurs recettes de sources placées sous leur contrôle et lorsque leurs agents ne sont pas soumis à un contrôle administratif externe dans l'exercice des activités de l'unité.

98. Actuellement, les pays à structure fédérale représentent la majorité des cas dans lesquels les recettes attribuées aux unités administratives intermédiaires sont identifiées séparément. La Colombie et l'Espagne sont les deux seuls pays à structure unitaire qui se trouvent dans cette situation. Dans les autres pays unitaires, les recettes des administrations régionales sont incluses dans celles des administrations locales.

Collectivités locales

99. Ce sous-secteur comprend toutes les autres unités administratives exerçant une compétence indépendante sur une partie du territoire d'un pays, à l'exception des administrations des caisses de sécurité sociale. Il englobe les diverses circonscriptions urbaines et/ou rurales (par exemple les collectivités locales, les municipalités, les villes, les bourgs ou les districts).

Caisses de sécurité sociale

100. Les caisses de sécurité sociale constituent un sous-secteur distinct des administrations publiques. Le sous-secteur de la sécurité sociale est défini dans le SCN de 2008 par les extraits suivants des paragraphes 4.124 à 4.126 et 4.147 :

> « Les systèmes de sécurité sociale sont des systèmes d'assurance sociale qui couvrent l'ensemble de la collectivité ou d'importants sous-ensembles de la collectivité : ces systèmes sont imposés et contrôlés par les administrations publiques. Ces systèmes couvrent une grande variété de programmes qui consistent à fournir des prestations, en espèces ou en nature, au titre des circonstances suivantes : vieillesse, invalidité ou décès, survie, maladie et maternité, accident du travail, chômage, allocations familiales, soins de santé etc. Il n'existe pas nécessairement de lien direct entre le montant de la cotisation versée par un particulier et les prestations qu'il est susceptible de recevoir » (paragraphe 4.124).
>
> « Lorsque les systèmes de sécurité sociale ont une organisation distincte des autres activités des administrations publiques et détiennent des actifs et des engagements indépendamment de ces dernières et effectuent des opérations financières pour leur propre compte, ils peuvent être considérés comme des unités institutionnelles désignées sous le nom de caisses de sécurité sociale » (paragraphe 4.125).

« Il est possible de faire varier de façon discrétionnaire les montants prélevés et versés sous forme de cotisations de sécurité sociale et de prestations afin d'atteindre des objectifs de politique publique qui n'ont pas de lien direct avec la notion de sécurité sociale en tant que système visant à fournir des prestations à des membres de la collectivité. Ainsi, ces cotisations ou prestations peuvent être augmentées ou diminuées afin d'influer sur le niveau de la demande globale au sein de l'économie. Néanmoins, tant que ces caisses restent indépendantes, elles doivent être traitées comme des unités institutionnelles distinctes dans le SCN ». (paragraphe 4.126).

« Le sous-secteur des administrations de sécurité sociale comprend les administrations de sécurité sociale opérant à tous les niveaux des administrations publiques. Les administrations de sécurité sociale sont des systèmes couvrant l'ensemble de la collectivité ou d'importants sous-ensembles de la collectivité qui sont rendus obligatoires et contrôlés par des administrations publiques » (paragraphe 4.147).

101. Cette définition des administrations de sécurité sociale est suivie dans la classification de l'OCDE à l'exception des régimes suivants :

- Les régimes imposés par l'administration et exploités par des organismes extérieurs au secteur des administrations publiques, tel qu'il est défini au § 3 de ce manuel et
- Les régimes qui perçoivent des cotisations facultatives.

Autorités supranationales

102. Ce sous-secteur s'applique aux activités de collecte de recettes publiques des autorités supranationales sur le territoire d'un pays. En pratique, le seul cas d'autorité supranationale dans les pays de l'OCDE est celui des institutions de l'Union européenne (UE). Les recettes fiscales collectées par les pays membres et versées à l'UE sont incluses dans les statistiques des recettes publiques au niveau de l'autorité supranationale. Les impôts sur le revenu et les cotisations de sécurité sociale perçus par les institutions européennes et payés par les fonctionnaires européens qui résident dans les pays membres de l'UE ne doivent pas être inclus.

Critères à utiliser pour l'attribution des recettes fiscales

103. Lorsqu'une administration collecte l'impôt et le reverse, en totalité ou en partie, à d'autres administrations, il est nécessaire de déterminer si ces recettes doivent être considérées comme étant celles de l'administration qui les perçoit et les répartit entre d'autres administrations ou celles des administrations bénéficiaires auxquelles l'administration qui les a perçues les a transférées en simple qualité d'agent. Les critères à utiliser dans l'attribution des recettes sont indiqués aux § 104 à 107, qui reprennent les paragraphes 3.70 à 3.73 du SCN 2008.

104. En général, un impôt est attribué à l'Unité administrative qui :

a) exerce le pouvoir de percevoir l'impôt (soit en tant que détenteur de ce pouvoir soit par délégation de l'autorité qui le détient),

b) dispose du pouvoir discrétionnaire final de fixer et de faire varier le taux de l'impôt.

105. Lorsqu'une somme est collectée par une administration au profit d'une autre administration et en son nom, et que cette dernière a le pouvoir de percevoir l'impôt et de fixer et de faire varier son taux, la première intervient comme agent pour le compte de la dernière et l'impôt est réaffecté. Toute somme retenue par l'administration collectrice au titre des frais de recouvrement doit être considérée comme la rémunération d'un service rendu. Toute autre somme conservée par l'administration collectrice, notamment dans le cadre d'un accord de partage d'impôt, doit être considérée comme une subvention courante. Si l'administration collectrice s'est vu déléguer le pouvoir de fixer et de faire varier le taux, le montant recouvré doit être considéré comme une recette fiscale de cette administration.

106. Lorsque des administrations différentes fixent conjointement et sur un pied d'égalité la répartition du produit de cet impôt, aucune administration ne disposant d'un pouvoir prépondérant en dernier ressort, les recettes fiscales sont attribuées à chaque administration en fonction de sa part respective du produit de l'impôt. Si un accord permet à une unité administrative d'exercer un pouvoir prépondérant en dernier ressort, la totalité des recettes fiscales est attribuée à cette unité.

107. Dans certains cas aussi, un impôt est perçu dans le cadre des compétences d'une administration qui résulte de la constitution ou d'autres dispositions mais d'autres administrations fixent individuellement le taux d'imposition sur leurs territoires. Le produit de l'impôt généré sur les territoires respectifs de chaque administration est attribué à l'administration en question comme constituant ses recettes fiscales.

108. Les versements effectués par les États membres de l'Union européenne prennent la forme de prélèvements spécifiques qui comprennent :

a) les droits de douane et les prélèvements agricoles (5123),

b) les montants compensatoires monétaires bruts (5123 si relatifs aux importations et 5124 si relatifs aux exportations),

c) les contributions au Fonds de résolution unique (5126), et

d) les prélèvements de la CECA, les cotisations sucre et les taxes de coresponsabilité sur le lait (5128).

109. Les droits de douane collectés par les États membres pour le compte de l'Union européenne sont comptabilisés :

- sur une base qui ne tient pas compte des droits d'encaissement,
- en utilisant des chiffres corrigés de manière à exprimer les droits sur la base de la « destination finale » et non du « pays de première entrée » lorsque de telles corrections sont possibles. Ces corrections concernent en particulier les droits prélevés dans des ports (maritimes) importants. Bien que les droits de l'UE soient prélevés par les autorités du pays de première entrée, ces droits doivent être dans la mesure du possible déduits des recettes du pays qui les recouvre et inclus dans les recettes du pays de destination finale.

110. Ce sont les prélèvements spécifiques de l'UE qui se conforment le plus clairement au critère d'attribution décrit au § 102 ci-dessus. Par conséquent, ces montants sont indiqués en note de bas de page dans les tableaux par pays des États membres de l'UE (au chapitre 5) et figurent en tant que recettes supranationales dans chacune des rubriques fiscales identifiées au § 108.

Notes

1. Toutes les références au SCN concernent l'édition de 2008.

2. Se reporter à la section A.12 de ce manuel pour l'examen de cette notion.

3. Il est en général possible d'identifier les montants des cotisations de sécurité sociale et les impôts sur les salaires, mais pas les autres impôts payés par les administrations.

4. En revanche, si un ou plusieurs pays considèrent comme un impôt un droit que la plupart des pays font entrer dans les recettes non fiscales ou qui procure des recettes substantielles, les montants ainsi perçus figureront dans une note de renvoi à la fin des tableaux par pays correspondants, même s'ils ne sont pas inclus dans le total des recettes fiscales.

5. Les appellations peuvent cependant être souvent trompeuses. Ainsi, une redevance de passeport sera normalement considérée comme une recette non fiscale, alors qu'un prélèvement additionnel sur les passeports (comme c'est le cas au Portugal), qui a pour but de procurer un montant substantiel de recettes eu égard au coût de délivrance du passeport, sera considéré comme un impôt du sous-groupe 5200.

6. On trouvera des précisions sur cette distinction dans l'étude spéciale intitulée « L'information sur les recettes fiscales : problèmes actuels », de l'édition de 2001 des *Statistiques des recettes publiques*.

7. On utilise parfois les expressions « non remboursable » et « remboursable » mais il peut paraître illogique de parler de « remboursement » lorsque rien n'a été versé.

8. Toutefois, dans les systèmes d'imputation de l'impôt sur les sociétés, les crédits d'impôts récupérables sont traités différemment (§ 37 à 39).

9. Il ne s'agit pas d'une véritable dépense fiscale au sens strict. De telles dépenses fiscales supposent que l'on identifie un système fiscal de référence pour chaque pays ou, de préférence, une norme internationale commune. En pratique, il n'a pas été possible de parvenir à un accord sur une norme internationale commune.

10. Sauf s'ils sont calculés sur le bénéfice résultant de la vente, auquel cas ils seraient classés parmi les impôts sur les gains en capital dans le sous-groupe 1120 ou 1220.

11. Dans certains pays, la même législation est applicable aux personnes physiques et aux entreprises dans le cas d'impôts sur le revenu particulier. Cependant, les recettes procurées par ces impôts peuvent, en général, être ventilées et figurent donc dans les deux sous-groupes appropriés.

12. Ainsi, « celles qui sont suffisamment autonomes et indépendantes pour que leur fonctionnement soit comparable à celui d'une société... (y compris) la tenue de comptes complets » (2008 SCN section 4.44).

13 Au Canada - un pays également désigné comme ayant un système d'imputation - le crédit d'impôt (récupérable) pour l'actionnaire concerne l'impôt sur les sociétés national considéré comme payé, qu'un impôt sur les sociétés ait été créé ou non. Comme il n'existe pas de lien essentiel entre l'impôt

sur les sociétés à payer et le crédit imputé sur l'impôt sur le revenu selon ces systèmes, ces crédits pour dividendes sont traités, avec d'autres crédits d'impôt, selon les lignes décrites au § 26.

14. Il peut en être ainsi lorsqu'un régime en faveur des administrations existait avant l'instauration d'un régime général de sécurité sociale.

15 Dans le SCN 2008, ces transferts sont considérés comme des transferts de capital et non comme des impôts (voir section A.8).

16. Système selon lequel l'Union Européenne ajuste les effets des différences entre les taux de change utilisés pour fixer les prix des produits agricoles dans le cadre de la politique agricole commune, et le taux de change réel. Les paiements effectués selon ce système portent sur les importations ou les exportations; lorsqu'ils sont identifiables, ces montants figurent dans la rubrique appropriée (5123 ou 5124). Dans ce guide, sont inclus les montants bruts, c'est-à-dire sans déduction d'aucune prime payée dans le cadre du système des montants compensatoires.

17. Les transferts de bénéfices de loteries d'État sont considérés comme des recettes non fiscales (voir aussi § 68).

www.ingramcontent.com/pod-product-compliance
Lightning Source LLC
LaVergne TN
LVHW082026051026
849532LV00011B/3279
* 9 7 8 9 2 6 4 5 6 3 1 0 0 *